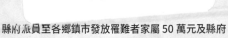

中央（臺北）	時間	縣府
19：00 行政院副院長劉兆玄宣布三項撫恤措施，中央員擔受災戶慰問金約 30 億，先撥 10 億至南投，15 億至臺中縣，內政部撥 4 億給中央防災前進指揮所。	1999.9.22	中央……指揮……
15：00 總統府於省政資料館成立「921 地震救災督導中心」，連戰任召集人。17：00 連戰召開「921 地震救災督導中心」首次會報	1999.9.23	縣府派員至各鄉鎮市發放罹難者家屬 50 萬元及縣府慰助金 3 萬元 17：00 彭百顯出席「921 地震救災督導中心」會議，請求中央協助銀行連假欠缺現金發放慰問金、房屋毀損鑑定及災民安置問題。
9：00 李登輝總統經行政院會議之決議，依憲法規定發佈《緊急命令》 15：30 連戰召開「921 地震救災督導中心」會議，指示提高死亡撫慰金至 100 萬元。各部會首長派赴各鄉鎮督導。	1999.9.25	15：30 彭百顯參加「救災督導中心會議」 （死亡撫慰金朝令夕改，打亂發放作業，民怨紛起） 19：25 彭百顯拜會證嚴上人，商請慈濟協助興建臨時屋安置災民。
19：00 行政院成立「921 震災災後重建推動委員會」，蕭萬長任主任委員。 行政院公共工程委員會與內政部營建署等組成「災後安置復建小組」負責安置災民、毀損房屋鑑定等。	1999.9.26	7：52 再度發生芮氏規模 6.8 強震，彭百顯指示救人第一，國防部增派直昇機救災。
塑造 921 災區政治生態：村里長最大，鄉鎮長次大，縣長居末。（震災權錢爭奪，大選效應，基層分派系，深化對立矛盾）	1999.9.27	11：30 縣府與慈濟簽約於德興棒球場合作興建組合屋
921 震災災後重建推動委員會掛牌運作（設 13 個工作小組，並派中央機構副首長進駐災區，認養各鄉鎮） 內政部動員建築公會、土木技師公會、大地技師公會、結構技師公會辦理受災房屋鑑定，9/28 函令停止。 9/29 撤銷原作業規定，9/30 發布全半倒認定標準，排除專業鑑定，由村里長鑑定（矛盾對立紛起）。	1999.9.28	7：00 - 17：00 縣府舉辦「頭七安靈息災地藏法會」，靈鷲山佛教基金會承辦，彭百顯任主祭官。蕭萬長、黃主文、簡太郎、邱正雄、陳水扁、許信良、連戰等均出席參與。
外縣市政府認養團隊進駐各鄉鎮市	1999.9.30	縣府正名 921 集集大地震為「921 大地震」 （中央及外縣市團隊進駐南投，形同「八國聯軍攻北京」）

建組合屋
……婦。（劉憲仁攝影，……泣的心臟》。）
……人商請慈濟協助安……與慈濟簽約合作興

建組合屋；10 月底，首批南投組合屋 214 戶落成啟用。
11/10，縣府與其他民間團體協調於全縣 60 處所興建 2,994 戶組合屋，安置災民。

921 亡靈息災法會
民俗謂亡者為大，死後頭七安魂尤為重視。921 災後許多災民無家、無力為往生親人籌辦頭七儀軌。縣府於是委託靈鷲山道場、佛光山道場分別於 9/28（頭七）、10/16 辦理法會，為罹難者安靈、為災民安心。

「八國聯軍佔北京」，南投被瓜分
「921 震災災後重建推動委員會」掛牌，設 13 個工作小組，並派中央各部會副首長進駐災區，認養各鄉鎮，直接掌握災區重建工作。隨後民進黨地方執政縣市亦進駐認養鄉鎮。南投縣政府重建行政指揮系統變成紛亂無序，縣政府幾乎被架空，災區重建指揮權旁落不一，災民因認養單位資源迥異受惠程度不一，並「唾棄」無資源奧援的縣政府。
上圖：震央九份二山堰塞湖 / 張美月攝影，取自《大割裂：921 哭泣的心臟》。

縣府正名「921 大地震」

中央發布 921 地震之用名為「921 集集大地震」，而因震央九份二山並不在集集，激起國姓鄉長率眾到縣府抗議。縣府經縣政工作會報決議正名為「921 大地震」，並分別函請上級及外界周知更正。

中央收編日月潭「升格」

1999 年 10 月初，彭百顯陪同行政院長蕭萬長視察魚池時指示日月潭將升格為國家級觀光特區。2000.1.14 日月潭改為國家風景區。南投縣觀光發展的金母雞，因 921 震災而遭中央收編，對南投縣整體發展，從此喪失最重要觀光資源的自主規劃權。

捐款收支分析總表

印製完成：2002年05月31日

捐贈收入	13,991,962,278
指定用途支出	1,221,332,260
可運用捐款	12,770,630,018
已核定補助計畫	13,460,162,813
已撥出金額	5,814,969,334
尚可用金額	-325,430,553
利息收入	860,459,660
行政管理支出	27,667,284

各界捐款成立「921 震災重建基金會」

行政院於 10 月中，將各界捐予政府之 921 捐款成立「921 震災重建基金會」，由辜振甫擔任首任董事長，民進黨上臺後改由殷琪接任。

很諷刺的，各界捐款本意要濟助災區傷害，但災區縣長卻只能擔任監事，沒有提案權，資金運用主導在中央。其次，中央把各界對 921 之捐款 130 億元自行成立基金會（未經過捐款人同意）沒事，南投縣建設發展基金會接受民眾 921 捐款（自主性捐款）就被認定違法遭起訴治罪。尤其，南投縣提案協助災民築巢，不被 921 基金會接受，表示該基金會資金不能用在住宅重建，但新政府接手後卻支應以 80 億元，而引此以為治績。而最諷刺的是，當時南投等災區需錢孔急，屢向 921 基金會反應支援被拒，而最後基金會 2008.6.30 解散時，卻有餘錢近 50 億元轉給財團法人賑災基金會。

中央（臺北）	時間
17：00 內政部簡太郎次長表示，設於南投之中央前進指揮所已完成救災階段性任務，將予撤回。	1999.10
	1999.10
行政院召開第三次災後重建推動委員會會議，決議重建工作分三階段五年內完成。	1999.10
行政院副院長劉兆玄指出，彭百顯支持救災由「中央、地方、軍方」共同組成的三合一運作模式。	1999.10
	1999.10
全國民間災後重建聯盟成立，中研院院長李遠哲擔任召集人。	1999.10
蕭萬長邀請李遠哲籌組「災後重建民間諮詢團」，由 47 位專家學者組成，分工程與防災等 6 組，李遠哲任召集人。	1999.10
	1999.10
行政院於林口體育館舉辦 921 大地震全國追悼大會，李登輝及連戰出席。	1999.10
行政院災後重建推動委員會決議提撥 500 億元辦理受災企業優惠貸款，蕭萬長指示所有受災房屋鑑定應於 10/15 完成。	1999.10
16：00 行政院將各界捐款成立 921 震災重建基金會，辜振甫擔任董事長，於臺北召開第一屆第一次董監事聯席會議。	1999.10
行政院經建會完成「災後重建計畫工作綱領」	1999.10
行政院災後重建會通過〈緊急命令執行要點〉	1999.10
	1999.10.1

彭百顯————

著

彭百顯的回歸

THE RETURN OF PENG PAI-HSIEN
REVELATION OF 1999 EARTHQUAKE

921啟示錄

圖特（Thout）**1** 說，地球有五種生命階段或層次，
是每個人必經的過程。
當我們到達第五層，便會做一次超越生命的轉化。

如果我們在地球上停留得久一點，
我們將毀滅了這個星球。

我們是進化中一個神聖而必要的過程，
是通往其他世界的橋樑。
當我們活在這個不可思議的時代，就活出這個橋樑。

— 美·德隆瓦洛·默基瑟德，《生命之花的靈性法則》**2**

生命之花：包含一切知識

1 圖特（Thout），意為非常偉大，是古埃及的智慧之神，是神的代言人和史官，是古埃及文字的發明人，鷺（朱鷺）首人身，左手執筆，右手持書寫板，頭戴新月之冠。

與古希臘文明相當重要的畢達哥拉斯（Pythagoras，約公元前 570 -495）曾受教於圖特引導到大金字塔指導他「實相的幾何結構和本質」；1984 年，圖特再臨人間指導默基瑟德著作本書：《生命之花的靈性法則》。

2 德隆瓦洛．默基瑟德（Drunvalo Melchizedek，1941-），《生命之花的靈性法則》，羅孝英譯，新時代系列 154，臺北：方智出版社，2012，頁 82。

【序】 921 啓示錄

921 不是單一事件，它涉及的社會層面很廣，影響的人生意義很深。

文天祥：「天地有正氣，雜然賦流形」，最後，他以生命就義，回歸正氣，留名芳史。

我從政一向服膺正義之道，不貪不取，碰到 921 卻被冠以違背《貪污治罪條例》罪名，遺臭社會，非常諷刺。所以，為要回清白，我必須贏得「921 案」這場不對稱的官司，否則，我會抑鬱以終。

如今，事實已明，為適時澄清整個事件以還原真相，我沉隱多年不表，惟年邁七旬，完成本書遂蔚為沉重，常恐力衰，擔心真假顛倒，眼下時機允當乃提筆以交代「921 案」之不正義還原真相於歷史。

一位年輕的以色列歷史學家哈拉瑞（Yuval Noah Harari，1976 - ）在其《21 世紀的 21 堂課》（林俊宏譯）這樣說：

> 人類喜歡權力大過於真相。

> 假新聞不是不嚴重，
> 不代表政客和神職人員可以光明正大撒謊。

> 所有假新聞之下，都有真實的事實，也有真實的痛苦。
> 人類的痛苦常常是來自於相信了虛構的故事。

基本上，哈拉瑞以上的說詞，道盡「921 案」背後隱藏許多故事的精髓。「921 案」就是這些故事的集體表現。有興趣的人當然可以認真的進一步一一深究歷史的意義，留下發現告誡或警惕、啟示我們的社會以及下一代。

這是一本還原遭秋後算帳的際遇書。我是「921 案」的焦點，全書內容並不放在政治爭議、是非曲直之防衛辯解，而係著重在法律蒙污方面之揭開不正義行為，回歸真實，以正社會視聽，並為政治理想留住一股正直的元氣在。

如果沒有碰上 921 這場天人遊戲，我根本不可能寫下這本書。對於主

導 921 劇本的人天要角,今天我仍然抱持感念的心,因為他們神準的帶領我走進「921 世界」, 個似乎要讓我遍覽處處充滿了娑婆世界堪忍的極限,時間和死神一再展現他們的價值;而曾經努力爭取的政治身分,正好向四面八方搭上該搭的橋、接上該拉的線,無論好壞善惡,匯聚在 921 世界,發揮他們的角色。好讓結局符合原所期待。

而這也是一場讓我回歸本我的重要人間遊戲。我當然珍惜這段經歷,雖然過程很艱辛難過,人性的殘酷、自私,令人傷心;而始終沒有背離、相信公義善良一路相挺的親友同事,則令人感到溫馨。至於人性之間的戰爭與和平,敵我與矛盾,在 921 舞臺,打成一片,非當事人根本很難分出真假、虛實。

對於「921 案」的發生,如果注重人類行為的奧地利經濟學家米塞斯(Ludwig Heinrich Edler von Mises, 1881-1973)在世,相信他仍會這樣說:認知原因與後果之間的因果關係,是吾人生活取向的第一步。我對「921 案」留史的態度,亦復如是。

「921 案」官司尚未清楚之前,我回到學校,由於有較多的時間讀書,故有機會深入米塞斯的一生精華作品,他畢生探究「人的行為」,很清楚的點出政經行為的因果關係。吾人相信,「921 局」的發展,實在是沒有無緣無故冒出來攪亂天下大局的理由。藍綠他們為的是要報復,並誓言奪回、洗刷 1997 失敗南投江山之恥,一如米塞斯所指,一個急於想以故意行為來消除某種不愉快事情的人而言,問題是:為獲得確定的結果,應該在何處、何時以及如何採取行動。於是,他們擺明這樣幹。

為了釐清楚,並為了不落於情緒反應之「理性」處理,對「921 案」如何適切的這第一步邁出,我們準備了 20 年。其中,平反官司清白,我們耗費了 10 餘年青春,好長的這一步。

在政治社會打滾,為的就是解決政治難題,理解政治本質。「921 案」適巧給我這一項沉重的功課。

就政治本質的深層意義,逃離黑暗人性,已經被認為是人類進化以符合宇宙天地之間秩序的極致。小小臺灣,有許多過去歷史的驗證,何以不

能處理完善？

　　吾人嘗思，人類世界文明，往往以人本主義為發展核心，但擺脫不了既定命運文化，仍然面對許多不完美，無法解決，例如，病老苦死、煩惱恐懼痛苦，以及人性的自私心重。因而，人類文明成長每一個人應該回歸生命本我，必須把自我本質中的黑暗部分去離。「921案」給予吾人檢討省思之機會。

　　再擴及社會文化層面，我了解近代西方文明有這個說法，我們人類世界的存在及其變化，無非是另一個宇宙投射的結果；換句話說，我們的世界是人類自己行為反射的結果，與神造世界無關。而就東方文明言，這個世界充滿著形而上的力量，讓我們知道自己生命的本源在那裡，人心自亦有其真實，萬物仰賴於斯，但卻非眼睛所可能見。我思「921案」似乎就是它們之間的橋樑，我當然深切了然這個意義。

　　「921案」的本質事涉人性的根本。我看得很清楚，人性的沉淪，使人的本質失去完整性，於是本性受人心覆蓋，才有天災後帶來的一連串人禍。

　　有如此一說，地球這個星球流行著許多疾病，其間，最可怕的是人類自身的矛盾衝突，因而人類行為自然也投射出人類世界的現狀。921冤誣的世界，基本上也是這個原理，怨不得他人，自己也有一份行為該負。不過，我也很清楚，出現的逆流是溯源的助力，它不是一般的人性法則，但確是成就人生價值或沿源回鄉鐵律。吾人當須謹記，好好因應使能有成。

　　職是，本書的寫作不啻在傳達更接近921事實，其實就我人生這一段落的意義而言，沉靜相當時間後的提筆發抒，目的並不在抒發當時誰的不是，畢竟它已經過去，再提並無濟無事；重要的是它讓我更瞭解自己，發現自我的缺陷，以便調適走上正確的回家之道路。

　　在一個場合，偶然聽聞有人議論彭百顯。

　　他像沉香。

　　以往，我不識沉香，僅知是香的一種，價值很高，就好像檀香，所知有限，正所謂「蓬門未識綺羅香」，孤陋寡聞。那以後，我花費一翻精神

探得一些深意，也思量一些時候，心中頓時光明坦然，甚感慰藉。原來，忍得長時間的重大傷害，而自行瘉傷是可以昇化產生結香效果，而且，並不是任何沉香木都可以結香饒益眾心靈。[1]

由沉香的典故，看待這 20 年我人歷劫，我還真的要感謝 921 之世出讓我「就位」，考驗「結香」人間，時光如珠，歲月沉香，於餘生回歸致力人生另一層意義。所謂：浮生一時，沉香一世。

所以，本書「921 回憶錄」也可以視作 921 沉香的故事，921 啟示錄。

全書事關 921 變故與重建、政治本質、法律秩序、媒體傳播，以及人生哲理等五大部分內容，「921 冤誣案」是本書的重心，故有關法律案情釐清的對應與法理的解析，這一部分就比較枯燥難讀。因此，給讀者的建議，閱讀本書請不必急於一口氣求快，尚請細嚼慢嚥，由於本書幾乎每一篇章及段落背後都有其故事，是 921 與我生命造化的結晶，皆各有意義，這也就是本書於各篇章所以安排有各相關古往今來偉人之思維精華於其中，旨意在與閱讀者內心深入交流沉澱，冀期增益 921 相涉之思想爾。

最後，我要表達我內心誠摯的感恩，對二、三十年這一路走來始終扶持相助的家人親友，以及 921 因緣的南投縣政府團隊、太昊團隊，還有必需致上特殊革命情感的三屆立法委員國會辦公室與南投縣長辦公室的助理同仁伙伴，我深深感激大家，謝謝你們！至於對所有不圓滿而連累蒙受諸苦難的親人朋友，我對不起大家，請你們原諒！餘了，容我訴說一句衷心話，我愛你們！

彭百顯 手筆

2020. 12. 20

---

1 佛典上這樣描述，沉香為沉水香之簡稱，又稱蜜香、黑沉香，梵語稱為阿伽羅（agaru），乃不動之意。沉香種類很多，有謂有黑色光澤之沉香，稱為伽羅，係最上乘之香。伽羅梵語之意譯為香爐木，有謂即沉香，惟此二者質性稍有不同，伽羅性潤澤粘韌，焚時少脂，不作藥用；沉香性乾枯，焚時多脂，可供藥用。此香木材質甚重，青白色，其木朽敗時，由中心木質部分滲出黑色樹脂，即是沉香。其香濃郁，木心堅實如定石，入水即沉，故稱沉水香。沉香（水沉香）沉穩，香氣味溫和，有穩定人心作用。生成極為緩慢。
沉香形成的原理，在傷害之中生成的療癒香，只少數二、三種沉香樹才能產生香氣。當沉香樹受到外力傷害，且受到水分某些真菌感染後分泌出防禦物質，經多年，數十年甚至數百年，始慢慢混合樹脂和木質成分成固態凝聚物，這種產生之樹脂結晶，稱為結香，為香中之王。

彭百顯的回歸：921啟示錄

目　錄

我不能選擇最好的。
是那最好的來選擇我。
那些背著燈的人，他們影子投到了前面。
我的存在，是一個永恆的驚奇，這就是人生。

　　　　　　　　— 印度詩人，泰戈爾，《飛鳥集》[1]

0

午 夜 夢 回

1 泰戈爾（Rabindranath Tagore，1861-1941），《泰戈爾的詩》，徐翰林譯，臺北：海鴿
文化出版，2008。（以下泰戈爾詩集出處皆同，不再重述）

【緒言】 921，打開眾神國度的大門

20 年一覺「南投夢」，午夜夢回話從頭，921 啟示錄。

21 世紀前夕，921 大震爆，讓我們與南投 ─ 臺灣的心臟 ─ 更緊密的結合成一體；在形而上，並為我們打開蓬萊仙島「眾神國度」的大門。

縣長卸職離開南投，我返回臺北過另一階段不一樣的生活。意外地，經由朋友牽引認識了這號同道又同年人物。義大利經濟學家埃里奧·迪安那（Elio D'Anna，1949 -）是歐洲經濟學院（European School of Economics，ESE）和歐洲經濟學院基金會的創始人和主席，從 1989 年開始擔任 ESE 校長，他有一個神聖使命，夢想突破一般學術保守傳統，創建一所全球性、沒有疆界的大學：「眾神的學院」。他這樣說：[2]

> 藉由莫大的努力，我們總算知道周遭充滿著無形的力量…，人的心中自有其真實，而萬物仰賴於斯，卻是肉眼所不能見。
>
> 在過去被視為無形的力量，到了今日都被納入合理的科學議題之內。
>
> 我夢想著一所學校，培育新一代領袖，
> 能使舊形式的抗衡得以和緩，諸如：
> 經濟與道德、行動和深思，以及財務力量和愛。

很認真讀了他很重要的這本書，他點出了他的觀察。這正是我要表達「921 事件」，除卻一般所能理解者之外，許多事件對我而言，皆直指還原人的本質問題：回歸本我。

---

[2] 參見埃里奧·迪安那，《眾神的學校：這是一本逃離黑暗人性的地圖》，章澤儀譯，新北市：親哲文化，2011，頁 14。

有關這個問題，迪安那曾形容描述：一個平凡人由人性的沉淪和挫折中「重獲新生」，重返本質，尋求失落的宗整性，宛如一場新的「出埃及記」。我的 921 故事，何嘗不也是吾人的一場「出埃及記」？！

921 讓我了解，它為我打開眾神無形國度的大門。

他講得很好，很可以為我在南投的經驗，921 前後對比，作註腳：**3**

　　這世界的問題根源 ── 從廣域性的貧窮，到日益普遍的犯罪和戰爭，都肇因於人類的負面觀念和感受。為了改變命運，人必須改變他的心理特質和信仰系統。

　　南投的問題，確實是貧窮的問題。但是縣政府對公教人員的薪水來源無著落，連一般百姓庶民也難有助其翻身改變命運的機會。921 的發生，讓南投的財政周轉暫時獲得迴旋的空間，生活環境當然也面對可以徹底改造的機會；奈何南投與臺北的政治矛盾、衝突，不僅無法消除彼此內心的成見，反而利用庸俗的傳統人性法則，嚴重摧毀原本可藉機讓南投改頭換面、脫胎換骨的天賜良緣。掌權者選擇了衝突，對立不斷擴大、擴大，終於，長時間再讓原本無聲無息的南投重回傳統歲月。

---

3 同前註，頁 15。

921 留給我對南投一生的遺憾：

> 沒有任何再好的機會，能由外而內的改變南投。然而，921 南投卻囚臺北的決策，政治混雜化了許多人不同的期待，最後，賠上很多人昂貴的代價，包括改造南投發展的機會成本。

其次，921 讓我面對形而上這個嚴肅的主題。無形，「無與倫比的存在」 **4**，有人堅信。正如現在的我，愈來愈相信 921 大地震發生在南投其中隱含一個無形力量：上帝，對臺灣局勢發展的一項預謀。

人類是有形與無形的綜合體，但卻亦有人總是排斥無形的存在。人類的思慮、感受、夢想，都是形而上，看不到的，是無形的。然而，我們人類的希望、幻想、野心、企圖、構想、秘密，回憶與相思，恐懼與不安，煩惱與難過，當然連同人類生理感官之知覺、喜怒、愛惡、憎恨、嫉妒、注意力、警覺心，尤其是心靈等等，它們雖然摸不著、看不見，都是無形，但這些「無與倫比的存在」卻都十分確切同屬真實的本質世界，可以讓我們嚴肅來面對人生的價值與意義。

這個無形領域，往往為自然科學所輕忽，甚至遭受鄙視。所以這方面的學理、智慧，少有建樹、傳承，以致就是本質真實也常見一些人不願接受的事實經驗、事件及其啟示。因此，對於 921 在這方面的意義，在本書處理上吾人極為小心謹慎，也儘量避免，適度點到即止，細心之讀者當可體會作者的用意。我確信，未來科學將證明無形領域的世界存在，正如科學將它歸類為哲學，其實它們都是這個二元世界的一部分。

---

4 無形是存在的，「無與倫比的存在」，近世紀，在科學領域上最典型的代表例證，是 1970 年代由美國哥倫比亞大學心理學系教授海倫‧舒曼（Helen Schucman，1909 -1981）與威廉‧賓佛（William Thetford，1923 -1988）聯手推出，由神秘聲音自稱是耶穌「那聲音」所傳遞紀錄，前後 7 年時間才完成的《奇蹟課程》（A Course in Miracles，1975）。中文譯本的堂堂推出，也是 921 那年，參見：若水譯，心靈平安基金會出版，1999 年 6 月。我能有這項資訊，主要係某天在故鄉山居，由好友胡顯明夫婦手中獲得這本聖經型的巨著後研讀而得知。因特殊機緣，特別書錄於此。

就吾個人而言，921 那年，我 50 歲；意外的，921 強力刻鑿我人生的印記，一部分是 921 苦難的體驗，另一部分則是心靈領域的增長。

沒有安排，不是刻意，921 完全改變了我的生命。截至眼前，任何言語或文字都無法適切表達 921 對我人生的衝擊，沉默的大眾同情並不足以說明社會正義、人間公道是臺灣價值，也讓我對一生努力奉獻民主的文明進步感到迷惑。921 進入我的世界（也是我被帶進 921 的世界），我的人生自此被截然劃分成兩個部分：921 劫之前與 921 劫之後。也是我 50 歲之前人生，以及 50 歲之後人生。

921，50 歲，簡直已成為我這一生的數字密碼。這究竟是上帝的傑作？抑是大我、小我之間，自我成長的必然？

想來，這可能是另外一片很有豐收的田野天地；就如一個多世紀之前英國數學家查爾斯·道奇森（Charles Lutwidge Dodgson，1832 -1898）聞名於世的兒童文學作品《愛麗絲夢遊仙境》，也許是這樣開始落筆的吧？[5]

於是，彙整這 20 年聚精會神，包括「921 案」的 921 回憶工程，吾個人「生命的勳章」所反應的詩篇，如今我終於完成這本可謂係我人生具備特殊意義的重要著作，也對個人以及歷史做了交代。觸及這樣的人生意義思維，我：

相信本書是永遠的

緩緩走過這場狂暴風雨漫漫惡夜
已然看見內心所要表達
也適當留下那不易被發現的真見
明白找到主宰的力量是良知本性
仍然催促我們奔向光明
擁抱自由　回歸故鄉

---

[5] 查爾斯·道奇森曾經沉溺於對數學的幻想，而與其童話作品的神奇幻想，兩者之間是否相關聯，也是有興趣於瞭解作者寫作背後那真正的動機。

我沒有在空中留下翅膀的影子，
但我很高興自己已經飛過。

—　　印度詩人，泰戈爾，《流螢集》

1

雲淡風輕

第一篇

理解「921事件」

價值：最美是人的品格、情操

> 舞臺上的歷史是御用劇本家之作，
> 舞臺下的歷史則是後世言論家的競技場。
>
> 當朝的勝者，不一定能成為歷史的贏家；
> 歷史的敗者，也未必不能留芳百世。
> ── 日本·茂呂美耶，《敗者的美學》[1]

921天災發生於1999年9月21日，地點是臺灣的心臟地帶，這也是臺灣百年罕見的大地震，是場世紀浩劫。

本書是《921回憶錄》的內容，尤其，「921冤誣案」[2]（泛稱「921事件」），是關乎我政治生涯發展的中止站事件。由於921牽連很多人事是非，921的歷史和我的人生已息息相關，本書偏重在我的司法災難，將對921引起訴訟官司的來龍去脈以及遭蒙構陷做一些交代。

茂呂美耶係幼年生長於臺灣的日本文化達人，在日本戰國的歷史觀察，她看見敗者的美學，寫出一部分歷史失敗陣營人物而為後世所敬重之處的作品，她強調：

> 勝者因勝，失去鳥語花香的羊腸小徑；
> 敗者因敗，探得桃紅柳綠的康莊大道。

---

[1] 茂呂美耶（1958－），《敗者的美學：戰國日本2》，臺北：遠流出版，2012。

[2] 「921冤誣案」是泛指所謂「921重建弊端案」或「921貪污弊案」（皆簡稱「921案」）經法律判決讞後還原真相的統稱，證明當初啟動司法案偵辦我與南投縣政府特定人等之作為，根本就是一場明知的政治烏龍陷害案。

勝敗是歷史的角色，人生的活法，則是歷史的價值；無論勝敗，自美學的立場，最美是人的品格、情操。政治以及司法的玩者，亦然。

　　我的政治人生走向司法官司而敗退了下來，完全是一場意外。與公家打官司，哪個不是傷痕累累？就算到最後贏了訴訟，整場官司打下來，也都精疲力盡；打官司，贏都贏不起，何況打輸？然而，為什麼要打這場官司？「被奸所害，被迫的。」為公義而打。

　　這場「921冤誣案」，我的對方是公訴人檢察官，所謂「天道西轉，水卻東流」，他們受命揮刀（美其名曰：為民除害），既已擺明寧可「冤誣」（無明確證據羈押、起訴、求刑），也就會無所不用其極擺出看起來確實很壞的被告，無論是透過散佈謠言、假消息，偽造證據，挑起事端、抹黑、醜化、栽贓，為的就是把池水攪渾，好讓世人看不清實相。（如此之說法，是「事後」還原的用語）

　　於是，免不了虛假、冤誣，鑄成錯案。待平反那一天，頭髮班白，世事已非。社會上已經無人關心事件的黑白是非曲直，遑論公道正義。

　　於是，世間冤怨不平之氣難散，齊聚形成天上烏雲，等待時機傾盆而下。人間回歸歷史輪迴法則，冤冤相報無有止期。

　　本篇先就「921事件」造成冤誣，並一拖11年官司訴訟以及政治封殺10年等作概略式之回顧省悟。

第一章

11年煎熬力證無罪

喚回春夢一雙蝶，忙煞黃塵兩隻靴。

三十年幾度花開謝，熬煎成頭上雪。

— 元‧喬吉，〈水仙子‧夢覺〉曲

為什麼被迫步入法庭，打這一場難以置信的官司？而這場官司的真相，到底是什麼？我自己也很想知道。

「921案」[3]需要淨化，只是不知如何進行。時間至今已逾20年，921寶寶也超過20歲完全成年入社會了，也許可先從清理案情開始。

關於「921案」的真相工程是無窮盡的，其有關謠傳也是如此。

這個時代，我們的社會很多人也許都知道921，但對921相關事件包括衍生出的官司案，很多人卻可能都一無所知，或一知半解。

當前社會對「921案」之所呈現，讓很多人都不容易知道真相，例如1990年代以後出生的人，這是沒有正確紀錄的歷史；而有很多人好像知道的事情，其實也並不一定知道真實。如若加以追問：動機？目的？後果？意義？乃至確切原因？…等等涉及社會正義，則很多人所不知道的一切，實令人驚訝。更令人無言的是很多人自以為知道，但卻是扭曲的，甚至也有一些人認為與他無關，根本不想知道。

這裡面包含著這個時代的一切偏見。

---

[3] 在此所謂「921案」，不單指我身受司法迫害的法律訴訟案，11年後雖證明其確為「921冤誣案」，但其間，更因921震災後所衍生的擴大「政治冷戰」對峙，以及以後近十年對我的「政治封殺」發展，因果相關，皆源於921大地震，包括社會不平爭端以及與人生目標轉易思維、人生信仰與教化影響等等大變化之案例，我統稱為「921案」，是「921事件」重要內涵。這些歷史公案，雖皆沉寂不見人心公道，但亦皆見諸吾等所留文獻，有史可鑑。

921 寶寶至今已經超過 20 歲，他們已成年入社會獨立擔當一面了。
921 大地震後，彭百顯夫人代表縣長到全縣各處探視 921 寶寶。圖為
彭百顯夫人至信義鄉訪視並抱 921 寶寶幫餵喝奶，象徵縣民一家。

歷史的這一頁

2011 年 7 月中旬，一篇媒體報導：

彭百顯被控在南投縣縣長任內，涉及多項 921 重建工程弊案，圖利廠商，纏訟 10 年，最高法院於 2011 年 7 月 14 日駁回檢察官上訴，判決彭百顯無罪確定。

1997 年彭百顯當選南投縣長，1999 年發生 921 地震。彭百顯被控涉虎山農場臨時辦公大樓、農村道路、傢俱設施工程等多件賑災款和重建工程弊案，被檢察官依貪污、背信、圖利、侵占公物和違反採購法等多項罪名起訴，並收押 61 天。檢察官認為，921 大地震後彭百顯濫用行政裁量權，於虎山農場臨時辦公大樓等工程，依緊急命令辦理限制性招標，涉嫌圖利廠商。

但法官認為，這些工程屬救災所需，有緊急處置的必要；如果要回歸政府採購法辦理公開招標，緩不濟急。彭百顯是依緊急命令批示限制性招標，合於法令，未圖利廠商。

判決指出，南投縣政府獲准行政院撥用土地後，彭百顯於緊急命令屆期前的 2000 年 3 月 21 日，基於縣長職權，批示依

緊急命令辦理限制性招標，並無裁量不當或不符比例原則之處。同案無罪確定的，還有英捷營造公司負責人陳介山。

媒體輕描淡寫我們經最高法院判決無罪確定的訊息，相對當初檢調單位污衊震災貪污、全國媒體好幾個月幾乎全版面扭曲報導與無情追殺，反差實不成比例。

被控在 921 震災重建工程中貪污並遭求刑 20 年、官司纏訟 11 年終獲平反，媒體披露我一些感嘆，「人生黃金歲月受到無盡折磨，災區重建遭污名化，耗費龐大社會資源，現雖有遲來的正義，然而，誰能還當初的縣府團隊公道？」、「受傷的不是只有我，而是重挫了所有臺灣人對司法正義的期待！」聲音微弱。

雖獲最高法院判決無罪定讞，但就像一塊白布被染黑，11 年間國內外成篇累牘的污名，已經再怎麼洗也無法潔白。

「一個人根本無法對抗刻意要扭曲人格的司法體制！明知是冤屈，但在進行過程偏偏沒有給一般百姓有救濟制度的管道，連當縣長的我都被如此對待，更別提是平常的民眾。」以往，我曾經抗議過。

本案事件發生後，為試圖減低惡化，我曾多次探尋法界權威、大法官、檢察官、庭長、學者、監察委員等以謀錯誤的司法不要再繼續害人下去；但得到的都是相同的答案，就是「無法度」、「等判決無罪再去告他們」。我深深瞭解到能阻止含冤並得以雪白的正常救濟管道根本沒有，只能淪落於傳統司法訴訟程序，在無窮無盡的官司纏訟中自己去證明無罪，洗清冤屈。

本案一開始就反映有看不見的黑手，透過政治力干預行政權、司法權，重傷憲政體制。而辦案證據草率，假筆錄充斥，破壞司法威信，只是證明其中的一小部分缺失。重建工作進行多時，因演變成司法案件，單據遭扣押，使得許多廠商無法請款，因而倒閉，牽連無辜民眾生計。輿論遭檢方誤導，報導幾乎配合檢方一面倒，事實真相普遭掩蓋。

「受影響的有四個層面，憲政、司法威信、人權、輿論」的政治生死鬥，加以司法不自重，讓社會及受冤者付出慘痛的代價。

這個歷史冤案呈現檢調假藉肅貪濫肆誣陷地方自治行政首長的問題，嚴重暴露國家司法體系並不忠誠、存在弊端；最不可忍受的是司法體制竟然一片默許配合政治起舞，政治利用司法當鬥爭工具，誠然令人感慨。

錄記最高法院歷史判決書

所有的經驗，只是歷史的，是過去發生的事情的紀錄。

由過去的事情推測不出將來會發生什麼事情。生活在這樣一個世界裡的人，他至多只能是一個消極的旁觀者，對於將來，即令是最近的將來，不能作任何打算。

— 奧地利學派經濟學家，米塞斯，《經濟學的最後基礎》**4**

事實已證明「921 貪污弊案」（921 案）是檢調製造的歷史冤誣案。包括本人擔任南投縣長被起訴之九個大案件，以及啟動本案起訴縣府主管（計畫室主任蔡碧雲）的「俄羅斯原木案」、「震災週年重建成果展案」，所有本人主政當時與 921 震災捐款及重建有關遭起訴的縣政府公務人員、諮詢顧問等，最後皆無罪定讞。

未來歷史也會證明，「921 冤誣案」暴露並也控訴司法檢調單位枉顧災區重建迫切，隨意侵犯地方自治行政權，違法濫權、誤用司法、惡意栽贓、傷害當事人名譽。而最重要的：中斷縣政改革與 921 重建機會，介入政治改變南投政局。

而本案偵辦過程，檢調以種種荒謬、錯誤甚至偽造的依據，於 2000 年 10 月 16 日及 11 月 13 日二度大搜索南投縣政府，並約談本人後羈押我 61 天；2001 年 1 月 12 日，公訴人王捷拓檢察官竭其所能控訴我觸犯《貪污治罪條例》「圖利」、「期約不正利益」、「侵占公用公有財物」、「詐

---

4 米塞斯（Ludwig Heinrich Edler von Mises, 1881 -1973），《經濟學的最後基礎》，夏道平譯，臺北：遠流出版，1991。

取財物」、及刑法「侵占」、「偽造文書」、「背信」等 10 個罪名，並以在《緊急命令》期間，指責我「身為縣長不知戮力造福鄉民」為由，加重求刑 20 年。

彭百顯曾經為了 921 重建在這裡被冤枉關了 61 天黑牢，苦思為什麼堅持正義會有這個下場？

他們編造了一部關乎歷史大劇的司法遊戲，在跨世紀新政府初上臺之時，隆重上演。如今事實已經證明，我在案初早就預告指出：這是一件歷史大冤案！非常令人遺憾難過，在層峰坐視下，檢調單位草率粗糙濫權的辦案手法，讓我過去對政治所堅持清廉、專業、認真的努力心血清譽全毀，羞辱性官司纏身，生不如死。他們為的是：以時間換取空間，「逼我離開政壇」，終結我政治生命。

終於官司案落幕，最高法院最後為本人等於「921 重建弊端」的司法訴訟反復糾纏十多年歷史中定讞：「921 案」是冤誣案。

距離 2000 年 10 月大搜捕我們縣政府、2000 年 11 月押我、2001 年 1 月起訴我，迄至 2011 年 7 月無罪定讞，整整 11 年，我們終於通過法律訴訟的嚴厲考驗。證實他們於案發時的冷言冷語：就用官司來證明「真金不怕火煉」。真是幸災樂禍！

我們在南投堅忍不拔、勇於公正的簡短施政生命，換來 11 年法律官司奮力過程，也遂他們所願，但我交代了這一段人生價值。

這件歷史性的判決書背負著幕後這段南投政治往事，它是這樣記載著：「他們冤誣了人」。《最高法院刑事裁判書》，100年度臺上字第3791號，2011.7.14。全文內容如下：

最高法院 裁判書 — 刑事類

【裁判字號】 100，臺上，3791
【裁判日期】 1000714
【裁判案由】 違反貪污治罪條例等罪
【裁判全文】
最高法院刑事判決100年度臺上字第3791號

上　訴　人　臺灣高等法院臺中分院檢察署檢察官
被　　告　彭百顯
選任辯護人　張慶宗律師
被　　告　陳介山

上列上訴人因被告等違反貪污治罪條例等罪案件，不服臺灣高等法院臺中分院中華民國100年4月19日第二審更審判決（99年度重上更（三）字第10號，起訴案號：臺灣南投地方法院檢察署89年度偵字第3951號），提起上訴，本院判決如下：
主　文
上訴駁回。
理　由

壹、被訴圖利部分

按刑事妥速審判法第8條針對檢察官、自訴人就無罪判決上訴之禁止，係以無罪推定原則為基礎，對於案經第三審發回三次以上久懸超過六年猶未能確定之案件，卷存證據資料既經事實審反覆多次調查審認，猶無法將被告定罪，顯見檢察官、自訴代理人未能盡

其實質舉證責任，即應使最後一次更審（含第三次更審在內）無罪判決於事實審定讞，不得再上訴於第三審法院，此乃刑事訴訟法第344條第一項之特別規定，其目的顯在保護被告避免訟累，俾落實被告有接受公正、合法、迅速審判之權，與同法第376條係基於訴訟經濟之考量，對輕微案件貴在迅速審結所設之第三審上訴禁止，同其旨趣。本條禁止上訴之情形有二：（甲）、案經第一審為被告無罪之判決後，迭經上訴，第二審更審結果仍然維持第一審所為無罪判決，（乙）、案經第一審為被告有罪之判決後，屢經上訴，更審前曾經第二審二次以上改判無罪，第二審更審結果仍然改判無罪者，則此等最後一次更審無罪判決即告確定；學理上稱此為不對稱上訴，其中（甲）部分，與本法第九條第三審上訴限制競合，應優先適用本條。所謂六年失權期間，自案件繫屬第一審法院之日起，算至檢察官、自訴人提起第三審上訴之日止，不問有無可歸責之延滯事由；所稱無罪判決，或維持第一審所為無罪判決之更審判決，必係經實體上之審理，以確定本案刑罰權有無之實體判決，不及於就訴訟要件是否具備，與有無違背訴訟法之規定，所為之形式判決，且除單純一罪（含數罪併罰）案件得以判決主文所宣示者為據外，實質上或裁判上一罪案件，解釋上應併就判決理由內已敘明不另為無罪之判決部分，為總括整體性之觀察判斷，定其各罪是否符合本條之規定，始符立法本旨。

本件檢察官起訴被告彭百顯自民國86年12月20日起擔任南投縣長期間，因興建(1)南投縣政府「臨時辦公大樓」工程（下稱臨辦工程），(2)南投縣巨型公園文化遊憩資訊中心工程（下稱巨型公園工程），(3)農村道路傢俱設施工程、新農村產業環境經營輔導改善工程與藝術大道國姓段廣告招牌更新計畫工程（下稱農村道路等工程），連續涉犯行為時貪污治罪條例第6條第一項第四款之

圖利罪嫌，其中（1）臨辦工程部分，並與英捷營造有限公司負責人即被告陳介山為共同正犯，案件於 90 年 1 月 12 日繫屬於第一審法院（就臨辦工程部分，檢察官於第一審論告書論列被告二人並牽連涉犯政府採購法第 87 條第三項罪嫌），案經原審法院第三次更審判決後，檢察官於 100 年 4 月 29 日提起第三審之上訴，顯然已逾六年，此分別有臺灣南投地方法院及臺灣高等法院臺中分院收狀戳章所蓋之收文日期可稽。

　　而第一審法院針對（1）臨辦工程部分，判處被告二人共同違反政府採購法第 87 條第三項罪刑，並於理由內敘明其二人被訴圖利犯行，因與有罪部分有裁判上一罪關係，不另為無罪判決之諭知；至彭百顯被訴（2）巨型公園工程與（3）農村道路等工程圖利部分，則悉為無罪之判決。

　　嗣原審法院第一次更審前就（1）臨辦工程部分，改判被告二人共同違反政府採購法第 87 條第四項罪刑，及說明其等被訴圖利犯行，因與有罪部分有裁判上一罪關係，爰不諭知無罪之判決，並駁回檢察官對於彭百顯被訴上述（2）、（3）等工程圖利無罪判決之上訴。迨原審法院第一次更審就（2）巨型公園工程部分，改判彭百顯圖利罪刑，駁回檢察官對（3）農村道路等工程部分第一審所為無罪判決之上訴；（1）臨辦工程部分，則改判被告二人共同違反政府採購法第 87 條第四項罪刑，及說明其等被訴圖利犯行不另為無罪之判決。至原審法院第二次、第三次更審則均改判被告二人無罪（圖利及違反政府採購法部分）。凡此，有歷審判決書可考。

　　依此情形，被告二人關於被訴圖利部分，顯然已符合前述（甲）、案經第一審為被告無罪之判決後，迭經上訴，第二審更審（第三次）結果仍然維持第一審所為無罪判決，而不得上訴於第三審法院。檢察官對被告二人被訴圖利部分已不得上訴，竟仍提起上訴，

自非合法，應予駁回。

貳、被訴違反政府採購法部分

按刑事訴訟法第 377 條規定，上訴於第三審法院，非以判決違背法令為理由，不得為之。是提起第三審上訴，應以原判決違背法令為理由，係屬法定要件。如果上訴理由書狀並未依據卷內訴訟資料，具體指摘原判決不適用何種法則或如何適用不當，或所指摘原判決違法情事，顯與法律規定得為第三審上訴理由之違法情形，不相適合時，均應認其上訴為違背法律上之程式，予以駁回。

本件原判決以：依據本案起訴書所記載之犯罪事實及證據理由，雖有指訴：彭百顯早於 89 年 3 月 6 日前，即與共同被告黃才泉（判處免刑確定）、陳介山等人有「由黃才泉借牌得標，陳介山借牌幫助圍標」之犯意聯絡及行為分擔，而共同實行本件臨辦工程之圍標行為；惟於起訴書之論罪法條欄，並未論列被告二人所涉犯政府採購法之法條及罪名。

第一審判決係依據檢察官之論告書予以審判，並對被告二人論科政府採購法第 87 條第三項「以不正方法使開標發生不正確結果」之罪刑，而更（一）審則認應逕依 91 年 2 月 6 日修正後即現行政府採購法第 87 條第四項之「意圖獲取不當利益，而以其他之合意，使廠商不為價格之競爭」罪論處等情。經審理結果，則以不能證明被告二人有政府採購法第 87 條第三項之犯行，因而撤銷第一審科刑之判決，改判諭知其二人無罪，已詳敘其認定之理由，並說明被告等之行為亦不該當於政府採購法第 87 條第四項之要件，而同法第 87 條第五項關於借牌投標之處罰規定，既係於 91 年 2 月 6 日始公布施行，則被告二人縱令於 89 年 3 月 6 日之前，即有「由黃才泉借牌得標，陳介山借牌幫助圍標」之犯意聯絡及行為分擔，而共同實行本件臨辦工程之圍標行為，此亦屬行為時所不罰之借牌投標行為各情。

1 雲淡風輕

復指明：88年9月21日臺灣地區發生大地震後，總統於同年月25日依憲法增修條文第2條第三項規定發布緊急命令，施行期間自發布日起至89年3月24日止。震災期間，各機關因救災而需緊急處置之搶救用採購事項，即得援引政府採購法第105條第一項第一款辦理。嗣行政院公共工程委員會（下稱公共工程委員會）雖於88年11月3日以（88）工程企字第8818275號函示「鑑於921震災發生至今月餘，需緊急處置之搶救用之採購事項已大致就緒，如無『緊急處置』之必要者，各機關不宜繼續援引本法（即政府採購法）第105條第一項第一款或第二款辦理採購」；復於89年1月25日再以（89）工程管字第89001390號函，重申「…為求採購作業公開、透明，以杜弊端，如無緊急採購之必要者，各機關招標、決標應回歸常態，依政府採購法規定辦理」等旨，通知包括南投縣政府在內等機關遵照辦理。

惟南投縣政府921震災重建工程，提出申請時間為88年10月29日，申請經費約新臺幣（下同）252億1,121萬8千元，申請件數共計2,711件，其中1,000萬元以上者計287件，未達1,000萬元者計有2,423件；行政院核定時間為89年1月15日，核定經費約為92億2,900萬元（不包含國中小學校復建工程），公共工程委員會於89年1月25日函轉行政院核定文，並請受補助機關至遲應於89年2月底前完成設計、發包並開始施工，其中本件臨辦工程亦為南投縣政府921震災重建工程之一等情，有公共工程委員會99年8月31日工程管字第09900305880號函為憑。而南投縣政府原辦公大樓因921震災受損嚴重，經鑑定為危險大樓，震災後南投縣政府辦公廳室暫時遷往體育場，原辦公大樓嗣經拆除之事實，則有南投縣政府救災指揮中心88年9月29日、88年10月9日工作會報紀錄可參，足見本件臨辦工程確屬指揮調度救災所需而有緊急處置之

必要。然南投縣政府為本件臨辦工程申請撥用南投縣南投市○○○段 615 之 39 地號國有土地，係於 89 年 3 月 1 日始經行政院准予撥用，此有行政院 89 年 3 月 1 日院臺財產接第 8900004569 號函可佐。

本件臨辦工程既屬救災所需而有緊急處置之必要，而其經費係於 89 年 1 月 15 日始經行政院核定，於 89 年 1 月 25 日由公共工程委員會以（89）工程管字第 89001390 號函轉行政院核定函文，斯時距離 921 震災發生已四個多月，公共工程委員會於 89 年 1 月 25 日該函中並明白指示：「關於 921 震災災後公共設施復建計畫之管制考核，請依下列說明辦理：（一）復建計畫至遲應於 89 年 2 月底前完成設計、發包並開始施工。（二）…」；而臨辦工程需用之國有土地則係 89 年 3 月 1 日始經行政院准予撥用，斯時距離 921 震災發生已 5 個多月，在此之前，南投縣政府根本無從辦理本件臨辦工程之招標事宜，自不可能依公共工程委員會上開函示之管考時程，於 89 年 2 月底前完成設計、發包並開始施工，時程迫切可見一斑，若回歸政府採購法辦理公開招標，顯將造成蹉跎延宕、緩不濟急之不利結果，故南投縣政府於 89 年 3 月 1 日獲行政院准許撥用土地後，彭百顯於緊急命令屆期前之 89 年 3 月 21 日，基於縣長職權批示本件臨辦工程依緊急命令辦理限制性招標，衡情尚無裁量不當或不符比例原則之處，難認係為故意規避公開招標而有濫用行政裁量權之情事。

而經彭百顯指定之比價廠商計有松陽公司、高平公司、三建公司三家，依據公訴人之指訴，其中高平公司雖係因未收到南投縣政府公管中心郵寄之標單等投標資料，故未參與投標，但並無證據足以證明此係被告二人事先可以預見或所得左右。觀諸本案卷證，亦無法證明被告二人及黃才泉，可得左右高平公司之競標意願或投標意向，或其等之間有如何共謀圍標之情事，而使本件臨辦工程之開標發生不正確結果。則彭百顯除批示陳介山借牌之松陽公司、黃才

泉借牌之二建公司參與投標比價之外，既又批示通知高平公司參與投標比價，顯難認定陳介山或黃才泉所借牌之上開公司必可得標，在無任何證據足以證明高平公司亦有參與圍標謀議之情形下，無從推論被告二人有與黃才泉共同以不正方法使本件臨辦工程之開標發生不正確結果等由。經核尚無不合。

查檢察官對於起訴之犯罪事實，應負提出證據及說服之實質舉證責任。倘其所提出之證據，不足為被告有罪之積極證明，或其闡明之證明方法，無從說服法官以形成被告有罪之心證，基於無罪推定之原則，自應為被告無罪判決之諭知。本件檢察官並未提出其他適合於證明被告二人犯罪事實之積極證據，並闡明其證據方法與待證事實之關係。原審對於卷內訴訟資料，復已逐一剖析，參互審酌，仍無從獲得有罪之心證，因而為有利於被告二人之認定，於法洵無違誤。

檢察官上訴意旨所指，或係徒憑臆測之詞，或係就原審取捨證據職權之適法行使，及判決內已明白論斷之事項，專憑己見為不同之評價，執以指摘原判決違法，與法律規定得為第三審上訴理由之違法情形，不相適合。其此部分之上訴為違背法律上之程式，應予駁回。

據上論結，應依刑事訴訟法第 395 條前段，判決如主文。

中　華　民　國　１００　年　７　月　１４　日

最高法院刑事第十庭

審判長法官　賴　忠　星

法官　呂　丹　玉

法官　吳　　燦

法官　蔡　名　曜

法官　葉　麗　霞

本件正本證明與原本無異

書　記　官　龔　嘉　梅

中　華　民　國　１００　年　７　月　１９　日

就為了等待本案這份《最高法院刑事裁判書》，我們來來回回於各審法院之間，經過九次往返於各級法院共 35 位法官審理判決，最後，全案定讞。

除了留住錄記此 921 歷史性官司的《最高法院刑事裁判書》之外，由於「921 案」官司訴訟過程的全紀錄也是構成本人政治人生的一部分，特先整理全案進行的相關簡表如：彭百顯「921 案」起訴與審判全程表，併列於此，俾概觀全貌。

彭百顯「921 案」起訴與審判全程表（2000－2011）

時間（民國）	起訴（上訴）人	審判次	審判與判決時間	審判法官	判決情形
90.1.12 起訴	南投地檢署檢察官王捷拓	第一審	南投地院 91.11.29	林宜民 周玉蘭 黃堯讚	參見第六篇第一章「921 案」起訴及一、二審判決對照表
92.1 上訴 92.1	1. 南投地檢署檢察官王捷拓 2. 彭百顯不服一審有罪判決上訴	第二審	臺中高分院 93.11.25	林照明 唐光義 林清鈞	1. 同上。 2. 災後測設及檢測樁工程、基金會借支、捐款未存入基金會、基金會投資等四案無罪定讞
94.1 上訴	1. 臺中高分院檢察署檢察官 2. 彭百顯不服二審有罪判決上訴	第三審	最高法院 94.11.11	林增福 邵燕玲 陳世雄 陳朱貴 張春福	發回更審
—	—	第四審	臺中高分院（更一）95.4.19	李璋鵬 蕭錦鍾 胡森田	1. 臨辦工程、巨型公園及福龜新農業園區等三案違法判決＊ 2. 民眾捐款予基金會等二案無罪定讞
95.5 上訴	1. 臺中高分院檢察署檢察官 2. 彭百顯不服（更一）有罪判決上訴	第五審	最高法院 95.7.28	洪清江 石木欽 李伯道 林勤純 陳晴教	發回更審

		第六審	臺中高分院（更二）97.1.16	王增瑜 梁堯銘 廖柏基	臨辦工程、巨型公園及福龜新農業園區等三案被訴圖利均無罪
97.2.4 上訴	臺中高分院檢察署 檢察官李斌	第七審	最高法院 99.1.28	賴忠星 呂丹玉 吳　燦 蔡名曜 葉麗霞	發回更審
—	—	第八審	臺中高分院（更三）100.4.19	李文雄 蔡王金全 黃小琴	臨辦工程、巨型公園及福龜新農業園區等三案被訴圖利均無罪
100.4.28 上訴	臺中高分院檢察署 檢察官陳銘章	第九審	最高法院 100.7.14	賴忠星 呂丹玉 吳　燦 蔡名曜 葉麗霞	上訴駁回 無罪定讞

說明：1. 偵辦：民國 89.7 - 90.1。

2. 歷審證明「彭百顯被訴九大案十項罪名」完全不成立，參見第八篇第一章。

3. * 節外生枝，臺中高分院更一審判決之荒謬離奇（參見第六篇第四章），仔細了解本表，若無此故意之錯判，就不必冤枉再走第五、六、七、八審之過程，浪費了許多社會資源及時間。

第二章

921 之「道劫並降」

> 我的白晝已經完了，我就像一隻停泊在海灘上的小船，聆聽著晚潮奏起的舞曲。
>
> 生命是上天賦予的，我們唯有獻出生命，才能真正得到它。
>
> 我們最謙卑時，才接近偉大。
>
> ── 印度詩人，泰戈爾，《飛鳥集》

遲來的正義已無正義

11 年的政治司法官司，雖然最後定讞我無罪，法律還我清白；但對我於政治上而言，遲來的正義已無正義可言。

孔子五十知天命。921 打開我知天命的人生十年，也把我推向人生悲慘際遇的邊緣，自檢察官押我起訴求刑我 20 年，在政治上我就形同被判了死刑。

沿著司法纏訟，11 年的功夫，我結束從政的忙忙碌碌，全力應付命運給我的「921 重建貪污弊案」。雖然事後已經證明所謂的貪污案就是「921 冤誣案」，但時至今再經過 10 年時光，我仍然被囿限在他們佈局的暗地裡，不得讓我「重返」翱翔人生自由的天空。

容我再強調一遍。事實已經證明：所謂「921 重建貪污弊案」，確係一齣濫權起訴的冤誣案。反映檢調製造歷史大冤案之惡行惡狀，直教人間傷正義悖公道；但畢竟，臺灣司法欠缺更多像大宋提刑官宋慈那樣正直的官吏[5]，所以「921 案」可還清白，但真理仍然隱晦難明。

---

[5] 參見第五篇註 1。

921 冤案耗盡我們人生的黃金歲月，讓我們及家人受盡屈辱與折磨，更讓 921 災區重建被污名化。我是 921 當時災區的行政首長，並因而淪為階下囚，卸任 10 年仍必須陷於殘酷的司法絞肉機內無法抽身，被傷害到體無完膚。待至見到遲來的正義，已然耗費非常龐大社會資源，對南投災區的傷害亦永難平復，而我的年歲亦近服務國家公職的屆齡退休之年。

但諷刺的是，相對另一造本案不負責任偽造筆錄執意致罪他人、濫權起訴、起造轟動大案不可一世的檢察官大人，在這段相對期間卻飛黃騰達，在體制上對檢調違法也未見檢討，誰來還原真理的人間正義與社會公道？當權者竟默然無聲，這就是我們的法治國度？

921 的道與劫

感歎人為造端，釀製 921 人為災難禍害人間；感歎多年冤案纏訟，連累許多重建廠商倒閉，摧毀許多員工失業、家庭失和、傾家蕩產；感慨自己過去一生清譽、人際關係，皆盡喪於莫須有；除卻感歎、感慨，更復何言！

雖然，我始終堅信正道與公道是人間最可貴的真理，司法正義終將清白還我，但原來努力經營的人生大道卻已被摧殘殆盡，則正道何益？公道何在？

經過知天命年代的平行「921 案」十年歲月，我深刻體會，在臺灣為 921 付出的政治與社會代價太大，尤其動用法律官司，司法冤誣對當事人的蹂躪與傷害更難評量。這就是人間社會持守正道、期待公道所獲致的「結果」？

答案，當然不是。921 案伏藏一些很難立即明瞭的道理。

道劫並降，意謂劫中有道，道自劫生。亦含老子《道德經》所謂：「禍兮，福之所倚；福兮，禍之所伏」之意。

這知天命歲月的「921 案」同步十年，我逐漸接受「時值三期，道劫

並降」的說法。[6] 所謂「道以覺迷，劫以警世」，乃「皇天之妙用，可惜世人未識」，任令諸劫頻仍，罔顧人間悽慘，實大不智矣。

過去聞此，尚不覺深意，及至驚覺百年罕見之 921 大地震，921 劫，災劫究在警世者為何？而同時並降以「覺迷妙用」之道者又為何？亦即「921 道劫並降」此門功課（「921 道門」，簡稱「921 門」），默默吾人進修凡二十年歲月有餘，惟迄今尚未深曉其奧義。我人嘗思，921 歷程涵義，豈非在見識登仁造域之人生意義以及貴在實踐真道之一理爾？

「921 劫」，究竟警世何義？

因 921 緣故，我初始受教於呂祖影響，道劫並降，其並有玄機；我體悟「921 學」是我必修功課，於是重新探索人生道理。若說，天道示意「道劫並降」：道以覺迷，劫以警世，乃上天之妙用。[7] 則 921 劫，當然在警惕我們於世間，人與自然關係、人與人的社會關係，當應遵行天理道德之義。

而「921 道」的妙用又在那裡？我自然很在意。我感悟《八大人覺經》：

世間無常 國土危脆 貧苦多怨 [8]

921，一夕間
每天與我們生活在一起的上千鄉親
離我們遠去，親離苦，為什麼來得沒有一點訊息預告。

歷史性的浩劫
不平不滿之聲，紛紜擾攘，民怨四起

---

[6] 語出《學庸淺言新註》，〈大學淺言新註，孚佑帝君（呂祖）序〉（1947），臺北縣：三揚印刷。

[7] 參見：呂祖（孚佑帝君），《大學淺言新註》，自序，臺北縣：三揚印刷。

[8] 語出《佛說八大人覺經》。於此，我以為，世間無常在指我全體國人之生活環境，國土危脆指我人居此之臺灣全島，貧苦多怨則指我故鄉南投諸鄉親之生存現狀。本小詩品是摘取自我對 921 之一時之情，參見《九月悲歌：921 大地震詩歌集》，南投縣政府文化局出版，2000 年 9 月。

讓南投原本沉重的重建，更加困難，障礙重重。

讓我們有這樣印證的了然
人生的悲歡離合，總是世間無常。

讓我們有如此
蕭然驚醒的了然
土地堅固，山川不移，總是國土危脆。

   — 為《九月悲歌》而作，2000.7.23 深夜于縣長館邸

南投酒廠建築物受創嚴重，儲酒倉庫扭曲變形。

　　當時，我另類思量，認為「921」是上天賜予南投獨特的「禮物」？我們相信，是考驗、是歷練，是機會。不管是震央，是政央，南投所有鄉親都避免不了，就勇敢的承擔。就這方面的體悟，我註記當時的想法：[9]

921
改變了我們熟悉的過去
決定了我們坎坷的未來

我們必須重新認識新的環境，生活在這裡

---

[9] 參見前註引書。

遭破壞後的滿目瘡痍。

我們必須接受事實的安排重建，為明天掙扎

橫置眼前的艱辛苦難。

既然　逃不了，揮不去，避不了

就讓我們勇敢的承擔這一切的苦痛煩雜

迎接這 921 孿生兄弟捎來的禮物。

　　921 孿生兄弟捎來的禮物，是「與劫並降」的「道」嗎？

　　我相信，應該是吧！只是，「921 道」究竟是什麼？幾經幾年沉潛，我試著指出上天同劫齊降的道，就是妙用 921：

世人未識 921

妙用登仁有階梯

　　所幸，我們縣府團隊終於留下恢宏的相關紀錄，讓 921 這門現實面對的功課呈現更加充實。[10] 此外，當然也包含《大割裂：哭泣的心臟 ─ 921 南投大地震》（2000 年 9 月），還有第一個十年所留下【921 十週年論壇】的《世紀災變之借鑑與啟示》[11]，以及第二個十年之後我寫作《921 回憶錄》這本書的重要主軸：司法案最不容忍受政治力之干預及其扭曲社會價值，尤其，於災難時發動司法迫害。這也是「921 冤誣案」災難政治學中

---

[10] 我們於南投縣政府任內所留下對 921 經驗的歷史性紀錄，將成為臺灣災難史上的珍貴資料。主要包括：1.《921 大地震救災日誌》【41 天搶救南投血淚實錄】，2001 年 9 月。2.《921 大地震救災總報告》【英勇投入】，2001 年 9 月。3.《921 大地震安置總報告》【大愛關懷】，2001 年 12 月。4.《921 震災專戶總報告》【涓滴為災民】，2001 年 10 月。5.《921 大地震重建總報告》【堅忍奮鬥】，2001 年 10 月。6.《災後第一年 - 南投縣 921 社福工作報告》，2000 年 12 月。7.《竭力奮進 - 921 震災重建成果》，2001 年 4 月。8.《南投縣 921 震災重建社會福利檔案》，2001 年 6 月。9.《風雨屢摧殘 堅毅猶為民 - 桃芝颱風救災總報告》（921 震災後次年帶來之土石流災變），2001 年 10 月。10.《全國最美麗的校園在南投》（2001 年 11 月）及《自然‧人文‧世紀新校園》，2001 年。
[11] 《世紀災變之借鑑與啟示：921 十週年論壇論文集》，臺北：財團法人新社會基金會，2009。

的法律課題：

法律是什麼？正義是什麼？

而法律當須通過道德檢驗，包括大自然 921 劫之考驗。我們生於斯，長於斯，臺灣的法律界又實踐了多少？通過了多少？

「921 冤誣案」正是活生生的法律正義歷史教材，顯然並不及格。

第三章

堅持正義代價慘痛

> 萬事萬物在一個不停的流變中,決沒有什麼永恆的存在;
> 一切一切都是變化與形成。
>
> — 古希臘哲學家,赫拉克利圖斯
> (Heraclitus,約公元前 535 – 475)

偽善的清算者

他們一定有其理由。

自遠古以來,曾有許多殘酷以及偽善的清算者,是受了某些有雄心壯志「策士」構想的激勵而勇於作為,包括清理戰場、佈建理想社會秩序,因而有了後續一些令人意想不到的新局勢上演,改寫新歷史,包括好的,以及壞的發展。

其實,我也深知「921 事件」之發展,只是長久歷史眾多法則中之一,掌權者他們仍然以近似柏拉圖式之「靠專制君主來救世救民而清算反對者」信念治世。現代臺灣幾十年來,朝野不也都是「堅信本黨為實現執政理想社會目標」,在權力操作上,必須強力壓抑、排除對本黨內外之阻擋在前的「壞人」、「石頭」之威脅。

他們基此理想夢,執權力於手,而敢作敢為;「921 案」事件只是他們並沒有完全成功,而成為意料之外較棘手的例子。

當時,我們都是公務人員。公務員執行職務,應依據法令。然而,有多少公務員於一生公務生涯中,莫名奇妙的碰上了刑事責任,輕則精神上的打擊,重者家破人亡、連生命都喪失。本人過去為民眾從公的勇於堅守正義作為,在 921 震災案的反面教育,仍竟是讓公務員採取傳統守舊、明

哲保身的消極態度：「多作多錯，少作會是少錯，不作準是沒錯！」這是何等令人心酸、無奈啊！

　　本人深知，啟動改革的腳步，勢必與傳統的利益有所衝突。921案這個過程除法律正義，我們更特別在意媒體正義。如若在有心人處心積慮的散播謠言，到某個程度時，累積的謠言足以積非成是；倘使檢調單位根據莫須有謠言，以及以矛盾對立議會的政治檢舉草率辦案，尚且用威脅、利誘所獲違反事實之證詞以及謬誤百出之內容濫權起訴毫無政黨奧援的政治人士，除了政治不義，更製造災區更多的人禍災難，到底還有什麼堪可告慰國人或災民？

921讓每個人心中承受的痛苦，20年了，不是因為時間久了就沒有感覺，圍剿下，說與不說都一樣。總是有些黯傷，不是不在乎；而是懂得了冷靜面對，和自我修復。
橋樑斷裂毀損／林嬌容攝影，取自《大割裂：921哭泣的心臟》

政治、司法、媒體的正義

　　過去二十年來，面對本案如此之多的司法濫權腐敗，證明災區縣長淪為被告亦毫無基本人權可言。未知一般基層民眾遭受類似的境遇，究竟要如何才能免於這個災難呢？

　　政治不可以不健康，司法不可以不正義，媒體不可以與政權掛勾啊！

「千夫所指，無疾而終」。含天下冤枉而無法為自己辯白，那種百口莫辯的沉重感覺，會讓受冤者以死尋求解脫，這是我當初被莫名羈押在牢的心理寫照。我常常在想，如果當初我在看守所一時氣不過而自殺，大概也是落得「貪污舞弊、畏罪自殺」的結局吧！而本案我的助理也因我而入獄，導致精神嚴重抑鬱，如若她用極端了結困厄，那我不就永遠背負罪名至死，一輩子跳到黃河也洗不清？

921 案衍生一些人間公道與正義問題。

過去鋪天蓋地濫權起訴的「921 貪污弊案」，已讓多少人傾家蕩產、家庭失和、暗夜哭泣，而十餘年冤案纏訟，耗費多少人寶貴人生。如今，事實已證明這是歷史大冤誣案，但所有逝去的一切，已無法追回，而所謂「轉型正義」，只是掌政權者為獨占利益的工具，不適用於非我族類，難道人世間永遠只能讓一般人無盡慨嘆？

追求人間正義公道，為什麼總是那麼艱辛與遙不可及？很多人一再問蒼天。

再者，黑暗的力量，沒有人會知道本案受冤事實真相。當然，也沒有人會揭發檢調脅迫證人之不法，是偽造筆錄的公敵；就是已經證明筆錄是偽造虛構的，也沒有利害關係人會因此知道真相而放過你。然而，又有誰能度過長年訴訟折磨、身心創傷，受得了名譽敗壞的摧殘？

天佑台灣。我們已進入法治人權時代，在歷經不堪回首的陣陣痛楚之後，我們內心的吶喊，我們的檢調體系仍有許多問題亟待改進：

什麼時候公權力能停止先入人罪、羅織辦案的偵辦方式？

什麼時候可以服膺專業，謹慎採證？

什麼時候可以依法不洩漏搜索秘密，不毀損受搜索人名譽？

另外，我們感觸良深，對擁有無邊影響力的輿論媒體，這些的確值得我們深思：

如何體會在龐大媒體輿情壓力之下，自殺身亡往往是一個有尊嚴的人的逃避所？

對一個身陷偵查中的無辜者或嫌疑者，是不是也能減少一些渲染與臆測的傳播？

我們不是上帝，又怎能在還沒有審判之前就急著傳播檢調的不實予人定罪呢？

猶記得民主前輩在我決定由立法委員要轉跑道參選縣長時他們的期勉，想不到二十多年換來了這樣的一個結局。

繞了一大圈，停滯不前。雖然「921 案」法律還我清白，然而，畢竟臺灣民主神聖大業並非兒戲，我對他們的心境迄今仍有一些愴然。

當時，他們曾經這樣向南投鄉親薦舉。李鎮源院士說：

本來我也想，像彭百顯這樣優秀、這樣清流的立法委員跑去地方，雖然是自己故鄉的南投縣來選，到底是那一方比較重要，但是地方自治將來對我們臺灣的政治、國家的建設可能有很大的影響，所以他決定要去競選，站在這個立場，本人也極力支持他。

這種看法代表了那時許多知識份子的心聲。另外，已經離開民主進步黨的首位提名總統參選人彭明敏，他說：

　　彭百顯是民進黨的精英而且是清流。他的學識特別是對財經的專門知識，他的經驗、他的操守、他的認真，可以說是我們大家所欽佩的。

　　這次他由立法部門想要轉入行政部門，更可以發揮他的智慧，對臺灣全體，不只南投，對臺灣的行政改革、政風的改善發揮更大的影響力量，對民主進步，我相信一定可以有更好的貢獻。不但是南投縣需要這種人才，我們臺灣全體人民和我們的將來，都需要這種人才，在這裡打拼奉獻。

　　眼下雖然我的政治路已盡，思及回南投選縣長，竟遭遇「921案」的大洗禮，經過十餘年光陰的一再檢驗，事實證明，南投四年執政，以及921大歷練，我並沒有辜負民主前輩的鼓勵；對於921之局，我內心固有遺憾，但本質上真的也沒有對不起南投與臺灣。此情此境，印度詩人泰戈爾描繪了我現在的心情：

> 這孤獨的黃昏，籠罩著霧和雨，
> 我寂寞的心感覺到了它的歎息。
> 貞節是一筆財富，在肥沃的愛情裡滋長。

921 不是一般的變故

人生，在個人，在天地，
都不是一個偶然的境遇。

我們人生的終極目的，
是要覺醒內在於己的神理天法，而與神再結合。

我們原與祂本為一，
由於無知地執著於物質，
以及由於疏離或自私，而離開祂。

— 吉娜·舍明那拉，《靈魂轉生的奧妙》[12]

歷經十餘年「921 冤誣案」的這一翻折騰，法律雖然最後還給我們一干人等之清白，然而，在政治上，確因本案而摧垮了我數十年來小心翼翼所營建人生信譽的基礎，我成了輸得很慘的失敗者。

他們終於以權勢用法律玩我，讓我人生黃金歲月陷在谷底；但也是法律無法一手遮天而護我，讓我清白過餘生。

感嘆法律玩家（當然包括玩法律家）的威力，竟可形塑歷史的成敗是非，然而，文明社會究竟應該如何來對待君子與非君子這兩類人？

知我心者：寧可孤獨，也不違心；寧可抱憾，也不將就。

能入我心者，我待之以至寶。

---

[12] 吉娜·舍明那拉（1914 -1984），《靈魂轉生的奧妙》，陳家獻譯，臺北縣：世茂出版，2005，頁 310。
吉娜·舍明那拉為美國威斯康辛州立大學麥迪遜分校之心理學與教育學博士，本書為其紀錄探索一位由埃及大祭司轉生艾德格·凱西，以催眠時靈視為人治病，以及探究人們轉世輪迴的生命事蹟與宇宙法則之真理。

921 是件重大變故，不能以一般案件視之。

921 為什麼發生？為什麼震央「擇定」在南投？（國姓九份二山，我們已再三更正提醒：並非集集。但錯誤的固執不易改變，我們社會還有很多人包括傳播媒體仍叫「921 集集大地震」，不正確。遺憾有人還在堅持）

921 震央國姓鄉九份二山嚴重崩塌走山，大量坍方的土石阻斷兩條溪谷，形成澀子坑、韭菜湖兩處堰塞湖。張再發攝影，取自《大割裂：921 哭泣的心臟》

921 大地震的發生，擇定在南投震爆，這些我們都不能預知。

對將來的事件能夠預測，當然是幸福的事，是人類文明進步的重要學問。有關預測，一句常被引用的康德（Immanuel Kant，1724 -1804）格言，科學：自然科學的目的為的是預測未來將會發生的情事而求知。遺憾的，我們就是不能精確預測，只好聽天由命。921 案也是如此。

我們關心影響人類的事件，就自然界、世間，在宇宙史和人類史的發展過程中所發生重大變故，都是許多事情的集合後果。所有發生的事情，都是在當時的情形下不得不發生的。它之所以發生，是因為促成它發生的力量比相反的力量更有力。在這種意義下，它的發生是不可避免的，必然的。921 變故，留下了「921 事件」。

而 921 事件，泛指 921 大地震發生後產生的各種重要影響之狀況，包括「921 局」、「921 案」以及大自然反撲，或人心反射。

　　我們很難理解這重大變故是如何發生的，但吾人相信經濟學家米塞斯在人文方面的見解：政治的、社會的，和經濟的事件，是全民合作的總結果。至於個人，則機會在人事方面扮演了（某一個意義的）重要角色。這個事實，一點也不與宿命論有何衝突。[13]

　　921 事件之於臺灣、南投或我本人，我以為，當然也是「如是觀」：

　　　　不管哲學家關於因果關係的說法如何，事實總是：絕對沒有不受因果關係指導的行為。

　　　　我們也不能想像有一個昧於因果關係的心。

---

[13] 參見米塞斯《經濟學的最後基礎》，〈第三章：必然性與意志力〉，夏道平譯，臺北：遠流出版，1991，頁 86 -88。

我終於自由了！
打擊來臨了，侮辱之鼓敲響了，
我的坐凳被貶入塵埃中。
我的道路在我面前展開。

　　　　　　　　　── 印度詩人，泰戈爾，《採果集》

震央九份二山撕裂為「一線天」奇景／劉憲仁攝影，
取自《大割裂：921 哭泣的心臟》。

2

晴 天 霹 靂

第二篇

回首 921 變故與災難

上帝對人類說：

我治癒你，所以才傷害你；我愛你，所以才懲罰你。

感謝火焰的光明，但是別忘了執燈人，他正堅忍地站在黑暗之中。

小草啊，你的足跡雖小，然而你卻擁有腳下的土地。

小草綻放出蓓蕾，高喊著：親愛的世界啊，請不要凋零。

　　　　　　　　　— 印度詩人，泰戈爾，《飛鳥集》

　　21 世紀前夕，921 在臺灣的心臟地帶震爆開來。它使國民黨讓出執政權，臺灣開啟新的政局，民進黨在 921 災難中躍上執政舞臺。其有天意乎？

2000 年第 10 任總統大選得票統計

參選人	政 黨	得票數	得票率%
連 戰	中國國民黨	2,925,513	23.10
陳水扁	民主進步黨	4,977,697	39.30
李 敖	新 黨	16,782	0.13
宋楚瑜	連 署	4,664,972	36.84
許信良	連 署	79,429	0.63

921 事件有天災，有人禍，有人搖撼我的縣長坐位，事件是由此為背景的。我們終於要展開完全異於過去的道路。本篇簡單回顧 921 帶給南投縣民眾、縣政府與我人所造成的變化，以及災難，包括天災、人禍。

1999 年 9 月 21 日凌晨 1 點 47 分，這是歷史時刻，921 是歷史記憶。我們站在歷史災難的浪頭上，故事也從這裡開始。

921 大地震重創中臺灣，震央南投災區滿目瘡痍、面目全非。當時的慘狀是這樣：所有民生需要之建設，水、電、瓦斯、通訊、交通系統，乃至房屋建築、辦公房舍，幾乎全面癱瘓。縣民鄉親傷亡慘重，人民財產損失數千億，二、三十萬災民流離失所。經濟蕭條，失業頓增，縣庫經費本就拮据而無法即時接濟協助救急。[1]

南投縣政府承受突如其來大量的依賴人口，舉凡迫在眉睫的生命救災、馬上面臨的生活安置，以及破壞後的重建等三個階段工作的繁重、複雜與萬般困難，實難以形容於萬一，一般社會大眾也不易瞭解。

回首 921 變故，這是一段血淚交織艱辛的歲月，意想不到的，除了天災地變，竟也包含利用 921 災變而發難的人為禍端，議會就是位居第一線牽引司法災難的火藥庫，而後來出手的是藉 921 上臺的新政府，他們扮演導演兼劇本製作。

---

[1] 921 發生，透露一點「錢」的小故事。李登輝總統即時南下災區，他以黨主席的身分攜國民黨黨資 2 億元，就是他看到基層地方的實際需要，但他給一部分鄉鎮長 100~200 萬元，沒有給南投縣長任何一毛錢，可能是認為南投不是國民黨在執政，抑或他當時心目中「鄉鎮長比縣長大」，不得而知。

921 變故與重建，是一段血淚交織艱辛的歲月。
名竹大橋斷落百餘公尺 / 曾逸君攝影，取自《大割裂：921 哭泣的心臟》。

埔里酒廠儲酒倉庫 / 童家永攝影，取自《大割裂：921 哭泣的心臟》。

南投酒廠扭曲變形 / 呂秋明攝影，取自《大割裂：921 哭泣的心臟》。

集集武昌宮損毀 / 陳聖政攝影，取自《大割裂：921 哭泣的心臟》。

中寮鄉公所一樓整個塌陷 / 呂秋明攝影，取自《大割裂：921 哭泣的心臟》。

第一章

那一夜催生了南投災難團隊

> 在這樣一個充滿無限偶然的世界中，沒有任何事可以理解，
> 有的只是不停的千變萬化。
> 任何事都不能預料。
> —— 奧裔美籍經濟學家，米塞斯，《經濟學的最後基礎》

921 大地震發生的剎那開始，就註定了南投人未來五、六年共同的重建命運。南投縣政府也義無反顧地扛起全縣救助災民、安置災民和重建災區大業。縣府團隊工作立時自然轉變為救災重建團隊。當時，身為縣長的我，全縣「操兵」，多方面「作戰」。

自那時起，我相信：921 將是南投甚至是臺灣恆久記憶的歷史驛站。

回顧當時，臺灣發生百年來最大的強震，我約在凌晨 2 點即趕至消防局，並指示於 5 點移師體育場，擴大成立「南投縣 921 大地震救災指揮中心」，坐鎮指揮，掌握災情。當天上午 8 點，也配合行政院在縣立體育場合併成立中央防災中心前進指揮所，同步與中央運作救災工作[2]，並隨即指示全縣 13 鄉鎮市成立災害防救中心。

紛亂但仍有條不紊

縣府團隊在紛亂中結合國軍弟兄，以及陸續到來的各國救難隊伍和全國醫療人力物力鼎力協助之下，全面展開災民生命財產、交通、水電瓦斯、電信設施等生活機能的搶救工作，公布縣政府社會救濟會報專戶供各界愛

---

[2] 921 當天早上，行政院長蕭萬長最早到南投，其次是李登輝總統；我陪同他們巡視災情，也一同在室外指揮中心由我公開在媒體面前向他們報告災情狀況。

心捐款，並統籌賑災物資，以救濟災困。

緊急救災階段，縣府團隊分別在各地區成立災民收容中心，覓地搭建組合屋臨時社區、簡易教室，發放慰助金、賑災物資，安置帳篷族、失依老人及兒童，及實施以工代賑等緊急安置措施。這是 921 突發事件展開縣府團隊手忙腳亂，但仍有條不紊的完成前段領導工作內容。

災後經過兩個星期，10 月 4 日，縣府成立「南投縣災後重建推動委員會」，與中央各部會直接對口聯繫，下設安置、營建、濟助、地用等共 28 個混合編組，我擔任主任委員，縣府團隊全力投入全縣災民安置工作。

在以上這段時間的記憶，我和縣府主管、同仁不眠不休，每天睡眠時間甚至不到三小時。位於體育場的臨時辦公室，雖然在運動場跑道上工作，辦公環境相當克難，但縣府同仁經常是熬夜趕辦救災、安置工作，體育場燈火通明，連續好幾個月。

一個月後，10 月 22 日，縣府「超前部署」，召開「921 震災重建白皮書」研商會議，設立 13 個小組，展開重建規劃。11 月 9 日，行政院災後重建委員會頒布「災後重建計畫綱領」作為各級政府重建依據，縣府也據以研擬南投縣重建計畫工作綱領。

新政府打亂原重建規劃

我們歷經繁雜困難的半年，佈局全縣重建計畫工作藍圖。

但我們面對重建工作的一個大轉折，2000 年 6 月 1 日，首度掌權的民進黨新政府成立後，行政院改組設立「921 災後重建推動委員會」進駐中興新村，接手推展新政府的重建作業規劃，執行 1,000 億元特別預算。

為配合新政府重建政策，我責成縣府團隊，重新調整組織，分別相對設置公共工程重建、大地工程重建、校園重建、產業重建、生活重建、住宅及社區重建，以及原鄉重建等七個任務編組。在每週縣政會議，我逐一檢討各項重建進度和困難瓶頸，務期在最短的時間內，帶領全縣走出震殤，完成重建大業。

921 災變亦有天意乎？

古人重天變，而責于人事。

見天災時變而知天意，物之變（物異）乃氣數所感化而然，且莫非人心召之；人心之非而風尚敗壞，致有逆倫悖理，鮮恥不德，故氣數遂變矣。

天災難堪，實與人心難善有所關連，宜知本末，不可不察。921 天變，不只是暗示南投人事更迭爾，其更感召國家大事之變易乎？

上圖係 921 震央原爆點九份二山，雖經數月不斷挖掘救援，仍有 23位鄉親永息土石深處。震央九份二山 / 連繡華攝影，取自《大割裂：921 哭泣的心臟》。

縣府團隊戮力重建成效

　　震災後一年多，縣府面對 921 浩劫後的重建工作按部就班推動，工作團隊由救災團隊、安置團隊蛻變到重建團隊，在許多原來的縣政工作量仍須進行之下，面對大地震破壞之後暴增十數倍的工作量，我們團隊的人力、財力嚴重短缺，而重建的經驗和智慧則在付出中不斷累積。

　　我們憑的，是和災民同舟一命、儘速完成家園重建的使命感，就是這份責任和目標，支撐縣府團隊一年半來夜以繼日、犧牲自我、全心全力投入重建。我帶領南投縣重建團隊不辭轉折、萬難投入，足跡遍及全縣角落。

　　具體的重建成效，災後一年半，也就是我離開縣府的前半年，上級（舊中央政府）核准全縣 2,899 件公共工程 97% 以上已全部發包施工，更有七成已完工，觀光農工商產業已見逐漸復甦，民眾生計亦逐漸安定，全新亮麗的建築更是全臺校園最美麗的典範，災民的生活照護工作遍及全縣各鄉鎮，特別是弱勢族群，而家園重建和原鄉重建，也在中央政府和全國專家學者組成規劃團隊的協助下，鋪陳的願景眼見即將可期，縣府團隊深具信心。

　　回顧 921 大破壞之後，由下表之統計內容反映，嗷嗷待哺的南投縣 20 幾萬災民，全面性毀滅的工程重建，連帶毫無生機的蕭條經濟，無助無依的弱勢族群，一切都有待拯救，所有的建設幾乎從頭開始。

　　這是一項幾乎不可能的任務，更是一段淚水、汗水交織的歷程，如果不是身歷其中，實在難以想像其中的艱辛和壓力。我很感謝縣府團隊在那時全力地與我一齊努力為南投震災後救災重建的無私投入，這是我們一生難以抹滅的一段值得安慰的人生紀錄。

921 震災傷亡房損統計表（1999）

縣（鄉、鎮）	死亡失蹤人數	重傷人數	全倒戶數	半倒戶數	全倒、半倒總戶數
行政院統計	2,494	725	51,753	54,406	106,159
南投縣*	922	248	28,361	29,262	57,623
南投市	93	25	5,213	6,318	11,531
埔里鎮	210	57	6,250	6,600	12,850
草屯鎮	88	19	2,557	4,003	6,560
竹山鎮	115	27	2,828	3,229	6,057
集集鎮	42	18	1,819	845	2,664
名間鄉	35	9	359	443	802
鹿谷鄉	23	35	1,140	1,016	2,156
中寮鄉	179	22	2,542	1,424	3,966
魚池鄉	14	10	2,375	1,476	3,851
國姓鄉	112	12	1,913	1,870	3,783
水里鄉	8	9	599	1,263	1,862
信義鄉	0	1	436	357	793
仁愛鄉	3	4	330	418	748
臺中縣	1,194	378	18,924	18,780	37,704
豐原市	160	54	1,748	573	2,321
大里市	162	55	2,917	4,518	7,435
太平市	86	23	2,208	2,098	4,306
東勢鎮	358	99	5,139	5,441	10,580
新社鄉	117	39	1,490	1,101	2,591
石岡鄉	174	44	1,848	1,170	3,018
霧峰鄉	87	12	2,872	2,486	5,358
和平鄉	41	7	634	745	1,379
其　他	9	45	68	648	716
臺中市	113	23	2,803	3,720	6,523
苗栗縣	6	6	619	570	1,189
彰化縣	33	11	580	757	1,337
雲林縣	82	23	533	492	1,025
臺北縣	46	4	221	690	911
臺北市	88	17	164		164
其　他	10	5	64	109	174

* 921 大地震使群山土質鬆軟，次年發生桃芝颱風土石流災變，造成南投縣死亡及失蹤 119 人，受傷 203 人，房屋全倒及半倒 864 戶。這些亦應是 921 震災衍生的傷亡數據。

　　921 震災反映人間災難，同時也反映縣府對救急、救災、安置龐大災民生活，以及迅速復建家園重建等的因應力量。這些都應該留下紀錄，予以肯定。

堅毅的縣府團隊

　　以下，補充一些當時帶領縣府團隊，我的救災總指揮經驗。其餘有關重建的概要回顧，將於第三篇敘述。

　　我相信，「921」已成為當代臺灣人心中不可抹滅的烙印。

　　前已略述 921 南投震災發生之後，我和縣府團隊肩負起災區第一線救災、安置和重建的重擔大任，很多時候許多人不眠不休，我們真的做到不眠不休、夜以繼日的地步。921 經驗，我並不諱言，南投縣政府確實表現出一個難得的優異救災團隊。可惜沒被中央與媒體所注意。

　　我們無心做自己。許多縣府主管和員工本身也是災民，或是住家全倒、半倒，或是家中有親友不幸於地震中罹難，大家無暇優先整理復建自己的家園，或和親友作最後的告別，因為數十萬災民的急迫需求和抱怨一刻不曾停止過，我要求自己和員工不斷加班趕時效，因為重建工作實在做不完；縱然對員工有太多的歉意和不忍，但也只能隱忍在心中。

　　921 大地震以後相當期間，我們一些工作伙伴每天工作往往超過 16 小時，甚至 20 小時，身為震央的南投縣縣長和縣府團隊的成員，我們只有義無反顧地扛起百年來最艱鉅沈重的重建重擔。然而，夜以繼日的工作與壓力，曾經我的身體也亮紅燈，直到一次縣政會議後腰腹部出現劇烈絞痛、冷汗直冒、幾近喪失行為能力才被送到草屯佑民醫院急診，也才知道是膀胱結石惹禍。這是繼沉痛的震災後帶給我的另一個身心痛苦的不堪經驗。

這次 921 重大突發狀況，從中央到地方政府，大家都沒有震災復建的經驗，南投縣政府公務人力無法負擔暴增數十倍的工作量，政府財力物力更是無法在短期間滿足災區的需求。尤其，921 地震後又適逢 2000 年總統大選的政治激烈角力，921 議題使南投縣政府和縣長我一再處於政治的震央，承受來自各方的壓力和苛責，甚至演變到遭遇司法大軍壓境、挖地三尺深入偵查的風風雨雨，更讓我們難以喘息和招架。

而我總是和縣府團隊共勉：路遙迢，堅百忍，更向前。

自 921 迄今 20 年，歷經 921 震央的災區縣長，回顧過往，我衷心感謝有來自全國及世界各界的關愛和資助，有 21 億元捐款協助我們、也陪伴我們一起挑戰這智慧和體能的極限，挑戰這幾乎不可能的重建任務。我當時也承諾，投入全部心血帶領南投縣積極重建，以向歷史和子孫負責。為了表彰縣府團隊在 921 歷史的貢獻，在此齊列團隊幹部名單於後，藉表我對他們辛勞的感謝。

921 南投縣政府救災重建團隊幹部名單（2001.2）

單　位	主管	成員（職稱及姓名）
縣長辦公室	機要秘書鄭素卿	陳明娟、吳政勳、邱政略、連繡華、陳迪暉、曾瓊瑤劉美芬、黃麗香、江靜宜、張豐子、林雀薇、李文凱張木斌
副縣長辦公室	副縣長賴英芳	陳慧君
主任秘書辦公室	主秘陳財源	秘書：王國雄、林日新、林學仕、魏錫堯、楊順明、梁守德、黃仁勇、曾敏玉
民政局	局長蕭裕珍（鄧永禧）	副局長蔡清華，專員林志忠，課長：胡弘振、石孟峰、李漢卿、吳燕玲、鄒政洽、李雅彥
財政局	局長何麗容	副局長吳昭源，課長：周敏正、楊儒淼、李鳳嬌、黃信輝、林桂鈺
教育局	局長黃宗輝	副局長劉仲成，督學：陳振森、黃健章、簡志森、林秀薇、陳振義、吳敏華，課長：魯信註、王淑玲、沈秀玲、鄭肇家、洪文卿
城鄉發展局	局長簡學禮	副局長黃東榮，技正洪忠雄，課長：許清欽、林廷瑤、邱清圳、王國峰、曾武雄

工務局	（王仁勇）	副局長王仁勇，技正林德欽，課長：周天明、林芳志、林裕修、曾仁隆，隊長：莊鴻模、陳佐賜
公共工程管理中心	主任王仁勇	組長：蔡明豐、曾志弘，組員：歐怡夋、林彩霞
觀光局	局長伍宗文	副局長廖深利，技正白錦聰，課長：陳意玲、姜君佩、陳榮欽、簡育民、
農業局	局長林雨森	副局長廖一光，課長：郭福成、蘇惠一、王美惠、石朝文、謝在郎
社會局	局長陳婉真（賴忠政）	副局長許玉鈴，課長：陳俊利、劉威章、蘇振鋼、陳健二、鍾玉燕，社工督導員：謝廣仁、高懿在、李佩凱
地政局	局長白文貴	副局長陳錦白，專員林玉珠，課長：李紹輝、許博能、王坤榮、邱素香、吳金龍，隊長簡文通
新聞局	（王國雄）	專員涂勳業，課長：蔣銘娟、蕭呈章、施東憲
行政室	（林學仕）（曾敏玉）	副主任吳贊，專員呂明憲，課長：謝姮娥、王源鍾、嚴福生、陳玉美
法制室	（林烓騰）	專員沈倩如，課長：康馨壬、邱文津
計畫室	主任蔡碧雲	專員石尊仁，課長：黃富鈴、金能鈴、林秀蓮
人事室	主任王炳霖	專員劉蓬期，課長：林季葦、鄭和、石維倫
政風室	主任劉獻評	專員陳英康，課長：曾志弘、陳治良、王俊堯
主計室	主任蔣建中	副主任王靖強，帳務檢查員陳茱妤，課長：陳美秀、黃金鳳、陳淑穗、徐世明
警察局	局長蔡俊章（陳銘烈）	副局長蘇建璋、劉文孝，主秘鄭甘松，督察長吳啟瑞，主任：廖嘉祥、黃勝雄、張登欽、林敏珠、王偉益、林振雄、黃金印，課長：吳再求、邱六一、楊嘉文、陳靖平、李淵源、王培華，隊長：陳森田、楊清福、林漢堂、郭仁賓，分局長：張福鎮、王鴻烈、邱文亮、林中村、葉璺煙、莊原子、楊國本、王育群
消防局	局長林聰吉	副局長胡水旺，秘書謝明章，課長：陳廷聰、陳興傑、林坤龍、林琦瑜、鄧哲游，主任：王伯鏞、袁正隆、梁景聰，大隊長：張國洲、張登旺、葉丁界，副大隊長：朱定民、吳嘉宏、許慧萍，分隊長：張潮、陳憲彬，小隊長：林谷川、林俊豐、張松獻、蕭嘉炳、林田、廖泰墟、廖大裕、林學科、簡俊富、賴錡明、吳慶通、董聰儀、王根漢、陳明駿、石朝集、廖云乾、藍百全、吳其深、羅宗賢、陳辛欽、江義雄、陳建樺、曾星明、黃毓堂

衛生局	局長廖龍仁	副局長彭百志，技正方信雄，課長：林朱健、林慎、黃昭郎、詹仁雄、黃淑卿、賴麗紅，主任：洪錦滄、劉季川、吳倉閔、林永清，醫師兼主任：王鋅鋅、周世槙、黎俊奇、簡志龍、洪元哲、沈寶源、陳威申、胡錫鰹、楊英哲、姜仁智、賴力行
環境保護局	局長陳獻桐	秘書黃靜如，技正王茂堯，專員蘇承源，課長：薛周發、唐志雄、林焰映、吳秀娟，主任：張沂淩
稅捐稽徵處	處長彭貴源	秘書李裕揚，主任：林良雄、顏武吉、邱清安、張美英、李清發、陳信吉，課長：吳廣雄、趙紅琇、林川學、林碧蘭、黃崇理、蔡熾陽、邱創平
文化局	（曹美良） （陳秀義）	副局長曹美良，課長：王旻世、張國華、吳麗卿，主任：林嘉慧
原住民行政局	局長林德芳	主任：劉先進，課長：林士嘉、史強、全秋雄

說明：1. 副縣長賴英芳於 2000.3 任命。
　　　2. 主管單位部門間有變動，日期不一。
　　　3. 附屬機關南投縣家畜疾病防治所、肉品市場股份有限公司、各地政事務所、各戶政事務所及各國民中小學 (略)。

　　我深信，這份 921 際遇歷練經驗和智慧結晶，必將是團隊所獨特確係別人所求不來的際遇和無形資糧。那個時候，我勉勵縣府團隊，也堅信不疑歷史的因緣。

重建超負荷，犧牲自我全力投入：看在眼裡，痛在心裡

　　再強調一遍縣政府的處境：南投縣受 921 大地震摧殘，全縣 13 鄉鎮市均嚴重受創，災情慘重。除了民間損毀數千億外，全縣公共建設及廳舍工程損失也高達好幾百億，使得原本即已捉襟見肘的縣府財力、物力益形倍感吃力，只得仰乞中央。

　　但在使命感趨使下，我要求縣府團隊主管以及基層員工，「夙夜匪懈、矢勤矢勇」，艱難環境，仍應兢兢業業投入，期待南投早日脫胎換骨。

　　就其他災區縣市來與南投縣相對比較，南投縣完成的工作負荷絕對是

其他縣市的數倍之多！以公共工程而言，公共工程毀損待復建重建至少四、五千件，獲中央核定 2,899 件，但其工程量也比歷任縣長任內暴增數十倍以上，南投縣公務員所肩負任務不僅艱鉅，更是超量負荷。

然而，當時中央卻仍留有相當多縣府所陳報的 921 災後重修復建工程並未列入重建工程（即沒有預算），以致該地方民眾繼續埋下不滿民怨。相對 2008 年 6 月 30 日「921 震災重建基金會」解散時，還結餘 921 捐款 45 億 3,000 萬元「移撥」給 2002 年成立之「賑災基金會」[3]，這有錢中央掌櫃，對待當時我們求錢若渴、臨渴掘井之窘境，相差何止千里？這是中央的仁義不夠，廣留重建無望在民心，縣府團隊也莫可奈何。但中央得意其決策驕傲於國人的言行，我看在眼裡，痛在心裡；公平正義是由上級政府在分配、訂定。中央 921 的話語權，決定 921 的南投命運。

南投全縣民眾房屋全倒及半倒 5 萬 6 千多戶，重建的重擔之一硬體建設，縣府工程單位人力，平日業務已極為繁重，除原有縣政工程建設業務外，再加上大地震過後暴增的各項公共工程的測設及施工業務，也造成工作量暴增為平日的十數倍以上，遠遠超出負荷。在民眾、在中央、在輿論，他們不是給縣府嘉勉，而是不斷的鞭策與責難，但我們仍咬緊牙根，努力向前。

再以重建建照申請而言，平均每月達二千餘件，加以學校建築及平常之建築申請案件急遽增加，為地震前每月核發建照數約 100 件的 20 倍以上；由於縣府其他單位也因地震後業務大增而無法支援，使得地震後初期建照核發嚴重遲滯，民怨多多。後雖經以縣長身分交代專責成立建照審查專案小組稍有改善作業流程因應而得以舒緩，但工作量負荷仍然超過尋常數倍。

---

[3] 財團法人賑災基金會創立基金 3,000 萬元，係由行政院動支 2001 年度第二預備金支應。基金會於 2002 年 2 月 5 日設立，主要目的係以運用社會資源，統合民間力量，協助因天然災害受災地區之賑災為宗旨。

我真的看在眼裡，痛在心裡；基層公務人力已充分要求，服務需求一時爆量，我們已盡全力，民間不滿也只能忍住。

肩挑全縣公共工程重建重擔的縣府工務、地政、農業、城鄉、法制、教育等部門單位人員，有具體工程「列管」壓力，晚上燈火通明、徹夜加班的情況，更是家常便飯，縣府上下所求的無非就是希望能加快重建腳步，讓南投早日站起來再出發。

而比較特殊的社會局、衛生局、文化局等軟體重建，並無許多具體公共工程重建件數所釘住，然而，急遽上升的生活需求重建工作依然繁複、倍增。全縣廣大的災區並沒有其他地震後生活重建的經驗可以師法，而面對大批短期義工逐漸離開災區，各界的熱情逐漸冷卻，包括決策面臨不知所措、不知下一步該怎麼走的困境，且又逢雨季，土石流災情開始侵襲災區，重建之路困難程度可以想見。

前面強調過，身為縣長我看在眼裡，痛在心裡。特別是外在相責難的上級與媒體輿情，不在災區，根本體會不出災區的苦境。這就是我們的「救災團隊」、「重建團隊」。我們忍所不能忍，默默走過這一段。

就此，我試舉當時陳婉真社會局的小團隊為例，說明一些 921 縣府團隊為外界所不聞的員工工作壓力：

> 自 921 地震發生的 3 個月期間，第一個月社會局員工每天
> 24 小時輪班，第二個月也全部取消休假。甚至有同仁的親友
> 在地震中罹難了，都忙得沒有時間去慰問，害得全家人都對他
> 頗不諒解。

其實，許多其他單位也一樣，我和縣府主管對類此案例，心中充滿強烈的歉疚感，然而卻也只能心裡有數。而同仁中有的房屋全倒半倒，或有輕重不同的損失，我和主管們卻仍然不得不要求大家以公務為重，不斷工作、加班…，實在是因為救災安置的工作急如星火，「公而忘私」，別無選擇。

而又因縣府財政拮据，我不得不下令主管以上不得報領加班費。我心裡憋著大家的委屈。今天，我藉此一角，向921當時的縣府團隊衷心表示感謝，也同時表達抱歉。我對不起大家因公而忘私所付出的損失。

　　因為我們窮，中央政府根本不會在乎誰在加班、有沒有加班費。他們曾經在中央點名罵我只知愛錢、要錢，誰叫我們南投縣是乞丐縣，我是乞丐縣長。真的，我「看在眼裡，痛在心裡。」有口難言。

　　這些都是南投縣民與縣府團隊的921災難，也是我個人的災難。

堅毅不拔的縣府團隊

921兩週年前夕，於縣政大樓前留影的這支隊伍，是最優秀的縣府團隊幹部主管。在非常環境中，忍辱負重，領導全縣度過921災劫走出震殤，以及桃芝風災土石流。

尤其，特殊的是921來臨之前，更剛剛度過南投首度輪政的議會最惡劣的磨練，親嘗「什麼叫民主」、「什麼叫理性」、「什麼叫假新聞」的全然新政時期；之後，即全力衝刺南投災劫重建。

歷史證明，這個團隊創造了南投縣政百項建設創舉，通過司法嚴厲檢驗，始終留下清流正義的恢宏縣政紀錄。

第二章

編造司法災難的劇本

> 一些故意去傷害別人的人，
> 很少沒有他們認為的正當理由。
>
> 當有人傷害你時，
> 可以做幾件事：自衛、反擊，
> 或去發現他們所認為的好理由是什麼。
>
> ── 尼爾·唐納·沃許，〈你正在假造這一切〉[4]

　　我的 921 災難，除了以上與南投災難團隊相同遭遇之外，身為縣長，我更與少數核心幹部遭到司法災難，將於本章說明；以及政治災難，將於本篇第三章、第四章說明。

陳有政化身「抓耙子」

　　「921 冤誣案」在縣議會的推波助瀾力量下「順勢」上場，也促成本案以不實資訊偵辦的司法災厄元兇也跟著露光。[5]

　　司法災難的始作俑者，除了議會變相的質詢，居然是在縣議會「發難」的過去部屬 ── 縣府前財政局長。

---

[4] 尼爾·唐納·沃許（Neale Donald Walsch，1943-），《明日之神》，王季慶譯，臺北：方智出版，2006，頁 200。
尼爾為《與神對話》系列的作者，主要在探討靈性與個人生長，以及靈魂深層問題，作品曾翻譯成 30 多種語言，暢銷全球超過 1,200 萬冊。目前在推動全球人類靈性復興運動。

[5] 有關「921 案」的檢討，縣議會的元素分析無論在縣政改革的遠因，或 921 天災促成人禍之近因助長，都與縣議會有關。尤其，議會居間扮演導火線，如本篇第二、三章所述，其餘詳細分析請參見第十篇「921 案」發生的總體檢討。

1016縣府遭大搜索之後的隔二日，縣議會公關室主任陳有政（縣府前財政局長，後來我將他調任行政室主任，再後他自請離職到議會），不忌諱地提供了一份具名對縣長栽贓的「黑函」（不實抹黑之檢舉資料），內容正與後來檢調偵辦縣長等的內情相吻合的指控。

　　這份資料聲稱「縣長涉及不法」，釐列了八點陳述，說法似是而非、聳動視聽，性質十足「黑函」、不負責任。套一句司法用語，陳有政的檢舉書全是「虛偽造假」，經不起檢驗不足採信。但他們可能基於對案情需要「以假辦真」，姑且矇他人於一時，於是反常而曝光陳有政角色。

　　因為這是引領司法偵辦「921案」的原始憑證，內容離奇亂真特錄存真。

　　調查局根據陳有政具名指控這份「有力」資料，即時轉化為調查局內部「南投縣長彭百顯涉及不法」之檢舉公文書，以此啟動辦我、關我，並累及他人。但最後，經多次審理證明：司法也被誣陷、誤用。（他們蓄意如此）

　　這是司法改革歷史關鍵的一章，司法良知淪喪，檢討司法教訓的不齒之頁。

他們端出這樣的劇本：「虛偽造假」做為辦案依據

　　他們把陳有政虛偽不實的「檢舉內容」當真，或刻意要製造「以假亂真」、「假案真辦」以及「混淆視聽」效果。所以，在1016大搜索南投縣政府之後，隨即故意外洩調查局（線民）密報：

主旨：陳報南投縣政府前財政局長陳有政提供南投縣長彭百顯涉及不法案
　　　情形，請　鑒核。
說明：本單位據點30041報稱[6]：南投縣政府前財政局長陳有政，目前擔
　　　任南投縣議會公關室主任，渠於89年10月18日上午11時在縣議
　　　會提供南投縣長彭百顯涉及不法案情形如下：

一、南投縣長彭百顯在舉辦法會時動用縣府員工擔任收款等相關工作人員，由其辦公室助理陳慧君負責所有收入憑證，並在土地銀行開立彭百顯個人專戶，其表示依其擔任財政局長經驗，彭百顯以縣長身分擔任法會主任委員並動用員工，該收入捐款應入公庫，納入公務預算使用，但是縣長卻自行開立帳戶，自行使用，且由陳慧君一人處理，所有帳證均在其那，而其中一部份錢轉入成立南投縣建設發展基金會。（檢附該機要秘書鄭素卿簽呈退回法會繳納之出租場地費及憑證）

二、南投縣環保局空污基金，應由環保局長與學者、專家組成委員會動用基金費用，作為環保綠美化之用，但是計畫室主任蔡碧雲卻與縣長串謀，由吳政勳指定空污基金使用方式及圖利特定廠商，環保局長方信雄認為不妥，不願配合，因此請調為衛生局技正，而改由計畫室執行將約一千萬元空污基金以代收代付方式交給計畫室負責，並由縣長辦公室助理吳政勳、連繡華、縣政顧問白錫旼擔任環保審查委員，未經開會即動用空污基金圖利特定廠商。（環保局澄清其中一項委託日月潭自行車專用道規劃費用 230 萬或 300 萬元主辦計畫室）

三、農業局有關城鄉新風貌在地震前從事之工程均未驗收，即付款項，而原承辦課長王金標擔心會出事請調臺大實驗林，接任課長張清茂則申請提前退休，但彭百顯不同意並透過紅頂商人黃細朗關說才退休；續任課長王惠美亦相當擔心。

四、彭百顯原有意在教育局再申辦一個教育基金會，但是遭課長沈秀玲在簽呈上簽註如果挪用公務基金辦理基金會，且公私不分有違法，後遭縣長彭百顯斥責，但其亦不敢再成立基金會；另福龜國小及蝴蝶館部份，教育部人員參觀福龜小學後，縣府以用地及經費不足，向教育部申請補助一筆款項，並作為福龜小學費用，但是縣政府表示福龜國小是由基金會及功德會出資，教育部補助款項報銷卻不知去向。

---

[6] 我於就任縣長之初，為調整職務，曾翻閱縣政府公務人員人事資料，發現許多幹部之背景出身自調查局特考進到縣政府體系。在此之 30041 據點，是否佈樁設置於縣政府之調查局「線民」，不得而知。但調查局線民為數不少確是實情。

五、計畫室主任蔡碧雲辦理城鄉風貌觀摩展至高雄縣市參觀時，涉嫌將農會及相關單位捐助的產品賣出，所收款項直接交給白錫旼，金額約80多萬元；另俄羅斯原木縣府向農委會呈報用於福龜國小及福龜旅遊資訊中心，而白錫旼供稱集集鎮有用，但是據瞭解集集鎮木材係泰國進口；另俄羅斯原木震災基金墊付 1,700 萬元及追加 550 萬元，在農委會補助 2,250 萬元後，未實際歸墊，渠建議司法單位從主計室出納部分查其開立付款支票明細，並至社會局調出震災基金會明細交叉比對，即可發現有二筆款項支付原木費用。（檢附俄羅斯原木簽呈及請領收據）

六、有關縣府花費震災基金辦理 130 餘本規畫報告，而縣政府主計單位亦有支付規畫報告費用，同樣是一件事二筆款項支出。

七、臨時辦公大樓部份，內政部都委會明文規定現今之臨時辦公大樓用地必須是零點五的市場用地，餘為停車場用地，前縣長林源朗時代，即因圖書館大樓興建案討論過，縣府即認為不可以違背內政部都委會規定，而彭縣長此次卻違反該規定，另臨時大樓從虎山農場變更至現址，未有申請變更及圖樣設計，原是三樓建築，變更現在的六樓，明顯違法且不可發照。（檢附相關資料）

八、福龜旅遊資訊中心用地及建照、使用執照發放均有問題，該地係農地未經變更即為興建，而該中心亦有設立攤販營業，租金收入亦未入庫。

「打不還手」，不知被誣陷，事隔約 10 個月後，我輾轉得悉這份調查局辦案依據之「陳有政信口雌黃、胡亂撒野」、「虛偽造假」之該公文書，於縣政會議上指示法制室研辦。

法制室避重就輕，事不關己

縣府法制室簽（調查局線民密報案）意見：

一、依 8 月 21 日縣政會議　縣長指示辦理。

二、有關本府前財政局長陳有政（後被撤換職務，乃轉至縣議會任職）於 89 年 10 月 18 日上午 11 時在本縣議會提供相關資料指述本府涉及不法案情，本府因應方法，擬具意見如下：

（一）、本府前財政局長陳有政君有無成立誣告罪研析：查本件調查函影本說明段前文「本單位據點 30041 報稱：南投縣政府前財政局長陳有政，目前擔任南投縣議會公關室主任，渠於 89 年 10 月 18 日上午 11 時在縣議會提供南投縣長彭百顯涉及不法案情如下……」等語，本件陳述資料雖由陳有政君提供，縣調站如何取得該項資料，研判應係縣議會致函縣調查站知悉（或其內部具調查站據點身份之員工提供），本府前財政局陳有政君有無構成誣告罪刑事責任乙節，依《刑法》第 169 條第 1 項規定「意圖他人受刑事或懲戒處分，向該管公務員誣告者，處 7 年有期徒刑」。查誣告罪之構成要件，誣告者主觀犯意部分須有使他人受刑事或懲戒處分之意圖，即認識他人無犯罪或受懲戒之事實，而具備捏詞控告之故意，並有向該管公務員申報之形式要件。所稱該管公務員在刑事部分指有權受理刑事告訴之公務員，包含法院（自訴情形）、檢察官、軍法機關、軍法檢察官、司法警察官公務員等情形，本案毋論陳君有無捏詞控告之意圖，縣議會非刑事案件之該管公務員，陳君就本府內部事務提供書面意見予縣議會列入議事資料之行為，與首述誣告罪之構成要件尚有未合。復查本件指述內容係以秘密文件形式存在，調查站如何取得尚未確切得知，本案應與《刑法》第 310 條「意圖散布於眾而指摘或傳述足以毀損他人名譽之事」誹謗罪須有散布於眾之行為亦有未洽。

（二）、指述事項已起訴者應如何處理：指述事項如已列入檢察官起訴範圍並已繫屬法院審判階段，有疑義待證事實部分本府各相關業務單位應充分查證事實，並提出有利證據資料分別交由本府各別刑案訴訟當事人與其所屬辯護律師研商提出（補充）答辯狀，作積極有效之

防禦。

（三）、指述事項尚未列入偵查及審判程序者之因應方法：如全然為無的放矢、本無其事者，本府亦無從為任何形式之應對答辯，且該等指述事項原為秘密文件並未對外公開，本府不宜貿然對外作無謂之澄清，以免滋生事端。惟目前是否已列入司法調查（地檢署、調查站等）之偵辦對象無從得知，為預先防杜將來繼續被無端司法偵辦之風險，累及無辜，仍宜循相關管道（如政風系統等）適當陳述本府立場。

三、以上所敘陳請 敬陳（8.29 轉呈）

鑒核　縣長

我發現，縣府公務人員對縣長涉入「921 重建弊端」，心有恐懼，因此消極乏力。在該簽呈公文上，我作這樣的批示：

縣長批示（8.29）

一、請注意：本件是調查站移送地檢署之資料，並非議事資料，而是本府同仁依其任內提供修理縣長並散播媒體之資料，請認知清楚。請確實依法辦理。重議。

二、保護縣長，縣府形象是職責。

本件後來因大家忙亂，我也即將競選連任事繁煩身，無暇顧及追蹤，後來卸任，下文不了了之。

在此，一個小檢討。也是證明一位被撤換他職的公務人員前財政局長心生不滿胡言一派的串連行為，流露出剛巧符合檢調需要據以修理損害他人的人性劣根性的影響，竟然蓄意爆發出這場世紀冤誣案的司法政災。

這段故往，反映了「惡念造劫」的可畏懼。紅塵滾滾，我人當思量行為造作其自作孽耶，宜慎乎！縣長有權調整職務，然而，有人不甘於被調整職務。但事實不容栽贓，扭曲，抹黑。對陳有政的無的放矢，我仍另請相關主管單位提出澄清。縣政府乃完成一份嚴詞駁斥陳有政不實污衊之譴

責對照說明書。開始了「921 案」有縣府團隊與檢調作攻防戰。卸任離開縣府，我只能獨自奮戰。

縣府嚴厲譴責陳有政不實污衊

縣府的辯正說明，公開了遲來對陳有政駁斥的八點事實真相。南投縣政府前財政局長陳有政所謂「提供南投縣長彭百顯涉及不法案」之真相，沒有任何一點之指控是真實。

陳有政向檢調單位檢舉彭百顯縣長說：

一、在舉辦法會時動用縣府員工擔任收款等相關工作人員，由其辦公室助理陳慧君負責所有收入憑證，並在土地銀行開立彭百顯個人帳戶，…但是縣長自行開立帳戶，自行使用，且由陳慧君一人處理，所有帳證均在其那，而其中一部份錢轉入成立南投縣建議發展基金會。（檢附該機要秘書簽呈退回法會繳納之出租場地費及憑證。並無此項資料：因為不是事實。）

惡意不實，醜化縣府

事實真相：

（一）87 年 8 月 14 日至 16 日三天縣府發起辦理南投縣各界聯合千僧護國祈福消災大法會，法會一切財務由護法居士、指導法師、總指揮執行，大會執行長監督，並請會計師事務所代理記帳。

所有收入憑證由中台禪寺見凱法師等幾位法師及義工等負責，由土地銀行員工協助收款、盤點存入開立的土地銀行「南投縣各界聯合千僧護國祈福消災大法會籌備會」帳戶，收支憑證並經由鄭國雄會計師審核簽證。

並非如陳有政所誣指由彭百顯縣長助理陳慧君負責處理所有憑證，彭百顯縣長並未以其個人名義開立法會使用帳戶，更無自行使用之

污蔑。

（二）法會財務總收支表，經鄭國雄會計師審核，由五大主法簽名，於 87 年 9 月 21 日南投縣各界聯合千僧護國祈福消災大法會功德圓滿記者會向大眾公開。

（三）法會結餘款於 87 年 9 月 20 日由法會五大主法和尚決議將 2,200 萬元，贈予南投縣政府籌備成立「財團法人南投縣建設發展基金會」，作為推動本縣各項建設之用，以回饋社會。

其中 200 萬元指定用途為縣立體育場回饋金，作為日後體育場設施維護專款。並非陳有政所指自行使用，或陳有政暗示誣指彭百顯縣長污錢入基金會。

（四）依本縣〈縣立田徑場使用管理暫行要點〉第 7 條規定「本府舉辦之各項活動或訓練，⋯不收任何費用」。惟法會仍於舉辦之三天（8/14 至 8/16）繳納場地使用費、水電費及清潔費計新臺幣 48,000 元。

根本不是陳有政意有所指「退回法會繳納出租場地費」，有言外之音。

（五）檢附鄭國雄會計師簽證法會收支表。（本書略）

二、南投縣環保局空污基金，應由環保局長與學者、專家組成委員會動用基金會費用，作為環保綠美化之用，但是計畫室主任蔡碧雲卻與縣長串謀，由吳政勳指定空污基金使用方式及圖利特定廠商，環保局長方信雄認為不妥，不願配合，因此請調為衛生局技正，而改由計畫室執行將約一千萬元空污基金以代收代付方式交給計畫室負責，並由縣長辦公室助理吳政勳、連繡華、縣政顧問白錫旼擔任環保審查委員，未經開會即動用空污基金圖利特定廠商。

製造是非，不實栽贓

事實真相：

（一）本縣空污基金之管理，悉依本縣〈空污基金收支保管及運用辦法〉所訂定之辦法依法運作。每年編列執行預算提送空污基金管理委員會審議，並經縣府預算審查會議審核通過後函送南投縣議會審查核定後，據以執行。

文中有關「由吳政勳指定空污基金及圖利特定廠商，環保局長方信雄認為不妥，不願配合，因此請調為衛生局技正」一節，經縣府環保局陳獻桐局長向前局長方信雄查證結果，前方局長表示文中所指並非屬實。

（二）本縣第一屆空污基金管理委員會委員名單，並無縣長辦公室吳政勳、連繡華、縣政顧問白錫旼等三人擔任委員情事。

且環保局委託或捐助計畫室執行之綠美化計畫皆經環保局提送本縣空污基金管理委員會議審議，並經出席委員充分討論，考量計畫室全盤規劃本縣綠美化工作之需要，決議予以補助；縣府計畫依契約規定支用各期款項時，均檢送相憑證並透過縣府主計室審核後才據以付款，每筆款項支付均合於規定；而且縣府計畫室亦將補助款依規存人縣政府公庫 9441 專戶，在請款時均透過縣府主計室依程序支用並無違法或不當之處。

三、農業局有關城鄉新風貌在地震前從事之工程均未驗收，即付款項，而原承辦課長王金標擔心會出事請調臺大實驗林，接任課長張清茂則申請提前退休，但彭百顯不同意並透過紅頂商人黃細朗關說才退休；續任課長王惠美亦相當擔心。

道聽途說，製造謠言

事實真相

（一）所指城鄉新風貌在地震前從事之工程均未驗收即付款乙項，不符事實。按縣府農業局執行「城鄉新風貌－農村社區景觀及產業環境改

善工程」業務，於 87 年 12 月 19 日奉營建署核定後即行辦理委託測設工作，並於 88 年 1 月 18 日由莊永智建築師事務所得標，取得承攬。88 年 3 月 12 日送預算書圖交由縣府公共工程管理中心辦理發包，至 88 年 5 月 7 日由昇旺營造有限公司得標。

該工程承包廠商因故，遲至 7 月 10 日正式動工，因工程進度仍緩慢落後；故而迨至 88 年 9 月 21 日地震前，縣府並未支付款項予廠商，鑑於廠商無法依約履行施作，全案最後由縣府予以中止合約，何來有未驗收即付款情事。

（二）又指原承辦課長王金標擔心會出事而請調及接任課長張清茂申請提前退休乙項，農業局農會輔導課長職缺，88 年 3 月 16 日由縣府民政局自治事業課長王美惠轉任（非王惠美）。王金標係該工程之承辦員，並非擔任課長職務，且係個人家庭因素（父母年老多病需長期照顧）自行請調離家較近之林務局林管處服務，於 88 年 9 月 1 日離職。另張清茂課員至退休（個人身體狀況不佳請求退休）止為農業局農務課技士，並無承辦本項工程，亦非課長職務。

（三）綜觀農業局承辦本案工程，皆依簽訂之工程合約及相關法令規定辦理，並無涉及不法，損及縣府威信情事。

四、彭百顯原有意在教育局再申辦一個教育基金會，但是遭課長沈秀玲在簽呈上簽註如果挪用公務基金辦理基金會，且公私不分有違法，後遭縣長彭百顯斥責，但其亦不敢再成立基金會；另福龜國小及蝴蝶館部分，教育部人員參觀神龜國小後，縣府以用地及經費不足，向教育局申請補助一筆款項，並作為福龜小學費用，但是縣府表示福龜國小是由基金會及功德會出資，教育局補助款項報銷卻不知去向。

污衊不實，一派胡言

事實真相

（一）縣府沈秀玲課長表示，其接辦社教課長以來未曾接獲指示縣府要成立教育基金會，更無有任何公文簽註如所檢舉之情事，何來因此被縣長斥責之事，真是無稽之談，豈可採信。

（二）有關福龜國小田園小學木造簡易教室係由該社區居民、民間單位自發捐助材料並自力興建，在最短時間內完成安置學生上課，不足之工程經費 350 萬元，並由南投縣建設發展基金會支應，完全未動用政府公款，另學校目前並無興建蝴蝶館，而教室重建工程則由慈濟基金會認養已完工，況教育部每筆補助款都應有核銷憑證並登帳處理，教育部會計處及審計單位均有來作查核，何有補助款項報銷不知去向之情事，文件中之指並非事實。

五、計畫室主任蔡碧雲辦理城鄉新風貌觀摩展至高雄縣市參觀時，涉嫌將農會及相關單位捐助的產品賣出，所收款項直接交給白錫旼，金額約 80 多萬元；另俄羅斯原木縣府向農委會呈報用於福龜國小及福龜旅遊資訊中心，而白錫旼供稱集集鎮有用，但是據瞭解集集鎮木材係泰國進口；另俄羅斯原木震災基金墊付 1,700 萬元及追加 550 萬元，在農委會補助 2,250 萬元後，未實際歸墊，渠建議司法單位從主計室出納部分查其開立付款支票明細，並至社會局調出震災基金會明細交叉比對，即可發現有二筆款項支付原木費用。（檢附俄羅斯原木簽呈及請領收據。內容不詳）

歪曲事實，誣陷他人

事實真相

（一）縣府 88 年度創造城鄉新風貌計劃，係由計畫室負責總統籌及幕僚工作，並訂定「南投縣創造城鄉新風貌行政費用處理原則」報內政部營建署准予備查在案。

由於此項計劃之經費是南投縣可以自主運用之建設經費，擬妥善運

用城鄉風貌之經費好好改善南投縣之視覺景觀環境，並透過專業者之協助及輔導，盼有好的執行成效，因此縣府成立了「南投縣創造城鄉新風貌顧問團」，聘請具有推動社區總體營造經驗之專業者協助縣府推動此項計劃。並在日月潭舉辦「創造城鄉新風貌研習營」，這些推動工作獲得內政部營建署的重視。

於 88 年 5 月初邀請彭縣長到臺大學生活動中心提出心得報告，為能同時聯誼各縣（市）之人員，縣府購買了南投縣之花卉及農特產品（筊白筍、茶葉（四兩一瓶裝）、水里天山梅及福龜糕）贈送與會各縣（市）政府代表（可向各縣（市）政府之代表及營建署查詢）。

同年 6 月初行政院經建會於高雄新光三越百貨公司舉辦「88 年創造城鄉新風貌觀摩展示」活動，縣府除將 88 年執行之 19 項計劃參與展示外（委託馥藝公司設計、執行），相同的購買花卉、水里酸梅、筊白筍贈送參觀之貴賓，全部費用約新台幣 80 萬元，包括製作邀請卡、手提袋、蝴蝶道具及背心、玫瑰花、福龜糕、筊白筍、酸梅，仍委託馥藝公司執行，訂有合約書，縣府主計室應保留有原始憑證，負責人是郭淑齡小姐。

檢舉書中提到蔡碧雲涉嫌將農會及相關單位捐助的產品賣出，所收款項直接交給白錫旼，金額約 80 多萬元，令人啼笑皆非。在上述二次活動之中，水里鄉詹鄉長有承諾免費提供部分酸梅、冰棒贈送來參觀之民眾，但此部份並非在合約範圍內，若以一瓶酸梅 200 元計算，80 萬元可買 4,000 瓶，可向詹鄉長查明有無提供 4,000 多瓶酸梅給蔡碧雲變賣。

另外，邀請卡、蝴蝶道具、手提袋、背心等之支用，係 88 年度創造城鄉新風貌計劃之經費開支，其支用均依程序透過縣府主計室審核支用，所檢舉均與事實不符。

（二）有關俄羅斯原木案，於 88 年 11 月 23 日經行政院 921 災後重建委

員會農業組代表林享能（農委會前主委）召集相關單位研商後，決議其中 300 立方米交由臺大實驗林管處使用，2,700 立方米交給南投縣使用，南投縣部分並交由臺灣區域發展研究社區再造中心主任白錫旼負責運輸、切割、處理、規劃、設計、興建之工作及費用之籌措。

惟於 88 年 11 月 23 日研商後，高雄港及農委會天天催促縣府督導社區再造中心儘速運離該批木材，但因社區再造中心尚未於短期內籌到該項費用，數次口頭商請縣府幫忙協助，故於 88 年 12 月 20 日由縣府計畫室主任指示其所屬約聘人員王玲惠簽辦，先預借新台幣 1,700 萬元支付運離、切割、處理、儲存、使用之經費，縣府如使用該項木材時可按其使用數量分攤處理費用，故於在簽呈中臚列準備執行之計劃項目，如有使用到該批原木，則按其使用數量攤還預借成本。

這些計劃項目記得曾函報農委會，但農委會未函覆核准，故所有臚列之計劃均未使用到該些木材。

（三）原預借之 1,700 萬元，因縣府依據臺大實驗林管處所提報之 250 萬元（直接由農委會提報），以 9 倍計算提報 2,250 萬元之計劃函請農委會補助，經農委會轉交財團法人 921 震災重建基金會審議補助，並經該基金會之新任董監事會議決議，由補助本縣特殊性、急迫性之 5 億元支應，並應先歸墊原先預借之 1,700 萬元，有簽呈可資證明，並可向縣府主計室查明有無歸墊，以上說明才是實情，檢舉人故意歪曲事實，其良心可安？

六、有關縣府花費震災基金辦理 130 餘本規畫報告，而縣政府主計單位亦有支付規畫報告費用，同樣是一件事二筆款項支出。[7]

---

[7] 這項指責即源由：921 震災重建基金會於民進黨政府上臺後改組之基金會執行長謝志誠，對本項來龍去脈完全不了解對媒體的惡意指控內容。

不實指控，出賣良知

事實真相

（一）有關縣市綜合發展計畫及各鄉鎮市重建綱要計畫部份：

1. 921 大地震後，為期各級政府研擬之重建計畫均有原則可資遵循，行政院經建會已訂定「災後重建計畫工作綱領」，並依前揭綱領第 42 條規定，因 921 大地震縣市及鄉鎮市重新擬訂之綜合發展計畫或重建綱要計畫之規劃經費，係由民間捐款統籌支應。

2. 依前規定，財團法人 921 震災重建基金會依 89.1.29 震建業字第 0121 號函（附件一，略）撥付本府辦理「補助受災地區辦理社區重建規劃費用計畫」第一期補助款，本室隨即將補助款支票存入本府專戶 9441 之 2「補助受災地區辦理社區重建規劃費用計畫第一期補助款」科目（附件二，略），並於 89.2.16 依本府投府計設字第 89031783 號函（附件三，略）請各鄉鎮市公所檢據送本府以憑辦理撥款，該補助款已自 89 年 3 月份起陸續撥入各公所公庫在案；目前本縣各公所之重建綱要計畫除信義鄉之綱要計畫尚在修正外，餘均已核定公告辦理結案。

3. 因各規劃案委託經費，係各公所自行與規劃團隊議價，所撥補助費或有剩餘，並於結案後已陸續繳還縣府公庫，本府併依 90.7.4 投府計企字第 90108108 號函（附件四，略）報財團法人 921 震災重建基金會本項經費辦理情形表及繳回剩餘款在案。

4. 本項計畫經費為財團法人 921 震災重建基金會全額補助，該款並依規存入本府之公庫，撥付各鄉鎮市公所時，當然需再透過主計室依程序簽請准予支付，各項程序均合法，亦未重複自本縣 921 震災管理專戶申請支付款項，本部份規劃報告書為 14 本所以絕無檢舉書所述「一件事二筆款項支出」之情形。

（二）社區重建規劃費用部份：

921 震災後，南投縣面臨如此百年浩劫，縣府所必須承擔之重建業務量幾乎較以往暴增數十倍，縣府以有限的人力投入重建工作，並依據行政院災後重建推動委員會所頒定之「災後重建計畫工作綱領」進行重建，其中有關社區重建分成六大重建類型：1. 農村聚落重建；2. 原住民聚落重建；3. 都市更新；4. 鄉村區更新；5. 新社區開發；6. 個別建物重建。

上述重建類型地點之劃設，必須由各鄉（鎮、市）公所依據毀損地區之毀損狀況，提出重建方案，將其納於鄉（鎮、市）重建綱要計畫中，其中農村聚落及原住民聚落重建分別由行政院農委會水保局及行政院原住民委員會負責，擬定「補助辦理農村聚落、原住民聚落重建調查規劃費用計畫」，向「財團法人 921 震災重建基金會」申請經費補助進行規劃，計 2 億多，其中包含原住民聚落重建規劃、農村聚落重建規劃及鄉鎮市重建綱要計畫規劃），分別由行政院農委會水保局及行政院原住民委員會及各鄉（鎮、市）公所執行，辦理委託規劃。

為協助 921 災後社區重建，縣府委託專業規劃團隊針對受損嚴重之地區以村里為單位進行現況調查、受災民眾重建意願、及重建遭遇困難調查，並以社區總體營造方式帶動受災民眾自發性的組織起來重建家園、並規劃全村重建願景及社區將來走向以供社區重建及產業重建之參考，全縣共選定第一梯次 27 個村里及第二梯次 61 村里之社區，總計經費為 4,500 萬元，由本縣 921 震災管理專戶支用。

辦理上述規劃案，主要希望能讓房屋全倒之受災戶重建，對需協助者，縣府儘速彙整，透過中央政府及縣府支援能儘快協助民眾家園重建。也希爭取行政院重建會補助經費在各鄉（鎮市）設立重建諮詢服務站，以巡迴、持續方式提供專業諮詢，輔導家園重建，本項經費已由行政院 921 震災災後重建推動委員會在 89 年度之預算補助在案。

實際上縣府同仁對於各項重建工作，均日以繼夜的努力，期能加速協助災民遠離震災陰霾，重建美麗家園。縣府對各項規劃案之委託均依規定辦理公開議價亦由主計室派員監標，所支用之經費 4,500 萬雖從縣府 921

震災管理專戶,而非重複由縣府主計單位支付規劃報告費用之情事,所檢舉同樣一件事二筆款項支出係屬空穴來風不實之指控。

七、臨時辦公大樓部分,內政部都委會明文規定現今之臨時辦公大樓用地必須是零點五的市場用地,餘為停車場用地,前縣長林源朗時代,即因圖書館大樓興建案討論過,縣府即認為不可以違背內政部都委會規定,而彭縣長此次卻違反該規定,另臨時大樓從虎山農場變更至現址,未有申請變更及圖樣設計,原是三樓建築,變更現在的六樓,明顯違法且不可發照。(檢附相關資料。未見到,因為不實故無資料)

不明究理,污衊縣長

事實真相

(一)城鄉局

1. 該臨時辦公室興建基地現行都市計畫法定使用分區為「機關用地」。

2. 所謂該機關用地在下次都市計畫通盤檢討時應變更部分停車場用地之原由:「此議是在80年公告實施之南投都市計畫第一期公共設施用地專案通盤檢討案在都市計畫委員會審中,審議現今興建稅捐處土地,當時是停車場用地為興建辦公廳舍而申請變更為機關用地,委員會審議時雖然同意變更,但是考量會造成南投都市計畫之停車場用地不足,且當時該臨時辦公室興建基地之機五用地尚未有具體使用計劃,基於公地公用之原則,因而在支持稅捐處擬興建土地由停車場用地變更為機關用地之同時,做成附帶條件期望決議:「於下次通盤檢討時變更部分土地為停車場地」。

3. 該臨時辦公室興建基地之都市計畫使用分區歷程:原計畫劃設為商業區,68年變更為市場用地,77年變更為機關用地。

4. 機五用地於921地震後因事實需要依現行法定都市計畫分區興建臨

時辦公室，而如何補停車場用地之不足：「本府遵照都市計畫委員會之附帶條之最終意旨『下次都市計畫通盤檢討時，在適當位置之公地補足 0.39 公頃停車場用地。』而適當之土地，本府初步認為配合游泳池遷建，將現行體二用地整建成一兼具停車之休閒運動公園。」

（二）工務局

有關縣府後側停車場現行公告之使用分區為機關用地，各界對本基地存有疑義，肇因於稅捐處大樓基地原為停車場用地，於 78 年經都市計劃變更程序變更為機關用，惟經內政部都市計劃委員會附帶條件通過此變更案，該附帶條件為縣府後側停車場土地於下次通盤檢討須將機關用地變更部分停車場用地及市場用地。惟其法定使用分區確為機關用地並據以申請建築，是依法辦理，對於停車空間得於通盤檢討時，設置於適當地點（如最需停車空間之稅捐處、衛生局前之游泳池）。

本工程變更設計依變更設計規定辦理，皆有變更設計預算書圖，變更於三塊厝段之一棟四層建築，該建物並領 90 年投縣工築使字第 1511 號使用執照，係合法之建築物，而所檢舉「未有申請變更及圖樣設計，原是三樓建築，變更現在的六樓，明顯違法且不可發照」，明明是污衊縣府之清白。

八、福龜旅遊資訊中心用地及建照、使用執照發放均有問題，該地係農地未經變更即為興建，而該中心亦有設立攤販營業，租金收入亦未入庫。

不實抹黑，不可原諒

事實真相

（一）依據《921 震災重建暫行條例》第 1 條規定：為有效迅速推動震災災後重建工作，以重建城鄉、復興產業、恢復家園。並同時於該條

例第 5 條第 2 項規定重建事項包括生活重建、產業重建、公共建設、社區重建等工作，由此可見產業重建是中央政府就 921 震災重建事項中致力推動之一項重要重建工作，而產業重建包括了農業、觀光及工商業，分別由中央之農委會、交通部、經濟部分別編列 90 年度之特別預算，協助產業重建。

（二）為能緊急推動產業重建，急需擬定整體之產銷計劃，以促進觀光消費來增加收益，達到產業重建之目的。故須積極籌設南投農特產品展售及旅遊服務中心。有關經費及建物之申請及土地變更編訂使用等手續準備相關文件資料，依法令向中央目的事業主管機關提出申請。

（三）縣府於 88 年 11 月中旬致力推動社區重建之時，即已預見產業重建之重要性及急迫性，因此於 88 年 12 月 3 日以 88 投府建土字第 880145485 號函請臺灣省政府准就原核定支援中投公路高架橋下人文觀光廣場建設經費 4,000 萬元，移 2,000 萬元為國姓鄉福龜地區農特產品展售暨旅遊服務中心之工程經費，俾能讓本府儘速誰動本縣 921 震災後之產業重建工作，本案亦很快的獲得臺灣省政府 88 年 12 月 10 日（88）府財字第 103681 號函核定，換言之，該工程縣府城鄉局認應屬於「災害新建緊急性工程」，係由臺灣省政府核定補助經費。

（四）該農特產品展售中心兼具南投縣觀光及農業資訊服務中心，故更名為「新農業文化園區－福龜農業多功能中心」，另取名「福龜旅遊文化資訊廣場」，其興建地點座落於國姓鄉龜溝段 229、230、231 及 239 等四筆土地，緊鄰縣府 88 年創造城鄉新風貌計畫「農村社區產業環境改善計畫」之施作地點，其目的在於使該二計畫具有相輔相成之效果，不致浪費建設經費，而土地所有權人亦均相當樂意配合，與縣府訂定長達十年之租貸契約，以協助南投縣之觀光重建及發展，並能幫助當地農民儘速復耕。

以觀光休閒幫助農業生產，此即是彭縣長上任之後所推動之新農業文化園區政策，亦是南投縣農業轉型及發展觀光之有效策略。

（五）本案工程既是屬於災害新建緊急性工程，故縣府城鄉局（前由計畫室）於《緊急命令》有效期間簽請准予辦理限制性發包，經彭縣長指示限於 89 年 7 月 25 日前限時完成，一方面促進災區生機重現，積極帶動重建計畫給災民有信心，一方面指定為南投縣 921 震災週年重建回顧展之場地，而事實上本案工程於興建完成後，週邊草莓園之復耕相當踴躍，並同時由農委會於該地區繼續推動休閒農園，已達到農業產業重建之效益。

（六）該工程施作地點因屬特定之農牧用地，涉及非都市土地分區及用地變更，須於辦理變更編定後始能申請建造執照，彭縣長曾召集相關單位主管及人員研商此事，並擬依〈申請非都市土地農牧用地作農業設施容許使用審查作業要點〉規定容許使用，不辦理變更編定，惟因考量此工程乃長期帶動南投縣農業轉型及觀光重建之需，故仍依非都市土地變更編定之程序辦理變更編定。

故於 89 年 8 月中旬積極提報此興辦計畫函送農委會，經農委會數次退回修正，並於 90 年 3 月 8 日（90）農輔字第 0900110620 號函同意備查，而農委會又是該興辦事業變更前後之中央目的事業主管機關，因此於農委會同意備查後，尚能依〈921 震災地區區域計畫程序簡化作業規定〉第 7 點之規定由縣府函請地政事務所逕為辦理異動手續。

（七）本案由於遭受前財政局陳有政檢舉俄羅斯原木未用於「福龜旅遊文化資訊廣場」，致南投縣議會於 89 年 11 月之定期大會群起圍攻，並組專案小組到興建地點勘查木材是否有掉包情事，製造外界之誤解，認為「福龜旅遊文化資訊廣場」未使用俄羅斯木材，即認定俄羅斯原木材遭掉包，並一再質疑本案工程未申領建造執照屬實質違建，逼縣府工務局應速予拆除，以致重建不順。

（八）本案雖於興建時未辦理非都市土地變更編定及請領建造執照，但因從頭到尾城鄉局始終依法以「災害新建緊急性工程」辦理，並於《緊急命令》有效期限內辦理發包，此乃為大多數民眾利益著想，並非圖利某特定個人。

（九）該中心之委託營運發包案目前尚作業中，實際尚未開始營運，僅於特殊節慶或辦理活動時才請部份農民展示農產品讓活動更熱鬧，並沒有租金收入更不可能有攤販營業，何來租金收入未繳公庫之情形，檢舉人顛倒是非之不實指控，顯故意抹黑縣府形象不可原諒。

司法災難緣自喪盡天良

由以上這麼複雜的一一反駁陳有政「簡單一紙」隨意指控說詞，不實出賣縣長及縣政府，出賣良心，反映陳有政三言兩語製造是非的用意，其背後的隱瞞惡念動機，旨在利用司法，陷害縣長及縣府同仁而已！

雖然真相如此，但陳有政以不用負責的不實資訊，旨在利用司法檢調工具以遂其陷害他人之目的，居心不良。他既已捅開了「嗜血魔兵」的蜂巢圍攻縣長、縣府，而調查局偏偏又把未經查明的黑函造謠當真，以此為偵查證據。我們當然必須面對後面司法的踐踏。

這是看得到造成啟動本「921案」司法訴訟的原始來由，沒有一項為真，喪盡天良，以誣啟誣，司法被濫用，正義遭扭曲。悲哀！臺灣的司法，助紂為虐，為虎作倀。

第三章

縣議會落井下石

在我們的人生裡，落入漆黑陡峭的山洞，是非常不幸的事，
更不幸的是，當我們在坑洞的時候，
別人不但沒有伸出援手，
反而事不關己的議論，只會陷入更深的絕境。

在自己面對困境和難關時，
不要在意別人的議論，
要意志堅強，往上攀爬。

—— 林清玄，《突破人生困境的寓言》[8]

「921 案」的司法火藥庫繼議會免責權的對縣府與縣長火花四射，之後於 10 月中旬，由陳有政出面檢舉指控「縣長涉及不法」。陳有政以議會作靠山，出賣良知，搧風點火，居然以不實資訊扮演公開檢舉人的司法角色介入偵辦「921 案」，看起來似乎勇於對抗不法，其實他在陷害忠良。

一如上章所陳述，議會由公關室主任陳有政鋪陳司法節奏，更承擔本案未審先判的重要主體。

「921 案」的司法火藥庫

自 2000 年 11 月中旬本人遭致羈押期間，縣議會丟出另一顆司法炸彈。縣議會急著清算縣府所有自「府會不和」以來之「舊帳」，併「921 案」

---

[8] 林清玄（1953 -2019），《突破人生困境的寓言》，臺北：圓神出版，1999，頁 69。

全力發揮縣長不在家時監督縣府之威風，於12月11日臨時會成立所謂「南投縣議會調查縣政重大缺失專案小組」（14 位議員 [9]），並隨即於 12 月 22 日提出主導司法偵辦「圖利」方向，並移送司法辦案依據之「專案調查報告」。年後，鄭文銅議長 1 月 2 日以「投議議字第 001 號」最速件交予「代理縣長」賴英芳「清理」縣府團隊，「希望賴代縣長拿出魄力」，「妥處見復」。

該全文報告洋洋灑灑，針對六個案件（即王捷拓公訴主要內容），扮演檢調提出他們的「調查見解」。由於「專案調查報告」內容與前章陳有政「檢舉」以及監察院介入「關切」（參見第九篇第二章）皆大同小異，本書從略。

其實仔細看後感覺比較像議員「未明真相」、「似是而非」的質詢稿，一點都不像縣政專案報告。全文目的及六個案調查項目，全部指向「縣長辦公室」與「計畫室」（蔡碧雲是主角）兩者，希望移送法辦而已。

「專案調查報告」結論就是於此時配合司法動作起舞：「有圖利嫌疑」、「移請司法單位偵辦貪瀆弊案參考」。

罪名都有了。大家可以注意到，這也就是「921 案」的司法訴訟所呈現的主要面貌，議會「指導」司法辦案的原始腳本。

其實，後來對照王捷拓《起訴書》的內容，與前述陳有政「檢舉」及議會「專案調查報告」所列案件幾乎完全相符。可見「921 案」的形成並不是真正的法律弊端，而是披著法律外衣的「政治整肅傑作」。

其中，議會報告亦不忘分化副縣長賴英芳：「有少數單位像是代理縣長權限觸角的盲點，像是大內官廷不受朝政指揮禁地，自成權力系統」，而「期勉賴代縣長可以在沒有大石頭阻礙下，大刀闊斧地出手出腳」。

---

[9] 議會「專案小組」召集人及成員為：召集人：熊俊平，小組委員（議員）：曾芳春、莊文斌、宋懷琳、陳月英、李合元、李宏文、張玊青、楊明山、陳錦倫、莫健明、許阿甘、黃志學、卓文華。

隨即縣議會這篇「調查縣政重大缺失之專案報告」送達縣府後，賴英芳的處理並非針對議會報告之扭曲各案實情向縣民作適當澄清說明，竟避重就輕，同意政風室以「事涉縣長辦公室（不配合調查）、計畫室（不配合調查）、政風室職權」之指示，分別移由各該單位處理，而統由政風室主政回復，配合議會互動，讓人費解。

縣議會精心製作虛假不實的「摧毀性炸彈」

嚴重誤導視聽的「議會專案調查報告」，像一顆「made in 南投縣議會」的土製炸彈。對不解真相的無知民眾，具有炸毀效果。

議會專案調查報告出爐後，引起南投各界至為轟動，頓時，縣長與縣府相關同仁形同社會公敵，加上媒體大力製造府會對立，重建工作已停擺不前。

議會利用縣長在押乘人之危，於縣府內營建「造反」勢力，阻礙災後重建，並極力污染全縣民心，其不仁不義莫此為甚。

縣長復職後的澄清

事件之後，本人於 2001 年 1 月 16 日復職，縣府計畫室乃依其職責範圍提出議會「專案調查報告」誤導之更正說明，一併附錄於此，以對照縣政府其餘單位局室好似事不關己，與縣長「脫勾」形勢明顯。果然一如議會「專案調查報告」所用心，縣府團體已經分化，他們真是邪惡得逞。

有關「南投縣議會調查縣政重大缺失專案小組報告」本室業務權責之辦理結果及說明（南投縣政府計畫室）

針對縣議會「專案小組報告」之不當結論，更正說明如下：

誤導結論一

「計畫室一再說，2,500 萬元是農委會要求代為墊付的，縣府自然該

向農委會索回這 2,500 萬元。」

更正說明：

俄羅斯原木處理費，經本府於 89 年 1 月 10 日投府計管字第 88212163 號函請行政院農委會補助，農委會於 89 年 5 月 2 日以農企字第 890121503 號函送請財團法人 921 震災重建基金會補助，經該會第一屆第三次董監事聯席會議決議：「『為尊重新政府，各項計畫留待新組成董事會或基金管理委員會核定』，是以，有關本項計畫建請改向南投縣政府洽商，先由本會提撥之急迫性專款墊支。」

農委會依據上述函文以 89 年 6 月 7 日 (89) 農企字第 890127969 號函行文本府依該項決議辦理。本府亦依據行政院農委會及財團法人 921 震災重建基金會之函文提請本府 921 震災專戶管理委員會審議決議同意支付。

誤導結論二

「國姓旅遊資訊廣場交由臨時人員負責，過程了無監督，應予糾正。」

更正說明：

國姓福龜旅遊資訊廣場係本府於 921 震災後，為提升觀光、農業之產業重建而提出之計畫，惟本府之組織員額編制於近 20 年幾乎沒有增加，以有限人力要負責 921 震災之龐大重建業務，相當艱困，故依照實際急迫需要聘用具研究所或大學相關學歷之專業人員協助研提計畫及執行相關重建業務，以加速重建工程，這是有責任的地方政府本應該負起職責。

本案承辦人員許光國畢業於逢甲大學建築系，有多年實際業務執行經驗，況且該工程係依規委由專業建築師設計，經本府公共工程管理中心發包，施工中設計單位負責監造，並無過程了無監督情事。

誤導結論三

「捐款部分，19 家顧問公司規劃抄襲，不但全案移送法辦，還要求退貨還錢。」

更正說明：

該案係指本府城鄉發展局（依中央規定）辦理災後風貌塑造規劃及都市更新之業務。（按：本案真相並非議會專案報告所言）

誤導結論四

「4,500 萬元總體規劃案，予以糾正，並且要求不能再有抄襲情事。」

更正說明：

有關 4,500 萬元總體規劃案，本案係針對本縣受損嚴重的村里進行調查、規劃、諮詢及輔導，因為經費不足，只能選定房屋全倒戶戶數較多之村里為協助範圍，並非特意集中在少數村里。這些有進行委託之村里，目前大多已進入實質重建，有的已重建完成、或施工中，有的列入行政院921 災後重建推動委員會之示範計畫中，90 年度則獲得行政院重建會繼續輔導。

當初若無推動此部分之工作，則新政府成立後行政院 921 災後重建推動委員會於 89 年 6 月 1 日在中興新村重新掛牌運作，同時指示本府會同踏勘社區重建現況時，本府將無法如此詳盡地提出相關資訊供其瞭解，並就困難問題提出簡報及請求協助，甚至於 90 年度編列特別預算時，無法編列本縣有關社區重建之相關經費。諸如，國姓老街及中寮永平老街即是在本府力爭下，才得編列老街重建之相關經費。

誤導結論五

「支付給伊安的 60 萬元行政費，必須追回。」

更正說明：

本府係 88 年 7 月（7 月 16 日至 7 月 29 日，非 8 月間）邀請美國景觀規劃大師伊安瑪哈教授來臺協助本縣進行城鄉風貌永續發展之期初研究，該項經費係由 88 年度「擴大國內需求方案—創造城鄉新風貌」之賸餘款報經內政部營建署核定所執行之計畫，此一地震前所作之專案委託，並未

從震災款項提用任何經費予伊安教授。

88 年 9 月間本縣遭逢 921 地震，伊安瑪哈教授為協助本縣之產業重建，盼能繼續以其專業能力及國際上的地位為本縣災後之整體環境及產業重建提出一些計畫，並以民間企業投資之方式執行。於 89 年 1 月中旬再度來臺，經費來源係自南加州臺灣會館指定捐款項下支應，其來有自。為配合教授學校的假期行程在即，曾先簽請借支 60 萬元為其來臺之交通費及膳食費，本案係委由沛森景觀公司負責承辦，60 萬元係屬委託服務費之一部分，亦並非行政費。

伊安教授來臺係屬專業委託並非觀摩，計畫室蔡主任亦無挪用震災款來支付地震前活動，係分屬兩次行程兩次委託，並且均依規辦理。議會之專案報告顯有誤導。

誤導結論六

「以賑災款項支付南投縣臺北辦公室，許添財立委助理許立峰先生辦公經費，請務必追回，並移請司法檢調單位偵辦。」

更正說明：

本案實際情形係本府社會局陳婉真局長於地震後之縣政會議中，建議本府應於臺北設立辦公室協助本府與中央各部會之聯繫，並協助社會局在臺北辦理各項事務。彭縣長指示辦理，陳局長建議此案移由計畫室執行，本室基於業務互相支援而不推辭，接下此案。

至於許立峰亦由陳局長推薦，本府計畫室主任向來不認識許立峰，而許先生於 921 震災後對協助本府各單位在臺北之各項事宜相當盡責，除了辦公室租金及薪資（據瞭解，其本人並未實際領取，而係以此份薪資再另外聘請一位人員協助相關事務）由本府支應外，所有辦公室設備及用品均由其向外界借用或勸募，如此用心努力之人員，竟還要遭受議會之侮辱，情何以堪！茲檢附其擔任本府臺北辦公室主任期間所有負責之工作報告證明。（本書略）

司法遭誤導利用，實屬不義

由以上前財政局長陳有政「檢舉縣長涉及不法」以及議會「專案調查報告」，兩者與「921案」有關的內容皆虛假不實，但卻分別轉化為司法偵辦依據；其涉及案情又複雜，非經辦者解釋，不易瞭解真相，這便是我們被營造構陷的苦楚。然而，歷史一定會記載這一幕，世間也有「照妖鏡」錄影存證，以便清算真相。

但既經他們有意混淆視聽擴大為社會認知，已使「921案」於全國朝野蒙上種種似是而非的說法。這同時縣長在押，也是為什麼外界不能正確明瞭南投縣921重建工作內容的重要原因。

這就是我們面對「921案」政治司法霸權凌遲貧窮南投及縣長的困境。

他們的用心扭曲及司法栽贓，實為知者所不齒。但願社會公道人心能記取了解921南投曾為國人經歷這複雜、層層由虛偽包圍的真相考驗。

就歷史而言，南投縣議會於議長鄭文銅所統御下的「921產物」，即該政治暴力式抹黑之「專案調查報告」的出場，因明確地在打擊縣長重建，並重手力促司法官司纏訟縣長，這項不正義的歷史紀錄，將長久在南投縣政史留下萬年蒙羞的醜陋一頁。

第四章

意外的政災

> 為什麼說，「人們把大災難當作生命本身來對待」？
> 我有大災難的原因，是因為我有身體。
>
> 我若沒有身體，我會有什麼災難呢？
> 因此，一個重視自己生命甚於服務世界的人，
> 也許我們可以把世界託付他。
> ── 范光棣，《用英語讀老子：道德經》，第 13 章 **[10]**

「已焉哉！天實為之，謂之何哉！」孤臣無力回天，他們強人所難，大勢所趨，怨天尤人何益。於 921 案蒙難期間，我時常以此自省，壓抑自己情緒。

本章先概括性回顧對造成「921 案」司法災難的政治與媒體關係，至於比較詳細、深入之探討，將分別於第九篇與第十篇分析。

他們全力擴大偵辦，創下自治史上不良紀錄

話說當年 2000 年 11 月 14 日上午 6：50，我以南投縣現任縣長身分成為階下囚，轟動全國朝野，成為政治的封面人物，一反我過去從政之形象。

南投地方法院檢察署四位檢察官聲請羈押縣長彭百顯，並經法院於 11 月 14 日上午 6：50 裁定依「涉嫌貪污瀆職、侵占及湮滅證據罪」收押禁見。**[11]** 很冠冕堂皇的理由，我覺得非常諷刺。我目睹臺灣司法天空一片黑暗。

---

[10] 范光棣（1937 - ），《用英語讀老子：道德經》，第 13 章，徐斌譯，臺北：商周出版，2019，頁 247 -248。

[11] 裁定我必須入牢，賜予檢調他們「掘地三尺，方圓八百里」大肆翻索我犯罪證據空間的「臨門功臣」是這幾位法官：庭長林宜民、法官郭棋勇、法官施慶鴻。

隨後，南投地檢署主任檢察官徐松奎並兼黑金特偵組南投召集人，立即下令四位承辦檢察官：王捷拓、王元隆、蔡仲雍、謝謂誠，於次日（15）開始停止分案一個月，全力擴大偵辦 921 重建弊端：「彭百顯涉嫌貪污弊案」及「南投縣政弊案」，並分成二件偵字案及八件他字案，全署投入偵辦縣長及相關人。

他們好似獲得授權，往死裡打擊縣長及縣政府。

「921 案」終於形成全南投的法院檢察署傾力配合縣議會展開對抗南投縣政府的局面。這是臺灣地方自治史上的反民主體制的不良紀錄。南投寫下臺灣政治與司法歷史特殊的一頁。

揚言跳樓押縣長入牢

就在進入羈押縣長攻防尚未明確之前，徐松奎負責指揮偵辦縣長彭百顯，在全國媒體版面出盡風頭。當時他覺得似乎已獲得全面勝利，他成功在望，王牌在握。於14日午夜0：30，在南投地檢署舉辦說明會上公開聲明：

「如果不收押彭百顯，他就從三樓跳下去。」

他強調，這些話不是說著玩的。**12**

徐松奎的「信心」喊話，透露他辦案、押縣長的決心。

「921 案」堂堂轟動上演，成功收押縣長，我被迫進入所設定的司法訴訟軌道，在這種狀況，他們唯一作為，鐵定重罪起訴縣長，為司法界建奇功：「為社會正義，擒打大虎。」我很納悶，直到坐完 61 天冤枉囚牢，我仍然不知我到底犯了什麼滔天大罪，讓他們這麼大費周章。

後來，我想起了 2000 年 3 月總統大選結束不久，當選人陳水扁到南投來，那時陳婉真提醒我的警惕訊息⋯。

天啊！我內心吶喊：「921 案」後面果真有政治黑手？但直到現在，

---

12 如果不是《民眾日報》阮智勇記者（2000.11.29）的披露，我們根本不知何以有跟檢調結上冤仇這件事？

我仍然難以接受這個事實。

陳婉真早有提醒

那時，歷史上的忠奸遊戲故事也於 921 上演現代版，我半信半疑。

「獨行罥罥，豈無他人？」孤臣孽子，不如我同姓，形單影隻，無所依靠，歷史人間常有的劇本，只是，為什麼是落在災區南投？

「冗長司法訴訟結果證明他的清白，然而，一位優秀的財經立委、有良心的地方首長的政治生命就此斷送。」

縣政府社會局長陳婉真以 921 救災、安置、重建的全程參與者，以及 921 司法官司案的見證者之雙重身分，她就「921 案」於政治的影響作了這樣的評論。

政治孤兒的宿命，難擋政治土石流。陳婉真的感慨，並回首了本「921案」的政治時空背景，她說：[13]

由於災後各政黨忙於總統選舉，無心救災，也造成地方政府很大的困擾。因此，在選前彭縣長接受我的建議，向各組的總統候選人提出當選後協助南投重建的承諾，那位候選人承諾最多，我們就支持那位。

結果，和他最親密的陳水扁不理會彭縣長的一再邀請，反倒是國民黨的連蕭配爽快的應允，加上南投縣因為精省效應，宋楚瑜的支持者眾。彭縣長在重建經費及把宋的選票拉給連蕭等考量，在投票前夕公開宣布支持國民黨提名的連蕭配。

就在政治介入司法這方面，陳婉真以她的政治敏感，很早不止一次地就向我提醒，她得到一個不尋常之訊息，轉達要我小心防範。她留下回憶說：[14]

---

[13] 參見陳婉真，「政治孤兒的宿命，難擋政治土石流」，〈921 生活重建與心靈重建作法與檢討〉，收錄於《世紀災變之借鑑與啟示：921 十週年論壇論文集》，臺北：財團法人新社會基金會，2009。
[14] 同前註。

大選的結果陳水扁勝出。不久，他到南投視察重建進度時，一位不知名的隨行人士請南投鄉親轉告彭縣長，小心防範可能的官司。[15]

作為政治受難過來人的我，非常在意這個警訊，不斷提醒彭縣長務必注意避免可能的秋後算帳，彭縣長都以我們做得坦蕩蕩不怕調查為由，不予理會。

我真的很納悶。如果我真的貪污違法，他們只要依法有證據就可起訴，循由司法制度來處理；為什麼我善意配合司法調查，而他們處心積慮，無實據卻要搞那麼大，非把縣長抓起來，影響縣政府行政，影響 921 災區重建？但政治實在有點複雜，不是理性分析所能弄清楚。

難道要我用群眾之政治力對抗政權、對抗司法？陳婉真也許指的是要我準備展現政治力以遏止他們的囂張？

媒體站在真相的對立面

偏偏媒體站在真相的對立面，致逐漸形成「921 案」未審先判的社會意識，這也是 921 的一大政治災難，我的政治困境。

政治力量介入的情況下，媒體往往成為政黨或政治人物的特定工具，淪為政治的推手或打手。

省府出身的媒體人，李坤錫觀察南投縣 1998 年 1 月開始至 2001 年 7 月這段期間的南投政情，針對當時平面媒體五大報刊登南投縣政府與縣長相關活動新聞，他分析研究發現，921 地震及桃芝颱風加上 2000 年總統大選以及縣市長選舉，「政治力量介入媒介的斧鑿痕跡相當明顯」；尤其在南投縣政府被搜索的事件中，司法人員顯然侵犯人權，以及偵查不公開原則，不斷發布偵查中仍未經查證的片段非實消息，「對縣政府以及彭百

---

[15] 再過十年後，2020 年 5 月，在一次圓山飯店她宴請的聚會，陳婉真告訴我「是誰轉達這項訊息」，一位南投早期一起為臺灣民主奮鬥的民進黨同志，在此仍姑隱其名。看來，政治真的有點令人可怕、可憎。

顯縣長造成名譽上的損毀」。

李坤錫的研究結論說：司法調查配合媒體鋪天蓋地的負面報導，不禁讓人懷疑，這是一場政治鬥爭。

李坤錫做了以下媒體角色的觀察：[16]

「921案」這幾項官司曾經轟動全國，各大媒體都已大篇幅報導彭百顯擔任縣長期間，涉嫌利用職務之便圖利廠商，不僅南投縣政府被檢調單位大舉搜索，彭百顯擔任董事長的基金會（包括縣政府創立的基金會）也被大肆搜查，當時不管平面或電子媒體，都以鋪天蓋地的報導篇幅報導，形成社會輿論普遍認為彭百顯涉嫌貪瀆的污名印象。

李坤錫說：

這個官司，雖然還給當事人清白，但遲來的正義似乎已經不符合社會公義的原則，尤其媒體的報導篇幅和形式，不管是質與量，是無法和當初檢調偵辦的篇幅相提並論。

李坤錫分析政治原因：

在政治的大環境中，彭百顯當年脫黨參選縣長，和民進黨的地方政治人物形成競爭狀態，昔日的同志為了選舉，變成了政治上的對手。更遑論國民黨的對手，怎麼可能放棄任何打擊的機會。

在地方的政壇上，議會的兩個政黨黨團，也幾乎連手對抗縣府，杯葛各項縣政工作；上下夾攻、兩黨合擊，彭百顯的縣府團隊政治處境之艱難可見一斑；尤其2000總統大選，彭百顯在不得已的情況下，為了爭取重建經費，撇開個人的政治立場和意識形態，表態支持國民黨總統候選人連戰與蕭萬長，但在錯綜複雜的政治環境下，外界並不瞭解其為了南投縣重建的苦衷，反而無情的攻擊與詆毀。

---

[16] 李坤錫，〈災變中的政治與媒體運作關係回顧檢討〉，收錄於《世紀災變之借鑑與啟示：921十週年論壇論文集》，臺北：財團法人新社會基金會，2009。

彭百顯當年放下藍綠意識型態，以重建做為大目標；但政治先行者的路途卻是孤寂的，一路上更是遭受政治風暴無情的打擊。

　　針對新聞倫理，他說：

　　檢調單位對南投縣府搜索的一連串事件中，我們看到新聞界的普世價值這個原則（新聞倫理，力求避免媒體審判的原則）被肆無忌憚的踐踏。

　　檢調單位明顯洩漏搜索秘密給媒體，讓媒體在搜索同時「同步報導」；又違背偵查不公開原則，每天舉行記者會，不斷釋放片段消息給媒體，媒體依據未查證的消息，對彭百顯縣長大加撻伐，個人的清譽毀於一旦，而所謂人權的保障，在檢調與媒體的互相配合下遭到鯨吞蠶食，未審先判莫此為甚。

　　報導不加查證、未經平衡報導，刻意扭曲內容意義、故意忽略淡化，這樣的例子俯拾皆是。

　　李坤錫質疑媒體淪為政治打手，認為媒體正當性的重要不應忽略追求事實真相。這也是本書出版的重要意義之一。

　　他談到南投的案例：

　　從正面的新聞難獲刊登，負面的報導不斷出現，令人不禁懷疑，媒體是在特定的政治力有系統的介入下淪為政治推手或打手？倘若如此，偏頗的媒體將戕害政府機關的信譽，機關首長的政治生命，更重要的，它可能損及災民與政府單位的信任關係與重建進度，也讓社會增加不必要的社會成本。

　　為了重建，在 318 大選前表態支持國民黨的連蕭配，原來媒體圍剿的情勢，瞬時有所轉變。媒體和議會幾乎都有了 180 度的轉變，媒體的正面報導也大幅提升，負面新聞銷聲匿跡一段時間。政治力介入和著墨的痕跡不言可喻。

　　如果不是我們行正節守，堅毅忍辱，在南投地方與臺北中央的政權輪政矛盾對立關係下，對於媒體有力的重傷 921 災區重建，南投不知要淪喪到何種不堪的地步。

「921學」旨在增益成長

> 我們這些在基督教傳統長大的人，
>
> 也有我們對人生及苦難的解釋：
>
> 人都有靈魂，而靈魂不滅。
>
> 苦難是上帝給我們的試煉，
>
> 依我們對此生之挑戰的應對表現，
>
> 死後，或酬我們升天堂，或罰我們入地獄。
>
> — 吉娜·舍明那拉，《靈魂轉生的奧妙》[17]

難堪回首 921 災難：天災無情，人禍無義。

面對如此世紀浩劫，縣府團隊咬緊牙關含淚負起全面性救災、安置、重建的工作，921 發生後的三個月，我們幾乎每天工作，沒有餘閒時間可多作休息。天災無情，縣府同仁幾乎夜以繼日於災後重建，全然戮力以赴。人禍無義，我們無辜承受官司訴訟纏身十數載。

災後重建黃金半年，復又面臨世紀交替的總統大位之爭，是以理智告訴我必須以全縣災民利益為先，故而放棄自己之政治立場，但卻不獲諒解而遭到嚴重打壓。人禍無義，這是一場難以令人承受的世紀災劫，禍及人間倫理、本性。

921 相併隨我遠離政治的人生黃金十年，也把我推向人生際遇的意外邊緣。檢察官起訴求刑我 20 年，在政治上判我死刑，羞愧於家族、社會、

---

[17] 吉娜·舍明那拉（1914 -1984），《靈魂轉生的奧妙》，陳家猷譯，臺北縣：世茂出版，2005，頁 15。

國人。

以上種種艱辛，如今，事過境遷，事實證明「921貪污案」就是「921冤誣案」。而我的人生階段正是因此因緣而度過這十年知天命歲月，直到進入耳順年代才落幕。回想起來，為忌諱澄清真相，他們竟寧耗費我十餘年可貢獻國家社會的盛年歲月；而今我人已近年邁力衰年紀，令人不勝唏噓。是天作弄人，還是人自作孽，不可逭？

我很清楚，「921貪污弊案」是由檢調執行製造的歷史大冤案。但相信如果沒有政治力撐著，他們很難得逞。

我心中的沉痛，一直到包括所有於本人主政當時與震災捐款及重建有關遭起訴的南投縣政府公務人員、諮詢顧問，皆已無罪定讞，全案才終於讓我放下心中無形的大石頭壓抑。但我內心更明白，雖然921冤誣案暴露也控訴司法與檢調單位枉顧災區重建迫切，侵犯行政權，違法濫權、誤用司法、惡意栽贓、傷害當事人名譽，其惡行惡狀直教人間公然傷正義背公道，不可原諒。

畢竟「921案」可還當事被害人司法清白，但故意隱藏邪惡讓真相難明，轉型正義仍徒留名稱於世間。這也變成「921案」落幕後不知何時可完成的另一項重要政治工程。

大家都知道，要傷害人很容易，只要你敢於違背良心去做不利別人的行為就可以達到目的。但很多人也許不一定知道，做了傷天害理之事，可能會造成社會眾人之損失及傷害，雖然於己有一時之快，然而，卻也種下人世間牽纏的相互關係，則亦必遺陷揮之不去的循環報應法則。誠不虛假，豈可輕忽？

「921 案」係跟隨 921 變故而來的司法官司人為災難，不僅是我人或南投縣政府的個別案例，於今 20 年後回顧此事件，也是經過一翻慎思謹行的結果，期待我們過去堅守正道歷史的 921 啟示錄，能為渾濁的社會樹立正義公理，照亮世間一點光明。

今天，烏雲密佈的天空，
在永恆沉思的額頭上戴著神聖悲哀的影像。

　　　　　　　　　— 印度詩人，泰戈爾，《流螢集》

3

烏 雲 密 佈

第三篇

暴風雨中含淚重建

有時候我們不知適時收手以致壞事，

有時候我們太過熱切求新因而鄙視老舊，

有時候我們把病人當作病歷。

使病人忍受治療比忍受疾病本身更痛苦，

主啊，請拯救我們，讓我們免於這些錯誤。

—— 赫欽森爵士（Sir Robert Hutchinson, 1871–1960），〈醫生的祈禱〉[1]

　　沉重中含著淚光，挑起千斤萬擔。

　　921 重建是在民怨沸騰、政媒圍剿、司法干預交錯之下，縣府團隊忍住悲痛含淚戮力所完成的。

中寮和興國小（上圖及下圖）為縣府運用教育部經費依縣府校園重建原則完成之木構造田園示範小學，這是全國第一座純木構造校舍。

一般了解 921 重建，就是把地震毀壞的重新修復，不一定知曉其含涵與整體。

本篇概略性的就 921 重建的實際作為做回顧，俾能領略工作的範疇與艱辛，並體會以下各篇所指陳同時面臨司法遭遇的打擊影響。

本篇是「921 回憶錄」本來的重心，卻衍生另外的政治司法因素案件，遂變成「921 案」的背景。雖然 921 重建留有許多記載，但是，由於 921

---

1 大衛‧歐文（David Owen），《疾病與權力：診斷百年來各國領袖的疾病、抑鬱與狂妄》，區立遠譯，新北：左岸文化，2011，頁 15。

重建並引發 921 司法災難，而忽略了縣府非常不容易的重建成果，則是非戰之罪；因而本書結構於其他各篇著重在司法迫害方面之對抗辯正。

是誰把 921 重建當作政治殺戮的司法戰場？我們也很想釐清。

這也是為什麼本篇的篇名叫做「暴風雨中含淚重建」。面對民怨熾苦，政媒監督本是常態，但我們根本想不到：戮力重建過程，竟是司法災難伴隨著你，吞聲忍氣，含淚以對；政媒卻是大推手。

就是這麼特殊的政治待遇，因此，我常想這個問題：921 大地震為什麼發生在臺灣的心臟地帶南投？為什麼在我擔任縣長任內發生？我真的很想知道原因。

> 921 大地震為什麼發生在臺灣？
>
> 聖嚴師父說：不必問為什麼地震發生在臺灣，要問我們平常有沒有居安思危的心理準備。既然已經發生了，不必再問為什麼地震發生在臺灣，只有面對事實、處理補救，再站起來，這才是最重要。
>
> ─ 法鼓山開山方丈，聖嚴師父（1929 - 2009），《臺灣‧加油》[2]

然而，這個問題遠超乎人類的知識範圍之外，根本上很難知道答案，在科學上也無解。但卻是我人眼識世界之外所放在心中的重要待解問題。

耀眼的災難重建紀錄

知曉 921 重建全貌並不是一件簡單的事。我是 921 南投重建的地方政

---

[2] 聖嚴法師，《臺灣‧加油》，臺北：法鼓文化，1999。

[3] 若不包含救災與安置工作，比較全貌的 921 南投重建紀錄，參見《921 大地震重建總報告》【堅忍奮鬥】，南投縣政府編印，2001 年 10 月。全書 1,600 多頁，詳細記錄縣府各項重建工作進度、成果，這是縣府團隊兩年犧牲假日全力以赴的成果之一。

[4] 《世紀災變之借鑑與啟示：921 十週年論壇論文集》，臺北：財團法人新社會基金會，2009 年。

府行政首長，對 921 重建的完整性也有許多殘缺不足。[3]

　　回顧 921 重建，無論議題性的結構檢討，或整體性的概要評述，這一、二十年來，我個人皆曾在不同場合扮演一些角色。

　　在相關議題方面，於 921 之後十年，我們以為時間都過了十年，社會大眾或政治當局應當可以理性地回首檢討「921」的經驗，所以，我們曾經為此主辦了【921 十週年論壇】。論壇的主題是〈世紀災變之借鑑與啟示〉，很鄭重的，我們邀請到 15 位相關論文發表人分別論述相關議題。[4]

　　我們認為，921 大災難經驗應轉化為臺灣的智慧傳承。我們這樣說：

> 921 教訓的代價以及第一線的聲音最有價值，不能埋沒。
> 唯有由現場感受到的完整而真實的經歷
> 才能找到面對未來災難的應對良方。
> 我們無法避免也必須忍受大災變帶來的痛苦
> 但我們無法忍受
> 苦難過後卻仍然找不到應對的解決之道。

　　然而，很遺憾的，921 後的十年以來，我們第一線南投縣政府的 921 災難團隊經驗，始終未獲中央或社會主流（政治正確）的重視或鼓勵。相反地，我們遭受的卻是：司法冤誣相向，社會輿論毫不留情的扭曲相加，以及政治圍堵的壓制、排斥異己。

　　雖然如此，還好，我們堅毅忍辱依然留下這些歷史紀錄。[5]

　　本篇，扼要回顧這「921」尚未引爆「大禍」之前的南投重建概貌。這一路忍著哀傷的重建過程，政治司法他們隱隱約約、處處現身找碴。

---

[5] 同註 3。

第一章

展現南投新風貌

　　我們要常常知道在遊戲人間中，正好修行，
　　要在水深火熱的人間得到一份清涼；

　　要有開朗的個性，要像秋天的天氣一樣明朗、清爽、樂觀，
　　熱愛生活、熱愛眾生，樂於用慈悲面對我們人生各種的緣。

　　　　　　　　　　　　　　　── 靈鷲山，心道法師，〈芝麻與綠豆〉[6]

921 是要南投證驗什麼？一天深夜，我做這樣的詮釋：[7]

　　雖然只有短短數十秒
　　卻確定了南投人至少四、五年的共同命運
　　不管你是什麼黨、什麼派
　　不管你家住在埔里、還是水里
　　老少男女
　　我們都必須走南投重建之路。

　　但我們不知道，含淚重建尚待完成，接著就是陣陣狂風暴雨的洗刷，雷厲風暴「921 重建弊案」已醞釀好等著我們就範。而確有一些人事先知道有這回事。

---

[6]　心道法師（1948 - ），《神秘的心靈：心道法師開示錄》，臺北縣：靈鷲山般若文教基金會出版，1995，頁 18 -19。

[7]　詮釋 921，南投縣政府文化局留下了許多文人、藝術家的紓懷，參見《九月悲歌：921 大地震詩歌集》，南投縣政府文化局出版，2000 年 9 月。本小節是為此冊我寫下這篇〈921 的證驗 ── 世間無常 國土危脆 貧苦多怨〉文稿其中的一則。

殫精竭慮，縣府團隊卯全力重建

921 世紀浩劫重創南投全境，災害悽慘；震殤之後，南投必須重建。但重建工程龐大繁重，現實的是：沒錢辦不了大事。

在中央有限的支援下，不到兩年，我們縣府團隊含淚重建，殫精竭慮，對南投縣災民及付出愛心的全國民眾交出了這樣的重建成果。

我卸任縣長職位之前，南投縣公共工程等硬體重建成果已具體展現。

921 重創南投的公共設施（校園重建另章說明），包括縣府及其所屬機關和 9 個鄉鎮公所行政辦公大樓，以及道路橋樑、農田水利及產業道路工程設施。災後，災修及重建公共工程暴增，我任內執行的工程數量為歷任縣長的數十倍以上，縣府工務單位在有限人力及原已沈重的業務壓力下，我們毅然扛起公共工程重建重任。以建照發放民間重建而言，縣府同仁工作量更比平日暴增 20 倍以上，而縣內所有營造單位也無法吸納如此眾多的重建工程，可見公共工程重建之舉步維艱。

公共工程重建

921 南投全縣公共工程毀損超過四、五千件以上，災損金額至少約需 300 億元。2000 年 1 月 25 日行政院核定及修正，全縣公共工程重建案件共計 2,899 件（最後確定 78 億 2,911 萬餘元），縣府負責執行 1,116 件約占 40%，各鄉鎮公所負責執行 1,783 件約占 60%。

自核定後，縣府與 13 鄉鎮市公所全力加速公共建設復建，至 2001 年 3 月底，全縣公共工程已完工及施工中執行進度目前已達 97%，其中 2,003 件已全部完工，工作效率確實神速。我在每週縣政會議上嚴格檢討管控各項工程進度，目的在達到能提早一天完工的要求目標。

其後比較大的工程並為各界所注目，本縣觀光藝文館（先行作臨時辦公大樓）2001年5月完工，而重建新地標 — 縣府新建大樓也於2001年9月21日完成進駐。

籌建未來觀光大學

創建南投縣觀光藝文館，有一段辛酸的921歷史小故事。

921大地震使南投縣政府原有辦公大樓損毀，災後縣府暫駐於體育館，辦公空間嚴重不足，且於跑道上上班，因空間開放，公文遺失更時有所聞。同時部分公有機關，如地政、戶政、家畜疾病防治所、警察局交通隊等，地震後皆借駐學校、外租辦公大樓或另尋辦公場所，故如能儘速完成臨時辦公大樓，即可與體育場調整運用，解決公有機關辦公空間問題，並將借駐之學校空間歸還學校，避免影響教學。

在急需尋找適合之臨時辦公場所，以穩定南投縣行政領導中心情形下，縣府原規劃興建觀光大學行政本部，後因上級藉口阻撓而易地，才更改為觀光藝文館。即先暫充作臨時辦公大樓，後再轉變為觀光、文化藝術活動等多功能中心。

3 烏雲密佈

為爭取該大樓的興建經費，我率相關單位主管向中央極力爭取，經行政院 921 震災災後重建推動委員會及行政院公共工程委員會審議通過，核定補助 1 億 1,200 萬元，惟所核定面積實不足所需，後再經省政府同意將震災前所爭取補助縣府增建辦公大樓之 6,000 萬元補助款合併運用，興建經費共計 1 億 7,200 萬元，於 2001 年 5 月完工啟用。這棟大樓才得以誕生。

2001 年 9 月 21 日新縣政中心完成，觀光藝文館回歸觀光、藝術、文化活動、民眾休閒空間場所、社區大學及全縣公教員工在職進修、訓練使用，提高資源運作，也為本縣休閒靜態活動，提供良好之公共場所。[8]

然而，本案即臨時辦公大樓工程竟被檢調誣陷起訴觸犯《貪污治罪條例》圖利罪首件大案，實冤枉莫名。

縣府新建大樓成重建新地標

興建新縣政中心也有 921 的歷史故事。

921 災後縣府暫駐縣立體育場辦公，縣府所規劃興建新縣政大樓，採大斜頂設計，新縣政大樓興建工程於 2001 年 921 二週年之際完工，成為南投地標性建築，並象徵帶領南投完成重建。[9]

縣府新縣政中心是南投建縣以來最大的工程建設案（其實，總建設經費為 8 億多，可見南投縣府之窮態），也是施行《政府採購法》以後國內第一件依法採用統包及最有利標評選之公共建築工程，具有建築史上的意

---

[8] 南投縣觀光藝文館的功能，很遺憾，在我因「921 案」官司影響下未能贏得選舉連任，已被後繼者改為其他用途。原標示「縣長彭百顯題」象徵 921 重建的機關招牌被卸下，本館原貌已消失在 921 重建歷史的記憶之外。

[9] 這是南投縣重建最重要的地標工程，也是歷來南投縣政府最大的工程建設，更是 921 南投極重要重建的歷史記憶。同樣的心態，我縣長連任失敗，縣府新建大樓「彭百顯題」那面「南投縣政府縣政中心」紀念牆哪裡去了？而新建大樓前面廣場那塊「彭百顯題」的奠基石又哪裡去了？新建大樓落成那片「奠基紀念碑」又在哪裡？連留下縣長「彭百顯」三個字，他們都感到不自在。而 921 暴風雨的侵襲，南投鄉親竟也噤聲莫語。歷史喪失共同記憶指標，好像也沒有什麼意義被改變。

義在 [10]

　　我對此件工程相當重視，嚴格要求每一階段作業，為確保統包工程品質，縣府依法組成評選委員會，確保評選作業之公平、公正，並委託專業工程顧問單位進行工程專案管理，使縣府邁向 21 世紀新縣政大樓，可擺脫以往工程設計、發包、監造的缺失，而得到較短的工期，較節省的經費，和較佳的工程品質。

　　新縣政中心規模為地下 2 樓、地上 8 樓之建築，其目的在提供縣民更便民的服務，2001 年 9 月 21 日，全國最漂亮迴異於傳統辦公室高品質的新縣政中心巍峨矗立。然而，檢調也把本件列為指控我「貪污圖利」的重大弊案偵辦。除了政治因素，我想不出是何理由。[11]

---

[10] 南投縣府新建大樓依《政府採購法》規定，以合於招標文件規定之最有利標為得標廠商，以統包方式辦理上網公開招標。最有利標方式依一般辦理情形，皆公告契約預計金額，決標金額應為 100%，本案以 99% 金額得標，縣府不但未圖利廠商，反而節省 1% 經費。統包招標方式不同以往一般工程，在最有利標評選下，依公告之預算金額，由廠商估算合理之利潤暨提出能符合業主要求最佳條件數量，而由評選委員會委員進行評比，選出最有利業者需求順序，就是「比品質、比內容」，而不比「最低價」。
新建辦公大樓案公告預算金額 8 億 1,300 萬元，縣府以統包及最有利標方式招標，以 8 億 400 萬元得標，縣府得到最有利之樓地板總面積（46,000 平方公尺），高於統包文件需求 41,000 平方公尺，比其他廠商多出 5,000 平方公尺，增加提供約 1 億元之經費，縣府以既定價格預算，可得到更多數地坪及最佳品質之大樓。這是臺灣建築史之統包首標案。

[11] 曾經以新政府中央重建長官立場參與我們重建的「921 震災災後重建推動委員會」副執行長林盛豐，他告訴我，如果有需要，他願意為我出庭作證。盛情可嘉。

921 的歷史滄桑，人去政亡

921 重建的歷史記憶，跟隨著彭百顯縣長連任失敗而消失在南投人眼中。
美輪美奐的新縣政中心地標在 921 兩週年落成。如今，縣政府新辦公大樓前面左邊
由副總統呂秀蓮共同揭幕標示著「南投縣政府縣政中心」地標的那片紀念牆哪裡去
了？而右邊來自花蓮重達 88 噸的那顆巨大「奠基石」如今又哪裡去了？
而新縣政大樓迎賓大廳，地面鋪上大理石彩色繽紛的「國寶級寬尾鳳蝶」圖案，既
美麗、又不礙事，為什麼把它打掉「毀屍滅跡」？
遺憾啊！磨滅 921 記憶，不為人所知的不名譽歷史，南投人卻默不作聲。

中央忽略基層災修工程，激起政變

　　李登輝總統於大選投票前召見我於總統府。我反映政局，國民黨不必
然於南投勝出，理由是：中央政府根本不在意基層重建之迫切，而縣政府
卻又無力重建，放任民怨在南投對縣政府及縣長散播、攻擊。他聽後問，
「基層需要多少？」我答曰：「70 億」。後來，我被國民黨以集思會為
主的立委包圍。

　　為重建，我與李登輝總統拉近距離而得罪民進黨諸君。藉此，我進一
步透露，這可能形成新政府政治打壓的重要原委。**12**

---

12 都是錢惹的是非，這段災難政治學，政客沒有同理心，他們用這個理由打擊我，其下文稍
　　複雜，於此打住暫予不表。

也正由於 921 震災重創整個南投基層生活之癥結被中央忽略，這些與民眾生活息息相關的村里排水溝、駁坎、巷道、產業道路等設施遭受嚴重破壞，以致生活通行不便、農作物運輸受阻、污水四溢、蚊蟲肆虐，縣民生活環境破壞，影響民生及經濟復甦甚巨，必須由縣政府負責處理。[13] 這才是選票的重點，偏偏縣府財庫拮据，是中央所無法顧及，根本沒有處理基層民怨的重建預算。

為解決 921 後全縣村里排水設施、駁坎、擋土牆、公共巷道、產業道路、路燈、集會所之修復等民生設施迫切復建需求，透過前副議長簡榮梁議員的支持，我們動用「921 捐款」（捐給南投縣政府部分）經縣府「921 震災專戶管理委員會」決議，縣府「921 大地震工作會報縣長工作指示」於 2000 年 3 月起，依照全倒戶、半倒戶震災受損情形暨迫切重建程度，我們巡迴全縣各村里舉辦 921 震災村里重建座談會，總計召開 191 場次（範圍含蓋 260 個村里），本人親自參加，廣徵災民意見，視災情輕重緩急，適切補助急迫需要之復建與實質生活環境之重建。

至 2001 年 4 月初，核定工程案件 926 件，購置案件 128 件，核定經費達 5 億 53 萬餘元，有效改善相當部分基層的民生需求。其實，基層災修工程需求仍然遠大於政府所提供之建設。這也是國民黨於大選得不到民眾支持的災後民眾心聲。但如果沒有「921 捐款」給南投縣政府，相信南投的民怨將會更延多時。

於此，再插播一件與此有關的政治干擾事項秘辛。因為我們深入基層村里，我的競爭對手在立法院質詢，並透過內政部中部辦公室（由精省後所改組之原省政府）發函**要我們提供「所有縣政府賑災捐款重建經費 100 萬元以下小型零星工程之項目、地址、金額、發包時間、承包廠商、預**

---

[13] 為了這些問題，我於選前李登輝總統召見時向總統報告地方重建實際需求時，訴請層峰重視；遂而有大選前由我站到臺前表態「支持國民黨連蕭候選人之記者會」，也才有後來一連串的「政治惡意相向」與形成「司法迫害」的背景。從此，我不見容於「正義兄弟」及民進黨全面壓抑也擴大發酵。

定完成日期等」，限我們於 2000.10.26 前要送內政部中部辦公室（參見下圖）。注意：是「所有」小型零星工程，而不是那裡「有問題」的工程項目。我們很忙，但仍於 2000.11.3 送出該一紙中部辦公室公文之要求，共 361 件小型工程案的所有資料。有關他們強索重建中縣政府工程資料細節，將於第四篇探討。

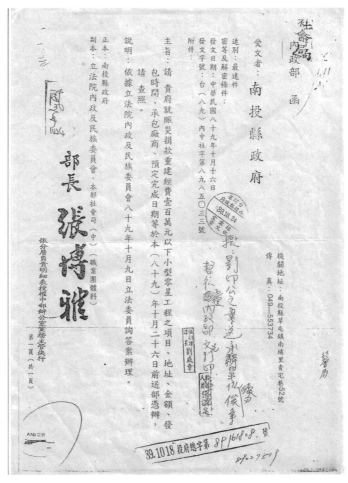

是誰有此本事可使內政部一紙公文就命令縣政府提供 361 件工程案資料？

圖中所示，這份發自草屯內政部社會司中部辦公室決行的公函，打著張博雅的頭銜，透露很多令人訝異的訊息，本函文的主人翁在左下角所註記：林宗男。為了這一張公函，南投縣政府「乖乖」提供了 361 件小型工程案有關的所有資料送內政部「憑辦」予質詢的立法委員。

對我們災區基層公務人員，這一位立法委員官威就這麼偉大，非一般委員所可做得來。

興修毀損公共建築

全縣各鄉鎮市基層各項公共建築物在 921 地震損毀重創，皆需復建整修。

全縣各村里集會所受損，影響民眾聚會功能，縣府爭取行政院公共工程委員會經費補助，全縣共獲核定 9 億 5 千餘萬元經費，興修建了 66 所村里集會所。

各地政事務所除竹山地政事務所部分需要修復外，包括南投、草屯、埔里、水里四個地政事務所辦公廳舍均需重建。戶政所部分，包括草屯、鹿谷、中寮戶政所均需重建。縣府衛生局需整修興建包括竹山衛生所修繕，中寮、魚池衛生所需重建。至於縣警局及所屬各分局、分駐（派出）所共有 18 處需重建。

社會福利機構災後有龐大的弱勢族群收托及安置問題必須立即解決。經爭取財團法人 921 震災重建基金會核定補助本縣公立托兒所修繕經費 7,188 萬餘元。另幼稚園方面，全縣 49 所公立國小附設幼稚園需重建或修繕；私立幼稚園部分，縣府爭取到教育部補助全倒重建 150 萬元，半倒修繕者 75 萬元。

南投縣各鄉鎮市社區活動中心復建工程，經行政院公共工程委員會核定 120 件，經費補助 2 億 5,091 萬餘元。縣府也積極爭取中央補助各鄉鎮市公墓及相關設施復建工程經費辦理公墓復建，經公共工程委員會計核定 38 件，經費補助 2 億 3,096 萬餘元。

文化資產重建

921 大地震中，本縣古蹟有 9 處嚴重毀損，經內政部撥款 3,452 萬餘

3 烏雲密佈

元緊急搶修。縣府並配合行政院文化建設委員會，於震災後對災區歷史建築提撥緊急加固補助經費，提供給有意願保存歷史建築所有人，以緊急搶救歷史建築。

在藝文設施方面，縣府除已完成文化局本館、圖書新館重建工程，文化園區— 縣史館重建工程外，另爭取行政院補助受損之 12 個鄉鎮圖書館館舍重建經費 2 億餘元。

縣府爭取文建會補助「家園再造、美化生活空間：美化公共環境～家園再造」計畫 20 件、經費 1,559 萬餘元；「美化公共環境計畫～公共環境營造」規劃計畫 3 件、經費 255 萬元及營造經費 1,500 萬元。

全縣地籍重新定位工程

中心樁檢測及圖根點新建補建涉及重建地點定位，是一件宏偉而迫切之 921 重建優先工程。

921 地震導致南投縣地形地貌大為改變，尤其車籠埔斷層經過之處的地層更遭受嚴重擠壓位移，都市計畫中心樁為重建相關工作之基準，無論民宅、社區或公共工程重建之建築線指定、地籍鑑界等地籍重測都需以中心樁作為依據，檢測工作的重要與急迫不言可喻，又一時之間無法處理，以致這件工程完成之前，我們被民眾誤解指責最多。[14]

最現實的，也由於縣府根本沒錢、沒預算負擔此龐大經費，縣府向中央反應，依規編列工程概算送行政院公共工程委員會申請補助，工程單價概算亦經營建署覆核合理；中央體認中心樁檢測之必要性，除規定受災各縣市必須於 2000 年 7 月前完成災區地籍重測工作外，並核准本縣各都市

---

[14] 由於地震土地位移，在沒有定位並公告 6 個月期滿之前，也使我們在重建上無法順利進行，尤其建照發放更形成障礙。當時議會、民眾抱怨連連，媒體也不體會實情毫不保留一再以民怨指責我們重建效率很差，醜化縣府。此種誤會也少有人諒解。中央更不曾出面解說，讓縣政府像大宅院的小媳婦，一再被民眾遷怒，委屈無地亦無人可訴。

計畫區樁位檢測工程費 8,190 萬元。（記住，就在這一段忙碌時間，新政府甫上臺之時即展開對我們下殺手之清算政治。參見第四篇第一章，檢察官 8 月 28 日當天即派員帶回該工程案卷公文。）

後來，檢方連本案也列入我「貪污圖利」的案件起訴，令人莫名其妙。

為爭取工程效率，除依照〈都市計畫樁位測定及管理辦法〉規定辦理外，縣府考量後續地理資訊系統的建立，乃將全縣 23 個都市計畫區控制點測量統一辦理，並依據「同一鄉鎮之多處都市計畫區合併」、「只有一處都市計畫且工程數量較少之鄰近鄉鎮合併」等原則，合併為 9 個工程標案。

而有關震災地區圖根點新建補建計畫，南投全縣埔里、國姓、魚池、草屯、南投、名間、水里、集集、竹山、鹿谷等十個鄉鎮合計 7,500 點，縣府以最快速度完成發包及驗收作業。

如此複雜、如此重要迫切的重建優先工程，縣府依《政府採購法》第 105 條第 2 款規定辦理限制性招標，於 2000 年 5 月全數發包完畢，隨即展開檢測作業，而為儘速完成中心樁檢測工作並確保工程品質，縣府特編列 500 萬元商請營建署協助工程監驗工作。

在受災各縣市中，中心樁的點交只有本縣能依中央規定於 2000 年 7 月前妥善完成，也受中央辦理重測單位的肯定與讚許。我們是不是很盡忠職責、勉力而為？

然而，為此，我卻也遭受中央法務部門的特別關照，他們以本件繩我以官司纏身回報。我心想反省：我到底得罪他們什麼？心裡很是沉悶。

其次，土地複丈及重測也係為重建奠基需要，由於民眾誤解多多，民怨很深，我們必須竭力克服萬難辦理儘先完成。

前已指出，地震後縣內土地多處嚴重位移，地政測量業務較以往暴增數十倍，災區民眾急於重建家園，申請土地複丈案件激增，故界址鑑定工作亟待於最短時間內完成，始能進行後續重建作業。

地籍圖重測計辦理 32 地段 61,521 筆土地，縣府的地政人力嚴重短缺，

必須仰賴中央及全國各地政測量人力大力支援。感謝包括國防部聯勤測量隊、內政部土地測量局及高雄市政府地政處等支援進駐，全縣地籍重測工作於我卸任前半年，即 2001 年 7 月 1 日完成並公告。

在土地複丈方面，也由於本縣各地政事務所測量人力無法因應大地震後暴增的瑣瑣碎碎工作，人力嚴重不足致部分進度嚴重落後，處理期限無法滿足民眾需求，我只好向中央不斷反應請求外縣市地籍測量人力支援，以加速南投重建，但誰真心理會災區民需，效果並不十分理想。民怨與無知真相如何申訴？忍啊！忍。

竭力防治土石流，安置受災鄉親

過去所沒有的經驗，921 地震同時重創本縣土質地表結構，造成境內土石流危險溪流多達 181 條，15,561 處的崩塌地，面積達 8,749 餘公頃。這是南投縣長的權責嗎？理論上責任似乎應該是啊，但土地所有權是誰的？法令上縣長有何權力？後來，土石流每年向我們操兵，但我們從沒有把責任推給中央。

有專業學者提醒我強震後造成土質鬆軟可能未來幾年會影響土石流問題，本人相當在意其風險，也指示農業部門等主管對可能發生土石流影響人民生命財產研提因應作法，縣府並委託中興大學專案研究。後來農委會公布危險及極危險村落共 42 處，縣府也相對提出因應方案。

大地震後，有相當時間，土石流成為南投人最大的夢魘之一。

為確實預防土石流釀災，保障民眾生命財產安全，我責成應建立完成本縣警政、民政、義消三大災情查報體系，同時積極辦理災後復建水土保持工程，總計完成 174 件水保工程。

於是，我們縣府組成土石流防治專案小組，召開土石流防治會議，責由消防局於 2000 年 5 月底完成輔導危險區域內民眾成立自衛消防編組及演練事宜，同時研擬「南投縣政府輔導危險區域內民眾成立自衛編組及緊急疏散避難計畫」，配合鄉鎮市公所，針對縣內 42 處高危險村落、181

條危險土石溪流等危險區域內民眾，輔導編組成「社區緊急避難疏散自衛隊」。

在危險社區互助方面，縣府也以危害區域為單位，結合編組範圍內之社區發展協會、救難團體、義消、義警、義交、民防、社區守望相助隊、鳳凰志工、慈濟工作隊、民間醫療院所及其他志工團隊等，成立睦鄰救援隊，以發揮基層救助互助功能。

在居民安置與遷村方面，縣府於全縣興建土石流臨時組合屋社區14處470戶，覓妥37處緊急避難及組合屋預定地，辦理埔里鎮蜈蚣里九芎林、果子林、獅子頭，仁愛鄉互助村中原口部落、發祥村瑞岩部落、新生村上眉原部落，信義鄉神木村等地區疏散、安置及遷村等工作。

當2000年2月23日豪雨造成土石流災害時，由於縣府的「提前部署」，很快的縣府即對仁愛鄉、信義鄉、水里鄉興隆村等發放白米、礦泉水、泡麵等救災物資。且為防範未然，並就全縣可能遭受土石流危險之村落，每村里準備10萬元儲糧，除礦泉水、罐頭、泡麵等外，真空包裝白米每村里儲糧2噸，總計辦理50個村里。

為促使民眾自發自覺，防範土石流災害，當時，縣府團隊加強進行防災宣導，一方面我們籌措經費400萬元，辦理土石流危險地區警告標示牌400面，一方面於2000年5月15日針對震央國姓鄉九份二山辦理土石流防災疏散避難示範演練，分送全縣13鄉鎮市「地震後土石流災害防範」（褶頁8,000份），宣導土石流災害防範對策及方法；而每逢豪雨特報，縣府即發佈警示土石流危險區域民眾注意安全，必要時先行撤離至安全之安置地點。

我們只能做到這樣「超前部署」，因為治理土石流的主要管轄根本權限及財政權都在中央；在地方，雖任一縣之長，但有責無權無錢，我們很無奈；不過，我很欣慰我們的團隊已經很盡責做到以上這些工作。[15]

震災建築廢棄土堆置場監管

建築廢棄土的環保新難題為震災後的新產物。

921 大地震導致全縣大量公共建築及民間建築物遭到嚴重破壞，而必須拆除重建，本縣倒塌及危樓需拆除者超過 2 萬 8 千戶，這些建築棄物須有貯置場堆置。

由於各鄉鎮市僅集集鎮公所有棄土場外，其餘均未有棄土場的設置，各鄉鎮市公所依據總統發布《緊急命令》之規定，會同軍方、地主及相關單位會勘，尋得適當場所後，再取得地主同意，設置 921 震災營建廢棄物堆置場。

南投縣 921 地震後產生 59 件中、大型廢棄物堆置場，經過縣府核定 40 場先行施設環保安全封閉工程，原定經費 2 億 6,160 萬餘元，2000 年底向環保署追加經費 5,270 多萬元，也將其餘場次納入。經施作後，多處水土保持作業、覆土植生情況相當良好，縣府要求各發包單位比照辦理，務必在雨季來臨前做好完善措施，避免造成災害與污染情況。

遺憾這些努力，皆被檢調當作「貪污圖利」來為難偵辦我們。

---

[15] 為此，我曾經向陳水扁總統陳情反映，請他協助四年每年 25 億元給南投縣，以便我任內能做「治山防洪」之基礎建設，但他沒有答應。我內心明瞭，他已經不再是與我當時並肩作戰共同對抗國民黨不義政府的正義兄弟了，他有他的考量，他是總統。

第二章

產業重建新佈局

> 我們必須腳踏實地，做一個老實的修行人，安份守己，
> 在日常生活中把握時間，多多付出，愛惜自己的秉賦，
> 莫讓時間空過，使自己平白地失去了工作的權利。
>
> ——慈濟，證嚴法師，〈靜思再三〉[16]

產業重建是災民的生計，也是南投經濟能否儘速復原的關鍵，因此，我們相當費心，努力於災後南投的產業重建，希望很快的能有生機。

南投縣發展相對落後，我以「觀光縣、藝術縣、文化縣」標榜入主縣府做為縣政建設標的。未及二年，創造城鄉新風貌，甫現成果即遭遇 921 大地震，不僅縣政規劃藍圖、時程全被打亂，連縣民賴以維生之農、工商、觀光等產業亦大受衝擊。縣府施政方針，考量固有相對優勢與未來適切走向，以觀光與農業結合，帶動工商經濟復甦。

安定民眾生計，帶動產業復甦

農業局在協助農林畜牧產業輔導復甦方面，農委會核定補助 1 億 4,652 萬元，辦理各級農會辦公廳舍、農民存款中心及設置農業推廣教育中心重建業務。核定 4,035 萬元重建長期作物蓄水池，核撥農民補助款 4,012 萬元；針對鹿谷茶鄉，補助鹿谷鄉麒麟潭及鹿谷鄉農會辦理「整建茶葉文化館及生態文化園區」；核定縣府規劃之水里鄉車埕村、信義鄉自強村與愛國村、魚池鄉大林村等三處為休閒農業區；且於豪雨、颱風、土石流釀災之際，

---

[16] 證嚴法師（即證嚴上人，1937 - ），《齋後語》，臺北：慈濟文化出版，1991，頁 222。

適時予以農林畜牧受災戶補助，彌補損失。辦理農民專長訓練，輔導草屯、南投、竹山、鹿谷等 4 鄉鎮市農會穀物儲存設備重建；完成仁愛鄉農會蔬菜共同運銷計畫，與集貨場暨冷藏設施修復。

為協助災民走出震痛陰霾，縣府帶頭走出災區，積極在全國各地辦理 33 場農特產品展售促銷活動或假日市集，成果相當豐碩。此後縣府陸續於各地舉辦促銷展售活動，紓解災區農特產品滯銷困境。

新農業文化園區再造農村新希望

我的建縣理想之一，在 921 之後，全力致力於「新農業文化園區」與「南投觀光驛站」的實現。

無語問蒼天！ 921 地震導致全縣農業（含農會等建築物）損失金額達 75 億餘元，包括農田流失、埋沒 1,018 公頃，水稻等各式農作損失，灌溉用蓄水池 3,502 座毀壞，以及畜牧業損失。

行政院長蕭萬長（背對者）於 1999 年 11 月 8 日視察福龜新農業文化園區，圖左二為彭百顯進行簡報，後方為規劃顧問白錫旼（社區總體營造大師）。

農業長久以來即為南投縣主要產業，面對時代變遷與國際化的挑戰，傳統農業遭受重大打擊。針對本縣優質農特產，縣府規劃花卉、竹藝、茶香及美酒等四大特色，積極輔導以各鄉鎮市建置多功能的農產品物流中心暨電子商務系統。921之後，我更指示積極推動新農業文化園區，結合農業與觀光，引領本縣農業脫胎換骨。

為利傳統農業轉型為休閒農業，縣府在13個鄉鎮市規劃設計設置「新農業文化園區」，其中，位於中潭公路上的先趨示範點 — 福龜旅遊文化資訊廣場，即第一座「南投驛站」，921週年落成。這項結合農特產、手工藝品、觀光資訊與新農業文化園區之生態農業體驗，具體展現本人再造希望農村的理念，成為本縣著名觀光景點。

遺憾之至，才初見展現功能成果，在我卸任之後，本案就「胎死腹中」，並以司法官司「侍候」。我心有未甘。

南投驛站活化觀光

我們縣府團隊接續地震之前所辦理內政部推動「創造城鄉新風貌」的優異成績，於921後再推出「南投驛站」構想，首站計畫就是首案「新農業文化園區：福龜旅遊文化資訊廣場」，以挹注地方經濟生機。

縣政府為促使傳統農業轉型為休閒農業，計劃於各鄉鎮市設置新農業文化園區，以為「南投觀光驛站」的本縣全境觀光網點指標。國姓鄉福龜

旅遊文化資訊廣場，即為本縣驛站配合農業文化園區發展的先趨示範點。座落於臺 14 線中潭公路上的福龜廣場，為南投驛站第一站。

獨特的木構建築與優雅的周邊景觀，蔚為國姓鄉地標，規劃良好的庭園、親水設施及停車場，暫先提供全縣遊憩資訊與應時農特產品銷售，建構屬於該鄉特色之城鄉新風貌，以及本縣農特產與觀光旅遊之行銷網路。落成之後，每逢假日均吸引眾多人潮駐足。

這是我的重要建縣政見，921 給我經濟學乘數理論的啟示，我用力支持本案之推展。眼看就要落實，感謝 921 讓南投有機會翻身，我們看見「美麗新南投」的曙光。為本案政策執行與落實，我很感謝計畫室主任蔡碧雲以及社區總體營造大師白錫旼的盡心盡力，沒有他們的負責，相信我的施政成果將遜色不少。

彭百顯創設新農業文化園區，南投驛站：福龜旅遊文化資訊廣場再造農村新希望。

2000 年 9 月 21 日，福龜廣場我們邀請到副總統呂秀蓮和我共同揭幕落成 [17]，成為重要觀光據點。週遭廢棄農田多已復耕，遍植草莓、玉米、山藥、楊桃等農作物，遊客湧入購買農產品或手工藝品，帶給當地民眾實

---

[17] 本案我們原已規劃共同揭幕的要角是藉由陳水扁總統的光彩，向全國展現 921 重建成果，以向國人表達關切。後於 921 前日被告知總統行程更改，故而臨時改變邀請呂秀蓮副總統替代。

質收益，具體展現「農業觀光化、觀光農業化」與「縣長振興衰敗農村，再造希望農村」的理念。此外，為落實「縣長產地消費主義」之政策主張，縣府規劃福龜產業景觀走廊，藉助南投驛站帶動大量觀光人潮，並種植四季作物，使園區充滿多樣化之農產品，提供遊客農作、種花、寫生之趣，沐浴於鄉土風光。縣府團隊分工配合我對南投故鄉農村的願景。

回顧縣府團隊為及早振興災區產業，2000 年 3 月，本案開始辦理福龜廣場工程發包，並在時效期間依《緊急命令》第 4 條規定，不受《建築法》第 25 條相關規定限制，得簡化土地使用變更和建築相關規定，經在土地協商租賃取得後，即於 2000 年 5 月 9 日舉行動土典禮；同時積極辦理建照申請作業，與農委會洽商用地地目變更案，在 3 月 8 日獲農委會函復同意，加速辦理用地變更手續，以利申請建照及使用執照，正式對外營運。

這是 921《緊急命令》於產業重建方面，縣府發揮法令功能的一個典型案例。

附帶說明本案件被檢調蓄意扭曲形象的縣府基金會於 921 重建的角色。本案「南投驛站」，福龜廣場周邊綠美化景觀工程 1,500 萬元，係因縣府財源不足支應，2000 年 8 月移由縣府創辦之南投縣建設發展基金會協助，並以「點工叫料、雇工直營」方式施作，直接濟助重建區與受災戶生計。這也是縣府基金會適時支助 921 重建意義的例子。

我們也注意到本觀光驛站案推展，對福龜廣場甄選優良廠商，全面委外經營，廠商必須配合提供 921 成果與重建計畫展示、政令宣導、全縣觀光遊憩資訊提供與農產品展售、地方產業及鄉土人文介紹等功能，縣府期望在非公務體制完善的經營管理下，福龜廣場能成為全縣第一級的觀光資訊廣場。**18**

---

18 本驛站在我縣長連任失利之下，繼任者改變作法，不但抽離縣長於重建之 921 原始記憶，改掉名稱，並且矮化層級交由鄉級經營成地方特產賣點，失去觀光驛站原來規劃之功能。

令人傷心的，本案巨型公園工程歷經多重阻力終於落成，但議長、議會、檢調等更刻意誤導以為與「俄羅斯原木弊端」有關，藉此阻撓本案之進行，司法並竟以威脅利誘所獲「違反事實」之證詞，以及謬誤百出之起訴內容告諸國人，指控我們「貪污圖利」。司法不義，干擾地方自治行政政務，阻撓災區重建，令我們傷心不已！

策劃觀光新氣象

921 地震重創全縣觀光產業及各景點。為促使觀光產業逐漸復甦，啟造南投縣為觀光大縣，我們積極規劃推動各項重要觀光活動及建設。

921 地震雖重創風景區，卻也締造一些難得一見的震後特殊景觀，令人為大自然的威力震懾不已。本縣共有九處地震紀念園區獲中央核定，將為地震留下見證，並達到寓教於民的效果，包括震央九份二山、九九峰、南投縣觀光鐵道濁水段、鳳凰谷鳥園、竹山秀林部落、臺灣地理中心碑、武昌宮、集集車站、沙東宮照鏡臺等九處。

但遺憾，民進黨新中央政府卻捨創傷最重的南投，而將中央級的紀念園區偏心指定於臺中縣一所學校。他們輕視震央南投之心流露無遺。

縣府更劃分全縣各景點為六大觀光軸線，依特色規劃以提昇觀光價值，並配合 921 週年紀念、原住民豐年祭等節令慶典和農產品生產季節，辦理融合農業、觀光、手工藝等產業的大型活動，具體呈現南投特色。斯時，業者更聯合推舉呂秀蓮副總統為中部觀光聯盟的盟主，配合協助帶動災區觀光業之活絡，不僅對縣民收入有所助益，且塑造全國民眾對南投災後復建的信心，諸多活動引起熱烈回響。

打造形象商圈

災後全縣工商產業幾近停擺，廠房設備損壞計 688 家，生產設備、原料、成品損失金額近 30 億元，各商圈受損情況及營業額損失亦達 3 億 5,000

萬元以上，全縣 2 萬家商店商業活動完全停擺，單日營業損失即逾 1,000萬元。

縣府為重振工商產業所採行的第一步即是努力使企業根留南投，並吸引新企業到本地投資，創造新就業機會為目標，因此，配合災後重建，改善投資環境是刻不容緩的重要工作。

重振工商方面，縣府協助全縣 11 處形象商圈更新再造，並輔導受災中小企業申辦優惠貸款，頗具成效。

縣府以「打造形象商圈」著手，配合經濟部輔導傳統商圈經營轉型計畫，建立商圈發展機制，共計辦理名間松柏嶺、埔里中正路、國姓老街、中寮永平老街等 11 個輔導點，中央對本縣 11 個商圈分別投注 1,500 萬元硬體建設經費（中央是不是顯得很小器，他們分配的角色，很權威）。本人及縣府曾積極力促行政院 921 震災災後重建推動委員會編列特別預算，針對 921 震災全面重建我建議編列 5,000 億元。事後，中央獨玩此追加預算、特別預算等共 2,124 億元遊戲，震央南投靠邊站。

本縣公有零售市場遭地震損毀，縣府積極爭取經濟部核定補助工程款3,070 萬元。縣府主辦單位為此記下這樣的「感恩頌」：921 重建委員會

積極進行零售市場經營管理輔導，灌輸現代化觀念，協助重建區生產單位規劃產品之進、銷、存的軟硬體，同時設置攤販集中場，以兼顧民眾生計及市容、環境衛生等「狗腿族」官樣文章。

　　縣府也配合中央積極協助工商業者重建，輔導中小企業辦理升級貸款，及受災企業申辦「開發基金 500 億元震災優惠貸款」。惟本案對南投災區中小企業的功能為何，本人未曾了知，甚為遺憾。

文化重建活潑多元

　　在文化軟體方面，落實對藝術、文化建縣，921 後，文化局於 1999 年 12 月 5 日在建築物內部搶修完成後隨即開放，同時擬定深耕災區與組合屋區，搶救保存文化資產等方針，希望和民眾一起揮別震災悲情。

　　為充實與補充縣府文化局和鄉鎮圖書館圖書的損失，並提供組合屋區民眾閱讀的方便，縣府廣泛向各界徵求贈書，獲贈圖書、雜誌、有聲書等 39,650 件，並積極爭取教育部補助本縣 12 個公共圖書館復建經費，計 1,227 萬餘元。

　　舉辦快樂兒童讀書會、書香媽媽說故事、研習等活動 320 場、災區心靈重建巡迴講座等 54 場，以及歡樂書香列車：行動圖書館等；另出版、蒐錄 921 有關文學、詩歌、圖片等出版《九月悲歌》等書籍七種，以書香營造災區。

　　縣府文化局為提供重建區民眾藝文活動，以鼓舞重建心志、撫慰心靈，策辦「重整家園、再造南投藝文系列」、「89 年南投縣文化節～再現南投風華」、「霧社事件 70 年紀念系列」、「走出震殤，莊嚴人生」演講等活動 67 場；視覺藝術展覽活動：「921 大地震文物展」等 47 場。

　　縣府心靈重建的腳步深入全縣各角落，以藝文關懷，規劃重建計畫，期帶來心靈昇華，讓鄉親在保有南投歷史容顏記憶中，還有追求願景的尊嚴與勇氣。

第三章

校園重建驚豔全國

> 要有種樹人的精神，不論樹苗多麼幼小，
> 仍然要繼續不斷耕耘栽種。
>
> 我們不妄想樹大成蔭時在樹下乘涼享受，
> 我們唯一的責任是小心栽培，讓樹木生長茁壯，
> 使後代能遮蔭乘涼，
> 這就是種樹人的精神。
>
> —— 慈濟，證嚴法師，〈種樹人的精神〉[19]

「遠見加上認真，南投縣在校園重建啟建了全國最美麗校園」，令人矚目。

全縣 182 所中小學在這次百年大浩劫中無一倖免，校舍全毀需全校重建者達 51 校，一棟以上受損者 71 校，其餘學校周邊設施也都需要重建或加以補強；至於教學、電腦設備毀損更是不計其數，初估復建經費高達 76 億元之鉅。更有 2 名教師及 76 位學生不幸罹難，34 位教職員及 32 位學生受傷送醫。

72 億元匯注校園重現新機

災後各界援助，尤其是全國文教基金會捐款的指定匯流，總額高達 50 億元的民間認養校園重建經費，以及教育部 22 億餘元支助，使校園重

---

[19] 證嚴法師，《齋後語》，頁 194。

建經費無虞，本人得以帶領縣府團隊把理想以全縣發展的角度切入，發揮整體特色之要求，讓百年來校園面貌從此煥然一新。

為慎重其事，本人親自主導及要求校園重建之建築景觀與整體形象須呈現新南投的精神面貌，例如鐵灰色系列的斜屋頂校園，表現出南投寧靜、祥和、樸實的景觀特色；不論是原住民特色、木造建築、歐式城堡、東方式傳統建築等，就如百花逐漸怒放般。校園重建完成成為各界目光的焦點，全國最美麗的校園在南投！教育部並以此推展標榜為「新校園運動」。

　　災後初期，面對殘破的校園，縣府以寄讀、在中央及各界援助下興建簡易教室 1,343 間等方式，度過緊急安置時期，讓學生以最快速度復課。

　　配合教育部政策，縣府提供受損嚴重學校名單，呼籲民間認養校園重建，本人更是不斷地到處請託認養支援。從 1999 年 10 月 12 日金車教育基金會簽約認養重建本縣中寮永樂國小開始，至 2001 年 2 月止，高達 50 億元以上民間經費投入了本縣校園重建，希望的種子已經遍灑本縣 77 所學校。

　　至於其餘未獲民間單位認養學校，則是由教育部負擔起全部重建經費，總數高達 22 億 2,600 萬餘元。教育部並於 2000 年 6 月間函定，本縣 5 千萬元以下及非整校重建，無須委託專案管理服務者共 59 校，由縣府及各校自行依規辦理；其他重建經費 5,000 萬元以上以及 5,000 萬元以下整校重建之學校 12 所，不交縣府經手，而由教育部接手委託營建署代辦

（其中，4 校交由人本教育基金會）重建事宜。

　　就在教育部訂定之「地震受災學校建築及設計規範」，以及縣府原已「超前部署」訂頒之「南投縣國中小學整體規劃綱要」配合運作下，本縣校園重建的希望工程，自此全面展開。

團隊總動員，打造希望工程

　　如何掌握住重建從全縣發展的角度蛻變本縣校園嶄新面貌，是本人對921 校園重建工程交辦的期許。我深切瞭解，校園重建是本縣學校脫胎換骨的契機，在重建過程中，本人要求應結合學校、社區、社會的參與，加上建築師的專業智慧，並貫徹「斜屋頂、鐵灰色屋瓦、鐘樓、雙走廊、田園教學」等特色。

　　為了實現這項願景，縣府訂定了 16 項校園重建原則以為依據，包括(1) 建物採鐵灰色斜屋頂，(2) 規劃有戶外教學區及田園生態教學區，(3) 結合地方文化及農村環境景觀，(4) 學校與社區融為一體（如圍牆改為透空率高之圍籬），(5) 設有紀念性地標（如鐘樓），(6) 設有社區緊急救援系統，(7) 設有雨水再回收利用系統，(8) 種植會開花之樹木植栽，(9) 落實高效能且符合機能的教學環境，(10) 營建可供作社區終身學習及景觀地標之核心設施，(11) 依據校園整體規劃，推動校園重建工作，(12) 成立校園規劃重建小組，落實開放公共參與，(13) 建立校園與學區、社區資源之整合與共享模式，(14) 確保校園重建期間，學習與生活環境品質，(15) 永續發展的綠色校園環境，(16) 確保安全、健康、舒適的無障礙環境。

　　我們對校園重建賦予特別的願景，這是縣府的政策目標。

　　縣府團隊對重建校園秉持的願景樣貌是：拿掉高大僵硬的圍牆，加上悠揚的鐘聲（在我離職前，因對教育局所提供之「鐘聲」音樂我並不滿意，希請再另覓較適宜之「鐘聲」。迄至卸任，並未完成篩選，甚是遺憾），讓校園成為社區鄉親的生活中心；鐵灰色屋瓦的斜屋頂，加上小閣樓，讓學校展現出「祥和、寧靜、樸實」的新南投精神[20]；教室頂樓也不再是煎

熬的鋼板烤箱；田園教學區，讓我們的子弟手握泥土，永遠記得故鄉的感覺。

「當時彭百顯縣長的目標是，重建後的南投新校園，不但是社區交流的中心，更是觀光的新景點。」教育局執行本政策時，這樣說。

校園重建的過程，我特別指定縣府團隊由教育局與工務局及公共工程管理中心組成「學校重建專案小組」，辦理建築師遴選作業、學校工程規劃書圖審查、工程施工監督及抽驗等工作。

在規劃審查會上，我更與認養單位面對面溝通，聽取並審核每一所校園的重建規劃理念與原則，確定符合全縣規範，了解重建問題，便責成縣府教育局、工務局等有關單位組成的專案小組，當場立即協助解決。

另為加速重建進度，再責由建築師公會與縣府工務局組成建照聯合審查小組，加速建照核發。就因為如此的鉅細靡遺與全力配合，縣府獲得認養單位高度認同，縣府效率曾在一天內就核發學校重建建照，至於二、三天拿到建照，更是經常的事。[21]

> 同樣暴增數十倍以上的工作量，縣府校園重建團隊所擔負
> 之校園建設經費由過去每年約 3 億餘元暴增為 30 億元，工作
> 甚是沉重。但大家並未喊苦道累，因為，我們深知肩負的是南
> 投學子的未來，肩負的是全臺乃至世界各地的捐款期待。

對於校園重建，我願意再表達我內心的一點慰藉。不同於以往傳統校舍建築，並融合最前進的教育與建築理念，如小班小校、人本教育、終身學習、校園開放、社區資源共享、綠建築、生態、自然等諸教育理念，以及耐震係數高達七級以上的新校園，已經分佈在南投縣每個角落，呈現出

---

[20] 一位記者曾經採訪了南投縣 921 校園重建的亮麗美輪美奐風采，後來寫了一本 921 校園重建的專書，她用一位不遵守縣府規定採行鐵灰色屋瓦而逕自改以校長主張的「紅色」屋頂，指責我「縣長權力的傲慢」。

[21] 我卸任縣長職務後，一位參與慈濟校園重建的朋友告訴我，他對南投縣學校重建執照發放的效率讚許有加，他說，我們在臺中縣，半年還拿不到。

百花齊放的盛況。

　　「彭縣長一校一校主持認真地要求與認養單位與各校配合下，本縣校園重建在幾乎囊括全國最優良建築師與承包商的優勢中，已經展現出傲人的成績。」教育局主管也與有榮焉於南投縣的校園重建。

美輪美奐，美麗校園目不暇給

　　不止一家學校，「美輪美奐」，實不足以形容重建後南投美麗的校園！

　　不論是木屋建築、原住民風味、歐式城堡，還是傳統的客家、閩南式建築，每一所校園都各有特色。每一所，也都是每位建築師嘔心瀝血和學校、社區共同合作的智慧結晶。行政院 921 震災災後重建推動委員會副執行長林盛豐就曾經以「驚為天人」來讚嘆育英國小之重建。不論如何，「目不暇給」，絕對是看過南投美麗校園後的深刻感受。

　　在此，我也順便表達校園重建過程值得留予南投學子記憶的一些故事。

　　第一所獲得民間認養重建的永樂國小，是位於中寮鄉的小型學校，全校僅有 6 班 42 名學生。在認養單位全力協助下，高達 3,800 多萬元的重建經費成功地營造出生態、自然、綠建築、多元的美麗建築。更感人的是，認養單位也協助永樂國小進行師資培訓、課程開發，以及城鄉交流等。

　　頂著遠東建築獎 ─ 921 校園重建規劃特別獎全國第一名殊榮的埔里鎮育英國小，整個校園設計更是處處展現創意。「群落式」的校園空間設計，成功地為各年齡層學生分別營造出不同的學習活動空間；而溶入自然的設計，更潛移默化地傳遞學生與大地的相處之道，建築大師（大藏聯合建築師事務所）的設計功力，充分展現無遺。（右圖）

　　國姓鄉的長福國小是全縣唯一由一個人認養重建的學校。為了因應全球化及資訊化潮流,該校重建兼及軟體設施,除引進美語課程,並設置了電腦網路及多媒體視聽設備。還有:

　　中興國中新建教室每間都有三訊合一(資訊、電訊及視訊)設備。

　　人和國小凸顯原鄉特色,採取質樸的當地素材,並由社區共同監工。

　　延和國小以「佛手設計」為主體,將 200 公尺大操場變成一片大草原。

　　中寮國小透過校舍的高低變化,形成趣味且有變化的天際線。

　　社寮國中著重學校歷史,營造出復古的三合院校園。

　　瑞田國小的田園風貌;廣福國小的螢火蟲校園;永樂、仁愛與瑞田國小的童軍活動營地…等等,講不勝講,都是特色獨具,讓人印象深刻。

　　其他像美麗的鐘樓、學習角、談心角、教師研究室、班級廁所、辦公室衛浴設備、木質地板、櫥櫃、花臺、短綠籬自然圍牆、環校步道、表演臺、親水園區等等全新的教育理念設計,則幾乎已是每校的基本配備,在南投各校園間嶄露頭角,締造全國最美麗校園的美名。

　　最後,我要特別表示,震災後馬上通知我願意協助南投縣重建的靈鷲

山心道師父，後來接受我指定負責我的故鄉國姓鄉育樂國小重建；靈鷲山師父在重建落成時還對我說，這裡以後會出人才，因為重建他們併也考慮了人文地理因素在內。

因為無私認養建校，學子的夢想起飛

對校園重建帶給南投的光彩，我要特別記錄下我的感謝。

本人於災後常說，千謝萬謝，也不足以道出南投人心中謝意之萬一！是的，如果沒有各界愛心源源不絕投入以及中央的施援，本縣校園重建的希望工程，以貧窮得連員工薪水都沒著落的南投縣政府，是不可能負擔災後校園重建的龐大經費。因此，對於災後難以計數的關懷，我相信縣府及本縣鄉親將永誌在心。當然，南投人，將永遠記得921各界無私的付出。

我們感謝認養本縣整校校園重建的單位及個人，包括慈濟功德會、TVBS關懷基金會、一貫道天惠堂道德文教基金會、中國時報系、華新、華邦、錸德科技、中國石油公司、臺塑關係企業、臺灣省國際獅子會第二及第七聯合會、臺灣愛普生科技、臺灣電力公司、臺灣電視公司、自由時報、佛光山文教基金會、松下資訊科技公司、金車教育基金會、長榮集團、紅十字會、桃園市公所、浩然基金會、高雄市慈善團體聯合震災委員會、高雄縣政府、國際扶輪社3480區、國際獅子會、國際獅子會300A2區、基礎道德文教基金會、富邦慈善基金會、游榮標先生、遠東關係企業、聯合報、中國廣播公司、中國電視公司、靈鷲山佛教基金會等。因為大家的參與，讓南投重建的歷史更加溫馨、更加美好。真誠的感謝大家！

由寄讀、到臨時教室的搭建安置、到最後一所所美麗校園的落成啟用，是無數愛心和烈日下汗水的匯聚，才讓南投學子的夢想在歷經大地無情的摧殘後，得以浴火重生，迅速起飛。

我們深深感恩卻無以為報，我們誠願未來每位南投學子的成就，都含有各界無私捐助的愛心增益！

第四章

變調的社區與生活重建

> 理想與現實常常遙遙相對，
>
> 但是不管兩者之間的距離有多遙遠，
>
> 只要具足信心、毅力與勇氣，再長再遠的道路也要走到盡頭，
>
> 再遙遠的距離也希望它連結在一起。
>
> ─ 慈濟，證嚴法師，〈靜思再三〉[22]

　　我心裡最難過的 921 重建，就是社區重建與生活重建這兩大部分。如果不是民進黨新政府推翻原中央的規範運作，我一直信心滿滿類似校園重建的各社區重建、生活重建光輝，將在南投各地閃耀。

　　在各項災後重建工作中，由於社區重建及生活重建涉及私權房地、財力、人心，以及地理位移等因素，可以說是較難周全且最不容易令人滿意。硬體的設施做好了，一張照片就可以傳遍全世界；辦個大型活動人潮擁擠，也很容易顯現出成果，唯有生活機能和心靈的重建，即使動用了成千上萬人力及資源，也無法在短時間之內使當事之廣大災民需求得以滿足，也難獲輿情認識。這就是我們的難處。

　　尤其，生活重建也包括災難心理衛生工作、如何防止災後的自殺潮、以及面對日益嚴重的失業率攀升、家庭暴力案件大增等社會問題。

全力克服家園重建困境

　　我們於災民家園重建過程，飽嘗各界包括媒體、政治異議人士等等的

---

[22] 證嚴法師，《齋後語》，頁 221。

責難。我們極少辯護，因為有關涉及私權重建繁重，力有未逮。

　　設身處地著想，我們團隊一時面臨的 921 大地震造成全縣房舍全倒、半倒近 6 萬戶，超過全縣總戶數一半以上，家家戶戶損失動輒數十、數百萬元，而人數平均每戶 4 至 5 人計，當時約有二、三十萬縣民無家可歸。

　　可想見住宅和社區重建又是最艱難而漫長的工作，同時也是災民感受最深、最直接的重建領域，更是民怨的指標所在。因此，我特別指示成立住宅和社區重建專案小組，為慎重其事，更擔任小組召集人，親自坐陣督導，以期家園重建早日達成。

　　縣府團隊肩負社區重建以及生活重建的主管就曾告訴我，在重建過程中，同仁加班到三更半夜是家常便飯的事，三餐要按時亦不大可能，但最為嚴重的，是得不到家人的諒解，甚至有主管家人提出離婚的要求，面對這種無法兼顧家庭，和體力難以長期負荷的挑戰，我們內心曾不時掙扎交戰著，該怎麼辦？

　　我了解，縣府團隊長久以來，為家園重建，各部門主管和員工常常犧牲假期全力投入，不時與外來協助的規劃團隊下鄉，除參與各審查會，並參加社區重建座談，工作繁複、費時費心，除去很多的不滿指責，媒體及中央上司長官又何曾過多鼓勵我們？

　　災後，為暫時馬上安置災民住的問題，我們在全縣各社區分別輔導興建 88 處 4,036 戶組合屋，並完成隔熱、防颱、排水、修繕等改善工程。我們把已完成南投國宅社區 111 戶，以造價之 7 成售予受災戶。我們獲中央核配各類國宅產品計 1,712 戶，也予集中興建 400 戶平價國宅。

　　進一步在社區重建方面，我們規劃 12 個農村社區土地重劃區，都市更新區亦有 19 處，另辦理南投市內興里大埤社區及埔里蜈蚣里土石流遷村等兩個新社區的重建開發案，來輔導協助災民重建家園。

　　我們把社區重建分為整體與個別兩個方面重建。在整體重建中，採都市更新、農村社區土地重劃、市地重劃、農村聚落規劃及新社區規劃等方式，積極協助縣民早日完成家園重建。雖然，我們用力投入住宅重建輔導

盡心竭力的付出，非常令人遺憾與不平的，所有這些依中央規定的所有社區重建方案，住民進黨新政府一上臺後一切都停頓、不獲支持，很多進行中的社區重建被迫縮手。為什麼如此，我們無從瞭解真相。

縣府在 921 前期舊有中央的協助下，舉凡國宅、勞宅興建、低收入戶、中低收入戶及身心障礙者的住宅修繕、重建輔導上，都展露了成果。後來，在此方面，我更與全國性之嘉邑行善團接洽，除他們鋪路、造橋之義行之外，並獲得回應也優先協助南投災區之弱勢災民住宅重建。但事後於民進黨新政府時代，卻牽連了他們也因為我的關係而陷入司法之干擾，付出非常大的代價。讓我們從此一輩子良心不安。[23] 這是一段少為人知的 921 重建醜相一角。

而有關集合住宅重建，縣府團隊配合行政院 921 震災災後重建推動委員會社區重建更新基金計畫，辦理補助集合式住宅辦理都市更新規劃設計，並委託專業性學術機構，針對爭議性集合住宅作安全鑑定、提供修繕補強技術服務、營建管理及監造協助、製作承攬契約範本保障災民權益，另對已整合完成欲重建或修繕者，補助地下層拆除費用或公共設施修復補強，我們也僅做到如此。

921 後期的民進黨新政府中央全盤推翻前朝中央政府時期已進行大半的重建計畫，致使災民的社區重建也面臨新政府的阻力，但他們何辜？我心裡對政治的權勢私心作遂，實在相當不平，然而，天下在他們手中，我們下屬地方政府只能望天興歎。

竭盡所能照顧組合屋住戶

921 初期，災民立時的無家可歸，也是團隊最迫切的生活安置工作。畢竟帳篷生活不是長久之計。

---

[23] 有興趣者，請參閱：賴樹明，《憨人造大橋：嘉邑行善團不為人知的大愛故事》，臺北縣：雅痞風采文化館，2003。

組合屋是國內前所未有的措施，中央與縣府在震災後針對臨時社區推動一系列照護措施，並極力推動災後福利服務及生活重建工作。

記得在 921 大地震發生第三天，9 月 23 日，我指示地政單位覓地協調搭建臨時組合屋；9 月 24 日夜晚，我率同縣府部分主管面見頂禮證嚴上人，商請慈濟協助興建組合屋提供災民使用；很快的，9 月 27 日，我代表縣府與慈濟功德會簽約；9 月 28 日開始興建第一座組合屋。之後中央、民間慈善團體及企業界又陸續捐助興建組合屋，縣政府負責前置作業的土地取得、整地、社區公共設施興建、道路鋪設、路燈、綠美化、病媒消毒及防除工作。全縣累計共計興建 88處 4,036 戶的組合屋安置災民。

彭百顯夫人代表縣長於 921 重建期間訪視組合屋災民以及托兒所小朋友。

協助災民申辦重建家園貸款

在中央，為協助災民房屋損毀後重建家園，中央銀行特別提撥 1 千億元辦理「921 地震災民重建家園緊急融資」專案，然而，重建貸款辦理初期，因規定嚴格且不符災民需求，導致成效不彰，我多次建請中央放寬貸款條件並簡化相關作業規定，獲得上級長官的支持與認可。[24]

2000 年 3 月起，中央陸續宣布多項優惠措施，放寬申貸條件，如：申請優惠房貸之金額不再以原毀損建築物坪數加計 10%控管，而以最高 350 萬元額度控管；利息補貼政策；修正補貼金融機構核放 921 震災地區低收入戶創業融資貸款之利息額度及申辦要點程序；申貸期限延展至 2005 年等。

對受災鄉親缺乏擔保品與房屋、土地所有權等問題，我多次指示財政單位研議協助弱勢災民重建家園方案，並建請中央提供災民重建貸款之信用保證及創業貸款。由於申貸條件逐步放寬，全國重建貸款申請案件與核准戶數、金額均大幅增加。

為原鄉塑造美麗家園

921 地震也給原住民地區帶來契機，還好有中央原住民委員會的專案經費支應。

配合縣政全面再造原鄉，是縣府震災重建的最高原則。而為了能掌握原鄉重建進度，縣府固定每月邀集中央原住民委員會、行政院 921 震災災後重建推動委員會以及鄉公所，召開重建檢討會；對於臨時突發緊急問題，更是隨時深入當地瞭解協調。積極的處理態度，已經為縣府團隊贏得

---

[24] 有關中央銀行重建家園的專案融資計畫，我們曾以重建災區需要，建議中央撥列其中之一半 500 億元由縣府主導來配合協助災民重建家園，但中央不同意。至於本案 1,000 億元專案成效如何？因中央未曾整體評估及針對災區成果統計發布，詳細情形我也不清楚。

肯定，甚獲中央認同。

縣府團隊依據行政院「災後重建計畫工作綱領」辦理原住民聚落（每鄉 10 戶以上居地）重建工作，組成「原住民聚落重建推動委員會」（包括縣府、鄉公所、規劃團隊、村長），由原民會督導及審查各項重建計畫。中央並規定 2000.2.10 前完成規劃配置圖，2000.3.10 前完成規劃成果書圖及重建細部計畫，所有重建工作應於 2002 年底完成。總經費約 10 億元。

921 震災使本縣兩個原住民鄉村落嚴重損壞，其中經成功大學勘查有 11 個部落急需重建或遷住，分別是仁愛鄉互助村（中原口部落）、新生村（眉原上部落）、發祥村（瑞岩部落）等三個部落共 244 戶需遷住；其餘八個部落需整建，包括仁愛鄉中正村、互助村（清流部落及中原本部落）、新生村（眉原下部落）、南豐村，以及信義鄉潭南村（2～4 鄰部落）、地利村（第 5 鄰部落）、明德村（三十甲部落）等共 1,140 戶。

原住民聚落重建計畫執行，至 2000 年，信義鄉執行進度 85%，較預定進度 70% 超前甚多；而仁愛鄉進度為 50%，較預定進度 70% 明顯落後。

南投縣兩個原住民鄉災後公共設施重建，包括學校 6 校全校重建，16 校毀損重建、圖書館、道路橋樑工程、農水路工程、水利工程、衛生醫療設施等，至 2000 年底，大皆已完工。

對災後原鄉用水問題，我希望能一次解決，並責成縣府原民局積極辦理。為了爭取中央經費支持，原民局邀集相關單位一一探勘水源，雖然許多地方往往要步行數小時才能到達，但是經費終於列入中央重建特別預算，雖非由縣府團隊來負責，本縣九成以上部落用水問題都獲解決。

原住民重建問題繁雜，涵蓋了民政、社政、建管、水保、觀光、產業…. 等等，加上山地鄉道路經常崩塌，較平地鄉危險性高出許多，以及交通不便、生活環境相對較差，中央有原住民委員會專案主管督導 921 重建，縣府團隊的責任在主辦計畫工作並督導鄉鎮執行，目的在儘可能地為原鄉塑造一個美麗的家園。

災民生活重建

　　為了協助災區鄉親走出陰霾，縣府社會局規劃各項生活、心靈重建計畫。震災後陸續推動各種社會福利服務工作，如擴大開辦職業訓練、發放臨時工作津貼、興建身心障礙重殘養護機構、災民社區庇護中心、身心障礙者居家照顧服務、失依兒童少年輔導、單親家庭兒童托育補助計畫、失依老人安置、震災身心障礙者緊急安置、震災喪偶家庭緊急生活扶助、補助低收入戶、老人及身心障礙者住宅修繕、震災孤兒完成簽約信託等。

　　同時也結合民間團體巡迴全縣舉辦數十場心靈重建活動，其他如成立921 重傷患重建中心、辦理自殺防治工作及指示教育局配合開設全縣第一所社區大學等，傾力協助民眾揮別震殤，尋回昔日笑顏。

用心照護弱勢族群

　　921 大地震造成很多孤兒、失依老人及單親家庭，災民的痛，縣府感同身受。除賡續推動原有福利措施外，對於各界善心捐款的運用更是不敢稍有懈怠，優先用於照顧弱勢族群，尤其對於老人、兒童及身心障礙者等弱勢團體，縣府更是投下了很大心力，希望於短期間改善弱勢族群的生活狀況。

　　在老人照護方面，縣府緊急安置65歲以上老人，每月補助安養費6,250元，養護費 18,600 元。在兒童照護方面，南投縣震災孤兒有 35 人，皆各自與親人同住；發給每位孤兒 6,000 元慰問金、生活扶助費 1,400 元、就學扶助費 6,000 元，2001 年度則已依兒童福利局訂定之補助作業原則向中央提出特別預算案，編列補助未滿 18 歲之失依兒童少年每月生活扶助費7,000 元以及就學（托育）扶助費 5,000 元，以保障其經濟安全，穩定其生活；另聘請 11 位律師，成立律師諮詢團，免費提供失依兒童及家屬法律諮詢服務。（11 名義務諮詢顧問是：黃秀蘭、江來盛、周志峰、陳怡成、吳旭洲、劉瑩玲、蔡明華、朱文財、呂秀梅、吳萬春、張國楨）

我透過一位過去留學英國的助理關係取得新加坡民間企業協助，免費安排縣府一級主管及其認養照顧的孤兒、家屬，2000 年 4 月 30 日起 4 天 3 夜，搭乘郵輪進行「海上心靈重建之旅」，走訪日本沖繩、宮古諸島，在旅途中並邀請心理諮商專家，逐戶進行心靈輔導。本項生活重建活動，連外界好意也列入檢調偵查案件，他們是不是真的不懷好意？

　　其他各公部門及民間團體辦理的愛心活動，如「臺灣青少年日本體驗之旅」、「讓愛飛揚－關懷 921 兒童文藝科學研習營活動」、「迪士尼恐龍活動」等，縣府皆鼓勵參與，協助兒童調適人際關係與身心舒展。

　　在身心障礙者照護方面，震災後縣府緊急安置身心障礙者，重度身心障礙者每人每月補助 18,995 元，中度身心障礙者每人每月補助 15,196 元；此外，協助身心障礙者修繕住宅，辦理身心障礙者居家照顧等。

　　在婦女照護方面，單親家庭緊急生活扶助金每月 1 萬元。在低收入戶照護方面，協助低收入戶、中低收入戶老人、身心障礙者震災住宅修繕計畫，每戶最高補助 10 萬元。協助低收入戶住宅興建，每戶最高補助 50 萬元，另第二類補助對象（低收入審核標準放寬 1.5 倍），每戶最高補助 25 萬元。

　　縣府也辦理急難救助措施，921 震災造成無數家庭破碎，房屋倒塌，負擔家庭生計者死亡或重傷，致陷入困境，急需協助與關懷。震災後縣府雖推出許多措施，惟因有些個案礙於法令，無法獲得救助，或雖已得到救助，仍無法脫離貧困，縣府乃主動派員前往訪視，並由 921 震災專戶第五次委員會會議核定補助，加上縣府原有社會救助經費，辦理各項民眾急難救助。

首創兒童營養券

　　縣府為協助受災家庭經濟重建，照顧貧困家庭兒童，特別針對 15 歲以下低收入戶兒童、中低收入戶單親兒童及中低收入戶失依兒童，在 921 一週年之際，我宣布開辦全國首創的「兒童營養券」福利措施（陳婉真局

長建議的），協助南投受災家庭重建。

兒童營養券計畫由縣府向內政部兒童局申請核定補助，核撥 1,500 萬元，不足部分由本縣 921 震災專戶項下支應。兒童營養券的主要用意在協助受災家庭經濟重建、照顧貧困兒童，使 15 歲以下低收入戶、中低收入戶單親、失依兒童避免因災後家庭經濟窘困而影響受災兒童食物不足、營養不良，危害身體健康。此項福利措施每月發放 1,000 元兌換券至簽約廠商兌換兒童所需營養品，幫助許多受災兒童能獲得充分的營養，並減輕家中經濟負擔，促使兒童在穩定的環境下成長，早日脫離震災陰霾。

首創家支中心，照顧弱勢災民

縣府於 921 大地震後鑑於本縣社會福利服務資源之不足，恐難以推動災後龐大之福利服務需求，在災後兩個半月內，結合各界學者專家經驗，規劃推動全國首創之「社區家庭支援中心成立計畫」，結合宗教及其它民間團體力量，規劃各種福利服務及生活扶助措施，協助災民生活重建，並向財團法人 921 震災重建基金會申請 6,900 萬元，加上運用本縣 921 震災專戶捐款 2,800 萬元，全國首創以委託民營方式，與民間團體共同推動「社區家庭支援中心」，於全縣各鄉鎮市成立 23 個家庭支援中心，就近提供當地民眾各種需要的社會福利服務。

縣府社會局「社區家庭支援中心」促成的推手，非常感謝曹愛蘭、王增勇及陶蕃瀛三位教授的規劃與協助推動；以及王秀絨、王增勇、陶蕃瀛、黃源協、陳宇嘉、廖俊松等六位諮詢委員教授的分區輔導。

1999 年 12 月 15 日，我與 12 個民間單位簽約委託，陸續成立 23 個社區家庭支援中心開啟運作。[25] 社區家庭支援中心不但解決了南投縣社會

---

[25] 也是同樣的目的，他們連 921 原初社區生活重建的記憶也要「竄改」，民進黨新政府上臺，中央要我們改名，否則不再補助。（我們 921 新的上級行政院 921 震災災後重建推動委員會指示，改名為「生活重建服務中心」，否則不予補助。）他們用心抹滅我們在災後深入各社區的 921 生活重建有成的印象，除了政治企圖，我不知他們目的何在？

資源有限的問題，更以一個臺灣首創的福利服務輸送模式，適切的滿足了災區全面性的社會福利服務需要。

成立 921 重傷患重建中心

因 921 災難導致重度傷殘及因災難導致家庭功能暫失或永久喪失，需長期照護之民眾，縣府於 2000 年 5 月 22 日釐定「南投縣因應 921 震災導致重度傷殘者後續醫療照護計畫－復健醫療計畫專案」送行政院衛生署，7 月 1 日獲核定補助 1,866 萬元。

而縣府為了長期照護 921 震災重傷患，2000 年 9 月 19 日於衛生局成立南投縣 921 重傷患重建中心，由衛生署長李明亮和我共同揭牌。期透過專業個案管理師、居家護理師及物理治療師的訪查及照護，讓全縣 2,500 位失能及 591 位震災傷殘者，都可免費獲得長期照護。

縣府期望該中心的成立，能整合社區資源與運用民間社團及志工團體的力量，讓因震災導致中、重度殘障而需長期照護患者，能由點到線到面，獲得包括生理、心理、安全等整體性的照護，以落實縣府 921 震災後照顧弱勢群體之精神。

重建心靈開創新生命，全力防治災民自殺

從救災、安置、到重建，所有的工作間不容緩的接續進行，而當激情逐漸遠離，生活中的重擔，平實地壓在每一個經歷過磨難的心坎上。縣府團隊極盡地致力於各項重建工作，要求在最短時間內協助災民重建家園，但最關心的，還是創傷後的心靈如何擺脫驚懼的夢魘。

震災後，縣府為鼓舞縣內民眾重建心志，策辦各項心靈重建活動，協助受災民眾揮別 921 大地震之陰霾。縣府舉辦系列活動，藉民俗節慶活動調整生活步調，重拾生活情趣，堅定重建信心。

2000 年 9 月 20 日屆滿 921 週年之際，我們於縣立體育場辦理「平安祈福為臺灣守夜」活動，9 月 21 日凌晨 12 時 40 分起於白毫禪寺同時進行敲希望之鐘活動，凌晨 1 時 47 分我們邀請到副總統呂秀蓮及我共同敲響希望之鐘，祈求臺灣人民平安幸福。

「以音樂美化心靈，用藝術豐富生活」，對歷經 921 震災洗禮，亟待重建的南投人，尤其迫切需要。因此文化局爭取文建會中部辦公室協助，策辦「南投縣 2000 藝術欣賞會」，邀請縣籍作曲家、聲樂家舉行藝術欣賞會系列活動，提供鄉親接觸多元藝術環境。其他並陸續辦理多場日月潭畔音樂會，及邀請各知名樂團蒞縣舉辦演奏會，期以音樂藝術陶冶，美化心靈，協助鄉親在重建家園的同時，也可以找到一個心靈的安頓之處，早日拋離災苦，看待美好鄉土。

為加強民眾珍愛自己及尊重生命，我們也辦理各項自殺防治宣導活動，藉活潑生動的宣導方式，鼓勵民眾走出戶外，帶動朝氣與活力，讓民眾瞭解生命的意義而更加愛惜自己、關心別人。

為防範自殺事件的發生，縣府於 2000 年 6 月設置「921 災後自殺行為個案管理電腦系統」，加強自殺個案管理、統計、彙整等功能。縣府對有自殺之虞的個案，均轉介、照會災難心理衛生中心、自殺行為者轄區衛生所及各鄉鎮家庭支援中心，並派員前往訪視，對自殺已遂個案家屬則加強心理輔導，及轉介至社會局進行各項扶助措施。縣府並著手規劃進行全縣

高危險群之扶助及輔導工作，並邀集南投區心理衛生服務中心共同合作，希望降低災區自殺案件之發生。

開辦社區大學，創新南投教育史

921縣府團隊積極地希望從各方面協助民眾災後重建，為了更加速重建腳步，我以縣長之身分全力催生創設全縣第一所社區大學，第一及第二學期以免收學費方式，以期幫助縣民學習相關技職與生活知能，早日重建美麗家園。

南投縣社區大學有別於其他縣市的社區大學，是由縣政府所開辦，2000年9月1日舉行掛牌儀式，校本部設於南投市漳興國小，2000學年度第一學期於南投漳興國小、國姓福龜小學、埔里大成國中設立3所分校，並於2000年9月21日震災週年紀念日正式開學。

社區大學開辦之初即受到鄉親熱烈支持與肯定，第一學期報名首日就有民眾清晨4點即到場排隊等候，總計有將近2,300人報名，所規劃課程75班，幾乎班班額滿，顯示災後民眾進修、自我充實的迫切需求。

社區大學課程主要分為學術類、生活藝能類及社團類，規劃內容以民眾需求、配合社區鄉土文化特性為主，如國姓、埔里、竹山、集集采風，並結合本縣農業觀光特色，開辦農業課程如休閒農業經營與管理、作物病害防治、果樹栽培、園藝經營、產業觀光與資源保育、餐飲管理等科目為主，第二學期總計南投分校開設22班、埔里分校26班、國姓分校11班、集集分校9班、竹山分校18班、草屯分校26班，共開出112門課程。

第五章

921 捐款的運用

> 我們的生命，無論過去、現在或未來，
> 都是現下的這份感受，
> 當你覺知現下的這個感受，那麼，你的生命就會永恆，
> 這樣才是真正在享受生活。
>
> 生命該怎麼做？該做什麼？
> 有錢就做好事，沒錢就做好心。
>
> ── 靈鷲山，心道法師，〈過一個不執著的生命〉[26]

以上四章，就是縣府團隊所戮力於 921 龐大繁雜重建的工作概貌。

如果有足夠的預算交付給我們縣政府，相信 921 也會給南投全新的面貌。中央掌權與錢的長官，你們曾經抓得緊，施捨高高在上，乞求苦情則深潛底層，未知可有同舟共濟的真心？

921 震災專戶 21 億元

這是國人與海內外在 921 震災時，捐款給南投縣政府的錢，21 億元讓我們自治。我們也藉此再一次公開交代「921 捐款」的資金來源與運用狀況。[27]

---

[26] 心道法師，《神秘的心靈：心道法師開示錄》，臺北縣：靈鷲山般若文教基金會出版，1995，頁 120 -127。

[27] 由於 921 震災捐助來源繁複，工程浩大，在此無法明確細說，但我們於 921 震災後次年，2000 年 9 月編印有縣政府經手之《南投縣 921 震災捐助名錄》（1999.9.21 -2000.6.30）以為徵信。（全冊約 800 頁）

921 震災後，縣府分別在臺銀南投分行開立南投縣社會救濟會報專戶及南投郵局開立南投縣政府社會救濟會報劃撥轉帳專戶，愛心捐款來自各方，縣府為妥善運用各界愛心捐款，我們成立南投縣政府「921 震災專戶管理委員會」，用以監督及規劃運用捐款。

921 震災專戶各界善心捐款截至 2001 年 3 月 31 日止，縣府共計收受捐款 16 億 8 千萬餘元，含指定用途捐款 1 億 7 千萬餘元；另財團法人 921 震災重建基金會補助本縣特殊性、急迫性補助款 5 億元，合計 21 億餘元。

至 2001 年 3 月 31 日召開八次「921 震災專戶管理委員會」會議，共計核定 78 案，捐款經費已經核定分配完畢。

專戶重要之計畫，如協助開辦 23 處全國首創社區家庭支援中心、開辦社區大學、兒童營養券、緊急安置受災戶身心障礙者及 65 歲以上老人、失依孤兒、辦理震災受災戶中低收入戶及身心障礙者住宅修繕計畫，以及村里社區迫切災修工程等，落實救助、安置及重建工作。

彭百顯縣長夫人率團向南部五縣市感謝於 921 地震期間對南投縣賑災。（屏東縣副縣長、高雄縣副縣長、高雄市長、臺南市長、臺南縣長）

捐款公信，用於迫切需要

　　各界善款確實運用於每一災民及弱勢團體身上。縣府於 1999 年 11 月 12 日成立了 921 震災專戶，設立 921 震災專戶管理委員會，聘任委員：賴文吉、鄭素卿、蕭裕珍、陳婉真、何麗容、蔡碧雲、蔣建中、沈倩如、曹愛蘭、白金章、莊萬振、簡榮梁、胡國龍、邱昭煌、賴麗如、林朝陽、張進德。並經第一次委員會議核定補助 16 萬 5,750 元，聘請會計師擔任簽證工作，進行財務報表之查核簽證。專戶所設管理委員會亦接受「全國民間災後重建聯盟」的監督稽核，資金流向可接受各界的檢驗，以昭公信。[28]

　　縣府對於 921 各界愛心捐輸之救助款項，所有支出均由管理委員會審核決議，以照顧弱勢災民為最優先，並完成一定行政程序後交付各單位執行。

　　921 震災專戶執行計畫內容包括：

（一）住宅重建、工程、地政類：較重要計畫有發放全倒、半倒戶補助金（全倒戶每戶 2 萬元，半倒戶每戶 5 千元），加速家園重建；協助弱勢族群修繕住宅，改善居住品質；補助公寓大廈及山坡地社區各項法律訴訟費用；規劃社區總體營造示範村，創造城鄉新風貌；抵費地興建勞工住宅，災戶優先承購；商請他縣市支援人力，土地複丈速度大幅改善；辦理本縣放領土地崩塌測量分割，嘉惠承領農民；村里社區災修工程；辦理組合屋修繕，改善居住環境及草屯山腳里都市更新，塑造災後風貌等，支用 8 億 200 萬餘元。

（二）農業及產業觀光類：較重要計畫有辦理農產品促銷，改善農民生活；辦理觀光產業普查，再現觀光大縣美譽；委託研究如何以 BOT 方式，發展觀光產業及設置巨型公園遊憩文化資訊中心等，支用 3,938 萬餘元。

---

[28] 參見《涓滴為災民：921 震災專戶總報告》，南投縣政府，2001 年 10 月。

（三）職業訓練類：支用 1,500 萬元。

（四）衛生醫療保健類及心靈重建：較重要計畫有致贈全倒戶春節慰助金；辦理除夕圍爐活動、千禧・牽惜 — 關懷婦幼攜手走出 921、災區農村婦幼心靈重建座談會及組合屋精神倫理建設活動；重建醫療網，健全緊急醫療救護體系等，支用 4,983 萬餘元。

（五）行政事務及資訊管理類：較重要計畫有更新縣府網站；成立學者專家百人服務團；設立南投縣政府臺北辦公室及宣傳震災救災、安置、重建工作，爭取民眾認同等，支用 3,880 萬餘元。

（六）社會救助及福利服務類：較重要計畫包括緊急安置受災戶重度身心障礙者、12 歲以下兒童及 65 歲以上老人；發放因災死亡縣長慰問金、喪葬補助費及公祭費、辦理緊急生活扶助措施；發放 921 震災受傷慰助金；補充縣政府相關人力資源；受災戶需求普查；全國首創社區家庭支援中心；成立大埔里地區個案管理中心等，支用 11 億 3,700 萬餘元。

（七）警政消防建設類：較重要計畫包括辦理基本救命術（CPR）訓練及購置緊急救護器材等，支用 321 萬元。

（八）指定用途捐款：支用 1 億 7,428 萬餘元。

　　至於我任內所創設、屬於縣政府的「南投縣建設發展基金會」，以及另外我於立委時代為耕耘南投所成立的「新南投發展基金會」等兩個部門的捐款運用情形，因也被檢調列入起訴案件，為昭公信，將併於後文探討時說明。錢不認好人、壞人，可做好事與壞事，所以清楚交代是必要的。

921 的抗力法則

白雲謙遜地站在天之一隅。

晨光冠之以輝煌。

泥土飽受侮辱，卻以花朵作為回報。

— 印度詩人，泰戈爾，《飛鳥集》

由本篇反映，多麼沉重繁瑣的重建工作，都在淚光下一一完成。回顧921重建，並對照以下諸篇過程中司法訴訟遭遇，於此先整理出一些結論。

這是一場難以令人承受的世紀災劫。我們竭盡全力承受突如其來大量的依賴人口，面對全縣災區之救災安置、修復重建工作的繁重、複雜與萬般困難，忍辱負重，含淚重建，接著迎接司法官司之摧殘，921是一段血淚交織艱辛的歲月。

面對如此災劫悲慘，我要求縣府團隊咬緊牙關，堅此百忍，克盡職守。最令人無奈的抉擇，災後重建黃金半年因面臨總統大位之爭，我必須以全縣災民利益為先，為重建經費配合當局而拋開自己政治立場，但卻不獲一些人的諒解，他們沒有同理心。在重建工作大體就緒之後，隨即遭到後來政治、司法之嚴重打壓。我們非常訝異，心中自然難釋難平，但是長年來我們一直隱忍未發，都為大局。

歷經921大地震世紀浩劫和檢調司法事件的衝擊、遭羈押羞辱煎熬，縣府團隊仍然堅守崗位。慶幸走過這一切的磨難和考驗。921百年大震換得南投縣重建新生的契機；外界不斷的質疑鞭策，讓我們更兢兢業業，時刻自我反省惕厲。

含辛含淚的重建道路走得坎坷，也孤獨，但終於我們完成。

雖然，犧牲所有的假日休閒，全力投入災區重建工作；雖然，縣府團

隊咬緊牙關，盡了全力；但是，畢竟鄉親喪失上千生命、損失數千億元財產，而且各項公共建設百廢待舉，生活困境形成民怨叢生。雖然，我們極力向上級反映力求經費的挹注上能夠更充足，讓南投儘快恢復原有的生機，結果成效不彰，但我們確已盡力。雖然，甚至於重建過程遭受政治與司法的傷害，但是，我們仍然未受挫折一致為南投奉獻心力。

畢竟，南投縣政府團隊分工合作全力投入，創造了亮麗耀眼的重建成果，一展南投新風貌，我心想，卻也可能驚醒邪惡者暗中的嗔念，遏阻艱辛的重建過程。

經過這段暴風雨前的悲切重建路程，許多時候，我沉思冥想它隱含的道理：「一切事物，由最簡單到最複雜，由個體到整體文明，在改革的過程，會遇到非常明顯的反對力量，或反作用力量，與改革力量相周旋。」

物理學「磨擦力」的運動定律概念：阻礙物體相對運動的力量，叫做磨擦力。磨擦力的方向與物體相對運動的方向相反。人性的意志，也會受到等量的反作力。

細想南投這四年，我遭遇到兩次「人性的抗力法則」：一次是縣政改革，一次是 921 重建與災難事件，都有明顯的抗力法則運作。

「不要害怕抗力，在那頑強激進的面具之下，其實是我們最大的盟友，最忠實的僕人。」夢想家這樣吟唱，為我在南投主政所碰到的阻力作了註解：**29**

---

29 卸職之後，我有機會讀到這本書，書中的主人翁叫做夢想家。夢想家就是自由，是指引人類逃離黑暗人性地圖的主角。參見埃里奧‧迪安那，《眾神的學校：這是一本逃離黑暗人性的地圖》，章澤儀譯，新北市：親哲文化，2011，頁 147 -151。

抗力與敵人，都是特殊的推手，當我們責任愈重大，
抗力的攻擊就愈殘忍。

不要害怕抗力，在那無情的外表下，
藏著你最偉大的盟友，最忠實的僕人。

在這世間，沒有比抗力更愛你。
你是它存在的唯一理由。

　　所以，我們要相信：921 重建耀眼，卻也蘊藏重重黑幕。這是自然，
我們已經遭遇過。災區重建終致淪為構建歷史公案的競技場，「921 案」
隆重登場，但事後卻證明為「冤誣案」。這是考驗，我們已經通過這試煉。

　　亮麗「921 重建」挑逗人性底層兩股正反力量的拉扯，醞釀出那麼巨
大的抗力。我們同時承受這世間二元規律的運作。

　　我們相信，不要害怕抗力。

　　921 既在這個時候登場，自然就為大家準備好各自的人生戰鬥位置。

突然間，
一道電光閃閃，黑夜露出了猙獰的牙齒。
暴風雨在天空的一角咆哮，女子在恐懼中顫抖。

— 印度詩人，泰戈爾，《採果集》

4

横 行 肆 虐

第四篇

偵查盡在毀壞公門

我們切莫忘記

如果我們猶太人從許多政治上悲慘的歲月裡學到了什麼的話，

那就是暴虐會使我們結合在一起，

但在安全與平靜的歲月，我們卻常常容易忘卻以往的艱辛。

—— 德裔科學家，愛因斯坦，《人類存在的目的》[1]

南投縣政府以及南投縣長，在「921案」偵辦中盡被司法所毀傷，公門形象也被破壞。司法偵辦可以如此張狂？天下沒有王法了嗎？還是…？

「921案」偵查過程的司法粗暴印記是：排山倒海，雷霆萬鈞，橫行肆虐，無法無天。

本篇檢討「921案」偵辦過程司法檢調的蠻橫囂張，以及取證的漫無章法，毫不講理。未親歷「921案」起訴前的檢調辦案經驗，你無法體會檢察官的權力有多大，態度有多麼了不起。法理已變成無關緊要。

自不待言，「921案」的定讞，在我們心中，這個案例已活生生的指向：無聲的控訴司法淪為政治打擊異己的工具。

---

[1] 愛因斯坦(A. Einstein，1879-1955)，《人類存在的目的》，晨鐘新刊13，劉君燦譯，臺北：晨鐘出版，1976，頁163。

第一章

縣政府是犯罪集團？

一般而言，實體刑法是規定「犯罪的法律要件及其法律效果」的法律規範，

並且，基於罪刑法定原則，

國家僅能藉由實體刑法的明文規定，而取得實體的刑罰權。

然而，徒法不足以自行，

實體刑法雖然規範國家刑罰權產生的要件，

但卻不是一個能自我實現的法律。

— 臺大法律系教授，林鈺雄，《刑事訴訟法》[2]

啟動司法偵辦動機敏感

偵辦「921 案」本來就相當敏感及甚具政治性效應。

就啟動本案的原初動機而言，都涉及諸多方面之相當爭議性，法務部一旦發動司法審判的遊戲規則，猶如一場清理戰爭，不但勞師動眾，傷民傷財，耗費國家資源，並也橫掃公務人員尊嚴，摧毀地方政府威信以及對中央政府的質疑等不良社會後果。更因當時正處特別時期，國家面對震殤，地方政府仍然窮於災後重建，司法大軍無論是悄然或大軍壓境揮向災區政府，無異干預重建秩序、阻擾重建工作進行，災民也無異遭受二度傷害，…除卻法律目的之外的社會負面現象，令人不忍卒睹。

雖然茲事體大，他們還是轟轟烈烈、勇猛地蠻幹！顯而易見，其有政治目的在焉。

---

[2] 林鈺雄（1964 - ），《刑事訴訟法》（上冊），臺北：自版，2002，頁 4。

「921事件」在「無弊端找弊端」發動

運作啟動「921案」司法官司的問題出在這裡：一切根本沒有所謂「重建弊端」，如何開動？ **3**

檢調單位如果針對嫌疑弊端，向社會揭櫫的是打擊不義，大家一定樂於接受；但本案實際做的卻是他們全力在找弊端，又不知實際弊端何在，大海撈針；只靠謠傳、推斷辦案，不免不法誣陷，就像螃蟹一樣，眼看前方，雙腳橫著走路，眼腳方向不一。

他們姿態很高，太過「自信」。1016大搜索起，他們將縣府當成犯罪集團，認定縣長是犯罪中心，以為隨便抓幾個疑似罪嫌關係的案件就可以辦倒縣長，來勢凶凶，針對南投縣政府橫行肆虐，因而重建工作雪上加霜。

大搜捕用「欺騙」登場

2000年10月16日上午約8時40分，（臺中行動部分略），南投地檢署主任檢察官徐松奎率同四位檢察官到縣府體育場（震災後臨時辦公室），先找政風室主任劉獻評，「表明欲拜會彭縣長」，隨即由劉主任帶往5樓縣長室來見我，並出示南投縣調查站載明10月11日的書函，表示因業務所需要借調16項工程資料（實則欺騙）。我不疑有他，表示會配合，將由各業務主管來協助提供，請徐松奎檢察官提供案件名稱。

但徐松奎不理會我所言，隨即指揮檢調人員兵分七路，由縣府政風室人員陪同帶往各單位「借調資料」，實際進行「搜索」行為。當時，我頓時感到他根本不是要借調那16項工程資料，他另有所圖謀。

---

3 參見本篇第二章，檢調自縣政府一共調卷至少620件工程案卷，而作為後來九個起訴案件不到20件可疑工程，根本不成比例。何況，其中許多起訴證據明知係「虛偽造假」，所有起訴案件於審理後皆判決為「無罪」。證明了檢調當時之啟動「921案」係風聞起舞，道聽塗說，主觀推斷，根本沒有真實證據證明我們不法或犯下罪嫌。

我沒有見過搜索票，該書函之最後只蓋有署名「沈同興」的章，既無職銜、關防，也非蓋縣調查站主任張圓生的職章，其效力和合法性不無令人啟疑。縣長我既已表明會配合提供所需借調 16 項工程之資料，檢察官可以毫無禮節、虛偽敷衍縣長，用這樣的傲慢行為，對待縣政府，發動如此粗魯的侵犯動作嗎？他們尊重地方自治行政公署嗎？守法嗎？

「假借調、真搜索」，扣押大批公文

依據徐松奎 10 月 16 日向我出示該（10 月 11 日）書函主旨，「因業務需要，借調縣府 16 項工程之預算編列、規劃設計、招標發包、工程合約、監工紀錄、驗收結算等全卷公文、憑證資料供參。」

但實際上，檢方卻是直接「帶走」（實為扣押）大批工程案等業務公文資料正本，除了教育局、社會局和主計室有影印留存資料外，其他單位（縣長室、工務局、計畫室和文化局）根本未及影印副本留存續辦。其中文化局曾要求影印其中部分資料，竟遭拒絕。毫無疑問，他們真影響我們的重建工作。顯然，他們帶走大量公文書卷，準備研究那裡可作為起訴的劇本。

弊端可以無中生有？將錯就錯，錯到底，就是對？

他們真是胡來，徐松奎真是膽大妄為。

當天過後，我們發覺，最最離譜的是，調查局在「涉嫌違法須配合提供資料」的首波 16 項調查案件中，他們竟然未卜先知「縣政府游泳池拆建工程涉嫌弊案」，實在是無中生有、莫名污衊。按該案從我上任縣長迄至 2000 年 10 月 16 日檢調大搜索，工程業務單位根本尚未簽辦過該項工程，何來預算編列、規劃設計、招標發包、工程合約、監工紀錄、驗收結算等資料？

尚未發包即被檢調設定有弊端！這是什麼法治社會？（後來知道，本

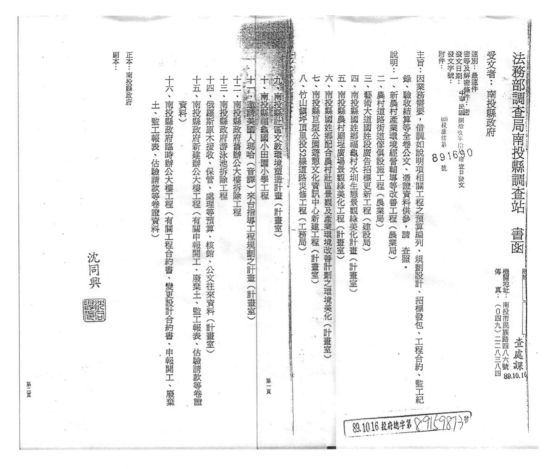

法務部調查局南投縣調查站　書函

受文者：南投縣政府

速別：最速件
密等及解密條件：密
發文日期：中華民國捌拾玖年壹月發文
發文字號：（劫投廉信第

　　　　　　　　　8916980號

主旨：因業務需要，借調如說明項相關工程之預算編列、規劃設計、招標發包、工程合約、監工紀錄、驗收結算等全卷公文、憑證資料供參，請　查照。

說明：
一、新農村產業環境經督輔導等改善工程（農業局）
二、農村道路街道傢俱設施工程（農業局）
三、藝術大道國姓廣告招標更新工程（建設局）
四、南投縣國姓鄉福龜村水坉生態景觀更新工程（建設局）
五、南投縣農村廟埕廣場景觀綠美化工程（計畫室）
六、南投縣國姓鄉配合農村社區景觀改善工程（計畫室）
七、南投縣巨型公園遊憩文化資訊中心新建工程（工務局）
八、竹山鎮坪頂里投52線道路災修工程（工務局）
九、南投縣社區文教環境塑造計畫（計畫室）
十、邀請美國人瑪哈（音譯）來台指導工程規劃之計畫（計畫室）
十一、南投縣福龜國小田園小學工程
十二、南投縣政府舊辦公大樓拆除工程
十三、俄羅斯原木接收、保管、處理等預算、核銷、公文往來資料（計畫室）
十四、南投縣政府新建辦公大樓工程（有關申報開工、廢棄土、監工報表、估驗請款等卷證資料）
十五、南投縣政府游泳池公大樓工程
十六、南投縣政府臨時辦公大樓工程（有關工程合約書、變更設計合約書、申報開工、廢棄土、監工報表、估驗請款等卷證資料）

附件：

機關地址：南投市民族路四八六號
傳真：（０四九）二三八三八四
查處課
89.10.16

89.10.16 投府總字第 8916987 號

沈同興

正本：南投縣政府
副本：

第一頁　　第二頁

他們用「莫須有」偵辦縣長的證據

他們視民主、法治於無物。

10月16日一早，徐松奎檢察官就拿這一張書函來縣長室虛晃一招展開對縣政府的大搜索，這是臺灣法院的特別「搜索票」嗎？

證據真的會說話，南投檢調欺人太甚，他們連縣政府尚未簽辦、並未發包的工程（所列16案借調工程清單中之第13案），都可以預見縣府及縣長未來會涉嫌貪污，所以列為預先偵辦對象。（按：本案在我卸任之後才發包）

他們真是太有遠見了，竟然可以預見縣政府與縣長涉嫌貪污、圖利，這真是珍貴的「未來犯罪」辦案專家。偉大啊，南投地方法院檢察署，勇敢、大膽地創造「莫須有」的未來貪污工程案以及「921案」，你們是2000年民進黨新政府的大功臣。

2001年，南投縣長選舉民進黨提名人林宗男在「921案」進行式中終於勝出。

件在我即將卸任時才簽辦發包）。碰到這種情形，讓人不禁要究責「民進黨法務部」，實荒謬之至，真是胡來！

這活生生的例子證明，法務部、南投地檢署根本是坐實了「預設立場，布局羅織」，對縣政府任意誣陷，濫行搜索、調卷。我們再由最後法律事實論定，證明他們一開始即在製造司法冤案，無庸置疑！他們一開始就闖下大禍，但卻不知反省，將錯就錯，繼續錯下去。

人的習性，政客的通性：「錯到底，就是對的？」

其實，我們並不想這樣，只是掌權者偏偏都是這副德性。「921 冤誣案」就是他們如此這般操弄出的一個案例，如今爾後，我們應該引以為鑑。

1016 的檢調大搜索縣政府行動，已違背憲政體制、民主體制，行政、立法、司法三權分立。顯然，徐松奎等不尊重行政體制，他公然欺騙縣長，也矇騙社會大眾，在國人面前，讓人民誤解「南投縣長彭百顯」已違法遭受搜索。可惡之極！

案發之後，我曾聯絡已握執政大權的過去民進黨革命伙伴，行政院長張俊雄、法務部長陳定南，希望向他們報告並了解實情。但他們都有為難，沒有擔當，都避不接電話，也未回電關心何事。

政治包庇檢調不守法

依檢方的說法，這次 1016 行動是根據外界的傳言檢舉就來縣府「借調」辦案。其實，他們是由與縣府長期對立的議會配合所提供來自縣府的資訊辦案。我們的證據是，南投地方法院檢察署王捷拓檢察官早於 2000 年 7 月即已函文縣府悄然啟動「921 案」（陳定南部長係 5 月 20 日就任），要求將議會數度公開揚言要移送法辦的「南投縣政府臨時辦公大樓」、「新建辦公大樓」發包過程等資料提供參辦；而縣府亦配合於 7 月 25 日提供給地檢署了。但 10 月 16 日徐松奎來縣政府「調卷」時，又來縣長室要求縣長重複提供該件工程資料。

這根本就是蓄意公然找縣政府及縣長的麻煩。檢方根本不是「有一分

證據，辦一分事」，他們確讓人有「騎驢找馬」的強烈印象，檢方已決定要羅織「彭百顯罪名」！如果說沒有上層的政治庇護，檢調豈可能會輕率違法而肆無忌憚？他們無端生事，不是這樣嗎？

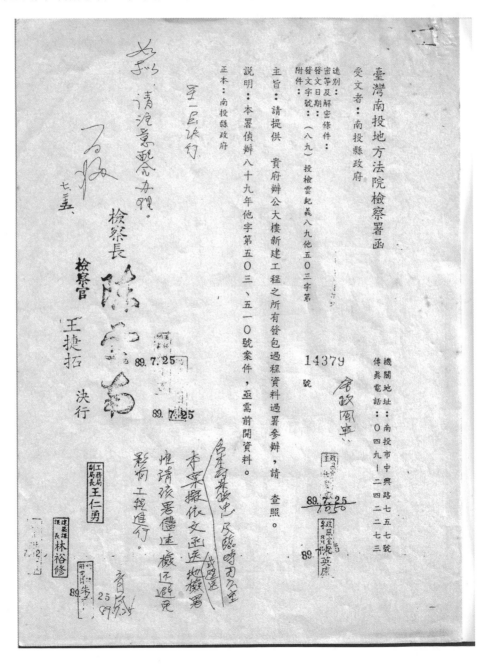

4 橫行肆虐

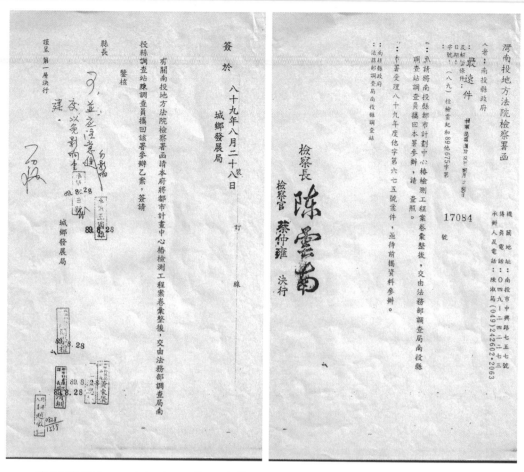

讓證據說話，他們急於「秋後算帳」

本是同根生，相煎何太急？

民進黨政府於 2000 年 5 月 20 日上臺執政。2 個月後，他們就揮師檢調與憲兵，對南投縣政府出手，10 月 16 日並大軍壓境，轟動全國。

首先，王捷拓檢察官於 7 月下旬開始調閱「辦公大樓新建工程」資料；接著蔡仲雍檢察官於 8 月下旬派員調取震後「都市計劃中心樁檢測工程」資料。

對檢調之索取，縣長「不疑有他」分別批示：「請注意配合辦理」、「可，並應注意勿影響（工程）進度，以免影響重建」，於 7 月 25 日及 8 月 28 日當天以最速件提供予南投地方法院檢察署。

他們接著於 10 月 16 日、11 月 13 日兩度大搜索縣政府。

隔年 1 月，起訴縣長；12 月，他們舉手拿下南投政治版圖。

歷史證明，他們啟動司法，製造冤案，在政治上剷除異己。

羅織罪名，發動胡來總調查

　　法律人不是常說「證據到那裡，就辦到那裡」，證諸本案，我們可以

相信嗎？

就實際觀察，10 月 16 日一百多人大搜索之後，隨即包括南投縣調查站、憲兵隊、中機組等單位何以兵分多路，分別出面又在 10/17、10/18、10/19、10/20、10/21、10/31 以 及 11/1、11/2、11/21、11/22、11/27、12/15、12/27，及次年 1/9、2/8、2/27、3/14、3/15、4/17、4/20、5/15 等不嫌其繁，共 21 度陸續來函縣府調走數百件工程檔案，而且多有一函號公文分作十多案件函（類似空白支票）共用情況。細項合計逾數百件，參見以下第二章。

這不該是「有一分證據，辦一分事」的司法原則吧！成比例嗎？

除了 921 有關的災修工程，還取走 921 各界捐款之「社會救濟會報」全年資料帳冊、縣政府「城鄉新風貌」顧問白錫旼和縣長室吳政勳等「涉案人」人事資料，連十多年前我尚未就任的各項山坡地開發案都要借調等待「擴大」偵查。

司法辦案沒有行事規則嗎？不必遵守嗎？

我們災區重建，那裡犯罪，可以用「想當然爾」嗎？可以「愛怎麼辦，就怎麼辦」嗎？答案是：他們有特權。（誰賜他們尚方寶劍？何如此膽大妄為？）

司法恐嚇宗教道場及觀光業者

更令我們感到對檢調無法無天的憤怒，他們竟然擴大撒網，連「沒有的事」他們都要「借調」；調卷之多，讓我都沉不住覺得應該挺身抗議，並要上層中央約束他們的為非胡來。

檢方居然大肆「借調」其他與本人友好非關重建弊案之資料，包括南投縣各寺廟道場開發案，例如竹山大慈山、埔里中台禪寺及靈巖山寺、名間南屏修道院等寺廟開發案；以及國姓北山花園農場、泰雅渡假村、南投市內轆坡地社區等多年前的山坡地開發案等等。

也一樣非常離譜的，無中生有的嫌疑弊端，包括竹山藤湖段大慈山開發案、名間鄉白毫禪寺開發案與南屏修道院開發案、埔里牛眠里地藏院開

發案及國姓北山花園開發案等五案，業主均未申請開發，要我們如何提供？肆無忌憚，極盡威風。

而埔里靈巖山寺開發案建築用地部分為鎮公所核發建造執照及使用執照，餘並未申請，縣府根本沒有資料。

請問長官法務部長陳定南，這是什麼樣的司法正義？這不是在在凸顯檢調濫行調閱？為什麼連未申請開發之案件都以存在有「彭百顯重建弊端」？檢調可以「莫須有」理由，就霸凌要求調卷，這難道不是濫權調查？

我實在看不下去，當時我行文告訴了法務部長陳定南等上級主管官員，但是他視而不見不回應，提醒有效嗎？這又證明了什麼樣的政治包庇意義？

包山包海，漫無目標的調查

再看看，甚至連本縣各村里長雇用臨時工清掃排水溝工程申領經費詳細薪資名冊、竹山鎮部分地段申請建照案…等等，他們也都不放過。顯然，他們已準備擴大打擊，目的也在敲山震虎，警惕我的支持者。這些舉動，不都在證明檢調單位不避違法濫權，依「政治正確」針對「彭百顯縣長」作大海撈針式的全方位總調查？

檢調人員為擴大打擊「彭百顯縣長」的目標，又口頭向縣府人事室索取「自（1998年12月）彭百顯縣長上任以來至2000年5月16日止」所有新晉用及升遷人員的人事資料，予取予求，他們的目的又何在？

同時為「延緩彭百顯縣長重建政績」，也到環保局索取「縣府新建辦公大樓工程廢棄土處理」相關資料，企圖影響工程進度。

這樣大規模的大肆搜索，把縣府當「犯罪集團」，以司法手段摧毀「彭百顯縣政府」形象之動作，其政治效果相當明顯，但司法可以這樣嗎？

很多人不禁要問我過去的「正義兄弟」，陳水扁律師總統難道都完全不知道？他不關心嗎？很多人很難相信，他們共同縱容司法迫害。

第二章

檢調甘心淪為東廠爪牙？

> 我國檢察官制的一項特色，乃課予其強烈的客觀性義務。
> 據此，檢察官應為被告之利益執行職務，
> 應一律注意被告有利及不利情形，「非一造當事人」。
>
> 然而，客觀性義務在我國卻面臨諸多危機。
> 「上命下從」的制度設計，時時威脅檢察官的客觀性義務，
> 有淪為政策跑腿或政爭工具之虞。
>
> ── 臺大法律系教授，林鈺雄，《刑事訴訟法》[4]

　　檢調這一路違反常理，違法濫權，暢行無阻，這樣還不夠，他們於1113再度發動大搜索。縣府公務人員已淪為升斗百姓，縣府似已不是「行政公門」，對他們耀武揚威也莫可奈何？他們就是要繩綁縣長。

檢調囂張濫權違法

　　我們在地方行政面對司法挑釁，並無中央秉公執法予以約束制衡。致行政「鬥」不過司法，何況小老百姓？

　　為證明檢調之濫權胡作非為，並留以歷史佐證，除上述檢調違法濫權之實例外，在此我們再整理其行為證據，說明檢調已淪為東廠爪牙，令人生畏不滿。

　　「921 案」檢調單位一再濫權，罄竹難書。

---

[4] 林鈺雄，《刑事訴訟法》（上冊），頁 117 -119。

2000年10月16日行動一共動員5、6位檢察官及100多位調查員搜查縣府，並違法將全面搜索過程公然透過全國媒體傳播，製造全國重大之新聞事件，儼然將縣府當成犯罪集團，肆虐濫行收刮重建資料檔案，嚴重打擊政府震災重建工程進行，影響公務士氣甚巨。該次1016南投地檢署大舉搜索縣政府8個單位並帶走數十箱資料、卷宗。

　　當時，檢調單位在採取行動之前信誓旦旦「早已掌握確切犯罪證據」，是嗎？其實不然，他們並無確切辦案證據，故而有1016對縣府各單位大規模搜索、扣押資料，並大肆搜索縣府主管及相關人員住處、工程廠商，並約談數以百計相關人員。

　　後卻又因為「辦不到縣長」不甘罷休，故而11月13日再次發動大搜索縣府，又扣押數十箱資料。

　　相當令人不堪，2000年10月16日帶走數十箱公務資料後，前已述及，檢調單位即不斷以各種方式、無所不用其極至縣政府調卷、調卷、調卷。前亦特別提及，其調卷內容範圍至廣且含蓋期間至長，甚至與921災難完全無關的案件也要求提供扣押。證明檢調手中並無「縣長彭百顯確切犯罪證據」。但他們已經鑄錯，死不認錯，騎虎難下，以致錯上加錯。

　　我們統計除前於2000年7月起已調取2案卷外，從2000.10.16至2001.5.20要求調卷之工程案高達618件（參見921案專案調卷表，尚有許多案件未列入），這還不包括200多件人事資料。檢調單位如此漫無限制的嚴重濫權撒網捕魚式搜索全面總調查，根本無視921重建十萬火急，緊要地在進行，將縣府當成犯罪集團，肆無忌憚，漫無標準，濫權「借調」公文資料檔，明顯執意入人於罪。如此漫無法紀，中央卻又漠視司法非法，國家還有政府嗎？司法還有秩序嗎？

　　如上指出，檢視檢調單位一口氣調取與921震災有關的災修工程600多件資料外，還「借調」所有「彭百顯縣長任內」升遷的人事以及本縣921震災專戶等各項資料。司法長官們，你們何曾見過如此漫無標準原則的「借調」範圍？我們的行政長官們，對此待遇，你們的意見又如何呢？

甚至一紙公文就一網打盡，不必指明弊端所需，破天荒的盲目要求「借調」縣府「2000 年 3 月 10 日至 4 月 30 日（一個半月）期間所有測設工程發包資料，含指定比價廠商名單」，以及「921 震災專戶所有傳票、帳冊、至縣府捐款名錄、其他至縣府捐款相關傳票憑證、每日入庫金額、總金額明細等資料」？把政府搬到法院去。

他們沒指定那一案有弊端須偵查，卻以全部、長時期間網羅所有辦過之案件，全部認定都有弊端嫌疑預備加以偵查。可見他們真的「辦不到縣長不干休」，豈非欺人過甚乎？如此天馬行空，所索取資料內容甚為廣泛，形成縣府沉重負擔。

南投地檢署幾乎成了小南投縣政府重建工程資料庫。偉大呀，「921 案」的檢調單位。

就是掘地三尺，也決意要查辦所謂重建弊端，檢調就是這樣公然不守法、不守分際的對憲政自治單位縣政府任意「予取予求」。國家豈能無法制？豈可縱容司法無法無天，干擾公務、阻擾重建，胡來非為？究竟他們的靠山是誰？

實在令人驚訝今日臺灣司法竟有此等囂張而又可消遙法外之情事。難道這就是民進黨剛剛執政就企圖「下馬威」以樹立威權，而不須忌諱法治的胡來非為？遺憾啊，我們「臺灣人的黨」。

誰人可以經得起這樣的司法踐踏蹂躪？

> 黑暗中，一是一體的，混沌難分；
> 光明中，一便呈現不同的面貌。
>
> ── 印度詩人，泰戈爾，《飛鳥集》

說句公道話，我們捫心要問：世間究竟有多少人或部門，可以經得起這樣的司法蹂躪肆虐？

臺灣司法史上，可曾見過他們這一口氣發出如此龐大數量公函，指名「借調」600多件工程卷宗，就是為了要查辦「彭百顯事涉重建弊端」。我們在救災重建，他們在對你司法濫權糟蹋，不可惡嗎？

檢調偵辦南投縣政府921案專案調卷表（2000.8.28 −2001.5.20）

編號	工程名稱	卷宗數	調卷文號	調卷機關
1	南投縣都市計畫中心樁檢測工程	1	89年8月28日(89)投檢雲紀和89他675字第17084號	南投地方法院檢察署
2	新農村產業環境經營輔導等改善工程	1	89年10月11日(89)投廉信字第891690號	南投縣調查站
3	農村道路街道傢俱設施工程	1	89年10月11日(89)投廉信字第891690號	南投縣調查站
4	藝術大道國姓段廣告招標更新工程	1	89年10月11日(89)投廉信字第891690號	南投縣調查站
5	南投縣國姓鄉福龜村水圳生態景觀綠美化計畫	1	89年10月11日(89)投廉信字第891690號	南投縣調查站
6	南投縣農村廟埕廣場景觀綠美化工程	1	89年10月11日(89)投廉信字第891690號	南投縣調查站
7	南投縣國姓鄉配合農村社區景觀及產業環境改善計畫之環境美化	1	89年10月11日(89)投廉信字第891690號	南投縣調查站
8	南投縣巨型公園遊憩文化資訊中心新建工程	1	89年10月11日(89)投廉信字第891690號	南投縣調查站
9	竹山鎮坪頂里段52線道路災修工程	1	89年10月11日(89)投廉信字第891690號	南投縣調查站
10	南投縣社區文教環境塑造計畫	1	89年10月11日(89)投廉信字第891690號	南投縣調查站
11	南投縣福龜國小田園小學工程	1	89年10月11日(89)投廉信字第891690號	南投縣調查站
12	邀請美國人瑪哈來臺指導工程規劃之計畫	1	89年10月11日(89)投廉信字第891690號	南投縣調查站
13	南投縣政府舊辦公大樓拆除工程	1	89年10月11日(89)投廉信字第891690號	南投縣調查站
14	南投縣政府游泳池拆除工程（註：尚未招標、發包，如何提供）	1	89年10月11日(89)投廉信字第891690號	南投縣調查站

15	俄羅斯原木接收、保管、處理等預算、核銷、公文往來資料	1	89 年 10 月 11 日 (89) 投廉信字第 891690 號	南投縣調查站
16	南投縣政府新建辦公大樓工程（有關申報開工、廢棄土、監工報表、估驗請款）	1	89 年 10 月 11 日 (89) 投廉信字第 891690 號	南投縣調查站
17	南投縣政府臨時辦公大樓工程（有關工程合約書、變更設計合約書、申報開工、廢棄土、監工報表、估驗請款）	1	89 年 10 月 11 日 (89) 投廉信字第 891690 號	南投縣調查站
18	竹山藤湖段大慈山開發案（註：本案未申請開發，如何提供）竹山秀傳醫院後面停車場開發案	2	89 年 10 月 17 日 (89) 謀氣字第 891688 號	南　投憲兵隊
19	名間鄉白毫禪寺開發案（註：本案未申請開發，如何提供）	1	89 年 10 月 17 日 (89) 謀氣字第 891689 號	南　投憲兵隊
20	名間鄉南屏修道院開發案（註：本案未申請開發，如何提供）	1	89 年 10 月 17 日 (89) 謀氣字第 891690 號	南　投憲兵隊
21	中興新村內轆段啟阜開發案	1	89 年 10 月 17 日 (89) 謀氣字第 891691 號	南　投憲兵隊
22	埔里牛眠里地藏院開發案（註：本案未申請開發，如何提供）	1	89 年 10 月 17 日 (89) 謀氣字第 891692 號	南　投憲兵隊
23	國姓泰雅渡假村開發案	1	89 年 10 月 17 日 (89) 謀氣字第 891693 號	南　投憲兵隊
24	國姓北山花園開發案（註：本案未申請開發，如何提供）	1	89 年 10 月 17 日 (89) 謀氣字第 891694 號	南　投憲兵隊
25	草屯鎮雷藏寺開發案	1	89 年 10 月 17 日 (89) 謀氣字第 891695 號	南　投憲兵隊
26	埔里中台禪寺開發案	1	89 年 10 月 17 日 (89) 謀氣字第 891696 號	南　投憲兵隊
27	埔里靈巖山寺開發案（註：建築用地部分為公所核發建使照，餘未申請，縣府無資料）	1	89 年 10 月 17 日 (89) 謀氣字第 891697 號	南　投憲兵隊
28	本縣各村里排水溝清疏維護案之經費運用及提出申請撥款支票名冊等案卷	1	89 年 10 月 17 日 (89) 謀氣字第 891705 號	南　投憲兵隊
29	約聘研究員吳政勳人事資料	1	89 年 10 月 18 日 (89) 投廉信字第 891720 號	南投縣調查站
30	仁愛鄉翠巒道路災修工程	1	89 年 10 月 18 日 (89) 投廉信字第 891719 號	南投縣調查站

31	竹山鎮大鞍里段投49線12K+400-12K+700災修工程等9件	9	89年10月18日(89)投廉信字第891719號	南投縣調查站
32	竹山鎮大鞍里段投54線10K+000-15K+000災修工程	1	89年10月18日(89)投廉信字第891719號	南投縣調查站
33	竹山鎮秀林里中坑路6K+800災修工程	1	89年10月18日(89)投廉信字第891719號	南投縣調查站
34	竹山鎮秀林里水景頭道路災修工程等6件	6	89年10月18日(89)投廉信字第891719號	南投縣調查站
35	竹山鎮桶頭里板仔坪農路災修工程等9件	9	89年10月18日(89)投廉信字第891719號	南投縣調查站
36	草屯鎮雙冬里中心農路等3件	3	89年10月18日(89)投廉信字第891719號	南投縣調查站
37	魚池鄉水社村涵碧樓災修工程等15件	15	89年10月18日(89)投廉信字第891719號	南投縣調查站
38	埔里鎮觀音瀑布公共設施、虎頭山公共設施規劃設計監造等2件	2	89年10月18日(89)投廉信字第891719號	南投縣調查站
39	盧山溫泉頭、鹿谷麒麟潭、國姓芙蓉瀑布災修工程設計等3件	3	89年10月18日(89)投廉信字第891719號	南投縣調查站
40	龍峰、茄苳巷農路排水、暗坑等工程7件	7	89年10月18日(89)投廉信字第891719號	南投縣調查站
41	竹子坑、富山農路災修工程等2件	2	89年10月18日(89)投廉信字第891719號	南投縣調查站
42	鳳凰村圓山坑農路災修工程等6件	6	89年10月18日(89)投廉信字第891719號	南投縣調查站
43	彰雅村白茅林農路支線災修工程等11件	11	89年10月18日(89)投廉信字第891719號	南投縣調查站
44	秀峰村線農路災修工程等10件	10	89年10月18日(89)投廉信字第891719號	南投縣調查站
45	初鄉村鞍頂農路災修工程等9件	9	89年10月18日(89)投廉信字第891719號	南投縣調查站
46	水里鄉12鄰道路災修工程等9件（新興村）	9	89年10月18日(89)投廉信字第891719號	南投縣調查站
47	信義鄉投59線新鄉段災修工程等5件（新鄉村）	5	89年10月18日(89)投廉信字第891719號	南投縣調查站

48	中寮鄉草崙農路災修工程等 15 件	15	89 年 10 月 18 日 (89) 投廉信字第 891719 號	南投縣調查站
49	仁愛鄉中正水圳災修工程等 7 件	7	89 年 10 月 18 日 (89) 投廉信字第 891719 號	南投縣調查站
50	鹿谷鄉初鄉村橫山農路災修工程	1	89 年 10 月 19 日 (89) 投廉信字第 891734 號	南投縣調查站
51	竹山鎮大鞍里杉石路災修工程	1	89 年 10 月 19 日 (89) 投廉信字第 891734 號	南投縣調查站
52	竹山鎮大鞍里洋彎路災修工程	1	89 年 10 月 19 日 (89) 投廉信字第 891734 號	南投縣調查站
53	竹山鎮大鞍里圓山路災修工程	1	89 年 10 月 19 日 (89) 投廉信字第 891734 號	南投縣調查站
54	竹山鎮大鞍里龍鳳路災修工程	1	89 年 10 月 19 日 (89) 投廉信字第 891734 號	南投縣調查站
55	南投市明德營區水電工程	1	89 年 10 月 19 日 (89) 投廉信字第 891734 號	南投縣調查站
56	南投市蟲利仔溝淤積整治工程	1	89 年 10 月 19 日 (89) 投廉信字第 891734 號	南投縣調查站
57	竹山鎮戶政事務所周邊綠化工程	1	89 年 10 月 19 日 (89) 投廉信字第 891734 號	南投縣調查站
58	投 17-1 道路測設工程	1	89 年 10 月 19 日 (89) 投廉信字第 891734 號	南投縣調查站
59	中寮鄉衛生所工程	1	89 年 10 月 19 日 (89) 投廉信字第 891734 號	南投縣調查站
60	名間國小臨時教室整修工程	1	89 年 10 月 19 日 (89) 投廉信字第 891734 號	南投縣調查站
61	過坑排水改善工程	1	89 年 10 月 19 日 (89) 投廉信字第 891734 號	南投縣調查站
62	投 27 線 5K+691 至 6K+366 工程	1	89 年 10 月 19 日 (89) 投廉信字第 891734 號	南投縣調查站
63	投 27 線廣興橋災修工程	1	89 年 10 月 19 日 (89) 投廉信字第 891734 號	南投縣調查站
64	中寮鄉竹仔崙災修工程	1	89 年 10 月 19 日 (89) 投廉信字第 891734 號	南投縣調查站
65	中寮鄉義和道路支線災修工程	1	89 年 10 月 19 日 (89) 投廉信字第 891734 號	南投縣調查站

4 橫行肆虐

66	東池村慈山災修工程	1	89 年 10 月 19 日 (89) 投廉信字第 891734 號	南投縣調查站
67	坪林災修工程 5 件	5	89 年 10 月 19 口 (89) 投廉信字第 891734 號	南投縣調查站
68	白錫旻、鄭國樑二人受聘擔任本府「城鄉新風貌」等人事資料	2	89 年 10 月 20 日 (89) 投廉信字第 891740 號	南投縣調查站
69	本府 89 年 3 月 10 日至 4 月 30 日發包測量規劃工程明細（含指定參加比價廠商名單，僅工務局土木課、水利課部分）	255	89 年 10 月 20 日 (89) 投廉信字第 891744 號	南投縣調查站
70	本縣社會救濟會報案卷資料及該會報使用之帳戶帳號、88.9.21 迄今收支明細、相關傳票等資料	1	89 年 10 月 21 日 (89) 投廉信字第 891745 號	南投縣調查站
71	縣立體育場 87 年迄今外借場地紀錄、租金收入、外借期間水電費用支出等資料	1	89 年 10 月 31 日 (89) 投廉信字第 891788 號	南投縣調查站
72	竹山鎮延和段 268 等 11 筆地號申請建照等相關資料	1	89 年 11 月 1 日 (89) 振廉字第 11559 號	調查局中機組
73	本縣村里長雇用臨時工清掃排水溝申領經費等相關資料	1	89 年 11 月 2 日 (89) 轄宣字第 8351 號	南 投憲兵隊
74	南投市中興新村 3 之 3 號道路災修測設工程	1	89 年 11 月 21 日 (89) 投廉信字第 891915 號	南投縣調查站
75	埔里鎮珠格里 8 鄰道路災修測設工程	1	89 年 11 月 21 日 (89) 投廉信字第 891915 號	南投縣調查站
76	魚池鄉東池村慈光山前道路及第 16 鄰巷道災修測設工程	2	89 年 11 月 21 日 (89) 投廉信字第 891915 號	南投縣調查站
77	投 63 線魚池鄉段道路災修測設工程 3 件	3	89 年 11 月 21 日 (89) 投廉信字第 891915 號	南投縣調查站
78	仁愛鄉慈峰、百狗山等 7 件災修測設工程	7	89 年 11 月 21 日 (89) 投廉信字第 891915 號	南投縣調查站
79	魚池鄉投前溪護岸災修等 5 件災修測設工程	5	89 年 11 月 21 日 (89) 投廉信字第 891915 號	南投縣調查站
80	鹿谷鄉竹林村大崙尾農路等 10 件災修測設工程	10	89 年 11 月 21 日 (89) 投廉信字第 891915 號	南投縣調查站
81	埔里鎮桃米里桃米路等 8 件災修測設工程	8	89 年 11 月 21 日 (89) 投廉信字第 891915 號	南投縣調查站

82	埔里鎮合成里西安路巷道等 8 件測設工程	8	89 年 11 月 21 日 (89) 投廉信字第 891915 號	南投縣調查站
83	南投市區排水工程等 2 件測設工程	2	89 年 11 月 21 日 (89) 投廉信字第 891915 號	南投縣調查站
84	國姓鄉大旗村旗林路等 12 件災修測設工程	12	89 年 11 月 21 日 (89) 投廉信字第 891915 號	南投縣調查站
85	調閱行政院農業委員會水土保持局 89.3.20(89) 水保利字第 8905546 號函，縣府處理之公文簽擬函稿（內神通外鬼）	1	89 年 11 月 21 日 (89) 振廉字第 11694 號	調查局中機組
86	國姓鄉大旗村旗洞巷道路災修工程之預算編列、規劃設計、招標發包、工程合約、施工日誌、估驗請款及往來公文等全卷	1	89 年 11 月 22 日 (89) 投廉信字第 891930 號	南投縣調查站
87	中寮鄉 14 股支線災修工程等 8 件工程之預算編列、規劃設計、招標發包、工程合約、施工日誌、估驗請款及往來公文等全卷	8	89 年 11 月 22 日 (89) 投廉信字第 891930 號	南投縣調查站
88	仁愛鄉榮興村道路災修工程等 5 件工程之預算編列、規劃設計、招標發包、工程合約、施工日誌、估驗請款及往來公文等全卷	5	89 年 11 月 22 日 (89) 投廉信字第 891930 號	南投縣調查站
89	南投縣政府委託 921 地震災區圖根點新建、補建作業工程之草屯鎮地區工程之預算編列、規劃設計、招標發包、工程合約、施工日誌、估驗請款及往來公文等全卷	1	89 年 11 月 22 日 (89) 投廉信字第 891930 號	南投縣調查站
90	南投縣 921 震災捐助名錄、號序 5、至縣府捐款名錄、其他至府捐款（5-130 至 5-132）相關傳票憑證、每日入庫金額、總金額明細	1	89 年 11 月 27 日 (89) 投廉信字第 891960 號	南投縣調查站
91	溪頭假期鄉村飯店建照資料	1	89 年 12 月 15 日投院鳴刑慧 89 自 24 字第 22035 號	南投地方法院
92	921 校舍結構安全補強工程（日新國中）卷	1	89 年 12 月 27 日 (89) 投廉信字第 892133 號	南投縣調查站

4 橫行肆虐

93	草屯鎮市場改建工程申請建照等相關資料	1	90 年 1 月 9 日 (90) 投廉信字第 900051 號	南投縣調查站
94	國姓國小簡易教室搬遷工程卷	1	90 年 2 月 8 日 (90) 投廉仁字第 900207 號	南投縣調查站
95	89 年 2 月迄今民眾捐贈彈簧床收據、帳冊等資料	1	90 年 2 月 27 日雄檢茂麟 90 偵 4202 字第 12793 號	高雄地檢署
96	「南投縣災民心理重建（愛之船）之旅」及「電腦基礎班」、「裁母班」「烘焙班」等相關資料	2	90 年 3 月 14 日 (90) 投廉信字第 900380 號	南投縣調查站
97	草屯鎮山腳里威虎巷災修工程	1	90 年 3 月 15 日 (90) 投廉信字第 900396 號	南投縣調查站
98	草屯鎮投 17 線 6K+100 支線道路災修工程等 13 件全卷資料	13	90 年 3 月 15 日 (90) 投廉信字第 900396 號	南投縣調查站
99	草屯鎮公所向本府環保局申請空污費案卷資料	1	90 年 4 月 17 日 (90) 投廉信字第 900616 號	南投縣調查站
100	九合環保企業股份有限公司執行本縣廢棄車輛 88、89 年間呈報數量表	1	90 年 4 月 20 日 (90) 投法仁字第 900641 號	南投縣調查站
101	南投市中興新村 3 之 3 號道路工程	1	90 年 5 月 15 日 (90) 投廉信字第 900796 號	南投縣調查站
102	埔里鎮珠格里 8 鄰道路等災修工程 4 件	4	90 年 5 月 15 日 (90) 投廉信字第 900796 號	南投縣調查站
103	魚池鄉東池村慈光山前道路災修及第 16 鄰巷道災修工程等 2 件	2	90 年 5 月 15 日 (90) 投廉信字第 900796 號	南投縣調查站
104	投 63 線魚池鄉段道路災修等（測設）工程 3 件	3	90 年 5 月 15 日 (90) 投廉信字第 900796 號	南投縣調查站
105	仁愛鄉慈峰道路災修等（測設）工程 7 件	7	90 年 5 月 15 日 (90) 投廉信字第 900796 號	南投縣調查站
106	魚池鄉投前溪護岸災修等（測設）工程 5 件	5	90 年 5 月 15 日 (90) 投廉信字第 900796 號	南投縣調查站
107	國姓鄉大旗村旗林路災修等（測設）工程 9 件	9	90 年 5 月 15 日 (90) 投廉信字第 900796 號	南投縣調查站
108	國姓鄉大旗村旗洞巷道路災修等（測設）工程 16 件	16	90 年 5 月 15 日 (90) 投廉信字第 900796 號	南投縣調查站
109	埔里鎮桃米里桃米路災修等（測設）工程 8 件	8	90 年 5 月 15 日 (90) 投廉信字第 900796 號	南投縣調查站

110	中寮鄉 14 股支線道路災修等（測設）工程 8 件	8	90 年 5 月 15 日（90）投廉信字第 900796 號	南投縣調查站
111	仁愛鄉榮興村道路災修等（測設）工程 7 件	7	90 年 5 月 15 日（90）投廉信字第 900796 號	南投縣調查站
112	草屯鎮圖根點補建及新建測量工程	1	90 年 5 月 15 日（90）投廉信字第 900796 號	南投縣調查站
113	鹿谷都市計劃樁及溪頭、鳳凰谷特定區計劃樁 921 重建及相關測量工程	1	90 年 5 月 15 日（90）投廉信字第 900796 號	南投縣調查站
114	中寮、集集、名間、國姓都市計劃樁 921 重建及相關測量工程	1	90 年 5 月 15 日（90）投廉信字第 900797 號	南投縣調查站
115	魚池日月潭都市計劃樁 921 重建及相關測量工程	1	90 年 5 月 15 日（90）投廉信字第 900797 號	南投縣調查站
116	南投縣 GPS 衛星三、四等控制點加密測量工程	1	90 年 5 月 15 日（90）投廉信字第 900797 號	南投縣調查站
總計		618		

資料來源：彭百顯彙整統計。

說　　明：另民國 89 年 7 月起函文借調「南投縣政府臨時辦公大樓」、「新建辦公大樓」兩案工程卷宗。

　　由這張統計表說明，當時，我們被檢調、憲兵隊等連遠在高雄檢調也介入，兵分多路指明要偵辦的調卷就有 620 個案件被推論藏有「嫌疑弊端」，檢調需要進一步偵查。惟若進一步了解所調內容，可以證明檢調等確實不合常理，違背法律規定。但明知其不法，上級包庇，又奈其何？國會也喪失功能，他們都作壁上觀，事不關己，看熱鬧。

世間究竟有多少人或部門，可以經得起這樣的司法蹂躪肆虐？
他們這一口氣發出「620道金牌」如此龐大數量公函，指名「借調」600多件工程卷宗，
就是為了要查辦「彭百顯事涉重建弊端」。

那廂，他們也調卷要查弊端

要命，除了這廂他們，那廂他們也插手調卷。他們更厲害，只發出 3 張公函，就要我們提供上千件工程卷宗，要查弊端。

以下這一張表也反映在檢調單位包山包海調取震災檔案之同時，我的政治對手（他們也想競選縣長）及別具用心之人也將黑手深入縣政府。

除了縣議會以監督職權也肆無忌憚的調取震災重建資料外，連立法委員林宗男（由省議員轉進）都可以透過內政部中部辦公室（前省政府）名義行一紙文公然要求縣府提供震災小型零星工程資料（佛系縣府也於 2000.11.3 提供 361 件工程卷宗資料）。其中，南投縣議會最厲害，也是一紙公文，縣政府就要提供上千件工程發包的詳細說明資料以及 921 賑災款經費支用明細等。

充分顯示各方無所不用其極，踐踏災區、蹂躪縣府員工調資料索檔案，目標只為了「釀製彭百顯貪污舞弊」情事及破壞其形象。

這其中，沒有暗鬼嗎？這不是要縣府公務人員疲於奔命嗎？統帥無能，累死三軍。

其他單位要求南投縣政府提供 921 案相關資料表

編號	工程名稱	卷宗數	調卷文號	調卷機關
1	縣政府 84 年 1 月至 89 年 7 月底所發包之工程（註明工程名稱、金額、得標廠商、工期）	上千件	89 年 9 月 30 日投議議字第 1154 號	南投縣議會
2	縣政府賑災捐款重建經費 100 萬元以下小型零星工程之項目、地址、金額、發包時間、承包廠商、預定完成日期等，於 89.10.26 前送內政部中部辦公室	361	89 年 10 月 16 日台（89）內中社字第 8985033 號（依立法院 89.10.9 立委林宗男詢答要求）	內政部中部辦公室
3	福龜旅遊資訊文化廣場、農村社區景觀及產業環境改善工程（水圳公園）、農村道路街道、傢俱設施工程（口袋公園）、新農村產業環境經營、輔導改善工程，文化基金、921 賑災款之經費支用明細	6	89 年 12 月 11 日投議議字第 1376 號	南投縣議會
總計		超過 1,000		

資料來源：彭百顯彙整統計。

第三章

無法無天‧檢調橫行

> 如何監督制衡檢察官本身之權力，防範其恣意濫權，
>
> 這是所有採行檢察官制與控訴原則之法制，必須面對的問題。
>
> 包括指令權之陽光監督、人事權之自治監督，
>
> 以及處分權之訴訟監督。
>
> ── 臺大法律系教授，林鈺雄，《刑事訴訟法》[5]

　　由以上檢調啟動「921案」反映的種種偵辦爭議，簡直是到了無法無天的地步，橫行非為，實在不可取。

　　《刑事訴訟法》上有所謂「證據禁止」的機制，亦即本法律禁止證據取得「不計代價、不擇手段、不問是非的真實發現」。[6] 觀之「921案」檢調偵查取證過程，實在是違背此禁止「三不」，根本就是違法。

　　檢調為國家行使司法正義權力，然而，由前二章了解「921案」檢調偵查過程的面目，實在猙獰可憎，行為恣意濫權，橫行霸道，實無公理正義可言。檢調啟動「921案」訴訟之違法造假實況，我們將於專章逐案討論，在此先簡單檢視檢調行為是否符合法律規範，就其偵查過程指出違法之處，證明我們於重建過程面臨違法的司法動作擾亂，整個縣政府與災區百姓是多麼無辜與莫可奈何。

侵犯行政權，破壞震災重建工作

　　《刑事訴訟法》第128條明訂，「搜索，應用搜索票，並應記載應扣

---

[5] 林鈺雄，《刑事訴訟法》（上冊），頁128-131。
[6] 林鈺雄，《刑事訴訟法》（上冊），頁442。

押之物件」。綜觀本案檢調單位對南投縣政府的搜索未見搜索票，所謂「借調」資料，範圍太廣，不合常理。根本就是概括式、廣泛式的「全面總調查」，還被法界人士指為「釣魚式」搜索，他們「全面撒網，趕盡殺絕」。因此，很多人質疑檢方權限比監委還要偉大，因為監委還只能針對有疑義的個案專案調查。

而本案更令人懷疑其中有政治干預因素，因為中央主管當局竟然坐視、放縱檢方「騎驢找馬」，「先抓人再找證據」、「先全面搜索，再抽絲剝繭」？

為什麼檢方可以公然說謊他們是「有一分證據，辦一分事」卻又違法漫天搜索？如此矛盾脫法，顯然，檢方實已嚴重侵犯縣府及縣長行政權，干擾縣政和震災重建工作。三權體制分立運作，怎麼中央政府卻坐視如此公然亂政之局？

其次，根據行政院頒布之〈行政機關處理人民陳情案件要點〉第 16 條規定：「人民陳情案件有下列情形之一者，受理機關得依分層負責權限規定，不予處理」，其中第一款是：「無具體內容或未具姓名及地址者。」

然而，依據 2000 年 10 月 17 日媒體各報報導，法務部中區查緝黑金特偵組檢察官李慶義及南投地檢署主任檢察官徐松奎均表示，「本次搜索南投縣政府的行動是根據民眾的檢舉」。徐松奎還說，「雖然民眾的檢舉內容相當空洞，但檢方已掌握明確證據，絕非捕風捉影」。事實發展，怎麼跟他們所說的相差這麼遠，證明他們公開說謊。

檢方既已「掌握明確證據，絕非捕風捉影」，若有不法，即應起訴，何需再對縣府施以包山包海濫權搜索、扣押，如此不負責任違法搜索，卻找不到犯罪證據，根本無法對社會及災區交代。

無罪推定原則

無罪推定原則乃法治國家刑事訴訟程序共通的基礎原則。「偵查機關之作為應該遵守無罪推定原則」，「無證據不得推定其犯罪事實」。

「921案」的「羈押」與「媒體審判」，已推翻上述無罪推定原則之法律規定。這是我們前半生努力投入民主進步的成果嗎？

1. 何時開始偵察？依據？

2. 羈押是「有罪推定」。理由？（與本案無關之紙條形式，誤導社會支持司法辦案）

3. 以媒體傳播辦案，更是藉勢藉端，置無辜者於莫辯。

違反《刑事訴訟法》

　　《刑事訴訟法》第 245 條規定，「偵查，不公開之。」第 124 條規定，「搜索應保守秘密，並應注意受搜索人之名譽。」

　　我是「921案」的當事人，檢調單位進行偵查搜索根本視《刑事訴訟法》於無物。以下事例足以充分說明。

　　事先向媒體洩漏搜索行動。2000.10.16 及 2000.11.13 電視台之 SNG 車兩度皆早在南投地檢署進行搜索行動前，即已到達縣府，預先架設電線。此事明顯是檢調單位事先提供消息予媒體。

　　徐松奎無誠信，公然欺騙撒謊。徐松奎對縣長及對外宣稱是到縣府借

調資料，並非進行搜索行動。但事實是不等縣府提供調卷資料，卻是進行毫無目標的全面性大搜索並扣押資料。公然欺騙縣長及全國民眾。

縱容媒體拍攝及報導搜索過程。在徐松奎主任檢察官領導之搜索過程中，公然准許平面媒體拍照，甚至縱容電視媒體不斷拍錄搜索過程，既未禁止拍攝，也未將媒體趕出搜索現場。執法人員竟然如此明目囂張，知法違法。

侵害人權，破壞名譽

本案偵查充分反映檢調濫行搜索，嚴重傷害當事人名譽及權益。

〈法院辦理刑事訴訟案件應行注意事項〉第 36 條規定，「對於第三人之身體、物件及住宅或其他處所，非有相當理由可信為被告或應扣押之物件存在時，不得濫行搜索檢查，又搜索時應保守秘密，並注意受搜索人名譽，如未發現應扣押之物者，務必依法付與記載此旨之證明書與受搜索人，以資證明。」

於「921 案」，檢調單位大規模搜索，包括與縣府毫無業務工程往來之「彭百顯縣長」朋友亦遭搜索，而且，包括對縣府員工直接帶人、捕人、約談、偵訊、住所搜索，動作之大引人側目。檢調在未掌握何種具體證據下，卻大規模動作，不僅傷害被搜索人名譽，且連帶影響受搜索企業之商譽，甚至遭銀行抽銀根之傷害；本案搜索過程，部分企業亦因此而財務周轉出現嚴重問題甚至倒閉。誰負責？活該嗎？

檢調記者會栽贓抹黑縣府及縣長

本案檢調單位除了前述大搜索事先洩密外,自 10 月 16 日起,每天上午 10:30 及下午 4:30 還定時舉行記者會,立場偏頗不公,一再製造「縣府有工程弊端」、「公務員涉及貪瀆、圖利」、「基金會和重建工程有密切關係」…等不實訊息,用揣測性用語中傷縣政府及基金會,並提供媒體錯誤資訊,栽贓、抹黑「縣政府及彭百顯縣長」,嚴重誤導全國視聽。[7]

徐松奎及檢調單位違法濫權所發布之不實資訊,實已多到不勝枚舉。[8] 眼見上級縱容他們違法逾權至這般地步,不正說明中央應該就是主事者或影武者嗎?

檢察官被賦予神聖權威,是要指謫不法、維護社會公義,絕非濫權作為標榜個人法律英雄,或被利用為政治鬥爭的工具。

---

[7] 最典型的例證,是監察院「約談」我時之問話,就是依據這類訊息的影響。參見:2000.10.16 明日報、2000.10.17 青年日報、民眾日報、臺灣時報、臺灣新聞報、民生報、中國時報等。詳細內容參見:《檢調大濫權未審先判!— 彭百顯遭抹黑、中傷、扭曲》臺北:財團法人新社會基金會,2002 年 7 月。

[8] 較翔實對照說明,請參閱彭百顯,《臺灣災難的歷史紀錄:我的 921 經驗》,臺北:財團法人新社會基金會,2009。

第四章

「莫須有」羈押災區縣長

> 羈押與無罪推定原則之間，具有高度緊張關係，
> 司法實務如果濫用羈押手段，等於是顛覆無罪推定原則。
>
> ── 臺大法律系教授，林鈺雄，《刑事訴訟法》[9]

「921 案」最嚴重的傷害，是司法「不計代價、不擇手段、不依法察明、不問是非的真實發現」，以「有罪推定」，莫名羈押災區縣長，造成後來政治效應走向更不可預知的對立矛盾。

依〈辦理 921 震災後刑事案件應行注意事項〉第 4 點規定，「檢察官受理司法警察機關聲請或依職權簽發拘票、搜索票時，如受拘提、搜索之人為震災受害人者，應考量案件情節是否顯然必要及情形急迫，審慎簽發之。如有必要簽發時，應特別注意執行之態度及採取之適當方法。對於震災受害人之被告，是否有必要聲請羈押，亦應慎重考量上開情形，審慎酌訂之。」

檢察官公訴對於震災受害人之被告，法已明文規定「應慎重考量之」，更何況對於全國受災最嚴重地區之行政機關首長，豈可如此草率？一句話概括：他們根本不理會。

本案偵查行動已暴露檢察官之不法、不當行為，其無法無天的隨意、隨興「調查」，不但把縣府當犯罪集團，也不當的把縣長當作全國最大的「掃黑」對象。

---

[9] 林鈺雄，《刑事訴訟法》（上冊），頁 292-293。
或參見王梅英〈羈押相關聲請、審查程序及其救濟途徑〉，《軍法專刊》，第 45 卷第 5 期，1999.5，頁 14 以下。

檢察官如此違法濫權發展案情，且處處留有以縣長為設定目標之「政治」痕跡，難免令人有「司法淪為政爭工具」之聯想；由事後觀察，他們樂於配合扮演。

主動接受訊問竟遭羈押

〈辦理 921 震災後刑事案件應行注意事項〉規定：對於震災受害人之被告，是否有必要聲請羈押，亦應慎重考量顯然必要及情形急迫，審慎酌訂之。

2000.11.13 檢調再次大搜索，並開立傳票要求「彭百顯縣長」至南投縣調查站，經過 6 小時的偵訊及複訊，檢方在 11 月 14 日凌晨 1：30 向地院聲請羈押，3：30 地院召開合議庭。檢方由主任檢察官徐松奎、檢察官王捷拓、蔡仲雍及謝謂誠蒞庭，由審判長林宜民及郭棋勇、施慶鴻法官進行審議。雖經辯護律師極力辯明根本無挪用震災捐款，也無圖利特定廠商包攬工程情事，審判庭在無實際證據卻強行自由心證以涉嫌貪瀆、圖利、背信等罪名，於 6：40 裁定羈押。他們往錯誤的方向做了不正確的判決。

根據臺灣南投地方法院押票所載：一、羈押理由：被告犯罪嫌疑重大，而有下列情形，非予羈押，顯難進行追訴、審判或執行：有事實足認為有湮滅、偽造、變造證據或勾串共犯或證人之虞。所犯為死刑、無期徒刑或最輕本刑 5 年以上有期徒刑之罪。二、觸犯之法條：《貪污治罪條例》第 4 條第 1 項第 1 款、第 6 條第 1 項第 4、刑法第 341 條第 1 項。他們運用制裁壞人的手段，加諸在守法正直的縣長身上，開始了為虎作倀的「921 冤誣」歷史大劇。

其間，我們曾據理力爭，但歸之無效。

依法抗告以官官相護駁回

本人於 2000.11.13 經南投地方法院檢察署聲請羈押，由南投地院諭令

羈押並禁止接見通信。11.18 本人由律師依法提出抗告，具體陳述抗告理由，最重要的，並也提醒影響我們災區重建處境。他們根本不予理會，心有定見。

羈押災區行政首長，阻滯重建工作

羈押係以拘束人身自由為保全被告之方法，侵害被告基本人權「人身自由權」，自應特別慎重。故保全被告之方法，宜儘量以具保、責付或限制住居之方法為之，除非具保、責付或限制住居仍然不能達到保全被告之目的，始得予以羈押。因此，被告是否予以羈押，羈押必要性的審酌，至為重要。

當然，本案自不得僅以我人所犯為《貪污治罪條例》第 4 條第 1 項第 1 款或第 6 條第 1 項第 4 款之罪為唯一理由而予羈押至為明確。況且，中央因 921 震災之影響，在法律上特別訂定〈辦理 921 震災後刑事案件應行注意事項〉當有其意義，本人任南投縣長之職，身繫縣政推動之要責，加上 921 震災全縣各地受創至深，百廢待舉，亟須重建，一縣之長竟身繫囹圄，使全國受害最鉅縣份之重建工作遭到嚴重阻滯。因此，羈押之必要性，須更加嚴格予以審酌。

主動到案接受訊問，無逃亡之虞

本案有關 921 民眾捐款存入「南投縣建設發展基金會」、「新南投發展基金會」，皆遵照民眾之自願，且基金會均據實開立收據交捐款人，復由捐款人做為該年申報所得稅，從未有任何捐款人提出異議。又捐款人捐款直接匯入或交付基金會人員，自始與縣政府之公庫截然無關，是否構成《貪污治罪條例》第 4 條第 1 項第 1 款之「公有財物」，顯生疑義，也不符「犯罪嫌疑重大」之要件，檢察官及地院援引為羈押之所犯法條，根本牽強，於法不合。

而本案供述與共犯或其他證人不符，是法院審判時自由心證之問題，檢察官自不能以「彭百顯否認犯行」之供述與若干證人（甚至是秘密證人）不符，做為羈押之理由。何況，我既「主動到案接受訊問」，身為災區重建首長，當然無逃亡之虞，強行羈押，無疑「押人取供」。

未曾湮滅證據，無串證之虞

本案檢察官聲請羈押時並未具體指明我「與何人有串證之虞」，以「串證之虞」四字作為羈押理由，實在空泛牽強。事實上，南投縣調查站及中機組早已大規模搜索縣政府及所有相關人員之住居所，查扣數百宗資料，更約談數百位捐款人及承攬縣府發包工程之廠商，調查多時，依此檢察官得依其認定有犯罪之嫌疑逕為起訴，根本沒有羈押縣長之必要。

至於檢察官以來路不明字條指控我有湮滅證據之嫌，亦不符事實。本人根本不知有該所謂「銷毀帳冊」之字條存在，且辯護人於11月14日羈押審理庭中，再三請求法官驗明筆跡詳細核對，以證明該字條絕非本人筆跡，法律規定「法官有調查事實真相之澄清義務」，但不知何原因，合議庭竟然不依法察明，都不同意隨手可得之驗明可疑證據。由此可知，根本沒有任何證據可以證明該字條與本人有何關聯。這會不會又是另一個局吧？

更何況，辯護人於該庭訊時，也明明白白呈送「字條」所指該年度新南投發展基金會全部帳冊資料，證明絕無湮滅證據情事，更證明該字條與本人截然無關。

雖然上述證據昭然若揭，但檢察官及合議庭卻仍以偏見謬誤，違法認定有湮滅證據之虞，而予以羈押，實於法不合，難以令人信服。

後來，雖然辯護人提出鏗鏘有力之證據，要求依法撤銷羈押之裁定，釋放或准予具保責付，以維人權，並符法治。但臺灣高等法院臺中分院仍卻昧於事實，於2000.12.26發出刑事裁定（89年度抗字第889號）：抗告駁回（審判長李文雄、法官龔永昆、法官邱顯祥）。確定本人續被囚禁於

看守所黑牢中，面對悖離法治與人權的司法凌遲，以及人性黑暗面的考驗。

以上紀錄決定我人生入獄囚牢之恥辱過程。為顯公道是非曲直，勉強在痛苦回憶中落筆這一段鮮為人知之司法黑幕。

我尊重司法接受檢調約談訊問的代價就是羈押，法律玩笑未免開得太大。本案「羈押理由牽強，羈押無必要性」，但他們卻成功的羈押了縣長，把我陷身於囚獄犯人，剝奪我縣長之職權與尊嚴，並任令檢方繼續無法無天的發展，把縣府當作犯罪集團，尤其，他們蓄意忽略司法不受干預之獨立性，自行把司法淪為政爭的工具。

理由牽強，羈押無必要性

至今，我也以打官司取得冤獄賠償，但我仍不相信、也不接受司法羈押的理由是理由。我們再回頭檢討，根據臺灣南投地方法院押票所載羈押之事實及理由：

1. 陳助理首次偵訊中已供稱係被告彭百顯同意借款給張河新。

2. 在「財團法人南投縣建設發展基金會」88年分錄帳記載「董事長支借」等字樣。

3. 陳助理之電腦工程資料中，關於「縣政府臨時辦公大樓興建工程」註記「縣長指定」。

4. 秘密證人陳三之指證。

5. 依證人陳介山、林憲志之證言，可以證明關於「縣政府臨時辦公大樓興建工程」有圍標。

6. 依證人簡育民之證言，可以認定被告在知悉工地地質不適合於興建臨時辦公處所，但被告仍執意發包。

7. 有湮滅證據之事實，在檢察官搜得之證據—即鄭秘書所持有之字條，記載有湮滅證據之文字，即記載：「新南投基金會87年的帳要全部銷毀」；另在縣長官邸搜得之字樣，亦記載：「請上級儘速要求施壓，儘速結案，結案對我們之好處：一、人趕快放出來。二、可以草率結

案，案情不曾擴大。例如廣三曾正仁案 22 天即結案起訴，法官至今仍一頭霧水，找不到許多資料。三、增加辯護空間。」等字樣，依被告之妻之供述，係被告所交付。

捕風捉影，這些看似好幾個理由，但對檢察官這些指控，沒任何一個符合羈押的理由，也沒有任何一個有證據可以支持其論點來羈押縣長，除了政治考量。「921 案」羈押縣長是在層層司法陷阱下製造的冤獄。

依《刑事訴訟法》第 101 條規定，「除被告犯罪嫌疑重大，所犯為死刑、無期徒刑或最輕本刑 5 年以上有期徒刑之罪者外，並且非予羈押，顯難進行追訴才有羈押之必要。」因為侵害憲法被告基本「人身自由權」，必須特別慎重。

4 名證人及 1 名秘密證人＋ 2 張不明字條＝羈押縣長？

事後「同意借款」、「董事長支借」、「縣長指定」有何罪過？有何不法？有何證據認定我有「貪污」罪嫌？又秘密證人的證詞不敢公開，有何秘密見不得人？以上暗藏何種玄機，皆存在令人質疑之處，收押足可令人信服？（由事後證實他們冤誣，卻由國庫賠償，更見檢察官之胡為害人，而無須負責之制度缺失。）

我既擔任南投縣長負縣政推動之要責，因兼負當時 921 百年災劫重建重責之需，若使如此之特殊任務一縣之長身繫囹圄，將使全國 921 受害最重之南投重建工作嚴重受阻，影響很大，故本件羈押之必要性更必須嚴格審酌。且我是以縣長身分於 11 月 13 日應南投地方法院檢察官及南投縣調查站之通知，係主動到案接受訊問，就是尊重司法，否則我亦可以無須到調查局，直接接受檢方起訴即可。何有逃亡之虞？

其次，本案檢察官聲請法院裁定羈押理由之一為「有湮滅證據及串證之虞」云云。以串證之虞為理由予以羈押，須具體指出被告與何人有串證之事實，非予羈押難予追訴。但本案檢察官聲請羈押時並未具體指明被告與何人有串證之虞，何況本案羈押被告前已經檢察官指揮調查局南投縣調查站及中部機動組大規模搜索南投縣政府及所有相關人員之住居所，查扣

數百宗卷宗及大批資料，且已約談數百位捐款人以及曾承攬縣府發包工程之包商，調查多時，更無「羈押彭百顯縣長」之必要。

兩張不明字條羅織罪名，荒謬羈押縣長

所以，收押縣長「字條是關鍵」。奇怪的是，這兩張不明的字條「均非彭百顯縣長本人的筆跡」，怎是我下的字條？但檢調卻不願公開驗證，法官竟也曲從；何況所認定最強有力押人的字條中所言「湮滅 87 年證據」，均非事實；又字條所指「87 基金會資料」與扣我 1999 年「921 重建弊端」何干？

南投地方法院以檢察官搜得之證據 — 即紙條記載「新南投基金會 87 年的帳要全部銷毀」之字條，大作文章指控我「有湮滅證據之事實」予以羈押藉口，這根本是羅織罪名，揣測與無關推論，傷害司法正義。

到現在我仍要為法律正義辯護，這兩張字條（其中一張更是用意不明）根本不是羈押人的理由，而是十足的藉口：

《刑事訴訟法》第 163 條：「法官並有調查事實真相之澄清義務」。

一張「來路不明」、「似是而非」紙條的作用

犯罪事實，應依證據認定之，無證據不得推定其犯罪事實。
尤其，羈押的主要目的係基於「保全被告」或「保全證據」之必要性，以追訴犯罪並發現真實不得不然的作為。然而，對於根本無罪者卻硬以罪嫌者法辦，則「羈押」本身即變成實質加害的劊子手。製造司法冤案，徒增無辜傷害社會。
當時，檢察官收押 921 重建的南投縣長，豈只傷及彭百顯一人？

（一） 不明字條栽贓陷害，司法卻拒絕驗證筆跡，為什麼？

該不明字條與我何件「涉嫌弊端」何干？檢調單位搜索前我從未見過該字條，根本不知有所謂銷毀帳冊之字條情事。且該字條並非我本人所書寫之字跡，明明可驗明筆跡，究竟出自何處，是善意或惡意栽贓陷害，檢調何其不公平行事？捨正不從，叵證其中有鬼。法律是不講道理、講究證據的嗎？

辯護律師強調：事實勝於雄辯，「該張字條彭百顯縣長從未見過」，「亦完全不是彭縣長手跡」，「經查亦非縣長室人員所寫」。經要求檢調單位立即驗證筆跡，「不要栽贓彭縣長」，「檢調單位卻拒絕調查驗證，但卻以此理由強力要求羈押縣長彭百顯」，沒有邏輯，理由不通。不明事理，即便急促押人，目的何在？

（二） 沒有必要湮滅合法帳冊

辯護人當庭呈送「與本案無關、與 921 無關」之該 87（1998）年基金會全部帳冊，「證明彭百顯縣長無湮滅證據之舉」。但他們以為字條「得理」可不饒人，根本不理會「字條何來」，事實如何，不當一回事。

新南投發展基金會 1998 年所有帳冊俱在，會計在 11 月 13 日調查局約談當天，也一再指稱帳冊放在縣長公館，但調查局人員根本不予採納，故意栽贓帳冊已被湮滅之假象，檢調羅織意圖甚明。

新南投發展基金會 1998 年財務報表與 1999 年 9 月 21 日的震災毫無關連，且早已在 1999 年 3 月向國稅局申報，與 921 震災款更無關係。資金運作規模僅 400 萬元左右，且所有財務往來銀行存摺均歷歷在目，如何銷毀？況且所有帳冊、傳票均為合法帳目，基金會財務赤字連連，根本沒有銷毀之必要。11 月 14 日選任辯護人也當庭提出 1998 年全部帳冊，證明並無湮滅證據之舉。檢方拉東扯西，以此非我字跡之無關「字條」硬扣本人有「湮滅證據」罪名，法官竟然同意，我不能接受。

（三） 檢調單位洩密栽贓，令人質疑

地方法院裁定書指出，「搜索字條中竟有出現偵查中訪查捐款流向的證人姓名，顯見已有關說、串證的事實」。連法官也幫忙胡扯，人在羈押禁見，且偵查筆錄內容未予公開下，外界根本無從得知究竟偵訊那些證人及內容，又如何串證？以此不明字條「栽贓縣長」，實在是陰謀設計，連裁定也沒有公理。

（四） 銷毀帳冊字條嚴重違反常理

檢調單位一再以不明字條羅織「縣長湮滅證據」罪名，事實根本嚴重背離常理。不僅字條不是縣長所寫，也非縣長室相關人員所寫，況且，縣長與秘書等縣長辦公室助理同仁，幾乎每天在辦公室工作長達十餘小時，辦公桌緊鄰，何以要如此大費周章下字條留下證據？這嚴重違背常情。法曹法理難道可以不查明事實、背離常理，不明利害關係？

（五） 各界獻計獻策何罪之有？

另外，有關檢調單位在縣長公館所搜得另一張字條記載，因調卷數百案，震災重建工作嚴重受影響，請上級儘速要求施壓檢調不法，速審速結…等，本張內容是許多鄉親與律師在縣長公館會商時獻策之意見，因縣長人不在場，才留下字條供參。本案來龍去脈辯護律師已當庭說明相當清楚，檢方已知之甚詳。有何不妥？但竟以此字條為羈押理由，其後又以此字條駁回停止羈押之申請，令人信服嗎？法理為何？

字條獻策，並非犯法

在縣府遭此重大搜索約談打擊下，各界獻計獻策「給縣長參考」，實為平常之舉，其既非犯罪之證據，亦無犯罪之事實，以此羅織罪名，難道臺灣還處在戒嚴時期毫無言論自由之白色恐怖時代嗎？難道臺灣的民主體

制是倒退到戒嚴時期嗎？

難怪陳婉真所為文之〈司法界法力無邊〉諷刺說：

> 以縣府這一陣子的多事之秋，關心人士獻計獻策是很正常的事。如果這樣也有錯，那麼多年前我們和國民黨抗爭時，經常有人來信或臨時塞張紙條建議我們去買刀買槍搞革命，那我們早就要被判叛國槍斃掉了。由這個角度看來，不禁令人懷疑，是否國內的民主觀念看似進步，職司法治的司法單位反而是在開倒車。

至於所言有關證人及秘密證人等之指訴，根本是子虛烏有，沒有證據。證諸後來在法院審理庭中公開偵訊錄影帶後，對照實際偵訊內容譯文與調查筆錄，更證明許多調查筆錄完全捏造或斷章取義。歷史證明，不明不白以「莫須有」罪名羈押縣長，是臺灣司法的恥辱。

我擔任縣長被收押時間達 61 天，真是很大的諷刺及羞辱，我居然因「貪污罪嫌」創下收押民選縣長時間最久的紀錄！檢察官在收押未久還公然對媒體放話說，「不排除再延長羈押彭百顯二個月」。這就不免令人更不得不要懷疑，檢察官或其背後代表勢力難道有那麼深的私人恩怨？否則何以出現這麼多可怕的司法怪異行為？

綜合檢調單位由原先的「早已掌握確切證據」，到羈押 61 天還找不出有任何貪污公款的罪證。證明其間確有諸多不尋常事理在，甚至已公然違法的情形，這樣，「921 案」還是單純的司法案件嗎？

羈押縣長若為既定計畫，誰在策動？誰在執行？

綜合各項理由，「彭百顯縣長並無《刑事訴訟法》羈押之原因」，但收押果然一如報刊所指出之「既定計畫」進行？

徐松奎主任檢察官對媒體記者表示，他已經在南投地檢署舉辦的說明

會上公開聲明，「如果不收押彭百顯，他就從三樓跳下去！」這些話不是說著玩的。[10]

身為黑金特偵組南投召集人竟「公然威脅要羈押彭百顯」，這種狂妄言詞，擺明就是要抓人。不僅無視當下總統發布《緊急命令》之意義，視災區重建如火如荼之迫切性於無物，更蔑視行政首長職權。

讓我們理性好好思索立法的用意，在此我們再度祭出〈檢察機關辦理921震災後刑事案件應行注意事項〉第4點規定，「檢察官受理司法警察機關聲請或依職權簽發拘票、搜索票時，如受拘提、搜索之人為震災受害人者，應考量案件情節是否顯然必要及情形急迫，審慎簽發之。如有必要簽發時，應特別注意執行之態度及採取之適當方法。對於震災受害人之被告，是否有必要聲請羈押，亦應慎重考量上開情形，審慎酌訂之。」

對於震災受害人之被告，明文規定「應慎重考量之」，更何況對於全國受災最嚴重地區之機關首長，豈可如此草率？

「921案」已暴露檢方之心虛，尤其檢調無法無天的隨意「調查」，包括重建工程、人事、捐款…等等，達上千件的各項公文書類，在心證上早已把縣府當犯罪集團，把縣長當成政府最大的「掃黑」對象。當局為什麼坐視？為什麼任令其違法發展案情，實讓人質疑「司法淪為政爭工具」。

何況，檢方在羈押縣長61天期間，大約20天才提訊一次，而且，每次所問的問題幾乎大都一樣，並無任何工程案弊端等實質問題，只是一再重複訊問，卻又不肯具保，可見並非有羈押之迫切性及「非羈押難以進行追訴」之理由。顯然證明，檢方已嚴重侵犯人身自由權，嚴重阻礙震災重建工作。

---

[10] 《民眾日報》，記者阮智勇南投報導，2000.11.29。

第五章

檢調是抹黑栽贓製造中心？

法律規定「偵查程序，不公開之。」即偵查不公開原則，具有多種目的：

第一、就被告之保護而言，犯罪嫌疑尚未經過程序檢驗，若是偵查機關任意公開訊息，容易誤導為「媒體公審」或「人民公審」，可能減損無罪推定原則保護機會。

第二、就相關人士之權利保護而言，關係人向偵查機關透露的本案資訊，或者涉及自身、或者涉及被告的隱私、名譽乃至身家、性命，應有免於資訊外流的信賴利益。

第三、就偵查階段國家機關的資訊優勢而言，資訊不當走漏，常會造成保全犯人或蒐集、保全證據之阻礙。

— 臺大法律系教授，林鈺雄，《刑事訴訟法》[11]

在此也要回顧一下「假新聞」、「假消息」及謠言與檢調關係的情形。我們在意的是司法人員如何看待這個問題。

話說斯時，檢調單位儼然成為抹黑、栽贓、醜化縣長與縣政府之製造中心。

檢調有違法之超級特權？

黑函是辦案依據，違法不必受到制裁，檢方豈有超級特權？

---

[11] 林鈺雄，《刑事訴訟法》（上冊），頁 538 -539。或前註 9 王梅英（1999.5）。

檢調單位對縣政府所採取之大規模搜索行動，彷若過去戒嚴時期「美麗島事件」或緝捕重大槍擊要犯之大軍壓境。檢方對外公開指稱依據的是「縣民檢舉，認為有進一步查證必要」。事實上，檢方從未說明掌握何等具體證據，卻對代表執行國家公權力的行政機關採取大搜索，嚴重打擊政府威信。

　　而經起訴後我們調閱所有卷宗，原來檢調單位大行搜索所依據的所謂「縣民檢舉」，竟然均為匿名黑函、匿名電話，且內容錯誤百出，嚴重污蔑、栽贓情事，檢調單位竟以這樣的黑函依據傷害縣府、縣長及上百位當事人，目的何在？

　　而更引發社會公議的是，檢調單位公然違反「偵查不公開」之法令規定，每天對媒體發布不實資訊，公然成為抹黑、栽贓、醜化「縣政府及彭百顯縣長」的製造中心，竟然未受到任何制裁，這種濫權行徑令人無法苟同。

　　依據〈檢察、警察暨調查機關偵查刑事案件新聞處理注意要點〉第5條規定：「檢查機關發布新聞，應經檢察長或檢察總長核定，其指定發言人統一發布。」第6條並規定：「辦案人員違反本要點規定，擅自透露或發布新聞，致妨礙偵查工作之進行時，由主管機關依有關規定，分別按情節輕重予以申誡、記過或記大過之處分。」

　　綜觀南投地檢署檢察官偵辦本案，從頭到尾徹底明顯違反本要點之規定，擅自發布不實訊息，雖經本人檢陳部長陳定南，但法務部卻未嚴正徹查，以維司法風紀，難以令人信服。

預告檢方辦案腳本，誤導社會視聽

　　《刑法》第310條規定，「意圖散布於眾，而指摘或傳述足以毀損他人名譽之事者，為誹謗罪。」

　　他們隨便發布不真實之資訊，不理會什麼叫做意圖誹謗。以下我們舉證這個例子，他們囂張大意而踢到鐵板，栽了大跟頭，很失體面，證實我

們指責檢調違法濫權之不虛。

實例是：濫肆發布測謊錯誤資訊，傷害縣府。2000.10.17 徐松奎主任檢察官公然告知媒體，當天會「進一步偵訊工務局副局長王仁勇，並進行測謊。」晚間並說明已飭回。18 日各媒體均依據來自南投地檢署的消息，報導王仁勇不但遭約談，測謊還有異常反應。

事實的真相，王仁勇 10 月 17 日一早即北上公出，不僅未遭約談，也未接受測謊，更遑論有異常反應。檢方竟透過媒體，發布不實消息，不僅違法，且惡意傷害縣政府及當事人名譽，其背後隱藏之動機確實可議。檢方預告不實辦案狀況，意在引導社會觀感，醜化縣府，公然視法令於無物，罪不可赦。

謊話連篇豈是司法之所當為？

檢方已調查帳冊一個月，卻諉稱不知內容，欺騙法院法官，目的在栽贓、收押縣長。

地方法院在本人遭羈押一個多月後，臺中高分院仍昧於事實，裁定駁回停止羈押之理由指稱，「11 月 13 日搜索要求提出新南投發展基金會資料均遭推諉了事，彭百顯當庭提出一包物品，但內容為何，不得而知」，與事實嚴重不符。

11 月 13 日上午檢調單位一到縣長室，不由分說即要求縣長交出字條，隨後即進行大規模搜索，果然查到「兩張」不明字條。在 10 月 16 日至 11 月 13 日近一個月期間，檢調單位根本從未曾函文或向基金會提出要求調閱新南投發展基金會帳冊；且檢調人員在 11 月 13 日一大早即已在縣長公館扣押許多帳冊傳票。

凡此已足證明，檢調單位之動作，確是有刻意栽贓、羅織，而合議庭法官卻失職不察明真相。實在令人感歎。

裁定書指稱「彭百顯當庭提出一包物品，但內容為何，不得而知」，這根本是不負責任說詞，檢察官等都是學有專精、法學素養深厚的人，帳

冊傳票既已當庭呈送，何以不當庭檢視，怎可推諉「內容為何，不得而知」，而執意羈押。而且，在已羈押一個月，調查該包內容也歷經一個月後，竟又聲稱該包「內容為何，不得而知」，更是不負責任。

如此這般，難道不是證明要強行羈押？司法人員應是正義的化身，本案中的徐松奎推諉不知，有檢察官正義的風範嗎？合議庭法官失職不察，有正義嗎？

第六章

誤導視聽，檢調主導未審先判

無罪推定原則為法治國家公認之原則，各種不同形式的人民公審被視為不文明象徵。

法律規定，犯罪事實應依證據認定之，無證據不得推定犯罪事實，「偵查不公開」規定，主要立法旨意，在確保無罪推定原則之落實。

而犯罪事實之認定，非新聞媒體或人民所得代行，犯罪嫌疑人亦無接受媒體或人民公審之義務。執法人員於偵查程序開始後，或主動聯繫新聞媒體，或被動揭露偵查內容，已違反無罪推定原則。

—— 《刑事訴訟法》第 245 條修法說明

利用媒體扭曲醜化，未審先判

本案反映：「未審先判」，也是司法一大問題，對無辜被害人更是無妄之災。

檢調不斷對外不實放話，利用媒體扭曲醜化，造成未審先判，這是誰的責任？還是他們蓄意的策略，司法可以如此操作嗎？

《刑事訴訟法》規定：「偵查，不公開之。」這是所謂偵查不公開原則，或稱為「秘密偵查原則」，也就是刑事訴訟希能追訴犯罪並處罰犯罪之人，以求毋枉毋縱、開釋無辜、懲罰罪犯。

然而，這項公權力的行使往往會侵害到人民的權益，如果沒有法律規範或執行者不依法為之，則完全背離法治國家保障人權的精神。在無罪推定的大原則下，被告都還不是有罪之人，更何況僅是犯罪嫌疑人，嚴守偵

查不公開乃是理所當然，否則若任令檢調任意公開案情，經媒體公告周知，則形同媒體審判或人民公審，當事人毫無辯白機會。

回顧臺灣社會，法律雖有明文規定，但長期以來，位居人民權利最前線的檢警調人員，非但未能盡到保障人權的職責，反而常常成為侵害人權的元兇。在許多案件中，檢調公開（本案也在南開科技大學兼課堂上）大談偵查案件過程及其心證，致使所有的嫌疑人在未經法院審判前，皆已被媒體、社會定罪。有關人在檢警調搜索調查時被大肆報導宣傳為十惡不赦之徒；但在法院判決無罪時，又有誰為其洗刷先前的污名呢？

本「921案」透過媒體醜化的經歷，我感觸很多，不厭其煩，為反應我們對本案違法濫權發展過程的不滿，也為社會正義目的，本章以下特別整理本案中有關基金會的一小部分抹黑我們的遭遇，供作司法歷史評論之參考。

刻意扭曲基金會救災用意，誣控罪名

從 2000.10.16 檢調單位大搜索縣政府後，檢方即不斷透過媒體發布不實資訊，企圖扭曲誤導民眾，栽贓基金會侵占賑災款、從縣政府牟利、為個人洗錢，基金會捐款用於個人私利用途。凡此惡毒不實言論在全國媒體傳播，將本人創辦用於建設南投全心奉獻的公益基金會，扭曲為犯罪集團。檢調嚴重忽略正義，這種種心證濫權行為，令人痛心。

本案所有相關基金會帳冊、傳票已全部由檢調單位扣押，每筆帳款清清楚楚，事實證明本人所創辦的基金會，沒有任何一筆經費開銷是不當的，也沒有任何一筆支出用於私利用途，更沒有任何一塊錢納入私囊。反而是本人的親人、好友、基金會同仁家人，不斷捐款來幫助南投，這種無私奉獻精神，竟分別遭起訴求刑 10 至 20 年，毫無公義天理。

而過去本人負責之基金會未曾公開募款，僅因接受親友舊識主動捐款幫忙災民及災區重建，卻被起訴為侵占公款，那麼 921 震災後，全臺灣二、三百個基金會接受不特定民眾捐款，是否均應予以羈押求刑？實在沒有道

理。由此可證，本案起訴之荒謬。

我們特舉以下 12 則媒體報導的例證，來印證檢調如此扭曲辦案之心態可議，不足可取。

1. 基金會明明未曾承包縣政府任何重建工程。

   檢調單位卻故意抹黑中傷。他們說：不少災區重建工程由縣府團隊規劃後，交由基金會執行。

2. 基金會明明沒有收受任何縣政府重建款項。

   檢調單位卻刻意栽贓。他們說：基金會的金錢進出，和災區重建工程有密切關係。其中多筆鉅款均去向不明，且用途不當。

3. 基金會明明未曾私吞任何捐款。

   檢調單位卻故意起訴、誤導全國民眾。

4. 基金會明明無不法所得。

   檢調單位卻刻意冠以「洗錢」罪名栽贓、中傷。他們說：基金會等金錢出入與震災復建工程關係密切，其中支出疑去向不明，且部分用途不當，檢調懷疑部分震災款被充作「洗錢」之用，特定對象疑為「白手套」。

5. 基金會明明沒有任何人領雙薪。

   檢調單位卻明目張膽栽贓中傷。他們說：基金會約僱人員「居雙位領雙薪」，同時領取縣府及新南投等基金會月薪。

6. 基金會明明沒有支應任何一位國會助理薪資。

   檢調單位卻一再故意放話污衊，扭曲事實、誤導民眾。他們說：李慶義檢察官指稱，彭百顯將震災款用在發放國會助理薪水；將震災款花在私人用途，如購買車子雜物及私人用途。

7. 基金會明明所有資金流向光明磊落。

   檢調單位卻刻意誣指。他們說：流向異常，透過洗錢防治中心調查。

8. 基金會明明沒有收過承包商任何捐款。

   檢調單位及媒體竟不斷濫肆污衊。他們說：數以億計的重建經費大都跳脫採購法，有些錢「回流」進入基金會。

9. 縣府921專戶震災款均存在指定銀行，帳目清清楚楚。

   檢方卻有意栽贓。他們說：921民間捐款15億餘元資金流向不明。

10. 企業界老友、親朋好友主動「捐款予基金會」。

    檢方卻栽贓為「由縣政府轉入基金會」，刻意強加罪名。

    調查中，至少有16位本人親朋好友故舊捐款人表達相當清楚，主動捐款予基金會，就是要支持彭百顯幫助災區。但他們對這些有利證詞，檢調單位一個都未採納，依然誣陷將本人等羈押禁見，並予以起訴求刑。

    檢調單位明顯有預設立場，草率辦案與故入人罪，非常不可思議，包括有證人在法庭中陳述其在調查偵訊中積極說明捐給基金會事由，但其筆錄竟遭撕毀。

    如此惡質辦案心態，其無其他動機？實令人非議。

11. 堂堂主任檢察官竟不瞭解基金會性質，還大肆中傷基金會，誤導社會民眾認知，扭曲形象。

    徐松奎主任檢察官連基金會本質、受何等法令、稅制規範都搞不清楚，竟聲稱基金會須依政府採購法規範。如此荒謬離奇言論對媒體大放厥詞，凸顯其偏差心態。

12. 基金會資金用途合法明確，且與921震災根本無關。

    檢調單位卻栽贓基金會：「用賑災款投資股票」。毫無證據，竟對全國人民漫天撒謊。

    檢調及媒體之栽贓無所不用其極，沒有的事，不用負責任，他們竟敢公開聲稱15億元捐款流向不明，已公然誹謗縣政府及縣長本人。

4 橫行肆虐

檢調對於有多少資金流向不明的說辭，從數百萬、3千多萬、至5千萬不一，甚至還說921專戶15、16億元資金流向不明，根本是莫須有的指控。

不管是基金會捐款或921專戶所有捐款均存在指定銀行，帳目清清楚楚，檢方及媒體污衊資金流向不明，已公然嚴重誹謗。

船過水無痕，他們做過諸多違法事端，卻都老神在在沒事。有此本事，若說沒人撐腰，誰能相信？

製造不實言論，污衊縣府重建工程

限制性招標為採購法規定之「合法招標方式」，檢調單位卻惡意誤導「限制性招標為圖利特定廠商」。依據《政府採購法》第105條及第22條之規定，機關辦理採購，有緊急採購需求者，得採限制性招標；921災後重建工程中，有許多是急迫待辦之工程，必須採「限制性招標」，但檢調單位卻敵視「限制性招標」，並以此指控「圖利特定對象」，強行入罪於本人。

採購法規定「平底價就必須決標」，檢方不解法令規定，卻以其對招標作業之無知，污衊「九成標」存在弊端。《政府採購法》54條明文規定，廠商標價低於底價（包括平底價）就必須決標，依法政府不能再要求廠商降價。「九成標」既為合法，檢方根本沒有立場污衊「其中存在白手套」或指控圖利，遺憾本案檢方之無知誤人誤世。

醜化並扭曲的「俄羅斯原木案」

俄羅斯國921震災後捐贈原木案，因黑函中傷，在2000年10月16日大搜索中，檢調單位不斷放出錯誤訊息，透過媒體誤導擴大，造成全國各界譁然。錯誤的訊息很多：

1. 檢方說：縣府重複支付二筆款項。

事實上，原木處理費 2,248 萬元，檢方卻重複計算，栽贓為 4,000 萬元，並作為「逮捕」之明確證據，並以此不實指控縣府「重複請款」，誤導全國民眾。

2. 檢方說：縣政府圖利特定人。

事實上，原木案合約根本尚未結案，檢方卻僅以已支付之加工處理費斷章取義，指控縣府勾結圖利特定人士 1,500 萬元。

3. 檢方說：俄羅斯原木被調包。

事實上，公會認定「製材率三成三為合理」，檢方卻污蔑「原木數量銳減」、「原木遭掉包」，醜化縣政府及彭百顯。

4. 檢方說：原木不見了。

事實上，俄羅斯原木「存放在彰濱工業區」，檢方及議會污衊「原木不見了」、「原木是假的」、「原木遭調包」…，種種錯誤的訊息，透過傳播，嚴重傷害縣政府及縣長本人。

有關「俄羅斯原木案」，縣政府完全依上級指示，盡心處理，並無任何不法，但非常遺憾的是，縣政府蔡碧雲局長基於職責竭誠為自己及縣府澄清事實的努力，卻被扣上「飾詞狡辯」的罪名，而被以圖利罪起訴求刑 7 年。

從地院、高院歷次審判被冤誣者均獲判無罪，充分證明本案實為檢調冤訴害人誤人。

惡意誤導，罄竹難書

當時檢調查單位人員毫不負責任地任意對媒體放話指控本人：挪用 921 震災捐款購車、付助理薪水、做私人開銷、購買化妝品、炒股票、21 億震災捐款被挪用至基金會…等種種誣蔑言詞，在全縣乃至全國人民心中留下根深蒂固印象。

4 橫行肆虐

這種嚴重誤導，已然讓各界對本人嗤之以鼻，更對 921 災區冷漠，並投以異樣眼光，嚴重阻礙重建腳步。

　　2001 年 7 月底，桃芝風災重創南投，部分媒體名嘴即以此污衊縣府貪污，要求民眾不要捐款給南投。媒體心證於違背事實，他們樂此不疲。究竟災區何幸、災民何幸？

　　總而言之，由事後回顧本案過往檢方濫權、未審先判起訴的社會代價，卻全由本人與縣府領受及南投災民承擔，中央政府當局卻置之度外，放任違法揮刀傷人，我們除了痛心，夫復何言？

檢調濫訴如何改善

> 審判階段發生誤判，通常種子已在偵查階段種下。
>
> 由於未能貫徹直接審理原則，而大量引用偵訊筆錄，惡化偵查預斷審判的弊端。
>
> 訴訟監督機制問題，尤其監督起訴處分之起訴審查制度，如德國「中間程序」，具有過濾濫行起訴案件之功能，值得採行。
>
> ── 臺大法律系教授，林鈺雄，《刑事訴訟法》[12]

臺灣的政治在民進黨躍上執政之階之前不久，政治基因已開始發生變異；而民主進步黨執政之後，愈加暴露變異的政治本質，已大異於創黨之初的理想。[13]

我們很多人都是民主進步黨參數加入臺灣政治變異的歷史見證人，發現臺灣政治已有歷史專制的遺傳性疾病，必須把病變的基因找出來。我很懷疑，民主進步黨自創黨建黨期間，政治體內細胞的基因密碼業已引發變異的初因。

我們為重建已忙得不可開交，復又歷經檢調橫行肆虐之無目標擴大偵辦，對此，我們沉痛要伸張的是：司法絕不可淪喪為迫害國人的工具，何況毀壞公門形象。

由以上本篇對「921案」偵辦過程的種種不法之檢討，司法毀壞公門

---

[12] 林鈺雄，《刑事訴訟法》（上冊），頁 550 -551。或前註 9 王梅英（1999.5）。

[13] 彭百顯，〈2020 總統大選後的臺灣政治發展〉，《2020 大選後的臺灣走向與自由民主人權之發展國際研討會論文集》，財團法人現代學術研究基金會，2020 年 8 月。

形象之惡劣行為必須即刻改善。

謠言中傷是重建的痛。事後我們發現，檢調單位卷宗中充斥的盡是匿名電話、檢舉黑函、化名之污點證人，雖然沒有一件是事實，但檢調使力包藏用事，我們卻被當成全國最大犯罪集團，令人不可思議。

檢調手中資訊認為我們工程發包綁標、陪標、索取回扣、圖利廠商。然而，檢調單位以及立委、縣議會分別向縣府調卷上千件以上，動員上千人力調查數百名關係人，調查所有相關帳戶，找不到我們有任何官商勾結、貪污舞弊、拿黑錢、索回扣的證據。固然，真金有不怕火煉的本質，但司法可以隨意揮師火煉人家嗎？

檢調手中黑函資訊也認為我們辦大法會侵吞 3 億元。然而，辦理「千僧護國祈福消災大法會」財務均由籌備會法師負責，並請會計師簽證，也均向各界公開。結餘款經決議也捐贈 2,000 萬元予縣府「南投縣建設發展基金會」，而基金會所有捐款均充分運用於各項震災重建建設及災民救濟，我們未曾運用基金會分毫於個人及私人用途。但檢方何以執意以此作為本案起訴的犯罪動機，令人費解。

檢調也懷疑我們縣府人事案索取紅包。然而，檢調單位調走所有我上任縣長以後一、二百名獲升遷之人員資料，並且調查我親朋好友帳戶，最後未見以此入罪於我，充分證明了我們清廉從政。雖然如此，但司法豈可藉勢藉端擴大案情？

再次，檢調認為縣府從 921 震災專戶不法牟利，調走所有相關資料，他們仍然偵查不出任何弊端，捐款均充分運用於救濟災民及災後重建。尚且，南投縣 921 震災專戶所有捐款收入、支出明細案分別也經內政部、審計部、921 震災重建基金會、縣議會等多個單位好幾層的審核、調查，且所有收支明細我們均上網公告，所有帳冊光明磊落，毫無不法。為何他們要大費周章，無證據而搞得天下大亂？

檢調認定「俄羅斯原木」拿去蓋私人別墅，千萬元資金進入私人口袋，對縣府展開大搜索。然而，在檢調單位取走所有資料，調查清清楚楚

之後，也證明我們根本沒有拿過俄羅斯原木一毛錢，俄羅斯原木安然存放倉庫，未曾不見或遭調包，然而，何以他們要栽贓我們？

所有過去人間一再重演的種種黑函惡意造謠、中傷抹黑等等喪盡天良的壞事，這次「921案」司法也沒有更少閒著無事，反而更神勇摩拳擦掌。主要的原因是後臺有人撐腰，南投縣議會當然不會是幕後有實力的無名英雄。

我們遺憾，這種卑劣手段阻礙重建工作，斲傷盡心竭力埋首重建工作的縣府同仁。我們遺憾，在謠言及有心人士的構陷佈局下，在毫無貪污任何公款，在完全依法未曾違法圖利任何廠商的情況下，包括縣長在內的縣府團隊遭到全臺灣最大規模的搜索、逮捕，檢調辦案粗暴、違法濫權、羅織罪名。

何其不幸，備受震災蹂躪的南投，復又遭受人禍之摧殘，這種種不幸在本人任內上演，都讓好山好水的美麗南投淪為人性煉獄角力競技場，終而黑白分班，善惡各奔極端。我們相信，「虛偽永遠不會因為生長在權力中而變成真實」。

一個嚴重的事實，本案檢調單位可以隨心所欲，違背「證據取得禁止」不計代價、不擇手段、不問是非的真實發現，肆無忌憚的造假害人，並鎖定目標辦倒民選縣長，於偵查、羈押、審理過程皆出現「不依法察明事實」的違法行跡，證明司法濫訴確實決定政治。如何改善？

遲至2018年，立法院曾有這方面之研究。[14]但卻未見有關方面之修法動作。不過一年，司法院也鑑於濫訴情形的確嚴重，提出《民事訴訟法》修正案，擬針對惡意濫訴行為課以罰則；法務部則尚在研議「有條件的刑事訴訟有償制」對刑事濫訴者收費，這些或可降低司法資源濫用浪費，但皆係屬於一般民眾濫訴行為之遏止，而針對檢察官之濫訴行為，尚未見主

---

[14] 吳欣宜，〈防杜濫訴之法制研析〉，立法院議題研析（編號R00541），2018年9月13日。
[15] 參見立委段宜康等16人提案，增訂《法律扶助法》第34條之1條文，已通過委員會二審（2019年3月18日）。但本修正案也引起許多檢察官抗議，認為屈辱檢察系統（檢察官）。

管機關主動提出司法改革。

2019 年初見立法院主動立法，提有增訂《法律扶助法》條文案，擬對檢察官濫訴行為課以負擔法扶費。[16] 不過，迄今仍僅止於研議而已！其實，出現在「921 案」審理判決的法官亦有濫權亂判情事，亦無法約束，實亟待改善。期待此法案通過立法，無論成效為何，至少可以提高部分司法品質，檢方起訴將更審慎應可預見。

司法改革的重點在於優先制止偵查過程之濫用司法正義，司法當局不宜輕輕帶過。

暴風雨呼嘯的夜晚一次次向我襲來，
吹滅了我的燈；

黑暗的疑雲聚攏過來，
遮掩了我天空中所有的星星。

— 印度詩人，泰戈爾，《採果集》

5

構陷忠良

第五篇

司法造假羅織，玩權弄法

似乎已經能聽到無常的鐵鍊拖在地上鋃鐺作響的聲音。

但一閉眼卻看到一具具白骨在前面叩拜，總是無法安睡。

宋慈想不到一生竟會走上這條小路。[1]

究竟是什麼原因使自己立志踏上這條小路？是苦主淒慘而無助的低聲抽泣？

是屈打成招的良民絕望而怨毒的詛咒？

還是那一具具怵目驚心的屍首，緊握的雙拳，直視蒼天的不瞑目雙眼？

—— 鄭驍鋒（1975 －），〈洗冤折獄宋提刑〉[2]

　　究竟是什麼原因，撒網羅織，扣我罪名，毀我清譽，他們欲意何為？傾司法大軍，不顧重建秩序，他們的目的何在？除卻政治，並無其他合理說詞。

　　2001 年 1 月 13 日，關我兩個月後，我正式被起訴。後來我看到完整的起訴內容，也才逐漸看清楚整個「921 案」的輪廓，他們無中生有，羅織造假，別具用心。

　　於本篇，我們準備先針對檢方所起訴「921 案」之九大個別案情深入

---

[1] 宋慈（1186 -1249），南宋進士，曾四度出任廣東、江西、廣西、湖南四地提刑（官名，為提點刑獄公事之簡稱，主管司法、刑獄、監察，兼管河渠等農桑事），以斷獄著稱，平反冤案無數，著有《洗冤集錄》，為世界上現存第一部系統法醫學專著，曾被譯為法、日、英、德、俄等多國文字，堪稱世界法醫學鼻祖。

[2] 鄭驍鋒，《本草春秋》，臺北：漫遊者文化出版，2016，頁 267。

檢討，因係對全案真相之探究，內容複雜，篇幅稍多；其餘問題，將於以下各篇檢討。

本篇之進行，首先就整個起訴構造作一些梳理，然後，針對全案羅織的罪名，逐案一一在證據上予以釐清。這對了解本案以及誤解排擠我們，在一、二十年積痼已深並形成意識的澄清是必要的，藉此梳理過程，也可掌握司法改革之切入點。

在本篇，我們發現「921 案」的違法羅織起訴，誣陷栽贓，讓「刑事訴訟之目的在於追求發現真實」成為最大諷刺。

這樣的起訴，還有所謂司法正義嗎？

究竟是什麼原因，撒網羅織，扣我罪名，毀我清譽，他們欲意何為？傾司法大軍，不顧重建秩序，他們的目的何在？除卻政治，並無其他合理說詞。

以下，我們根據起訴羅織罪名之個案，分別分章指出公訴之荒謬錯誤，並試還原真相，留予未來司法改進檢討。

第一章

誣陷攀案十項罪名

今天，世界到處鬥爭、戰爭，凶殺案件頻傳，

法院裡的訴訟告狀疊如山⋯

都是因為大家不能忍一口氣。

到最後，有的不能勝過別人，自己就心灰意冷；

有的就是勝過別人，卻讓人受苦、受難、受委屈，

難道這就是我們想要的快樂嗎？這樣的快樂能持久嗎？

—— 佛光山，星雲大師，〈人間佛教的根本教義〉

起訴非真相，羅織罪名是目標

檢調用卡車押走數十箱重建資料、借調縣府數百工程卷宗檔案列入清理偵查之後，結果公訴人以九大案件「涉嫌違法」起訴本人等一干人犯。

我們非常清楚，「921 案」是他們違法羅織罪名，我們全然被迫入列司法訴訟過程，歷煉清白。

我們認為，潛伏「不是真相」的起訴，以及偵查過程明顯違法的起訴，都是違背《刑事訴訟法》的不法起訴，都是起訴不正義。我們面對司法不法、不義欺凌，時間超過十餘年。

由以上第四篇指出，本案檢調單位天馬行空且達濫權不合理之惡劣囂張程度，反映偵查過程之公然不守法、不守分際的對縣政府與縣長之行政權任意「予取予求」之摧殘，明顯違背《刑事訴訟法》「證據取得禁止」

---

[3] 星雲大師(1927 -)口述，《人間佛教佛陀本懷》，妙廣法師等記錄，高雄市：佛光文化出版，2016，頁 123。

之規定。

我們在意，不是真相的起訴，「合法」嗎？違背法律證據取得的起訴，在法治國家「合法」嗎？與國家公器長期對抗對立以司法，必要嗎？

冤誤起訴求刑 20 年

在此，我們提「誣陷」或「冤誣」之說法，並非有意栽贓檢察官，也不是事後於本案在法律三審定讞之後才講；我於本案啟動司法偵查之時，即直指「921 案」將是歷史公案，是冤誣案。

本案檢調以種種荒謬、錯誤甚至偽造的依據，於 2000 年 11 月 13 日約談本人後羈押 61 天擴大深入偵查， 2001 年 1 月 12 日公訴人王捷拓檢察官亮出底牌出手控訴本人「圖利」、「期約不正利益」、「侵占公用公有財物」、「詐取財物」、「侵占、偽造文書」、「背信」等多項違背《貪污治罪條例》「貪污」罪名，並以在緊急命令期間，直指「彭百顯身為縣長不知戮力造福鄉民」的法律高度為由，加重求刑 20 年。[4]

後來，於南投地院審理庭，檢察官超越時空忘了「緊急命令期間」，竟再論告罪我違背《政府採購法》。法院法曹大人居然也接受認定，因此錯置競合，案情反覆，拖時延誤傷人更久。

本人被訴控涉嫌的本案包括這九個案件：（一）縣政府臨時辦公大樓興建工程，（二）南投縣巨型公園文化遊憩資訊中心興建工程，（三）國姓鄉福龜新農業園區工程 3 件，（四）災後測設及檢測樁工程 13 件，（五）921 民眾捐款予基金會，（六）921 民眾捐款予基金會，（七）基金會借支私人（非關 921），（八）捐款未存入基金會（立委任內服務鄉親用，非關 921），（九）基金會投資高科技基金（非關 921）。

---

[4] 我很慚愧，921 天災帶給南投苦難，更自覺之前推動「縣政改革」帶來南投政壇之不安，雖然心裡自始至終明瞭要接受百分百民主機制的民意監督，但我高估了議會及議長的理性問政行為，因而 921 重建過程充滿政治力對撞。萬萬沒想到，司法因素居然也介入其間，所以想當然爾，被扣上這樣離譜的罪名實在很沉重，擔當不起。

彭百顯「921 案」被誣陷起訴內容與事實真相對照表

項目	起訴理由	事實真相
一、臨時辦公大樓工程	彭百顯「逕自將停車場用地變更為機關用地」、「設計變更追加工程金額 4,800 萬元」、「主導圍標」、「圖利黃才泉、陳介山逾一千萬元」，觸犯《貪污治罪條例》圖利罪。	1. 本案件未曾變更地目。檢方錯誤起訴。 2. 本案件發包金額 1 億 6,050 萬元，結算 1 億 4,638 萬餘元，不僅沒有追加 4,800 萬元，反而減少 1,412 萬元。檢方錯誤起訴。 3. 並無彭百顯「為自己或他人圖取不法利益之犯意」證據，且亦無實際「圖得私人不法利益之結果」。 4. 彭百顯依法行政，依《緊急命令》職權可指定一家議價，卻仍指定三家比價競標；而且，彭百顯事先亦無洩漏底價，無圖利之事實。
二、巨型公園工程	彭百顯對巨型公園工程之發包「圖利國軒公司 179 萬 6 千元」，觸犯《貪污治罪條例》圖利罪。	1. 本件公事流程共經縣府 18 人核章，經公管中心及業務單位承辦招標作業，「標單根本不可能提前外流」。彭百顯依法指定廠商比價，縣府依法辦理工程招標。 2. 得標廠商國軒公司於本件工程未得任何利益，反而虧損 423 萬餘元。
三、福龜新農業園區工程 3 件	彭百顯對福龜新農業園區工程之發包「圖利莊勝文 79 萬 2,523 元」，觸犯《貪污治罪條例》圖利罪。	1. 彭百顯就屬城鄉新風貌之專業性工程，參酌縣政府計畫室承辦城鄉新風貌由顧問白錫旼提供之參考名單，而指定九家廠商參與比價。 2. 彭百顯捨一家議價而分別指定三家比價，依法行政，無圖利廠商之意圖與行為。
四、災後測設、檢測樁工程 13 件	彭百顯對各項災後測設、檢測樁工程之發包，違背職務，期約不正利益，觸犯《貪污治罪條例》。	1. 彭百顯不認識投標廠商，依法指定廠商比價。 2. 在上千家指定廠商家次中，被指控之廠商六合、三森、三宇三家被指定次數合計僅占 2.19%，根本沒有《起訴書》所指集中於少數廠商情形。 3. 彭百顯既無參與圍標、圖利廠商之違背職務行為，更無期約賄賂之行為。
五、921 民眾捐款予基金會	彭百顯「侵占公用、公有財物計 1,558 萬 6,000 元、美金 5,000 元」，觸犯《貪污治罪條例》。	1. 基金會所有捐款，均由彭百顯之企業界好友及親戚朋友自行捐入或匯入基金會，沒有任何一筆款項是由縣政府撥入，縣府未曾持有該捐款。無「侵占」事實。 2. 捐款人之對象為「新南投發展基金會」、「南投縣建設發展基金會」，均係出於捐款人之決定，彭百顯於其等捐款之過程中並未違反其意願。 3. 所有捐款完全用於救濟災民及震災重建。

5 構陷忠良

五、921 民眾捐款予基金會	彭百顯「侵占公用、公有財物計 1,558 萬 6,000 元、美金 5,000 元」，觸犯《貪污治罪條例》。	4. 彭百顯於捐款人捐款過程中，並未施用詐術行為，使其等陷於錯誤，作出違反其等意願之捐款決定。彭百顯並無不法，與侵占公用、公有財物，以及詐取財物之構成要件不符。
六、921 民眾捐款予基金會	彭百顯「利用職務上之機會，詐取財物 1,352 萬 6,941 元」，觸犯《貪污治罪條例》。	（同上）
七、基金會 250 萬借支張河新	彭百顯「私自侵占挪用基金會之部分款項，致損害基金會之財產及帳目管理。」觸犯《刑法》業務侵占、偽造文書罪。	1. 早在本案大搜索前 10 個月已代為償還基金會。 2. 基金會同仁因一時心軟，基於救人、救急，動用款項，並於基金會記載「董事長借支」，當年底報告後，彭百顯指示動用 250 萬元借款償還款項，並無偽造文書之行為。
八、捐款未存入基金會	彭百顯對「捐款未存入基金會」，觸犯《刑法》背信罪。	1. 檢調並無傳訊任何捐款人查明事實，竟指控彭百顯把基金會的錢撥到私人帳戶，顛倒事實。 2. 該帳戶本為彭百顯立委將個人的錢支援基金會開支，於任內服務鄉親帳戶，根本不是基金會所有。 3. 彭百顯將個人款項支應基金會，度過財務難關，不僅沒有損害基金會，反而有利於基金會。
九、基金會投資基金	「彭百顯委託私人操作股票投資」、「投資股票損害基金會」，觸犯《刑法》背信罪。	1. 基金會在 1997 年 8 月即依法投資京華高科技基金 200 萬元。 2. 1998 年間因基金淨值不斷下跌，基金會同仁為不願基金嚴重虧損乃轉換投資標的，轉換投資操作不僅未損害基金會，反而為基金會賺取 16 萬餘元利益。 3. 基於使基金會獲利，未曾挪用作任何私利用途，帳目記載皆清楚正確，並無疑義。

說　明：若使有心者研析對照本表，粗看本表，即可知全案概況。但有部分案件尚不能判斷真相為何，其來龍去脈則仍須逐案說明，始可了然本案確係冤誣，很要不得。

四個案件屬於 921 重建工程，五個則為基金會業務包括與 921 無關亦累及官司。

　　我們一一檢視所有這些起訴罪名及其說法，均無事實根據，檢察官起訴依據有相當多虛偽造假，錯誤不實，與事實相違背。（參閱以下「彭百顯案」被誣陷起訴內容與事實真相對照表）

　　雖然我們發現檢察官造假羅織罪名，然而，我們從此被迫進入司法訴訟程序路程，除花費巨額訴訟金錢，耗損生命精神亦無可量計。他們有權冤誣別人，其實比較像「構陷」，我們則只能無辜冤枉受害。但這也就是為什麼我們堅持從政揭櫫正義的根本理想。

彭百顯全力奔波救災重建，卻被檢調濫權指控十項莫須有罪名。

第二章

「臨時辦公大樓工程案」起訴荒謬

荷花向天空展示它的美麗，

而小草則默默地為大地服務。

— 印度詩人，泰戈爾，《流螢集》

《起訴書》指控彭百顯「逕自將停車場用地變更為機關用地」、「設計變更追加工程金額 4,800 萬元」、「主導圍標」、「圖利黃才泉、陳介山逾一千萬元」，觸犯《貪污治罪條例》圖利罪。

本案自檢調於 2000.7.25 從南投縣政府提供調卷資料起展開偵查，迄至起訴，前後時間長達半年，但檢視起訴內容及其證據，則見違法痕跡重重，且荒謬不堪。

先說「進行圍標、虛偽比價」，非由縣長一人所能辦理，他們就是針對性。

「彭百顯案」（即「921 重建弊端案」，簡稱「921 案」）由於 921 重建工程案事涉工程之招標、開標過程，我在與檢方起訴訴訟的攻防過程，發現他們對此過程之作業異常陌生，常有無知、誤解之處。所以有很多公訴人錯誤的認定起訴。為此，有必要先將有關政府工程案的招標、開標、決標、發包…等等情形先簡單了解於本案（「921 案」）檢討之前。

南投縣政府公共工程招標，是由公共工程管理中心負責（簡稱公管中心），主要業務為辦理縣府暨所屬各機關學校營繕工程預算書之複核、發包、品管及評鑑，並對各鄉鎮公所辦理之營繕工程抽驗；設工程品質管理及評鑑組、工程發包組及工程預算書圖複核組，分別設組長與組員執行任務。

縣政府工程案件之招標、開標作業均須依法辦理。公管中心辦理限制

性招標，則是由業務單位簽請縣長核定，並由縣長選定廠商名單，後再由公管中心分別依照名單通知廠商定期議價或比價；開標時由發包組組長主持，發包組組員負責審標作業，並由主計室、政風室派員監標，比價結果低於底價並且未差距20％者，授權公管中心核定，再交由原業務單位辦理簽約；超底價決標或超低價標情形者，尚須由縣長核定後，才交由原業務單位辦理簽約。

公管中心辦理招標、開標前，發包組經辦人會將預算金額填寫於底價單上，再將預算書彌封，逐級交由組長、主任核閱，由縣長核定底價後密封保管。於開標當日由發包組派員領回，由主持人當場依規定開封，並於決標後宣佈。

由縣政府分層負責規定之體系可知，開標、審標、監標、決標等作業手續，均依法由各權責單位負責，非縣長之業務職責。縣長我只能依法行事，而依法也不可能要求縣長對所有開標、決標、發包、監工、驗收等作業細節負監督之責，並負起投標者「是否有圍標行為」之事前調查責任。

因而，在如此工程作業體制運作下，「進行圍標、虛偽比價」等情事，根本不可能由縣長一人所辦理。可見公訴人對縣長我的指控，已超出實情規範。

故而縣政府之發包行事，開標均由業務主辦公共工程管理中心依法定程序進行，如每家投標廠商皆依規辦理，即需依規進行開標，否則即違法。且指定（邀請）廠商依規定投寄標單參加競標，縣府依規定開標決標也須依一定之法定程序辦理，承辦人及單位若事先得知投標、廠商有圍標情事，應即依法辦理並移送法辦。但若投標廠商故意隱瞞借牌之事實，縣府人員無從得知時亦無法及時阻止圍標之發生，縣府亦身受其害。

捅我第一刀就錯誤百出

其次，我嚴正指出檢察官起訴我重罪的睜眼說瞎話：不實指控。

在起訴我的主力第一個案件 —「臨時辦公大樓工程案」，顯然就是

造假指控：「彭百顯逕自將停車場用地變更為機關用地」、「設計變更追加工程金額 4,800 萬元」、「主導圍標」、「圖利黃才泉、陳介山逾一千萬元」，觸犯《貪污治罪條例》圖利罪。這些指控，全然非事實，係無端憑空起訴。

我自就任縣長以來，從來沒有「逕自指示」將「停車場用地」變更為「機關用地」。他們脫離事實指控。既然沒有的事實，檢方有何起訴證據，並「逕自推斷」本工程案「追加工程預算 4,800 萬元」有「圖利」之嫌？而成為起訴我貪污的第一個案件，求刑 20 年。

多麼沉重的司法第一刀，無據指控我成了貪污被告。我只能說，檢察官拿大刀胡亂砍人，確是失職誤人，誤導舉國對我們形象之扭曲。我們要問：檢察官錯誤起訴、構陷行政首長，該當何罪？

本案件，在此我指出公訴人至少有以下三點不是：

第一、檢察官自己弄錯地目還扣縣長帽子。

檢察官揮刀殺了我九大刀，起訴我九個案，第一個案就是本案件。這重手第一大刀就錯誤重重，殺錯刀了！天啊，怎麼辦？

本案臨辦新建地點地目，原來即為南投市都市計畫分區為「機五」之機關用地，我擔任縣長，未曾有過「逕自變更地目」。但《起訴書》卻白紙黑字指控我逕自「將停車場用地變更為機關用地」，實係他們弄錯地目，誤聽檢舉人錯言，信以為真。[5] 在機關用地上興建辦公大樓，本即為合法，根本不須變更地目，公訴人卻睜眼說瞎話，荒謬起訴縣長「逕自變更停車場地目」。

第二、檢察官連預算書都看不懂，還錯怪縣長貪污圖利他人。

預算書證明，檢方誤解起訴，自行認定「工程追加預算 4,800 萬元」，

---

[5] 參見第二篇第二章陳有政之檢舉。

並亦自行推論「彭百顯縣長圖利廠商逾 1,000 萬元」，完全錯誤不實。

按本案工程原發包金額 1 億 6,050 萬元，變更工地後，縣政府必須辦理工程變更設計，經變更後金額為 1 億 5,914 萬 4,712 元，變更後與變更前比較，總金額減少 135 萬 5,288 元，工程總經費並沒有如檢方所指控增加 4,800 萬。證明檢方根本是栽贓錯誤起訴。

本案因變更施工地點，且建築樓層業已變更，原列許多項目須予以刪除或減作，並新增原未列其他許多項目。減作部分及原合約已列項目依法不必再辦理單價議價，但新增項目依法必須辦理單價議價，4,800 萬元是數百項新增項目單價議價總額，根本不是變更後增加總工程經費。檢方不明究裡，根本用錯誤數據指控機關首長。天啊，他們自己弄錯，卻錯怪他人，怎麼辦？

至於本案變更基地地點完全依法行事，「圖利黃才泉等逾 1,000 萬元情事」，不知何來的證據？我們也不知該怎麼辦？

第三、重大緊急事項，縣長職權依法可採限制性招標，無須如檢察官所指控之「主導圍標」。

檢察官不食人間煙火，縣長必須負責 921 南投重建，《緊急命令》發佈期間，當然緊急處理才是合法。何有指控縣長違背一般時期平常法規「主導圍標」之空間？

本案臨時辦公大樓興建工程，基於縣政府必須儘速完成重建目標並改善辦公空間，有必要在 921 週年前完成並進駐辦公，係屬重大緊急事項，縣長權責依法可指定一家廠商議價，但為慎重指定三家廠商比價，乃縣長依權責核准適用特殊採購程序辦理，且從來未洩漏工程底價，縣長所為均為合法，根本不須有如《起訴書》所指控「主導工程圍標」情事。但他們執意心證如此認知，我們怎麼辦？

依法指定廠商比價，何圖利之有？

臨辦大樓因有緊急必要性，依《緊急命令》及《政府採購法》，縣長均有權指定一家廠商議價或指定二至三家廠商比價。

在此試舉例證明 921 重建當時之用法情況，如同其他震災重建工程，交通部龍門大橋 2 億 6,500 多萬元即採指定議價。同樣的，當時依法我可指定一家議價，但本案我仍指定三家比價，暫不說依《緊急命令》，依《政府採購法》規定，指定廠商比價如果只有一家來投標，依法可當場改為議價，因此，我們根本沒有必要與任何人「圖謀圍標」。

結語

檢察官起訴縣長本案以「貪污圖利」罪名具十足針對性，我們以為，司法辦案絕對不可無證據而「自行論定，不可想當然爾」。由於每件工程作業之進行，縣府皆有工程發包招標、審標、開標、決標及得標後簽約、工程申報開工、變更設計、完工等一定的程序，均依分層負責明細表規定辦理，縣長依法指定廠商，所有後續作業，均依業務單位簽辦依法辦理。監督管控自然明瞭何處有狀況，權責也清楚察查，本案起訴只針對縣長卻見多處含混內容、誤指、非事實之指控，實在荒謬。

至於其他錯誤，真是「罄竹難書」，例如本案以有污點之證人「片面之詞」及「推測」、「傳聞」等不確實證據，卻是構成起訴指控我的依據，用法律術語而言，就是公訴人「用法不該」，依法理實有未當。針對本案件這些錯誤起訴內容，將在第六篇、第七篇專篇深入揭露。

第三章

「巨型公園工程案」起訴錯誤連篇

別讓我為免遭災難而乞求吧，讓我勇敢面對它們。

別讓我為在人生的戰場上尋找盟友吧，

讓我擁有自己強大的力量。

—— 印度詩人，泰戈爾，《採果集》

　　檢察官預設立場，針對性起訴本人的第二個案件，「南投縣巨型公園文化遊憩資訊中心」新建工程之發包「圖利國軒公司 179 萬 6 千元」，指控本人「主導圍標」觸犯《貪污治罪條例》圖利罪。但起訴內容依然錯誤連篇，無邏輯，荒謬至極。

依《緊急命令》及《政府採購法》均可採用限制性招標

　　921 震災，總統頒布《緊急命令》，以儘速災區重建。縣府災後工程發包，自災後即陸續辦理，且皆依各個別案件之測設及相關作業辦理時程，分別持續作緊急發包作業，絕非如公訴人指控「為規避《政府採購法》之限制，而將大部分重建工程趕在 3 月 24 日前發包」。本案件乃災修工程除依 921 震災總統所頒之《緊急命令》之外，尚可依《政府採購法》規定，如有緊急需要，採限制性招標。

　　檢方不查，當時中央重建委員會及縣議會已多有責備，指責縣府災後工程重建進度太慢，必須加速工程進度。何況，縣府工程測設、發包皆有一定作業程序及時間，本案採限制性招標，其作業除依據《緊急命令》外，依《政府採購法》第 22 條第 5 項及第 105 條第 2 項辦理，亦可依法採用限制性招標。證實檢察官之指控在狀況外，實為謬誤。

加速 921 重建工程之進行，以照顧災民權益，本為縣長之權責，縣長之作為，合乎當時需要並無不法。

歷經過 4 個月作業，並非臨時起意趕辦

其次，本案係於震災後 1999 年 11 月起即已辦理相關作業，包括申請核定經費、簽辦規劃、委測發包、期中簡報、建築圖說送審以及辦理發包作業，前後 4 個月，依計畫辦理，並非如《起訴書》所暗示「有意」興建、臨時起意、隨興作為，「故意趕在 2000 年 3 月 24 日發包」，以圖利特定廠商。檢方一再臆測辦案，並非所宜。

「可指定一家廠商議價」，何有「主導圍標」之必要

再次，本案依規定以邀請二家以上廠商比價為「原則」，首長可依裁量權指定一家議價，本人若要主導圍標，本可逕行指定一家議價，將更為便利；且若指定一家以上比價，縱只有一家參與，亦不生流標情事，並無圍標之必要。

本案經縣長指定兩家比價，縣府依規定處理招標資料；至於經指定之該二家公司有無圍標，則係屬其私下行為；廠商如何作業，為各廠商自行考量之行為，非縣府或縣長所能了解。

檢方栽贓標單「提前外流」

最離譜的，檢察官不明實情硬扣我帽子「標單提前外流」，隨意揮刀殺人。根據縣府作業規範，標單「不可能提前外流」。

根據實況，本案縣政府公管中心發包組技士歐怡彣於南投地院出庭作證指出：「我當時是擔任公共管理中心的發包組組員，在 2000 年 3 月 23 日下午 5 點多時，業務單位（計畫室）李文良、許光國拿預算圖說等資料

來，我就開始辦理發包函稿及製作標單，約 8 點多完成，再請許光國至臺中的夜間郵局投遞，他有將收據給我。」

律師問歐怡彣「有無可能在開標前將標單等相關資料提前拿出來，由許光國在 3 月 23 日中午送到縣長室，然後再由陳明娟以電話聯繫王憲備？」

歐怡彣作證指出：「我認為不可能將標單提前拿出來，因為業務單位拿契約書稿、圖說及估價單各三份來，而切結書、廠商聲明書、投標清單、退還押標金申請書、投標須知等都由發包中心製作，其中兩份寄出，一份留底，除契約書稿及投標須知外，所有文件中任一項有缺，我們就會以廢標處理。在縣長未批示前，我們是不曉得有這個案子的，標單資料不可能事先備妥，而我也從來沒有拿空白標單給陳明娟或陳明娟指示要拿。」

公共工程管理中心發包組組長蔡明豐 2001 年 7 月 2 日於南投地方法院出庭做證：

律師詢問，「整個發包當天簽呈在下午 5 點才批示下來，有沒有可能在未批示下來前就流出去？」

蔡明豐答稱，「不可能在簽呈尚未批示下來前就流出去。」

本案承辦人員許光國 2001 年 7 月 25 日於南投地方法院出庭做證：

1. 本人是負責本案的規劃測設，設計者是陳建築師。1999 年約 11 至 12 月間，縣政會議上彭縣長指示為災區產業重建要興建福龜旅遊文化資訊廣場，所以開始簽辦。

2. 2000 年 3 月 22 日開始簽辦本案的發包工作，約 3 月 23 日下午 6 點才會簽完送到公共工程管理中心製作標單。原先陳建築師有準備三、四份預算圖說，其中 2 份附在公文內由我親自跑文，另 2 份鎖在我的抽屜內，在發包完後已經銷毀。

3. 約 3 月 23 日晚上 10 點到臺中夜間郵局寄標函給久元和國軒公司。

4. 律師問許光國：「承辦本案時，彭縣長或陳明娟有無做任何指示，或要求把標單拿給誰或縣長室？」許光國回答：「沒有。」

5. 律師問許光國：「簽辦過程標單是否可能外流？」許光國回答：「標單不可能外流，是自己持公文親自跑文。而且，2000 月 3 月 23 日下班後才簽送縣長室，簽辦過程會主計室、公管中心、建設局，共蓋了 18 個章。另 2 份空白預算書則一直鎖在自己的抽屜裡。」

偽造不實筆錄，栽贓縣長「主導圍標」

他們大費周章，膽敢偽造縣長助理之訊問調查筆錄，栽贓縣長「主導圍標」。

陳明娟 2000 年 12 月 21 於南投縣調查站接受調查之錄影帶，經南投地方法院 2001 年 9 月 25 日庭訊時勘驗，調查筆錄與實際錄影帶內容不符。

就「是否交標單給王憲備」部分：

1. 調查站問：「你是否確實於 89 年 3 月 23 日中午左右將南投縣巨型公園遊憩文化中心新建工程之二份工程標單交與王憲備？」 陳明娟第一次答：「真的我忘記了」。

2. 調查人員仍不斷就同樣問題再次訊問、提醒。 陳明娟第二次答：「不記得了」，並為搖頭之動作。

3. 調查人員仍不斷就同樣問題再次訊問、提醒，最後調查人員直接替陳明娟陳述：「我確實有將巨型公園標單交給王憲備，但確實的時間我記不清楚了，是不是這樣？」 陳明娟精神疲憊，無奈回答：「差不多。」

對於上開問題，陳明娟直接反應的回答是「不記得了」，可是調查筆錄卻完全未將此情形予以記載。甚至，自行套加所謂「我確實有將巨型公園標單交給王憲備，但確實的時間我記不清楚了」之造假說詞。

經對照筆錄與實際錄影帶，可知回答內容並非出自陳明娟陳述，而係調查人員自己編造；且陳明娟在不堪調查人員一再反覆訊問同樣問題的疲勞轟炸下說出「差不多」，但是該「差不多」係指何意、係指何者差不多，

調查站人員卻未進一步釐清而逕為含糊之記載。

　　檢察官不依縣府實際作業情況進行查明，而以此作為起訴依據，偵辦不確實。

　　就「交付標單係出於何人指示」部分：

1. 調查人員問：「交付標單是否出於縣長指示？」錄影帶時間 13 時 22 分，陳明娟答：「縣長有指定吧（指縣長已指定承作工程之公司）！有指定才能去辦！縣長沒有授意。」並再次強調沒有在開標前先拿標單給王憲備。

2. 調查人員仍不斷就同樣問題再次訊問、提醒，最後調查人員為套罪縣長，也是自行替陳明娟陳述：「是縣長叫我拿標單給王憲備？」錄影帶時間 13 時 31 分，陳明娟：（未為任何回答）

3. 證明，陳明娟從未陳述有「在開標前先拿標單給王憲備」，也沒有陳述係有「縣長指示」，該部分乃調查人員自己之發問，惟調查紀錄竟張冠李戴的將該句話記為陳明娟之回答內容，成為陳明娟答：「我才依照彭百顯指示將二份標單交給王憲備」。顯然，這是經過變造的筆錄。

　　基上，調查站筆錄確未真實記載該訊問之真實內容，其證據力顯足堪疑。甚至，調查站人員在陳明娟精神狀況極差之情況下（錄影帶時間 13 時 35 分，調查站人員親口向當時在場之陳明娟之辯護人說：「她精神狀態不是很好」），屢以誘導訊問，該筆錄更無足採為認定所謂犯罪事實之證據。

身心俱疲壓力下強取筆錄

　　2001 年 7 月 2 日南投地方法院開庭時，審判長問陳明娟「在調查站接受偵訊時，是不是有說過曾向歐怡彣拿過標單」？陳明娟陳述：

1. 在調查庭被問了四、五次，我本來是說「沒有」，但他們不相信，又拿王憲備的筆錄給我看，說是我拿的，明明沒有的事，但他們硬要說有，造成我精神狀況不佳，我想也許我承認了，可以早日被放出來，所以最後我才會說是縣長指示將二份標單拿給王憲備。

2. 而且，有關「縣長指示要王憲備趕快處理」乙節，我當時是在回憶該工程施工上樑的情況；根本沒有縣長指示我要拿空白標單給王憲備的事，我連包商可以拿一份或兩份標單也不知道，但筆錄卻要這樣寫，起初我不想簽名，要他修改，但他不肯，又說整個案子都卡在我這邊不能偵結，不能不簽，我壓力很大，後來就簽名了。

從律師多次至看守所探望陳明娟情形及相關錄影帶均可證實，陳明娟在看守所羈押期間精神已幾至崩潰到必須看精神醫師的地步。後來調查站又利用其精神弱點，**在羈押禁見期間讓其與家人見面**（為什麼？目的何在？），以誘導相關證詞，造成在調查站筆錄與事實差距甚大。這可由歐怡廷等相關證人證詞看出陳明娟在調查站該部份的筆錄紀載，根本悖離事實，在不是事實狀況下打轉。

陳明娟於 2001 年 7 月 25 日南投地方法院開庭時再度陳述：

1. 我是在 89 年 921 週年前不久，和彭縣長參加福龜旅遊文化資訊廣場上樑典禮時，看到王憲備在現場，才知道本工程是王憲備推薦的（國軒公司得標），所以事後才在關係人一欄註記王憲備。

2. 縣長曾交待有來關心者或推薦者（自我推薦或別人推薦都算）註記「關係人」，有時縣長會用字條指示，有時是鄉親會關心工程的進度，為了回答鄉親，所以才去了解由何家公司得標，進度如何等，所以會把得標公司、個人或關心的人士註記在關係人，這是方便我自己知道的註記方式，關係人不一定是得標人，「公開」就是屬公開招標案。

3. 本案發包時，並不認識許光國，也不知道標單長啥樣子。

4. 本人並沒有推薦該二家公司給縣長去指定投標這件工程。

針對性要辦縣長，偵訊受恐嚇，取證不實

一再出現：證人證明，檢調的目的就是要辦縣長！這不是有政治目的？

王憲備 2001 年 7 月 23 日於南投地方法院出庭陳述指出：

1. 當初我在調查站時，調查員有跟我說「這次是要辦的是縣長，不是你們這些小傀儡！」，我要說實話，但他們卻不聽，他們還拿久元林永茂與國軒吳金樹的筆錄給我看，在問筆錄時也不能想說什麼就說什麼，否則不放人。

   事實上，我是在 3 月 24 日早上 10 點多收到標單，然後再通知久元的副總林永茂，要他帶公司章與國軒的吳金樹、林得生，下午約一、兩點的時候一起來南投南崗路會合，因為我不會寫標單，就拜託吳金樹寫，但金額是我自己決定，價錢是我請吳金樹寫的，之後林永茂就去投標。事情的經過是這樣，但當時在調查站時，調查員卻說跟我說時間上不可能收到標單，要我照他的意思說。

2. 審判長問王憲備：「為何會在偵訊時說當初是陳明娟打電話通知他來縣府拿空白標單？」，王憲備答稱，「我本來不是這個意思，但調查員硬要我這樣講，而縣長室裡我只認識陳明娟，所以我才會提到她，這不是我的意思，都是調查員編出來的，我當初要改，但他們不讓我改，否則不放人，所以筆錄上才會有這樣的記載。」

3. 我第一次偵訊時沒有律師在場，第二次有；但是調查站不想錄的就切掉不錄。

4. 王捷拓檢察官說「因為要辦縣長，也不差我這一件。」

5. 陳律師問王憲備「在 3 月 23 日中午有沒有到縣長辦公室向陳明娟拿過標單？投標前有沒有跟縣長或其他縣府員工接觸過？」王憲備答稱，「都沒有，3 月 23 日我人應該在埔里，但詳細行蹤不太記得，我是在南投接到標單。之所以在偵訊時說有，是因為他們拿吳金樹及

林永茂的筆錄給我看，又大拍桌子，說是要辦縣長，要我依他們的意思說。我在投標前未曾和彭縣長或陳明娟接觸，我第一次應訊時就知道害了陳明娟；後來（第二次）王捷拓檢察官複訊時，我說我發現害到了陳明娟，請他放了陳明娟，要關就關我好了，但王捷拓說『不關你的事，你還不夠格，我們要辦的是縣長。』」

6. 羅律師問王憲備「是在何時將推薦廠商拿給陳明娟的，當時有沒有跟她說要做那件工程？」王憲備答稱，「我是在 89 年 2 月份將推薦名單拿給她，一共有五家，我當時並沒有說要做那一件工程。巨型公園工程投標前，我不曾和縣政府、彭縣長接觸，也沒有人洩漏底價給我知道。」

7. 陳律師問王憲備「是在何時知道有福龜旅遊資訊中心這件工程？」王憲備答稱，「是在收到標單那天才知道的。」

2001 年 9 月 25 日南投地方法院勘驗 2000.11.5 王憲備於調查站錄影帶發現：

1. 調查站一而再、再而三強調前一天羅朝永被羈押，威脅王憲備配合。
2. 調查員威脅利誘「一定要將事情說清楚，否則檢察官就會認為你有串供之嫌，將你羈押」、「我們這次要處理的是公務人員，你的部分會從輕」。
3. 調查員用力拍桌子，並口出惡言。
4. 調查員拿出羅朝永被羈押之報紙威脅，並說陳明娟就是因為翻供，才被收押的。這次是要辦縣府的案子，你又不是縣府的人，若不說，就會像羅朝永的案子一樣。

由錄影帶偵訊過程可知，調查員一再提到羅朝永被收押的事，又拍桌子，威脅要收押，對當事人造成非常大的壓力。調查員又利誘，可以從輕處理，又說已握有證據，此乃誘導訊問。

由相關證詞也證明檢調人員態度惡劣怒喝說「要辦縣長」，有恐嚇之

嫌；且辦案有預設立場，「目的就是要辦彭百顯」，依此所做之調查筆錄，除了反映檢調針對性辦案之偏差，同時亦存在嚴重瑕疵與不法。這就是本案的真相。

以下，再就指控罪名之非事實，辯明如次。

嚴重虧損，起訴「圖利 179 萬 6 千元」，不實也不合常理

檢方依一般公共工程利潤 10% 推斷，指控本人「圖利廠商 179 萬 6 千元」。此項說法，應屬檢方之臆測，並無事實根據。

檢方對圖利之金額及罪刑認定，如係以一般工程利潤認定，則不僅不合理且欠缺法理與事實根據。若依此推論，則全國各級政府依據《政府採購法》規定所辦理限制性招標之議價、比價，是否均有涉及圖利罪嫌之疑？

本案件工程決標後廠商估算本案興建經費明顯不足，廠商數次要求放棄承作，但縣府要求其以協助南投災後重建勉為其難加速趕工，已於 2000 年 9 月 21 日完工。整棟木造建築美崙美奐，吸引大批遊客，成為新農業文化園區標竿。經廠商結算已如當初預估的嚴重虧損，根本沒有圖利私人不法之利益。況且，我本人並不認識國軒公司之人員，豈有圖利之動機。

根據國軒營造公司 2000.12.15 的資料顯示，巨型公園各項工程明細已付款 1,904 萬 5,623 元，未付款 314 萬 8,054 元，合計 2,219 萬 3,677 元。本項工程國軒公司得標金額 1,796 萬元，帳面資料顯示承做本項工程虧損 423 萬 3,677 元，這還未計及因驗收遲延所承負的財務融通成本。本項工程於 2000.9.21 完工，林得生於 2000.11.2 南投地檢署偵訊時指出僅領到第一期 551 萬元，其餘款項均未領到。承包廠商已如當初預估嚴重虧損，根本沒有圖利廠商之事實。檢察官不察明事實，粗魯下手，硬要縣長吞下圖利罪名，實在害人不淺，其真正目的為何？

再次，於此就本案件起訴內容謬誤，錯誤指控，分別指出下列四點：

起訴謬誤指控一：

《起訴書》指控：「3 月 22 日許光國簽辦之執行發包公文呈送縣長室，陳明娟知悉本工程即將送請彭百顯指定廠商後，明知久元公司及國軒公司均為王憲備一人所推薦，與王憲備關係密切，卻仍向縣長彭百顯建議，將本工程以限制性招標方式，指定交由王憲備所推薦之該二家營造公司。」指控與事實不符：

事實一：指控時間不對，3 月 22 日公文並未送達到縣長室

計畫室承辦人許光國於 3 月 21 日準備好相關文件，簽辦公文所蓋日期為 3 月 22 日，呈送行政流程如下：計畫室經課長→ 專員→ 主任，再送至建設局會稿，經土木課承辦人→ 課長→ 技正→ 局長，3 月 22 日當天還在土木課會稿，公文根本還未送主計室、公共工程管理中心等二個單位會稿，更未送至縣長室。

事實二：指控非事實，陳明娟根本與本工程無關

承辦人員於簽辦之初即於公文中明白表示「希能儘快施工完成以帶動重建信心，敬請予以考量緊急性及大木作施工品質之經驗準則，准予辦理限制性招標」，並經業務單位主管核章，可見本案絕非如《起訴書》所指控係陳明娟向彭百顯縣長建議採限制性招標。陳明娟既非承辦人亦非業務主管，根本對些工程無置喙餘地。且根本尚未見到公文，更不可能建議。

事實三：指控非事實，指定廠商為縣長權責，任何人皆可推薦

本案件之工程為木構造之組合建築，施工應有專業技術，且有工期壓力，非任何一般營造廠商有能力完成。故縣長參考推薦廠商當有全盤考量，非為片面特殊關係。

起訴謬誤指控二：

《起訴書》指控：「於 2000 年 3 月 23 日中午本工程尚未批示指定比

價廠商名單前，…即先由不知情之許光國將其所保管之其中二份工程圖說及預算書案發包標準資料送縣長辦公室。」指控與事實不符：

事實一：3月23日中午公文仍在各單位會稿

3月23日公文仍在建設局、主計室會稿過程，會稿須經：建設局技士→ 課長→ 技正→ 局長；主計室課員→ 股長→ 主任，再送到公共工程管理中心工程員→ 組長→ 主任（公文核章時間為3月23日下午5點），後再送至秘書→ 主任秘書→ 縣長，而送到縣長室時間已為傍晚下班時間。本案簽辦送至縣長室前之過程計歷經18個人核章，而會稿至公共工程管理中心主任核章日期已是3月23日下午5時，可見根本不可能如《起訴書》所指控於3月23日中午將資料送至縣長辦公室。

事實二：3月23日中午縣長辦公室毫無任何資料

承辦人員許光國堅稱「並無將二份資料於3月23日中午呈送縣長辦公室。」足證3月23日中午縣長辦公室不可能提供《起訴書》所指控之相關資料給王憲備。

起訴謬誤指控三：

《起訴書》指控：「3月23日中午陳明娟電話聯繫王憲備至其辦公室領取二份空白表格標單交給久元公司、國軒公司」。指控與事實不符：

事實一：陳明娟絕不可能自行憑空創造標單

承辦人許光國於3月23日傍晚近6點將已核判之發包簽呈及資料送至公管中心，至8點左右，準備齊全包括包商估價單，契約書稿、圖說各3份，配合公管中心發包組準備切結書、廠商聲明書、投標清單、退還押標金申請書…等，至9點完成郵寄標函。足證標單等資料是於晚上9點才完成，陳明娟不可能當天中午憑空創造標單等資料。

工程標單既然3月23日晚上9點才製妥，縣長辦公室根本不可能於3月23日中午及下午提供標單或任何資料給王憲備或任何廠商。證明起

5 構陷忠良

訴指控於 3 月 23 日中午廠商即已取得標單，顯然違反事實。

事實二：採快捷郵件寄出不可能自領

本案所有標單等資料均以快捷郵件寄出，《起訴書》指控於 3 月 23 日中午廠商親自取得標單，顯然不實。

起訴謬誤指控四：

《起訴書》指控：「久元公司之估價單隨意填寫工程項目金額高達 5,000 餘萬元，以作為本工程之陪標廠商」。指控與事實不符：

事實一：起訴指控金額謬誤

依據投標標單，「久元公司」之標單為 2,290 萬元，而非《起訴書》隨意指控之 5,000 萬元陪標金額。檢方用錯誤數據妄作錯誤論罪推斷，錯得相當離譜。

事實二：依法可指定一家廠家議價，無圍標之必要

本案依規定以邀請二家以上廠商比價為「原則」，首長可依裁量權指定一家議價。且若指定一家以上比價，縱只有一家參與，亦不生流標情事，故縣長並無圍標之必要。

結語：縣長並無違法，檢察官冤誣指控

《起訴書》以錯誤的時間、內容，自行「以謬誤資訊推論起訴彭百顯圖利國軒公司並與王憲備圍標」，根本與事實嚴重不符。本案於縣長核定之前共歷經 18 個人核章，所有行政流程均有人證、物證可以證明本人依法行事，起訴完全冤誣。

第四章

「福龜新農業園區工程案」起訴非事實

> 我向你乞求寧靜，卻招來了羞辱。
>
> 現在，我就站在你面前 — 幫我披上盔甲！
>
> 讓我的心在痛苦中擂響你勝利的戰鼓。
>
> 我將徹底騰空我的手，來接你的號角。
>
> — 印度詩人，泰戈爾，《採果集》

　　《起訴書》指控「彭百顯對福龜新農業園區工程之發包，圖利莊勝文79 萬 2,523 元」，觸犯《貪污治罪條例》圖利罪。本項指控虛偽不實。縣長本人就屬城鄉新風貌之特殊專業性工程，參酌縣政府計畫室承辦城鄉新風貌由顧問白錫旼提供之諸名單，而分別指定九家廠商參與比價。當時，我捨一家議價而指定三家比價，完全依法行政，豈是圖利廠商之意圖與行為。

依法指定廠商辦理比價，並無違法

　　本案件事涉工程專業技術範疇，尊重專家意見建議之相關諸廠商名單依法分別指定參與重建工程比價。

　　依據〈機關委託技術顧問機構承辦技術服務處理要點〉第 23 點：服務費用未達公告金額且性質較單純之案件，為簡化遴選作業程序，各機關得規定由應徵之技術顧問機構逕行報價或提出技術服務建議書及密封之報價資料等，送交主辦機關自行評審議價順序。至於各界推荐廠商名單係屬平常合法行為，縣長可依法遴選指定廠商。故「新農村產業環境經營輔導改善計畫」及「農村道路街道家具設施工程」等二件工程之委託測量設計

工作指定三家廠商（長昀、長潤、瀚青景觀公司）以比價方式招標，係依據前要點所辦理，完全依法行事。

另依據《機關營繕工程及購置定製變賣財物稽察條例》第6條之規定：「各機關營繕工程及購置、定製、變賣財物，在一定金額以上者，應公告招標辦理之；未達一定金額而在一定金額百分之十以上者，得比價辦理之…」，本案「新農村產業環境經營輔導改善計畫」等三件工程之發包工作費，均在一定金額以下，依據前條例得比價辦理；而彭百顯縣長亦依規定，分別指定三家廠商辦理比價，完全依法行事。縣政府之公務員依「得比價辦理」之規定辦理工程之比價、開標作業，實係依法行政，並無《起訴書》所指控之違法事實。

「新農村產業環境經營輔導改善計畫」及「農村道路街道家具設施工程」分別指定六藝、大丁、沛森及瀚青、元圃、森宇，以上六家公司均屬景觀或園藝技術方面之專業公司，與該二件工程之設計理念及施工專業均能符合，故才能在第一次篩選先行過濾確保施工品質及專業技術之保障，再由比價方式採最低金額作第二次篩選。而「藝術大道國姓段廣告招牌更新計畫工程」指定巧品廣告、雄獅油畫、翰典廣告，係因該三公司均為廣告專業公司與計畫工程相符合，這些公司經審核均為公會會員，且為合法廠商，因而符合資格。三件工程發包作業皆依法辦理，並無違法情事。

推荐合法廠商，縣長依法指定，並非私下授受

產業、廠商參與公共工程，以縣長一人實無法概知各行業之廠商，外界友人、熱心人士或單位主管，依情依理所建議殷實廠商及業務單位彙送廠商名冊供縣長選擇依據，縣長參考採納推荐廠商與否為其職權，縣長依法指定通知比價，不能視為所謂「私下授受工程」。

至於廠商間私下是否有借牌情事，應非縣府或縣長所可獲知。獲指定之廠商均需加入公會為會員，又屬同業，如有相識或業務往來或相互支援亦屬正常。

本案縣長既未與廠商事先謀議，也未洩漏底價，更未發生廠商以暴力介入或脅迫方式達到不正當獲利或得標，根本毫無《起訴書》所指控之圍標事實。

縣府作業已盡防杜圍標

縣府指定之比價廠商其資格均符合規定，縣府依規定分別通知三家合法廠商比價，無從得知各投標廠商是否有圍標行為。縣府在分別通知投標函件內分別填寫個別廠商，並未將全部廠商同列發文，即在防杜圍標。

本案並無以不法手段獲不法利益，且發包單價均屬偏低之設計，廠商獲正常利潤不能視為圖利。

嚴格執行工程驗收，無圖利廠商事實

縣政府或縣長若有意「圖利莊勝文」，何以「新農村產業環境經營輔導改善計畫」在 1999.8.25 完工後，怎會在該工程辦理一次初驗及二次複驗，並減收價款 39,229 元，罰款 78,564 元後，共計扣款 117,793 元才予驗收付款？何以「農村道路街道家具設施工程」在 1999.8.30 完工後，也經過一次初驗及一次複驗後才予驗收付款？

「新農村產業環境經營輔導改善計畫」中之木作工程在完工後三、四個月再度抽驗時，對於市集木作平台工程厚度發生 1mm 誤差，縣府也要求全部打掉重作。若欲「圖利莊勝文」，本項差距係木頭熱漲冷縮之故，在冬天驗收厚度較薄，也屬合理之誤差範圍，亦可通融驗收，但縣政府卻嚴格要求打掉重作，承做廠商因而打掉重作增加承做成本。

若縣府或縣長有心圖利，還有可能對該承包商予以嚴格執行驗收作業，一而再的要求複驗後，再予付款嗎？事實證明，縣府及縣長係依法行事。這些都是細節證明。

低於合理利潤，無「圖利廠商792,523元」情事

本案件《起訴書》所指控以上三件工程合計得標金額11,250,000元，按照縣府1999.7.1編定之「南投縣政府所屬各機關學校土木工程（統一）單價參考表」第62項所訂之包商利潤為10%以下，以此計算，該得標金額之合理利潤為1,125,000元，而承包商所得之利潤僅為792,523元，遠低於縣府合理利潤標準，很明顯並無起訴所指控圖利情事。

《起訴書》指稱本案承包商所得之利潤為792,523元，該利潤既遠低於合理利潤，則更證明並無「圖利莊勝文」之事實。何況，縣府工程統一單價已屬偏低，且縣長依行政裁量權依法指定廠商，縣府並依法決標，所指定之廠商亦具相關專業技術，承包商所得之利潤均符合規定之合理利潤，則一切依法行事，起訴指控「圖利廠商792,523元」係無事實污衊。

結語

本案件中，縣長依法行政，未曾告知任何人任何工程將由何人施作，更未曾要求任何人提供陪標廠商。推薦廠商並非只有白錫旼顧問一人而已，也有縣議員及地方士紳推薦；指定廠商比價、議價原本即為縣長權限，並無違法。白錫旼與縣長等公務員既無勾結，亦無事先議定如何指定廠商，如何決定底價，《起訴書》指控圖利，並非事實。

第五章

「災後測設、檢測樁工程案」 唆使造假起訴

黎明必將來到，黑夜終將消逝，

你的聲音一定會劃破長空，如金色的溪流般傾瀉而下。

— 印度詩人，泰戈爾，《吉檀迦利》

走筆辯正至此，併由前面分別檢討說明，反映檢方對我羅織的罪名，因大皆為不明真相的「工程案發包推斷弊端」之指控；也因不是事實，故所指控之說詞幾乎一致，致使我們於此對各工程案之辯明，也因卻係依法行事，才不斷對每件案情因應以依法行事，「沒有違法」之事實，事後個別檢討全案案情，似乎有點繁複，事非得已。

《起訴書》指控我貪污的第四個案件，對各項災後測設、檢測樁工程之發包，違背職務，期約不正利益，觸犯《貪污治罪條例》。指控情況與前三個案件類似，起訴不實，也涉及違法取證。

1999 年 11 月間，921 震災之災後重建工程根本尚未核定，行政院直至 2000 年 1 月才核定所有災修工程，《起訴書》卻指稱「1999 年 11 月間彭百顯等人謀議災後重建工程之圍標」，顯然推論犯罪乃本案檢察官之通病。

依法有指定廠商裁量權，無洩漏底價更無違法

我一再反映「921 案」的時空背景，921 大地震後有許多的復建工程，為人民之生命及財產安全，有必要儘速復建，尤其重建的優先工程，諸如中心樁之測釘，各項公共工程之委託測量、設計、監造等工作如火如荼，

必須儘速完成；以南投縣政府的編列人力，實難以勝任；縣內測設廠商相對不足應付災後重建工程之需，因而縣府要求各界推薦或自動推薦優良廠商作為參考，乃依法行事。薦舉廠商參與，為法所允許之合法行為；依法縣長有指定由任何人推薦或冊列廠商之行政裁量權。在採購法中，亦授予首長指定投標比價廠商。

各項工程承作之指定，我係依縣政府所彙總之廠商名單、相關廠商資料及各界推薦名單，包括議員、鄉鎮民代表、村里長、地方仕紳、縣府主管、廠商自我推薦、鄉親推薦資料等，隨機分散挑選 2 ～ 3 家指名參加比價。各方推薦名單，本屬平常，且推薦廠商後，也需經主辦單位審核其資格，必須合法合格才可以列入。絕非如起訴所指控「係依據羅朝永、吳政勳轉交之各項工程名單核定」。而比價作業、開標工作等均為業務單位所為，依法縣長並不參與。

本案件，我並無如起訴所籠統指控「假藉推薦廠商之名義，將所有縣府擬發包之測量等工程交由樁腳指定之廠商承作」，而係由各界推薦之名單中挑選隨機指名參與發包工作。六和公司、三森公司、三宇公司等公司係在輪流指定廠商中，依序收到縣府邀請參加比價之通知。至於各界介紹廠商中是否有人提供「圍標配合之廠商」，縣長都不認識這些廠商，故實難分辨，只能相信各界之公信程度，於真正施作後再加以考核其工作是否優良；更何況廠商相互之間有否約定行為，則更難確認。

本案件，檢察官指控「共謀圍標」並不合邏輯，道理不通。

各項測設工程之總價皆在 100 萬元以下，可採限制性招標，即可指名一家廠商議價，或 2 家以上比價。如果意圖欲交由某特定廠商施作，則僅需直接指名一家廠商前來議價即可，又何需指明二家或二家以上之廠商前來比價，然後再加以「共謀圍標」呢？這邏輯豈不矛盾。

縣長有職權可直接邀請一家廠商前來議價，惟若有二家以上廠商參加比價，將有廠商間之競爭可壓低得標金額，節省公帑，但在檢察官眼裡反而成了「共謀圍標，虛偽比價形式之行為」，這豈不好笑，毫無專業常識。

當初若真要由張文卿、張鼎明等人承作，即只要邀請其人單獨議價即可，又何需大費周章呢？檢察官所指控「共謀圍標」動機，明顯與人情義理不合，起訴「共謀圍標」之推論豈不矛盾？

審時依法核准採限制性招標

道路災修等工程係因地 921 震後災害急需復建，由行政院公共工程委員會核定復建經費，必須緊急辦理之工程。而前已提過，為使復建工程儘早完成，必須先進行道路災修等工程之測設工作。在災修工程迫切需要復建下，因而有緊急處置之必要，在緊急命令期間以及測設總價 100 萬元以下之工程，即使不採任何招標程序，直接指定廠商辦理規劃設計、測量，均為適法之裁量。

本項都市計劃樁檢測工程乃是都市計劃受災地區一切重建有關工作之先行基準，例如民眾家園、社區重建之建築線指定、地籍鑑界，都必須有準確的都市計劃樁作為依據；後續斷層擠壓影響區域之地籍重測，也一樣須要精確的都市計劃樁作為依據辦理。縣政府鑑於都市計劃樁重新測設工程工作為地籍整理依據及重建家園之急迫性，建設局乃建議依《政府採購法》第 105 條第一款規定辦理限制性招標。

九個「都市計劃樁重新測設工程標」及「道路災修等工程測設工程」，由縣政府公共工程管理中心主辦採限制性招標，通知 2 ～ 3 家廠商比價並會同主計室、政風室依規定審查，並完成比價手續。

本案檢察官可能不明瞭此項工程進行的迫切性。本案也因縣長審時依法核准採限制性招標的決定，在不久後得到印證確是正確適當之決策。

事實證明，由於縣府及縣長體察工作之迫切與必要而積極推動，中央規定應於 2001 年 7 月完成斷層擠壓影響區域之地籍重測工作，必須以都市計劃樁為依據，中心樁的點交在受災各鄉市中只有南投縣政府依規定完成，受到中央政府相當肯定。

登載工程關係人，為防弊之事後管理

檢方在搜索中得到「縣長指定」的電腦註記工程廠商資料，如獲至寶，好像發現縣長本人犯罪的直接證據，並大作文章對媒體放話縣長犯罪，很是可笑。

《政府採購法》第 16 條明文規定「請託或關說，宜以書面為之或作成紀錄」。當時，我指示縣長室秘書、助理「註記關係人」也是參考本項規定精神，以備事後管理查證之用。

由於 921 災後發包工程案眾多，以往在縣府出入之廠商數量無法負荷該等龐大之重建工作數量，才鼓勵各界透過各種管道推薦廠商前來參與承做重建工程，加以中央及外界關切是否有重建工程弊端，我於電腦檔案中要求記載關係人，實係基於避免工程集中並做為日後評估推薦廠商是否殷實承做工程等之確切需要，若發生待查、待了解等問題，及為加強事後考核之用意。檢方以此作文章把它與犯罪等同視之，我們難以理解其心態。

招標作業依法辦理，非縣長所能主導

《起訴書》所指控之「南投市中興新村三之三號道路工程」等 13 件工程案，其通知比價及比價作業，皆係由業務單位為之。我做之決策及業務單位作業皆依法行事，廠商得標均在核定底價範圍內，此皆有主計及政風人員監辦，絕無違法之情事。

限制性招標指名（核定）廠商比價，是縣長的權責，指名推薦之廠商比價，是採購法所規定的，在簽呈上批示指定各個推薦廠商名單之廠商參加比價，乃我擔任縣長依法所為之工作。

本案並無事先謀議，既無洩漏標單底價，亦無期約之事實，何犯罪之有？至於比價作業在業務單位，其辦理時亦無發現投標廠商有參與圍標之事實證據可據以不予開標，得標後廠商依規訂定契約也是依據投標須知及採購法為之。

在縣府招標作業流程中，承辦招標作業之承辦人員，如知悉廠商借牌及圍標等弊端情事，亦須簽陳授權決行層級主管核處，並非縣長一人所能自行處理之事項。縣長依法行政，亦未洩漏底標價格，並無違背職務之行為。縣政府所有工程皆依合法之程序完成，無有虛偽之比價程序。除了臆測，根本看不到列舉證據，證明何處不法。我們不清楚，檢方何視縣府或縣長之依法行事為不法？

廠商「指定率2％」，無違背職務及期約不正利益行為

《起訴書》指控張文卿、張鼎明所屬公司「共同配合圍標南投縣政府發包之各項災後測設、檢測樁等工程」，連帶指控縣長「違背職務，期約不正利益」。似乎影射縣政府全部測設工程皆由此二人包山包海，檢方此種推論有誤導視聽之嫌，與事實也差距太遠。

縣政府於921震災後，各項縣政工作及震災重建工作相當繁重，尤其重建工程數以千、百件，各業務單位工作量均較平常時期增加一、二十倍以上。就以1999年11月26日至2000年10月7日統計，縣政府測設監造工程即達598件，指定測設廠商數百家。縣政府分官設職，分層負責，依職責縣長不可能事必躬親，且招標、審標等作業亦非縣長直接掌管業務，縣長一人不可能事先得知或事先予以調查某些廠商「是否有借牌圍標工程」情事，誠屬常理。

我根據業務單位所彙送之廠商名冊及各界推薦名單隨機抽點指定，例如在上述598件測設監造工程中，每件工程依法指定一至三家廠商議價或比價，經統計指定廠商家次高達1,095家，且分散於數百家廠商，未曾有外界指責之集中於少數廠商情形。以《起訴書》所指控上述張文卿擔任負責人之六合公司及張鼎明及其妹擔任負責人之三森、三宇公司，在598件測設監造工程中受指定次數統計，其中六合公司被指定8次，佔1,095家次的0.73%，三森、三宇合計被指定16次，佔1.46%。總計所佔比例2.19%，實相當微小。如何「共謀圍標縣府發包工程」？

至於廠商最後是否會得標，則須視競價廠商實際比價決定，非縣長所可決定。由此證明，檢方指控羅朝永介紹推薦者只不過是上千件中之少數幾件，　小部份不能本末倒置，以偏概全誤導縣府全部測設工程皆由羅朝永推薦承作。可見《起訴書》以此指控「彭百顯違背職務行為及期約不正利益」之說法，實係荒謬偏見，無知整體。

再就檢方指控「都市計畫樁檢測工程」發包情形而言，九件工程發包共有 25 家廠商參加比價，亦並非僅指定三森公司比價投標。

我與張文卿、張鼎明廠商並無認識，對於六合公司及三森公司所屬亦不知情，只是單純由他人推薦介紹來之廠商而已。對於廠商間是否配合談妥圍標，我並不知情，也從無指示吳政勳與介紹人或廠商「期約不正當」之利益，此純粹為檢察官之片面推測，無實際證據。

不論羅朝永或者其他人轉交推薦之廠商給吳政勳，吳政勳並不認識他們，也不知道他們「是否為圍標配合廠商」，只能就所知道的優劣程度整理後轉交給縣長參考，故廠商間「是否有共謀配合圍標」之情況，我等並不知情。

測設費低微，「圖謀政治獻金」荒謬不合理

《起訴書》指控之本案測設工程所得之報酬金額微少，僅工程費之 2～4%，屬勞務支出，測設顧問公司支付人員薪資及測量等事務費，所剩無幾，如何能提供政治獻金？以如此小額收入要求爾後政治獻金之說，不合常理。

何況，依規定測試費報酬必須等待測設工程完成測量、設計、預算編列完成，且必須在完成工程發包興建竣工，才能領到，其過程經常長達一、二年之久，才能領到全部的測設費用。測設廠商比營造廠商早開工，但卻比營造廠商晚領到全部酬勞。以此指控「對測設工程廠商圖謀政治獻金」，與事實相去甚遠，不合邏輯。

另有些實情檢察官或許不了解，南投縣 921 震災重建工程迫切且遍及

各鄉鎮，許多工程遍布於土石洪流及偏僻郊野丘陵或山坡地，各單項測設工程金額相當小，許多項工程 3% 左右的測設費約只有 5 至 10 萬，以致縣府必須將 5 件、8 件、16 件測設工程合併為一案發包，才比較能夠發包出去。但即使如此，也經常發生流標情事，許多測設工程均歷經二至三次以上指定比價招標、流標過程，縣長依法行事且從未曾洩漏底價，於流標後依法再指定不同廠商，我克盡職責期以儘速完成震災重建工程。當時每天約數十件甚至近百件工程案如此辦理，沒有證據，何來指控期約不正利益？

調查筆錄誘導編造不實

本案檢察官起訴證據多處被指出虛偽造假，實在非常不可取。本案，有關羅朝永於調查站所作之筆錄，乃因檢方與調查站針對收押禁見之人施予與家人會面或可以交保之利誘行為，致使羅朝永所陳述之筆錄與事實頗多相違背，其中多是利誘後，誘導訊問之結果。

經法院審理過程之勘驗錄影帶偵訊過程證明，調查員一再提到羅朝永被收押的事，又拍桌子威脅要收押，對被告造成非常大的壓力。調查員又利誘可以從輕處理，又說已握有證據，誘導訊問。

指控「指定廠商捐助政治獻金」，子虛烏有

檢方指控「各指定之廠商須於下屆南投縣長選舉時，以捐助政治獻金或提供人力等方式支持彭百顯參選」，有關政治獻金一詞係調查員自行加入，從羅朝永及張鼎明之筆錄及庭訊均否認有此要求。

羅朝永乃因家中大哥墜樓，於加護病房生命垂危，調查站欲逼迫利誘取供，利用其心急如焚之情事，因而做不實之口供，以取得與家中聯繫之機會。在羈押禁見期間，調查員竟然在其配合問訊後，讓他打電話及見家人。

羅朝永即使被逼迫利誘取供，仍否認吳政勳曾要求廠商須於下屆南投縣長選舉時，「以捐助政治獻金或提供人力等方式支持彭百顯參選」。

另張鼎明於南投地方法院出庭陳述：有請羅朝永幫忙推薦測設工程廠商，但他並沒有要求「支持彭百顯參與下屆縣長選舉之事」。前後四次至調查站接受偵訊，調查員一再要求配合，有關「工程得標將來要支持彭百顯及政治獻金」之調查筆錄，是調查員加上去的。本案調查局筆錄如此栽贓紀錄已不止一次。

結語：縣長並無違背職務「期約不正利益」

我依法行事，依法指定廠商比價，並無違背職務行為及期約不正利益，亦未曾洩漏底價。

本案《起訴書》指陳 13 件測設案係指控由張文卿、張鼎明分別「提供廠商名單交給羅朝永，再轉交吳政勳，再由縣長據以核定為比價廠商」，用以控訴本人等違背職務行為及期約不正利益。事實指證，此項指控係在羅織，不是真相。

對本案指控，前已指陳，於本案件，本人事先無洩漏底價，並無「指定事先謀議共同圍標之特定廠商作為比價之廠商」。至於縣長核定比價廠商，係由各界推荐廠商名單等相關資料彙總後，依行政裁量權從中遴為指定，非依羅朝永、吳政勳轉交名單核定。何況，經核定為比價廠商後，仍須經由比價、議價後，最低價廠商始可得標，並無期約不正利益之事實。《起訴書》指控不是事實。

第六章

「捐款兩基金會侵占公用、公有財物、詐取財物案」，起訴荒謬

> 生命是上天賦予的，我們唯有獻出生命，才能真正得到它。
> 我們最謙卑時，才最接近偉大。
>
> —— 印度詩人，泰戈爾，《飛鳥集》

很荒謬的，檢調把基金會捐款納入「921案」是他們擴大辦案的另一個戰場，許多捐款人無端捲入司法官司，讓社會誤解我們什麼都貪，貪得無厭。

「921案」中，我擔任董事長的財團法人基金會，有三個被檢調盯上起訴以罪名，並溯源追究，掀我阮囊羞澀的底，渾濁以921捐款而致混淆社會視聽。由於有兩個是在立委任內成立的：一在中央，協助我國會問政；一在南投，協助我基層服務。另一個是在縣長任內成立的，是埔里妙蓮長老發動靈巖山寺募款捐予縣政府所成立。立委任內時我因財務拮据，往往需由私人接濟，尤其是在南投更需要外來支援。這三個基金會因性質情況不一，檢方不察，誤解其中兩個基金會因921捐款，以「假新聞」混淆了社會大眾認知。

由事後審理判決過程來看，「921案」的主角，這三個基金會竟然變成全案的重心；全案九個案件中起訴基金會就佔了五個，其中有關的三個案件於2004.11.25二審無罪定讞，另兩個案件於2006.4.19更一審無罪定讞。檢方也莫可以此再發揮延長塑造我是多麼貪婪不法的邪惡形象。

《起訴書》指控我意圖為「財團法人新南投發展基金會」、「財團法人南投縣建設發展基金會」不法之所有，利用一般民眾無法區分南投縣政

府與基金會彼此關係之機會，「侵占公用、公有財物計 1,558 萬 6,000 元、美金 5,000 元」，「利用職務上之機會，詐取財物 1,352 萬 6,941 元」，觸犯《貪污治罪條例》。

栽贓以「基金會為縣政救災中心下之單位」誘騙捐款

檢方扣人大帽的栽贓指控，令人不敢恭維，但足以令社會大眾困惑。

本人等從未於 921 震災期間之社會捐款，說過「南投縣建設發展基金會、新南投發展基金會與縣政府關係密切，皆為縣政府救災中心下之單位，如將捐款存入該二基金會，亦可運用於救助災區災民。」這些說詞，完全是檢方「為辦縣長」未經查證而逕行起訴之錯誤指控。

當時，對於任何來電詢問之捐款民眾，我們等均告知捐款人「縣政府社會救濟會報之帳戶、帳號」。只有我特別熟識之親朋好友瞭解基金會性質，並表明欲捐款予基金會統籌運用者，才會告知基金會帳戶及帳號，並無強迫，完全尊重捐款人意願處理。

基金會是支應縣政運作的公益性財團法人

南投縣建設發展基金會係由民間捐款指定創設，由縣政府創辦，縣長為當然董事長，董監事主要為捐款人代表、學者專家及縣府一級主管，董事長隨縣長職務更迭。該基金會係協助南投縣政府之縣政推動，捐款人將款項捐入基金會與捐入縣政府對縣政之推動與災後重建，僅有運作之機動性與否以及所得稅減稅優惠之差別，對捐款用於災後重建之目的並無差異。

南投縣建設發展基金會並非縣政府預算出資成立，但所有基金會業務，均為配合支應縣府各業務單位而運作，包括董事長縣長、執行長、出納、會計等，雖兼負責基金會各項業務沈重工作，但均未曾支給任何酬勞（包括兼職工作費、油費、稿費、津貼…等），所有董監事也均為無給職，

其並非屬於任何個人的基金會，而是支應縣政運作的公益性財團法人。

南投縣建設發展基金會與新南投發展基金會雖均為私法人性質，惟屬財團法人皆具有公益性，其成立之宗旨亦係以建設南投、發展南投為目的。自不宜以其為私法人而否定其公益之特性，其設立目的與捐款者捐助災後重建之目的並無相違。又基金會之董事長與縣長為同一人，該二基金會「一公一私」更有輔助縣政府救災、重建之重要性，於政府財政僵化之時，有更機動之方式迅速達到救災、重建之效果，以推展縣政。

這兩個在南投的基金會因 921 捐款而遭扭曲，所謂 921 天災人禍，也發生於這兩個基金會遭檢方起訴共四個案，並擴及抹黑在臺北的基金會也連帶被起訴。由於內情複雜以致外界很難看清楚，不知該相信誰？對基金會而言，這就是莫名的無妄之災。他們就是這樣的整人，誰說沒有政治因素在內？

只公開「921 震災專戶是政府帳戶」，不含基金會

921 大地震重創期間，縣政府匆促間比照賀伯颱風賑災模式，針對各界愛心諮詢，立即對外公布既有的「社會救濟會報帳戶」供各界捐款，作為緊急社會救濟、安置災民之用。當時縣政府在電視、廣播、報紙、雜誌等傳播媒體公開呼籲各界捐款濟助災區，並運用快報、各種出版品刊登「921 震災專戶帳號」，相反的，檢方指控的這些基金會從未公開帳戶及帳號。可見檢察官不察實情，妄自心證。何見司法正義無私？

被起訴的新南投發展基金從我擔任立委時期於 1992 年成立以來，從未曾運用電視、廣播…等傳播媒體公開募款，也未曾利用平面出版品公開向各界勸募款項，921 震災之前如此，921 震災之後亦然。

另南投縣建設發展基金會從我擔任縣長於 1999 年 1 月成立以來，亦未曾運用電視、廣播等傳播媒體公開募款，且未曾利用平面出版品主動公布基金會帳戶向各界勸募捐款，921 震災之前如此，921 震災之後亦然。

縣府捐款悉數存入「南投縣社會救濟會報」

921 震災後，我們陸續接待了數以千計關心南投震災之各地團體、民眾之愛心輸捐，也處理接受了數億元民間捐款，這些捐款也確實存入了「南投縣社會救濟會報」。例如聯嘉積體電路公司捐款 1 億元係由縣長接受處理，又如我的老師林鐘雄教授擔任董事長之玉山文教基金會捐款 500 萬元，也是由縣長接受處理…。無以計數的捐款親自交予縣長本人，由我代表接受並轉交社會局辦理存入社會救濟會報帳戶，開立捐贈收據。

921 捐款從 1999.9.21 至 2000.6.21 止，各界至縣政府之捐款（不包括銀行電匯款及郵政劃撥捐款），計有 6,000 多筆，這些款項是以現金或支票方式捐助，許多大筆款項大皆由縣長本人親自接待；總計在這段時間，至縣府的現金捐款有 5,627 萬 6,574 元，支票捐款計有 5 億 704 萬 1,049 元，遠遠超過對基金會之捐款。

如果說我有意侵占，大可以將現金捐款侵占，將其轉入基金會，或將支票侵占轉存入基金會，然而，這些款項彭百顯收受後均存入縣政府社會救濟會報。尤其是，許多支票受款人均無抬頭，亦將其存入社會救濟會報。

值得關注的是，許多的善心人士捐款均不願具名，若我真有意要侵占，那麼，更大可將無名氏之捐款侵占，但我們沒有這樣做，一一亦均存入縣政府社會救濟會報；而且也有許多郵政匯票，受款人抬頭是彭百顯，當然也均存入縣政府社會救濟會報。事實證明，我們秉公處理，震災捐款一律存入縣政府救災專戶。檢方於此之起訴動機，似以小人之心臆測，不值費太多口舌。

基金會捐款協助南投重建

宥於社會救濟會報專戶只能作為社會救濟之用，然 921 震災的毀損是全面性的，救災即時救濟重要，安置災民及災後重建也相當重要。因此，前述這兩個基金會的角色就突顯其功能意義。

由於我就任縣長後因一連串大刀闊斧改革，得罪既得利益者，以致府會對峙關係相當緊張。有些親友表明希望捐款予不受議會羈絆，要讓我統籌運用從事建設，才提供「南投縣建設發展基金會」帳戶，由捐款人自主決定。這就是為什麼並未公開基金會帳戶而仍有捐款收入的原因。

　　而「新南投發展基金會」為耕耘基層選區早在 1992 年即已成立，捐款大皆來自臺北的許多親朋好友，震災發生後，部分友好之企業、個人也自行發起捐助基金會，希由我統籌運用協助災民。

　　921 捐款予上述兩個基金會款項合計 4 千萬左右，約僅佔南投縣政府社會救濟會報所收到捐款 16 億餘元的四十分之一。且許多捐款人為企業單位，深諳會計處理，其等收到基金會收據，且於辦理所得稅申報時，皆明瞭捐款基金會，未曾異議。

檢調大小眼，「捐款基金會」司法處置一國兩制

　　基金會接受捐款與全國各基金會性質相同，何只針對南投用法論罪以相責？

　　921 震災極少數基金會捐款人（全部均為我個人之親朋好友）為協助縣長更有效率地對南投進行救災、安置、重建，他們寧願選擇稅法減稅待遇較為嚴苛的基金會進行捐款，這番好意竟被檢調單位污衊為「捐款流入私人口袋」，並因亦以「湮滅基金會證據關係」將縣長本人羈押禁見。[6]檢方不思公平正義，辦案偏見草率、用事認法邏輯實在荒謬。

　　921 震災百年大浩劫，全國愛心總動員，事實上全國二、三百個民間基金會均非救災單位，成立宗旨也與 921 大地震災後救助無關係，也不是因 921 震災才成立，但全國愛心也捐助這些基金會，對災區發揮許多幫助。

　　這些基金會接受捐款，也不是意圖為自己不法所有，檢方片面以非救

---

[6]　詳見第四篇第四章說明。

災單位接受捐款，蓄意將「彭百顯擔任董事長的基金會」認定意圖為不法所有，論事推罪。基金會是否有將捐款納入不法所有，應從捐款如何運用，是否依照捐款人意願論斷方為合理。「921案」檢調之偏見南投，獨針對本人，論斷無法令人信服。

行政院將震災捐款成立基金會未遭指控侵占，災區「彭百顯基金會捐款」竟遭侵占罪名起訴，毫無法理。

921大地震後，行政院及中央各部會包括內政部、外交部、僑委會等收到海內外各界捐款130多億元，捐款人捐給政府，收到的是行政院及各部會的捐款收據，捐款人也享受了100%捐贈免稅。然而，**相對本案，行政院並未一一徵詢捐款人意願，也未經過立法院審議同意，即將各界捐款予國庫之款項130億元，自行移轉成立「財團法人921震災重建基金會」。（參見總統府秘書長黃昆輝致行政院長蕭萬長函稿）**

即該基金會的成立未經過捐款人同意，董事會成員均為官派，沒有任何災民代表（參見基金會董監事名單）。歷經改朝換代，總統換人，基金會成員也重新改組。何以從未有任何人抨擊或質疑這是總統或行政院長的私人基金會？相同情況，何以檢調單位不控訴總統、行政院長侵占公有財物、詐取921震災款，以侵占罪名起訴？卻偏偏刀劍齊指「南投縣長彭百顯」，官大學問大，這是什麼司法世界？

中央可以將各界捐款堂而皇之成立基金會，美名為921善舉。為什麼隸屬於縣政府，董事長依章程必須隨縣長更易的南投縣建設發展基金會，竟要被污衊為私人基金會，而硬加罪名指控「彭百顯侵占921災款」？何況，南投縣建設發展基金會、新南投發展基金會沒有任何一筆款項來自縣政府，完全由捐款人自行捐入，反而只有南投災區「彭百顯遭侵占罪名起訴」，不合邏輯，更難合法理。檢方公訴既然已經挑明，中央有司何未出面對外說明，而獨陷南投「不義」於不顧？

籌設「九二一財團法人震災基金會」相關文件

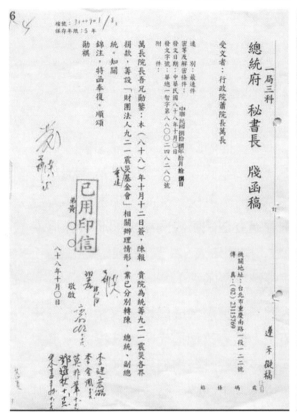

財團法人九二一震災重建基金會董監事名單

職稱	姓名	職銜	備註
董事長	辜振甫	辜公亮文教基金會董事長	公益團體代表
副董事長	李遠哲	中央研究院院長	社會公正人士
副董事長	王金平	立法院院長	民意代表
副董事長	吳伯雄	伯仲文教基金會董事長	公益團體代表
董事	孫明賢	台灣區雜糧發展基金會董事長	公益團體代表
董事	孫震	財團法人工業技術研究院董事長	社會公正人士
董事	陳長文	紅十字會秘書長	公益團體代表
董事	蕭新煌	台灣大學法學院教授	社會公正人士
董事	戴東原	台灣大學醫學院教授	社會公正人士
董事	孫越	資深義工	社會公正人士
董事	黃正雄	總統府副秘書長	政府代表
董事	黃主文	內政部部長	政府代表
董事	高清愿	統一企業總裁	工商界代表
董事	殷琪	大陸工程公司總經理	工商界代表
董事	淨心法師	中華民國佛教學會理事長	宗教界代表
董事	邱慶明	台灣世界展望會會長	公益團體代表
董事	殷允芃	國際新聞協會台北分會會長	媒體代表
董事	江奉琪	中華民國電視學會理事長	媒體代表
董事	李慶平	中華民國廣播協會理事長	媒體代表
董事	翁岳生	司法院院長	政府代表
監事	彭百顯	南投縣縣長	災區代表
監事	廖永來	台中縣縣長	災區代表
監事	張溫鷹	台中市市長	災區代表
監事	王景益	勤業會計師事務所董事長	會計師

結語

　　司法不公偏私有大小眼嗎？為什麼獨獨對南投這般處置，或難道是政治力介入，欲對「彭百顯縣長趕盡殺絕於政壇」？

　　依照《起訴書》所言，「彭百顯將各界捐予基金會款項作濟助災民及震災重建」，被指控為「侵占」，則難道南投縣應該比照中央政府及臺中縣政府之做法，將所有震災捐款以政府名義收到後，再移轉至基金會（即另新成立南投縣 921 震災基金會或移轉至縣政府原已創辦之南投縣建設發展基金會），則此基金會就完全像行政院成立的 921 震災重建基金會一樣，可運作款項更為龐大。是耶，非耶？由此證明，指控「彭百顯侵占」，根本不是事實且荒謬離奇。

我們以為，捐款人因與本人熟識而願意捐助基金會協助南投災區之善行，應該值得敬佩，而若我等人邀約親朋好友及家人捐款幫助災區之心血，亦不應受到扭曲成為「彭百顯侵占罪」的幫凶，何其無辜與莫名。當我們辛苦勸募家人好友捐款義行，卻遭到栽贓、人格侮辱，害自己的親友因「侵占捐款」而遭起訴求刑，實違反社會正義天理。

基金會捐款落實震災重建及災民救濟

《起訴書》指控「財團法人南投縣建設發展基金會及財團法人新南投發展基金會於收受捐款人之款項後，反而付該二基金會平日之一般內部雜支費、人事費及管理費等事務性開銷，何具體使用於救助災民或用以災後重建等用途。」檢方信口開河，與事實嚴重不符。

南投縣建設發展基金會主要支出均為重建業務支出，基金會 1999 全年總收入 6,538 萬元，其中用於各項具體業務支出 657 萬元，人事費等僅 84 萬元，各項管理事務費支出 29 萬元；2000 年業務支出 2,318 萬元，人事費等 245 萬元，事務費 70 萬元，基金會將震災款運用於各項重建工作，充分證明《起訴書》扭曲事實。

檢調散播「基金會違法」謠言

南投縣建設發展基金會並無檢方所指控購買任何股票。基金會的收入、支出皆有詳細的紀錄，檢調單位透過媒體發布之新聞均非事實，真相是：

1. 基金會並無承包或分包任何縣政府的重建工程。
2. 基金會亦無收到任何縣政府的重建工程款項。
3. 基金會無私吞任何捐款。
4. 基金會無任何不法所得，所謂「洗錢罪名」嚴重傷害基金會。
5. 基金會無任何人領雙薪。

6. 基金會並無所謂聘請國會助理領雙薪一事。

7. 基金會不曾用震災款購買車輛、亦不曾將錢用於彭百顯私人的開銷。

檢調單位造假，釋放諸多不實訊息、謠言，斑斑可考。我們挺過來，雖然重傷累累，至少存錄當時他們如何對付我們之魔鬼惡行，在 20 年後公開，讓歷史存真。

基金會協助縣政發展，並對許多縣府各項建設經費預算不足之事項撥款協助縣府完成，確實將各界捐助用於公益用途，並有帳冊資料可據。基金會共聘有「縣政頻道」5 位專任人員、行政助理 2 位，其餘人員均係義務協助會務工作，包括董事長彭百顯、執行長鄭素卿及出納陳明娟等縣府兼任人員均未曾領取任何報酬（薪給或車馬費均無）。基金會撙節各項支出，包括會議出席費、餐飲費、差旅費均嚴格控管儘量未予支用，即使連撰稿出版 921 相關專書，亦皆未領取稿費，並將每一分錢用在最迫切地方。

南投縣建設發展基金會於 1999 年 9 月 21 日大地震前，原即已有 2,837 萬元捐款可供運作。921 震災後，基金會收到 3,574 萬 7,500 元捐款，具體運作於各項震災重建工作，充分將震災款運用於各項重建及災民救濟工作。

基金會所辦理的震災重建工作涵蓋校園重建、產業重建、公共工程重建、文化重建及生活重建等，統計至 2001 年 12 月 9 日，基金會所辦理之921 震災重建及災民救濟支出共 3,478 萬 8,519 元（參見統計表）。事實上，除表所列 18 項外，基金會所辦理之埔里國中身心障礙學生職訓園區新建工程（核定 611 萬元）、國姓鄉長流國小教師宿舍新建工程（核定 522 萬元）等，亦均為震災後相當重要攸關智障學童及教育環境之重大建設，在此未予列入。

南投縣建設發展基金會 921 震災款運用於重建統計

單位：元

編號	項　目	支出金額	重建類別
1	興建福龜田園小學工程	3,500,000	校園重建
2	印製防震手冊 5 萬本	246,085	震災防範宣導
3	福龜萬善祠重建	1,575,000	宗教文化重建
4	印製 921 重建手冊 1 萬本	300,000	震災重建宣導
5	與玉佛寺合辦 921 震災罹難者中元普渡水陸大法會	500,000	心靈重建
6	與中華道教三清道祖弘道協會合辦超薦拔渡、心靈重建活動	500,000	心靈重建
7	印製 921 紀念專輯 —大割裂 9 千本（義賣收入超過印製成本）	2,070,000	震災重建宣導（義賣）
8	印製義賣大割裂專輯手提袋 1 萬個	300,000	震災重建宣導（義賣）
9	椰林大道震災重建工程補助案	2,628,818	公共工程重建
10	福龜旅遊文化資訊廣場景觀工程	14,986,216	產業重建
11	竭力奮進 921 震災重建成果手冊 2 萬冊	492,000	震災重建宣導
12	清流教會震災後教堂重建補助	300,000	文化重建
13	轉捐社會救濟會報	120,200	生活重建：災民救濟
14	捐款人林農指定轉災民救濟	10,000	生活重建：災民救濟
15	災民救濟（621 戶）	6,838,000	生活重建：災民救濟
16	補助 7 個救難團體救援設備及 6 個受災村落水塔設備	354,200	生活重建
17	南投市福山里誦經團電子琴設備補助（為 921 罹難者誦經超渡）	30,000	心靈重建
18	埔里鎮真元宮參贊堂舉辦 921 震災罹難者法會	40,000	心靈重建
	合　計	34,788,519	

說　明：本表未計入 (1) 埔里國中身心障礙學生職訓園區新建工程（核定 611 萬元）及 (2) 國姓鄉長流國小教師宿舍新建工程（核定 522 萬元）。

基金會所辦理的災民救濟，支用對象為 921 震災全倒、半倒戶家境艱困者，予以急難救助，或環境衛生條件惡劣需改善者，每戶發給 3 千至 3 萬元不等，依家境情況，分別逐案予以補助，後因桃芝颱風造成慘重災情，經徵詢董監事同意將風災受災戶亦納入救助範圍。經基金會同仁訪視受災戶及各界陳報較貧困受災戶，計補助 621 戶，總經費 6,838,000 元。另補助其他投入震災之 7 個救難團體救援設備及桃芝風災受創村落之水塔設備…等之補助，計經費 354,200 元。

南投縣建設發展基金會因「921 案」走入歷史

基金會於 921 震災後所收受的外界捐助多為董事長以人情關係向親友及國內企業主募集而來，且款項均積極用於震災重建及災民救濟。

但因檢調單位遭受黑函誤導，並對基金會進行大搜索，已對基金會名譽及業務運作造成相當大傷害，尤其董事長彭百顯、執行長鄭素卿及出納陳明娟，以義務職未曾領取任何酬勞全力投入會務，竟皆遭求刑起訴，令人痛心傷感。因重建工作及災民救濟工作業已完成階段性任務，在司法污衊摧殘下，2001 年 12 月 10 日董事會乃決議依捐助章程第 22 條決議解散，辦理清算，並將所剩餘財產捐予南投縣政府社會救濟會報。

依南投縣建設發展基金會 2001 年 12 月 9 日資產負債表，資產 21,048,628 元，負債 10,927,018 元，淨值 10,121,610 元，清算後，所有財產均捐予縣政府社會救濟會報，用於災民及貧民社會救濟工作。南投縣建設發展基金會因「921 案」而走入歷史。

基金會善用捐款，接濟全縣 921 災民

新南投發展基金會從 1999 年 9 月 21 日至 12 月 31 日年底為止，接受各界熱心人士捐款，包括震災捐款及例行性會務捐款，共計 765 萬 561 元。其中部分捐款指定作為震災用，這些捐款大多為本人擔任立法委員時之親

朋好友，平日因認同新南投發展基金會，由於 921 南投大地震，紛紛表示願意解囊透過本基金會來接濟災區民眾，另有一部分則緣於我內人因擔任基金會副執行長，因關心災民，而勸募親朋好友、同學捐款，共同關心災區，濟助災民。這是一個由親朋好友捐款支持的基金會，協助災區。

921 大地震之後，新南投發展基金會全力動員加入救助災民工作行列。為落實各界對 921 震災關懷之捐款，新南投發展基金會於 1999 年 10 月 20 日訂定「接濟 921 災民」計畫，對於許多善心人士表示願意透過該基金會支援災區民眾者，由基金會接受捐款，運用震災捐款，照顧受災民眾，作業時間自 2000 年 1 月至 2001 年底，計畫項目包括弱勢災民補助、基層復建補助、心靈重建補助、學校圖書、文具及設備補助、救難團體補助等，基金會將捐款用在這些項目最需要的地方。

921 大地震後，基金會租用辦公室毀損嚴重，財政拮据，乃大幅精簡人事為三名。基金會所執行「接濟 921 災民計畫」範圍：13 鄉鎮（包括遍遠之仁愛鄉、信義鄉）；對象：本縣 921 震災房屋全倒、半倒戶數高達 5 萬 7 千多戶，為使有限的震災款能運用於最弱勢族群身上，基金會關注的對象為 921 全倒、半倒戶中具有下列情況之受災戶：(1) 罹難者家屬 (2) 獨居老人 (3) 單親家庭 (4) 殘障人士 (5) 自殺家屬 (6) 弱勢、偏遠族群等。

二年間基金會三名員工奔波於 13 鄉鎮，除一一探視受災鄉親外，並暸解其震災受損及家境狀況，再致送基金會救助金。截至 2001 年底，總共救助金支出 620 萬元，救助災民 935 戶，發放貧戶白米 300 多戶，並補助南投縣救難協會 10 萬元以添增其裝備器材發揮救難力量。震災捐款已完全分配運用於災民救濟及郵電、交通、人事等各項必要運作成本上。

新南投發展基金會「救濟 921 災民」計劃執行成果

項　　目	戶　　數	金　額（元）	備　　　註
弱勢災民救助	933 戶	5,969,000	
弱勢災民貨櫃屋改善	2 戶	54,000	竹山李吳嬌英、鹿谷蔡火木低收入戶之獨居老人
救難團體補助	1 隊	100,000	南投縣救難協會救災團體
受災貧戶歲末發送白米	300 多戶	77,000	
總　　　計		6,200,000	

新南投發展基金會因「921 案」走入歷史

　　由於震災之急難救助與補助工作已告一段落，基金會之階段性任務業已完成，並基於檢調對基金會及相關人事之傷害，基金會於 2001 年 12 月 16 日召開董監事會，決議解散。因基金會負債（5,386,356 元）遠超過資產（634,191 元），淨值呈現負數（－4,752,165），解散清算工作授權董事長處理。

　　2000 年底，財團法人新南投發展基金會資產負債表所呈現的短期借款為 2,484,000 元，2001 年 12 月 15 日為 5,184,000 元，負債增加 270 萬元，均為基金會向董事長借款。主要係因基金會長年虧損，借款是為支應基金會辦理災民救濟等各項業務費支出。

　　至 2001 年 12 月 15 日基金會向董事長借款 4,519,000 元，向曾資文執行長借款 597,000 元，向吳文婉副執行長借款 68,000 元，合計 5,184,000 元，因基金會可供變售資產價值僅數十萬元，董事長等人在清算時，也放棄債權請求權，為 10 年來基金會已確實協助縣民及幫助南投縣建設劃下句點。在司法摧殘下，新南投發展基金會也因「921 案」影響而走入歷史。

第七章

「基金會 250 萬元借支案」起訴非事實

我們的欲望

把彩虹的顏色借給那不過是雲霧的人生。

　　　　　　　　　　　── 印度詩人，泰戈爾，《飛鳥集》

　　《起訴書》指控「彭百顯私自侵占挪用基金會之部分款項，致損害基金會之財產及帳目管理。」觸犯《刑法》業務侵占、偽造文書罪，與事實不符。

　　本案與所謂「921 重建弊端」完全無關，為檢調押人取供的「傑作」。他們自縣長辦公室陳助理下手，以本案事由羈押陳助理，期能直接辦到縣長。因本案所指借支情況全由陳助理經手，且全案情況亦早在檢調大搜索前 10 個月已償還基金會。

　　陳助理當初因一時心軟，基於救人、救急才動用款項，並於基金會記載「董事長借支」，當年底以另一基金會之 250 萬元董事長債權償還款項歸墊，反映事實，並無偽造文書行為。但檢調為辦倒縣長，卻以此藉端放大司法標準，硬加威脅於她，拿她當偵辦「921 案」之祭品。

未曾與張河新聯絡，指控非事實

　　本案癥結，當時本人並未「擅自指示陳助理挪用基金會的錢借款給張河新」。而是在 1999 年底作帳時陳助理告知，始知經由「南投縣建設發展基金會」借款張河新一事，且張河新尚未歸還，陳助理查明告知「新南投發展基金會」向董事長借支款項超過 250 萬元，且帳戶尚有餘額，遂同意由「新南投發展基金會」歸還 250 萬元向「董事長借支」之款項，歸墊

「南投縣建設發展基金會」。

　　《起訴書》所指犯行與事實不符。檢方所指「虛偽開立董事長借支」並非事實，蓋會計帳處理確係以先前借錢支應基金會。董事長彭百顯經年無償無息借款予「新南投發展基金會」300萬元以上，由其先行歸還借款250萬元，並未損害該基金會（負債同時減少250萬元），亦未意圖佔為己有。

彌平 250 萬元款項，並未損害基金會

　　本基金會案緣於陳助理心軟借用250萬元予張河新。

　　2001年4月13日陳助理出庭指出：1999年5月10日張河新曾打電話到縣長辦公室，一再要求轉達縣長要借款應急，當時因為一直無法聯絡上縣長，我對張河新之癌症病情及其工廠如未取得資金週轉即將面臨關廠之困境深感同情，一時婦人之仁心軟，加上張河新很急，接到其電話時已經是下午，才在未及告知董事長的情形下，以南投縣建設發展基金會款項借給張河新週轉，當時約定數日內返還，但經多次催還，均無消息。在（1999）年底之前未向縣長報告。到年底作帳時，才向董事長報告。董事長有責備，並指示必須儘快處理，而因為支援會（彭百顯擔任立委時，由親友支援給彭百顯個人支配辦公室等運用之專戶）沒錢，故才以新南投發展基金會歸還先前向董事長借支之250萬元，歸墊南投縣建設發展基金會。

　　因南投縣建設發展基金會250萬元借款需彌平。彭百顯為設法還款，知歷年來其不斷墊款予新南投發展基金會已高達300多萬元，乃要求基金會先償還部分借款。法理上董事長有權要求基金會償還欠款，長久以來董事長無償無息墊款予基金會運作，這是其債務請求權，而基金會償還250萬元後，向董事長借款即同時減少250萬元負債，並未損害新南投發展基金會財產。

　　《刑法》336條業務侵占罪構成要件：對於公務上或因公益所持有之

5 構陷忠良

物意圖、為自己或第三人、不法之所有、而侵占自己持有他人之物。本案就縣長而言，「既不知情，亦無侵占之實際」，自不合侵占罪認定。

本案所有發生過程係於 1999 年 5 月，至 1999 年底董事長發現基金會借支情形後即已處理彌平，且是在 2000 年 10 月 16 日地檢署搜索前 10 個月即已處理完畢，並非搜索後才歸還，情況並非意圖，反而，檢調以此莫名羈押陳助理，暴露藉押人取供之意圖甚明。（檢視陳助理在「921 案」之角色即可證明）

未曾偽造文書

《起訴書》認定「彭百顯對借款知情，且有與陳助理共謀偽造文書之故意，損害二基金會之帳目明細、基金孳息所得、基金運用等正確性」，與事實不符。

陳助理記載「董事長借支」應屬其對借用款項交待之事實記載，而非偽造。至於還款後刪除日記帳之記載，亦屬其認知款項已還而無記載之必要所為。依偽造文書之構成要件，尚須足以生損害於公眾或他人，而該實質之損害應以金錢上實質之損害為限，上開借支之記載或刪除，對南投縣建設發展基金會並無造成任何實質損害，檢方起訴內容與事實及法條之構成要件未合。

而另依前說明，新南投發展基金會常向縣長未定清償期之無息借支，金額已超過 250 萬元，此時董事長向新南投發展基金會要求償還 250 萬元，性質上係基金會清償（或抵銷債務）原先向董事長借款之部分金錢，對新南投發展基金會並無帳務正確性之損害，更無實質利益受損可言。

基金會償還借款，合法且未侵害權益

歷年來新南投發展基金會大都處於入不敷出之窘境，其業務運作不足款項均由董事長墊款，這可由歷年來向國稅局申報之資產負債表資料證

明。

截至 1998 年底短期借款 365 萬 6 千元中，有 305 萬 9 千元是董事長彭百顯墊款，59 萬 7 千元是執行長墊款，他們無私墊借款項予基金會，並未要求利息，也未定清償期限。1999 年底，董事長要求先歸還積欠之 250 萬元款項，由出納開立 250 萬元支票，為合法之債務請求權，並無不法，也未侵害新南投發展基金會權益。

陳助理原調用基金會款項 250 萬元予張河新時，雖其表示只借一、二天，但為免基金會損失，除由董事長歸墊 250 萬元款項外，並自行償還調用 250 萬元之利息共 89,227 元，基金會並未蒙受損失。

第八章

「捐款未存入基金會案」起訴顛倒黑白

> 這孤獨的黃昏，籠罩著霧和雨，我寂寞的心感覺到了它的嘆息。
> 貞節是一筆財富，在肥沃的愛情裡滋長。
>
> —— 印度詩人，泰戈爾，《飛鳥集》

　　《起訴書》指控彭百顯未將捐款存入新南投發展基金會，觸犯《刑法》背信罪。本項指控與事實不符，從無任何一筆基金會捐款存入私人帳戶，反而是彭百顯我本人以親朋好友捐款及個人款項不斷支應基金會開支，讓基金會得以開辦縣政頻道，及為南投發展公益活動投入心血。

贊助自行運用款，未曾納入個人荷包

　　本人擔任三屆立委以來，為服務選區選民，經常有許多額外支出，包括服務民眾公關支出、各項補助、救助、慰問、事務油電費支出等，這些支出實非我個人財力所能負擔。許多親朋好友因支持問政理念，肯定問政表現，乃默默贊助其款項，尤其至親好友，包括助理同仁及家族，並不計較是否有收據可為稅捐減免，而願意交由個人自行運用，這些贊助款乃委由專人管理，故而有支援會專戶。即所開立之統籌帳戶包括選舉結餘款或得票補助款，除捐助成立基金會運作，也交由該統籌帳戶（支援會），以因應從政及服務鄉親各項必要支出。完全是支應這些公共服務需求，自擔任立委時期即行之多年，尤其沒有成立基金會（捐贈可報所得稅列舉扣除，減免稅捐）之前，便是如此運作。

基金會經常入不敷出，大皆由董事長墊支

新南投發展基金會自 1992 年創立以來，積極為南投發展付出，但財務經常處於入不敷出狀況，這些不足款項，均由董事長我個人墊款因應，有些款項由統籌帳戶（支援會）支應基金會需要。如果款項是來自於原來親朋好友捐款，則因款項已移轉至基金會之業務用途，為對捐款人交待，乃由基金會開立捐贈收據交付捐款人。另外，如果款項來自於董事長私人提供現金或選舉結餘款等，則在移轉至基金會時，基金會以向董事長借款登帳，以明白交待基金會債權債務關係。

捐款支應基金會創辦縣政頻道

自 1998 年我擔任縣長以來，為積極發揮選舉政見建設美麗新南投理想，新南投發展基金會乃增加專業研究人力從事各項縣政建設規劃研究工作，並策劃「縣政頻道」開播且付諸實施，在業務大量增加下，基金會財務更加吃緊，因而動用數百萬元支援會款項支應，這些動支款項，均具體反映在捐贈收入款項及向董事長借款科目上。這些帳務處理均據實處理，且合情、合理、合法。如非本案檢方起訴之蓄意扭曲，我們默默以私助公的行為，我們根本不想曝光。

親友捐款予個人服務社會

《起訴書》指控「彭百顯將基金會的錢撥到私人帳戶」，根本與事實顛倒。許多人不明瞭其真相，包括本案檢調人員。2001 年 3 月 30 日開庭很清楚的查出來，反而是「彭百顯把私人的錢支應公的帳戶」，結果卻被起訴，還被誤解把公的錢拿去私人用途。

為什麼會有這樣的錯誤，就是檢調單位當初調查時，沒有查明真相，才造成這麼大的冤枉。我的親朋好友捐錢給本人作公益服務鄉親使用，他

們真是社會支持正面力量的義行隊伍。我很感謝他們均願出庭作證以證實他們長期來的義行。

本案，我的辯護律師這樣記載：

2001 年 3 月 30 日彭百顯在庭上明確陳述：「檢察官對於彭百顯國會辦公室及縣長辦公室之財務管理並不知情，以致指控內容與事實相反，造成誤解。我相信所有捐款人要捐給基金會的錢，都根據捐款人的旨意納入基金會，從我任立法委員時代一直運作到現在。在行政運作上，有很多親戚朋友在當時環境下不願意具名，不願意曝光，捐款給我個人作為服務處或辦公室需要的資金，因為他們肯定或支持本人，所以不計較有無收據作為抵稅之用，贊助款項給我作國會辦公室運作，作為有時看鄉親，去醫院買花、慰問品之用；贊助款項並未納入私人荷包，而係委託由助理保管。本人對助理的管理相當信任，當基金會錢不夠時，助理會將我個人的錢，轉給基金會運用（作公用），並以捐款人名義開具收據（基金會收據）給捐款人，起訴書內容是對基金會及本人辦公室財務管理不瞭解，所指控與事實不符。我認為檢察官若是瞭解事實之後，就不會誤解指控本人逃避基金會的監督，事實上今天調來的證人都是我的親戚朋友或部屬關係，這些都是 921 之前甚至更早之前就捐款給本人。」

《起訴書》所載 10 筆捐款項目與事實嚴重出入。因為，從無任何一筆基金會捐款存入私人帳戶，反而是彭百顯以統籌之私人帳戶（支援會）款項不斷支應基金會所需。

基金會資金來源及權責記載相當清楚，基金會不足款項係由我委託管理之帳戶支應，並區分款項原始來源，若來自於他人贊助款，則開立基金會捐贈收據；若來自於競選結餘款或由本人籌措經費墊付支各項費用，則以「董事長借支」登帳。但無論如何，均係我以私人的錢支應公的帳戶。這是我從政初期的政治環境，與現代氛圍很不一樣的地方。

根據《刑法》第 342 條有關背信罪的成立要件，係「為他人處理事務，

意圖為自己或第三人不法之利益，或損害本人之利益，而為違背其任務之行為，致生損害於本人之財產或其他利益者」。

　　《起訴書》指控之「不法利益」，事實上是我彭百顯用私人款項，令基金會獲益，支付基金會員工薪資，則並無不法，亦未生損害於基金會，且基金會帳目處理清清楚楚，權責分明，沒有證據證明有損害基金會帳目查核，本案實不符背信罪構成要件。

第九章

「基金會投資基金案」起訴不實

> 黑夜悄悄地綻放花朵，卻讓白天去接受謝意。
> 權力認為犧牲者的苦惱是忘恩負義。
> ── 印度詩人，泰戈爾，《飛鳥集》

　　《起訴書》指控「彭百顯委託私人操作股票投資」、「投資股票損害基金會」，觸犯《刑法》背信罪，與事實嚴重不符。這種無中生有，擾亂視聽的司法行為，是政治鬥爭的方法。

基金會依捐助章程規定運用資金

　　新社會基金會捐助章程第 20 條明文規定，資金可運用於金融機構存款、購買政府公債、金融債券、基金受益憑證、短期票券…等，基金會以活存、定存或其他等資產組合方式保有資產，均依規定辦理，且向國稅局申報。

　　新社會基金會於 1997 年 8 月間投資京華高科技基金 200 萬元，本項投資於基金會董事會中均呈報審核，並於 1997 年底資產負債表中充分表達，且向國稅局申報。1998 年間因基金淨值不斷下跌，為避免傷害基金會權益，基金會同仁將京華高科技基金委託廖學從代為更換其他基金或公債，這是原有基金投資之延續，也是希為基金會獲取收益。

為基金會變更操作獲 16 萬元收益

　　1998 年 11 月 25 日京華高科技基金出售款項 158 萬 7,575 元，於 1998 年 12 月 3 日更換操作，並於 2000 年 3 月 3 日收回投資款項，其間共計獲

取 16 萬 8,759 元投資收益。基金會帳目處理清清楚楚，董事長彭百顯及相關人員並無任何不法意圖，依照基金會章程運作，不僅未曾損害基金會，反而為基金會獲取收益。

新社會基金會的 158 萬 7,575 元，檢察官認為是縣長指示陳明娟擅自挪用去買股票，不是事實。2001 年 3 月 30 日傳喚證人廖學從、陳明娟，他們在法庭陳述：

這筆錢原來是新社會基金會經過董事會決議，拿出 200 萬元投資基金，結果基金行情不好，虧損幾十萬元。陳明娟認識廖學從，知道其操作證券很有經驗，就請教如何處理，廖學從建議將基金結束變更操作，所以委託廖學從代為處理。最後結果有賺十幾萬元，這些錢也都回到基金會，並沒有一毛錢落入私人口袋。陳明娟的想法是為基金會好，要讓它賺錢，並不是將這筆基金會的錢，用做私人炒作股票，這都是替基金會作有利的投資。彭百顯沒有背信的問題。

法官也有問到陳明娟，到底是經過誰的同意，來動用這筆錢，事實上這筆錢原來董事會已經決議，而且請廖學從來做財務操作，也沒有向彭百顯董事長報告，所以檢察官認為彭百顯指示陳明娟擅自挪用基金會的錢，這根本與事實不符。廖學從在法庭上，也說明他根本就沒有跟彭百顯縣長接洽，他只純粹與陳明娟接洽。

背信的要件是，第一、入自己的口袋；158 萬 7,575 元彭百顯沒有入自己的口袋。第二、入別人的口袋；這筆錢到底入誰的口袋？查出來也沒有。第三、損害基金會；這筆錢本來是投資高科技的基金，代為操作賺回 16 萬元，並沒有損害基金會。檢察官不清楚嗎？我不相信。

新社會基金會在「921 案」關係牽扯之後，我們也決定讓它走入歷史。

司法正義應自檢調盡忠職守開始

真理激起了反抗它的風暴，

風暴則把真理的種子遍撒開來。

— 印度詩人，泰戈爾，《飛鳥集》

「921 案」偵辦與起訴，涉及檢調人員的自由心證問題：標準不一、門檻浮濫。檢調自由心證豈可偏離司法實務普遍接受的審查標準，而選擇政治傾向或「上命下從」的行政倫理？

「921 案」多項案件之起訴依據完全依自述筆錄。最嚴重的，有「臨時辦公大樓工程」、「巨型公園工程」、「福龜新農業園區工程」、「災後測設、檢測樁工程」等以《貪污治罪條例》罪名分別起訴縣長涉嫌違法之所謂「921 重建工程弊端」案件，事實上都與「被告或共犯之自白，不得作為有罪判決之唯一證據」之規範背離；且涉及「共犯之自白究非屬自白以外之其他必要證據，尚不足以謂共犯之自白相互間得作為證明其所自白犯罪事實之補強證據」之無實際證據問題，其起訴縣長涉嫌違法，實屬牽強，心證浮濫。

經由本篇檢視司法之知法玩法、造假羅織，令人怵目驚心。司法正義因「921 案」已死。但我們仍希望它重生，如果司法能夠真落實正義改革。

本案以虛偽造假證據羅織起訴，是司法正義所不可原諒之行為，也是臺灣司法改革之首惡對象。

臺灣司法體制所謂「偵查不公開」、「無罪推定原則」早已被踐踏殆盡，由 921 後我親身經歷檢調濫權橫行的感受尤深。

「921 案」，2000 年 10 月南投地檢署動用五、六位檢察官率領上百名人員大肆搜索南投縣政府，檢調不僅事先透露搜索訊息，讓電視實況轉

播車一早就在縣府守候，且放任記者在遭搜索之各局室遊走、拍照、錄影，使縣府及被搜索人之名譽掃地。這是司法程序正義重新整軍待出發的誓師之地。

而依法偵查不公開規定，所有偵訊方向、進度、內容不得公開，當然筆錄、自白、錄影帶、錄音帶、測謊、心證等等內容都不可以公開，但離譜的是，本案偵辦過程，檢方竟然捏造測謊異常情節，還廣布媒體周知。2009 年 10 月 17 日縣府工務局副局長一整天至臺北公出均未接受檢調偵訊測謊，但檢察官卻於當天向媒體發布該副局長測謊時有異常反應，影射工程發包不法，當天晚報及隔天所有日報均大幅報導。經縣政府嚴正抗議，檢調後來竟以「檢方發言人與調查承辦人員聯繫失誤」搪塞。難道檢調所編擬縣府貪污舞弊的劇本早就寫好，檢察官每天照劇本召開記者會？這是羅織辦案過程的羅織犯罪實例。我們期待未來的司法正義沒有這些殘渣。

本案，檢調毫不負責任，任意對媒體放話不實指控我們「挪用 921 震災捐款購車、付助理薪水、做私人開銷、購買化妝品、用震災款炒股票、21 億震災捐款被挪用至基金會、基金會擔任洗錢白手套」….，震撼人心，讓國人義憤填膺，交相指責本人的不是。然而，這種種誣衊言詞均為莫須有，也找不到任何可以起訴的依據，但卻已在全國人民心中留下根深柢固的惡劣印象。事後而論，當時所有這些指控沒有一件是事實，但檢調已造成社會未審先判的結論。應如何善後？有轉型正義嗎？趕快檢討改善仍有機會贏得尊敬。

另外，不容再發生，更荒謬而不可原諒的，本案檢調自創從未發包之工程弊案來栽贓指控。偵辦「921 案」具體列舉「未來工程弊端」的例證是：2000.10.16 檢調大搜索時要求縣府提供「縣立游泳池發包工程案」，但該工程直到當時都還未發包，怎麼可能就已經出現發包弊端？這是羅織起訴前的羅織偵辦實例，實在荒謬至極，絕不可姑息。

「921 案」偵辦過程，我們就是這樣被司法惡質栽贓、污名。檢調明知故犯，知法玩法，在在違反《刑事訴訟法》，如此「921 案」的違法羅

織起訴，這樣的起訴還算司法正義嗎？而衍生：審理庭可以漠視公訴人違法行為不予糾正還原真相，而獨針對無辜審判？

「921 案」起訴內容也反映檢調人員對數字毫無概念、對會計基本借貸不瞭解、預算書也似懂不懂，他們的起訴看法，讓人不敢領教，而且，死不認錯。以「俄羅斯原木案」為例，明明處理費只有一筆 2,250 萬元，檢方卻將借支、還款全部加總，指控三度請款共 4,000 多萬元，暗指我們「貪污」。再以「縣府臨時辦公大樓」為例，明明總預算減少 135 萬元，檢方卻於《起訴書》公然指控我追加預算 4,800 萬元，圖利廠商 1,000 萬元之「犯罪事實」。這是以虛偽羅織罪名。

「921 案」起訴也反映指控數字之失真。統計學理論所容忍的誤差是 3~5％，但職掌人民生殺大權、指控人民罪狀的檢調單位辦案及起訴，竟是如此粗糙草率，借貸不分、工程單價總價不分，其錯誤高達數以十百千倍，並用錯誤數據推斷犯罪動機，合理化犯罪事實。檢調對時間也可以弄錯，例如「1997 年合法的基金投資」可以時空挪移為兩年後的「921 震災捐款炒股票」，這項超時空的錯置指控一直到現在，還有人在問我「震災款炒股」的真相。

以法論法，「921 案」「沒有真實」、「不是真相」的羅織起訴，豈可掩國人耳目而偽裝是合法的起訴？政治幕後指揮辦案的情況如何杜絕？知法玩法如何避免？

司法正義在「921 案」已是司法迫害的反面印象。我們必須讓社會正視：沒有司法正義，就沒有社會正義。

終有一天，
我會遇見身外那光明之屏背後的歡樂 —

我會站在漫溢的孤獨中，
在那兒，一切都盡現造物者眼前。

— 印度詩人，泰戈爾，《採果集》

6

破 曉 時 分

第六篇

不完全正義的司法審判

> 上帝從來沒有騙過我，因為凡是欺詐的技倆，
> 都必然含有一種不完美性：
> 儘管能騙人，似乎亦可表示一種巧智和權力，
> 可是想要騙人，卻分明是有缺點、有惡意的證據。
>
> ── 法‧笛卡兒，《沉思錄》[1]

「921 案」一開始本來就是一幕大欺騙，由於我們無能即時揭穿事實真相於社會。於是，只有屈服於權勢之遊戲規則。但我們沒有忘記真相必須要還原。

法律人深知，「發現真實」乃刑事訴訟程序追求的重要目標，在《刑事訴訟法》中所有的基本原理原則、程序正當性的規則以及證據法則等等，無非是為了追求「發現真實」之目標達成。「921 案」進入「遊戲規則」，我們也在等這一刻。

在臺灣許多一再更審十數年的重大案件，都擺脫不了「有罪死刑或重刑的誤判」之印象。也就是說，當初檢、警、調的偵查、取證過程疏漏或違背法定程序，審判者無能明察，仍然寧可做出有罪的判決，背後的心態就是「寧可錯殺，也不願縱放」的國家權力霸道，對掌握別人的生死毫不在意明察秋毫，自以為執法正義。

《刑事訴訟法》以及諸多國際公約一再地要求審判者應保持無罪推定的心態，對證據的調查有法定的程序、證據的取捨應以「罪疑唯輕原則」為心證導向；對偵查程序中的取證或偵訊應在法治原則要求的限度下加以進行。因此，倘若在違背這些法律人知之甚詳的原理原則下所形成的有罪誤判，這根本不是一種風險，而是人為錯誤。司法機關牴觸了程序法律的

規定以及基本原理原則自己違法，卻去審判人民，這樣的司法根本得不到人民的信賴。「921 案」反映的司法行為，似乎給相關當事人對司法信心崩潰，因為根本上他們就不守法。

由本案當事人的遭遇與努力對抗起訴不正義，我人深感此見解的法律正義的重要性。

---

1 笛卡兒（René Descartes，1596 -1650），《方法導論・沉思錄：哲學原理》，錢志純、黎惟東譯，新潮世界名著 12，臺北：志文出版，1984，頁 206 -207。

第一章

一審、二審「半奸忠」，為德不卒

當大洪水淹沒地球的時候，
所有的動物都成雙成對的逃上諾亞方舟。

「善」知道大洪水快來了，也急急忙忙跑到諾亞方舟，卻被拒絕上船。

「依照規定，只能一對一對的上船。」
好不容易，「善」找到了「惡」，一起上了方舟。

當他們上了方舟，自己也吃了一驚，因為坐在方舟上的是：
美與醜、是與非、好與壞…，他們都將一起逃過世界末日。

　　　　— 林清玄，《突破人生困境的寓言》[2]

　　本案公訴王捷拓檢察官洋洋灑灑，依法起訴我等「一干人犯」的重罪，並具體依法求刑力主欲請法官判審我 20 年重罪；我方（被告當事人）律師則認為依法應無罪判審。截然對立的攻防，在法庭上，我身歷無數這樣的雙方爭辯，看起來都是依法之主張，都建議聽審法官採行其看法。如此重罪，證據又疑雲重重，問題是：法官如何判斷哪一方的主張是正確的？

　　本案起訴的真相在那裡？他們「發現真實」的內容是什麼？我們自認：確實係無辜。法院審判庭相信嗎？又如何決定呢？

　　我的政治命運，一次一次就交付在聽審法官的手裡。他們如何決定我是清白或貪贓污利的縣長？全國各界都注目以待法官的判決。

---

[2]　林清玄（1953 -2019），《突破人生困境的寓言》，臺北：圓神出版，1999，頁104 -105。

每一審，決定我這段命運的法官，在審理過程，他們怎麼想？他們當然不能只憑聽審就定我的罪，必須研讀案情、卷宗等相關資料。我相信他們再努力，也無法完全明瞭真相，本案檢察官所主張、所附的證據，有許多是假造的虛偽不實，都是似是而非，在真實慢慢浮現之後，根本無法證明其所指控：縣長貪污震災工程款（遺憾的，偵查後他們變更罪名改為圖利，審理後罪名再度改為「主導圍標」）。但法官盡信公訴所言，在未經我們的力爭，實在無法了解真假，很容易把假當真，除非我們指證他們確實造假，這就是「921 案」的特色：被告必須自證無罪。很無奈，法官他們只能自以為公正我執地「依法」行使職權，都是過客，只是人間法律正義太沉重。

貪污圖利起訴均判無罪，但寄罪以改變遊戲規則

本案經南投地方法院兩年審理，於 2002 年 11 月 29 日宣判，所有依《貪污治罪條例》起訴之「圖利」、「期約不正利益」、「侵占公款」、「詐取公款」等之指控，本人完全無罪。但卻跳脫時空，審判法官不依案情《緊急命令》特別狀況，仍不給我開罪，卻改變遊戲規則，另以《政府採購法》「共同以不正當方法使開標發生不正確結果」定罪於我，開啟了我們另一場次的「不對稱訴訟」攻防遊戲的法律人生。[3]

令人費解，一審法官難道不知依《政府採購法》也可用限制性招標，根本無須「用不正當方法開標」（第 87 條第 3 項）之情事。其次，讓我覺得「921 案」一審雖為我們洗清「貪污圖利」的罪名令我們心存感念，但何以為德不卒，對兩造各打 50 大板，仍遺「基金會案」尾巴，並依《刑

---

[3] 偉大的南投地院法官們（他們明確影響我的政治生死），他們為何不正視當時《緊急命令》期間，檢方用《貪污治罪條例》起訴本人，而卻改用《政府採購法》治我刑責？（依該法，我也可採限制性招標，也無刑責。）為何要讓我們在已到達釐清訴訟道路盡頭（即判決）才宣告玩起變更遊戲規則的角力比賽，用該法治我？他們這樣一玩，註定我們人生的歲月時光浸淫於被凌辱的時間延長，直至最高法院定讞「回歸正確用法」，費時十餘年回歸真相，才結束這場「不對稱訴訟」之法律遊戲人生。

法》判處 2 年 2 個月，不甘釋我？

地院一審已為「921 案」釐清，證明是「冤誣案」，事實證明是明顯之構陷，有太多偏離事實之處，尤其除了於一審勘驗出調查局「虛偽製作不實筆錄」證明一部分起訴案係冤誣之外；後再經臺中高分院二審之調閱到偵訊錄影帶，竟然也發現「921 案」關鍵主案也是「調查局以偽造筆錄誣陷」本人，檢調之膽大妄為，毫無法治正義！實在令人痛心！在起訴及部分判決證據嚴重偏離事實下，臺中高分院撤銷南投地方法院的判決，對「業務侵占」、「偽造文書」、「背信」均判決「彭百顯無罪」。

不過，「921 案」一審所留下遺憾，給臺中高分院二審跟隨，針對「縣政府臨時辦公大樓案」，仍採信污點證人不實供詞，另以非符時情之論告《政府採購法》條目治罪予我，及至臺中高分院二審則又再另改用「共同意圖獲取不當利益，以其他之合意，使廠商不為價格之競爭」之理由，仍判處本人一年；其如此不正義判決，將於下一章詳細剖析。

當時我對二審法官玩起「裝糊塗」，刻意遺忘不回歸公訴 921《緊急命令》時空之用法，認假玩起沒 921 震殤這回事，而以「一般承平時期法令」《政府採購法》之認知，硬再延長這場訴訟遊戲，與一審一樣實為德不卒。對司法正義未堅持到底，兩審都玩起變更遊戲規則的不公平遊戲，我痛心不服，也非常憤懣為何執意誤我青春？司法不依正義，令人不滿。

本案明明縣長本人依法行政，「臨辦工程」依職權依法於《緊急命令》期間指定廠商（三家比價），而審理法官採信污點證人誣告並不必負擔任何刑責，本人依法行政卻在無具體之虛假證據、不符犯罪構成要件下，由審判法官改變遊戲規則，忽視《緊急命令》而以一般承平時期依《政府採購法》判處以一年之徒刑，這是符合法律「罪刑法定主義」嗎？實在冤屈莫名（參見對照表）。後來，我深入瞭解其中原委，證實啟動本案背後庭院深深，因素複雜秘奧隱晦。司法官司擺明誤我前程。

「彭百顯案」其實一、二審早已釐清事實

「921 案」起訴罪名與一、二審法院判決對照表 *

項　　目	起訴罪名	地方法院判決	高等法院判決
一、臨時辦公人樓工程（依法行政，依《緊急命令》職權可指定一家議價，卻仍指定三家比價）	觸犯《貪污治罪條例》圖利罪。	無罪改以《政府採購法》判處一年	無罪再改《政府採購法》不同條文判處一年
二、巨型公園工程	觸犯《貪污治罪條例》圖利罪。	無罪	無罪
三、福龜新農業園區工程 3 件	觸犯《貪污治罪條例》圖利罪。	無罪	無罪
四、災後測設、檢測樁工程 13 件	違背職務，期約不正利益，觸犯《貪污治罪條例》。	無罪	無罪
五、921 民眾捐款予基金會	侵占公用、公有財物計 1,558 萬 6,000 元、美金 5,000 元，觸犯《貪污治罪條例》。	無罪	無罪
六、921 民眾捐款予基金會	利用職務上之機會，詐取財物 1,352 萬 6,941 元，觸犯《貪污治罪條例》。	無罪	無罪
七、基金會 250 萬借支張河新（早在大搜索前 10 個月之前已代為償還基金會）	觸犯《刑法》業務侵占、偽造文書罪	依偽造不實筆錄判處 10 個月	無罪
八、捐款未存入基金會（該帳戶為彭百顯立委任內服務鄉親帳戶，不是基金會所有，彭百顯將個人的錢支援基金會開支）	觸犯《刑法》背信罪	依偽造不實筆錄判處 4 個月	無罪
九、基金會投資股票（轉換投資，獲利 16 萬）	觸犯《刑法》背信罪	依偽造不實筆錄判處 3 個月	無罪

* 說　明：本表反映四個面向：

1. 原以《貪污治罪條例》轟轟烈烈起訴的指控，馬上在第一審即被法官打槍駁斥。
2. 但法官判決改以《政府採購法》量刑，也是不明事理，不察檢察官口頭論告之適當性，忽視環境時空不對；當時我是依《緊急命令》期間行使職權，而非承平時期。何況，若依《政府採購法》也可以只指定一家議價，而本案起訴違背常理，我還指定三家比價，且並無圖利事實。
3. 全案進行十餘年，經歷九個庭審，除上述第一案項用法有誤外，本案就落得全是以「基金會」為幌子來污衊牽纏「921 重建工程弊案」，欺瞞世人耳目，並以拖時淡忘為主軸，玩弄司法。
4. 若非其他因素，本案早於第一審或第二審即已案情大白，無須延時廢人青春。

「921 案」我們被檢調扣上「觸犯貪污治罪條例」的大帽子，為自證無罪，我們槓上檢調單位的「偽造筆錄」引人入罪。在一審判決，洗清了所有貪污圖利的罪名。然而，審判法官忽略「罪刑法定」仍留給檢方空間來制約我們。因為，法官審判仍然依原來「偽造筆錄」判決我們違反《政府採購法》。實在冤枉當事人，卻無法制裁錯誤的起啟者。

揭穿調查筆錄捏造、移花接木

為自力救濟，我們必須自證無罪，我們再接再厲槓上檢調，迫使調查局承認確實犯法「偽造筆錄」，讓地院一審法官的錯誤不再繼續演下去。這是我們唯一活路。我們用力的重點仍是本案關鍵的「臨時辦公大樓工程」為核心，至於「夾帶」的五個基金會案的重點人物縣長辦公室助理角色因混併於此，故本案若能突破澄清，則可連帶了解基金會的被錯誤起訴。

但法院審判庭如何面對虛假筆錄？

暫不論「921 重建工程」用法的背景應該是「緊急命令期間」，一審判定我們違反《政府採購法》有罪的根據，係引用造假證據。這是我們究責的重點。

南投地方法院《判決書》在有關「臨辦工程案」判決「彭百顯違反政府採購法」，所憑證據及認定理由主要有四：（一）事件之始末，黃才泉供述明確，（二）代墊法會前置作業受有損失，（三）黃才泉於工程發包前提前進場之認定，（四）黃才泉借牌承作及請縣長辦公室助理轉交之事證。

然而，再深入觀察所有這些理由之證據完全是依調查局製作之調查筆錄，而調查筆錄疑點重重，法院審理並未察明，這才誤人誤己，也是司法改革的盲點。

我們很重要的突破發現，復經對照臺灣高等法院臺中分院勘驗所做的偵訊錄影帶譯文與原始筆錄，其間差距實在太大，包括許多筆錄內容在偵

訊錄影帶譯文中遍尋不著、根本沒有、憑空冒出，錄影帶中「調查人員問話」竟移花接木為「受詢問人答話筆錄」…，實在離奇。詳細內容及調查局所製作虛偽筆錄對照表，請參閱第七篇第一章、第二章。

且莫說調查局虛偽造假之法律責任，就法論法，這些筆錄證據力何在？由於高院二審真相大白的審理證據出現虛偽不實，證明一審判決之用法依據是調查局違法製作的，當然判決也是錯誤的。問題已經水落石出，一切都是調查局造假害人。

證明一審瀆職，引用調查局造假證據「判人入罪」

我於一審被判二年五個月，雖然不若起訴求刑 20 年的重罪，但法院的宣判再度給我深重的打擊。這時，社會各界仍然不知：是「國家司法犯罪」，並不是「彭百顯犯罪」。

本案二審審理證據時，證明了一審「判決彭百顯罪證」之依據筆錄，是憑空由調查局虛偽編撰及威脅利誘來的。

以下說明，是二審之審理庭還原一審「誤人入罪」的明顯事證：

事證一，臺灣高等法院臺中分院根據新調出之秘密檢舉人「黃才泉在 2000 年 10 月 23 日於調查局中機組偵訊錄影帶（共五卷）」經勘驗所譯錄製作之筆錄，證明調查局虛偽不實製作而被當作起訴依據之供述筆錄，與事實差距實在太大。但一審僅以鋸箭法剔除一部分以「證據能力」、「證據力」，其餘則因調查局欺瞞法院虛晃未提原始資料，乃據以「誣陷」之犯罪事實及動機作為判決基礎。

事證二，調查局製作之供述筆錄應該依據調查人員詢問及受詢問人答復內容如實記載而得，豈可任由調查人員「自行編造情節」，「杜撰問答內容」，再以條件威脅利誘受訊問人簽名？尤其本案檢舉人兼秘密證人、污點證人黃才泉又因案被判緩刑在身，調查局不追究其責任，還另以此利用秘密證人「陳三」身分，利誘免除本案刑責以「誣陷彭百顯」，有「將功贖罪」之企圖，其內情在在令人質疑。此一重要事理發現，一審審理庭

竟然不予細究、考量其法理關係以了解真相，而有意輕忽，為什麼？

事證三，臺灣高等法院臺中分院所譯錄製作之黃才泉筆錄，出現黃才泉「指控彭百顯、吳政勳、黃細朗、羅朝永圍標、圖利廠商內容」，何以在調查局製作其供述筆錄（2000 年 10 月 23 日於調查局中機組偵訊，下午 5：30 結束）時，毫無隻字片語，反而是出現在秘密證人「陳三」於南投縣調查站之供述筆錄中（2000 年 10 月 23 日晚上 10：28 結束）？明明兩者時空不同、調查局詢問與筆錄人員也不同（參見：黃才泉到調查局檢舉彭百顯等人之詢問筆錄簡表），但何以卻出現混合交錯之筆錄？檢調膽敢隱藏魚目混珠，虛偽不實。

究竟是調查筆錄造假，還是因歷經兩年多來我們一再請審理庭向調查局申請調閱黃才泉偵訊錄影帶均毫無結果，好不容易三年後於二審時調查局才提出五卷當事人錄影帶，是否偵訊錄影帶早已移花接木？否則不同時間、不同地點，難道一介平民黃才泉可以隨意於臺中、南投之調查局時空穿梭自如？參閱：黃才泉一人飾兩角到調查局檢舉彭百顯等人之詢問筆錄簡表，[4] 一審審理庭何以如此輕忽不查，而以不實證據就逕自心證依不實

---

4 黃才泉一人飾兩角，五度到調查局檢舉彭百顯等人簡表

姓　名	日　期	筆錄製作完畢時間	詢問人	筆　錄	地　點
黃才泉	2000.10.23	10.23 下午 17：30	黃仁彬	許忠立	臺中中機組
陳三（化名）	2000.10.23	10.23 晚上 22：28	賴政忠	凌文鼎	南投調查站
陳三（化名）	2000.10.23	10.24 凌晨 00：30	許忠立	黃仁彬	南投調查站
陳三（化名）	2000.10.28	10.28 下午 15：50	許忠立	黃仁彬	臺中中機組
陳三（化名）	2000.11.04	11.04 下午 18：00	許忠立	許忠立	調　查　局

說　明：1.「臨時辦公大樓工程」黃才泉是唯一的檢舉人。
　　　　2. 調查局提供一審之黃才泉錄影帶，「是 2000.10.28 的陳三偵訊錄影帶」。於是，調查局違法虛偽造假之事曝光。正所謂：以權力騙人，但想騙人，卻分明是留下有惡意的證據。
　　　　3. 化名陳三的角色，法律作用為「補強證據」。問題是「陳三就是黃才泉」，因此，起訴之合法性基礎薄弱。

5 參見第七篇第一章、第二章有較詳細之說明。

筆錄判決被誣告者有罪，法官審理有盡到查明真實的法定責任嗎？更何況，我們發現本案所起訴用字，公訴檢察官正是抄襲自此不法筆錄，[5] 這不是司法官署藉勢藉端誣害百姓，茲事體大嗎？

事證四，由於調查局所製作之黃才泉筆錄是南投地檢署起訴「指控彭百顯圖利罪」的主要依據，也是南投地方法院《判決書》判決「彭百顯以不正方法使開標發生不正確結果」罪名的主要依據。但是為什麼有許多的原始調查筆錄，在後來二審臺灣高等法院臺中分院所譯錄製作之「還原筆錄」的真相中根本找不到？

究竟調查局的調查筆錄是如何做成，判決依據的真實性審理庭不應查明嗎？

事證五，經對照臺灣高等法院臺中分院根據「黃才泉在 2000 年 10 月 23 日於調查局中機組偵訊錄影帶（共五捲）」所譯錄製作之筆錄與調查局製作之供述筆錄，證明調查局所製作之調查筆錄多處為憑空冒出、自行杜撰，但卻是公訴人起訴我等的「犯罪證據」。一審根本被蒙在鼓裡，但卻仍依不實筆錄判決「彭百顯有罪」。證明一審之判決依調查局所瞞騙的片面證據，是錯誤的，他們錯判了我們。（參見以下簡表）

調查局虛偽造假污點證人筆錄，誣陷彭百顯

虛偽造假的「黃才泉調查筆錄」（2000.10.23 中機組）	偵訊錄影帶還原
答：由於震災造成南投縣境建物受損嚴重，須大量復建工程重建災區，彭百顯遂指示縣長辦公室機要吳政勳及陳明娟分別告知縣長選舉時支持彭某之椿腳，提供認識之營造廠商資料給縣長，俾使南投縣政府辦理發包之工程可優先指定其等所提供之營造廠商參標施作，**由於我個人已墊付法會不少支出，而本工程預算金額頗高，故彭百顯乃指定本工程由我僱工施作。**	無，但是《判決書》卻引用為犯罪事實證據。
答：彭百顯⋯並指示我即刻進場施作整地，所以我在本工程尚未招商比價前（3 月 24 日開標），即找友人張信揚以三建公司名義先行至虎山農場（營盤口段）基地施工整地，迄開標日前，建築師賴世晃及南投縣政府當時建設局局長簡學禮（現調至南投縣政府城鄉發展局局長）均曾到過現場，簡學禮並在南投縣政府人事室主任王炳麟住處，當面告以本工程尚未辦理發包，千萬不要在未辦理招商比價前率先施工，但我答稱係縣長指示我要立即施作，簡學禮便不再表示意見。	無，但是《判決書》卻引用為犯罪事實證據。
答：由於**我與彭百顯縣長熟稔**，遂於 89 年 2 月間將三建公司資料⋯置於機要人員陳明娟桌上，託陳明娟轉知彭百顯，故彭百顯在 3 月 6 日前指示本工程由我負責承攬時，即已知悉我借用三建公司名義參與本工程之投標並施作。	無，但是《判決書》卻引用為犯罪事實證據。
問：本工程你可獲利若干？ 答：經我估算本工程材料、施作及管銷費用後，預估可獲淨利逾一千萬元。	無，但是《起訴書》卻引用為控訴「圖利」之證據
問：**本工程彭百顯既然指定由你承攬而你的確於投標前即已開始施作本工程營盤口段**，黃細朗亦明知你早已施作前述工程，且黃細朗係陳介三親舅舅關係密切，何以陳介三仍執意借松楊營造股份有限公司牌照欲強行介入本工程招標比價作業？ 答：**黃細朗及陳介三早已知悉彭百顯指定由我承攬及我已進場動工之事實**，如我前述陳介三取走三建公司本工程空白標單後，由渠在 89 年 3 月 24 日下午一時左右持已填妥之標價 1 億 6,800 萬元之標單交給我蓋三建公司大小章以參加本工程形式比價；而陳介三則以松楊營造名義參加本工程比價，標價填寫 1 億 7,200 萬元，故我知悉陳介三持松楊營造牌參加本工程投標係為了配合三建公司參加形式比價。	無，但是《判決書》卻引用為犯罪事實證據。

問：陳介三明知本工程係由三建公司得標，且三建公司優先減價為1億6,500萬元，依縣府減價之程序陳介三可以清楚看到三建公司優先減價價格，何以松楊營造第一次減價價格為1億6,700萬元，高於三建公司優先減價之金額？另陳介山第二次減價價格1億6,680萬元何以仍高於三建公司優先減價金額？ 答：因陳介三借牌之松楊公司係屬陪標，原就無意承攬本工程，故陳介山不予掩飾而亂填第一次及第二次比減價格並高於三建公司優先減價之金額。	無，但是《判決書》卻引用為犯罪事實證據。
問：本工程係由何人負責施作並管理？ 答：**彭百顯指定本工程由我來承作，我即以三建公司名義在虎山農場（營盤口段）進行整地工程，惟因整地後發覺該基地地質不良，不適合興建建築物，彭百顯遂要求建築師辦理變更設計，並同時指示我在三和社區停車場（三塊厝段）逕行施工，以趕在921地震週年前提出成果。…**	無，但是《判決書》卻引用為犯罪事實證據。
問：彭百顯指定本工程由你承攬，有無向你收任何好處或以其他形式獲取利益？ 答：沒有。彭百顯指定本工程由我承攬施作，純粹係為彌補我前述法會所花費之530餘萬元墊付款。	無，但是《判決書》卻引用為犯罪事實證據。
問：彭百顯指定你等樁腳承攬南投縣政府發包工程，有無向你等收取任何好處或以其他形式獲取利益？ 答：彭百顯並未收取回扣，彭百顯係為答謝諸樁腳在渠競選縣長之幫忙，所以才會指定我等承攬施作南投縣政府發包之公共工程，但我等樁腳皆有默契，以隨喜捐獻方式，不以本人或承攬公司名義捐獻現金或匯款給「新南投建設發展基金會」。	無，但是《起訴書》卻引用為控訴證據。
問：「新南投建設發展基金會」董事長為何人？你等在捐獻時是否知道董事長為何人？ 答：「新南投建設發展基金會」董事長為彭百顯，我等在捐獻時均知該基金會係彭百顯所有。	無，沒有這個基金會。他也無捐給指控基金會之紀錄。
問：你總共捐獻金額若干予「新南投建設發展基金會」？ 答：我大概捐獻十萬元以上，但詳細數目記不清楚，彭百顯應不知捐獻者為何人。	無
問：你與彭百顯、黃細朗、陳介三等人有無私人怨隙？ 答：沒有。	無

「犯罪動機」，豈可模糊審理？

一審、二審均判決「彭百顯違反《政府採購法》，圍標工程」，不但判決忽略時空用法非當，並也用事不實。

而本案黃才泉「發心代墊法會支出」竟成指控縣長犯罪依據，證據何在？

千僧大法會因921震災停辦是事實，黃才泉代墊法會支出530萬元亦為事實，然而，並無任何客觀事證證明其與縣政府工程發包存在任何因果關係。千僧大法會因921震災停辦，黃才泉曾向縣政府民政局宗教課、行政室行政課多位同仁表達，因天災之故，他（代墊法會支出）願意發心贊助。

本案令人質疑的是，事情經過一年後，何以黃才泉在調查局偵訊下，其發心贊助卻變成是縣政府及彭百顯的債務，成為臨辦工程發包彌補損失的籌碼，真相是如此嗎？調查局偷天換日的本事還真不小。

檢方所有指控「彭百顯指定工程交其承包，以彌補虧損」說詞均為黃才泉一人片面之詞，包括縣政府從未「與中台禪寺有任何約定各項法會前置作業開支由縣政府先行墊付」。千僧大法會本來就是由民間人士支援各項財務籌辦，也因此黃才泉曾向南投地方法院提請保全證據之訴，業經2001.8.22地方法院民事庭裁定書予以否定，證明黃才泉說法不真確，更佐證以此論斷之證據不實。

而間接證據之證人賴世晃筆錄證詞亦係調查局移花接木，根本無法證明指控「縣長指示黃才泉進場整地」為真實。《判決書》認定黃才泉是經彭百顯指示，於工程發包前提前進場整地，依據來由是黃才泉及賴世晃筆錄。有關黃才泉筆錄「彭百顯…**並指示我即刻進場施作整地，所以我在本工程尚未招商比價前（3月24日開標），即找友人張信揚以三建公司名義先行至虎山農場（營盤口段）基地施工整地**」，前已指明為憑空冒出。至於《判決書》所採用之賴世晃筆錄，則是「調查人員問話」，不是賴世晃之證詞。（參見第七篇有較詳細之說明）

這些皆證明，一審判決係依未查明之不實證據之誤判行為。審理疏失而誤判誤人，是誰的責任？這也是司法改革要檢討的重點。

第二章

高分院二審判決也有不正義

> 真正的結束並不是到達一個有限的目標，
> 而是完成對無限者的追尋。
>
> —— 印度詩人，泰戈爾，《流螢集》

由一審至二審，歷經近五年的訴訟流程，許許多多人證、物證均已證明縣長本人「被冤枉羈押、起訴求刑」；臺灣高等法院臺中分院二審在兩年審理中，也進一步證明地檢署起訴及地院一審判決之調查筆錄依據，均為調查局所明知之蓄意偽造。但非常遺憾，2004.11.25 臺中高分院二審同樣玩起護航檢察官遊刃空間，仍無視當時《緊急命令》時空，亦以污點證人片面不實供詞，而改用一審《政府採購法》不同條款判處本人有期徒刑一年。我們再被迫續玩「延長賽」，令人痛心。

本人遭受歷史上最大的「921 貪污弊案」掘地三尺擴大偵辦，因司法迫害坐黑牢，但所羅織罪名於地院一審之庭審即已證明所有被起訴的「貪污、圖利、期約不正利益、侵占震災款、詐取震災款、業務侵占、偽造文書、背信」完全獲判無罪，一審即還我檢方大部分羅織《貪污治罪條例》罪名的清白，證實遭司法誣告。

然而，遺憾二審竟也接受不適當論告而改變法條規則判決，不同的只是捨棄一審原來《政府採購法》第 87 條第 3 項，改用違反同法第 87 條第 4 項判處本人有期徒刑一年。這難道不是為司法濫權羈押本人找下臺階嗎？何況，依《政府採購法》，縣長本人也可採用限制性招標，根本無須「與廠商合意開標」（第 87 條第 4 項）之情事，其理甚明。

非常清楚，一、二審對此判決之用法不該當，都違背客觀時空乃「緊急命令時期」，而非平時時期之錯誤認知。

由前面「921案」起訴罪名與一、二審法院判決對照表，可知全案所有起訴罪名皆已審理判決無罪。但卻遺留「臨時辦公大樓工程案」改以違背《政府採購法》論罪，為此蓄意「節外生枝」，特就針對二審判決，於本章論析其不正義。

二審改用不同條文，直指一審誤判

二審推翻一審的判決。想不到二審也犯了相同的錯誤：不認「緊急命令」時期。2004.11.25《臺灣高等法院臺中分院判決書》二審主文如下：

原判決關於彭百顯違反政府採購法、業務侵占、背信，暨定執行刑部分，及陳介山、王憲備、林得生、張鼎明部分，及陳明娟業務侵占、背信，暨定執行刑部分均撤銷。彭百顯共同意圖獲取不當利益，而以其他之合意，使廠商不為價格之競爭，處有期徒刑壹年。被訴業務侵占、背信部分均無罪。

臺中高分院認定原審（南投地方法院）判決應予撤銷改判部分：

被告彭百顯違反政府採購法部分係犯修正後政府採購法第87條第4項之罪，原審誤認為係犯同法第87條第3項之罪；…審酌被告彭百顯，為補償被告黃才泉之損失，就工程之發包業務，未秉公依法辦理，影響工程發包之公平性，及其犯罪之動機、手段、所生損害，犯罪後之態度等一切情狀，量處被告彭百顯有期徒刑一年。

臺中高分院認定原審判決應予維持部分（駁回檢察官上訴）：

關於被告彭百顯及陳明娟二人被訴圖利、利用職務上機會詐取財物、侵占公有公用財物部分，及被告彭百顯被訴違背職務期約不正利益部分，暨關於被告莊勝文、張漢堂、吳政勳、羅朝永、鄭素卿、白錫旼部分，原審以無證據證明被告犯罪，均為無罪之諭知，認事用法，均無不合，檢察官上訴意旨略以原審認事用法不無違誤等語，指摘原判決各該部分不當，

難謂有理由，應予駁回。

對又改遊戲規則的攻防

臺中高分院二審判決適用《政府採購法》第87條第4項不當違背法令。

【《政府採購法》第87條第4項係規定：「意圖影響決標價格或獲取不當利益，而以契約、協議或其他方式之合意，使廠商不為投標或不為價格之競爭者，處六月以上五年以下有期徒刑，得併科新臺幣一百萬元以下罰金。」是該罪之犯罪構成要件，須行為人有以契約、協議或其他方式之合意，藉以達成促使廠商不為投標或不為價格之競爭之結果，始得成立。倘出借名義或證件之廠商，僅係單純出借，本身原無參與投標或競價之意思，則其有否所謂以『協議』使廠商不為投標或不為價格競爭可言，即不無研酌餘地。】最高法院93年臺上字第4442號判決要旨，可資參照。

關於此節，二審《判決書》於事實欄記載為：

「…陳介山與黃才泉共同基於意圖獲取不當利益之犯意聯絡，於89年3月23日商談標單填寫事宜；…陳介山為使三建公司順利得標，於第一次比價減價後，乃將松陽公司之標價填寫為1億6,700萬元，高於三建公司優先減價後之標價1億6,500萬元，以默示之合意，共同以此合意之方式使廠商不為價格競爭，致三建公司經形式之比價、減價後，順利以總價1億6,050萬元得標。」

《判決書》於理由欄又記載為：

「黃才泉於中機組供述：我（黃才泉）知悉陳介山持松陽營造牌照參加本工程投標係為配合三建公司參加形式比價。…因陳介山借牌之松陽公司係屬陪標，原就無意承攬本工程。…」

準此，足證本判決認定以標單為形式比價之合意者為陳介山與黃才泉。換言之，此部分之犯罪行為人為陳介山與黃才泉，縣長彭百顯對此並

不知情，亦未直接或間接參與此合意至明。而松陽公司對於臨辦工程原本可能無參與投標、競標之意思，其借牌純屬陪標之性質。松陽公司既為單純出借牌照，參與陪標，該公司本身原無參與投標或競價之意思，則其並無所謂以「協議」使廠商不為投標或不為價格競爭可言，即與《政府採購法》第 87 條第 4 項之構成要件不該當甚明。

我的辯護律師已明明白白指出二審判決違法之處，惟臺中高分院判決不察，竟仍以前開事實、理由，誤將本人繩以《政府採購法》第 87 條第 4 項以其他之合意，使廠商不為價格之競爭之罪，顯然，有適用前開法條不當之違背法令。

對此判決理由矛盾、理由不備，違背法令的專業論證，我們依法論法，再展開法律攻防。這是不是超越《緊急命令》而「訴外判決」的延長賽？

判決理由前後矛盾，違背法令

按「有罪判決書之事實一欄，為判斷其適用法令當否之準據，法院應將依職權認定與論罪科刑有關之事實，翔實記載，然後於理由內逐一說明其憑以認定之證據，並使事實認定與理由前後說明，互相適合，方為合法。倘事實認定與理由前後說明，不相一致，或事實與理由欄內之記載，前後齟齬，按諸《刑事訴訟法》第 379 條第 14 款後段規定，均屬判決理由矛盾之當然違背法令。」最高法院 93 年臺上字第 5148 號判決要旨，可資參照。

關於引用共同被告黃才泉、陳明娟於調查中筆錄之理由矛盾：

《判決書》於理由中記載為：「本案共同被告黃才泉於 89 年 10 月 23 日在中機組之訊問筆錄，經本院勘驗當日之訊問錄影帶（含錄音），比對結果，計有以下之筆錄內容為錄影帶中所無⋯此部分不得作為本案證據；⋯共同被告陳明娟於 89 年 12 月 13 日在法務部調查局南投縣調查站所作筆錄，經核與本院勘驗之錄影帶內容不符，該部分筆錄亦不得作為本案證據。」

但臺中高分院二審不察，《判決書》於理由中又引用與事實不符之「黃

才泉於89年10月23日在中機組之供述筆錄」及「陳明娟於89年11月21日在法務部調查局南投縣調查站所作筆錄」，作為不利於「彭百顯論罪科刑」之依據。原判決顯有理由前後論述矛盾之違誤。

又按「訊問被告，除有急迫情況且經記明筆錄者外，應全程連續錄音；必要時，並應全程錄影。又筆錄內所載之被告陳述與錄音或錄影之內容不符者，除有急迫情況且經記明筆錄而未錄音、錄影之情形外，其不符之部分，不得作為證據。」《刑事訴訟法》第100條之1第1項、第2項定有明文。此等規定於司法警察（官）詢問犯罪嫌疑人時準用之，又為同法第100條之2所明訂。故審理事實之法院，遇有被告抗辯其未有如詢問筆錄所載之陳述時，應先調取該詢問過程之錄音或錄影帶，加以勘驗，以判斷該筆錄所載被告之陳述得否作為證據。

以及按「被告以外之人於檢查事務官、司法警察官或司法警察調查中所為之陳述，與審判中不符時，其先前之陳述具有較可信之特別情況，且為證明犯罪事實存否所必要者，得為證據。」《刑事訴訟法》第159條之2，定有明文。職是，證人在調查中所為之陳述如與審判中之供述不符，且調查中之陳述並無任何具有較可信之特別情況時，依前揭法條之反面解釋，該證人在調查中所為之陳述，則無證據能力，要無疑義。

臺中高分院二審經勘驗偵訊錄影帶後製作筆錄譯文，已證明「黃才泉、陳明娟、證人賴世晃於調查中之供述筆錄，經比對後發現其中有諸多不實、錯誤之處，如此諸多重大瑕疵，並無證據能力。」

再者，基於刑事訴訟直接審理原則及交互詰問之精神，證人既在審判法庭中，依法定程序，到場具結陳述，並接受被告、辯護人之詰問及對質等正當法律程序後，其所為陳述具有擔保性、憑信性，應為可採。黃才泉於調查中所為不利於彭百顯之供述，既與其在公開法庭所為之陳述不符，其在調查中所為之陳述又無任何具有較可信之特別情況，則依前揭法條之意旨，該證人在調查中所為之陳述，並無證據能力甚明。

然而，臺中高分院二審卻加以引用，作為不利於本人之判決認定，辯

護律師已明確舉證指出，二審法院認事採證，確有違誤，判決失當。

二審判決理由不備，違背法令

按「判決不載理由者當然為違背法令，所謂判決不載理由，係指依法應記載於判決理由內之事項不予記載，或記載不完備者而言，此為《刑事訴訟法》第 379 條第 14 款上段之當然解釋，而有罪之判決書，對於被告有利之證據不採納者，應說明其理由，復為《刑事訴訟法》第 310 條第 2 款所明定，故有罪判決書對於被告有利之證據，如不加以採納，必須說明其不予採納之理由，否則即難謂非判決不備理由之違法。」

有利於被告之重要事證，二審判決未予詳細審酌採納，亦未於理由中具體說明其不予採納之理由，包括關於黃才泉以法會代墊過程所為誤導之說明。

二審判決認定「彭百顯係因舉辦 1999 年南投縣各界聯合千僧護國祈福消災大法會，前置作業費用應由南投縣政府先行墊付，因並無此項預算，因而請託黃才泉擔任籌備會財務長，黃才泉並陸續支付 530 餘萬元，該法會嗣因發生 921 地震無法舉行，黃才泉墊付費用無法歸還而遭受損失，彭百顯欲彌補其損失，因而應允將臨辦工程交由黃才泉承作」。但查該判決並未察明事實，僅以黃才泉個人之陳述，遽認其曾經擔任法會財務長並墊付費用等情，實屬率斷。

蓋黃才泉曾以同一事由，以南投縣政府為相對人而提起聲請保全證據，案經南投地方法院已以 90 年度全字第 7 號裁定駁回其聲請。且卷內除黃才泉之供述外，亦無任何可以證明黃才泉所述「彭百顯曾約定法會前置作業由南投縣政府先行墊付，再由募得款項支付」的證據。由此證明，黃才泉所述「彭百顯曾約定法會前置作業由南投縣政府先行墊付，再由募得款項支付」，顯與事實不符。

且黃才泉提出之本票、法會分類帳等物，亦無從認定其確曾由縣政府或大法會委任擔任法會財務長，亦無從認定「彭百顯曾要求其曾代南投縣

政府先行墊付法會費用」等節，更遑論二審判決所述，「彭百顯為彌補其損失，而允諾由黃才泉承作特定工程」。實際上二審判決所為前開認定，無非係推論之詞，並無事實依據，要無可採。

關於證人黃才泉歷來所為供述，前後矛盾、錯誤百出，其供述顯無可採。

就黃才泉所述「彭百顯在縣長公館告知將本件臨辦工程指定由伊施作，除伊與彭百顯外尚有何人在場」乙節，黃才泉先則供稱有黃細朗在場（黃才泉以陳三名義調查局 2000 年 10 月 23 日筆錄）；後又改稱有簡學禮、黃細朗、賴世晃三人在場（見黃才泉以陳三名義 2000 年 10 月 28 日中機組筆錄），第一審法院 2001 年 6 月 11 日庭訊中再次改稱僅黃細朗在場，前後顯有不一，與證人賴世晃建築師於第一審法院 2001 年 6 月 11 日庭訊結證稱「（辯護人問：在與彭縣長討論設計案的過程中，是否曾聽到彭縣長說本工程案要指定給誰做？）沒有（即沒說給誰作）」等語；以及證人黃細朗於 2001 年 7 月 2 日庭訊中結證稱未曾聽過彭縣長說要把工程給黃才泉做等語，更有極大差異，如非出自黃才泉編織之不實謊言，何以如此？

另黃才泉於偵查中供稱「彭百顯告知將臨辦工程交予其施作之當天晚上，其有事至縣政府人事室主任王炳麟住處，簡學禮知悉後，立即奔至王炳麟住處找伊，將伊拉到一旁，告以本工程尚未發包，千萬不要在未辦理招商比價前率先施工，但伊答稱係縣長指示，簡學禮便不再表示意見」等語（2000 年 10 月 28 日陳三調查局筆錄），嗣於第一審法院 2001 年 6 月 11 日庭訊時卻改稱：「3 月 10 日前簡學禮打電話給我，說要把我送警察局，因我濫墾，所以我就停工，過了一個禮拜，我告訴彭百顯說不可以做，彭百顯要我繼續做，所以我要簡學禮去問他老闆。」等語，似意謂簡學禮於臨辦工程發包前，即知「彭百顯已同意黃才泉先行至現場進行施工」。

然核以時任縣政府建設局長之簡學禮以及本件工程承辦人簡育民於第一審法院 2001 年 6 月 11 日庭訊時均供稱其等乃於 2000 年 3 月 29 日（即

本件臨辦工程開標後）因黃才泉尚未完成水土保持即逕行施工，有觸法情形，因而才至施工現場制止黃才泉繼續施工等語，與黃才泉所述簡學禮係於發包前告知伊不得擅自開工云云，顯不符合。且倘本人告知黃才泉將臨辦工程交伊承作時，簡學禮並未在場，則簡學禮如何於本人將臨辦工程交予黃才泉承作之當晚，即向黃才泉表示不得於開標前擅自施工？由是觀之，黃才泉所為陳述顯與事理相違，破綻百出。

再者，黃才泉於 2000 年 10 月 23 日以陳三名義在調查局偵訊時供稱：「我於縣長告知數日後將三建公司資料置放入信封袋內，並於信封袋上親簽我姓名後送至縣長辦公室，經該室人員告知放置於陳明娟桌上即可」云云，次於 2001 年 10 月 28 日偵訊時又稱其係在 2001 年 2 月間（即彭百顯告知將臨辦工程交予其承作之前）即將三建公司資料放在陳明娟辦公桌上，故縣長在 3 月 6 日指示本工程由我承攬時，即已知悉我會借用三建公司名義參與本工程之投標云云；然其於第一審法院 2001 年 6 月 11 日庭訊中又稱：「我以三建公司名義投標，我是送到他縣長辦公室，他根本沒有說話，不置可否的意思」云云，就其「何時交付三建公司資料（在彭百顯告知之前抑或之後）、交付時彭百顯有無在場」等情節，所述並不相符。

再以其於偵查中供稱其係將三建公司之大小章、營利事業登記證、公司執照及完稅證明等資料放置於信封內、親簽其姓名交至縣長辦公室云云，然該等文件資料均為廠商參與投標時所需使用物品，黃才泉將該等物品交予被告，試問其應如何參與投標？且「彭百顯指定廠商參與比價，根本毋須該等文件」，黃才泉卻稱「其將該等文件交付彭百顯」，實屬荒謬，與其嗣於第一審法院審理時又稱其只是將業績表交到縣長辦公室云云，亦有未合，然而原判決未能詳加推敲比對其供述，僅以黃才泉前後不符，具有嚴重瑕疵之供述，即作為對被告不利判決之論據，殊不足採。

黃才泉於偵查中另稱「彭百顯指定五、六件縣府發包工程給我，其中最大為縣府臨時辦公大樓新建工程」云云。惟查公訴人從未說明除臨辦工程外，「彭百顯曾經指定任何其他工程予黃才泉施作」，更可窺知黃才泉

信口開河，所言不足採信。由此，足證黃才泉所為供述，確屬虛偽離譜，與工程實務作業經驗不符。

根據實務，縣府工程發包作業審核廠商資格是業務單位權責，並非縣長之工作。而且，各界推薦廠商，根本不必送公司大小章、登記證、執照等所有證件至縣長室。何況，攸關公司運作之大小章、證件怎麼可能任意放置他人桌上？且「交付予彭百顯縣長二個月」？則後來黃才泉又何時取回？既未取回又如何能於工程標單上蓋公司大小章投標？得標後又如何簽訂合約？如此諸多不合理之疑點，原審未加詳查，即為被告不利之認定，誠無足採。

再就關於黃才泉與陳介山是否圍標，與縣長依法行政無關之說明：

依《政府採購法》第 105 條第 1 項第 1 款規定：「機關辦理下列採購得不適用本法招標決標之規定。一、國家遇有天然災害…需緊急處置之採購事項。」又依據前開規定所定之〈特殊採購招標決標處理辦法〉第 6 條第 1 款規定，機關依本法第 105 條第 1 項第 1 款辦理採購之決標，應符合以下原則：以限制性招標方式辦理者，以邀請二家以上廠商比價為原則。所謂限制性招標，指不經公告程序，邀請二家以上廠商比價或僅邀請一家廠商議價之謂（《政府採購法》第 18 條第 4 項規定參照）。

於本件臨辦工程，本人基於縣長之職權，本即有權僅邀請二家廠商比價或僅邀請一家廠商議價。如謂本人決意無論如何均將臨辦大樓工程交由黃才泉施作，確有圖利私人之不法意圖者，則大可僅指定黃才泉一家廠商議價，又何須指定三家廠商比價，平添黃才泉無法順利得標風險以及比減價格作業之必要？

再觀黃才泉本身亦無必由南投縣政府指定比價甚或得標之把握，業據黃才泉在第一審法院審理時一再陳明，以及黃才泉於原審法院 2001 年 7 月 23 日庭訊中供稱：「因顧慮無法取得虎山農場工程款，所以要努力去爭取三塊厝的工程，事後其等也有將這部分工程款編在整地項目下」等語，另 2001 年 8 月 13 日庭訊時供稱：「由於虎山農場那邊我已做了，所

以我臨辦大樓非做不可」等語，實可確認本人處理本件臨辦大樓工程，始終根據法令規定依法行政，並無違法之情事，因而黃才泉方無從徇私獲得不法利益，則黃才泉與陳介山是否涉及圍標之情形，顯然與本人無關。

再者，公共工程自設計、規畫、發包、決標、施工、監工、驗收、結算、付款等程序，均有各級公務員依據法令行事，本人雖為縣長亦無法一手遮天。原審判決「認為彭百顯藉指定黃才泉承作工程以彌補其虧損」，顯然有悖常理。再觀之黃才泉承作臨辦工程，南投縣政府無論於施工監督、驗收等程序均能依法處理，本件臨辦工程於結算驗收金額 1 億 4,638 萬 6,217 元較之原定工程經費 1 億 6,050 萬元，尚減少 1,411 萬 3,783 元，有結算驗收記錄可查，足見本人以縣長職權對於臨辦工程從無徇私包庇之心，一切依法秉公處理，實無違法行事之可能。

此外，事實上由於本人在 2000.3.23 傍晚才批示三家比價廠商參加比價，在此之前，任何人根本不可能知道有那些廠商獲得參與本工程之比價，而且，參加比價廠商必須經過法定程序開標比價，由何者得標，也尚未確定。

再者，陳介山若真「早於 2000.3.23 前數日，已知悉黃才泉為內定得標者」，則其何須冒借牌違法之風險去爭取參與投標之機會？又何須「向黃細朗調借五百萬元押標金」承受負擔參與投標？由此，足以證明原審認定本人與陳介山「有犯意聯絡」，以「共同協助黃才泉圍標工程」云云，顯與常理不符，殊無可採。

何況，本案於二審臺中高分院對於前開諸多有利於被告之重要事證，均未詳細審酌採納，亦未於理由中具體說明不予採納之事由，僅以黃才泉等人諸多瑕疵之供述，作為對本人論罪科刑之證據，愈證本判決顯有理由不備之違誤。

由本章以上論證所指諸多證據證明，二審確有判決違背法令之處。

總之，本案審理過程證明有此事實：判決遽以推定、臆測之詞陷人於罪，實違法制，戕害人權。

第三章

明知筆錄捏造，更一審豈可當作判決依據？

虛偽永遠不會因為生長在權力中
而變成真實。

　　　　　　　　　　── 印度詩人，泰戈爾，《飛鳥集》

接著於本章，我們要嚴肅地舉證調查局製作虛偽筆錄，並觀察於發現事實之後，審理法官如何對待相關當事人？尤其，我們對更一審不可思議之蓄意胡為亂判，更令人對司法正義無法認同、無可信服。

調查局所作虛偽筆錄一籮筐，目的不明嗎？

「921 案」證明地院一審論罪係依偽造筆錄作錯誤判決，致令各界仍然誤會我「貪污、圖利、違法」更深，幾成定論。這是司法誤人的無可奈何。

法律規定：訊問被告，應全程連續錄音；必要時，並應全程連續錄影。但有急迫情況且經記明筆錄者，不在此限。筆錄內所載之被告陳述與錄音或錄影之內容不符者，除有前項但書情形外，其不符之部分，不得作為證據。《刑事訴訟法》第 100 條之 1 第 1 項、第 2 項定有明文。法律規定如此，但審理庭疏忽或故意違背，又能如何？所謂徒法不足以自行，司法的倫理道德尤為重要。

「921 案」中經起訴並於一審引用以「定罪彭百顯的造假筆錄」證據很多，雖經二審再勘驗釐清，但令人訝異，臺中高分院更一審判決卻不理會證據之虛偽與釐清，仍以造假筆錄來纏訟並繼續抹黑本人，讓司法回歸

真相的努力回到錯誤原點。審判庭居心何在？司法正義何在？其有任務乎？抑或有不便告人之苦情？

污點證人黃才泉於 2000 年 10 月 23 日在法務部調查局中機組之唯一一次的訊問筆錄，是做為「起訴並判決彭百顯的唯一重要證據」，後經高分院二審勘驗錄影帶，證明調查局虛偽造假黃才泉筆錄，參見上章事證。在此再整理至少有以下八大項為錄影帶中所無，卻是本案檢察官用以做為惡意起訴之依據（本案有關起訴之詳細剖析，將於第七篇第二章探討），但可惱《更一審判決書》卻刻意忽略大部分關鍵內容，僅羅列其中三項筆錄認定不得作為本案證據，他們立場不公，蓄意忽略其他檢調非法造假，致已於前審釐清「貪污圖利」無罪之後，再次發生嚴重誤導判決本人「貪污圖利」罪。「審理半套，誤判半套」，令人相當不以為然。

因此，為舉證更一審的嚴重胡作非為，在此具體就上章調查局造假筆錄才出現本案錯誤起訴、錯誤判決的關鍵內容，列舉其八項為司法操作以誤人之指控、判決如下，並以控訴「更一審」之蓄意傷害。

更一審無視調查局八項造假筆錄，怵目驚心

（一）指控「彭百顯指定臨辦工程由黃才泉僱工施作」，虛偽不實

調查局捏造：

「由於震災造成南投縣境建物受損嚴重，須大量復建工程重建災區，彭百顯遂指示縣長辦公室機要吳政勳及陳明娟分別告知縣長選舉時支持彭某之樁腳，提供認識之營造廠商資料給縣長，俾使南投縣政府辦理發包之工程可優先指定其等所提供之營造廠商參標施作，由於我個人已墊付法會不少支出，而本工程預算金額頗高，故彭百顯乃指定本工程由我僱工施作。」

調查局捏造：

「問：彭百顯與黃細朗關係為何？何以彭百顯於本工程比價前當著黃細朗面指定由你承攬本工程？」「答：據我所知黃細朗與彭百顯關係密切，且渠有地下縣長之稱，惟我並不知黃細朗和彭百顯係談論何事，故彭百顯當著黃細朗面指定本工程由我承攬施作，我並不意外。」

（二）指控「彭百顯指示黃才泉先行進場施作整地」，虛偽不實

調查局捏造：

「…（彭百顯）並指示我即刻進場施作整地，所以我在本工程尚未招商比價前（3月24日開標），即找友人張信揚以三建公司名義先行至虎山農場（營盤口段）基地施工整地，迄開標日前，建築師賴世晃及南投縣政府當時建設局局長簡學禮（後調任南投縣政府城鄉發展局局長）均曾到過現場，簡學禮並在南投縣政府人事室主任王炳麟住處，當面告以本工程尚未辦理發包，千萬不要在未辦理招商比價前率先施工，但我答稱係縣長指示我要立即施作，簡學禮便不再表示意見。」

（三）認定「黃才泉將三建公司資料送交陳明娟轉交彭百顯」，虛偽不實

調查局捏造：

「由於我與彭百顯縣長熟稔，遂於89年2月間將三建公司資料…置於機要人員陳明娟桌上，託陳明娟轉知彭百顯，故彭百顯在3月6日前指示本工程由我負責承攬時，即已知悉我借用三建公司名義參與本工程之投標並施作。」

（四）「黃才泉供述取得空白標單」，虛偽不實

調查局捏造：

「我當下估算依建築師將標單等資料裝妥帶至臺中市夜間郵局投遞時已約晚上六、七點，我擔心離第二天開標時間太近不及填寫標單，乃出面

向現場公管中心職員（姓名不清楚）索取多印之空白標單以便先後填寫估價，經我檢視後發現其中未附水電工程部分的標單，乃由該中心員工以電話緊急通知建築師及公管中心主任王仁勇、副主任曾志宏、承辦人簡育民等人返回該中心重新檢查並補足水電工程標單，再由建築師親至臺中市英才路夜間郵局投遞標單。」

（五）「黃才泉供稱可獲淨利逾一千萬元」，虛偽不實

調查局捏造：

「問：本工程你可獲淨利若干？」 「答：經我估算本工程材料、施作及管銷費用後，預估可獲淨利逾一千萬元。」

（六）指控「彭百顯與陳介山合謀，指定松陽虛偽比價」，虛偽不實

調查局捏造：

「問：本工程彭百顯既然指定由你承攬而你的確於投標前即已開始施作本工程營盤口段，黃細朗亦明知你早已施作前述工程，且黃細朗係陳介三親舅舅關係密切，何以陳介三仍執意借松楊營造股份有限公司牌照欲強行介入本工程招標比價作業？」 「答：黃細朗及陳介三早已知悉彭百顯指定由我承攬及我已進場動工之事實，如我前述陳介三取走三建公司本工程空白標單後，由渠在 89 年 3 月 24 日下午一時左右持已填妥之標價 1 億 6,800 萬元之標單交給我蓋三建公司大小章以參加本工程形式比價；而陳介三則以松楊營造名義參加本工程比價，標價填寫 1 億 7,200 萬元，故我知悉陳介三持松楊營造牌參加本工程投標係為了配合三建公司參加形式比價。」

「問：陳介三明知本工程係由三建公司得標，且三建公司優先減價為 1 億 6,500 萬元，依縣府減價之程序陳介三可以清楚看到三建公司優先減價價格，何以松楊營造第一次減價價格為 1 億 6,700 萬元，高於三建公司優先減價之金額？另陳介山第二次減價價格 1 億 6,680 萬元何以仍高於三

建公司優先減價金額？」　「答：因陳介三借牌之松楊公司係屬陪標，原就無意承攬本工程，故陳介山不予掩飾而亂填第一次及第二次比減價格並高於三建公司優先減價之金額。」

（七）「黃才泉供稱未招商比價前即以三建公司名義進行整地」，虛偽不實

調查局捏造：

「問：本工程係由何人負責施作並管理？」　「答：彭百顯指定本工程由我來承作，我即以三建公司名義在虎山農場（營盤口段）進行整地工程，惟因整地後發覺該基地地質不良，不適合興建建築物，彭百顯遂要求建築師辦理變更設計，並同時指示我在三和社區停車場（三塊厝段）逕行施工，以趕在 921 地震週年前提出成果。」

（八）指控「彭百顯要求黃才泉需與黃細朗及陳介山配合下包工程，並給付 500 萬元補償」，虛偽不實

調查局捏造：

「答：本工程得標後，陳介山向我表示係渠舅舅黃細朗指示其尋找營造廠商配合參標，我認為黃細朗明知彭百顯已指示將本工程交由我承攬及早已進場施作，而黃細朗卻又指示陳介三向松楊營造借牌，作為三建公司陪標廠商，其目的在向我邀功，藉以作為渠等向彭百顯及我要求承攬本工程下包工程之籌碼，我雖滿心不願但也無可奈何。在簽約後黃細朗與陳介山確有向彭百顯要求承作下包工程，彭百顯並向我表示需與黃細朗與陳介山配合施作本工程，並於下包工程所得利潤中優先給付五百萬元予我作補償，因此我才只好同意將下包工程交予黃細朗與陳介山。」

除以上偽造「黃才泉筆錄」之外，調查局也偽造「陳明娟、賴世晃、王憲備等人筆錄」以作為證據，來構陷縣長我本人。

更一審依虛偽造假筆錄，繼續誣陷

高等法院《更一審判決書》雖然載明筆錄內所載之被告陳述與錄音或錄影之內容不符者，其不符之部分，不得作為證據。但卻自行心證引用判定「陳明娟於 89 年 11 月 21 日在南投縣調查站之調查筆錄中所供『黃才泉確曾請我代轉一只牛皮紙袋信封袋物品予彭縣長』等語經核與本院所勘驗之錄影帶內容相符，自得作為證據。」但該項判定嚴重與高分院所勘驗錄影帶內容相違背。

經查陳明娟於調查局時對於調查員重複詢問「有無於 89 年 2 月間，收到黃才泉轉交三建公司大小章及相關資料」時，一再表示「沒有印象」、「不記得」等語，業經於地院審理時調閱錄影帶勘驗在案。而就彭百顯縣長是否「在 89 年 2 月間，收到黃才泉轉交三建公司大小章及相關資料」的證據方面，調查員一再訊問，陳明娟再三重複：「我真的沒有印象」、「真的沒有印象」、「我不記得有沒有轉交」、「我真的不記得」。自頭至尾，陳明娟均未曾供述「有拿到三建公司資料轉交予彭百顯縣長」。

但調查局卻自行將時間定位於「89 年 2 月」，將牛皮紙袋內容設定為「三建公司大小章、營利事業登記證、公司執照、完稅證明等相關資料」，並擅自於陳明娟筆錄中加強語調捏造「確」字，以串連製造「陳明娟確實曾受黃才泉委託收到三建公司資料並轉交予彭百顯縣長」之事證情節。

顯然，由此竄製筆錄而認定「黃才泉借牌承作係由陳明娟轉交」之事證，根本不實。但高院更一審判決卻刻意忽視該項證據，仍將不實筆錄作為判決依據。為何如此，顯然事有事蹊蹺。

更一審判決認定「陳明娟拿空白標單給王憲備」的依據是陳明娟 2000 年 11 月 21 日、12 月 1 日、12 月 20 日於南投縣調查站之調查筆錄；而認定「彭百顯指示陳明娟拿空白標單給王憲備」的依據則是陳明娟 2000 年 12 月 21 於南投縣調查站之調查筆錄。由於 2000 年 11 月 21 日、12 月 1 日、12 月 20 日之錄影帶原審並未當庭勘驗，故未能證明調查筆錄真實性；但最關鍵的 12 月 21 日陳明娟接受調查之錄影帶，經南投地方法院一審 2001

年 9 月 25 日庭訊時勘驗，卻發現調查站筆錄與實際錄影帶內容不符，一審對此卻也有協助釐清本案的貢獻，因此，南投地方法院及臺灣高等法院臺中分院兩前審均捨棄該不實調查筆錄不予採用。

非常荒誕怪異，更一審非但不進行正常程序審理，卻逕自突襲判決用經已證實為無證據能力之該不實調查筆錄作為判罪依據，不僅凸顯判決之嚴重謬誤外，更見「繼續延長誣陷彭百顯」之確切鑿痕。我們難接受他們不明事理，欺騙社會之蠻橫，惟其有隱情乎？

更一審回頭引用造假筆錄，判決回到原點

高等法院更一審採信賴世晃於中機組調查時證稱：「約於 2 月底，南投縣政府欲委託我設計監造本工程，在 89 年 3 月 6 日議價簽約前，至本工程基地位置勘查，發現已有廠商進駐機具及人力，進行整地作業。」但勘驗賴世晃錄影帶，證明該筆錄根本虛偽不實。

在佐證「何時整地」方面，錄影帶證實賴世晃答復內容前後出入相當大：一次答「簽約議價後」，一次答「議價前」，時間根本不明確。

其次，在佐證「整地施工地點」方面，則完全是調查人員自說自話；賴世晃只說「彭縣長對設計沒什麼反應」，調查局竟將全段問話「你於 89 年 2 月底與南投縣縣長彭百顯洽談後，事後曾有兩次，分別將前述基地之建築物設計草圖親自持至縣長辦公室及縣長公館交予彭百顯，並說明計劃內容，所以你認為進行整地之廠商只要持有你所繪之規劃草圖，即可進行初步之整地，至於廠商如何取得該草圖，你不清楚。另第二次持設計草圖向彭縣長說明時，曾向他反應前述基地已有人進行整地作業，惟彭縣長並未作任何反應及指示。」全部移花接木為賴世晃所答復供述，以作為誣陷彭百顯「指示黃才泉先行進場施工整地」之佐證證據。

證明賴世晃筆錄造假，依法上述筆錄即不得作為證據，但高等法院《更一審判決書》卻仍予引據認定，實在嚴重違誤，愈證彭百顯之受誣陷甚明。

直指「要辦縣長」，調查局筆錄造假

王憲備於偵查中供述「在3月23日中午到縣長室找陳明娟拿到標單」，根本與所有物證及證人證述不符。證明陳明娟受到冤辱，彭百顯受到陷害。而其何有此項說詞？主要係因在偵訊恐嚇壓力下所為不實之陳述筆錄。

南投地方法院一審勘驗王憲備於調查局錄影帶發現，檢調人員態度惡劣、怒喝說要辦縣長，已有恐嚇之嫌；且指明檢調單位辦案已預設立場，目的就是要辦彭百顯，依此所做之調查筆錄非但存有嚴重瑕疵與不確實，並有證實誣陷彭百顯之事證。惟更一審竟漠視所有當庭勘驗的證據，並將受威脅恐嚇之筆錄作為證據，已違反《刑事訴訟法》規定。至於其何以膽敢如此？令人質疑。

由原審勘驗錄影帶偵訊過程可知，調查員一再提到羅朝永被收押的事，又拍桌子，威脅要收押，對被告造成非常大的壓力。調查員又利誘，可以從輕處理，又說已握有證據，此乃誘導訊問。

由勘驗錄影帶證實檢調人員態度惡劣怒喝說「要辦縣長」，有恐嚇之嫌；且檢調單位辦案有預設立場，「目的就是要辦彭百顯縣長」，依此所做之調查筆錄實已違反《刑事訴訟法》規定，以非自由意志下取供，這種嚴重違法取得之筆錄，根本不能作為所謂犯罪事實之證據。但是我彭百顯本人卻是在這樣的虛偽筆錄被勘驗澄清之後，仍硬被冤枉、構陷。

法務部調查局是執法律正義的先鋒，可以放縱部屬違法亂紀、構陷忠良？或者法務部長、調查局長等長官要員可淪為政治鬥爭而指揮辦人的工具？

審理正義是錯誤起訴的最後防線

我人曾經心存幻想司法確有正義，寄望審判法官一開始即應該能夠查明事實，正確裁判我這個司法案是冤枉起訴。本案雖於一審至二審才陸續查明偽造筆錄構陷本人之事實，然而，他們卻仍留一手，讓檢察官保有部分顏面，官官相護。司法不依法行事，我們甚是挫折失望。尤其，對於更一審之「脫線」演出，更令人驚訝司法人人的勇敢不法，莫名其然，久久不得其解。

「921 案」證實係以虛偽筆錄或非事實論據起訴，經於一審、二審即判以無罪，其情況請參見對照表如下。

彭百顯「921 案」以虛偽筆錄或非事實論據起訴，法院判決無罪對照表

項目	起訴理由	虛偽、非事實（真相還原）	地院及高院判決
一、臨時辦公大樓工程	彭百顯「逕自將停車場用地變更為機關用地」、「設計變更追加工程金額 4,800 萬元」、「圖利黃才泉、陳介三逾一千萬元」，觸犯《貪污治罪條例》圖利罪。	1. 指控「彭百顯指定工程交其承包以彌補虧損」均為污點證人黃才泉片面不實之詞。 2. 南投地院審理，調查局提供一卷 10 月 23 日有影無聲之黃才泉偵訊錄影帶（但畫面上日期為 10 月 28 日）予法院相隱瞞，並偽造公文，謊稱日期弄錯及「麥克風燒壞有影無聲」。 3. 勘驗證明調查筆錄無中生有、憑空冒出，甚至移花接木。	無罪
二、巨型公園工程圖利國軒公司 179 萬 6 千元	彭百顯對巨型公園工程之發包「圖利國軒公司 179 萬 6 千元」，觸犯《貪污治罪條例》圖利罪。	1. 以威脅利誘所獲違反事實之筆錄謬誤起訴指控彭百顯圖利。 2. 王憲備被脅迫咬陳明娟以便套牢彭百顯「圖利」，並指證檢方預設立場「要辦彭百顯」。	無罪
三、福龜新農業園區 3 件工程	彭百顯對福龜新農業園區工程之發包「圖利莊勝文 79 萬 2,523 元」，觸犯《貪污治罪條例》圖利罪。	1. 本案指控「圖利」純為檢方推測，另指控「圍標虛偽比價」為無事實根據。 2. 證人出庭作證「不確定是否能得標」、「調查站要我作污點證人」、「筆錄是誘導的方式」、「筆錄內容與錄影帶不同」。	無罪

四、災後測設、檢測樁工程13件	彭百顯對13項災後測設、檢測樁工程之發包，「違背職務，期約不正利益」，觸犯《貪污治罪條例》。	1. 秘密證人張鼎明供稱「檢調單位唆使作偽證」，「有關工程得標將來要支持彭百顯及政治獻金」是調查員套加上去的。 2. 羅朝永指證檢調一再以「交保」「逼迫利誘，作不實口供」。 3. 吳政勳錄影帶證明「政治獻金是調查員自行加入的」。 4. 相關人出庭作證指陳事實，證明起訴有誤。	無罪
五、921民眾捐款予基金會	彭百顯「侵占公用、公有財物計1,558萬6,000元、美金5,000元」，觸犯《貪污治罪條例》。	1. 指控「捐款存入二基金會為政府救災單位」為檢調片面推論說詞，非事實。 2. 起訴「侵占捐款」為檢調推論，無事實根據。 3. 檢方以非救災單位接受捐款認定為「意圖不法所有」之論斷，不是事實。 4. 起訴內容與事實不符。	無罪
六、921民眾捐款予基金會	彭百顯「利用職務上之機會，詐取財物1,352萬6,941元」，觸犯《貪污治罪條例》。	1. 起訴指控內容非事實。（捐款給基金會，並非政府資金、公有財物。）	無罪
七、基金會250萬借支張河新	彭百顯「私自侵占挪用基金會之部分款項，致損害基金會之財產及帳目管理。」觸犯《刑法》業務侵占、偽造文書罪。	1. 陳明娟「筆錄有許多內容是調查人員說的，但卻紀錄為陳明娟說的」。 2. 張河新「調查筆錄不實」。 3. 起訴內容不實。	地院／有罪，高院／無罪。
八、捐款未存入基金會	「捐款未存入基金會」，觸犯《刑法》背信罪。	1. 個人戶頭的錢「不是基金會的錢」，但筆錄卻惡意扭曲為「彭百顯私自開立帳戶，將基金會的錢存入私人帳戶」。 2. 起訴指控內容不是真實。	地院／有罪，高院／無罪。
九、基金會投資基金	「彭百顯委託私人操作股票投資、損害基金會」，觸犯《刑法》背信罪。	起訴指控非事實。	地院／有罪，高院／無罪。

說　明：1. 本對照表證明以「偽造筆錄」為起訴依據的危險與不正義，涉及法律倫理之嚴肅性。

2. 本案「偽造筆錄」經一、二審才分別查明真相，表中判決指一審及二審。

3. 本案全部九大案件中皆有「偽造筆錄」的陷阱，以致法官亦無法完全澄清，故而判決有誤。表中，案一至案六以「偽造筆錄」起訴，經第一審即獲澄清。但案一卻因一、二審法官未察論告不實背景，故改法課罪，更一審亦沿用。

4. 表中第七、八、九這三個案件，亦涉依「不實筆錄」或片面推論起訴，但於一審未得真相，至高院之二審才得以澄清，判決無罪。

第四章

更一審這一幕何以荒謬離奇？

> 你對偉人的誹謗是不敬的，它傷害的是你自己；
> 它對小人物的誹謗是卑鄙的，因為它讓犧牲者受傷。
>
> ── 印度詩人，泰戈爾，《流螢集》

本案審判過程，為何延時費時 11 年，除一審、二審用法有誤之外，更一審時的蓄意誤判也是原因，我人實在想不通，令人甚是不滿。

臺灣高等法院臺中分院於 2006 年 4 月 19 日《更一審判決書》不僅忽視「緊急命令期間」環境時空，以違反《政府採購法》「共同意圖獲取不當利益，而以其他之合意，使廠商不為價格之競爭，處有期徒刑一年。」另對有關「南投縣巨型公園文化遊憩資訊中心」再回頭沿用檢方錯誤之起訴意旨，判決「圖利罪」成立，處有期徒刑 5 年 2 個月，圖利所得新臺幣 179 萬 6 千元，應予追繳沒收之。

這是「921 案」審理過程中，唯一敢用不實筆錄判我「圖利罪」成立的審理庭。該判決實在荒謬，判決違法。其何以如此離譜大意，究竟文章為何，甚引人注目。

違法判決，更一審如兒戲，凸顯什麼意義？

先看《更一審判決書》判決及論罪法條：

犯罪事實一部份，核被告彭百顯、陳介山所為，均係違反修正後政府採購法第 87 條第 4 項之以其他之合意，使廠商不為價格之競爭罪。政府採購法雖於 91 年 2 月 6 日公布施行，於同月 8 日生效，惟前揭法條並未修正，故應直接適用修正後條文，附此敘明；公訴人認為本案被告等人，

係犯政府採購法第 87 條第 3 項之罪,尚有未洽,起訴法條應予變更,被告彭百顯、黃才泉、陳介山等三人間,就前開犯行,彼此有犯意聯絡及行為分擔,均為共同正犯。

犯罪事實二部份,核被告彭百顯所為,係犯貪污治罪條例第 6 條第 1 項第 4 款之圖利罪。又貪污治罪條例第 6 條第 1 項第 4 款業於 91 年 7 月 17 日修正,經總統公布實施,比較新舊法結果,以新法有利於被告,自應適用新法。原審以被告彭百顯、陳介山違反政府採購法罪證明確,予以論罪科刑,原無不合,惟查被告彭百顯等係犯修正後政府採購法第 87 條第 4 項之罪,原判決誤認係犯同法第 87 條第 3 項之罪,尚有未合,又被告彭百顯尚犯有圖利罪,原判決誤為無罪之諭知,亦有未當,被告彭百顯、陳介山上訴意旨否認犯罪,檢察官上訴意旨指被告彭百顯、陳介山違反政府採購法部分量刑太輕,雖均無理由,惟檢察官上訴意旨指原判決關於彭百顯圖利部分不當,為有理由,暨有上開可議之處,自應由本院將原判決關於被告彭百顯、陳介山關於違反政府採購法及被告彭百顯圖利部分撤銷改判,爰審酌被告彭百顯為補償黃才泉之損失,就工程之發包業務,未秉公依法處理,影響工程發包之公平性,及其犯罪之動機、手段、所生損害,犯罪後之態度等一切情狀,被告彭百顯違反政府採購法部分量處以有期徒刑一年,圖利部分量處以有期徒刑五年二月,並定其應執行刑為有期徒刑五年六月,被告陳介山違反政府採購法部分,量處以有期徒刑十月,被告彭百顯圖利所得新臺幣一百七十九萬六千元,應予追繳沒收,如全部或一部不能追繳時,以其財產抵償之。

怠職未審理,竟回頭用錯誤《起訴書》判決,再度抹黑圖利

對於更一審超級草率的「速審速決」,我們無法苟同。最高法院 2005.11.11 發回更審,2006.2.15 臺中高分院公開審理程序,至 2006.4.19 判

決，更一審前後僅用 2 個月，超高速度效率雖好，但卻違法未進行審理、查證，影響當事人權益，而且非常嚴重的，全然漠視南投地方法院及臺中高分院二個前審已審理並判決無罪的事實證據，竟回過頭採用錯誤連篇的《起訴書》內容作為判決圖利罪的依據，實已荒謬至極。對「更一審」非常不負責任之審判作為，被告人權何在？

如此玩法不恭，我是該抗議更一審不進行一般審理過程？還是依然默認大家瀆職玩法，凌遲被告當事人？司法大人，誰能指導我們苦主的處境？

再查本案檢方依「一般公共工程利潤 10%」，指控「彭百顯縣長圖利廠商 179 萬 6 千元」，此項說法純係屬檢方之臆測，並無任何事實根據，法官不查卻據以裁判。

本案不進行審理，也可以作出判決，《更一審判決書》竟一字不漏照抄《起訴書》當作判決內容，不僅漠視南投地方法院審理推翻此項不實控訴之證據，且更一審合議庭根本未開本案之審理庭，也未提出認定「縣長圖利廠商 179 萬 6 千元」之證據，《更一審判決書》即率爾判定「彭百顯圖利廠商 179 萬 6 千元」，論罪用法荒謬草率，毫無根據。如此法官，怎令人尊敬、有什麼公信力？

本案承包廠商已如當初預估嚴重虧損，根本沒有圖利廠商之事實，與《貪污治罪條例》第 6 條第一項第 4 款明定要件不符，《更一審判決書》睜眼瞎說竟判定圖利罪刑，明顯違反法律規定，實為違法之判決。這樣違法瀆職的強制性判決，到底反映什麼意義？為什麼他們敢如此膽大妄為，囂張跋扈？這一幕背後隱藏什麼秘不可宣之事？

用錯誤郵件地點妄作論罪推斷

實為可議，《更一審判決書》「用錯誤地點」妄作論罪推斷，誣判圖利，實嚴重錯誤。《更一審判決書》判定圖利所根據的一項重要證據是，「快捷郵件不可能於隔天寄達臺中市及高雄市之指定廠商」，以此心證判

定「陳明娟於前一天中午即交付王憲備空白標單」，這根本是以錯誤資料妄作錯誤推斷。如此心證，豈司法正義所許可？

經查本件工程之二份標單於 2000 年 3 月 23 日晚間由許光國於臺中市英才路之夜間郵局投遞，分別寄往臺中市之國軒公司，及南投縣之久元公司，皆有快捷郵件執據在卷足證，依臺灣省快捷郵件該二份標單 3 月 24 日上午即可送達。而且標單並非如《更一審判決書》所妄作指稱之寄高雄。《更一審判決書》以錯誤資訊逕為錯誤論罪依據，實嚴重謬誤、不應該。

用錯誤投標金額、錯誤時間，妄作論罪推斷

另外可議的是，「投標金額 2,290 萬元誤為 5,000 萬元」：《更一審判決書》用錯誤投標金額妄作錯誤論罪推斷，錯得相當離譜。

按起訴指控：「久元公司之估價單，隨意填寫工程項目金額高達 5,000 餘萬元，作為本工程之陪標廠商，以保障國軒公司順利得標」。這項指控與事實不符，「業經於原審提出證明不實」。但《更一審判決書》未予明察，卻迷信公訴人依然錯誤繼續引用《起訴書》不實資料，做為認定犯罪事實及判處罪刑依據，實嚴重謬誤。

依據投標標單，久元公司之標單為 2,290 萬元，而非《起訴書》及《更一審判決書》錯誤指控之 5,000 萬元陪標金額。檢方用錯誤數據錯誤舉罪推斷，就已錯得相當離譜，而事經 5 年了，歷經一審審理已然釐清，至更一審合議庭竟然還漠視已呈庭之所有卷證事實，草率以原始錯誤起訴資訊作盲目判罪。其無可罪乎？

又 3 月 22 日公文未送達縣長室，《更一審判決書》並未予明察卻仍然錯誤繼續引用不實之《起訴書》資訊，以此錯誤時間栽贓「彭百顯於 3 月 22 日即意圖事先與特定廠商謀議圍標」，並依此做為「認定犯罪事實及判處彭百顯罪刑依據」，實乃草率。如此高等法院實在偏見不認真又復傲慢自大，其權威真可信賴乎？長官大人，難道縱容這樣的法曹大官可以繼續在體制內任其胡為？

標單資料不可能憑空創造

《更一審判決書》用錯誤時間、錯誤對象妄作論罪推斷,「認定犯罪事實及判處彭百顯罪刑」,乃嚴重失職而做出錯誤判決。

最嚴重離譜的,3月23日中午公文仍在各單位會稿,標單根本還未誕生、且標單並非主辦許光國所可製作。

3月23日中午縣長辦公室並無任何本工程案件之資料,縣府發包中心整理標單文件至晚上9點完成郵寄標函。許光國絕不可能自己憑空創造所有標單資料,並盜蓋公管中心印章,再送到縣長室。原審已查證本案所有標單等資料均以快捷郵件寄出,證明《起訴書》指控「於3月23日中午廠商親自取得標單」,顯然不實。

就證據而言,《更一審判決書》採信王憲備受威脅恐嚇證詞,判決違法。王憲備於偵查中供述「在3月23日中午到縣長室找陳明娟拿到標單」,根本與所有物證及證人證述不符。而其何有此項說詞,主要係因在偵訊恐嚇壓力下所為不實之陳述。

由本篇第一章、第三章說明,2001年9月25日南投地方法院勘驗2000.11.5王憲備於調查站錄影帶證明,檢調人員態度惡劣怒喝說要辦縣長,有恐嚇之嫌;檢調單位辦案既已預設立場,目的就是「要辦彭百顯」,依此所做之調查筆錄存在嚴重瑕疵與虛假不確實,根本不能作為所謂犯罪事實之證據。惟《更一審判決書》竟漠視前二審當庭勘驗的證據,而將受威脅恐嚇之筆錄作為證據,違反《刑事訴訟法》規定。

縣長職權依法可採用限制性招標

而最重要的是指定比價廠商,乃縣長職權之行使。本案依《緊急命令》及《政府採購法》均可採用限制性招標,即使沒有《緊急命令》仍可採用限制性招標,《更一審判決書》認定「彭百顯為規避《政府採購法》之限制」而採用限制性招標之犯罪動機毫無依據。

921 震災發生，總統頒布《緊急命令》，以儘速災區重建。縣府災後工程發包自災後即陸續辦理，且皆依各個別案件之測設及相關作業辦理時程，分別持續作緊急發包作業，絕非如《起訴書》及《更一審判決書》妄作推論指控「為規避政府採購法之限制，而將大部分重建工程趕在 3 月 24 日前發包。」

災修工程除依 921 震災總統所頒之《緊急命令》之外，尚可依《政府採購法》規定，如有緊急需要，均可採用限制性招標。何況，當時中央重建委員會及縣議會已多指責縣府災後工程重建進度太慢，必須加速工程進度。而且，縣府工程測設、發包皆有一定作業程序及時間，本案採限制性招標，其作業除依據《緊急命令》外，依《政府採購法》第 22 條及第 105 條第 2 項辦理，亦可依法採用限制性招標。加速 921 重建工程之進行以照顧災民權益，本為縣長權責之作為，合乎當時需要並無須不法以「不正當或與廠商合意開標」（第 87 條第 3 項或第 4 項）。

總之，本案本項工程依法縣長可指定一家廠商議價，並無圖利或主導圍標之動機。指定兩家比價後，縣府依規定處理招標資料，至於經指定之該二家公司有無圍標，則係屬其私下行為；廠商如何作業，亦為各廠商自行考量之行為，非縣府或縣長所能了解。縣長依法行事，《更一審判決書》以錯誤的時間、內容，自行用謬誤資訊等諸多缺失與不法證據判決「彭百顯圖利國軒公司」，根本與事實嚴重不符。只是，更一審法院何竟敢於不依法、不依證據審判，不公不義，其目的單純嗎？

第五章

制度誤人，檢察官慣性打延長賽

> 大海用它的浪花一次一次地表達，
> 但在狂暴與絕望中什麼也沒有留下。
>
> ── 印度詩人，泰戈爾，《流螢集》

更二審推翻更一審

「921 冤誣案」纏訟多年，本人無異陷入司法絞絆機遭受凌遲，原本毫無犯罪證據的冤案，遺憾他們不理會調查筆錄造假，卻因各審級法院心證認定的犯罪事實不同一再糾纏。南投地院未依檢方起訴違背《貪污治罪條例》判處本人徒刑 2 年 2 月，臺中高分院二審依然改判 1 年，更一審又復依《貪污治罪條例》改判 5 年 6 月，迄至更二審全案釐清終於判決無罪。

2006 年 4 月 19 日更一審判決後再經近兩年，2008 年 1 月 16 日臺灣高等法院臺中分院《更二審判決書》回歸當時之時空背景，判決縣長依《緊急命令》批示「虎山農場興建臨時辦公大樓工程」，辦理限制性招標，合於法令，指明檢方「指控彭百顯圖利」等犯行，並無具體證據。而「巨型公園文化遊憩資訊中心工程施作費 2,200 餘萬元，比得標金額高出 400 餘萬元，國軒並未獲利且有虧損」，因此判決無罪。

《更二審判決書》判決：

原判決關於彭百顯、陳介三共同以不正方法使開標發生不正確之結果部分，均撤銷。

彭百顯被訴圖利罪（含違反政府採購法）部分，及陳介三被訴部分，均無罪。

判決主要理由：

本案被告彭百顯、陳介山上開被訴之犯罪既均屬不能證明，依法自應為被告彭百顯、陳介山二人均無罪之判決。原審認就虎山農場興建臨時辦公大樓部分，被告彭百顯、陳介山二人被訴圖利犯罪不能證明，另就「南投縣巨型公園文化遊憩資訊中心」新建工程部分、及「農村道路傢俱設施工程」等二件工程，亦認被告彭百顯被訴之圖利犯罪係屬不能證明，以上固無不當；但就虎山農場興建臨時辦公大樓等部分，原審認定被告彭百顯、陳介山二人均有觸犯政府採購法第87條第3項之以不正方法使開標發生不正確結果罪，進而對被告彭百顯、陳介山二人論罪科刑，此部分則有不當。

是本案公訴人以：原審判決於事實欄已認定被告彭百顯係為彌補黃才泉支付籌辦法會530餘萬元之損失，而在89年3月初即向黃才泉告知本案上開臨辦工程要交由其承包施作，被告陳介山亦欲取得下包仲介權，其等自有圍標之原因及目的，上開530餘萬元損失之彌補係不法利益，且圖利罪之結果除有形利益外，亦包含無形之利益，原審判決限縮圖利罪之犯罪構成要件，已使圖利罪之規定名存實亡，殊有不當，其餘犯罪業經證人、共犯於偵查中供述、結證甚詳，嗣在審理中翻異，不僅與經驗、常情不合，且前後歧異，應非可採。

另就被告彭百顯等人違反政府採購法之量刑亦屬過輕等情詞，提起上訴，其上訴固無理由，但被告彭百顯、陳介山二人上訴指摘原審判決對其等論處政府採購法第87條第3項之罪責不當，此部分之上訴則為有理由，應由本院將原審判決關於被告彭百顯、陳介山以不正方法使開標發生不正確部分，均予以撤銷，並就被告彭百顯、陳介山就上開被訴圖利犯行部分，均為無罪之判決。

雖然更二審已判決本人無罪，但檢察官「基於立場」依然不服，力主延長比賽以絆住本案主角；是故臺中高分院檢察署李斌檢察官「依職責」

不服判決，又提出上訴書（2008.2.4）及上訴理由書（2008.4.15）。本人於 2008.5.6 再度提出刑事答辯狀，主要內容有二：一、檢察官上訴逾法定期間，應從程序上駁回其上訴；二、檢察官上訴為無理由，請依法駁回其上訴。

約再經近兩年，2010.1.28《最高法院刑事裁判書》：原判決撤銷，發回臺灣高等法院臺中分院。本人繼續陷於高分院更三審審判流程。

更三審判決仍全部無罪

「921 冤誣案」本人被控在縣長任內涉及多項「921 重建工程弊案」，圖利廠商，經最高法院第三次發回更審，2011.4.19 臺灣高等法院臺中分院《更三審判決書》，認為彭百顯依《緊急命令》批示限制性招標，合於法令，沒有圖利廠商，判決無罪。

《更三審判決書》判決：

原判決關於彭百顯被訴圖利（含違反政府採購法）部分，暨陳介山部分，均撤銷。

彭百顯被訴圖利（含違反政府採購法）部分，暨陳介山部分，均無罪。

判決主要理由：

本案被告彭百顯、陳介山被訴圖利（含違反政府採購法）部分，既均不能證明被告彭百顯、陳介山犯罪，依法自應為被告彭百顯、陳介山無罪之判決。原審就臨辦工程部分，認為被告彭百顯、陳介山被訴圖利犯罪不能證明，另就巨型公園工程部分、「農村道路傢俱設施工程」等 3 件工程部分，亦認為被告彭百顯被訴圖利犯罪係屬不能證明，以上固無不當；惟原判決有下列可議之處：

一、就臨辦工程部分，原審認定被告彭百顯、陳介山均有觸犯政府採購法第 87 條第 3 項之以不正方法使開標發生不正確結果罪，進而對被告

彭百顯、陳介山論罪科刑，此部分洵屬不當。

二、檢察官或自訴人如以實質上一罪或裁判上一罪起訴，因在訴訟上祇有一個訴權，基於審判不可分之原則，法院如認一部成立犯罪，其他被訴部分之犯罪不能證明時，僅能為單一主文之有罪判決，其不能證明犯罪之部分，於判決理由內說明因係被訴實質上或裁判上一罪之一部分，故不另為無罪諭知之旨，即為已足，不得強行割裂為一部有罪、一部無罪之判決。

本件依檢察官起訴之意旨，係認被告彭百顯先後三次圖利犯行（即臨辦工程、巨型公園工程、「農村道路傢俱設施工程」等3件工程部分）有連續犯裁判上一罪之關係（見起訴書犯罪事實欄一、二、三及證據並所犯法條欄乙之一），而被告彭百顯、陳介山被訴共同犯罪部分（即臨辦工程部分），因依公訴意旨，其2人尚牽連觸犯政府採購法第87條第3項之罪（此部分起訴書漏引起訴法條），並經原審判決論處以該項罪刑，則被告彭百顯其餘被訴圖利部分（即巨型公園工程、「農村道路傢俱設施工程」等3件工程部分），既經原審認為不能證明犯罪，因與有罪之部分在訴訟上祇有一個訴權，基於審判不可分原則，僅須於判決理由內說明因係被訴裁判上一罪之一部分，故不另為無罪諭知之旨，乃原審竟另行諭知該部分無罪之判決，難謂適法。

是公訴人以：原審判決於事實欄已認定被告彭百顯係為彌補黃才泉支付籌辦法會530餘萬元之損失，而在89年3月初即向黃才泉告知本案上開臨辦工程要交由其承包施作，被告陳介山亦欲取得下包仲介權，其等自有圍標之原因及目的，上開530餘萬元損失之彌補係不法利益，且圖利罪之結果除有形利益外，亦包含無形之利益，原審判決限縮圖利罪之犯罪構成要件，已使圖利罪之規定名存實亡，殊有不當，其餘犯罪業經證人、共犯於偵查中供述、結證甚詳，嗣在審理中翻異，不僅與經驗、常情不合，且前後歧異，應非可採。

另就被告彭百顯、陳介山違反政府採購法之量刑亦屬過輕等情詞，提

起上訴，其上訴雖無理由，但被告彭百顯、陳介山上訴指摘原審判決對其2人論處政府採購法第87條第3項之罪責不當，其2人之上訴則為有理由，且原審判決因有上開可議之處，應由本院將原審判決關於被告彭百顯被訴圖利（含違反政府採購法）部分暨被告陳介山部分，均予以撤銷，並就被告彭百顯被訴圖利（含違反政府採購法）部分暨被告陳介山部分，均諭知無罪之判決。

　　雖然更三審再度判決本人全部無罪，但檢察官似乎為面子、依制式思維依然不服，臺中高分院檢察署陳銘章檢察官一樣依立場不服判決，又提出上訴書（2011.4.28）及上訴理由書（2011.5.6）。本人於2011.6.3也再度提出刑事答辯狀，指檢察官上訴顯無理由：

　　綜合歸納歷審判決，僅更（一）審曾就巨型公園文化遊憩資訊中心新建工程，認定被告彭百顯有圖利國軒公司179萬6,000元之犯行，其餘上訴審、更（二）審及更（三）審均為無罪認定（在二審已判處三次無罪）。就臨時辦公大樓新建工程，第一審係以「政府採購法第87條第3項不正方法使開標發生不正確結果罪」對被告論罪科刑，上訴審改論第87條第4項「以其他之合意使廠商不為價格競爭罪」，更（二）審及更（三）審均為無罪判決（已判處二次無罪）。

　　依檢察官起訴之意旨，係認被告先後三次圖利犯行有連續犯裁判上一罪關係，而與陳介山被訴共同犯罪部分（臨辦大樓工程），尚牽連犯政府採購法第87條第3項之罪，業經第一審判決論處該項罪刑在案，其餘被訴部分（巨型公園文化遊憩資訊中心新建工程、農村道路傢俱設施工程等三件工程），縱認不能證明犯罪，基於審判不可分原則，僅須於判決理由內說明不另為無罪諭知。

　　拜「速審法」（刑事妥適審判法）之美意，檢察官執意再打延長賽束縛他人的時間「特權」被限制。

　　《刑事妥適審判法》第8條規定「自第一審繫屬日起已逾六年且經最高法院第三次以上發回後，第二審法院更審維持第一審所為無罪判決，或

其所為無罪之更審判決，如於更審前曾經同審級法院為二次以上無罪判決者，不得上訴於最高法院」，所指「於更審前曾經同審級法院為二次以上無罪判決」係指原審判決前業經同級法院為二次以上無罪判決。

本案「圖利」及「違反政府採購法」部分既分別經上訴審、更（二）審、更（三）審（圖利部分）及更（二）審、更（三）審（違反政府採購法部分）判處無罪，應已不得上訴最高法院，檢察官竟仍執為上訴，自無理由。

終於，最高法院於 2011.7.14 駁回檢察官上訴，本案於是無罪定讞。

「921 案」總結：最高法院拍版無罪定讞

總結本案本人被訴控涉嫌的案件包括：（一）縣政府臨時辦公大樓興建工程，（二）南投縣巨型公園文化遊憩資訊中心興建工程，（三）國姓鄉福龜新農業園區工程 3 件，（四）災後測設及檢測樁工程 13 件，（五）、（六）921 民眾捐款予基金會，（七）基金會借支私人（非關 921），（八）捐款未存入基金會（立委任內捐款服務鄉親用，非關 921）（九）基金會投資高科技基金（非關 921）。歷經 11 年九個審次程序（地院一審、高院二審、最高法院發回、更一審、最高法院發回、更二審、最高法院發回、更三審、最高法院駁回）結果證明，所有這些起訴罪名，毫無依據。

我人被起訴的九個案中，災後測設及檢測樁工程 13 件、基金會借支私人、立委任內捐款、基金會投資等四個案件，均於 2004 年無罪定讞；921 民眾捐款予基金會兩案於 2006 年無罪定讞；至於被宣揚為非常嚴重貪污而遭控訴圖利的三項工程案，11 年來，所有歷審法官均判決圖利無罪，除了其中有一特殊的意外，就是更一審法官草率行事，不但違法未進行審理、查證，而且，全然漠視前審南投地院及臺中高分院經已查實更正原起訴書之錯誤而判決無罪的事實，竟糊塗地仍照抄原本錯誤的《起訴書》及經已證明為虛偽造假之筆錄，不明究裡卻將已更正原訴錯誤經判無罪部分另改以圖利判處 5 年半，實荒謬至極。惟其何以如此糊塗？尚待深入了解，於此暫先特別註記。

但令人感到莫名其妙的，這些案件卻離奇的在每一審理過程，皆一直陷在所謂違反《政府採購法》中打轉，各級法院都以承平時期之《政府採購法》來論斷依《緊急命令》所辦理「921案」之限制性招標，根本不理會我們縣政府係以當時震災重建急迫性依《緊急命令》辦理，明顯違背時空認知。我相信法官明知，但為什麼要偏離事實時空？

　　我們不理解，不知各庭法官是無意忽略或是明知而故意。因而，我們被其「無知」或「故意無知」，才需投注十餘年之耗費歲月時光？

　　終經更二審、更三審合議庭明察秋毫，回歸案情原始空間，判決被訴圖利（含政府採購法）均無罪；2011年7月14日《最高法院刑事裁判書》駁回檢察官上訴；「921冤誣案」終得以全部無罪定讞，還本人等之清白。（《最高法院刑事裁判書》：民國100年7月14日100年度臺上字第3791號）

　　最高法院刑事判決認定，921震災工程屬救災所需，有緊急處置的必要；如果要回歸《政府採購法》辦理公開招標，緩不濟急。針對臨時辦公大樓案，判決指出，縣政府獲准行政院撥用土地後，縣長本人於緊急命令屆期前的2000年3月21日，基於縣長職權，批示依《緊急命令》辦理限制性招標，並無裁量不當或不符比例原則之處。

　　整個司法歷程反映「921案」全部無罪定讞，晦暗終於破曉，證明本人及縣府團隊的清白。

　　不過，我們為了南投921重建，冤誣案耗盡我們的人生黃金歲月，讓家人受盡屈辱與折磨，更讓921災區重建被污名化，司法即使有遲來的正義，對南投災區以及牽纏於訴訟的當事人的傷害卻永難平復。於是，「921」也變成一個特殊意義的歷史事件，以及標幟。

司法淪爲政治鬥爭工具，陷害正直

> 司法是政治的一環，也是社會定紛止爭的最大力量；
>
> 人民對司法的信賴，是國家社會穩固發展的基石，是故，
> 司法絕對不能背離人民情感，不能不食人間煙火。
>
> ── 城仲模，《城仲模八十歲月箚記》[6]

　　在臺灣屢見不鮮的誤判案件公訴人、審判者都未曾被追究責任或公開檢討。

　　掌握國家權力之偵審者被賦予至高權力，但司法誤判只能由被告當事人這一造承擔，這種根深蒂固的司法保守權威思考，認為國家權力就算犯錯也只能是算人民倒楣，因而造就了許許多多檢調濫權起訴、法院輕率判案的冤誣案。最重要的，讓權貴者透過政治得以干預司法以遂其政治目的。

　　「921 案」讓我們深刻體悟真實的重要。真實是社會學的基礎，一旦脫離真實就無法幫我們清楚了解社會行為的變化，包括歷史真偽。

　　法律學審判，必須根據事實真相定奪罪過人權，特別是在虛假模糊證詞中還原真實行為，更是法律人的重責；真假之間影響很大，有時候甚至截然不同。由於法律審判冤枉案不少，但執行法律者則鮮少負起冤人之責。故而長期來存在有審判法律之嚴肅議題，我人不知何以司法正義之士卻隱藏不出人世？

---

[6] 城仲模（1938 - ），《城仲模八十歲月箚記》，臺北市：自版，2019，頁 454。

正如因不滿「經濟學」研究現實，卻脫離現實，為掌握現實，而有針對主流經濟學的真實性展開批判修正，指出經濟學的謊言與迷思，提出「審判經濟學」對經濟學大審判一翻。[7] 吾人贊成這類對社會學進步的反思之舉，包括對法律學。

十餘年來，我人歷經完整的「921 案」法律的偵查、訴訟流程，深入體會法律訴訟制度及司法執法者之哲學信念，發現一些與法律學理想相背道的觀察，雖不期待法律人能挺身檢視法律學提出「審判法律學」之壯舉，但至少對嚴重誣害人權的法律行為、不追尋真相之消極作法等，應該在機制上、在過程中改革，至少要有辦法予以制止、或杜絕、或改善的吧？

法律人常說，司法是正義的最後防線。我人一直都相信，直至魔鬼現身說法。

由於遭受啟動司法的「罪及無辜」經歷，我特別珍惜並注意所謂「正義」，尤其是「司法正義」的公道問題。因為這不只是吾人個人的遭遇，而是一般社會大眾所皆面對的公理之路。當大家在是非不分，好壞不別，價值不清的社會，我們可以走的平安之路在那裡？

本案從檢調偵查過程違反「偵查不公開」開始，其間並涉及不當取證、踐踏人權、侵犯行政權等違法行為；檢調惡意發佈不實資訊，誤導媒體未審先判；不負責任的提起違法之公訴案，混淆民眾視聽，致令我們等遭社會嚴重誤解；其後再經過漫長法院審理，雖已由假證據一一還原事實真相，但最駭人聽聞，仍有法院審理扮演明目張膽故意迴避檢調違法「捏造、冤枉、構陷之事證」，公然濫用司法獨立及自由心證審判權威，不忌諱明顯誤判，實在令人痛心難過。

司法講求證據法理，怎麼可以濫行起訴、違法亂判？司法也應該還給受冤枉的人該有的清白與正義，怎麼可以濫權製造冤誣，放任無辜無力自

---

[7] 參見 Mark Skousen，《大審判：經濟學的謊言與迷思》，沈中華、王儷容譯，吳惠林總校訂，臺北：商周文化，1993。

救、自證無罪？

我歷經這趟漫長的司法劫難，明知是人為之無辜，雖然由冤屈出發，親臨社會這樣的司法體制，當走完所有全程，我深信，其間也要靠上天垂憐、好運氣加被，真相才能終於大白（司法正義有人偽）。但司法是講上帝、靠運氣才有正義的嗎？

只是這一趟下來，我們不得不講：待回復自由之身，卻也近黃昏，不惟耗折生命歲月永難彌補，對足以告慰自己的人生壯志，竟磨損殆盡，怖畏於司法可以濫殺威力，已不再堅信年少輕狂的正義理想，徒生傷悲耳。尤以對審理正義的期盼，也是我們過去長時間為澄清「921 案」真相奮鬥對司法的內心一個寫照，皆已扭曲變質。

我們也要強調，「921 案」雖然反映的是司法官司訴訟的角力，但誰說裡面沒有暗伏政治玄機，指揮、主導司法，以致司法淪為政治鬥爭的工具。司法可以假獨立而為不義政治目的服務？

另容我檢討一下我們的社會：號稱民主社會的臺灣，在權力的上層結構，思維深根馬克思列寧式的詭論，具有很大的魔力，相當詭異。臺灣社會文明存在著最大危機，是在狂熱的權力者於無所不包的計謀（包括計畫別人的行為），總是想限制或阻遏別人選擇其行為的權利與能力，以保障自己的美好未來。

古今通病，一般人對於比他更「優秀」的人（包括同志或非同志），無論在那一方面的優越，總是側目以視。於是，機會來了，當他們掌權發揮奴役他人的能力，笑傲江湖。何其悲哀，臺灣社會文明進化就在這樣的操練下匍匐前進，走走停停。

再容我講一點心聲。暫不言他黨，試舉過去我在民主進步黨擔任正義連線秘書長、會長時代，即陳水扁欲擬爭取黨內臺北市長角力的時期及之後，當時之連線陣營同仁中如邱連輝、陳水扁、呂秀蓮、沈富雄、許添財、陳婉真、陳永興、余政憲、陳耀昌、許陽明、蔡文斌…，那一個不是在他們專業領域各領風騷，贏得社會之敬重，並推動臺灣進步。然而，近 20

多年以來，計畫權謀者，就只為了更高層次利益的「政治競爭」，哪一次「內鬥」不是「血淋淋」？對照今日，當國家需要的時候，他們的下場為何，除極少數秀異有其舞臺繼續為國家社會貢獻之外，不就是分崩離析，或隱身江湖各自保命？

記住啊！美麗、偉大的計畫，應該是可公開的願景；而不是暗藏禍機，專門計畫別人行為的陰謀。尤其，致司法淪為政治鬥爭工具，更是社會大忌！司法人，你憑良心說，這是我們要的司法形象？

你把我置入失敗者之列。
我知道我不會獲勝，但也不會退出比賽。

　　　　　　　　　　── 印度詩人，泰戈爾，《採果集》

7

真 金 火 煉

第七篇

司法正義可以檢驗嗎？

真理和知識的追求是人類最高的品性之一。

知識具強大的力量，只是不辨善惡，

它本身不能領導，只能服務，它也不知如何選擇它的領導人。

它的使徒，知識分子，在方法上和工具上有敏銳的雙眼，

但在目標和價值取捨上卻盲目的。所以，命定的盲目代代相傳。

— 美籍德裔·愛因斯坦，《人類存在的目的》[1]

正義是公道，正義有公道？

本篇進一步以《起訴書》實例來檢驗司法正義。

公道不過是統治者的利益。

不論是法律或道德，都是統治階層所決定與選擇的。

強權就是公理，誰有力量，誰就是正義之所在。

— Thrasymachus，古希臘辯士

「你說你公道，我說我公道，公道不公道，只有天知道。」[2]

司法正義真的是維護社會公平正義的最後一道防線？誰知道？借用這一句名言：「實踐是檢驗真理的唯一標準」。司法正義，真實踐了嗎？

---

[1] 愛因斯坦（A. Einstein，1879 -1955），《人類存在的目的》，晨鐘新刊 13，劉君燦譯，臺北：晨鐘出版，1976，頁 167。

[2] 《蘇三起解》崇公道的開場白。

由前面第四、五、六篇的探討說明，「921 案」的來龍去脈已大致可以明瞭全案前因後果。本篇基於司法正義，再深入探究司法角色在未來改革的重點，特就「921 案」中司法為惡的特例，試舉關鍵案件作為全面性的檢視。故擇取其中「臨時辦公大樓工程案」的起訴解析作為本篇檢驗司法正義的主要內容，為了需要，這一部分案情雖與前面有相當程度重複，但有利深入剖析體會司法邪惡，案情的完整性將更為翔實。

第一章

終於越過這一關：破解虛偽證據

佛與魔的差別，就在你的一念覺醒。

魔也是佛的智慧之一，是佛是魔，就在你的覺醒程度。

很多的因緣，不是讓你取，就是讓你捨，

取捨之間，這只是一個自覺的問題。

每一件事是不是能讓你解脫、讓你自在，都是靠智慧的突破。

— 心道法師，《從迷失的森林走出來》，〈衝破輪迴的迷宮〉[3]

為探討司法正義，我們必須打破司法不正義加諸的牢籠。

魔鬼藏在細節裡。沒有的事，既然司法與媒體已達成「921 重建弊端」之鋪陳，他們重創我們的社會形勢印象，所以，我們亟需素還真，[4] 但我們更需要「自證無罪」自己要找真相。[5]

抽絲剝繭，就由《起訴書》構築「一人分飾兩角」的秘密檢舉指控著手，再由法院還原真相 — 素還真，清白人間。

外場魔鬼亮身

由於 2000 年 10 月 16 日大搜索縣政府，他們並沒有掌握對縣長「一

---

[3] 心道法師，《從迷失的森林走出來》，臺北縣：靈鷲山般若文教基金會出版，1995，頁 19。

[4] 素還真為 1980 年代晚期出現在臺灣布袋戲劇集《霹靂布袋戲》的第一男主角，武功高強、足智多謀、博學多能，「半神、半聖、半仙」是他的化身。本文藉其素純性質，返璞歸真之名，希找回真相。

[5] 我永遠難以抹去這個畫面，含著眼淚，回想母親跪著替被羈押的我向阿扁總統申冤的那一幕，阿扁總統對我母親說：「去找證據！」每思及此，心痛如焚。沒有罪的人要自證無罪，要真相自己找缺口，這樣的法治，悲哀！但我謹記於心：我們必須「自證無罪」。

槍斃命」的有力證據，所以才有黃才泉、陳三「兩人」後來在調查局的接續上場。

研究《起訴書》，我們發現起訴緣由藏有魔鬼。[6]

魔鬼藏在細節裡。
── 德國建築師，路德維希·
凡德羅（Ludwig Mies van der Rohe，1886 –1969）

還原一段調查局辦人的前置作業。筆錄證據顯示，在調查局主導之下，2000 年 10 月 23 日，有黃才泉與陳三（化名）兩人「主動」分別到臺中、南投兩地調查局檢舉「南投縣長彭百顯涉嫌工程圍標、圖利廠商」；其中，陳三於同一天，並在南投縣調查站也「主動」檢舉「南投縣長彭百顯辦公室研究助理吳政勳、帝諾行負責人黃細朗等人涉嫌召集廠商圍標工程圖利」。

其後過五天，10 月 28 日，陳三再度「主動」到調查局中機組檢舉「南投縣長彭百顯涉嫌工程圍標、圖利廠商」。所以，調查局手中已有兩地兩人分別檢舉「南投縣長彭百顯以及相關人等涉嫌工程圍標、圖利廠商」之起訴證據，不是片面之詞了，他們有恃無恐。11 月 4 日，陳三第三度到調查局。

有此法律形式要件「王牌」，他們於 2000 年 11 月 13 日發動第二度大搜索縣政府、縣長官邸等多處公署單位，深夜羈押縣長，前後帶走縣府文件上百箱，「收獲頗豐」。

霎是風光十足，正是羈押縣長好辦事。61 天後，王捷拓檢察官提出《起訴書》。

此後，我們看到完整「劇本」才逐漸還原並鏨出檢調控訴我們一干人等的作弊手法。因而首先，我們揭露他們起訴隱藏非法，其何以如此，這

---

[6] 我們發現其中有鬼：為什麼陳三（化名）的筆錄內容幾乎和黃才泉的筆錄內容「一模一樣」？他們兩個人在不同時地的問與答，為什麼都相同？這不可能的事為什麼出現在《起訴書》？

是檢方的弱點，顯然是他們找不到證據的勉強下策吧？

安排秘密證人強化起訴合理性

由調閱筆錄，即檢察官入人於罪的主要證據，我們發現他們煞費苦心，勉強運用「共犯被告」弱點，安排由其化身為秘密證人與污點證人，表面上看不到是誰，目的在欺瞞眾人耳眼，用專業上術語稱為「補強證據」之手段，企圖掩護起訴之合理性。

然而，事實無法隱瞞。作為補強證據的陳三，並非黃才泉以外的第二人暴露。我們好不容易才找到機會對照其訊問筆錄，並發現兩者之檢舉筆錄其實係同一人之片面說詞，[7] 再對照調查局敗筆的曝光錄影帶，明白現身陳三就是黃才泉。顯示檢調強勢起訴，但卻弱勢證據的虛張以瞞世指控。

我們不相信：檢調不知道「黃才泉、陳三」，其實就是同一人？

他們明知，「法律不可僅憑被告片面之自白作為定罪的唯一證據」，否則「判決將違背法令，會成為上訴重審的理由。」所以，他們才有另外再安排陳三以秘密檢舉與本人較有密切互動的吳政勳、黃細朗、羅朝永等人夥同涉案這件行為牽連關係，作用在模糊前述非法起訴的嚴重瑕疵。但是，我們不相信檢調不知「黃、陳」是同一人。知法玩法，他們用意為何？

解構補強起訴之合法性

他們以為天衣無縫，在審理庭推出無聲錄影帶，就叫你們死無對證，束手無策。只能依虛假筆錄判決，穩死。

卡死你！秘密證人豈容見光，關鍵作弊筆錄豈能公開？

---

[7] 參見以下「黃才泉與陳三（化名）筆錄對照表」，他們以為「天衣無縫」，沒有人會注意到這個情節。他們更沒有想到，預藏錄影帶最後會落到臺中高分院審理庭手中。

以上是他們全盤規劃的攻擊戰線。他們巧心「安排」污點證人黃才泉扮演化名密告者，化身起訴、繩絆本案相關人包括縣長等的重要關聯。

為方便還原真相，在此引證上一篇所揭露黃才泉與陳三（黃才泉之化名）到調查局檢舉我等的訊問筆錄相關事項之簡表於後，以為對照觀察。這一張表看起來形式上沒什麼異樣，但卻令人啟竇。

黃才泉到調查局「檢舉」彭百顯等人之訊問筆錄簡表

姓　名	日　期	筆錄製作完畢時間	詢問人	筆　錄	地　點
黃才泉	2000.10.23	10.23 下午 17：30	黃仁彬	許忠立	臺中中機組
陳　三	2000.10.23	10.23 晚上 22：28	賴政忠	凌文鼎	南投調查站
陳　三	2000.10.23	10.24 凌晨 00：30	許忠立	黃仁彬	南投調查站
陳　三	2000.10.28	10.28 下午 15：50	許忠立	黃仁彬	臺中中機組
陳　三	2000.11. 4	11.04 下午 18：00	許忠立	許忠立	調　查　局

魔鬼藏在那裡？黃才泉為何化名「主動」數度到調查局自白行為裡有細節待解。是他自己的意思？還是調查局的主意？其實，答案已很清楚。黃才泉若沒有其「苦衷」，相信他斷不可能編出這麼無常理的虛偽故事。

怎麼，要被告來證明檢方有罪？

司法公訴本是公權力檢方舉證他人犯罪，哪有由被冤誣的被告來自證無罪，相對舉證檢調有罪？我們並沒有此等公權力。

污點證人黃才泉既然現身扮演檢方起訴我等犯罪的證人，我們當然要明瞭他指控的事實為何。經一查察，才又發現另有一人陳三（化名）也作相同指控，所以不是只黃才泉一人之片面講法。因此，他們理直氣壯地起訴（證據並非唯一），但仔細核對他們二者之相關筆錄，更驚人發現，竟然化名陳三（不想曝光）的人就是黃才泉。其與起訴之利害關係，已如前述不贅。原來正義使者檢調亦扮演魔鬼作惡，他們以為完美無漏卻也留下諸多啟人疑竇使壞的地方。

原來欲了解本案之真相的困難度，不只我們要「自證無罪」，並且又要證明檢方有罪。難上加難，我們沒有調查權，如何是好？幾乎是死定了。

在細節裡找魔鬼。由上表列可知，調查局筆錄製作及詢問人何以臺中、南投兩地皆由同一組人黃仁彬、許忠立兩人擔任，為什麼是這樣？啟人疑竇一。由此可證他們很清楚：化名陳三的秘密證人就是黃才泉。（他們在鋪排辦人陣勢）

證諸黃才泉於 2000.10.23 下午 17:30 筆錄製作完畢，而「陳三」亦於當晚 22:28 及隔日凌晨 00：30 分別作完兩次筆錄，其時間剛好與黃才泉筆錄製作完畢，再由臺中到南投，兩者相銜接，時間相配合真精巧。由此可以判斷「黃才泉於 2000.10.23 到臺中調查局中機組，到下午 17:30 完成筆錄，隨後到南投調查站，再以化名陳三作秘密證人，兩次筆錄製作完畢時間為隔日清晨 00：30。」否則，不可能有兩人分別在臺中、南投兩地調查站的檢舉說明時間有如此巧妙安排。調查局為什麼這樣處理？啟人疑竇二。

黃才泉與「陳三」到調查局分別說明「彭百顯涉嫌圍標、圖利廠商」、「吳政勳、黃細朗涉嫌圍標工程圖利」之時間，係在檢調單位於 2000.10.16 對「南投縣政府及彭百顯縣長辦公室」展開「大搜捕行動」之後，因由於「俄羅斯原木案」辦不到本人而出現往上查辦的斷點，故而有此動作？是耶？非耶？啟人疑竇三。

另據黃才泉於 2000.10.23 筆錄反映：黃才泉有 1998 年「違反選罷法被判六個月徒刑，緩刑二年」之前科，而其到調查局「檢舉彭百顯」之時，緩刑期間未滿。黃才泉何敢再冒被關風險現身調查局？是否在威脅下配合以「利益交換」：承諾他「該案不關、本案不求刑」？啟人疑竇四。

誰能相信：這是不同人、不同時地的筆錄？

我們仔細對照筆錄內容，由於說法及用字遣詞大皆幾乎相同，顯然「陳三」就是黃才泉，所有筆錄皆是黃才泉一人之供詞。顯然，檢調暗藏之心機無法掩蓋事實，不法就是不法。但是他們仍偽裝作不知，不理會自

7 真金火煉

己不義行為。問題已現形，他們集體作弊掩護，是共犯結構。

檢調「瞞天過海」，虛偽假造「補強證據」，是共犯結構

一、　深究黃才泉與陳三（秘密證人）究竟是否為同一人？

不同時、地所分別進行的筆錄製作及詢問人，何以於兩地皆為相同一組調查員，啟人疑竇：

1. 筆錄製作及詢問人何以在臺中與南投兩地皆由黃仁彬、許忠立兩人擔任？調查局這種方便串連的安排，已透露非比尋常之動機。

2. 為什麼「陳三」要秘密隱名？為什麼他同意在深夜進行訊問製作筆錄？顯然，他有弱點，必須配合。

3. 前已指出，黃才泉於 2000.10.23 下午 17：30 在臺中筆錄製作完畢，而「陳三」於當晚 22：28 分及隔日凌晨 00：30 分在南投製作筆錄。看起來是兩個人分別在兩地進行；其實是一個人在兩地分別作完兩次筆錄。其時間剛好由黃才泉筆錄製作完畢，再由臺中到南投，兩者可以銜接。（由此可以還原：「黃才泉於 2000.10.23 到臺中調查局中機組，到下午 17：30 完成筆錄，隨後到南投調查站，以化名陳三作秘密證人，兩次筆錄製作完畢時間為隔日 00：30。」）所以，黃才泉一人分飾兩角。

4. 而黃才泉與「陳三」到調查局說明「彭百顯涉嫌圍標、圖利廠商」「吳政勳、黃細朗涉嫌圍標工程圖利」之時間，係在檢調單位於 2000.10.16 展開「大搜捕行動」之後；可見檢調弱點已凸顯，調查局要偵辦縣長違法根本找不到實際證據。他們展現必辦縣長的決心，但動機是什麼？

5. 黃才泉有「87 年違反選罷法被判六個月徒刑，緩刑二年」之前科，其何以敢於「主動」到調查局？（當時「檢舉彭百顯」之時，緩刑期間未滿。）調查局與他作了何種「協議」？（污點證人，起訴，

但允諾不上刑？）

6. 對照此兩份筆錄內容（參見下表），由於說法及用字遣詞極其相同。顯然「陳三」就是「黃才泉」，所有筆錄皆是黃才泉一人之供詞，否則不同時地兩份筆錄，其內容何以大體相同？他們用心良苦，但因敗筆而自曝其造假證據。

二、 三份時地不同筆錄的訊問及回答，文字用詞何以竟完全相同？

1. 三次的訊問及回答，文字用詞皆竟完全相同，只有「黃才泉筆錄」部分多了「並時常進出縣府各業務單位」等字。合於常情嗎？有可能嗎？

2. 可見黃才泉之「時常進出縣府各業務單位」，主要是因為彭百顯選舉縣長時「出資 200 萬元」，待當選之後，才得以「仗縣長好友之勢」「時常進出縣府各業務單位」，據查主要是：建設局（已改名工務局）、農業局、地政局、人事室等與其擬仗勢有直接關係「人事關說」、「業務關說」之業務單位。由此可見黃才泉之「出資 200 萬元」是抱持「政治投資」心態，故檢調抓住其弱點，與之交易甚為自然。

三、 檢調技窮用秘密證人以補強證據

檢調為什麼玩起導演黃才泉一人飾二角色的遊戲？恐怕只有深懂法律實務關係的玩法家才知曉其中法律意義。

在本案，主要是他們沒有法辦縣長的違法證據，因此，才有偽造運用同一人以秘密證人的補強證據作為，但他們把別人當「白癡」：[8]

---

[8] 「補強證據」，指陳述本身之外，其他證明犯罪事實之證據。
由於法律規定，被告或共犯自白「不得作為有罪判決之唯一證據」，所以，本案檢調貿然以黃才泉化身秘密證人作相同指證陳述，作為補強證據，意圖遊走法律邊緣，以欺騙法庭。他們自信不會被拆穿，才敢出此下策。

1. 三次不同人、地訊問之問題也完全相同，一字不差。

2. 黃才泉與「陳三」對此同一個問題之回答及用字，亦大皆相同。

3. 究竟黃才泉是不是「陳三」？若謂「陳三」不是黃才泉，何以「陳三」所「檢舉彭百顯」之說法與黃才泉之說法竟一字不差？

4. 自相矛盾，茲舉例證之，如在有關墊付法會開支數額方面：

   黃才泉係這樣說：「前述場地之整地及搭建會場等所有費用，我總共預支前述費用計新臺幣 530 餘萬元」；

   「陳三」則係這樣說：「前述場地整地搭會場所有開支，等法會取消後，我總共支出前述費用共新臺幣 500 餘萬元」。

   兩者的說詞內容何究如此一致？若言「陳三」不是黃才泉，那麼，「法會前置作業先行墊付的款項」豈不已超過一千多萬？

   而且對此證明，黃才泉與「陳三」兩人分別在 2000.10.23 及 2000.10.28 不同時間，都分別提到這些費用支出，縣長辦公室陳明娟之電腦中有詳細紀錄。究竟「陳三」是不是就是「黃才泉」？答案已經非常明顯。

5. 再仔細比對這三份不同時間之問答筆錄，誰人敢言「陳三」與黃才泉不是同一人？從各種筆錄之例證，已可證明他們就是同一個人。

   因此，我們可以認定「陳三」就是黃才泉，黃才泉就是「陳三」。而黃才泉既是秘密證人「陳三」，則因黃才泉與彭百顯為本案共同被告，因而可以論定，陳三就是污點證人。

   在法律上保留這個問題：黃才泉究竟與檢調有何利益交換？否則，黃才泉根本無須以秘密證人身分（2000.10.23 晚上）「檢舉彭百顯」，因為，他（2000.10.23 白天）已經比「陳三」更早出面「檢舉彭百顯」了。可見作此補強證據是檢調所在意，但其中尚有諸多內情也應待釐清。

相信嗎？這是三份不同時點、不同人的偵訊筆錄

調查局製造虛偽筆錄鐵證：黃才泉與陳三筆錄對照分析表

黃才泉 2000.10.23 中機組	陳三 2000.10.23 南投調查站	陳三 2000.10.28 中機組
一 問：你今日前來本組（調查局中部地區機動工作組）所為何事？ 答：我主動前來貴組說明有關南投縣長彭百顯涉嫌工程圍標、圖利廠商案。	一 問：你今日前來南投縣調查站所為何事？ 答：我係主動前來南投縣調查站說明南投縣長彭百顯涉嫌工程圍標、圖利廠商等情，惟為了保障我個人身分之保密，我願以化名陳三製作筆錄說明。	一 問：你今日前來調查局中部地區機動工作組所為何事？ 答：我係主動前來貴組說明南投縣長彭百顯涉嫌工程圍標、圖利廠商等情，惟為了保障我個人身分之保密，我願以化名陳三製作筆錄說明。
二 問：前科？ 答：民國87年間曾因違反選舉罷免法被南投地方法院判處六月徒刑，緩刑二年。		
三 問：經歷、現職？ 答：83年間我與太太吳滿足及親戚黃宗貴、徐秀芬等人合夥投資設立承基建設開發股份有限公司，由我太太吳滿足擔任負責人，負責綜理公司全般業務，我僅負責協助業務開發，目前在南投縣政府臨時大樓興建工程工地擔任顧問乙職，負責協助三建工程股份有限公司處理所有現場工程施工等相關業務迄今。		
四 問：你如何認識南投縣長彭百顯？交往關係如何？有無金錢借貸往來？ 答：我係經由朋友介紹認識彭百顯，其選舉縣長時我曾出資新台幣兩百萬元並出力為其助選，故而與渠交往密切，並時常進出縣府各業務單位，但我與渠等並無任何金錢往來。	二 問：你如何認識南投縣長彭百顯？交往關係如何？有無金錢借貸往來？ 答：我係經由朋友介紹認識彭百顯，其選舉縣長時我曾出資新台幣兩百萬元並出力為其助選，故而與渠交往密切，但我與渠等並無任何金錢往來。	二 問：你如何認識南投縣長彭百顯？交往關係如何？有無金錢借貸往來？ 答：我係朋友介紹認識彭百顯，其選舉縣長時我曾出資新台幣兩百萬元並出力為其助選，故而與渠交往密切，我與渠等並無任何金錢往來。

<table>
<tr>
<td>

五

問：你前述南投縣長彭百顯涉嫌工程圍標、圖利廠商情形為何？請詳述之。

答：約於 921 大地震前十天，南投縣長彭百顯與南投縣中台禪寺計劃在南投市中興新村文中二預定地舉辦「1999 南投縣各界聯合千僧護國祈福消災大法會」及募捐，彭縣長與中台禪寺約定：由協辦單位南投縣政府先行墊付有關整地、搭建帳篷、購買衣服等前置作業所須開支，等法會舉辦後籌募到捐款再給付南投縣政府以核銷該支出費用，彭百顯因南投縣政府無前開預算，遂委請我擔任該法會籌備會財務長，先行墊付前述場地之整地及搭建會場等所有費用，我總共預支前述費用共計新臺幣 530 餘萬元，而該費用支出皆係以我個人名義開戶之臺灣銀行南投分行帳戶臺銀支票支付給各包商及工人（南投縣政府縣長辦公室機要人員陳明娟所使用之電腦中有詳細紀錄），後因 921 震災致該法會停辦無法如期籌募捐款，彭百顯乃向我表示縣府及其本人皆無力賠償，惟允諾將從縣府發包之工程中指定工程交予我承包，以彌補前述辦理法會之虧損。

由於震災造成南投縣境內物受損嚴重，彭百顯遂指示縣長辦公室機要吳政勳及陳明娟分別告知縣長選舉時支持彭某之樁腳，提供認識之營造廠商資料給縣長，俾使南投縣政府辦理發包之工程可優先指定其等所提供之營造廠商參標施作，由於我個人已墊付法會不少支出，而本工程預算金額頗高，故彭百顯乃指定本工程由我僱工施作。

</td>
<td>

三

問：你前述南投縣長彭百顯涉嫌工程圍標、圖利廠商情形為何？請詳述之。

答：約於 921 大地震前十天，南投縣長彭百顯與南投縣中台禪寺計劃在南投市中興新村文中二預定地舉辦千僧祈福法會及募捐，彭縣長與中台禪寺約定：由南投縣政府先行出資整地、搭建帳篷、購買衣服等事前所有開支，等法會舉辦後籌募捐款再給付南投縣政府以核銷前述支出費用，彭百顯縣長因南投縣政府無前開預算，彭百顯遂委請我負責前述場地整地搭建會場等所有開支，等法會取消後我總共支出前述費用共計新臺幣 500 餘萬元（前述費用支出係我用臺銀支票支付給各包商及工人，南投縣政府縣長辦公室職員陳明娟之電腦中有詳細紀錄），後因 921 大地震該法會遂停辦致造成我金錢上虧損，彭縣長表示縣府及其本人皆無力賠償我之損失，當時彭百顯縣長即向我表示將從縣府發包之工程中指定若干工程予我承包，以彌補我此次之損失，後因 921 震災南投縣建物受損嚴重，須大量復建工程重建災區，彭百顯縣長乃透過縣長辦公室機要人員吳政勳及陳明娟向縣長選舉時支持之樁腳表示，可提供認識之營造廠商資料給縣長，俾使南投縣政府辦理發包之工程可優先指定樁腳提供之營造廠商參標施作，由於我前述墊付法會有虧損，彭百顯遂指定五、六件縣府發包之工程由我承包施作，其中最大之工程為南投縣政府臨時辦公大樓新建工程。

</td>
<td>

三

問：你前述南投縣長彭百顯涉嫌工程圍標、圖利廠商情形為何？請詳述之。

答：約於 921 大地震前十天，南投縣長彭百顯與南投縣中台禪寺計劃在南投市中興新村文中二預定地舉辦千僧祈福法會及募捐，彭縣長與中台禪寺約定：由南投縣政府先行出資整地、搭建帳篷、購買衣服等事前所有開支，等法會舉辦後籌募捐款再給付南投縣政府以核銷前述支出費用，彭百顯縣長因南投縣政府無前開預算，彭百顯遂委請我負責前述場地整地搭建會場等所有開支，等法會取消後我總共支出前述費用共計新臺幣 500 餘萬元（前述費用支出我係以我名義開戶之臺灣銀行南投分行帳戶臺銀支票支付給各包商及工人，南投縣政府縣長辦公室職員陳明娟之電腦中有詳細紀錄），後因 921 大地震該法會遂停辦致造成我金錢上虧損，彭縣長表示縣府及其本人皆無力賠償我之損失，當時彭百顯縣長即向我表示將從縣府發包之工程中指定若干工程予我承包，以彌補我此次之損失，後因 921 震災南投縣建物受損嚴重，須大量復建工程重建災區，彭百顯縣長乃透過縣長辦公室機要人員吳政勳及陳明娟向縣長選舉時支持之樁腳表示，可提供認識之營造廠商資料給縣長，俾使南投縣政府辦理發包之工程可優先指定樁腳提供之營造廠商參標施作，由於我前述墊付法會有虧損，彭百顯遂指定五、六件縣府發包之工程由我承包施作，其中最大之工程為南投縣政府臨時辦公大樓新建工程。

</td>
</tr>
</table>

<table>
<tr>
<td>

六
問：彭百顯如何將本工程交予你承包？詳情為何？

答：今(89)年2、3月間，彭百顯知道國有財產局同意核撥虎山農場之土地予南投縣政府作為臨時辦公大樓用地，在3月6日前某日（南投縣政府尚未收到同意撥用該土地之公文前），彭百顯在縣長公館當面告訴我及黃細朗，本工程決定交由我來承作，以彌補前述先行墊付辦理法會損失之款項，並指示我即刻進場施作整地，所以我在本工程尚未招商比價前（3月24日開標），即找友人張信揚以三建公司名義先行至虎山農場（營盤口段）基地施工整地，迨開標日前，建築師賴世晃及南投縣政府當時建設局局長簡學禮（現調至南投縣政府城鄉發展局局長）均曾到過現場，簡學禮並在南投縣政府人事室主任王炳麟住處，當面告以本工程尚未辦理發包，千萬不要在未辦理招商比價前率先施工，但我答稱係縣長指示我要立即施作，簡學禮便不再表示意見。

</td>
<td>

四
問：彭百顯如何將南投縣政府臨辦大樓新建工程（下稱本工程）交予你承包？詳情為何？

答：今(89)年2、3月間，彭百顯知道國有財產局同意核撥虎山農場之土地予南投縣政府作為南投縣政府臨時辦公大樓用地，在3月6日前某日即南投縣政府尚未收到同意撥用該土地之公文前，約2、3月間彭百顯即在縣長宿舍當面告訴我（黃細朗亦在旁邊）：南投縣政府臨時辦公大樓新建工程將交由我來承作，以彌補前述先行墊付辦理法會損失之款項，由於921震災後許志哲曾經與慈濟功德會人員一同到南投救災，渠即主動找我向我表示希望在南投地區承攬工程，故將三建工程股份有限公司（下稱三建公司）之公司大小章、營利事業登記證、公司執照及完稅證明等資料交付予我，請我協助延攬南投縣政府發包之工程，因三建公司從不曾承攬施作南投縣政府發包之工程，所以無法登記為優良廠商，因我與縣長彭百顯熟稔，故於縣長告知後我隨即於數日後（詳細日期記不清楚）將前述三建公司交付之資料置放入信封袋內，並於信封袋上親簽我的姓名後親送至縣長辦公室，經該室人員表示放置於機要人員陳明娟辦公桌上即可，我乃依指示處理，故縣長彭百顯在3月6日收到我將三建公司資料放置於我署名之信封袋後，彭百顯即已知悉我將用三建公司名義參加本工程之投標。

</td>
<td>

四
問：彭百顯如何將南投縣政府臨辦大樓新建工程（下稱本工程）交予你承包？詳情為何？

答：今(89)年2、3月間，彭百顯知道國有財產局同意核撥虎山農場之土地予南投縣政府作為南投縣政府臨時辦公大樓用地，在3月6日前某日即南投縣政府尚未收到同意撥用該土地之公文前，約3月初間彭百顯即在縣長宿舍當面告訴我（黃細朗亦在旁邊）：南投縣政府臨時辦公大樓新建工程將交由我來承作，以彌補前述先行墊付辦理法會損失之款項，並指示我即刻進場施作整地，所以我在本工程尚未招商比價前以三建工程股份有限公司（下稱三建公司）名義至本工程營盤口段進場施作，當時在者有建築師賴世晃及南投縣政府當時建設局局長簡學禮（現調至南投縣政府城鄉發展局局長），後來我當天晚上有事至南投縣政府人事室主任王炳麟住處，簡學禮知悉後，立即奔至王炳麟住處找我，將我拉到一旁，告以本工程尚未辦理發包，千萬不要在未辦理招商比價前率先施工，但我答稱係縣長指示我要立即施作，簡學禮便不再表示意見。

</td>
</tr>
<tr>
<td>

七
問：彭百顯與黃細朗關係為何？何以彭百顯於本工程比價前當著黃細朗面指定由你承攬本工程？
答：據我所知黃細朗與彭百顯關係密切，且渠有地下縣長之稱，幾乎天天至彭縣長公館，惟我並不知黃細朗和彭百顯係談論何事，故彭百顯當著黃細朗面指定本工程由我承攬施作，我並不意外。

</td>
<td></td>
<td>

五
問：彭百顯與黃細朗關係為何？為何彭百顯找你密談本工程比價前指定由你承攬本工程時，黃細朗會出現在彭百顯宿舍？
答：黃細朗與彭百顯關係密切，幾乎天天至彭縣長宿舍，惟我並不知黃細朗和彭百顯係談論何事，故黃細朗會出現在彭百顯宿舍我並不意外。

</td>
</tr>
</table>

7 真金火煉

八

問：本工程你有無代表三建公司參與投標？詳情如何？

答：有的，彭百顯當面告知本工程交由我承作時，即知道我將以三建公司名義參標，當時黃細朗在場。惟我擔心事有變卦，故於89年3月23日傍晚，南投縣政府公共工程管理中心（下簡稱公管中心）辦理郵寄標單程序時，我均躲在發包中心內之角落，以確定是否有通知三建公司參與競標，直到我聽到現場有人直呼還要投遞至臺北市三建公司時，始確定彭百顯有指定三建公司參與比價，我當下估算依建築師將標單等資料裝妥帶至臺中市夜間郵局投遞時已約晚上6、7點，我擔心離第二天開標時間太近不及填寫標單，乃出面向現場公管中心職員（姓名不清楚）索取多印之空白單以便先後填寫估價，經我檢視後發現其中未附水電工程部分的標單，乃由該中心員工以電話緊急通知建築師及公管中心主任王仁勇、副主任曾志宏、承辦人簡育民等人返回該中心重新檢查並補足水電工程標單，再由建築師親至臺中市英才路夜間郵局投遞標單。在我將空白標單帶回家之途中，陳介三電話詢問我是否有拿到空白標單，且約我在縣府辦公室前停車場見面，並於我車上討論填寫投標金額事宜，陳介山在與我討論完後，將空白標單拿走，表示要替我填寫標單；第二天中午一時許，陳介三及約我碰面，將渠已填好之前述工程標單當面交給我，我旋即聯絡友人張信揚至名間鄉租住處討論標單價格是否合理，決議底價至少在一億六千萬以上本工程才有合理正常利潤，24日下午2點50分我搭載張信揚前往公管中心由張信揚進入投標，並由三建公司得標。

五

問：本工程你有無代表三建公司參與投標？詳情如何？

答：有的。彭縣長於前述縣長宿舍告知本工程欲交由我處理時，我即知將由三建公司名義得標，當時因黃細朗亦在場，所以渠亦詳知上情，惟我擔心事有變卦，故於89年3月23日南投縣政府公共工程發包中心辦理郵寄標單程序時，我均躲在發包中心一隅，確定是否確係通知三建公司參與競標，直到我聽到現場有人直呼還要投遞至臺北市三建公司時，我才能確定三建公司在名單之內，俟建築師將標單等資料裝妥並帶至臺中市夜間郵局投遞時已約晚上6、7點，我因恐第二天開標時間太近不及填寫標單，我才出面向現場發包中心人員（姓名不清楚）表示我係三建公司代表，可否將本工程多印之空白標單先行給我乙份以便填寫估價，該員工應允並給我一份空白單，我檢視後發現標單中將水電工程部分遺漏，我乃返回發包中心通知此項缺失，並當場由員工以電話緊急通知建築師返回重新檢查補足水電工程標單，再由建築師親至臺中市英才夜間郵局投遞標單。我在將空白標單帶回家之路上，陳介三以電話詢問我是否有拿到空白標單，陳介三知道我有拿到前述空白標單後，即約我在縣府辦公室前廣場見面，我事先影印乙份標單資料，並與陳介三在我車上討論填寫投標價錢事實，陳介山在與我討論完後，將其中乙份空白標單拿走，並表示要替我填寫標單；第二天中午1時許，陳介三約我在以前公司承租處碰面將渠已填好之前述工程標單當面交給我，我即聯絡友人張信揚至名間鄉租住處討論投標價格，決議底價至少在1億6千萬以上本工程才有合理正常利潤，24日下午2點50分我搭載張信揚前往縣府發包中心由其進入參與投標，陳介三在縣府側門口與我碰面，渠詢問我是否要承作，我明確向渠表示要做，最後本工程由三建公司得標，約於10天後與縣府發包中心簽定工程契約。

六

問：本工程你有無代表三建公司參與投標？詳情如何？

答：有的。彭縣長於前述縣長宿舍告知本工程欲交由我處理時，我即知將由三建公司名義得標，當時因黃細朗亦在場，所以渠亦詳知上情，惟我擔心事有變卦，故於89年3月23日南投縣政府公共工程發包中心辦理郵寄標單程序時，我均躲在發包中心一隅，確定是否確係通知三建公司參與競標，直到我聽到現場有人直呼還要投遞至臺北市三建公司時，我才能確定三建公司在名單之內，俟建築師將標單等資料裝妥並帶至臺中市夜間郵局投遞時已約晚上6、7點，我因恐第二天開標時間太近不及填寫標單，我才出面向現場發包中心人員（姓名不清楚）表示我係三建公司代表，可否將本工程多印之空白標單先行給我乙份以便填寫估價，該員工應允並給我一份空白單，我檢視後發現標單中未附水電工程部分的標單，我乃返回公管中心通知此項缺失，並當場由員工以電話緊急通知建築師及公管中心主任王仁勇、副主任曾志宏、承辦人簡育民等六、七人返回公管中心重新檢查並補足水電工程標單，再由建築師親至臺中市夜間郵局投遞標單。我將空白標單帶回家之路途上，以電話詢問我是否拿到空白標單，陳介三知道我有拿到前述空白標單後，即約我在縣府辦公室前停車場見面，我事先影印乙份標單資料，並與陳介三在我車上討論填寫投標價錢事宜，陳介山在與我討論完後，將其中乙份空白標單拿走，並表示要替我填寫標單；第二天中午一時許，陳介三約我在以前公司承租處碰面，將渠已填好之前述工程標單當面交給我，我即聯絡友人張信揚到達縣府發包中心由其進入參與投標，陳介三在縣府側門口與我碰面，渠詢問我是否要作，我明確向渠表示要做，最後本工程由三建公司得標，約於10天後與縣府發包中心簽定工程契約。

九		七
問：本工程你何以會以三建公司之名義進場施作？詳情為何？ 答：由於921震災後許志哲曾經與慈濟功德會一同到南投縣救災，其主動向我表示希望在南投地區承攬工程，所以將三建公司之公司大小章、營利事業登記證、公司執照及完稅證明等資料交付予我，請我協助延攬南投縣政府發包之工程，因三建公司從不曾承攬南投縣政府之工程，所以縣府並無其廠商資料；由於我與彭百顯縣長熟稔，遂於89年2月間將三建公司資料…置於機要人員陳明娟桌上，託陳明娟轉知彭百顯，故彭百顯在3月6日前指示本工程由我負責承攬時，即已知悉我借用三建公司名義參與本工程之投標並施作。		問：前述本工程你為何以三建公司進場施作？詳情為何請說明之？ 答：由於921震災後許志哲曾經與慈濟功德會一同到南投救災，渠主動找我表示希望在南投地區承攬工程，故將三建公司之公司大小章、營利事業登記證、公司執照及完稅證明等資料交付予我，請我協助延攬南投縣政府發包之工程，因三建公司從不曾承攬南投縣政府發包之工程，所以無法登記為優良廠商；因我與縣長彭百顯熟稔，今年2月間我將前述三建公司交付之資料置放入信封袋內，並於信封袋上親簽我的姓名後親送至縣長辦公室，由我放置於機要人員陳明娟辦公桌上，託陳明娟轉知彭百顯，故縣長彭百顯在3月6日前指示本工程由我承攬時，即已知悉我會借用三建公司名義參與本工程之投標。
十		八
問：本工程你可獲利若干？ 答：經我估算本工程材料、施作及管銷費用後，預估可獲淨利逾一千萬元。		問：本工程你可獲利若干？ 答：經我估算本工程材料、施作及管銷費用後，預估可獲淨利逾一千萬元左右。
		九
		問：你與三建公司關係為何？ 答：我個人並未投資三建公司，亦非該公司股東，而我與許志哲係多年朋友，因三建公司與慈濟關係良好，明年據聞慈濟將有許多工程在南投發包，許志哲立即答應將三建公司牌借我去投標工程，施作之工程則由我自行尋找，三建公司僅形式上必須替本工程施作人員辦理保險及向南投縣政府請款用印。

十一 問：本工程彭百顯既然指定由你承攬而你的確於投標前即已開始施作本工程營盤口段，黃細朗亦明知你早已施作前述工程，且黃細朗係陳介三親舅舅關係密切，何以陳介三仍執意借松楊營造股份有限公司牌照欲強行介入本工程招標比價作業？ 答：黃細朗及陳介三早已知悉彭百顯指定由我承攬及我已進場動工之事實，如我前述陳介三取走三建公司本工程空白標單後，由渠在89年3月24日下午一時左右持已填妥之標價1億6,800萬元之標單交給我蓋三建公司大小章以參加本工程形式比價；而陳介三則以松楊營造名義參加本工程比價，標價填寫1億7,200萬元，故我知悉陳介三持松楊營造牌參加本工程投標係為了配合三建公司參加形式比價。		十 問：本工程彭百顯既然指定由你承攬而你的確於投標前即已開始施作本工程營盤口段，黃細朗亦明知你早已施作前述工程，且黃細朗係陳介三親舅舅關係密切，何以陳介三仍執意借松楊營造股份有限公司牌照欲強行介入本工程招標比價作業？ 答：於本工程開標前，我並不知道陳介山會借松陽營造之牌照強行介入本工程，但是黃細朗及陳介三早已知悉彭百顯指定由我承攬及我已進場動工之事，且如我前述陳介三取走三建公司本工程空白標單後，由渠在89年3月24日下午1時左右持已填妥之本工程標為1億6,800萬元之標單交給我蓋三建公司大小章以參加本工程形式比價；下午2時50分在南投縣政府側門當場再詢問我是否有意承攬，我肯定的答稱「要」，他便離開側門。事後我才知道陳介三亦以松楊營造名義參加本工程比價，而標價為1億7,200萬元，故我知悉陳介三持松楊營造牌參加本工程投標係配合三建公司參加形式比價。
十二 問：（提示：本工程89.3.24開標紀錄影本乙份）陳介三明知本工程係由三建公司得標，且三建公司優先減價為1億6,500萬元，依縣府減價之程序陳介三可以清楚看到三建公司優先減價價格，何以松楊營造第一次減價格為1億6,700萬元，高於三建公司優先減價之金額？另陳介山第二次減價價格1億6,680萬元何以仍高於三建公司優先減價金額？ 答：（詳視後作答）因陳介三借牌之松楊公司係屬陪標，原就無意承攬本工程，故陳介山不予掩飾而亂填第一次及第二次比減價格並高於三建公司優先減價之金額。		十一 問：（提示：本工程89.3.24開標紀錄影本乙份）請你詳視開標紀錄內容，陳介三明知三建會得標，且三建公司優先、第一次比減價分別為1億6,500萬元及1億6,200萬元，何以松楊營造第一次、第二次比減價格仍填寫1億6,700萬元及1億6,680萬元等高於三建公司優先比減價之金額？ 答：（詳視後作答）因陳介三借牌之松楊公司係屬陪標，原就無意承攬本工程，故陳介山隨意亂填第一次及第二次比減價格。

十三
問：本工程係由何人負責施作並管理？
答：彭百顯指定本工程由我來承作，我即以三建公司名義在虎山農場（營盤口段）進行整地工程，惟因整地後發覺該基地地質不良，不適合興建建築物，彭百顯遂要求建築師辦理變更設計，並同時指示我在三和社區停車場（三塊厝段）逕行施工，以趕在921地震週年前提出成果展示。三塊厝段基地我授權予李政澤全權處理下包比價與簽約及監督施工，據我所知該基地施作之小包大部分皆陳介三所推薦。而三建公司僅形式上必須替本工程施作人員辦理保險及向南投縣政府請款用印。

十四
問：本工程既然由你負責施作，何以下包大部分由陳介山所推薦？
答：本工程得標後，陳介山向我表示係渠舅舅黃細朗指示其尋找營造廠商配合參標，我認為黃細朗明知彭百顯已指示將本工程交由我承攬及早已進場施工，而黃細朗卻又指示陳介三向松楊營造借牌，作為三建公司陪標廠商，其目的在向我邀功，藉以作為渠等向彭百顯及我要求承攬本工程下包工程之籌碼，我雖滿心不願但也無可奈何。在簽約後黃細朗與陳介山確有向彭百顯要求承作下包工程，彭百顯並向我表示需與黃細朗與陳介山配合施作本工程，並於下包工所得利潤中優先給付五百萬元予我作補償，因此我才只好同意將下包工程交予黃細朗與陳介山，惟我要求渠二人承作之下包工程需受我的約束，並需簽訂契約以示負責。

六
問：本工程三建公司是否有確實施作？
答：有的。三建公司得標後確實在虎山農場（營盤口段）進行整地等水土保持工程，因整地後發覺該基地地質不良，不適合興建建築物，縣長要求建築師辦理變更設計，惟在未及變更設計通過前，縣長即指示三建公司在三和社區停車場（三塊厝段）逕行施工，以趕在921地震週年前提出成果展示。三塊厝段基地我授權予李政澤全權處理下包比價與簽約及監督施工，據我所知該基地施作之小包大部分皆陳介山所推薦。

七
問：本工程既然既係三建公司得標並施作，何以下包大部分由陳介山所推薦？
答：本工程由三建公司得標，我於事後要求陳介山出面說明何以渠會借用松陽營造股份有限公司的牌參標本工程，陳介山向我表示係渠舅舅黃細朗指示其尋找營造廠商參標並施作，依緊急命令採限制性招標僅需一家廠商到場開標即可，我認為黃細朗明知彭百顯已指示將本工程交由我承作，而黃細朗卻又指示陳介三借牌參標，我極為不解及不滿，但在簽約後黃細朗與陳介山向彭百顯要求承作下包工程，彭百顯向我示意需與黃細朗與陳介山配合施作該工程，我只好將下包工程交予黃細朗與陳介山，惟我要求渠二人承作之下包工程需受三建公司的約束，並需簽訂契約以示負責。

十二
問：本工程三建公司是否有確實施作？
答：有的。我向三建公司借牌得標後確實在虎山農場（營盤口段）進行整地等水土保持工程，因整地後發覺該基地地質不良，不適合新建建築物，縣府要求建築師辦理變更設計，惟在未及變更設計通過前，縣長即指示三建公司在三和社區停車場（三塊厝段）逕行施工，以趕在921地震週年前提出成果展示。三塊厝段基地我授權予李政澤全權處理下包比價與簽約及監督施工，據我所知該基地施作之小包大部分皆陳介山所推薦。

十三
問：本工程既然既係三建公司得標並施作，何以下包大部分由陳介山所推薦？
答：本工程由三建公司得標，我於事後要求陳介山出面說明何以渠會借用松陽營造股份有限公司的牌參標本工程，陳介山向我表示係渠舅舅黃細朗指示其尋找營造廠商參標並施作，我認為黃細朗明知彭百顯已指示將本工程交由我承作且我早已進場施工，而黃細朗卻又指示陳介三借牌參標，我極為不解且不滿，但在簽約後黃細朗、陳介山等皆以松陽營造牌參加形式比價，作為三建公司陪標廠商，其目的在向我邀功，藉以作為渠等向彭百顯要求及我要求承攬本工程下包工程之籌碼，我雖滿心不願但也無可奈何。在簽約後黃細朗與陳介山確有向彭百顯要求承作下包工程，彭百顯並向我示意需與黃細朗與陳介山配合施作該工程，並於下包工程所得利潤中優先給付500餘萬元予我作補償，因此我才只好同意將下包工程交予黃細朗與陳介山，惟我要求渠二人承作之下包工程需受我的約束，並需簽訂契約以示負責。

7 真金火煉

十五 問：本工程三建公司開始施作至89年10月2日第一次向南投縣政府請求估驗付款，期間內工地相關工程所有花費由何人支應？ 答：均由我個人負責籌措支付。		十四 問：本工程三建公司開始施作至89年10月2日第一次向南投縣政府請求估驗付款，期間內工地相關工程所有花費由何人支應？ 答：均由我個人負責籌措支付。
十六 問：彭百顯指定本工程由你承攬，有無向你收任何好處或以其他形式獲取利益？ 答：沒有。彭百顯指定本工程由我承攬施作，純粹係為彌補我前述法會所花費之530餘萬元墊付款。		十五 問：彭百顯指定本工程由你承攬，有無向你收任何好處或以其他形式獲取利益？ 答：彭百顯指定本工程由我承攬施作，純粹係為彌補我前述千僧祈福法會所花費之500餘萬元墊付款。
十七 問：彭百顯指定你等椿腳承攬南投縣政府發包工程，有無向你等收取任何好處或以其他形式獲取利益？ 答：彭百顯並未收取回扣，彭百顯係為答謝諸椿腳在渠競選縣長之幫忙，所以才會指定我等承攬施作南投縣政府發包之公共工程，但我等椿腳皆有默契，以隨喜捐獻方式，不以本人或承攬公司名義捐獻現金或匯款給「新南投建設發展基金會」。		十六 問：彭百顯指定你等椿腳承攬南投縣政府發包工程，有無向你等收取任何好處或以其他形式獲取利益？ 答：彭百顯並未收取回扣，彭百顯係為答謝諸椿腳在渠競選縣長之幫忙，所以才會指定我等承攬施作南投縣政府發包之公共工程，但我等椿腳皆有默契，以隨喜捐獻方式，不以本人或承攬公司名義捐獻現金或匯款給「新南投建設發展基金會」。
十八 問：「新南投建設發展基金會」董事長為何人？你等在捐獻時是否知道董事長為何人？ 答：「新南投建設發展基金會」董事長為彭百顯，我等在捐獻時均知該基金會係彭百顯所有。		十七 問：「新南投建設發展基金會」董事長為何人？你等在捐獻時是否知道董事長為何人？ 答：「新南投建設發展基金會」董事長為彭百顯，我等在捐獻時只知該基金會是彭百顯所有之機構。
十九 問：你總共捐獻金額若干予「新南投建設發展基金會」？ 答：我大概捐獻10萬元以上，但詳細數目記不清楚，彭百顯應不知捐獻者為何人。		十八 問：你總共捐獻金額若干予「新南投建設發展基金會」？ 答：我大概捐獻10萬元以上，但詳細數目記不清楚，彭百顯應不知由誰捐獻。
二十 問：你與彭百顯、黃細朗、陳介三等人有無私人怨隙？ 答：沒有。		
二十一 問：有無補充意見？ 答：沒有	八 問：有無補充意見？ 答：沒有	十九 問：有無補充意見？ 答：沒有
二十二 問：以上所說是否實在？ 答：完全實在	九 問：以上所說是否實在？ 答：實在	二十 問：以上所說是否實在？ 答：實在

備　註：1. 本表說詞與事實真相有相當差距。（片面說詞）
　　　　2. 本表內文字多處出現於檢方《起訴書》之指控依據，成為本「921案」之指控縣長關鍵案案。（起訴依據已證明是經調查局所串證的結果）
　　　　3. 陳三於11月4日又至調查局接受訊問。（本表略）
　　　　4. 本表說明檢調一開始即玩起此暗地遊戲，欺瞞大家。不光明磊落，不正義。

最最可爭議的，檢察官竟然用調查局造假的筆錄，作為本案起訴縣長違背《貪污治罪條例》圖利罪的主要依據。公訴人知法玩法，一般社會大眾怎曉得本案冤枉無辜？至於有關細節，我們將於下一章再揭露其不法、構陷行為時細說。

「死無對證」的審判

接著調查局落出敗筆，卻困窘第一審作出誤判。

我們於第一審對以上查察碰到檢調運用「有影無聲」錄影帶證物（無法查證證據）的策略，讓我們對筆錄內容之真偽無從了解實相，即「死無對證」；審理庭雖也發現他們矛盾欺瞞，但卻因「有影無聲」、「死無對證」而仍以黃才泉充滿疑義（並未查明真實）的片面自白變成判決我們有罪的唯一證據。如此審判，但卻隱藏欺瞞而無法予以明察，司法正義是什麼？

黃才泉的「配合」演出檢舉大戲，是檢方起訴貪官縣長本人辦理「921重建弊案」而聲名威震全國的最大功勞者，他的自白說詞就是公訴人王捷拓指控本人的犯罪證據，身為被告自然在意他筆錄的真偽。由於對證詞充斥與筆錄不一、矛盾、背離事實之處極多，讓我們懷疑他的筆錄有虛偽作假，遂不斷要求法庭審理能還原筆錄內容之真實性，南投地方法院也從善如流，發文調查局提供當事人訊問錄影帶。

令人遺憾，調查局惟恐露餡，遲遲不肯依法提供原始關鍵錄影帶，一拖經年，意欲審理法院以原始提供之不真實筆錄內容為依據作出判決。

果然，第一審南投地方法院不待真相之查察，仍依有問題的不實筆錄證據對檢察官以《貪污治罪條例》求刑我20年、全國矚目的「921案」

作出判決。而這項判決，雖則明確排除了有關「921重建貪污、圖利、侵占震災款、詐取震災款」等嚴厲指控，判我無罪，還我清白。但卻留下尾巴，即依黃才泉疑點筆錄，他們捨公訴《貪污治罪條例》而另改以論告《政府採購法》判我「工程開標發生不正確結果」罪名。[9] 以此仍綁困我不得全身而退，皆因調查局隱藏實情，他們造假、欺瞞法院；而法院亦配合以為德不卒、不明察，並走「罪刑法定」邊緣，玩法判刑原本無罪的縣長。

總之，魔鬼雖然現身，但法曹不對細節深究，致真相仍舊被隱藏不露。司法正義不完全，一審判決故留瑕疵，所謂「莫見乎隱，莫顯乎微」，似乎不夠謹慎。其不慎乎？抑或有隱情乎？

調查局露餡，自證欺瞞法院

我們再接再厲，既然得不到推翻不實、不法之起訴源頭，又復於法庭得不到真相就被判刑，雖說輕判但也不應該。我們也只能循走法律程序進入第二審。好在於第一審曾要求提供黃才泉錄影帶以對照虛偽不實筆錄，雖經蓄意敷衍虛應，但檢調他們卻因而闖下大禍：留下了坐實調查局公然造假、說謊的正式公文書紀錄；直指調查局就是本案魔鬼的背後一群，細節裡果然藏有魔力。這就是前述所謂「調查局的敗筆」。（參見下面附函）

---

[9] 套用曾為我上訴辯護，由最高法院刑事庭長退休的資深司法人陳煥生律師所指出「檢察官未以違反該法罪嫌起訴，法院不得審判，否則為訴外裁判。」我們雖經判決貪污、圖利無罪，但卻陷入論告的「訴外裁判」遊戲訴訟十數年，這場「鬥法」，一直到最高法院裁定回歸依《緊急命令》辦理並無所謂違反《政府採購法》而無罪定讞。

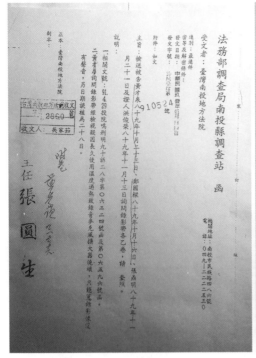

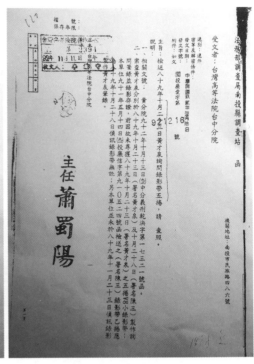

調查局提供一審資料公函 (2002)　　　　　　　調查局提供二審資料公函 (2003)

這兩份公函，充分暴露調查局惡意「欺瞞法院」及「誣陷當事人被誤判」的邪惡本質，做了法律不允許的事。很可原諒！

因此，「921案」終於突破另一項非常嚴重的發現：調查局精心違法偽造筆錄陷害縣長。我們司法正義在哪裡？

　　由調查局的前後兩紙公文，我們的發現就是這二份調查局的公文暴露了隱藏在細節裡的魔鬼，雖然如此，我們仍需要努力還原真實。[10] 調查局的公文，至少還原了三個真相：

---

[10] 本案於一審時，經南投地方法院調閱程序，要求提供指控檢舉人黃才泉訊問錄影帶以對照其筆錄之虛實。惟迄至南投地方法院作出判決，未見調查局提供，除了那份「有影無聲」錄影帶之外；直到第二審，在我們再度要求法院查證，2003.10.13臺中高分院始再行文調查局提供。終於，調查局打臉自己，2003.11.10復又提供五捲錄影帶。該公文自然要解釋其前次提供虛假以圓謊。一審時調查局曾回復南投地方法院索取而不得之原虛假說詞「錄音器燒壞，故有影無聲」，而認了自己原說謊之錯誤。很不容易的突破。

還原一、調查局否決過去，證實疏失、瀆職。即過去提供了錯誤的錄影帶，證明調查局原作法係在欺騙南投地方法院。

還原二、檢舉人就是化身秘密證人，「他們」實際就是同一人。揭露了檢方起訴證據之片面不周延。

還原三、第一審查證不確實而判決，證明審理依據未查明，有疏失造成誤判。

現身了，調查局也是魔鬼

2002 年 5 月，調查局（南投縣調查站）在南投地方法院函文後，終於提供「檢舉人（唯一次當事人的訊問筆錄）訊問錄影帶」乙捲予南投地方法院，大家以為可以察明真實內容。（2002.5.14 法務部調查局南投站 91 投廉信第 940524 號函）

看到函文，我們期望落空了。我們必須回頭面對公訴人所提供「唯一筆錄證據」處境，那又係不真實的惡意片面指控，因為，調查局在公文上說該訊問錄影帶：**錄音麥克風擴大器燒壞，只能蒐錄影像沒有聲音。**（沒辦法了解檢舉人到底「說什麼」，只能就筆錄說了算，無從對證，很強勢）

怎麼辦？（他們盤算過，動了手腳，我們能怎麼辦？）

所幸，調查局刻意隱藏不曝光秘密證人訊問錄影帶的意圖，在南投地方法院出面索取而打破。雖然南投地方法院並未理會其間「有影無聲」錄影帶的謎題及法理上意義，仍依有瑕疵的證據審判，對我們被告畢竟是不公平。但調查局卻也留下做虛偽不實的鐵線索，給我們在第二審時有碰運氣的機會再敲調查局的門。在調查局發出給地方法院的公文上我們又發現：他們說謊。公文指出：

（檢舉人）訊問錄影帶…日期誤植為 28 日。（但他只到臺中中機組做過一次 23 日之筆錄，為何出現於 28 日南投調查站的錄影帶？於是，秘密證人曝光）

縫隙出現了。檢舉人至少做了兩次秘密證人,而調查局提供給法院的,並非檢舉人 2000.10.23 訊問錄影帶,而係以化名名義之 2000.10.28 錄影帶,才以錄音器損壞及偽稱日期誤植,試圖魚目混珠。證實了調查局公然說謊,並鑄下一審法院誤判之紀錄。[11] 這應該是「921 案」審理攻防戰役中,我們一場「輝煌」的勝利吧?

折磨凌遲的時間延長,隔年的 10 月,二審,臺中高分院再函調查局提供檢舉當事人訊問錄影帶乙事。次月,五捲錄影帶終於呈堂。(2003.11.10 法務部調查局南投縣調查站 92 投廉愛字第 921216 號函。)終於上天開了一扇門,我們見到光。

調查局翻口供。這次,回復給臺中高分院的公文書,調查局改口了,承認前次公文書上所指「日期誤植」及「聲音損壞」係屬訛誤(其實是欺騙法院);同時,承認另一秘密證人就是檢舉人的化名,而製作化身筆錄(補強證據)乃在坐實縣長涉嫌「貪污、圖利,圍標工程」之法定要件,也得到證實。

這次,調查局的公文函文說了真話:

案查檢舉人分別於 2000. 10. 23 及 10. 28(化名)製作訊問筆錄並錄影存證…

(前次不承認檢舉人就是另一化身秘密證人,故意提供錯誤消音之錄影帶以保護隱藏自家醜行,證實公訴人以欺騙虛偽製造補強證據。)

…前因故未尋獲 2000. 10. 23 黃才泉之五捲錄影帶;

(圓謊上次提供不實之無聲錄影帶一捲,證明一審誤判。)

…前函檢送錄影帶乙捲應為 2000. 10. 28 偵訊錄影帶無訛;

(承認上次欺瞞提供不實行為,證實調查局說謊。)

---

[11] 參見本案 2002.6.17〈刑事聲請狀〉有詳細印證調查局之虛偽。遺憾南投地方院便宜行事,既已發現調查局造假不實,卻並未待勘驗查明究底而做下誤判。

進行至此，真相終於可以由調查局函文對證而獲得。本人以及相關人等之無妄遭災，因而也得以擺脫不實罪名。我心裡有數，是冥冥中上天救了我們。打敗調查局的是我們鍥而不捨的決心，以及調查局本身的邪惡露了餡。感恩！

　　也因此，我們又突破另一項嚴重的發現，經高分院二審勘驗筆錄譯文對照表，證明黃才泉筆錄完全是捏造。這是「921 案」石破天驚的發現，調查局邪惡本質完全揭露：構陷害人。

　　終於，我們越過這一關卡，破解揭穿了調查局邪惡造假筆錄證據企圖害人的不法行為。案情急轉直下，但整個社會大眾仍被蒙在鼓裡，迄至目前，司法界也沒有看到正義的聲音。

第二章

調查局精心偽造筆錄

> 把我從不完滿的過去中解脫出來，
> 它緊緊纏繞著我，不容我死去。
> 我很高興生長在這個偉大的世界裡。
>
> ── 印度詩人，泰戈爾，《飛鳥集》

我們終於揭穿調查局之不法，竟有六成筆錄內容係調查局精心偽造。希望調查局能虛心檢討，改過遷善。本章詳述「921案」案例於這方面之情節。

事實指出，調查局所製作之黃才泉筆錄（2000.10.23中機組）全文3,846字中，經對照高分院二審偵訊錄影帶譯文，竟有2,361字均係偽造，超過全文筆錄六成。

此外，我們也發現，本案檢舉人黃才泉許多筆錄與化名「陳三」的秘密證人於不同時間製作之另兩份筆錄竟然一字不漏，內容完全相同，全段文字完整，經對照該段與高分院二審之勘驗前後段譯文之口語式問答竟完全相同，而且，筆錄內容並非當事人之原意，愈證筆錄製作過程令人質疑，也坐實了調查局不法製作虛偽筆錄之惡意企圖。

就法律上說，這種筆錄還有什麼證據力？明知造假虛偽，為什麼還依此大有問題之筆錄，誣陷提起公訴，留下丟人現眼的歷史紀錄？

臺中高分院二審勘驗黃才泉筆錄發現調查局虛偽造假對照表

調查局製作黃才泉筆錄 （2000.10.23 中機組）	調查筆錄捏造部分	筆錄業經證明不實 或前後矛盾
化名「陳三」於 2000.10.23 在南投調查站及 2000.10.28 在中機組兩次不同時間地點所製作之筆錄內容文字竟皆雷同	對照高分院五捲錄影帶之勘驗譯文，並無該筆錄內容但卻用作起訴彭百顯。 （即：起訴沒有證據）	事證說明： 彭百顯等人受檢調誣陷
一 問：你今日前來本組（調查局中部地區機動工作組）所為何事？ 答：我主動前來貴組說明有關南投縣長彭百顯涉嫌工程圍標、圖利廠商案。		黃才泉以本人名義製作一份筆錄（2000.10.23中機組），並化名「陳三」製作四份筆錄（2000.10.23 南投調查站兩份、2000.10.28中機組一份、2000.11.4 一份、調查局地點不詳），但許多偵訊錄影帶均無法勘驗。
二 問：前科？ 答：民國87年間曾因違反選舉罷免法被南投地方法院判處六月徒刑，緩刑二年。		事證說明： 黃才泉因被判緩刑在身，本案工程未經法定程序施工，竟為推卸責任而擔任污點證人，其與檢調之間存在何種交易條件，令人質疑。
三 問：經歷、現職？ 答：83年間我與太太吳滿足及親戚黃宗貴、徐秀芬等人合夥投資設立承基建設開發股份有限公司，由我太太吳滿足擔任負責人，負責綜理公司全般業務，我僅負責協助業務開發，目前在南投縣政府臨時大樓興建工程工地擔任顧問乙職，負責協助三建工程股份有限公司處理所有現場工程施工等相關業務迄今。		
四 問：你如何認識南投縣長彭百顯？交往關係如何？有無金錢借貸往來？ 答：我係經由朋友介紹認識彭百顯，其選舉縣長時我曾出資新臺幣兩百萬元並出力為其助選，故而與渠交往密切，並時常進出縣府各業務單位，但我與渠等並無任何金錢往來。		事證說明： 1. 黃才泉同時對另位縣長候選人贊助更多經費，可見其具商人「政治投機」性格。 2. 其「時常進出縣府各業務單位」包括：建設局、農業局、地政局、人事室等，由此更反映證其「政治投機」與鑽營。

五、
問：你前述南投縣長彭百顯涉嫌工程圍標、圖利廠商情形為何？請詳述之。

答：約於921大地震前十天，南投縣長彭百顯與南投縣中台禪寺計劃在南投市中興新村文中二預定地舉辦「1999南投縣各界聯合千僧護國祈福消災大法會」及募捐，彭縣長與中台禪寺約定：由協辦單位南投縣政府先行墊付有關整地、搭建帳篷、購買衣服等前置作業所須開支，等法會舉辦後籌募到捐款再給付南投縣政府以核銷該支出費用，彭百顯因南投縣政府無前例預算，遂委請我擔任該法會籌備會財務長，先行墊付前述場地之整地及搭建會場等所有費用，我總共預支前述費用共計新台幣530餘萬元，而該費用支出皆係以我個人名義開戶之台灣銀行南投分行帳戶台銀支票支付給包商及工人（南投縣政府縣長辦公室機要人員陳明娟所使用之電腦中有詳細紀錄），後因921震災致該法會停辦無法如期籌募捐款，彭百顯乃向我表示縣府及其本人皆無力賠償，惟允諾將從縣府發包之工程中指定工程交予我承包，以彌補前述辦理法會之虧損。

答：由於震災造成南投縣境建物受損嚴重，須大量復建工程重建災區，彭百顯遂指示縣長辦公室機要吳政勳及陳明娟分別告知縣長選舉時支持彭某之樁腳，提供認識之營造廠商資料給縣長，俾使南投縣政府辦理發包之工程可優先指定其等所提供之營造廠商參標施作，由於我個人已墊付法會不少支出，而本工程預算金額頗高，故彭百顯乃指定本工程由我催工施作。

（左列前半段筆錄與化名「陳三」不同時間製作之另兩份筆錄竟幾乎一字不漏，全段文字完整。
經對照該段與高分院勘驗前後段譯文之口語式問答完全不同，顯見筆錄製作過程令人質疑。）

以下筆錄全部為捏造：
答：由於震災造成南投縣境建物受損嚴重，須大量復建工程重建災區，彭百顯遂指示縣長辦公室機要吳政勳及陳明娟分別告知縣長選舉時支持彭某之樁腳，提供認識之營造廠商資料給縣長，俾使南投縣政府辦理發包之工程可優先指定其等所提供之營造廠商參標施作，由於我個人已墊付法會不少支出，而本工程預算金額頗高，故彭百顯乃指定本工程由我催工施作。

事證說明：
1. 千僧法會因921震災停辦是事實，黃才泉代墊法會支出530萬元亦為事實。然而，並無任何事證可證明其與縣政府工程發包間存在任何因果關係。
2. 千僧法會因震災停辦，黃才泉曾向許多友人表達因天災之故，他願意發心贊助代墊法會支出。
3. 令人質疑的，事情經過一年後，何以黃才泉在調查局偵訊下，卻變成是「縣政府及彭百顯的債務」，並成為臨辦工程發包「彌補損失」的碼？
4. 所有指控「彭百顯指定工程交其承包，以彌補虧損」之說詞，均為黃才泉一人片面之詞。
5. 縣府從未與中台禪寺有任何約定「各項法會前置作業開支由縣政府先行墊付…」。千僧法會本來就是由民間熱心人士支援各項財務籌辦。
6. 黃才泉向南投地方法院提請與此有關之保全證據之訴，經90.8.22地方法院民事庭裁定書予以否定。證明黃才泉左列「筆錄」內容不真確，更佐證本案檢方以此論斷之證據不實。
7. 彭百顯未曾允諾指定任何工程予黃才泉。起訴指控「彭百顯私下指定臨辦工程由黃才泉催工施作」之筆錄，完全是黃才泉片面之詞。

左列筆錄經高分院勘驗證明是調查局捏造。本案以此起訴彭百顯確為冤誣、不法。

7 真金火煉

六 問：彭百顯如何將本工程交予你承包？詳情為何？ 答：今（89）年二、三月間，彭百顯知道國有財產局同意核撥虎山農場之土地與南投縣政府作為臨時辦公大樓用地，在3月6日前某日（南投縣政府尚未收到同意撥用該土地之公文前），彭百顯在縣長公館當面告訴我及黃細朗，本工程決定交由我來承作，以彌補前述先行墊付辦理法會損失之款項，並指示我即刻進場施作整地，所以我在本工程尚未招商比價前（3月24日開標）前，即找友人張信揚以三建公司名義先行至虎山農場（營盤口段）基地施工整地，迨開標日前，建築師賴世晃及南投縣政府當時建設局局長簡學禮（現調至南投縣政府城鄉發展局局長）均曾到過現場，簡學禮並在南投縣政府人事室主任王炳麟住處，當面告以本工程尚未辦理發包，千萬不要在未辦理招商比價前率先施工，但我答稱係縣長指示我要立即施作，簡學禮便不再表示意見。	（左列前半段筆錄與化名「陳三」不同時間製作之另兩份筆錄竟一字不漏，內容完全相同，空段文字完整。 經對照該段與高分院勘驗前後段譯文之口語式問答完全不同，筆錄內容並非當事人之原意，尤其時間「89年二、三月間」的加註，更是調查局的「傑作」。愈證筆錄製作過程令人質疑。） 以下筆錄全部為捏造： 答：…並指示我即刻進場施作整地，所以我在本工程尚未招商比價前（3月24日開標）前，即找友人張信揚以三建公司名義先行至虎山農場（營盤口段）基地施工整地，迨開標日前，建築師賴世晃及南投縣政府當時建設局局長簡學禮（現調至南投縣政府城鄉發展局局長）均曾到過現場，簡學禮並在南投縣政府人事室主任王炳麟住處，當面告以本工程尚未辦理發包，千萬不要在未辦理招商比價前率先施工，但我答稱係縣長指示我要立即施作，簡學禮便不再表示意見。	事證說明： 1. 從第三捲偵訊錄影帶譯文證明「黃才泉係從報紙得知工程」，絕非彭百顯預先告知。彭百顯縣長不可能在用地未經核撥、經費並未核准情況下指定任何工程。 高分院勘驗譯文： 問：你在89年二、三月間、或89年初…縣長跟你講？ 答：看報紙啦！ 問：南投縣政府辦理本工程標…89年初、88年底？ 答：時間記不清楚。 問：透過報紙得知？ 答：報紙說有，有沒有預算是縣政府爭取，我不知道有沒有…沒有說確定發包。 問：89年二、三月間，你怎麼知道？ 答：報紙。 問：你爭取？ 答：從報紙上看到縣府有向上級爭取這預算…是經費，不知道有多少錢。 2. 由以上筆錄譯文證明：縣府臨辦工程彭百顯並未預先告知黃才泉，而「89年二、三月」時間是調查局硬扣上的。另有關黃才泉指稱「彭百顯應允其承作臨辦工程時，有何人在場」。黃才泉於偵訊及地院庭訊前後三次供述不一，且與其他證人供述不合，更證明其陳述不實。 3. 本案關鍵指控彭百顯「指示黃才泉比價前先進場施工整地」之筆錄（參見左列後半段）全部均是調查局捏造。
七 問：彭百顯與黃細朗關係為何？何以彭百顯於本工程比價前當著黃細朗面指定由你承攬本工程？ 答：據我所知黃細朗與彭百顯關係密切，且渠有地下縣長之稱，幾乎天天至彭縣長公館，惟我並不知黃細朗和彭百顯係談論何事，故彭百顯當著黃細朗面指定本工程由我承攬施作，我並不意外。	以下筆錄全部為捏造： 問：彭百顯與黃細朗關係為何？何以彭百顯於本工程比價前當著黃細朗面指定由你承攬本工程？ 答：據我所知黃細朗與彭百顯關係密切，且渠有地下縣長之稱，惟我並不知黃細朗和彭百顯係談論何事，故彭百顯當著黃細朗面指定本工程由我承攬施作，我並不意外。	事證說明： 1. 彭百顯並未當著黃細朗面「指定任何特定工程由任何人或黃才泉承攬」。 2. 對照高分院勘驗筆錄譯文，左列筆錄之問答完全是調查局串製。 第四捲偵訊錄影帶譯文 問：在縣長宿舍、辦公大樓興建工程指定、彌補…？ 問：縣長找你去？ 答：黃細朗在旁邊，他天天去。 問：黃細朗？ 問：他（彭百顯）知道三建是你的嗎？ 答：他認定三建是我的。 問：何時把三建資料送進去？921之前？之後？ 答：921之後，許志哲要離開時。 問：離開之後？ 答：9、10、11、12… 3. 以上又暴露何時送三建資料的矛盾問題，該筆錄譯文呈現是「921後」，與本表第九部分捏造筆錄所呈現之「89年3月6日前某日之數日後、或89年2月間」迥然不同。

八
問：本工程你有無代表三建公司參與投標？詳情如何？

答：有的，彭百顯當面告知本工程交由我承作時，即知道我將以三建公司名義參標，當時黃細朗在場。惟我擔心事有變卦，故於89年3月23日傍晚，南投縣政府公共工程管理中心（下簡稱公管中心）辦理郵寄標單程序時，我均躲在發包中心內之角落，以確定是否有通知三建公司參與競標，直到我聽到現場有人直呼還要投遞至台北市三建公司時，始確定彭百顯有指定三建公司參與比價，我當下估算依建築師將標單等資料裝妥帶至台中市夜間郵局投遞時已約晚上六、七點，我擔心離第二天開標時間太近不及填寫標單，乃出面向現場公管中心職員（姓名不清楚）索取多印之空白標單以便先後填寫估價，經我檢視後發現其中未附水電工程部分的標單，乃由該中心員工以電話緊急通知建築師及公管中心主任王仁勇、副主任曾志宏、承辦人簡育民等人返回該中心重新檢查並補足水電工程標單，再由建築師親至台中市英才路夜間郵局投遞標單。在我將空白標單帶回家之途中，陳介三電話詢問我是否有拿到空白標單，且約我在縣府辦公室前停車場見面，並於我車上討論填寫投標金額事宜，陳介山在與我討論完後，將空白標單拿走，表示要替我填寫標單；第二天中午一時許，陳介三及約我碰面，將渠已填好之前述工程標單當面交給我，我旋即聯絡友人張信揚至名間鄉租住處討論標單價格是否合理，決議底價至少在一億六千萬以上本工程才有合理正常利潤，24日下午二點五十分我搭載張信揚前往公管中心由張信揚進入投標，並由三建公司得標。

以下為調查局之問話，筆錄卻全部移接為黃才泉之回答，並用以起訴彭百顯：

問：彭百顯當面告知本工程交由我承作時，即知道我將以三建公司名義參標，當時黃細朗在場。惟我擔心事有變卦，故於89年3月23日傍晚，南投縣政府公共工程管理中心（下簡稱公管中心）辦理郵寄標單程序時，我均躲在發包中心內之角落，以確定是否有通知三建公司參與競標，直到我聽到現場有人直呼還要投遞至台北市三建公司時，始確定彭百顯有指定三建公司參與比價。

以下筆錄全部為捏造：

答：我當下估算依建築師將標單等資料裝妥帶至台中市夜間郵局投遞時已約晚上六、七點，我擔心離第二天開標時間太近不及填寫標單，乃出面向現場公管中心職員（姓名不清楚）索取多印之空白標單以便先後填寫估價，經我檢視後發現其中未附水電工程部分的標單，乃由該中心員工以電話緊急通知建築師及公管中心主任王仁勇、副主任曾志宏、承辦人簡育民等人返回該中心重新檢查並補足水電工程標單，再由建築師親至台中市英才路夜間郵局投遞標單。

事證說明：
1. 縣府公共工程自設計、規劃發包、決標、施工、監工、驗收、結算、付款、保固等所有程序，均由各級公務員依據法令規定分層負責，並非由縣長總攬其事。
2. 南投縣政府公共工程發包中心依法負責發包事宜，本件工程公管中心並未簽報任何發包、決標等不法事端。
3. 廠商若有違法勾串圍標，自應依法究辦。

九 問：本工程你何以會以三建公司之名義進場施作？詳情為何？ 答：由於921震災後許志哲曾經與慈濟功德會一同到南投縣就災，其主動向我表示希望在南投地區承攬工程，所以將三建公司之公司大小章、營利事業登記證、公司執照及完稅證明等資料交付予我，請我協助延攬南投縣政府發包之工程，因三建公司從不曾承攬南投縣政府之工程，所以縣府並無其廠商資料；由於我與彭百顯縣長熟稔，遂於89年2月間將三建公司資料…置於機要人員陳明娟桌上，託陳明娟轉知彭百顯，故彭百顯在3月6日前指示本工程由我負責承攬時，即已知悉我借用三建公司名義參與本工程之投標並施作。	（左列前半段筆錄與化名「陳三」不同時間製作之筆錄竟一字不漏完全相同，且全段文字完整。該段與高分院勘驗前後段譯文之口語式問答完全不同，令人質疑製作過程有虛偽不實。） 以下筆錄全部為捏造： 答：由於我與彭百顯縣長熟稔，遂於89年2月間將三建公司資料…置於機要人員陳明娟桌上，託陳明娟轉知彭百顯，故彭百顯在3月6日前指示本工程由我負責承攬時，即已知悉我借用三建公司名義參與本工程之投標並施作。	事證說明： 1. 有關黃才泉如何交付三建公司資料，何時交付？交付何人？資料內容為何等，對照審理說詞則多次供述前後不一，矛盾百出。 2. 由高分院勘驗之偵訊錄影帶譯文亦證明調查筆錄不實。 3. 偵訊錄影帶譯文明明沒有左列「89年2月間」，筆錄卻出現，檢方以此起訴彭百顯，法院並依虛偽筆錄作為判罪依據，實違法理。 4. 黃才泉於89年10月23日以「陳三」名義，在調查局詢問時供稱「89年3月6日前某日，彭百顯於縣長宿舍當面告知由伊施做臨辦工程，伊於縣長告知後數日將三建公司資料置放入信封袋內，並於信封袋上親簽伊姓名後送至縣長辦公室」云云；旋於89年10月28日以「陳三」名義，在中機組製作筆錄時，翻供稱於「89年2月間已將三建公司資料（公司之大小章、營利事登記證、公司執照及完稅證明）放入信封袋內，送至縣長辦公室陳明娟桌上，故縣長在3月6日指示本工程由我承攬時，即已知悉伊會借用三建公司名義參與本工程之投標」等語。 對照高分院第四卷錄影帶譯文，黃才泉指稱在921之後即送三建資料。光是送三建資料即有如此多套不同版本，時間前後明顯矛盾。 90.6.11黃才泉庭訊時，又推翻前述說詞，改稱「送到縣長辦公室，彭百顯沒有說話。」由此可見黃才泉究竟何時送資料、送至何處、交付何人之供詞，完全矛盾百出。 5. 至於送什麼資料到縣長室，經被告在原審質疑「三建公司將大小章等文件資料交付被告，如何參加投標比價」，黃才泉立刻改稱「只有送業績表」。更證其謊話連篇。 第一捲偵訊錄影帶譯文： 問：為什麼一億六千萬找他（許志哲）？ 答：因為我知道有這工程。 問：怎麼知道？ 答：報紙都登了。因為他做大量的工程。 問：你跟縣長那麼熟，怎麼用寄的，為什麼不直接推薦縣長考慮？ 答：推薦當然會，我放在五樓助理桌上。 問：陳明娟？陳明娟是負責這個？ 答：哪有！我哪有說她？ 問：你什麼時候放的？ 答：喔！我哪知道。

<table>
<tr>
<td></td>
<td></td>
<td>
問：哪一天？你把三建資料拿過去？
答：記不起來啊！哪有這麼屬害。
問：許志哲什麼時候找你去？是你先跟他講有這個工作，為什麼早不拿晚不拿？
答：他來南投做，做是有機會，九月的時候，他、慈濟來，許志哲跟他太太來，縣長支持者那麼多，所以你要…所以他找我…
問：你到底如何讓縣長知道有三建？你什麼時候拿去？你知道縣府要興建辦公大樓，什麼時候？
答：就報紙登，就去了拿，看看有沒有東西可以做。
問：幾月時知道臨時辦公大樓工程？
答：喔！哪記得。
6. 由高分院勘驗筆錄譯文證明黃才泉並沒有「把三建公司的資料交給陳明娟」，也沒有直接交給彭百顯。
</td>
</tr>
<tr>
<td>
十
問：本工程你可獲利若干？
答：經我估算本工程材料、施作及管銷費用後，預估可獲淨利逾一千萬元。
</td>
<td>
以下筆錄全部為捏造：
問：本工程你可獲利若干？
答：經我估算本工程材料、施作及管銷費用後，預估可獲淨利逾一千萬元。
</td>
<td>
事證說明：
1. 本案鋼構建築每坪僅 41,045 元，比公有建築造價為低。
2. 南投縣政府統一單價遠較鄰近縣市低 10% 至 20%。
3. 黃才泉在 90.6.11 南投地院庭訊中自承施作本件工程無利潤可言。
</td>
</tr>
<tr>
<td>
十一
問：本工程彭百顯既然指定由你承攬而你的確於投標前即已開始施作本工程營盤口段，黃細朗亦明知你早已施作前述工程，且黃細朗係陳介三親舅關係密切，何以陳介三仍執意借松楊營造股份有限公司牌照欲強行介入本工程招標比價作業？
答：黃細朗及陳介三早已知悉彭百顯指定由我承攬及我已進場動工之事實，如我前述陳介三取走三建公司本工程空白標單後，由渠在 89 年 3 月 24 日下午一時左右持已填妥之標價 1 億 6,800 萬元之標單交給我蓋三建公司大小章以參加本工程形式比價；而陳介三則以松楊營造名義參加本工程比價，標價填寫 1 億 7,200 萬元，故我知悉陳介三持松楊營造牌參加工程投標係為了配合三建公司參加形式比價。
</td>
<td>
以下筆錄全部為捏造：
問：本工程彭百顯既然指定由你承攬而你的確於投標前即已開始施作本工程營盤口段，黃細朗亦明知你早已施作前述工程，且黃細朗係陳介三親舅關係密切，何以陳介三仍執意借松楊營造股份有限公司牌照欲強行介入本工程招標比價作業？
答：黃細朗及陳介三早已知悉彭百顯指定由我承攬及我已進場動工之事實，如我前述陳介三取走三建公司本工程空白標單後，由渠在 89 年 3 月 24 日下午一時左右持已填妥之標價 1 億 6,800 萬元之標單交給我蓋三建公司大小章以參加本工程形式比價；而陳介三則以松楊營造名義參加本工程比價，標價填寫 1 億 7,200 萬元，故我知悉陳介三持松楊營造牌參加本工程投標係為了配合三建公司參加形式比價。
</td>
<td>
事證說明：
1. 彭百顯依法指定三家廠商比價競標，並非彭百顯指定本件特定工程由黃才泉承作。
2. 工程未發包前任何廠商違法施作，必須擔負竊占公有財產、破壞國土等罪責。
3. 即使任何得標廠商要進行施作，依法也必須向工務權責單位申報開工。
</td>
</tr>
</table>

十二	以下筆錄全部為捏造：	事證說明：
問：陳介三明知本工程係由三建公司得標，且三建公司優先減價為1億6,500萬元，依縣府減價之程序陳介三可以清楚看到三建公司優先減價價格，何以松楊營造第一次減價價格為1億6,700萬元，高於三建公司優先減價之金額？另陳介山第二次減價價格1億6,680萬元何以仍高於三建公司優先減價金額？ 答：因陳介三借牌之松楊公司係屬陪標，原就無意承攬本工程，故陳介山不予掩飾而亂填第一次及第二次比減價格並高於三建公司優先減價之金額。	問：陳介三明知本工程係由三建公司得標，且三建公司優先減價為1億6,500萬元，依縣府減價之程序陳介三可以清楚看到三建公司優先減價價格，何以松楊營造第一次減價價格為1億6,700萬元，高於三建公司優先減價之金額？另陳介山第二次減價價格1億6,680萬元何以仍高於三建公司優先減價金額？ 答：因陳介三借牌之松楊公司係屬陪標，原就無意承攬本工程，故陳介山不予掩飾而亂填第一次及第二次比減價格並高於三建公司優先減價之金額。	1. 南投縣政府公管中心依法辦理工程發包、決標。 2. 廠商若有違法勾串圍標，自應依法究辦。
十三	以下筆錄全部為捏造：	事證說明：
問：本工程係由何人負責施作並管理？ 答：彭百顯指定本工程由我來承作，我即以三建公司名義在虎山農場（營盤口段）進行整地工程，惟因整地後發覺該基地地質不良，不適合興建建築物，彭百顯遂要求建築師辦理變更設計，並同時指示我在三和社區停車場（三塊厝段）逕行施工，以趕在921地震週年前提出成果展示。三塊厝段基地我授權予李政澤全權處理下包比價與簽約及監督施工，據我所知該基地施作之小包大部分皆陳介三所推薦。而三建公司僅形式上必須替本工程施作人員辦理保險及向南投縣政府請款用印。	問：本工程係由何人負責施作並管理？ 答：彭百顯指定本工程由我來承作，我即以三建公司名義在虎山農場（營盤口段）進行整地工程，惟因整地後發覺該基地地質不良，不適合興建建築物，彭百顯遂要求建築師辦理變更設計，並同時指示我在三和社區停車場（三塊厝段）逕行施工，以趕在921地震週年前提出成果。	1. 黃才泉89.10.23調查筆錄「於89年3月24日工程尚未招商比價前，即找友人張信揚以三建公司名義先行至虎山農場基地施工整地。」（前已證明為調查局捏造） 2. 黃才泉於90.6.11南投地方院庭訊時，改供稱為「虎山農場是我以個人名義進場整地」。 3. 黃才泉在90.7.2於南投地方院開庭又改稱：「89年2月間就已經有人先進入整地，他是第二手進入虎山農場整地，2月份還未拿到土地地圖，就有人知道是該地點、該工程。」但黃才泉提不出任何證據。 4. 由上不同說法，可見黃才泉供詞矛盾百出，不足採信。

十四	以下筆錄全部為捏造：	事證說明：
問：本工程既然由你負責施作，何以下包大部分由陳介山所推薦？ 答：本工程得標後，陳介山向我表示係渠舅舅黃細朗指示其尋找營造廠商配合參標，我認為黃細朗明知彭百顯已指示將本工程交由我承攬而早已進場施作，而黃細朗卻又指示陳介三向松楊營造借牌，作為三建公司陪標廠商，其目的在向我邀功，藉以作為渠等向彭百顯及我要求承攬本工程下包工程之籌碼，我雖滿心不願但也無可奈何。在簽約後黃細朗與陳介山確有向彭百顯要求承作下包工程，彭百顯並向我表示需與黃細朗與陳介山配合施作本工程，並於下包工所得利潤中優先給付五百萬元予我作補償，因此我才只好同意將下包工程交予黃細朗與陳介山，惟我要求渠二人承作之下包工程需受我的約束，並需簽訂契約以示負責。	答：本工程得標後，陳介山向我表示係渠舅舅黃細朗指示其尋找營造廠商配合參標，我認為黃細朗明知彭百顯已指示將本工程交由我承攬而早已進場施作，而黃細朗卻又指示陳介三向松楊營造借牌，作為三建公司陪標廠商，其目的在向我邀功，藉以作為渠等向彭百顯及我要求承攬本工程下包工程之籌碼，我雖滿心不願但也無可奈何。在簽約後黃細朗與陳介山確有向彭百顯要求承作下包工程，彭百顯並向我表示需與黃細朗與陳介山配合施作本工程，並於下包工所得利潤中優先給付五百萬元予我作補償，因此我才只好同意將下包工程交予黃細朗與陳介山。	1. 起訴書依據捏造之筆錄指控不實。何況，彭百顯若真要幫助陳介山達到檢方指控年利目的，大可以合法逕行指定該家即可，不須如檢察官所訴拐彎抹角幫助圍標，徒增複雜。 2. 陳介山與黃才泉之關係為私人行為，與彭百顯無涉。 3. 彭百顯縣長依法依權責指定廠商參與比價，根本不需要也不必要考慮下包仲介業務。 4. 彭百縣縣長絕無向廠商索取回扣之不法情事，此由各有關證據及證詞獲得明證。 5. 得標廠商將部分工程分包予下包，係得標標廠商之權利。據陳介三於89.10.18於調查站供稱「因為我推薦之下包承包價格比三建公司興建本工程之預算還低，所以他（李政澤，即三建公司聘請之專案經理）願意採用我推薦前述之下包商。」由此可知，得標廠商如何將工程分包，與彭百顯縣長根本毫無關連，檢方強加罪名，不符事實與常理。
十五	以下筆錄全部為捏造：	
問：本工程三建公司開始施作至89年10月2日第一次向南投縣政府請求估驗付款，期間內工地相關工程所有花費由何人支應？ 答：均由我個人負責籌措支付。	問：本工程三建公司開始施作至89年10月2日第一次向南投縣政府請求估驗付款，期間內工地相關工程所有花費由何人支應？ 答：均由我個人負責籌措支付。	
十六	以下筆錄全部為捏造：	事證說明：
問：彭百顯指定本工程由你承攬，有無向你收任何好處或以其他形式獲取利益？ 答：沒有。彭百顯指定本工程由我承攬施作，純粹係為彌補我前述法會所花費之530餘萬元墊付款。	問：彭百顯指定本工程由你承攬，有無向你收任何好處或以其他形式獲取利益？ 答：沒有。彭百顯指定本工程由我承攬施作，純粹係為彌補我前述法會所花費之530餘萬元墊付款。	1. 彭百顯在其縣長任內，包括數千件道路工程及數百件營建工程從未指定過給黃才泉之承基營造公司，而縣政府臨辦大樓係依法指定三家比價，根本不是指定黃才泉承包。 2. 黃才泉在法會前曾支付前置作業費530餘萬元是事實，但捏造「縣長承諾縣府發包工程中指定特定工程交其承包，以彌補虧損」係誣陷彭百顯，悖離事實。檢方以捏造之筆錄起訴彭百顯，有冤誣當事人之嫌。

十七 問：彭百顯指定你等椿腳承攬南投縣政府發包工程，有無向你等收取任何好處或以其他形式獲取利益？ 答：彭百顯並未收取回扣，彭百顯係為答謝諸椿腳在渠競選縣長之幫忙，所以才會指定我等承攬施作南投縣政府發包之公共工程，但我等椿腳皆有默契，以隨喜捐獻方式，不以本人或承攬公司名義捐獻現金或匯款給「新南投建設發展基金會」。	以下筆錄全部為捏造： 問：彭百顯指定你等椿腳承攬南投縣政府發包工程，有無向你等收取任何好處或以其他形式獲取利益？ 答：彭百顯並未收取回扣，彭百顯係為答謝椿腳在渠競選縣長之幫忙，所以才會指定我等承攬施作南投縣政府發包之公共工程，但我等椿腳皆有默契，以隨喜捐獻方式，不以本人或承攬公司名義捐獻現金或匯款給「新南投建設發展基金會」。	事證說明： 1. 彭百顯於立委任內創辦的新南投發展基金會及於縣政府創辦的南投縣建設發展基金會，皆未曾收到黃才泉以其名義或以無名氏名義任何捐款。基金會也沒有收到任何投標廠商或所謂「椿腳」以其名義或用無名氏捐獻任何款項。 2. 彭百顯縣長接受多方調查皆證明其行使職權皆係依法指定廠商，未曾與任何廠商謀議收取任何利益，也未曾索求任何政治獻金。 3. 調查局捏造不實證詞目的在醜化、栽贓彭百顯至明。
十八 問：「新南投建設發展基金會」董事長為何人？你等在捐獻時是否知道董事長為何人？ 答：「新南投建設發展基金會」董事長為彭百顯，我等在捐獻時均知該基金會係彭百顯所有。	以下筆錄全部為捏造： 問：「新南投建設發展基金會」董事長為何人？你等在捐獻時是否知道董事長為何人？ 答：「新南投建設發展基金會」董事長為彭百顯，我等在捐獻時均知該基金會係彭百顯所有。	事證說明： 1. 調查局捏造不實筆錄，旨在構陷。 2. 何況，新南投發展基金會從未曾收到黃才泉以其名義或以無名氏名義任何捐款。也沒有收到任何投標廠商或所謂「椿腳」以其名義或用無名氏捐助任何款項。
十九 問：你總共捐獻金額若干予「新南投建設發展基金會」？ 答：我大概捐獻十萬元以上，但詳細數目記不清楚，彭百顯應不知捐獻者為何人。	以下筆錄全部為捏造： 問：你總共捐獻金額若干予「新南投建設發展基金會」？ 答：我大概捐獻十萬元以上，但詳細數目記不清楚，彭百顯應不知捐獻者為何人。	事證說明： 1. 調查局捏造不實筆錄，旨在構陷。 2. 基金會未曾收到黃才泉以其名義或以無名氏名義任何捐款。
二十 問：你與彭百顯、黃細朗、陳介三等人有無私人怨隙？ 答：沒有。	以下筆錄全部為捏造： 問：你與彭百顯、黃細朗、陳介三等人有無私人怨隙？ 答：沒有。	

一、本案背景分析說明：

1. 黃才泉在1997年底縣長選舉中，曾支持彭百顯競選活動開支，但他同時也支持其他候選人更多經費。由於贊助彭百顯競選當選，抱有回報預期心理，希望利用關係得利。但其所求不見得能達到目標，或對於人事、工程案所求不遂相當在意。
2. 黃才泉曾向彭百顯縣長承諾捐一筆土地約10公頃予縣府開發利用，供建設「人類文明博物館」條件由縣府在其鄰近土地開闢道路，惟彭百顯縣長遲遲未予處理。直至921地震發生，眼見其私地配合開發希望落空，或心生怨尤。
3. 縣政府臨辦大工程，彭百顯未承諾由黃才泉承包，係經依法指定三家比價，且未曾洩露工程底價。而且縣政府建設局對工程品質要求相當嚴格，未曾給予特殊方便，也讓黃才泉在臨辦大樓施工過程中不甚滿意。
4. 法會籌備期間，黃才泉熱心提供各項經費支出，因921大地震發生法會乃取消，對代墊支出，黃才泉原即曾對許多友人表達因天災其願意發心贊助。921後黃才泉或因其所屬承基營造公司或有財務問題，恐係因此而反悔其所支付之530萬元，致對彭百顯縣長孳生不滿。其實，調查局找上他，畏罪配合才可能是真相。

二、由本表對照發現：

1. 調查局確有構陷誣冤他人之確切企圖。否則，何須主導、安排黃才泉一人飾兩角製作筆錄？利用他當污點證人？
2. 檢方起訴指控依據，經證明為虛偽不實。
3. 由本表對照之事證說明，即可概知全貌，本案包括羈押縣長係遭檢調所構陷、誣害。

第三章

醜陋的司法劊子手

> 吩咐一聲，我就會把果子一筐筐的採滿，送到你的院子
> 裡，儘管有的已凋落，有的尚未成熟。
>
> 由於豐收，季節也變得碩果累累；濃蔭下傳來牧童淒婉的
> 笛聲。
>
> 吩咐一聲，我就會在河上起航。
>
> —— 印度詩人，泰戈爾，《採果集》

由上一章，可清楚了解本「921案」發起的源頭，乃係檢調的惡意構陷。

然而，依法論法，雖被誣陷起訴，但全天下無人知道我們被構陷的事實，我被套牢必須解除束縛的，就是被他們佈局「證實」我貪污圖利的依據。

意圖「咬死」我們的關鍵虛偽筆錄，有好幾個地方，都是他們的傑作。由於本案是政治性突襲，案子又多發齊下，以致全案復建工程複雜到要一一還原真相，經十多年載沉，都顯力不從心。我們真的不想再陷於過去惡勢力長期煎熬的惡幻夢魘世界。所謂「猶疑在波濤，怵惕夢成魘」，故不想牽連過多，仍僅擇主案的關鍵構陷，於本章及下一章詳細呈現：什麼是黑暗力量。

正當夜黑風高，我們忙於安置災民、重建災區；他們（顯然非僅檢調一造）卻悄悄佈局，動用司法並準備展開大刑伺候。

還原本案的時空背景。921天災肆虐，山河變色，大眾蒙難；南投震央受創嚴重，百廢待舉、人慾橫流；司法牽纏的南投縣長，蒙遭人禍造端，政治排除異己，權力囂張。

這是921的臺北天空及南投現象。一如第二篇、第三篇所述。

含混政治謀殺

事後的揭露，「921 案」是含混政治謀殺的司法迫害案件。

千禧年，921 大地震隔約半年，民進黨新政府藉天災於 5 月順勢上臺。執政尚未嫻熟，政治殺戮即蠢蠢欲動，新權貴當局他們即急於操演利刃出鞘，他們 7 月就匆促出手；包括「執行長」法務部長陳定南聲稱「要打蒼蠅，也要打老虎」；10 月即兵分多路包抄南投縣政府；並由南投地方法院檢察署檢察官王捷拓於次年 1 月具名正式提出告訴，聚焦求刑本人 20 年徒刑。[12] 這是「921 案」的簡略時程，迫不及待，民進黨新政府上臺不到 3 個月就下手，想像不到啊，我的「革命同志」。

「921 案」也反應出民進黨執政權力下的黑洞。

有關「921 案」與民進黨權力的黑洞，本人未便揭發，但我相信將來歷史一定會呈現一些解密資料。為了真相、正義，我於此簡單透露「921 案」，一定與高層關係有關。[13]「佛系」性格，我無意挑起政治風暴，小心翼翼，只是蜻蜓點水，交代本案是政治案件，其與政治的進一步細節，基於對人生與生命意義的認知及體悟，不再深究。

921 案剛浮上政治檯面之初，正是民進黨上臺執政未久。圈內要形塑民進黨清廉形象，巧藉形塑陳定南為公正無私「陳青天」，藏不住的秘密，外面盛傳原計畫要法辦「綠色」七縣市首長，以奠定民進黨大義凜然，鐵面無私，打老虎、也打蒼蠅之政治正義面貌。

結果，民進黨圈內派系運作「內線交易」，最後，由預計法辦七個縣市減為四個，他們著手法辦了新竹縣林光華、新竹市蔡仁堅、臺南市張燦

---

[12] 檢察官王捷拓，《臺灣南投地方法院檢察署檢察官起訴書》（書記官莊志文），2001.1.12。

[13] 由陳婉真在【921 十週年論壇】所發表〈揮別陰霾：生活重建與心靈重建之作法與檢討〉論文結語：「政治孤兒的宿命，難擋政治土石流」，大體上可以為本節論述做註解。（參見《世紀災變之借鑑與啟示：921 十週年論壇論文集》，新社會基金會出版，2009 年 9 月，頁 299 -304。）

鋈，以及南投縣彭百顯。民進黨初次掌握天下，初嘗權力滋味，正想大顯身手，我們很遺憾，他們只知道重視權力就是要改變現實，所以他們勇於積極擴張權力，但他們忘了看清事實，就由南投縣針對本人的「921 案」，他們真的看錯了、做錯了，為了政治私慾，竟將錯就錯；死不認錯，還勇往直前。鬥爭本質，真的很可惡！

記得當時決定回鄉競選縣長，陳定南向南投鄉親推薦，他這樣說：

要做縣長，不是隨隨便便什麼都可以做。

這四個條件：正派、不亂七八糟、實實在在、默默地做，不會做秀、不會做表面的工作、很肯做，專業能力好，很會做、服務的精神很好。這四個條件在他身上可以說完全都有。

大家選彭百顯委員做南投縣長，也等於為臺灣在未來 21 世紀這個新的國家培育人才。請南投鄉親為這個新國家來籌備人才，這是一場非常重要的選舉，我絕對支持彭百顯。

陳定南是民進黨「400 年第一戰」的省長候選人，我是他競選省長副總幹事兼財務召集人以及南投縣總幹事，我們同事、同志為臺灣民主奮鬥

多年，可謂正直個性相近。我不知「921 案」他真正扮演什麼角色，但身為法務部長與多年相知、相惜之政治相交，我相信他沒有明察秋毫，他確實被人誤導以執行偵辦「南投縣長貪污案」。

我與陳定南的政治關係，由過去緊密戰友，而因「921 案」變成陌路。他初上臺法務部長任內以他社會公信力的權威「辦我」，以認定「貪污證據確鑿」之高度置我「政治形象」於死地，但我真的不太相信他青紅皂白不分。這是不是反映與本人有關的 921 案，事相背後伏藏一些很難言清的權力黑洞？

實踐是檢驗真理的唯一標準

2000 年，歷史上重要的一年，他們趁人之亂展開布局。在司法節目表上寫下這樣的歷史劇本，意欲不容本人於民進黨及政治檯面上翻身。

事後，20 年，為證明我人以上所言，並希理性檢討本案我所遭遇的司法問題，為還真相及實踐真理正義，故特別於本章我們再費神拆解《起訴書》的第一個罪我案件，一一揭露以就教司法專家前輩其是否問題重重，並用來檢驗臺灣的司法正義。（有此一例證已足夠檢驗，其餘八個案件從略）

《起訴書》一共起訴本人等 16 人，列舉犯罪事實，針對本人的部分，就有九個案件，十個罪名。[14] 關鍵在檢方執行驚動社會的鎖定目標是縣長，因原設定案件是「俄羅斯原木案」出現斷點（由於該案之負責業務主管蔡碧雲於偵訊時不願配合指稱係「縣長交辦」，被檢方下令「當場逮捕」），以致辦不到縣長，因而遂擴大範圍（用卡車運載數百宗借調案件，包括工程案卷、人事案卷等，至調查局偵查，詳目參見第四篇），另改以

---

[14] 事後的結果，本起訴案經過多年的判審程序，所有本案涉及的公務人員包括本人，皆「無罪」定讞；司法雖然檢驗並證明清白，但政治卻殘酷傷害清譽人心，禍及無辜，留下看不見的因果在人間。

擴大其他案件發展，主戰場設定在「南投縣政府臨時辦公大樓興建工程」，繼續朝向辦定縣長之目標。[15]

　　為檢驗本案是否有司法正義，以下我們先就「921案」的全貌加以剖析檢討以驗證相關的司法過程的合法性及合理性。這也是我須努力「自證無罪」的一部分，故有些內容分析雖然似曾相識，為求真確，仍予重述以方便了解全貌。

　　想不到，「921案」的突如其來，我們人生的角度變了，我們必須在檢調司法的傾力反撲中，由那裡堅守百忍，有很長很沉重的路要走。

他一定會修正《起訴書》

　　前戲關係人上場，時間註記：2001.1.12（次日，本人出牢獄）。由年輕檢察官王捷拓操刀的《起訴書》終於出爐。本《起訴書》是王捷拓的傑作，一如制式，他首先揭露的是告訴相關人，由此，我們也可驗證王捷拓起訴本案之品質是何等隨便、粗魯、不用心。

　　就在此小寫一點來了解這位檢察官王捷拓吧！

　　「921案」正式執「春秋之筆」將「我等一干人犯」提起公訴（記住對照：遭公訴公務人員他們後來皆被判「無罪」），而大揚聲名於司法圈的檢察官，並不是「仇我甚惡」的徐松奎（聞知是林宗男之高中同學），而是初生之犢、躍躍欲試、亟待表現，來南投未久的「新鮮人」王捷拓。他是否年少輕狂、是否如刑法專家林鈺雄：「以自我認知，為打擊（他們給冠上的大帽：「921重建弊案」）犯罪的急先鋒」？[16] 吾人未便定論，但本案可證明，確有如林鈺雄（2002）所指，渠等「先入為主，未盡檢察官客觀」，「未兼顧被告利益，忽略對被告有利證據」，致有引導「法官

---

[15] 他們在本人尚未被收押禁見之前，坐鎮檢察官徐松奎甚至已先向媒體記者透露「羈押彭百顯，否則從三樓跳下去」的訊息決心。見《民眾日報》，阮智勇報導，2000.11.29。

[16] 林鈺雄，《刑事訴訟法》，2002，頁119。

誤判之危險」。

　　凡此，由本案於偵查、審理過程所反應諸多例證，斑斑可考；在此僅隨手試舉檢調「不惜重資」將多位921捐款給我擔任董事長之基金會的證詞，檢方卻刻意曲解誣指我「侵占公用、公有財物，利用職務上之機會，詐取財物」等貪污罪刑為例說明，以證實本案檢察官確有林鈺雄所忌憚之「檢察官之客觀性義務在我國面臨諸多危機」不虛。**[17]**

　　南投地方法院從2001年5月4日以來，審理傳訊二、三十名捐款人，捐款人均明確表達完全係主動捐款予基金會，希望協助彭百顯縣長靈活推動各項救災重建工作。包括捐款人出庭指證「捐款對象為彭百顯基金會」、「主動捐款對象為基金會」（**並非《起訴書》所指捐款對象扭曲為縣政府**），證明彭百顯沒有侵占公款，沒有詐取財物。相關證人在調查筆錄及出庭均指證「捐款給基金會」，證明「彭百顯清白無辜」。何況檢察官也明知基金會從未公開帳戶募款，不管是南投縣建設發展基金會、新南投發展基金會之所有捐款人，幾乎均為長久以來支持彭百顯的老朋友或親人。

　　2000年10至12月檢調單位調查中，至少有16位捐款人表達相當清楚，他們主動捐款予基金會的做法，就是要支持彭百顯幫助災區。（**遺憾的是，捐款人對被告有利證詞，檢調單位一個都未採納。**）由此可證「檢方有預設立場，未審先判」，依然將彭百顯等羈押禁見，並予以起訴求刑。這種做法，充分顯示檢調單位明顯有預設立場，草率辦案與故入人罪，包括有位證人在法庭中陳述，其在調查偵訊中，大罵調查人員，並積極說明捐給基金會事由，但其筆錄竟遭撕毀。如此惡質偵訊手法，證實檢方就是預設立場、未審先判，迫害無辜。

　　彭百顯縣長等人邀約親朋好友及家人捐款幫助災區之心血亦不應受到扭曲，當辛苦勸募家人好友捐款義行竟遭到栽贓、人格侮辱，也害自己的

---

[17] 「921案」彭百顯刑事辯護狀。

親人遭起訴求刑，如此執行司法，實違反社會正義天理。

其實，吾人有點同情王捷拓，雖然他戮力要入我於罪，但偏偏他急功逞強，在無證據之下面對 921 重建案高達數千件，將我羈押再怎麼動員翻箱倒櫃，檢察官根本不可能找到違法證據，正如當時我以縣長一人之職位，也不可能處處、躬親接攬全部工程業務於一身，何況，最重要的，我從公一向潔身自愛，不敢稍有懈怠，根本不可能貪污。檢察官大人，在「起訴不要理由，且因無可對其審查機制」下，輕率、主觀自是難免，我當能諒解他們自尊於權威。

但我既被迫推上司法訴訟，也必須以當事人身分指責王捷拓等本案檢察官，若能客觀、理智地也依法（《刑事訴訟法》第 21 條）必須「應為被告之利益執行職務」之「客觀性義務」，則或許本案根本無須大費周章在國人面前發動誣控（已證明如此）吧？

因為莫須有，讓大家受傷累累，應該不是爾等的本意吧！

本案檢察官暴露自我認知為打擊犯罪的急先鋒，根本無視被告牽連全體災民縣民之利益，無視政爭，不分青紅皂白，竊喜議會（包括陳有政）所提供有爭議之片面說詞，竟卻忽略客觀證據。「921 案」代價，就是林鈺雄擔憂檢察官「客觀性義務在我國卻面臨諸多危機」之正見啊！

本案《起訴書》的原貌

《臺灣南投地方法院檢察署檢察官起訴書》

在 600 多件調卷偵查之後，他們「找出 11 個」偵字案號。

89 年度偵字第 3719 號

89 年度偵字第 3728 號

89 年度偵字第 3816 號

89 年度偵字第 3951 號

89 年度偵字第 4117 號

90 年度偵字第 274 號

90 年度偵字第 275 號

90 年度偵字第 276 號

90 年度偵字第 277 號

90 年度偵字第 278 號

90 年度偵字第 279 號

被　告　彭百顯　男　51 歲

住南投縣南投市三和一路 30 號（在押）

身分證統一編號

選任辯護人　高思大　律師

林志忠　律師

張英一　律師

被　告　陳介山　男　41 歲（民國 48 年 9 月 18 日生）

住南投縣竹山鎮鹿山路 284 巷 100 號

居南投縣名間鄉新街村新大巷 3 之 65 號

身分證統一編號：N 120129713 號

被　告　黃才泉　男　41 歲（民國 48 年 9 月 18 日生）

住南投縣竹山鎮鹿山路 284 巷 100 號

居南投縣名間鄉新街村新大巷 3 之 65 號

身分證統一編號：M 120129713 號

　　他在法庭上一定會修改《起訴書》。正如他在《起訴書》以《貪污治罪條例》治罪於我，但在法庭上另又口頭論告以《政府採購法》繩我。到底我違背那一個法？罪刑法定主義，矛盾指控是檢察官可以犯的毛病嗎？

　　本案操刀者王捷拓素描（編劇）陷本人觸法的第一幕手筆，他「小兵立大功」的過河卒子竊喜勇於上場；但王捷拓以「無案大辦」的大無畏精神，卻也忙中出錯，本文的意義在證明檢察官的話也不可全信的真理：他

在法庭上一定會修改《起訴書》，修正錯誤。

對照上列《起訴書》，「陳介山」與「黃才泉」兩人的出生年月日完全相同，而且住、居地址竟然也完全一樣，身分證統一編號竟亦只差頭一個英文字母一字：一個 N，一個 M，其餘九個阿拉伯數字完全相同。由此可見，王捷拓把陳介山與黃才泉視為同一人。雖說是檢察官也是人（不是聖人，會犯錯），但如此小小疏忽，卻是司法執法者很不可原諒，不應出錯的地方出錯，產生嚴重信心誤差的國家公權力水平。

這個起手式一開始的例證，不正是顯露王捷拓起訴本案之態度實在是草率、輕忽？何況，《起訴書》存在很多各種錯誤，不敢恭維。

嚴肅地說，檢察官起訴代表國家行使公權力，如果在《起訴書》上出現指鹿為馬，在有刑事關係之公文書上致事實真相難明，將令人不知要相信何者為真，要如何替自己權益辯護？本章所以攤開本案全貌，本意不在醜化王捷拓，除了為自證無罪，主要是「證實」王捷拓他們的錯行與惡行，不足為範。

政治對立力介入

選任辯護人　朱文財　律師

朱文財的政治性角色浮出背後的特殊意義及與本案的背景關係。

看到《起訴書》後，我們更發現不尋常的法律漏洞。他們辦人犯罪卻找不到人證，因而出現劇本需要「秘密證人」的角色。想不到起訴縣長的王牌要角卻露餡：檢方另又「以秘密證人當作補強證據」。但很不巧被發現：秘密證人卻是第一關係人之當事人。查黃才泉在本案的角色為共同被告，而王捷拓起訴指控我們罪名的證據，皆以黃才泉及秘密證人「陳三」兩者之片面自白而為依法起訴。經攻防查證，「黃才泉就是秘密證人陳三」、以及「其擔任秘密證人的動機」等涉及法律效力問題（即黃才泉與化名為「陳三」之秘密證人是否為同一個人，確有必要釐清。）後雖經調

查局自證：他們確係同一人。遺憾的是，他們都迴避這個這麼重要的關鍵性問題，繼續以鹿為馬，辦下去。

前揭黃才泉的選任辯護人為朱文財，此君來歷特殊，正是於縣長競選期間擔任候選人林宗男（為本人政治長久競爭的對立者）之訴訟代理人，其擔任南投縣民進黨法律顧問，今又接受具有「秘密證人」身分者委託之律師，顯然受理具政治對立身分之訴訟案件，證實本案政治性因素極強。

被　告　陳明娟　女　38歲
住南投市內新路
身分證統一編號
選任辯護人　林志忠　律師
吳瑞堯　律師
高思大　律師
被　告　王憲備　男　45歲
住南投縣埔里鎮
身分證統一編號：M 1012373665 號

接著這樣的檢察官牛刀小試，證明本人有觸法的我方關係人跟著列隊上場。王憲備之身分證統一編號，阿拉伯數字竟為 10 個號碼，比別人多一個，多了那一個？當然，檢察官也是人，很忙。也許忙中有錯，數字多一個也沒什麼影響。反正在法庭上一定會修改《起訴書》。

這不過是又暴露了王捷拓急於起訴我們，粗心大意又犯了不該犯的錯誤的另一個例證？再看下去。

選任辯護人　張國楨　律師
被　告　林得生　男　40歲
住桃園縣桃園市
身分證統一編號
劉銘土　男　46歲

住高雄市苓雅區

身分證統一編號

被　告　白錫旼　男　48 歲

住台中縣龍井鄉

身分證統一編號

選任辯護人　洪明儒　律師

江明栗　律師

被　告　鄭國樑　男　39 歲

住苗栗縣通宵鎮

身分證統一編號

選任辯護人　蔡順居　律師

被　告　莊勝文　男　30 歲

住台中縣大甲鎮

身分證統一編號

張漢堂　男　42 歲（民國 42 年）

住南投市

身分證統一編號

錯，錯，錯，連三錯

　　一錯，再錯，錯錯錯，連三錯。只是錯了這麼多又怎麼樣？誰叫我是辦大案的檢察官！張漢堂出生年為 42 年，年紀竟為 42 歲，不知何者為真？何者為誤？

　　才只關係人上場第一幕，就一而再的疏失，至此即已亮現《起訴書》錯誤多出，由此隱約也可證明王捷拓錯誤「隨意起訴」指控他人確是不無可能。

　　不幸的，以下確實一再出現致人於罪的關鍵時間、貪污推論基礎⋯等許多實質錯誤指控加諸於我們。但他在法庭上可以修改《起訴書》，無論

時空背景是否具有法律競合關係，可以適時追加論告；而我們被告或證人豈能信口開河、隨意講講？若此，法官大人的心證馬上裁定「前後說詞不一」予以排斥，不予採信。同樣的行為，檢察官呢？

選任辯護人　高思大　律師
被　告　吳政勳　男　30歲
住南投縣水里鄉（在押）
身分證統一編號

選任辯護人　張英一　律師
賴思達　律師
被　告　羅朝永　男　32歲
住南投縣埔里鎮
身分證統一編號

選任辯護人　林邦賢　律師
孫明煌　律師
被　告　張文卿　男　42歲
住南投縣埔里鎮
身分證統一編號

張鼎明　男　36歲
住南投縣草屯鎮
身分證統一編號

鄭素卿　女　43歲
住南投市
身分證統一編號

選任辯護人　吳瑞堯　律師
林志忠　律師

接著於下章，我們針對本案「臨時辦公大樓工程」起訴書作為焦點，進行對檢察官偵辦醜相之揭露。

第四章

《起訴書》醜相大揭露

> 告訴我，這是否全是真的，告訴我，這是否是真的。
>
> 當雙眼閃出電光，你胸中的烏雲就會作出風暴般的回答。
>
> ── 印度詩人，泰戈爾，《園丁集》

　　為避免瑣碎以及法律的專業枯燥，基於「921 案」之真相以及法律正義之關係檢討，本章試就《起訴書》所開立的九大案件中之一的關鍵案件「南投縣政府臨時辦公大樓興建工程」這一項之實情，相對《起訴書》指控內容，沒有遺漏、不厭其煩地呈現真相於關心我們的社會大眾，就本案件全貌性的深入案情，展開檢討以證明「921 案」確實含混政治謀殺的司法迫害，故而有針對司法偵辦過程的違法作為，包括調查局公然違背法律正義，偽造虛假筆錄證據等，皆依照《起訴書》的節奏並正面提出檢討，並供參研評論。

　　利刃出鞘了，指控故事內容腳本上場：

　　右（前）被告等因違反貪污治罪條例等案件，已經偵查終結，認應該提起公訴，茲將犯罪事實及證據並所犯法條分敘如左（下）：

　　犯罪事實

　　「921」這一案（「921 案」），羅織絆誤本人前程 11 年，待清白還身之日，已垂垂老矣。他們的劇本既經設定，眾所周知，只要訴訟官司一旦起訴定案，來來去去的訴訟程序期間，根據經驗一定拖延很久。可能政治目的要的也是如此。

---

[18] 詳見第十一篇第一章「921 案」蔡碧雲的故事。

王捷拓用不上「俄羅斯原木案」順藤摸瓜的圈套 [18]，卻掰出這樣牽強的腳本套我：

虛偽不實，醜化縣政府

彭百顯於民國（以下同）86 年 12 月 20 日起任職南投縣縣長，綜理南投縣政，並就南投縣政府辦理之工程招（開）標有主管或監督之責；鄭素卿於 86 年 12 月間起擔任南投縣縣長彭百顯之機要秘書，負責處理縣長交辦事項；吳政勳於同年 12 月底起擔任南投縣政府縣長辦公室約聘規畫師，負責一般行政事務；陳明娟於 87 年 2 月間起，以南投縣政府行政室約僱人員身分借調南投縣縣長辦公室擔任助理，負責一般行政事務；張漢堂原為南投縣政府建設局建築管理課技士，現為城鄉發展局住宅課技士；白錫旼係臺灣區域發展研究院社區再造中心（以下稱再造中心）主任，與南投縣長彭百顯舊識，於 88 年間經彭百顯約聘擔任南投縣政府發展城鄉新風貌總顧問；以上六人皆係依據法令從事公務或受公務機關委託承辦公務之人員。

縣府有關公職工作人員，王捷拓點名推出他們上法場，可值得注意的是，除本人及技士張漢堂是所謂法定公務人員之外，其餘皆是不具公務職等職章身分的機要幕僚人員。他們沒有法定正規職務權責資格，何能主導公務案？這是王捷拓的傑作。

不是有很多人皆相信檢察官他們當時在媒體鋪陳的南投縣政府公務人員貪贓枉法嗎？事實是，白錫旼是縣政府敦聘之發展城鄉新風貌顧問，與其他獲聘為顧問之學者專家一樣，均非公務人員。由於白錫旼既非《公務人員任用法》之公務人員，並非《公務員服務法》所稱之公務員，亦不是《聘用人員聘用條例》所稱之聘用人員。惟王捷拓卻故意冠顧問以公務人員，醜化縣政府。其用心可議啊！

其次，白錫旼乃縣府義務職之顧問，除出席審查案件領有審查費或出

席費外，並未領取政府給付任何薪水。而且，縣府與發展城鄉風貌顧問，包括白錫旼在內，並未簽訂任何城鄉發展之委辦契約，白錫旼根本非屬《起訴書》所指「受公務機關委託承辦公務之人員」。我費心這樣辯白，目的在說明王捷拓之心態顯然在誤導視聽以縣政府人員違法，此等非事實之指控，根本不可取。

鋪設不實動機，羅織縣長

黃才泉為彭百顯好友，並係彭百顯縣長選舉時之支持者（俗稱樁腳）；[19]

陳介山係英捷營造有限公司（以下稱英捷公司）負責人；王憲備因於86年間支持立法委員彭百顯參選南投縣縣長，而與時任彭百顯助理之陳明娟熟識，其後並曾擔任彭百顯成立之「新南投發展基金會」公關主任，88年12月間轉任「久元營造股份有限公司」（以下稱久元公司，址設高雄市六合一路180巷2號9樓之1）駐南投縣業務代表；劉銘土為久元公司董事長；林得生為國軒營造股份有限公司（以下稱國軒公司）董事長；鄭國樑係和美廣告公司總經理，於88年間經白錫旼推薦擔任南投縣政府發展城鄉新風貌顧問；莊勝文係元圃景觀工程有限公司（下稱元圃公司）負責人；羅朝永係彭百顯之地方樁腳；張文卿為六合工程顧問有限公司（下稱六合公司）負責人、張鼎明為三森工程顧問有限公司（下稱三森公司）負責人，以上10人平日均以承包公共工程為業。以上16人自87年3月20日起，分有如下之犯罪事實：

一、民國88年9月中旬，彭百顯計劃與中台禪寺在南投縣中興新村舉辦「1999年南投縣各界聯合千僧護國祈福消災大法會」及募捐，並約

---

[19] 按黃才泉係於86年底縣長競選時，因捐款贊助而由友介紹與本人認識，本案發生前曾經是好友，但絕非王捷拓意欲羅織私相授受之所謂「樁腳」。有關此點，雖經本人於調查偵訊時澄清，但王捷拓仍以其心證執意在《起訴書》中強調黃才泉為本人之樁腳。顯然他居心不良，有意以政治「羅織」本人圖利自己樁腳之企圖。

定法會前置作業所需經費由南投縣政府先行墊付，俟法會結束後再從募得款項中支付，由於縣府無前述預算，彭百顯乃請託友人黃才泉擔任法會籌備會財務長，以便順利支付前置作業款，黃才泉接任財務長後並已陸續支付前開費用新臺幣（下同）530餘萬元，惟因921震災致法會停辦無法募款，造成黃才泉之損失，事後彭百顯乃向黃才泉承諾將從縣府發包工程中指定特定工程交其承包，以彌補虧損。

依檢調指控，本案「罪行」言之鑿鑿，好幾個月來媒體亦多方渲染，本人百口莫辯。待一看《起訴書》，本人深知他們用心良苦，首先，我們發現他們在構陷，王捷拓起訴所指洋洋灑灑之「犯罪事實」用意在主導社會視聽，但這根本不是事實真相，我們只能在法庭上辯明。

經過我們查證本段起訴之依據，完全係根據黃才泉在調查筆錄及以秘密證人陳三之筆錄而來。而秘密證人「陳三」，經詳細查證對照筆錄，我們也已證明其身分：秘密證人陳三就是黃才泉本人。（如前述第一章對照表）

顯然，依片面說詞之起訴於法不符。本人就此嚴重瑕疵：黃才泉與「陳三」究竟是否為同一人？並呈遞「筆錄對照分析表」之證物於審理庭，但是他們根本不予理會，視之如無物。這是法官包庇檢察官？還是檢察官可以違法造假？

《起訴書》引錄黃才泉及秘密證人「陳三」一再聲稱之說詞：「南投縣政府於88年9月計畫與中台禪寺舉辦『1999年南投縣各界聯合千僧護國祈福消災大法會』，乃委託其擔任法會籌備會之財務長，並約定法會前置作業經費由縣政府先行墊付，俟法會結束再從募款中支付。」

由於黃才泉就是秘密證人陳三，前已指出起訴證據是片面說詞。王捷拓竟以黃才泉這種有爭議性之非事實供詞當作「犯意起源」之起訴說詞，他根本查證不實，卻據以指控本人。因此，我才說：檢方濫權不法。

何況，《刑事訴訟法》第161條「檢察官就被告犯罪事實有舉證責任」。本案於前揭起訴中，至少有兩方面指控並未查證：

第一、本人未有如《起訴書》所指「計畫」以辦法會「募款」。王捷拓對此，到底本人與中台禪寺誰「計畫募款」？證據在那裡？王捷拓失職並沒有依法舉證出來。

第二、本人並沒有「約定法會前置作業所需經費由南投縣政府先行墊付」之情事。故究竟本人與誰「約定由南投縣政府先行墊付」？證據又在那裡？這些王捷拓皆應依法舉證而未查明。

而今以不真實的事情控訴本人，反映王捷拓大膽妄意以無事實證據，即以黃才泉一人之片面自白書起訴指控，我們懷疑黃才泉與檢調之間存有交易套招之嫌，始有黃才泉杜撰之詞。檢察官依法應依事實證據偵查清楚，不宜以片面自白說詞為論斷之唯一證據乃法所明定。王捷拓粗心妄意，涉有虛誣詐偽，刑及無辜之冒進作為，昭然若揭。

王捷拓明知黃才泉係本案共同被告，依《刑事訴訟法》第156條「被告之自白不得作為有罪判決的唯一證據。」豈能裝作無知？何況，黃才泉又係既為本案涉嫌違法之利害關係人，其卻另以扮演「秘密證人」身分檢舉本已可議，王捷拓又豈能以此蓄意誤導法院？

羅織動機也不合情理

明明南投縣政府從未與誰「約定法會前置作業所需經費由南投縣政府先行墊付」，此係不合情理，根本不可能的事。但王捷拓不但未查明，沒有證據卻以此指控起訴縣長；其以不合理、無事實之起訴，法律上誰來制約？

按王捷拓明知本人身為縣長，並曾任三屆立法委員，參與審查國家預算，豈有不知依法規定「政府不得為預算以外之支出」？而法會既非預算內之業務，有何條件與中台禪寺約定法會之前置作業經費可由縣府先行墊付？

王捷拓應該也一定知道，縣政府任何支出必須有預算科目，及依法定支出程序辦理，何況，王捷拓並無任何本人「指示縣府人員辦理法會款項

之支付作業」之證據，以證明其起訴合法、有理。何況，事實上我身為縣長，從未有指示縣政府相關單位辦理墊付法會前置作業所需經費這件事。但見《起訴書》意圖以本人「約定法會前置作業所需經費由南投縣政府先行墊付」之非事實論據來「羅織」本人「意圖」圖利黃才泉之罪名，以此作為犯意之起源，營造起訴理由正當化，俾便掩飾並對社會交代檢方事前濫行羈押縣長（61 天）、搜索取證之濫權不當起訴。連法庭認事亦未對此無證據之指控公訴表示不妥，也充分證明審理庭亦不認真查明真相還原事實，令人質疑法官的正義素質並不具足。

還原一點事由本末。按 921 大地震使得原計畫籌辦之大法會被迫取消，而協助之財務，黃才泉對於先行支付款項曾向許多人表示因天災之故，他願意發心贊助；黃才泉在法會前曾支付前置作業 530 餘萬元是事實，但隨意掰說本人「承諾將指定特定工程交其承包，以彌補虧損」，則是悖離事實、羅織人入罪，此應非檢察官之職權。

補強證據，一路掰矇到底

再查王捷拓起訴本人之本段內容，係根據黃才泉於 2000.10.23 以化名「陳三」之「秘密自白」指稱：「由於我有前述法會虧損，彭百顯遂指定五、六件工程由我承包，其中最大的為南投縣政府臨時辦公大樓新建工程。」這根本是失真瞎掰。本案事實經過檢調單位查證縣府所有工程案，證明這完全是黃才泉不實的片面說詞，不是真實。而且，本人於縣長任內，包括上千條道路工程及數百件營建工程，並未指定給黃才泉所屬之承基營造公司，而本案「縣府臨辦大樓」則係經依法指定三家廠商比價，根本不是指定黃才泉承包。

檢調單位在本人被羈押兩個月期間自縣府以整卡車載運調卷工程案件達數百案，結果證明本人並無指定給黃才泉承包，由縣府工程網站證明也無指定給黃才泉承包之記載。王捷拓竟偏偏採信了黃才泉一人之謊言，虛誣詐偽，執意羅織起訴縣長以竄起司法界，異哉！

栽贓縣長助理

黃才泉，即透過縣長辦公室機要陳明娟轉知彭百顯，爾後將以三建工程股份有限公司（下簡稱三建公司）之名義承包彭某指定之南投縣政府發包之工程。

王捷拓栽贓陳明娟以做為縣長共同犯罪的窗口。經過審理庭查證，陳明娟（是本人過去國會辦公室之助理，後隨本人至縣政府擔任縣長辦公室之僱員）從來沒有轉知過「三建工程公司要承包縣府工程」給本人之事。王捷拓採黃才泉之說詞，無事實根據。重複再說一遍，王捷拓執意以黃才泉片面之自白說詞旨意在誣陷他人入罪，其動機確實可議。

王捷拓既以黃才泉自白，不經查證即起訴指控本人，經後於 2001.6.11 南投地方法院開庭之審理，和王捷拓在法庭上修改《起訴書》一樣，黃才泉原誣陷的說詞又改口，說詞已迥然不同於調查筆錄。證明黃才泉原於調查偵訊時之供詞，顯然有配合檢調運作之嫌。

檢察官失職，不察真實

89 年 2 月間，南投縣政府欲在虎山農場興建臨時辦公大樓（以下簡稱臨辦工程），並預計日後作為觀光大學之行政中心，預算總金額 1 億 7 千萬元，彭百顯為使臨辦工程能迅速發包，並於適用緊急命令期間內完成招標，乃當面指定本工程由建築師賴世晃規劃設計，並於 89 年 3 月 6 日與縣府補辦設計發包之議價手續，同年 3 月 10 日簽約。而彭百顯亦早於 89 年 3 月初，即在位於南投縣南投市三和一路 30 號縣長公館內當面告訴黃才泉，及在場之黃細朗（帝諾服飾行負責人，係彭百顯縣長選舉時之樁腳）二人，決定將臨辦工程交由黃才泉承包、施作，以彌補其為辦理前述法會所預支而未能墊還之款項，並指示黃才泉儘速先行進場整地。黃才泉獲得彭百顯承諾後，隨於未辦理招商比價前即以三建公司名義先行進場開挖施作。

為了鋪陳本人犯罪之事實，王捷拓又犯同樣的錯誤，他一心想辦大案而忽略必要之證據。查本段起訴指控也是依據黃才泉筆錄之片面自白說詞，根本不是事實。過去，最高法院 31 年上字第 2423 號判例，「共同被告所為不利於己之供述，固得採為其他共同被告犯罪之證據，惟此項不利之供述，依《刑事訴訟法》第 270 條第二項（現行法第 156 條）之規定，仍應調查其他必要之證據，以察其是否與事實相符，自難專憑此項供述為其他共同被告犯罪事實之認定。」王捷拓檢察官是否故意忽略黃才泉為本案共同被告，忽略其自白自不得作為有罪判決之唯一證據之法理，仍應調查其他必要之證據是否與事實相符？還是根本未知有此規定？

檢舉人一再修改說詞

在審理期間，本案不斷領受黃才泉於法院修改《起訴書》的經驗，他在開庭審理本案之說詞，多處矛盾、不合常理，證明王捷拓所鋪陳「縣府臨辦大樓工程內定由黃才泉承包，且要其先進場整地」等等之謊言用意係在誣陷。就此，若依黃才泉所言「確知彭百顯已決定將臨辦工程交其承做，且要其先進場整地」，則檢方應知黃才泉理應有百分之百把握可獲得承包本項工程。事實也經對照其 2001.6.11 到庭說詞，證實王捷拓當時確為寧聽黃才泉謊話連篇：

其一、黃才泉：「我有到公館親口向彭縣長提起，要以三建公司名義參與投標，資料也已送到縣長室，彭縣長沒有做任何表示。」

但黃才泉在 2000.10.23 調查局一口咬定：「彭百顯縣長已決定將承辦工程交由我承作」。與前筆錄迥然不同。

我們舉此旨在說明黃才泉說詞前後不一，反應了巧詐求全，造作偽詞，目的在配合檢調毀人聲譽，害人入罪。

其二、黃才泉並稱「因為沒有把握被指定可以得標，所以 89.3.20 左右就天天到建設局去等看看有沒有被指定比價。」由此可證，本人根本沒有事先向黃才泉等任何人透漏過本項工程發包等資訊給相關廠商；也證明

王捷拓起訴本人「決定將臨辦工程交由黃才泉承包」，是依黃才泉不實的片面自白之詞之妄自推論，沒有事實依據。

其三、再由賴世晃建築師、黃細朗等證人之不同證詞，更說明了王捷拓忽略「對被告有利」證詞，僅依黃才泉一人之說詞而據以起訴本案之未當。

硬套「招標前」指示進場施工

何況，在尚未確定本案興建地點之前，本人根本不可能「指示黃才泉先行進場整地」，而且縣府所有工程案之作業程序，皆有一定之規定。如若未按這些規定，這些監管之責由工務局負責，而非縣長之職責。凡此，再度證明王捷拓檢察官死纏爛打策略，僅以黃才泉一人自白說詞就打遍天下無敵手，他濫權起訴。

但我寧願相信，可能是王捷拓不明縣府工程案的行政作業規定，否則《起訴書》不會這麼離譜、不合常理。因為工程案未按規定完成發包，若真如黃才泉所言，未得標就先行進場施作，那麼，實務上將來工程款項如何請領？諸如此類的行政規定，檢方不能裝糊塗，皆應查明，不能便宜行事、輕忽而誤人。我們也提供「南投縣政府分層負責明細表項目一覽表：承辦單位工務局」呈庭參供。

綜論本小節，對王捷拓起訴縣長「未辦理招商比價前，即指示黃才泉先行進場開挖施作」指控之說詞，確係以黃才泉及化名「陳三」秘密證人之自白供詞，而經證明黃才泉與「陳三」是同一人。一人之片面供詞本就非法律有效證據，何況又不是真相。另再對照其他相關證人證詞，證實指控「彭百顯未招標前即派人先行整地」之說詞，根本不實。

今日思及此情此境，相對我被選民拋棄卸下縣長重建責任，20 年來被拒回公門，就是拜王捷拓所設下的爛局，我縣長需自證無罪，成為社會公害；但他們司法執法無據害人，卻無人指責、消遙自在。社會之無是非已爛到底？

再進入遊戲規則。招標前後的時間次序，檢察官可不依事實證據隨便指控他人嗎？

本案臨時辦公大樓之興建係先委由建築師設計規劃，為規劃設計需要，在緊急命令期間先行剷除障礙林木及地基鑽探之整平工作，乃為必須之工程施作，並非下一包工程「臨辦興建工程」之整地工程。但王捷拓不察，未盡其責地只依黃才泉自白就起訴以「未辦理招商比價，即以三建公司名義先行進場，開始施作」，忽略了此乃黃才泉片面自作主張擅以三建名義標榜；且另對照同是黃才泉但係以祕密證人「陳三」之化名於 2000 年 10 月 23 日及 28 日之兩次筆錄的另一個說詞中，則又說得非常清楚：「我向三建公司借牌得標後，確實有在虎山農場進行整地等水土保持工程。」

可見工程是在「得標後」施作，並非王捷拓未經查明所隨意指控「未辦理招商比價前即以三建公司名義先行進場，開始施作。」王捷拓濫用檢察官的權力構陷，偉大啊，他！悲哀啊，我們的司法！難過啊，我們被害人！

無是無非，橫材入灶

王捷拓再繼續掰陳：

賴世晃於本工程辦理發包前見此，曾在向彭百顯簡報本工程設計草圖時，當面向彭百顯表示已有人進行整地作業，惟彭百顯未作任何處置。

以上復次之鋪排，這又是王捷拓嚴重的不明察誣誤。本人為清白，必須再證他們之錯誤。按縣府工程案之規劃設計、測量、剷除，及地基鑽探之整平、整地工作是必須之作業程序。本案，縣長作決策上之作為，並無須就業務細節作任何指示。而工程基地上之作為乃縣府業務局課的工作，縣府層級分工相當明確，權責分明。何況，若發生「工程未經法定作業程序，就有人違法先行進場整地」之業務監管職責，應是業務主管單位負責，而非跳過業務部門直指決策之縣長。而本案承辦人簡育民並無處理亦未向

主管簡學禮局長報告，縣長亦未獲同仁簽報，當然不可能知悉而有任何指示。

建築師賴世晃於 2000 年 11 月 13 日調查筆錄中指稱：「於第二次與縣長討論草圖時，曾向縣長表示有人整地乙事，但縣長未作任何反應或指示。…我亦曾向簡育民口頭告知整地之事，但簡育民並無任何意見表示。」本項說詞係賴世晃個人之詞，這些影響重大之證詞是否為真，於調查中皆已查明並非事實，但王捷拓仍以此向上指控本人罪名，本案檢方失之偏頗，再添證明。

如果賴世晃 2000 年 11 月 13 日筆錄所說無誤，「確曾向簡育民告知有人進場整地乙事」，但何以簡育民為承辦負責人卻未制止廠商不法行為，也未以口頭或簽呈向建設局長簡學禮及縣長報告；而主管之建設局長簡學禮也未曾向縣長報告作為或提出簽呈請示，不合常情。檢察官難道不知？

依常理，若發生這種未招標即有人在公有財產上濫行施工現象，業務單位應即刻至現場瞭解，怎麼可能賴世晃於 3 月初已告知簡育民，而簡育民、簡學禮卻是 3 月底才至現場瞭解，實不合常理，否則即失職。另 2000 年 3 月 16 日報載簡學禮接受媒體訪問，也說是在鑽探地基，由此證明業務單位的瞭解是在進行鑽探。本人也從報章得到消息，即請簡學禮局長瞭解，其回報亦為鑽探作業。（2000 年 3 月 16 日聯合報）。再依據簡育民於 2000 年 11 月 12 日調查筆錄供稱：「簡學禮局長據報載雖曾接受訪問，但其後並無任何指示或交辦。我們係 3 月底 4 月初簡局長率本人及相關人員至現場。」

從簡育民及簡學禮證詞可知，業務負責人員均判斷現場施作是鑽探作業。證明業務單位主管皆未曾報告縣長有任何非法開挖行為，故本人根本不可能指示下屬制止非法行為。

詳細辨明政府工程作業權責實為必要。證諸本案之經辦人及業務主管皆已依法行事，而沒有義務指示業務細節之縣長本人卻硬遭指控起訴，可

見王捷拓不能明察秋毫，對於「違法先行進場整地」之權責明知依法是業務單位負責，並不是縣長，但他卻導出以「縣長知情」、「縣長未作任何指示」苦苦相逼，不禁令人懷疑他橫材入灶動機何在？令人費解。若為配合政治運作扭曲誣陷縣長，執事者真的會心安理得？

法匠斷章取義，不見真章

於 89 年 3 月 17 日，本件臨時辦公大樓工程承辦人即南投縣政府建設局簡育民，於招標前先行簽請縣長彭百顯核判本工程係「正常採購程序」，抑或「依緊急命令辦理限制性招標」，以便進行後續招標程序，然彭百顯卻無視縣府秘書室會簽：「是否適用緊急命令第四點規定之進行災區重建，仍有向檢討分辦表之辦理機關查明之必要」，仍然批示工程依緊急命令辦理限制性招標；

本案臨時辦公大樓興建工程，係縣政府於 2000.1.25 獲行政院公共工程委員會核定補助 1 億 1,200 萬元，另依行政院補助函規定，縣政府應於2000 年 2 月底完成設計、發包及開始施工，時間甚為急迫。（本人呈庭證物，提示當時縣府工作時間壓力至極。行政院公共工程委員會 2000.1.25工程管字第 89001390 號函。）由於縣政府為爭取撥用土地，至 3 月中旬始予獲准，已耗費三個月時間，且基於縣政府必須儘速完成重建目標並改善辦公空間，有必要在 2000 年 921 週年前完成並進駐辦公，係屬重大緊急事項；本案依《緊急命令》於緊急命令期間辦理限制性招標，此乃本人執行縣長依法令之權責。

縣府承辦人簡育民於 2000 年 3 月 17 日所簽：「為辦理『本府臨時辦公大樓新建工程』相關作業擬定處理辦法，擬辦：辦法二、依《緊急命令》，有緊急處理必要，不受《都市計畫法》、《建築法》等相關法規限制，免申請建築執照；並依《政府採購法》第 105 條第 1 款，採限制性招標，以邀請三家以上廠商比價為原則。」（〈特別採購法招標決標處理辦法〉第

6 條：機關依本法第 105 條第 1 項第 1 款及第 2 款採購之決標應符合下列原則：1. 以限制性招標方式辦理者，除獨家製造，供應或承做者外，以邀請二家以上廠商比價為原則。）

　　秘書室會簽：「依《政府採購法》第 105 條第 1 項第 1 款規定：『機關辦理下列採購得不適用本法招標決標之規定。一、國家遇有天然災害…需緊急處置之採購事項。』又依據前開規定所定之〈特殊採購招標決標處理辦法〉第 4 條規定，機關辦理本法第 105 條第 1 項第 1 款之採購，應先確認國家遇有天然災害…總統業依憲法發布《緊急命令》，且該採購業經機關首長或其授權人員核准確有緊急處理必要。…」故本件於經過首長核准後應可適用特殊採購程序為之。惟本案是否適用《緊急命令》第 4 點規定之「進行災區重建」仍有向檢附分辦表之辦理機關查明之必要，請參酌。

　　可見秘書室所簽後段與臨時辦公大樓興建採購無關，何況，興建臨時辦公大樓本即為「進行災區重建」。本人依部屬簡育民等建設局與相關會簽單位同仁之建議及辦法批示「為緊急安置辦公需要，採辦法二辦理」乃法所規定允許，亦即「依法辦理」。（有建設局 2000.3.17 簽呈之證物證實，但王捷拓存心找碴以為可定人之罪。）

　　另本件臨辦工程鑽探報告完成後，簡育民復於 3 月 23 日簽呈載明：「本案工址新建基地鄰車籠埔斷層且屬山坡地，已經完成二孔之鑽探報告顯示土質多屬粉泥層土壤，多種最不利於工程性質集中於此，…尚未有水土保持之規劃設計」等意見，交予彭百顯核判，惟彭百顯仍執意趕在 3 月 25 日緊急命令截止前辦理限制性招標，且親批「由松楊、高平、三建比價」。

　　本段起訴指控更證明了王捷拓明確發揮以斷章取義羅織本人入罪心態之惡劣作法。明明本人當時係採承辦人簽註意見依法辦理，但未知何以王捷拓卻硬以斷章取義、捨有利被告之事證不採而欲意出風頭，強入罪於本人：

　　其一、《起訴書》（第 7 頁）指出（即上段），簡育民復於 3 月 23

日簽呈載明：「本案工址新建基地鄰車籠埔斷層，且屬山坡地，已完成二孔之鑽探報告顯示土質多屬粉層土壤，多種最不利於工程性質集中於此，…尚未有水土保持之規劃設計」等意見。但再進一步查對簡育民之原簽文，就可證明王捷拓檢察官居心不正，確是斷章取義以定人罪。

其二、還原簡育民在 3 月 23 日簽的原文，係臨時辦公大樓興建工程業經縣長於 3 月 21 日依其擬辦建議批示採限制性招標後，為完成預算會簽作業程序請准予交由公共工程管理中心複核後辦理發包之簽呈附簽，其原文完整內容為：

「1…。2. 本案工址鄰車籠埔斷層帶，並位於上盤且屬山坡地，已經完成二孔之鑽探報告顯示土質多屬粉泥質土壤，多種最不利之工程性質集中於此，本案更應詳細調查規劃，審慎開發山坡地。3. 本設計圖說緊迫，尚未有水土保持之規畫設計（**以上為王捷拓截取內容**），建請於決標後完成本基地最重要之基本設計後再行施工（**此關鍵內容為王捷拓斷義之處**），請核示。」

本簽文為附屬建議事項，乃係建議決標後應注意之問題，王捷拓卻蓄意予以扭曲釋意，斷章取義指控。

可見本案本人之決策係依自部屬建議，依法依權責指定廠商比價，批示「由松陽、高平、三建比價」，此為《政府採購法》所規定，並未逾越法規。（還好有建設局 2000.3.23 簽呈之證物可以完整瞭解真相：縣長確為依法依權責辦理。）由此反映王捷拓扭曲原意、居心叵測之陰險心態，正反立判。

栽贓陷害，重現秦檜「莫須有」

南投縣政府公共工程管理中心（以下簡稱公管中心）承辦人歐怡焱於 89 年 3 月 23 日下午接獲彭百顯前述親批之簽呈後，立即通知前述三家廠商於翌日（24）下午 3 時前至縣府辦理比價。黃才泉見此，擔心開標時間太近不及作業，乃至縣政府向公管中心人員先行索取乙份工程標單以便

填寫估價金額，公管中心於當日晚間始將三份標單委由建築師賴世晃親至台中英才夜間郵局付郵投遞。陳介山（黃細朗之外甥）因早自黃細朗處得知彭百顯指定黃才泉承攬本工程並已先行進場開挖整地，並與彭百顯有默契，將幫助黃才泉圍標本工程，再於黃才泉得標後，藉此達到仲介下包牟利之目的，故陳介山即約黃才泉於取得空白標單後，將空白標單交其填寫，以便完成圍標。

本案臨時辦公大樓興建工程，為 921 重建工程之重大緊急事項，依法可採限制性招標，無須「主導圍標」，身為檢察官豈可忽略客觀情境而大作文章。

基於縣政府必須儘速完成重建目標並改善辦公空間，有必要在 921 週年前完成並進駐辦公，係屬重大緊急事項，本案依法可指定一家廠商議價，但為慎重而指定三家廠商比價，乃縣長依權責核准適用特殊採購程序辦理之職權，且本人又未洩漏工程底價，本案所為均為合法，根本不須有如《起訴書》所指控「主導工程圍標」情事。

然而，王捷拓卻強詞奪理，侍候本人以官司纏訟，其動機何為，除卻政治因素，何理乎？歸究一句話：配合政治利用司法摒除他人爾！

次日（24 日）陳介山將已填寫完竣之三建公司標單交還黃才泉。開標時，黃才泉發現松楊營造之標單亦係陳介山所填寫，且該公司之押標金 500 萬元係由黃細朗提供，而三建公司之押標金 500 萬元則由黃才泉出具（高平營造因未收到標單致未參與比價），最後三建公司在與無得標意圖之松楊公司經比價、減價後，果順利以總價 1 億 6,050 萬元得標，並由不知情之簡育民以三建公司名義與南投縣政府製作工程合約書經上級核示後簽約。開標完成後，彭百顯又向黃才泉示意需與黃細朗、陳介山配合施作，下包廠商大部分由陳介山負責仲介，由陳介山向仲介之下包廠商索取工程款百分之五作為陪標之不正利益。

王捷拓構陷本人於虛偽設定案例中，我必須於糾纏的細節處脫身。王捷拓把工程下包仲介業務之廠商行為，連結為與縣長決策有關的勾結，包括在此所指莫須有之局：

其一、陳介山與黃才泉之關係為私人行為，他是本人好友黃細朗之外甥，若真要幫助陳介山達到檢方指控牟利目的，依常情如有《起訴書》上所指控之「默契」，本人大可以逕行指定陳介山即可，何須有王捷拓所訴之拐彎抹角，幫助圍標等不法情事，徒增複雜，顯見王捷拓《起訴書》推論悖離常情、指控不實。

其二、本人再三強調，本工程案皆係縣長職責依法規定、依權責指定廠商參與比價，根本無所謂要考慮王捷拓所謂的下包仲介業務。

最重要的，本人從公，絕無向廠商索取回扣之不法情事，此由各有關證據及證詞獲得明證。例如，本案原辦我以貪污罪嫌收押，經查無貪污所得後改辦我以圖利他人。至於王捷拓所關心得標廠商將部分工程分包予下包，乃係得標標廠商之權利。據陳介三於 2000 年 10 月 18 日於調查局供稱「因為我推薦之下包承包價格比三建公司興建本工程之預算還低，所以他（李政澤，即三建公司聘請之專案經理）願意採用我推薦前述之下包商。」

由此可知，得標廠商如何將工程分包，與縣長本人根本毫無關連。令人不解，王捷拓何不依客觀事實而欲意強加本人罪名，已非常情與常理所可得知。奇哉！異哉！

本案定位浮現，扮演政治殺手

本件臨辦工程用地因位屬山坡地，且開挖整地未能加強水土保持設施及防災系統，致於 89 年 3 月間分遭行政院農業水土保持局及臺灣省政府函文糾正，並要求立即改善，且南投縣建設局亦要求三建公司暫時停工，彭百顯為彌補黃才泉之損失，即指示變更基地位置，並由簡育民於 89 年 4 月 4 日簽呈敘明「奉縣長指示本臨時辦公室新建地點將移本府後側之停

車場」，惟本簽文為建設局長簡學禮核閱後退回重擬，簡育民乃另擬「建請將臨時辦公室新建地點移至本府後側之停車場」之意見，並經彭百顯核可。

王捷拓對縣政決策，不相信公務員，至少也應明察實情吧！本人終在王捷拓不明事理之下被迫走上法庭。全案始末終於浮現政治輪廓。他們啟動司法誤以為官場人人都愛貪錢，抓了再辦的政治霸權陋習文化，無骨質的檢察官只能是附庸的劊子手。本案奇特指控，至此真面充分浮現。

本案興建變更基地決策過程，係經本人與主管幹部討論後，因興建基地位於中興新村都市計畫內公園預定地，非屬《水土保持法》第 8 條所規定應實施水土保持地區之範圍，依法本無水土保持之問題，當時農業局長也強調如此；且依《緊急命令》第 4 條及〈執行要點〉第 8 項規定，重建工程可不受水土保持法之限制。縣府依當時需要，依《921 震災重建暫行條例》規劃設計施工，依該條例得免除簡化水保等法令規定。

惟另一個政治因素出現，因我的上級省府長官（其中聞有擬競選下屆南投縣長之競爭因素）特別關切本案，要求縣府補附水土保持事項，本人囿於政治因素，為尊重上級機關指示，避免處處與上級作對，乃依其要求處理水保問題，包括發文「要求三建公司在完成水土保持設計後，始得動工」，並藉以消除媒體所報導附近民眾之顧忌。（此舉詳見 2000.4.7 南投縣政府投府建管字第 89048012 號函及 2000.4.17 南投縣政府投府建管字第 89054525 號函之證物可以證明）。也因為如此，為了上級課以「水土保持因素」之考量，因此，不得不才有「臨辦大樓工程變更地點」之結果。但本案遂無法如期興建完成，南投縣觀光大學籌設案亦胎死腹中。

遺憾王捷拓未明究裡，不秉公處理，竟將本項內容亦充作指控本人之起訴罪名，昧於事實的事，他也做得出來。千夫所指，眾口鑠金，我們還能說什麼？社會各界到底瞭解多少？誤解多少？

很奇特的，本案變更部分臨辦大樓工程基地位置，係基於經過初步整

地及地質鑽探之後，在原預算規模下可能不足完成全案工程之考量；另並考慮到時效緊急及政治因素要我們追辦水土保持時間與經費需要，本人遂接受業務單位同仁提出之地質、經費及可行地點位置之因應意見；經比較評量後，才決定變更部分基地之地點。（有建設局 2000.4.8 簽呈之證物可證明）。

很明顯的，我們決定變更部分工地之位置，斷非王捷拓於《起訴書》第 8 頁似是而非所推測指控「係為彌補黃才泉損失」才「指示」變更基地位置。檢調構陷冤枉他人容易，我們要在栽贓下恢復清白難，害人名節事大，很感慨啊！

感嘆王捷拓瀆職，事前為何不對業務主管查清，而獨卻刻意嫁罪給非業務執行之縣長？

2001.6.11 本案業務主管局長簡學禮於出庭時指出：「三塊厝本來就是機關用地，當初是省都計委員會認為若用於興建機關，將會導致停車場不夠用，所以有附帶決議將來在通盤檢討時要留一部分做為停車場用地，但因後來的法定程序未完成，所以三塊厝還是機關用地。當時發現虎山農場不適興建時，因為公有廳舍一定要蓋在公有地，而且當時也沒有其他適當的縣有地選擇，只剩機五用地可用。」

由此簡學禮之證詞亦可知，變更基地斷非王捷拓於《起訴書》上所指控為「圖利黃才泉」之「奉縣長指示」而定的。明明不是事實，這不是陷人入罪之故意？

最甚為詭異之狀況，王捷拓之費盡心思欲圖羅織罪名，竟也利用建設局內未呈判完畢之作廢簽呈公文草稿，作為推斷本人罪狀。尤其，他們為何知有此縣府內部之廢簽，而又以公文來函指定借調本草稿？（2000.11.21（89）振廉字第 11694 號）。怪啊！社會大眾豈知檢方之牽強不合法理？（有建設局 2000.4.4 未呈判之簽呈廢稿證物可證明）其情況為：

其一、當時為了臨辦大樓的興建用地，縣府自 2000 年 1、2 月間即多方尋找可建之用地，包括名間鄉新街臺糖土地、南投軍功寮段棄土場、縣

府後側停車場及虎山農場等。因虎山農場腹地較大，並可配合未來觀光大學之運用，本人動用過去在中央互動之私情，經積極爭取獲中央核撥用地乃定案。

奇怪的，王捷拓如何得知以簡育民 2000.4.4 自己所擬寫之初稿，既未經局長核閱、亦未經各單位會稿，且未經呈判至縣長核定之建設局內部廢棄草稿？蓋由於發現其初稿說明欄內曾書寫「奉縣長指示」，王捷拓如獲至寶，即依據這份非公文書之作廢初稿而大作文章，並以此非事實之「廢稿」當作「證據」，用以推論起訴「臨辦大樓工程由虎山農場變更至機五用地」完全是彭百顯縣長一人在主導。

如此相差十萬八千里之「內情」，不但與事實不符，且成為誤控之情事；社會各界，包括我的長官、親友，實際上又能瞭解多少真相？

其二、回顧本案工程基地之決定，各個可供興建之用地均經建設局、地政局多方尋找，經評估其可行性、開發成本及適法性，才簽報提供予縣長決策參考，再經縣長對業務主管徵詢過後，才做出結論。並非如王捷拓輕率地於《起訴書》所指控係彭百顯一人在主導、擅自任意決定的。司法定罪他人是作文比賽嗎？公事權柄豈能兒戲誤人？

其三、還原臨辦大樓基地變更地點移至機五停車場用地的經過及公文簽辦情形。簡育民於 2001.6.11 出庭時指出「變更地點是簡學禮局長、王仁勇技正指示變更至停車場要我簽辦，當時彭縣長有徵詢過簡局長意見，所以我才以為是縣長指示辦理的。變更地點的事口頭上有跟簡局長和同事討論過。」「彭縣長有先徵詢相關主管的意見才決定變更地點的」。

由簡育民證詞可知，變更基地並非《起訴書》指控「奉縣長指示」之說詞。我們一再質疑這些事實，檢方於事前竟然都可以不必明察，而逕自推論誣罪？為什麼執意如此？

檢察官嫁禍，誣陷罪名

另本件臨辦工程新設置地點，依都市計畫使用分區係屬機五用地（該

址現為南投縣稅捐處新建之辦公大樓，南投縣都市計劃委員會於審議稅捐處新建計劃時有附帶條件：該處需保留零點二公頃為市場用地，其餘變更為停車場用地，並經臺灣省都委會之決議），原係不得變更之停車場用地，彭百顯明知在縣都委會並未辦理通盤檢討變更前項決議前不得逕自將停車場用地變更為機關用地，仍執意將本工程移置於此；

　　未知誰在「執意」固執己見？明明是王捷拓自己弄錯地目，大喇喇地不計其風險，錯誤冤枉起訴縣長，轟動全國。因為本人在法律上並無違法，並非起訴所指控「逕自將停車場用地變更為機關用地」，根本沒這回事：

　　其一、本案臨辦新建地點地目，原來即為南投市都市計畫分區為「機五」之機關用地，本人就任縣長以來，未曾指示都市計畫委員會變更過地目，遑論「逕自變更地目」。證諸迄至 2002.8.14 列印之南投縣南投地政事務所南投市三塊厝段 0001-0191 地號土地登記謄本，證實王捷拓起訴說謊。

　　《起訴書》控訴本人「將停車場用地變更為機關用地」，實係王捷拓自己弄錯地目，高調起訴南投縣長而享譽法界。這不是冤誣事證嗎？

　　其二、本案在機關用地上興建辦公大樓，本即為合法，不須變更地目。王捷拓不明白嗎？我反省自問：本人與爾有何冤仇，爾竟苦苦以虛偽相逼？

　　本人只好再進一步說明，以自證無罪。都市計畫本依時代變遷重新研議，王捷拓毫無專業知識，破壞了全國檢察官尊嚴的形象：

　　其一、本案臨辦大樓新建之處係位於縣政府基地之後方，「該土地法定使用分區為機關用地」，縱使之前都市計畫委員會審議有關南投市都市計畫檢討時，對本處土地有做附帶條件之審查意見，但是都市計畫法定效力為：「以計畫圖為準，計畫書為輔」，而都委會之審查意見係「對渠等當時支持該都市計畫部分停車場用地做調整變更後，下一次通盤考量時能夠補足」之期待意見，對本機關用地希望下次變更為停車場，以補該次變

更造成停車場之不足，乃是因本機關用地為公有土地，基於公地公用之原則才會做出該附帶條件之意見。

而經過事隔十餘年，都市計畫亦應隨社會變動之需要而做調整。這段時間，本地區南投市三和三路大排水溝上加蓋停車場，提供224個停車場，家樂福大型賣場提供750個停車位，再加上縣政府新建大樓地下停車場可提供370個停車位。這些環境變更，已與當初省都委會考量之時空環境不同。而傳統市場已不符時代消費潮流，該區域已無再設乙處市場用地之迫切需要，因而停車場用地之建議理應重新思考。

其二、921地震後縣府必須使用該土地，並依法定分區使用，絕無違反規定。對於《起訴書》所指都委會該項附帶條件，縣府當時亦同時納入南投市重建綱要計畫，配合提出檢討解除該附帶條件，因「重建綱要之設計是因應921地震後災區需辦理之急迫性工作納入該綱要計畫而遵循辦理」。

其三、《起訴書》並於「證據」（《起訴書》第34頁）中強調：「彭百顯明知因地震拆除之縣政府後側停車場，在縣都委會未變更決議，逕自指示將停車場用地變更為機關用地」，而指控起訴本人「圖利黃才泉」。

此項控訴更證明了王捷拓檢察官誤解條文，或誤信前所提陳有政檢舉之信口雌黃，或忽略921大地震重建之需要。蓋依1999.9.25總統發布之《緊急命令》及〈緊急命令執行要點〉、《921震災重建暫行條例》規定，「都市更新計劃變更未涉及都市變更者，得經縣市核定，免送都市計劃委員會審議」（《921震災重建暫行條例》第17條規定），由於原都市計劃土地使用分區為機五，亦即為機關用地，土地所有權亦屬縣府，並未涉及都市計劃之變更。即使涉及變更計劃之變更，依《緊急命令》規定「得於管理機關同意後，先行使用，嗣後再辦理借用手續。」

由以上說明，王捷拓之起訴指控以罪他人，實係自己弄錯地目、誤解內容。而且，本案變更地點，本人實無王捷拓堅持指控之「逕自將停車場用地變更為機關用地」情事。王捷拓這案起訴，在法律上是件「烏龍冤誣

7 真金火煉

案」，而在政治上卻是件「政治謀殺案」。

為符圖利重罪，亂扣不實罪名

　　因變更施作地點致本工程設計變更追加工程金額4,800萬元。彭百顯所為涉嫌圖利黃才泉及陳介山二人逾1,000萬元。

　　由以上種種之證明，王捷拓迷糊、弄錯地目，並誤解資料內容因而另再導出錯誤之推論，誣指本人「因變更施作地點致本工程設計變更追加工程金額4,800萬元。彭百顯所為涉嫌圖利黃才泉及陳介山二人逾1,000萬元。」《起訴書》（第9頁）觀此嚴重失職，若使包青天大人在世，也再度暴露王捷拓錯誤起訴之不可原諒。

　　王捷拓無端起訴指控本人「追加工程金額4,800萬元」也是重大謬誤。

　　還原本工程預算書，本案原發包金額1億6,050萬元，變更工地後，縣政府辦理第一次工程變更設計，變更後金額為1億5,914萬元，第一次變更後與變更前比較，總金額反而減少將近136萬元。（本人呈送法院證物：南投縣政府臨時辦公大樓興建工程第一次變更設計工程議價調整書：第一次工程變更設計總表及第一次工程變更設計新增項目總表）。

　　事實上，停車場上臨辦大樓最後完工總決算為1億1,865萬元，比原發包金額計減少4,185萬元。工程總經費並沒有如王捷拓公開對外所指控之「追加4,800萬元」。白紙黑字，王捷拓豈可如此顛倒是非？我們以為，除了政治因素讓他勇往直前，但法學素養竟是不必根據真實，可以這樣無法無天套罪他所設定的罪嫌？

　　本案一出手之劇本真面目已全都露。解析至此，結論是：我們的清白全然遭受公訴人抹黑顛覆，就是被他們一手策劃利用司法給社會大眾的貪官塑造。

　　今天，我們是否可以要求司法系統應該在司法還我清白之後慎重其事也大張旗鼓公開對外公布：我們冤枉了南投縣長，彭百顯未「逕自指示將

停車場用地變更為機關用地」，對縣府臨時辦公大樓興建工程預算經費也未因「變更施作地點致本工程設計變更追加工程金額 4,800 萬元」；根本無王捷拓在《起訴書》所指控的所謂「彭百顯圖利黃才泉及陳介山二人 1,000 萬元」之罪名，以示公平對待。

可否？答案很清楚，司法正義本是理想，司法不公也是常態，他們不會認錯。我們真的只能無語問蒼天。但這是我們要的司法正義嗎？檢察人可以無端冤誣他人嗎？王捷拓的長官，你們說話啊！

由此一轟動朝野案件之解析《起訴書》真相，司法亂為、不正義，真是不堪入目。至於其他被起訴之八個案件，情況大抵如是。為省篇幅計，略不再細探。

改革吧！司法

> 我把小禮物留給我愛的人，大禮物卻留給所有人。
>
> ── 印度詩人，泰戈爾，《飛鳥集》

「921 案」經過梳理解析《起訴書》，顯露澄清偵辦南投縣政府、起訴縣長之荒謬無理。

本案充分反應國人刑事被告根本沒有基本權利。雖然《憲法》第 16 條規定「人民有訴訟之權」，但經過本人近 12 年的「921 案」前後歷程，我完全同意王兆鵬教授所指出我國「憲法第 16 條僅抽象規定人民有訴訟之權，對於訴訟權之具體內涵為何，則付之闕如。」[20] 並也深刻體會要對抗具「司法迫害」性質的刑事基本權利保障的重要，我們要求文明政府給出這些權利：

一、 人民有不受不合理搜索扣押的權利。

二、 人民有不自證己罪的權利。

三、 人民有正當法律程序的權利。

四、 被告有受快速審判的權利。

五、 被告有公平審判的權利。

六、 被告有知悉控訴性質及原因的權利。

七、 被告有強制取證的權利。

八、 被告有不受要求超額交保金的權利。

九、 被告有不受不正常處罰的權利。

十、 被告有不受未審先判的權利。

---

[20] 參見蔡文斌，《公道與中道》，〈刑事被告的憲法權利〉，臺南市：公道法律事務所，2005，頁 255。

一些司法人士喜歡以一個蒙著眼睛、一手持著天秤、一手握著劍的女人，象徵法律的正義女神，告訴國人：法律追求公平正義。令人心儀。

然而，臺灣的司法有正義嗎？

茲以一位資深檢察官陳宏達新近出版《為正義而奮戰：一個法律人的社會關懷》的書名、書序，及書中對「實現正義的修煉力」、「司法改革的實踐力」等之內容抒發，即可了解臺灣的司法正義仍待「奮力一搏」，他說：臺灣守法不足，執法不力；立法正義不僅要努力實現，而且要人民看得見。[21] 顯然，在專業司法人眼中，臺灣的司法正義並不令人滿意。翻閱陳宏達著作，相信他確是一位有心於司法正義的司法人。

法律正義，心中無政治。

「未見君子，憂心忡忡，慍於群小。」我內心對「921 案」的寫照，在政治操演下，我看不到司法正義在那裡，我真的很洩氣、很憂心。

「921 案」包藏後真相的謊言以及各項假新聞。一時之間吾人無能為力讓真實呈現世間社會，許多的真真假假的訊息混雜其間，百口莫辯是我們的處境，為所欲為是他們的權力與機會，在此種困境之下，孤獨無援，唯一能做的只有默默承受打擊，忍辱負重逐一澄清，堅守力爭正義以對抗

---

[21] 陳宏達，《為正義而奮戰：一個法律人的社會關懷》，臺北：元照出版，2018，頁201-204。

司法迫害與媒體扭曲塑造。

一關一關過，各級的判決審理就是我們唯一的機會。然而，我們必須付出青春、歲月。我們大聲問：代價可以不要那麼大嗎？

究竟我們在基層所面對的是「921重建工程弊端」，還是「921震央人為禍害」？本案雖然歷經十餘年，讓我喪失為民眾服務的政治舞臺，我的政治生涯終結於921，然而，迫害事件可以含混隨時間消逝於人間…？社會有轉型正義的機制嗎？

權力總是隱藏很多秘密，巨大的權力就像黑洞，會扭曲周遭的空間，愈接近權力核心，則扭曲程度就愈大。一般人了解的921案，大部分是媒體所給的訊息，而權力核心則不是接獲消息的下游，他們是訊息來源的供應商，就像啟動偵辦「921重建弊案」發動搜索、羈押縣長的消息，就是他們釋放的，其實，決策核心早就知曉，在媒體面前，他們還虛偽裝作一事不知。這就是權力的黑洞，一般人不容易了解。

中央啟動司法大戲的劇本，是我面臨921震災工程之後，解除套牢在我身上最沉重的枷鎖束縛工程，也形成歷史公案。我是司法史上的一個例證。這個司法血滴子，它不但毀我過去一生之努力，也斷送我為國家社會、為家族自己，一生追尋的夢想之路。我們追求社會公義，法律正義必須維護，政治正直無須虛偽。

實證「921案」的司法正義是否經得起考驗，本案最後「無罪定讞」的結果當然可以證明司法仍有公道，但並不代表本案具有司法正義。

「921案」既已試煉我們，社會也付出這麼大的代價，而本案相關人已無罪定讞，清理出法律的，例如：起訴筆錄亦既經證明係屬調查局造假、虛偽不實，以及本案所遭涉嫌違法與濫權追訴，法律心證之濫用等等司法問題，包括體制與人的執行素質，司法當局如何依法處理？司法人員育成又如何真正落實服膺並堅守司法價值與尊嚴？皆係「921案」所昂貴付出以遺留司法改革檢討之非常代價。

偉大的政治家，請司法改革吧！

我內心的乞丐，
向著沒有星星的天空舉起瘦弱的雙手，
用饑餓的聲音在夜的耳邊吶喊。

　　　　　　— 印度詩人，泰戈爾，《採果集》

8

別 開 生 面

第八篇

解「921 冤誣案」：司法改革

> 讀法律的人，
>
> 　除了要有好的學養，還要有道德觀、公道心、正義感的基本修為。
>
> 　公道正義是司法工作者的靈魂，
>
> 　沒有公道心和正義感的人擔任司法工作，國家必定墮落，人民也沒有保障。
>
> 　　　　　—　黃石城，《人權無私：我的從政建言》[1]

　雖然司法改革的聲音沒有停歇過，但從沒有過氣壯山河，因為，阻力重重。

無罪定讞一年後的一段社論

　「921 冤誣案」於 2011 年 7 月無罪定讞。一年後，《臺灣時報》社論公開指責檢調人員不以客觀立場執行公權力，因此誤了很多人的前途，舉例聲援 921 冤誣案，直指起訴源頭檢察官「像庸醫草菅人命一樣」可惡。這篇社論這樣說：[2]

　　踐踏人權的執法人員就像踐踏病人的醫師一樣，會造成嚴

---

[1]　黃石城（1935 - ），《人權無私：我的從政建言》，許文堂訪問，林東璟紀錄，臺北：遠流文化，2007。

[2]　《臺灣時報》，社論，2012 年 8 月 8 日。
　　這一天，父親節。此篇社論像是在向天下的父親致意，祝福沒有被他人之不義受害；也向包括我在內因於司法遭受檢調冤誣而表達不平。這篇社論，推測為陳茂雄教授大作。

重的傷害。前南投縣長彭百顯，在 921 震災後被檢方以圖利廠商罪名起訴，纏訟 11 年，期間還被羈押 61 天，直到去年才獲判無罪定讞，從表面上看來，他已脫離官司的束縛，可是在政壇上已難東山再起。一顆政壇上閃耀之星，只因檢察官不重視人權而墜落，它就像一個不遵守醫療程序的庸醫將健康的人整死一樣。

社會上不平之事很多，一般人事的確關心不完。茫茫人世之不公義卻也司空見慣。不過這篇社論仗義執言檢調之不是，也是需要道德勇氣，難得真言，值得鼓勵；在冷漠自利為重的社會，也應該感謝主筆《臺灣時報》的這片好意：雪中送炭。

雖然僅是一句：「只因檢察官不重視人權」的簡單描寫「將人整死」，其中，卻也深藏文明社會法律正義與司法改革的嚴肅意義。本篇接著探討「921 案」所顯露的司法問題。

第一章

司法結冤仇：平反但無公理

> 我的白晝已經完了，
> 我就像一隻停泊在海灘上的小船，
> 聆聽著晚潮奏起的舞曲。
>
> ── 印度詩人，泰戈爾，《飛鳥集》

「921 冤誣案」讓我清譽尊嚴全毀，政治生命終結。司法結冤為什麼多是「黨外」縣長或政治人物的宿命？我們的政治究竟怎麼了？

「921 案」埋伏政治角力

從政十餘年，堅持清廉，一介不取，卻在 921 震災重建的關鍵時刻遭誣陷貪污圖利官司纏身。為偵辦「921 重建弊端」，前已指出此等不尋常，檢調人員對縣府調閱扣押工程案超過 600 多件卷宗檔，也扣押多達 200 件人事升遷案，他們深入調查了數百人的銀行帳戶，我相信，在他們起訴我之時，早已證明本人不貪不取。

話說「921 案」的南投政局。案前兩年，就任縣長，我推動縣政改革。

「很少有行政首長膽敢刪除、刪減民意機關預算」，而不畏得罪議會監督單位；**「更少有政治人物竟願意切除與民代間利益相通之管道」**，冒執政之大禁忌；**「更絕少有行政首長願意自我削權，摒棄工程指定廠商大權」**，讓自己沒有工具行使利益分配；而願意勵行制度革新，**「挑戰既得利益者之利益」**則更是鳳毛麟角。

「相對的，許多行政首長對民意機關要五毛給一塊，府會競相加碼預算，互惠互利，工程招標、採購利益均霑，府會一家親，財政惡化、赤字

三級跳，府會勾結弊端反而成為無人重視之冰山。」

很難相信，我於縣長任內，縣政府這樣自我約束財政權、行政權，他們竟還把南投縣「設定」為清理對象，而啟動司法權，讓我接受一些人的風涼話「真金不怕火」的檢驗，有點幸災樂禍，冷眼看著正直被司法凌遲。

因為改革激起議會對立，已然得罪許多民代及既得利益者，政治對手遂運用種種計謀利用媒體，封鎖、扭曲縣政消息，並不斷製造假相。

921 揭開人間諸不幸，我挑戰人間黑暗，但卻置身苦難與權勢漩渦。

921 震災後，我公開宣布停止改革，以救災第一、重建優先，亟思各種因應作法，希望改善改革後府會關係，改善媒體關係，也希望改善民眾對縣府及對個人誤解，更希望改善對南投縣政治發展不利的影響。尤其，希望不要惡化南投的建設，特別是 921 對南投的重創，所以，我呼籲與議長能共同建立新府會關係，號召放下政治角力及立場，全力為 921 南投重建，共同努力。遺憾，議長並不理會時局，我有些失望，也看不清南投政局發展。

故而 921 之後我還是要面對最根源的政治角力重鎮 — 議會及欲意角逐下屆南投縣長職務的反對陣營。當然總統選局，把中央權鬥引進南投。他們沒有放棄任何抨擊中傷本人及縣府機會，而且透過系統性的在南投各地散佈「彭百顯縣長從 921 工程中，貪污 20 億」謠言、假消息。

於是「921 工程案弊端」、「拿回扣」，在議會以及縣府不同立場員工分別提供相關公文書類，並配合檢察署、調查局（南投站）、憲兵隊等調閱的數百件案工程案公文卷宗，在中央高層默許及運作下，才終於演變成司法案件。十餘年後，證明是冤誣案件。

司法改革算我一份

行政尊嚴公堂不可侵犯，但一旦有違法行為，司法當然介入。司法尊嚴堂堂不可侵犯，「皇后的貞操」不可懷疑。但司法一旦違法犯錯，怎麼辦？

當司法產生「冤案」、「誣陷案」，無論是誤訴或誤判之更正，都是

司法的錯誤。執司法者往往以最後權威者，扮演起上帝的角色作對人的行為審判。他們的尊嚴異常特別，不容人挑戰，就是明明自己犯下誤訴或誤判，他們幾乎絕少檢討向當事人或社會承認犯錯。他們對其犯錯或違法的反應是：由司法當局以或明白、或隱晦的方式，就發生的錯誤在未來慢慢予以導正。很獨特但並不協調的司法文化。

我們幾乎不曾見過，司法人他們對自己的錯當下道過歉。

「921 冤誣案」從司法一開始啟動本案，我就「警告」這會是一件冤誣案，雖在偵辦起訴、訴訟審理過程，也不死心地想在造成錯誤事實之前，希能依法於正常體制予以「救濟」，結果都是令人失望無路可走，公道不在。答案是必須付出這一代價，勝訴以後再以訴訟討回這一條「公道」。寧錯殺他人，不寧及時挽救無辜於先。

所以，「921 案」絕對是當代司法史上的一件公案，冤誣也絕對是當代司法的恥辱，自然的在社會上我人就形成當代司法不堪的「看榜」，在他們心目中最好不要存在？

無論如何，「921 冤誣案」是迫使我轉變從政跑道的外在力量，職是，在司法道路上，「921 案」例證，改革也算上我一份。

「921 案」證明是一件歷史大冤案。

當時，司法以貪污罪嫌羈押縣長，使全南投縣民沒有尊嚴，臉上無光，更影響重建進度；十餘年後司法雖然還我法律清白，但本案已讓我政治清譽全毀，「一個堅持清廉、專業、認真，不畏強權阻力，全心全力為縣民打拼的認真縣長」，竟被誣衊塑造為貪污黑官。

檢方護航徐松奎濫權羈押

官官相護，檢調系統莫此為甚，執司法者如何可能起訴濫權橫行之檢察官？

徐松奎身為南投地檢署主任檢察官，對「921 案」偵辦違法濫權，不

僅大軍壓境，將縣府當成犯罪集團，更利用媒體栽贓抹黑縣長及縣政府，無所不用其極，把自己形塑成整肅震災大貪官之英雄豪傑。

更惡劣的是，竟僅憑「二張不是縣長書寫之紙條」羈押縣長，其後在羈押冗長期間，檢方亦提不出犯罪之真憑實據，羈押卻不訊問，61 天經提訊三次，問完仍不予釋放。《刑法》第 125 條第 1 項第 1 款懲戒「濫用職權羈押」是僅供參考用的？

為對羈押之不平，我們提出控告徐松奎濫權羈押之訴。本案經由協助偵查本案之江守權檢察官於 2001 年 2 月 14 日作出「不起訴處分」（90 年度偵字第 261 號）。主要理由是：

被告並非偵辦彭案之人，故顯無涉犯濫權羈押之可能，應係其任本署之發言人，曾多次就該案發表新聞，致告發人有此誤會，罪嫌不足。

這是什麼理由？說給誰聽？了解「921 案」偵辦過程者，誰能相信江守權「不起訴處分」的理由說詞。

好個官官相護與完整切割。明明指揮檢察官偵辦本案的主角是徐松奎，江守權還睜眼說瞎話，將所有檢調違法濫權視若無物，將羈押權責推諉於係由法院決定，與檢察署切割。而把偵辦案件操刀公訴是由王捷拓負責，徐松奎非主辦人，再次將囂張跋扈之主任檢察官切割為毫無責任。這就是我們面臨的檢察官系統不可能起訴濫權檢察官之司法生態。

官官相護，檢察官不曉得公正或迴避原則？本案為什麼交由偵查「921案他們一夥」之一的江守權檢察官來處分？ [3] 答案不待自明。

---

[3] 「921 案」徐松奎率檢調兩度對縣府進行大搜索時，江守權兩度皆有其不公正之角色，他們對「921 案」皆已涉嫌濫權、不公正之立場。在此舉證以江守權對本案之不當行為，證明他也是製造「921 冤誣案」的共同一夥。2000.10.18《自由時報》，江守權：「難道貪瀆行為不比一般竊盜、逃犯嚴重嗎？」江守權對尚無任何證據之偵辦案件，竟以「貪瀆」認定，並比之竊盜、逃犯。
2000.11.14《明日報》，江守權：「921 震災捐款 250 萬元匯入彭百顯私人的南投縣建設發展基金會中」。江守權胡亂栽贓，南投縣建設發展基金會是縣政府創辦，不是彭百顯私人所有，沒這回事，他隨意信口開河，未經查明即對縣長抹黑。

本案顯示「法院是他家開的」，別人只要有犯罪嫌疑就「依法辦理」，他們也一樣有犯罪嫌疑就可自行「依自己的法」辦理。自說自話，本案司法無正義，這也是一例。

他們官官相護，他們逼人很甚。（本人無犯法，卻被當做罪犯對待。）在這個體制，所謂的司法正義對一些檢察官、法官根本完全不適用。司法特權與偏差，司法改革，能不注意改善？

扣我十項罪名，但證據多偽造，判決重挫檢調權威

「921 案」是司法改革的檢討範本。本案起動關聯：檢調政治介入，不當辦案；檢調濫權，貪功誣陷。

檢調依附地方國民黨議會勢力以及中央民進黨執政權力，藉 921 災機，在政治上，利用並擴大府會不合；在司法上，完全以議會不實指控資料，擴大辦案。這是司法體制腐敗最嚴重的一環，本案所反映司法墮落、濫權的離譜現象，不必多舉證，事實勝於雄辯，於歷次審判證明，公訴證據多偽造，致十項罪名判決完全不成立，是司法正義的一大挫敗。由下表便可一目了然。

歷審打臉檢調「彭百顯被訴十項罪名」完全不成立

公訴項目	起訴罪名（十個）	檢驗檢調（法院判決結果）
一、臨時辦公大樓工程	觸犯《貪污治罪條例》直接圖私人不法之利益罪	1. 地方法院一審（2002.11.29）：圖利無罪（卻改以違反《政府採購法》罪名，判一年） 2. 高分院二審（2004.11.25）：圖利無罪（再以違反《政府採購法》另立新罪名，判一年） 3. 高分院更二審（2008.1.16）：被訴圖利（含《政府採購法》），均無罪。 4. 高分院更三審（2011.4.19）：被訴圖利（含《政府採購法》），均無罪。 5. 最高法院（2011.7.14）：無罪定讞
二、巨型公園工程	觸犯《貪污治罪條例》直接圖私人不法之利益罪	1. 地方法院一審（2002.11.29）：無罪 2. 高分院二審（2004.11.25）：無罪 3. 高分院更二審（2008.1.16）：無罪 4. 高分院更三審（2011.4.19）：無罪 5. 最高法院（2011.7.14）：無罪定讞
三、福龜新農業園區工程3件	觸犯《貪污治罪條例》直接圖私人不法之利益罪	1. 地方法院一審（2002.11.29）：無罪 2. 高分院二審（2004.11.25）：無罪 3. 高分院更二審（2008.1.16）：無罪 4. 高分院更三審（2011.4.19）：無罪 5. 最高法院（2011.7.14）：無罪定讞
四、測設及檢測樁工程13件	違背職務，期約不正利益，觸犯《貪污治罪條例》	1. 地方法院一審（2002.11.29）：無罪 2. 高分院二審（2004.11.25）：無罪定讞
五、921民眾捐款予基金會	侵占公用、公有財物，觸犯《貪污治罪條例》	1. 地方法院一審（2002.11.29）：無罪 2. 高分院二審（2004.11.25）：無罪 3. 高分院更一審（2006.4.19）：無罪定讞
六、921民眾捐款予基金會	利用職務機會詐取財物，觸犯《貪污治罪條例》	1. 地方法院一審（2002.11.29）：無罪 2. 高分院二審（2004.11.25）：無罪 3. 高分院更一審（2006.4.19）：無罪定讞
七、基金會借支私人	觸犯《刑法》業務侵占、偽造文書	1. 地方法院一審（2002.11.29）：判決10個月（本案大搜索前10個月已代為償還基金會） 2. 高分院二審（2004.11.25）：無罪定讞
八、捐款未存入基金會	觸犯《刑法》背信罪	1. 地方法院一審（2002.11.29）：判決4個月（該帳戶為立委任內服務鄉親用，與基金會無關） 2. 高分院二審（2004.11.25）：無罪定讞
九、基金會投資高科技基金	觸犯《刑法》背信罪	1. 地方法院一審：判決4個月（基金會合法投資，獲利16萬餘元） 2. 高分院二審（2004.11.25）：無罪定讞

第二章

清理司法濫權

這世界是被優美的音樂所馴服了的
狂風暴雨的世界。

— 印度詩人，泰戈爾，《飛鳥集》

「921 案」是從程序不正義開始的。「程序正義必須受到保障，正義才能獲勝。」偵查程序違法，辦案即無正義可言。

我認同陳宏達對檢察官「偵查不公開」是對抗壓力的不二法門，及落實偵查不公開係所有辦案人員應該共同遵守之準則的基本態度。陳宏達認為，檢察官「辦案無聲無息，結案擲地有聲」，我很佩服這樣的辦案哲學。然而，看看「921 案」的啟動辦案轟轟烈烈，驚動全國；但對「921 案」的結案證據的非法，無罪定讞的無聲無息。這不是很諷刺嗎？

而且，偵辦「921 案」過程，檢察官的公然違法（《刑事訴訟法》第245 條「偵查不公開」），當時全國的司法大人何在？法律正義是因人而異的嗎？「921 案」的定讞，為歷史遺留豐富的司法教材，我們很期待司法正義適時現身，拯救臺灣司法。

由「921 冤誣案」清理檢調濫權

容我先試舉一例，說明本「921 案」我們確係遭受檢調以不實、不法對待，為起訴而起訴，動機可議。

本案中針對個人而來的，南投縣建設發展基金會及新南投發展基金會，所有捐款人均遭全面調查，捐款人不僅遭騷擾，且多有誤入設計陷阱。我們發現，偵辦過程有：調查人員對捐款人於調查時指稱，「彭百顯將捐

款納入自己私人基金會，作為競選經費」，極盡栽贓誣陷，誘導答詢。我們也看到檢調於媒體放話，若捐款人拒絕調查，不排除拘提。

我們發現：有些關係人於接受調查時遭威脅「若不招出擔任彭百顯白手套關係」、「由縣長指示、授意」等等，就不要回家，並表示「這樣就卡不到彭百顯」等等。他們先針對縣長助理予以羈押四、五十天，因不當羈押偵訊已至精神恍惚、崩潰邊緣，並在看守所中看心理醫師，家屬一再申請交保均未獲准；硬要其「咬出縣長」、「推給縣長」即放人。

凡此脅迫、利誘之例，於本案開庭審理過程，好幾位當事之關鍵性證人皆一一作證指陳，檢調目的在羅織、誣陷縣長入罪。法律規定檢察官濫權及不法、不正取證，其起訴依法自當無效，但實際是這樣嗎？

本案有許多檢調逕自臆測起訴之栽贓，於審理過程多有未予查明之失，卻仍依此錯誤起訴判決，以致仍冤誣人清白。我簡單歸納本「921案」檢調辦案司法失當，及其應該處理之處如下：

一、司法失當緣由：檢調介入「議會不實指控」，一發不可收拾，無法回頭。

【 2000.10.13 不實指控俄羅斯原木案，擴大扭曲真相。 】

司法效果：本案辦不到縣長，但已箭發不可收矢。事實證明所有縣府人員均無罪定讞。司法正義盡失，司法社會公信力崩潰。為何有此不實？

二、司法貪功：檢調「惡意栽贓收押縣長」，蓄意升高案情。

【 2000.11.16 非縣長手書之紙條入罪羈押 】

司法效果：司法誣陷，字條既非縣長所寫，內容也與 921 重建案完全無關。檢調拒絕驗證筆跡，卻藉口栽贓指控縣長。司法玩法喪志，毫無公正是非。為何有此紙條？

三、司法傲慢自大：檢調陷入「無證辦案」，擴大羅織。

【 將縣政府當成犯罪集團，包山包海扣押 620 件工程案及 200 餘件

人事案，卡車運送調查局，全面羅織莫須有罪名，重建停頓。】

司法效果：司法濫權擾民，阻礙災後重建，干預地方自治，誣衊侵占公款、圖利等貪污罪行，舉國誤解，萬劫不復，司法乃罪魁禍首。為何無限偵查？

四、本案檢討 ：司法之不當作為與濫權，誣陷災區縣長。

1. 起訴係依據造假筆錄。
2. 起訴依據之筆錄情節係虛構不實。
3. 起訴之「犯罪動機」係虛偽不實。
4. 無證據起訴，確為濫權起訴。
5. 審判不察，依虛偽不實之筆錄起訴誤判。
6. 審判不察，未依真實時空背景用法，造成誤判。
7. 審判結果，「所有對縣長起訴罪名，無一成立」，證明檢方司法濫權不當，冤誣縣長，卻無救濟管道於錯誤進行中，也無轉型正義。

「921 冤誣案」清理事項

茲再進一步分階段羅列清理內容如下：

清理一、偵辦期間

檢 察 官：徐松奎、王捷拓等檢察官

不當作為：

配合民進黨執政之中央行政權力及國民黨掌控之地方議會勢力辦案，濫權玩法製造冤獄，更傷害災區重建。司法難脫為政治正確服務之嫌疑。

大動作漫無範圍限制的擴大搜索調查，甚至與媒體 SNG 同步搜索，置《刑事訴訟法》偵查不公開於無物；再者，對外放話「羈押縣長，否則跳樓」，透過管道放出特定消息，誤導社會，「先押人再找證據、先抹黑再起訴」，在羅織罪名下進行輿論未審先判。

檢調單位每天定時舉行記者會，立場偏頗不公，一再製造「縣府有工程弊端」、「公務員涉及貪瀆、圖利」、「基金會和重建工程有密切關係」等非事實訊息，栽贓基金會侵占賑災款、從縣政府牟利、為個人洗錢，基金會捐款用於個人私利用途，中傷縣政府及基金會，並一再提供錯誤資訊栽贓抹黑，嚴重誤導全國視聽，刻意扭曲誤導民眾。

　　日期：2000.10.16～2001.1.12

清理二、南投地院一審

　　檢 察 官：王捷拓

　　不當作為：

　　調查局公文對偵訊錄影帶公然說謊、竄改時間，檢察官不察真相起訴，遂造成瞞騙審理法院及當事人，扭曲事實，刻意冤枉。

　　在南投地院審理庭兩年多時間，被告一再要求調閱偵訊錄影帶；調查局卻提供「有影無聲」之偵訊錄影帶（聲稱錄音麥克風擴大器燒壞），並偽造公文，謊稱日期弄錯。檢調造作矛盾、公然虛偽作假。檢察官與法官皆未明察，造成冤案、錯誤審判。

　　檢察官辦案草率、起訴內容錯誤百出：看不懂工程預算書，明明總預算減少，竟以追加預算、圖利廠商起訴；弄不清楚招標作業與標單內容，竟牽連無辜；不懂地目，明明未加變更，竟誣陷指控「擅自變更地目」…，處處充斥荒謬起訴內容。審理法官亦未查明，卻以心證誤用誤判。

　　法官：林宜民、周玉蘭、黃堯讚

　　判決結果：

1.　臨時辦公大樓工程被起訴圖利罪：圖利無罪。（釐清事相，保障人權）

　　（但卻另以違反《政府採購法》判 1 年，無視《緊急命令》，用法未當。）

2.　巨型公園工程被起訴圖利罪：無罪。（無待清理事項，以下無罪同）

3. 福龜新農業園區工程 3 件被起訴圖利罪：無罪。

4. 災後測設工程 13 件被起訴違背職務，期約不正利益：無罪。

5. 921 民眾捐款予基金會被起訴侵占公用、公有財物：無罪。

6. 921 民眾捐款予基金會被起訴利用職務上之機會詐取財物：無罪。

7. 基金會借支私人被起訴侵占、偽造文書：依偽造不實筆錄判決 10 個月。

   （非關 921 案，無視在本案大搜索前 10 個月已代為償還基金會，論法牽強未當。）

8. 捐款未存入基金會被起訴背信罪：未查證事實、依偽造不實筆錄判決 4 個月。

   （無視本人過去立委任內服務鄉親設用帳戶之事實，非關 921 更與基金會無關，論法未當。）

9. 基金會投資高科技基金被起訴背信罪：未查證事實、依偽造不實筆錄判決 4 個月。

   （無視事實，非關 921 案，基金會合法投資且獲利，論法未當。）

   日期：2002.11.29

清理三、臺中高分院二審

不當作為：

時隔三年，調查局才另提供五捲關鍵證人之偵訊錄影帶給臺中高分院，透過高院審理勘驗偵訊錄影帶譯文，證實調查員多處以脅迫、利誘等不正方法取供，甚至偽造筆錄。包括調查局竟將全段問話，全部移花接木為證人證詞以作為誣陷之佐證證據。並有證人供稱「檢調單位唆使作偽證」，而且，檢方據以起訴之調查筆錄，內容竟是調查員加上去的。甚至有被告在偵訊恐嚇壓力下作不實之陳述，更有檢調人員在偵訊時態度惡劣怒喝說「要辦縣長」，又威脅要收押恐嚇當事人，證明檢調單位辦案預設立場。無視檢調不法、構陷事實。

法官：林照明、唐光義、林清鈞

判決結果：

1. 臨時辦公大樓工程被起訴圖利罪：圖利無罪。

   （同前審，以違反《政府採購法》不同條款判 1 年，無視《緊急命令》，用法未當。）

2. 巨型公園工程被起訴圖利罪：無罪。（無待清理事項，以下無罪同）

3. 福龜新農業園區工程 3 件被起訴圖利罪：無罪。

4. 災後測設工程 13 件被起訴違背職務，期約不正利益：無罪定讞。

5. 921 民眾捐款予基金會被起訴侵占公用、公有財物：無罪。

6. 921 民眾捐款予基金會被起訴利用職務上之機會詐取財物：無罪。

7. 基金會借支私人被起訴侵占、偽造文書：無罪定讞。

8. 捐款未存入基金會被起訴背信罪：無罪定讞。

9. 基金會投資高科技基金被起訴背信罪：無罪定讞。

   日期：2004.11.25

清理四、更一審

法官：李璋鵬、蕭錦鍾、胡森田

不當作為及判決結果：

1. 受命法官違法未進行審理、查證等過程，審理程序庭後即匆促結案。

2. 漠視地方法院及臺中高分院前審已審理查證並判決無罪所釐清的事實證據，對「臨時辦公大樓工程案」及「巨型公園工程案」竟回頭採用已證實錯誤的《起訴書》作為判決圖利罪的依據，判處 5 年 6 個月，荒謬至極。二度傷害被告清譽。

3. 921 民眾捐款予基金會被起訴侵占公用、公有財物：無罪定讞。

4. 921 民眾捐款予基金會被起訴利用職務上之機會詐取財物：無罪定讞。

日期：2006.4.19

清理五、更二審

法官：王增瑜、 梁堯銘、廖柏基

判決結果：所有被起訴圖利罪（含《政府採購法》），均無罪。尚無待檢討者。

日期：2008.1.16

清理六、更三審

法官：李文雄、蔡王金全、黃小琴

判決結果：所有被起訴圖利罪（含《政府採購法》），均無罪。尚無待檢討者。

日期：2011.4.19

清理七、最高法院（定讞前可待檢討部分，略）

法官：賴忠星、呂丹玉、吳燦、蔡名曜、葉麗霞

判決結果：駁回檢察官上訴，無罪定讞。尚無待檢討者。

日期：2011.7.14

其他：設定對象辦案、粗暴偵查、羈押、控訴檢方違法、失當等之清理。（不述，略）

第三章

司法濫權「921案」實證

> 我要驅走我心中的一切醜惡，讓愛之花常開不敗，
>
> 因為我知道，我內心深處的聖殿裡有你的一席之地。
>
> ── 印度詩人，泰戈爾，《吉檀迦利》

歷庭判決打臉檢調「圖利」說

「921案」檢調對我等控訴「圖利罪」有四個案件相加。歷審判決對檢方打臉的紀錄是證明檢調濫權的重要證據。

試以 2004.11.25 臺中高分院二審解析，就「臨時辦公大樓工程被起訴圖利罪」部分，判決無罪，但以「違反政府採購法」不同條款判1年。對「巨型公園工程被起訴圖利罪」，判決無罪。對「福龜新農業園區工程3件被起訴圖利罪」，判決無罪。對「災後測設工程13件被起訴違背職務，期約不正利益」，判決無罪定讞。

本案「921重建弊端案」這四個司法濫權的判決事證，其論述足可代表對檢方司法失當之檢討。

實證一、「臨時辦公大樓工程起訴圖利罪」部分

二審判決無罪。判決書主要內容下：

本件臨辦工程，本係合法預算項目下，由縣長本於行政裁量權所為發包之合法工程，無論發包過程是否程序存有弊情，本應對外發包由廠商承做，並有一定之預算規模上限，且工程施作本有其成本及合理利潤之考量，而取得工程並施工後之成本付出實情，與是否確然從中得利之認定相關。本件公訴人並未舉足事證，以證明本件工程金額與該工程發包之客觀

合理工程造價，有何明顯不相當情事，而黃才泉所代表之三建公司施作工程實際成本付出，亦未存在任何卷證足供明確認定所獲利潤有何明顯超逾正當合理額度，況被告黃才泉於本院90年6月11日庭訊中亦自承施作本件臨辦大樓工程拖延太久，已無利潤可言，公訴人起訴認定被告圖利之基礎已失所依據。

再觀之本件臨辦大樓工程結算驗收金額較之原定經費，尚減少1,111萬5,783元，有結算驗收紀錄可查，是本件被告黃才泉施作本件工程可獲之利益更明顯減少，已難認定三建工程公司簽約之價格下施作工程必然有何不法利得，更難以確認三建公司因上開被告之不法比價程序取得工程結果，亦因施作　而獲取利得，更遑論不法利得之獲取（按修正後貪污治罪條例之構成要件，已修正明定必須被圖利者「因而獲得利益」方足當之）。

本件因被告彭百顯、黃才泉、陳介山之上開弊情，黃才泉所被圖者僅係因此獲取工程承攬之獨占利益，該獨占利益之被圖者僅係無以量化之利益，且係違反政府採購法行為所生之結果，但公務員以捨正當合法途徑而就方便之「指定廠商」方法，客觀上考量亦有多端，舉凡方便、人情之慮，其違反工程發包之公平、公開程序正義，已有上開刑罰以對，並非凡程序違法，即遽認必有圖利意圖，或得標廠商因此取得之工程合約約定所獲取工程款項即屬不法利益。基此，本件尚乏具體事證足認被告係於知情三建公司之得標價存有不合理之利潤期待，已難認對上開違反政府採購法之行為，主觀上出於圖利他人之故意，而亦乏事證足認，黃才泉已然因此取得不法利益，即難遽認被告亦涉有公務員圖利犯行。

公訴人既未舉證以實其關於被告圖不法利益之認定，復查無其他積極證據以認定被告有何圖利故意並使黃才泉、陳介山實際已獲不法利益，此部分即乏證據足認被告犯罪，原應為無罪之諭知，惟公訴人認與前開論罪科刑之違反政府採購法部分有牽連犯之裁判上一罪關係，爰不另為無罪之諭知。

實證二、「巨型公園工程起訴圖利罪」部分

二審判決無罪。判決書主要內容下：

…圍標型態之圖利犯罪事實認定之證據標準：貪污治罪條例第6條第1項第4款所指之「就主管或監督事務，對第三人直接或間接圖利罪」，其犯罪之成立，至少應具備下列之四項構成要件，且缺一不可，如果有其中一項無法獲得證明，即難以圖利罪論科。公務員就自己主管之事務，有違背職務之行為。第三人有獲得不法之利益。而不法利益之獲得與違背職務行為之實施彼此間具有因果關係。且公務員主觀上對違背職務行為與不法利益間之具體因果歷程有明確之認知。

依前述對圖利罪之構成要件之說明，在認定圍標型態之圖利事實時，不僅要證明廠商間有借牌圍標之行為，且借牌圍標之行為，為指定參與比價之公務員所明知，並加以配合之事實，更須以證據證明之。若無從證明，即不得以圖利罪相繩。

一般民選首長任內皆常有民意代表及親戚、友人、地方人士推薦相關營建廠商予首長，以期日後有工程發包時，能通知其等前來比價競標，此廣泛存在於臺灣地區因選舉產生之民選首長間，非獨於被告彭百顯任職南投縣縣長時所特有。是以，被告彭百顯於辦理以比價方式辦理之工程發包，參酌各方所推薦之名單，前來參與比價，於發包過程中若無舞弊情事（如前述本院認定之犯罪事實一部分之犯行）即無不法可言。

…巨型公園工程之發包部分，被告陳明娟將王憲備推薦之廠商轉交與彭百顯，被告彭百顯則參考王憲備推薦之廠商指定參與本項工程之投標。至受指定參與比價之國軒公司、久元公司，由王憲備、林得生圍標部分之事實，均未有任何證據足以證明被告彭百顯、陳明娟對渠等圍標之行為有所參與，更無任何證據足認被告彭百顯指定國軒公司、久元公司參與比價之行為，係基於與得標之國軒公司有使獲不法利益之謀議而為之。此外又無其他積極證據足認被告彭百顯、陳明娟確有此部分之犯行，自難遽以圖利罪論處。

實證三、「福龜新農業園區工程 3 件起訴圖利罪」部分

二審判決無罪。判決書主要內容下：

按「各機關營繕工程及購置、定製、變賣財物，在一定金額以上者，應公告招標辦理之；未達一定金額而在一定金額百分之十以上者，得比價辦理」，機關營繕工程及購置定製變賣財物稽察條例第 6 條定有明文，而當時所定之「一定金額」為新臺幣五千萬元，亦有 80 年台審部伍字第 8002016 號函附卷可參，因本件之農村道路傢俱設施工程、新農村產業環境經營輔導改善工程、及藝術大道國姓段廣告招牌更新計畫工程之工程金額，均在機關營繕工程及購置定製變賣財物稽察條例第 6 條所定之「一定金額」以下，是本件之三項工程均得以比價方式辦理。

而觀之扣案之系爭三項工程案卷資料，被告均有依上述規定，於「農村道路傢俱設施工程」函知瀚青、元圃及森宇三家景觀工程公司參加比價；「新農村產業環境經營輔導改善工程」函知沛森、六藝、大丁三家公司參加比價。另「藝術大道國姓段廣告招牌更新計畫工程」則函知巧品、雄獅及翰典廣告公司比價。證諸卷附系爭三項工程案卷中，上述三家廠商之標封均有郵戳乙情，足認系爭三項工程經被告彭百顯批示由上述九家廠商比價後，承辦人員即依規定將空白標單分別郵寄給廠商，再由廠商以郵寄方式將標單寄回等情，已然明確，均依採購程序辦理，並無不法。…

被告白錫旼將參與比價廠商名單推薦予被告彭百顯一節，依卷內事證就前述三項工程參與的部分，僅為推薦廠商，且其推薦之對象為南投縣政府各主管單位，與被告彭百顯並無任何之聯繫，被訴圍標圖利之犯行，尚難遽予論罪科刑。

實證四、「災後測設工程 13 件起訴違背職務，期約不正利益」部分

二審判決無罪定讞。判決書主要內容下：

政府採購法第 105 條第 1 項第 1 款規定：「機關辦理下列採購得不適用本法招標決標之規定。一、國家遇有天然災害：：需緊急處置之採購事

項。」依據前開規定所訂定之「特殊採購招標決標處理辦法」第 4 條規定「機關辦理本法第 105 條第 1 項第 1 款之採購,應先確認國家遇有天然災害:總統業依憲法發布緊急命令,且該採購業經機關首長或其授權人員核准確有緊急處理必要。」;同辦法第 6 條第 1 款規定,「機關依本法第 105 條第 1 項第 1 款辦理採購之決標,應符合以下原則:以限制性招標方式辦理者,以邀請二家以上廠商比價為原則」。所謂限制性招標,指不經公告程序,邀請二家以上廠商比價或僅邀請一家廠商議價之謂(政府採購法第 18 條第 4 項規定參照)。

前述 13 件測設中心椿工程,依上述法令,被告彭百顯依比價方式辦理發包,並無違反執行職務所應遵守之法令,且於指定廠商時,參與各方推薦之名單而指定,亦無濫用其裁量權,致影響裁量決定之公平性與正確性。

本件被告彭百顯依各方推薦之廠商名單,指定參與前述測設工程之投標。至受指定參與比價六合公司與東宏公司、嘉原公司;三森公司與弘翔公司、寶霖公司圍標部分之事實,均未有任何證據足以證明被告彭百顯、吳政勳、羅朝永對渠等圍標之行為有所參與,更無任何證據足認被告彭百顯指定三森、六合等公司參與比價之行為,係基於與得標之六合、三森公司達成競選縣長連任時,須提供政治獻金等支助之合意下所為。此部分之犯行,尚無積極證據足資認定。

歷審打臉檢調「貪污基金會震災款」說

與 921 捐款有關的兩個基金會亦被司法捲入「921 重建弊端案」,這兩個案件經判決打臉檢方的論述為:

實證一、有關「侵占公有公用財物及利用職務上之機會詐取財物」部分

2002.11.29 南投地方法院一審判決書,判決無罪。

就證人紀金標、盧瓊昭等人之證詞，其等捐款原因，均因感於南投縣為921地震受災最嚴重，為協助災民紓困重建因而捐款，故其等捐款之最終對象，既非南投縣政府，亦非南投縣建設發展基金會，實為南投縣因地震受害之災民，受捐贈單位，無非其等選擇執行捐款之機關。而921地震後，以救助南投、臺中地區之因震災而受難之災民為號召之受捐款機構、基金會，為數甚多，欲捐款救助南投地區災民者，有逕自選擇政府機關為捐贈對象，有以受捐贈單位過去執行救助績效之風評為選擇時之重要因素，更有以民間機構執行之效能，相較於行政機關更富機動、靈活，預期更能發揮救災效能為選擇，種種因素，不一而足。

南投縣政府只是捐款對象眾多選擇之一，而以被告彭百顯為代表人之「南投縣建設發展基金會」、「新南投發展基金會」自屬捐款人選擇受捐贈對象之一。前述調查員筆錄之作成，多屬未釐清捐款人選擇捐款對象時所考量之因素下，且逕以救助南投地區災民，捐贈之對象等同於南投縣政府，再以捐款後收到之收據，均屬「南投縣建設發展基金會」、「新南投發展基金會」出具，復未清楚該二基金會與南投縣政府之區別，逕認渠等捐款進入南投縣建設發展基金會、新南投縣建設發展基金會帳戶，與其等捐款救助南投縣災民之本意不符，被告彭百顯、陳明娟、鄭素卿涉有侵占、詐欺公有財物罪嫌，稍嫌速斷。

又時任南投縣長之彭百顯，同時兼任「南投縣建設發展基金會」、「新南投發展基金會」之董事長，捐款人若選擇以彭百顯所代表之基金會為捐贈單位，兼以捐款目的均為救助南投地區災民，於接受訊問時，未能掌握問題重點及區別「南投縣政府」與「新南投發展基金會」、「南投縣建設發展基金會」之差別，以彭百顯為縣長，籠統答覆捐款之對象為「南投縣政府」亦有可能。此從前述證人於理解「南投縣政府」與「南投縣建設發展基金會」、「新南投發展基金會」於該問題區別之意義及重要性後，即分別澄清其捐款之對象為彭百顯所屬之基金會，此從捐款部分證人之證詞，於本院調查時證稱捐款之對象為彭百顯所屬之基金會，但接受調查員

8 別開生面

訊問時均回答捐款之對象為「南投縣政府」可獲相當印證。…

是以，本院認前述證人就捐款對象未盡一致之陳述，因其就捐款流程、捐款對象差別均獲釐清下所為對應之陳述，相較於調查時所為之供述，應更具可信性，故採為事實認定之憑據，應以本院調查時之供述為主。

再就各筆捐款與貪污罪治罪條例第6條第1項第3款侵占公有、公用財物及同條例第5條第1項第2款詐取財物罪之構成要件逐一檢視：

按侵占公有公用財物，以就公務上已經持有之財物而實行不法領得之意思為構成要件，而依前述證人之證述，既經其等均考量各種因素後，選擇以「南投縣建設發展基金會」、「新南投發展基金會」為捐款對象，其等捐款即非公有財物，被告彭百顯、陳明娟、鄭素卿將之存入「南投縣建設發展基金會」、「新南投發展基金會」，並無不法，更與侵占公有、公用財物之構成要件不符。

就職務詐取財物部分：…按詐欺取財罪之成立，以施用詐術使人將本人或第三人之物交付為要件，就本案而言，即上述證人於決定捐款對象之際，使用詐騙手段，讓前述捐款人對捐款對象發生錯誤之認知，進而獲得前述捐款人交付之財物。其行為方式屬作為犯，而詐欺成立與否之判斷，及著重在被告取得物品之過程中，有無實施該當於詐騙行為之積極作為。而上述捐款人在捐款的過程中，或由公司業務主管決定捐款對象，或由被告彭百顯之友人介紹而決定捐款對象，或與被告彭百顯之妻有情誼而決定捐款對象，被告彭百顯、陳明娟、鄭素卿無非告知捐款之帳戶，就上述捐款人決定捐款之過程中，並未有積極之行為，使其等陷於錯誤，而作出違反其等意願之捐款行為。其等所為，即與利用職務上之機會詐取財物之構成要件不符。

前述捐贈者或為被告彭百顯之友人，…均與被告有相當情誼，更可佐證其選擇捐款對象時，係以彭百顯所代表之基金會。

按當權利受侵害時，若無與當事人特殊之利益考量，出庭陳述時屬對犯罪者之犯行指證、指摘，為一般被害者受侵害後，出庭陳述時之行為反

應。是以上述捐款人，於檢察官起訴被告涉犯詐欺、侵占犯行後，於本院訊問時之供述內容，自可憑為判斷前述捐款人捐款對象之重要憑據。而經公訴人認遭侵占或詐欺之捐款者，經本院傳訊到庭，或釐清捐款之對象於調查員訊問時，係不清楚狀況下所為之供述，或進一步指明捐款之對象即為「新南投發展基金會」、「南投縣建設發展基金會」，均未見有對被告彭百顯、鄭素卿、陳明娟有所指陳，依此事後之情況事證，亦可間接證明前述捐款進入「南投縣建設發展基金會」、「新南投發展基金會」為其捐款之本意。

綜上所述，上述捐款人之對象為「新南投發展基金會」、「南投縣建設發展基金會」，均係出於捐款人各自考量後所為之決定，被告彭百顯、鄭素卿、陳明娟於其等捐款之過程中並未違反其意願，將之匯入基金會；或於其等捐款過程中，積極的施用詐術行為，使其等陷於錯誤，作出違反其等意願之捐款決定，則公訴人認定被告涉有利用職務上之機會詐欺、侵占公有財物之犯行，即屬不能證明，自應為無罪之諭知。

本案無罪證據相當明確，但檢察官不服仍提出上訴。案經 2004.11.25 臺中高分院判決，「921 民眾捐款予基金會被起訴侵占公用、公有財物」部分，仍然判決無罪。「921 民眾捐款予基金會被起訴利用職務上之機會詐取財物」，也判決無罪。

判決打臉檢調連帶「基金會違法」說

至於與「921 重建弊端案」無關，但卻被司法連累的基金會有三個案件，經判決打臉司法不當的論述為：

實證二、有關「新社會基金會之款項投資於高科技基金」部分

2004.11.25 臺中高分院二審判決無罪定讞。

…綜前所述雖可證明被告陳明娟，未經董事會或主管機關之同意，違

反該基金會章程規定，逕行將新社會基金會之款項，委由第三人廖學從投資股票，惟尚無從證明被告彭百顯有何授意，且被告陳明娟係為彌補原先投資高科技基金之虧損，始為本件之投資，投資結餘後並即將餘款轉回基金會帳戶內，尚難認其係基於不法所有及捐害本人利益之意圖，而本件於89年2月間結束投資後，受委任人廖學從分別於89年2月25日轉帳回新社會基金會二筆金額，分別為1,630,280元及102,600元，合計1,732,880元，有廖學從所簽發華南銀行之支票扣案可按，金額已超過所投資之159萬元，亦未造成基金會之損害，此外復查無其他積極行為足認被告彭百顯、陳明娟二人有此部分公訴人所指之犯行。

實證三、有關「基金會借支私人被起訴侵占、偽造文書」部分

2004.11.25 二審判決無罪定讞。

…共同被告陳明娟雖於南投縣建設發展基金會88年之日記帳中記載董事長借支250萬元，及於該基金會該年度之分錄帳中未記載此一事實，惟查尚無證據足認被告陳明娟為該記載係被告彭百顯所授意，且被告陳明娟既係未記載，與刑法第215條明知為不實事項而登載於其業務上作成之文書罪之構成要件亦有未符；公訴訴旨雖又指被告彭百顯與被告陳明娟共同基於犯意聯絡於前開日記帳中，在88年底250萬元入帳南投縣建設發展基金會後，由陳明娟將所載「董事長借支」該部分刪除，惟查，經本院核閱扣案之該日記帳，僅係於該部分之記載上面以粉紅色透明筆劃過，其內容仍清晰可辨，尚無刪除可言，公訴人關於此部分所指，亦難遽認屬實。

實證四、有關「捐款未存入基金會被起訴背信罪」部分

2004.11.25 二審判決無罪定讞。

…彭百顯僅將捐款交予被告陳明娟處理，關於傳票、收據之製作彭百顯並未有何授意，均由陳明娟交待周佳雯製作，此外，復查無其他積極證據足認被告彭百顯有何授意業務登載不實之犯行。至餘前開關於和成公司

及無名氏捐贈之部分所製作之傳票及收據均與事實相符；另周佳雯為支應基金會支出，向陳明娟支領費用，須開具董事長借支名義之傳票，雖現金來源為上述捐款人之捐贈所得，惟前述捐款既係捐贈予彭百顯個人，而非捐給基金會，二者又為不同法律主體，則基金會使用彭百顯個人之款項，開具「董事長借支」（意即向董事長借支）之傳票，亦無登載不實之情形，自均無業務登載不實可言。

無辜遭司法凌遲，判決打臉檢調

雖然有關「921震災工程被起訴圖利罪」部分及「921震災款被誣陷為侵占公用、公有財物及利用職務上之機會詐取財物」部分，於南投地方法院一審及臺灣高等法院臺中分院二審均判決無罪。

但檢察官以不服判決理由，堅持扭曲事實不斷上訴，致令冤情一再於社會延宕發酵，我等一干人皆深陷司法踐踏，不斷在各審法院中被不斷清理、凌遲。歷經更一審、更二審、更三審，奔波於各級法院。終於2011年4月19日臺灣高等法院臺中分院《更三審判決書》透露遲來的正義，更三審判決依《緊急命令》批示限制性招標，合於法令，沒有圖利廠商，判決無罪。

判決推翻檢調「以違背政府採購法」論告說

實證五、關於「臨辦工程案被訴圖利（含政府採購法）」部分

臺灣高等法院臺中分院更三審判決無罪。

本案公訴人雖指訴被告陳介山亦犯貪污治罪條例之圖利罪，但如依起訴書所載「被告彭百顯所為，涉嫌圖利黃才泉及陳介山2人逾1,000萬元」等語，被告陳介山應係被告彭百顯之圖利對象，要無觸犯圖利罪之可言。如公訴人係指訴被告陳介山與被告彭百顯共同圖利黃才泉，以卷內並無被告陳介山如何與被告彭百顯形成共同圖利黃才泉之犯意聯絡之確切證據，

8 別開生面

且有公務員身分之被告彭百顯既未犯圖利罪，無公務員身分之被告陳介山自亦無觸犯圖利罪之可言，公訴人指訴被告陳介山涉犯貪污治罪條例之圖利罪部分，亦屬犯罪不能證明。

無從推論被告彭百顯、陳介山有與共同被告黃才泉，共同以不正方法使本件臨辦工程之開標發生不正確結果，自不得以政府採購法第87條第3項「以不正方法使開標發生不正確結果」之罪責相繩。

…本院認尚無從對被告彭百顯、陳介山論科現行政府採購法第87條第4項「意圖獲取不當利益，而以其他之合意，使廠商不為價格之競爭」之罪責。

公訴人就本件臨辦工程對被告彭百顯、陳介山所為圖利及違反政府採購法等犯行之指訴，依卷內證據，尚屬不能證明被告彭百顯、陳介山犯罪，故無從為其2人有罪之認定。

實證六、關於「批准巨型公園工程依政府採購法辦理限制性招標，有無違背法令或濫用行政裁量權」部分

臺灣高等法院臺中分院更三審判決無罪。

就本件巨型公園工程之發包部分，共同被告陳明娟將王憲備推薦之廠商轉交予被告彭百顯，被告彭百顯參考王憲備推薦之廠商指定久元公司、國軒公司參加比價後，自底價之核定以迄辦理投標、開標、議價、決標，均有法定程序可循，且有相關承辦人員負責，並非被告彭百顯1人即可左右，尚難認定有何不法。至於受指定參與比價之久元公司、國軒公司，縱有由共同被告王憲備、林得生圍標之事實，但卷內既無任何證據足以證明被告彭百顯對上開圍標之行為事先知情或有參與，亦無任何證據足認被告彭百顯指定久元公司、國軒公司參與比價之行為，係基於與得標之國軒公司有使獲不法利益之謀議而為之。此外，亦無其他積極證據足資證明被告彭百顯確有公訴人此部分所指訴之犯行，自難對其論處罪責。

本案有關一審起改採《政府採購法》判決之前二個案件，最後經最高

法院於 2011 年 7 月 14 日判決駁回檢察官上訴，「921 案」終得以全部無罪定讞，還本人清白。費 11 年的功夫全力應付因司法違法濫權主導本人命運的「921 貪污弊案」，司法誤人實在不小。

定讞：「921 案」凸顯檢調司法濫權

全案判決事實證明：檢調啟動「921 貪污案」就是製造「921 冤誣案」。

第四章

「921」案是司法恥辱

> 司法存在的價值是在為國家建造一座公平正義的殿堂，
> 以捍衛國家法治秩序，
> 讓普遍的社會民眾有個驅凶避邪、淨化心靈信仰的所在；
> 所以，司法務必超越世俗的、政治的紛爭漩渦之外。
>
> ── 城仲模，《城仲模八十歲月箚記》[4]

　　為什麼「921案」在法律還我清白之後，他們掌權遲遲不還我公道，不願轉型正義？卻有人要我去致力「司法改革」？

　　資深重量級檢察官陳宏達說，檢察官可以兼具探險家、藝術家、司法官及戰士之角色與功能。他以此勉勵同袍則可，但對無事實之刑事追訴則當該謹慎惕厲啊！陳宏達說，檢察官要嚴格遵守法律規定及程序正義，唯法是從，絕不能脫逸法律之規範，並且要嚴謹地檢視證據能力與證據價值，來決定整個事件之結果。當然正確。但就這個準繩來檢驗「921案」，不知陳宏達如何來看待臺灣司法正義？

　　陳宏達說，作為一個檢察官的樂趣就是在於「抽絲剝繭」的過程。好像是如此。但問題是對「921案」公訴對象，其並無作繭，何來有絲可抽？這不是檢察官貪功碰到清官，硬要當「探險家」的結果？害人啊！

　　陳宏達也說，專業智識是檢察官執行任務的重要手段。理論上本來如此。但「921案」檢察官對涉及之工程預算、會計處理、地政地目等專業智識不足，又不認真弄清楚，竟逕能隨意跳躍行政層級辦案，不自量力、欺凌行政，一意扭曲指控行政首長，何有司法專業可言。這豈不是貪當「戰

---

[4]　城仲模（1938 - ），《城仲模八十歲月箚記》，臺北：自版，2019，頁455。

士」，誤以為自己是「高級司法藝術家」可以隨手雕塑案情的心態？

檢調玩法傷害無辜與正義

被冤屈的縣府公務員均無罪定讞，指責檢調玩法，無辜嗎？

南投縣政府遭大規模搜索，縣府員工被約談、起訴，面臨各界不實污衊抨擊。雖然在無罪推定的大原則下，被告都還不是有罪之人，更何況僅是被認定「犯罪嫌疑人」，但檢調任意公開錯誤案情，經媒體公告周知，則形同透過媒體審判或人民公審，當事人毫無辯白機會。

位居人民權利最前線的檢警調憲人員，非但未能盡到保障人權的職責，反而成為侵害人權的元兇。在「921案」中可以看到檢、調大談偵查案件過程，也在校園講堂以權威姿態談論，致使所有的嫌疑人在未經法院審判前，皆已被媒體、社會定罪。縣長等涉嫌人在檢警調搜索調查時，被大肆報導宣傳為十惡不赦之徒，而事實上所有證據均證明所有承辦921震災之縣府公務人員均經判決無罪定讞，檢調如何對自己所犯錯誤負責。

但有誰為無辜「嫌疑人」洗刷先前的污名呢？嫌疑人、當事人及其親人、朋友所受的傷害，又有誰來賠償呢？什麼叫做轉型正義？

本案證實，臺灣司法體制所謂「偵查不公開」、「無罪推定原則」根本被踐踏殆盡，由921災後我們親身經歷檢調濫權橫行的感受尤深。[5]

然而，檢視檢調種種誣衊言詞皆非實情，經調查均為莫須有，也找不到任何可以起訴的依據，但卻已在全國人民心中對所謂的「嫌疑人」留下根深蒂固的惡劣印象，所有這些指控沒有一件是事實，但檢調所精心釋放

---

[5] 以2000年10月南投地檢署諸位檢察官率領上百名人員大肆搜索南投縣政府為例，檢調不僅事先透露搜索訊息，讓電視實況轉播車一早就在縣府守候，且放任記者在遭搜索之各局室遊走、拍照、錄影，使縣府及被搜索人之名譽掃地；其後，一些檢調人員毫不負責任，任意對媒體放話指控本人挪用921震災捐款購車、付助理薪水、做私人開銷、購買化妝品、用震災款炒股票、21億震災捐款被挪用至基金會、基金會擔任洗錢白手套....，危言聳聽，震撼人心，致國人義憤填膺，交相指責本人的不是。

的假消息已造成社會未審先判的結論。司法高官大人，誰正視過？司法「放狗咬人」又有誰主持正義？

「千夫所指，無疾而終」。含天下冤枉而無法為自己辯白，那種羞辱罪名相加的「政治死刑」，會讓受冤者以死尋求解脫，這是我當初被莫名羈押在牢的心理寫照。我常常在想，如果當初我在看守所一時氣不過而自我結束生命，大概也是落得「貪污舞弊、畏罪自殺」的結局吧！而我的助理也因我而入獄，曾經數度想自我了結困厄，但如若她果真以死明志，那我不就永遠背負罪名至死，一輩子跳到黃河也洗不清？

沒有人會知道受冤事實真相，當然也沒有人會揭發檢調脅迫證人、偽造筆錄，就是已經證明筆錄是偽造虛構的，也沒有人會放過你或同情你的。然而，又有誰能度過長年訴訟折磨、身心創傷，受得了名譽敗壞的摧殘而又說要你放下，不要計較？

臺灣已進入法治人權時代，在歷經不堪回首的陣陣痛楚之後，人民內心的吶喊：什麼時候代表公權力的檢調單位才能停止先入人罪、羅織辦案的方式？什麼時候可以服膺專業，謹慎採證？什麼時候可以依法不洩漏搜索秘密，不毀損受搜索人名譽？我們的檢調體系不正是仍有許多問題亟待改進？

而對擁有無邊影響力的輿論媒體，我們如何體會「無中生有」在龐大媒體輿情壓力之下，自殺身亡往往是一個有尊嚴的人的逃避所？對一個身陷偵查中的無辜者或嫌疑者，我們是不是也能減少一些渲染與臆測的傳播呢？我們不是上帝，又怎能在還沒有審判之前就急著予人定罪潑糞！遺臭萬年。

本案，自司法啟動偵辦到無罪定讞這段期間，我們的含羞帶辱，最後反射的結果，就是臺灣司法的恥辱，也是無冕王強勢對無辜者的玩世不恭不夠謙虛自愛。

冤案糟蹋人權也反映司法罪惡

數十年來，社會各界對落實司法改革聲浪不斷，但司法改革成績卻被評為「零進度」，層出不窮的司法冤案，證實司法體系的專權與難以撼動。司法大員，您注意到嗎？

空軍女童遭性侵害案被屈打成招、含冤槍決的江國慶，15 年後才沉冤得雪，但已換不回寶貴生命。發生在汐止的兇殺命案，被以電擊棒電擊、灌水、坐冰塊等方式刑求，在痛苦不已又極度恐懼下，聽從警方的指揮，寫下自白書的蘇建和等三人案，警方不但無法拿出偵訊時的錄影、錄音資料，還回嗆：「就算有刑求，也不代表沒罪」，這個案件從 1991 年發生至 1992 年軍法判決死刑，纏訟 20 年至 2012 年判決無罪定讞。還有疑點重重被以涉及綁票撕票案為由，判處死刑的盧正案，已被草率執刑。

或許，過去戒嚴時期威權刑求逼供已不存在，辦案科技也比以前進步，冤案發生的機率應大幅降低；但是，進入民主時代，臺灣的司法、檢警體系弊端文化依然充斥很多不為人知的秘密，司法冤案與拖案延宕案例仍不斷上演。

以全國關注被媒體列為「重大弊案」的案件為例，臺電購煤案、景文案，涉案者無罪定讞，分別纏訟 19 年及 6 年；另外，交通部長途電信局大哥大行動電話採購案纏訟 17 年，14 名被告均無罪定讞；第一銀行押匯案從起訴到無罪定讞歷經 29 年；太極門案纏訟 24 年至今仍延宕未解。[6] 這些浮出為社會大眾知道的冤案也僅是冰山一角而已，其他更不知凡幾，仍在期待遙遙無期的清白與公義。這些都讓社會大眾看到司法冤案拖案延宕的殘忍真面目。錯置的司法尊嚴，難道可以超越司法正義來維護？由誰來確定這些抉擇呢？

而震驚全國的「921 震災貪污弊案」，「南投縣長彭百顯被起訴九大案十個罪名，求刑 20 年」，經纏訟 11 年於全部無罪確定；甚至所有涉及震災捐款及重建的縣府公務人員更早幾年也都無罪定讞。這些案例證明，

---

[6] 詳情請參閱：趙凱昕、張美盈、于毅聖，《誰偷走了他們的青春：24 年的法庭輪轉人生》，臺北：正大出版社，2020。

初始的檢調單位濫權起訴，踐踏司法人權，「起訴和定罪門檻差距過大」成為最大諷刺。

美國的司法史上最被人家稱讚的大法官、檢察總長羅伯傑克遜（Robert H. Jackson，1892 -1954），曾經講過「檢察官是一群握有最大的權力，而不受拘束的人」。我們要指出，檢察官被賦予神聖權威，是要指謫不法、維護社會公義，絕非濫權作為標榜個人英雄或被利用為政治鬥爭的工具。

但很遺憾的，我們在許多冤案中，包括本案，見證到檢察官違反偵查不公開、違法搜索、惡意中傷污衊、偽造筆錄、濫權羈押、甚至違法凍結資產等，檢察官以其自由心證，預設立場傲慢偏見，嚴重的侵害到人權。

此外，檢調體系在證據蒐集、辯證與檢驗存在諸多重大問題，包括以不正方式或威脅利誘逼供取證，製造冤案，犯罪嫌疑人乃至清白公民的人權根本得不到有效保障。

檢察官一貫堅持「有罪推定」的頑固立場，一再上訴，法官與法官之間、法官與檢察官之間的判案標準不一，讓人民在司法纏訟間耗盡青春與財產，冤案令人憤懣不安，這是臺灣司法的恥辱，也是罪惡。但檢察官以至高權力，不必擔負濫權起訴的責任，即使經監察院糾舉，也是草草結案未見懲處，改善行為。

司法院曾經統計，地方法院從 1999 年到 2008 年 10 年間，獲冤獄賠償者共有 5,435 人，共計發出超過 46 億 8 千多萬冤獄賠償金。臺灣號稱民主國家，卻仍存在龐大冤獄案件，國家必須花用人民的納稅血汗錢賠償，人民為何必須承擔「賠償」責任？依《冤獄賠償法》第 16 條第 2 項規定，法官如因故意或重大過失而違法，致生冤獄賠償事件時，政府對該法官有求償權。但事實上，司法院從未有過依法向失職法官求償。司法院每以：「承辦法官依據卷附相關事證，本於法律確信而斟酌取捨，憑以認定個案

---

7 《冤獄賠償法》經過 2010.1.29 釋字 670 號解釋，認定部分違憲。違憲的理由為《冤獄賠

439

事實而為判決，均無違法採證及疏失問題。」之詞搪塞回絕應負職責。檢調系統亦復如是。臺灣之司法官官相護，致讓司法公信力不彰。[7]

以本「921 冤案」而言，受害人被摧毀的是一生努力心血、名譽無法平反，健康永難恢復，甚至賠上家族親情，冤獄賠償金無法彌補於萬一，更不能換回重來的人生。

無罪受冤坐牢，這是國家司法的恥辱。臺灣司法體系弊端若不能徹底改革，那麼，一再遲到的司法正義還是正義嗎？因此，真正落實「轉型正義」是必要的補強工作。

如何杜絕冤案？如何扼阻司法誣陷？

一位具司法正義的律師，在讀到《雖然他們是無辜的》這本介紹美國 1900～1991 年間因「司法疏忽」製造出死刑誤判的書，而有「怵目驚心，惶懼不已」的感歎，他特別提到，諸多「可怕的司法疏忽」中，在偵辦階段，如出於邪惡的動機，那就成為製造冤獄的罪魁禍首。」善哉！斯言。他就是轟動國蘇建和等三人案的辯護律師蘇友辰，他指出司法邪惡的動機警惕相關人等。

這本書被國際科克斯書評（Kirkus Reviews）形容為「毛骨悚然」，事實上，臺灣多少的司法冤案令人窒息、憤懣、害怕與悲哀。多少受冤者陷入司法遊戲的凌遲地獄中，一生清譽全毀，從健康人變成殘疾人，精神痛苦夢魘難以平復，甚至喪失生命。冤案糟蹋人權、侵害生命，這真是司法邪惡的一面，他們藉司法獨立不容干預，生存於司法正義的另一邊角

償法》一律將有故意或重大過失讓自己被羈押的冤獄受害者，不得請求賠償，這樣的規定未考量受害人行為可被歸責的程度，一概不准與請求賠償，不符憲法保障人民身體自由及平等權之意旨，違反比例原則。在此釋字作成後，司法院通盤審視《冤獄賠償法》，全盤翻修。原《冤獄賠償法》2011.7.6 總統令修正公布名稱《刑事補償法》，自 2011.9.1 施行。根據《刑事補償法》第 34 條第 2 項「法律執行職務之公務員，因故意或重大過失而違法，致生補償事件者，補償機關於補償後，應依國家賠償法規定，對該公務員求償。」

落。

很多人關切冤案，但冤案的發現與平反都不是一件簡單容易的事。因為，從冤案一開始，它的名字就被定位叫做弊案，注定就是社會的公敵，除了部分親友沒有人會同情。

一般人若牽連到冤案，幾乎體無完膚，而且厄運絕難擺脫，無法正常地生活於社會。無法平反的冤案，會不斷累積冤氣，讓社會充滿無形烏煙瘴氣，不利眾生。因此，司法界應該重視弊案，為民除害，更不應讓弊案變成冤案，為正義送終。

冤案由錯誤起訴開始，結束於錯誤判決。

由過去的諸多案例，分析造成冤案的原因很多，包括：檢調本身的謬誤，例如動機不純、受騙、急切、傲慢偏見、預設立場、誤導、疲勞審訊、刑求取供、栽贓誣陷、隱藏證據、錯誤鑑定、政治指導等；證人方面的謬誤，例如誤認、錯覺、偏見、漫不經心、仇恨、偽證；辯護律師方面，例如不稱職、急功好利、與司法勾結；審判方面則有濫用心證自由、歧視、草率、不當輿情干擾、與政治勾結等等，這些泛稱「司法疏失」。

就實際觀察，「蘇建和等冤案」例證，過去監察院張德銘委員調查指出的「司法疏忽」，檢調有：違法拘捕、搜索、扣押，偽造、湮滅證據、刑求逼供、變造公文、出庭偽造、草率等；法官有：採證違法、自由心證違反經驗及論理法則等疏失。

可見司法處理過程到處可能出現司法疏失，冤案在實務上已變得極為可能。

雖然有部分人認為司法疏失難免，受冤枉者僅是少數，在司法認為冤案無啥大不了，但對蒙冤者而言，卻是一家人長久暗無天日的委屈與悲情。但人命關天，人權可貴，均神聖不可剝奪，身為國家為民伸張正義的法務司法諸公，寧勿審慎小心乎？

今我以「921 案」親身經歷現身立書，但願言者諄諄，掌司法權者不宜聽者藐藐啊！

你的光明是從黑暗中迸發而出的，

你的善良是從鬥爭之心的裂縫中萌生的。

你的生命是從死亡之穴流出的。

你的天堂建築在塵世的土地上，

你留在那裡，為我，也為一切。

—— 印度詩人，泰戈爾，《採果集》

921 大審判

本案「921 大審判」，包括司法公審、社會公審，我是一縣之行政首長，自然必須依法行政。今「921 案」檢察官認為我有違法犯罪嫌疑，並可能獲致有罪判決，因此，對我下重手。但檢察官發動司法偵查、提起公訴，當然也必須嚴格依照法律的規定執法；理論上如此，否則，極有可能濫權擴法，傷人害國。

何況，在法律上，前已指出檢察官在體制上仍對其「課有強烈的客觀性義務」[8]，用以保護被告的權利。除此，在這方面「921 案」偵辦過程，我們仍面臨諸多危機，例如，檢察官自詡為打擊犯罪急先鋒，而非兼顧被告利益的守護者，往往只管對被告不利事項，忽略被告有利證據，大幅提高法官誤判之危險。[9] 而且，現行檢察官體制的上命下從，威脅檢察官的

---

[8] 參見林鈺雄《檢察官論》，臺北：學林文化，1999，頁 30 -35。一針見血的觀察，本案「921 大審判」反映的諸多檢討，重要源頭的邪惡來自於此。

[9] 「法官誤判之危險」，除了造成人間冤獄等害人情節（自己則不痛不癢，不知世間害人何痛）之外，依人生因果律，也會有報應害己，所謂「禍由自召」之道理，宜慎之。

於此，摘錄一則法律人知法犯法、徇私失節，死後魂魄於獄中供述的案證，備供引以為鑑。

客觀性義務；上級、上司負有黨政首長的政策觀點與政治掛帥，非法律之客觀性，檢察官難脫「政治正確」角色，有淪為政爭工具之虞。[10]

本案從一開始司法偵辦，陳婉真就挺身正義一再指控檢察官濫權。

陳婉真於 2001 年 1 月 8 日臚列「南投地檢署偵辦南投縣長彭百顯案21 項違法事實」，到監察院檢舉南投地檢署檢察官徐松奎違法濫權。[11]同時，她也向法務部長陳定南指控「檢察官在收押彭百顯縣長之前，公然就在報紙表示，不收押彭百顯，他將從三樓跳下去。」之囂張。[12]

但中央高層當局都不願意依法面對如此不堪的司法濫權及司法干預地方行政之嚴重事實。我們還高談「一切依法行政」、我們是法治國家？

明明我們地方政府「依法行政」，那裡得罪了中央政府的「依法行政」，而揮動法務部檢調大軍？法無標準，權大法大嗎？

觀諸本案檢察官執法之情形，正如林鈺雄教授前述之所言，「有諸多危機」。這亦是本書為筆之所重，我們要求檢察官務須依法秉公執事，因為他們並未依法辦事！於此，我們簡就本案檢察官之未盡守法角色，舉舉大者，反映如次。好讓他們瞭解：於本案，我們公務人員被指責違法，未依法行事；但檢察官他們也是公務人員，必須守司法規章，挑戰民主體制行政權，更應該知道要守法執事。

【參見：1977 年農曆 10 月 9 日由濟公活佛引領楊贊儒遊冥之紀述，收錄於《地獄遊記》第 40 回，臺中聖賢堂出版，頁 117。】這則透過扶筆傳真揮書述之如下：
我生前為判官（法官），主持判決案，因曾接受被告賄賂，致使案情不按公審判，故有時造成冤獄，有時失去法律人之正規判決。
在生時收取非法金錢不少，雖然常聽人言：「當判官若不公正，貪財歪判。死後將受報應。」然有時心想：「此世只要能榮華富貴、權勢高大，管它來世如何！」死後，經孽鏡臺之照相，如何貪財受賄，或不正虧心之宣判，皆一一如映電影現前。除「糞尿泥地獄」之刑罰外，又交來六殿，卞城王叱我身為判官，知法、犯法，罪大惡極，再判入「刺網蝗鑽地獄」受苦，每日匍匐於刺網內，全身被蝗蟲、水蛭吸食，渾身疼痛。元氣欲盡，痛苦難言。

[10] 林鈺雄《刑事訴訟法》，2002，頁 119。
[11] 參見陳婉真〈致監察院檢舉書〉，2001.1.8。
[12] 參見陳婉真〈致法務部陳定南部長請願書〉，2001.1.8。

司法濫訴造冤錯案

　　臺灣的《刑事訴訟法》雖然對檢調於搜索、扣押、羈押等法治程序有許多的要件限制，然而，這些禁止行為，他們違法了，卻無須負責，責任對他們似乎一點關係都沒有。這正是問題所在。

　　一些檢調人員明知我這個縣長為無辜者，但卻在政治指導下低頭，於是，他們只好無視法治的「訴訟規則」，其濫權之行為，也根本無視所謂「法律保留原則」及「比例原則」；他們「同流合污」放手大幹一場，結果製造了這一場大烏龍案，留予人間論是非。

　　「921 案」事實造成這樁司法大冤誣案，也鑄成臺灣司法史上之極大不名譽醜聞，誠值得有司引以為鑑。

　　再者最重要的司法專業，「刑事訴訟不容許以〈不擇手段〉、〈不問是非〉、〈不計代價〉的方法來發現真實」，法制上本有明文禁止不正訊問方法之規定，但是，負責執行啟動偵辦「921 重建弊案」的南投地檢署，於辦案過程他們並無忌諱公然違反這些規定，司法等有關當局亦卻漠視或無視其違法。為什麼膽敢無視不法，顯然，他們一干人等皆在配合政治需要，而任令其為達摧毀吾人形象之目的，囂張濫權跋扈。這才是司法的最根本問題。

　　「921 案」早已告一段落，真要檢討過錯或缺陷，重心應該在這裡：司法真有公信力乎？

　　法律聞人陳長文對此曾省思司法冤錯案的司法悲劇，以及司法制度對人民造成傷害的坦言無力，認為「若要減少司法悲劇」，須先「遏止檢察官濫訴做起」，並指出我國檢察官不曾「面對冤錯案的自省與歉疚，反倒是將〈濫訴〉習以為常」，因而告誡檢察官面對每起案件「要戒慎恐懼」、「經百般掙扎後才能起訴」，否則「起訴、上訴造成冤錯」是「難以彌補

---

13 陳長文，〈沒把握的起訴或上訴，是檢察官的罪過〉，【天堂不撤手】專欄，《中國時報》。2019 年 7 月 29 日。

的終身罪過。」**13** 美哉斯言！吾人對資深法律人深思之言，實有切身同感而表示敬意。

但是吾人要問，他講給誰聽？誰人能真正聽進心裡，而認真當一回事？這也是司法沉痾：改革要看人做。

司革會力挺以司法還治檢察官

於啟動偵辦本案之初，曾替我預擬「自訴狀」中指證「2000.11.13 夜，徐松奎誤導三、四位檢察官向法官施壓，始准羈押」，「字條」發生效用。

無論如何，守璧清白。曾經喧囂一時，並非我寫的「兩張字條」後來竟成為法庭收押的證據 **14**，事後證明，這不過是欲「押人取證」的藉口，欺瞞社會，害人至極。

司法革新生命尊嚴維護協會（簡稱司革會，亦稱司法革命會）自他們啟動司法大軍偵辦「921 案」起，直至檢察官王捷拓起訴我們，這段兩個多月期間，極力主動關心並協助、建議本人應該自保而免被害；尤其，見到媒體刊登徐松奎對外放話欲再延押縣長，會長莊榮兆更以鄉親立場表達願代理自訴徐松奎主任檢察官濫押、剝奪縣長職權暨災區重建等之妨害名譽案。**15**

他們盛情可貴，惜我窮於應付紛雜之司法、媒體輿論，以及 921 重建政治壓力，未適時也出手予以司法反擊，並配合陳婉真之政治判斷，致使

---

14 記得 2000 年 11 月 13 日上午徐松奎一進縣長辦公室即劈頭就問：「你有沒有下條子？」問得我莫名其妙。今回想起來，原來其中似乎藏有魔鬼。

15 司革會莊榮兆會長擬好控告徐松奎的「刑事自訴狀」，於 2001 年 1 月 8 日以快捷（郵資 110 元郵票）送遞南投看守所要我同意委任。當我收到該函件已是不知多久以後的事。我於 2001 年 1 月 12 日深夜交保離獄，該函文件每頁皆蓋上看守所查訖章，日期為 2001.1.12。想必這些資料由看守所併封其他我在獄中看的書本於箱，送回縣長辦公室，許久之後才見天日。

後來，我沒提自訴控告徐松奎。年底，「功成身退」徐松奎調任（臺中）中部遺體處理中心主任委員。

他們「軟土深掘」，認為我們「佛系」素食軟弱，一再欺凌善良、吃人夠夠。

當徐松奎、李慶義等於 10 月 16 日首度率同檢調人員大搜索南投縣政府之後，司革會即急提徐松奎、李慶義等曾犯「故入人罪」之證據，提醒我們注意他們以搜索縣府新聞掩飾其不法，並以實例證明他們並非好檢察官，再三強調要我們為免遭構陷及羅織，應行反搜證、秘密錄音用以自保。

最特別的，司革會劍及履及，於 10 月 26 日即以特急件發函敬警告徐松奎，並副知：法務部、最高檢察署、南投縣政府。**[16]** 司革會敬告兼警告徐松奎主任檢察官：

> 萬勿在濫用偵查權故入人罪 **[17]**，以搜索作秀對於 921 受災最嚴重地區百廢待舉南投縣府；
> 不宜以慣用技倆、吹毛求疵，以顯微鏡雞蛋挑骨頭「預設立場」卑劣手段製造打擊黑金英雄假象，作為掩飾「自己之前犯罪」之不法；
> 莫再利用搜索縣府作秀；……

（印證事後事實，以上所指控說詞，似非空穴來風）

司革會並同時敬告法務部、最高檢察署，為能服眾：

搜索及偵辦南投縣政府不宜由涉有具體不法檢察官徐松奎、李慶義、吳文忠偵辦。

（但檢察官主管當局，包括法務部長陳定南，當時似乎並不重視此忠言。）

莊榮兆會長於本人解除禁見後，曾至看守所看我，他告訴我，他另亦拜訪南投地院高層後，質疑：**[18]**

---

[16] 2000.10.26 司法革新生命尊嚴維護協會 (89) 司革榮字第 089 號敬告兼警告書。
[17] 司革會 2000.11.23 公告徐松奎檢察官故入人罪不法資料。
[18] 2001.1.8 莊榮兆 (90) 司革榮字第 003 號致本人之私函。

臺中高分院遲未駁回不服南投地院准許檢察署羈押縣長之理由。

抗告案需三日左右作出裁定，不應拖延一個月。

（臺中高分院於 2000.12.22 裁定駁回）

註：因 2000.11.14 羈押理由「係以紙條」涉有串證理由早已不存在。

他也提醒我「因未提為免耽誤重建之重要公務書面聲請」，檢方如有誤押，亦不會放人。

再見徐松奎「未迴避」偵辦本案（司革會前致函法務部應不宜由徐等涉有不法檢察官偵辦南投縣政府），他力挺用司法手段向徐松奎自訴討回公道，並擬妥自訴狀（2001.1.9）希我同意即行提出告訴。[19]

在我交保離開看守所牢獄之前數日，司革會再度為羈押本人之疑義，致函負責偵辦本案檢察官王捷拓，力主應立即釋放被告縣長，主張「縱犯重罪並非必要羈押」，且義正詞嚴指陳王捷拓莫剝奪縣長重建職權，損及災區災民權益。

如此以法論法挺身正義，為當時社會肅殺氛圍所鮮少。

司革會指出（皆附證據）：[20]

王捷拓（於 2000.12.22 下午）既撤銷禁見未即起訴，亦未釋放可證罪證有疑，彭之罪嫌似未達必須羈押程度與條件；

南投為全國最重災區，生活水深火熱，救災如救火，豈可阻緩？其善後卻又遭群龍無首，何求效救？何必羈押不放。

司革會在給王捷拓之函文中，更點出了本案濫權羈押民選縣長職權問題。這也是本人身賦三權分立制之執行政權責，今遭莫名司法囚獄，其與民主政治體制精神相牴之質疑。司革會說：

彭員罪輕責重，衡情度理，認事用法，自宜應准其恢復自由，先行使

---

[19] 同上註，惟收到此私函，環境狀況亦已變化，故當時未能聯絡司革會洽商後續。

[20] 2001.1.6 司法革新生命尊嚴維護協會 (90) 司革榮字第 001 號函。受文正本：南投地檢署王捷拓，副本：法務部長陳定南。

急救之旨志，再論其個人罪嫌之訴程，以免剝奪縣長職權，且損及災區重建、災民權益。

至於函文中列舉徐松奎、李慶義等人過去有「故入人罪」事證前例，以警示王捷拓慎重勿成為徐松奎借刀殺人之劊子手。所附證據，包括150位法官、檢察官違法、失職之名單，讓我心生畏懼，原來他們曾濫權有害人前科；證諸本案啟動司法、違法偵辦、押人取證、起訴輕率等諸歷程，司法人之欺騙行事，不是當事人，不知怵目驚心。

檢察官莫當政治司法獵人

一位曾經擔任過最高檢察署檢察官的律師，郭吉助很感慨地指出「檢察機關威信低落」、「司法公信力始終無法提升」的重要原因在於：檢察官負有客觀性義務，不能依憑個人主觀之情緒好惡隨意辦案。

他檢討長久以來檢察官對一些社會矚目的重大案件或涉及政治敏感的案件，有這些現象：[21]

第一、先入為主，為達追訴被告目的，以司法獵人自居，先射箭再畫靶，恣意妄為；

第二、不計代價、不擇手段，窮追猛打，違反正當法律程序，嚴重侵犯人權；

第三、未經謹慎蒐集、調查及斟酌事證至無合理懷疑之有罪確信，即貿然以臆測或推定之事證起訴；

第四、嗣經法院嚴格證明調查證據審理結果，判決無罪，執意上訴，浪費很多司法資源。

檢測之以吾人蒙受之「921案」所反映檢方的諸多不適、不宜、不當等違背法令情形，郭吉助以過來人經歷所指以上檢察官之濫權起訴惡行，

---

[21] 參見郭吉助，〈檢察官莫當司法獵人〉，《中國時報》，2019年7月14日。

幾乎全部皆見包括在「921 案」內。

　　郭吉助短文慎重明舉檢察官的職責，旨在提醒勿要違背：

第一、檢察官「應恪憲法，依據法律，本於良知、公正、客觀、超然、獨
　　　立、勤慎執行職務。」（檢察官倫理規範）

第二、「檢察官辦理刑事案件應嚴守罪刑法定及無罪推定原則，非以使被
　　　告定罪為唯一目的。對被告有利及不利之事證，均應詳加蒐集、調
　　　查及斟酌。」（檢察官負有法律客觀性義務）

　　特別是：對同為刑事訴訟主體的當事人之一的被告必須予以尊重，不
容許以不擇手段、不問是非及不計代價的方法辦案。

　　吾人體悟郭吉助律師正義凜然之語重心長。只是，容吾人再進一言，
檢察官若執意我行我素，違背這些具文規定，又無罰則，而且官官相護，
其又能奈我何？司法大員，是不是這樣？

　　法辦弱者、守法者，罕見辦執法之違法者、權勢大之惡者。是耶，非
耶？

這種檢察官不要也罷！

　　囂囂嚷嚷好幾個月，「921 案」正式起訴（2001.1.12），相對宋楚瑜
「興票案」偵結不起訴。《自由時報》【自由廣場】一篇署名南鄉泰的不
滿臺灣司法小塊文章，以基金會誣陷情況指陳本案檢察官主觀推論犯罪事
實，「認為彭以縣長身分，讓部分震災善款捐入基金會中，無證據私吞一
毛，硬要認定彭涉及侵占及詐取公有物之罪嫌，將之起訴，求刑 20 年」；
他氣憤指責「這種檢察官不要也罷！」

　　南鄉泰對歪曲事實，以及對「有沒有證據，在臺灣司法，似乎並不重
要」的公信力表示失望。[22] 事後，我看到這則另外聲援的正義呼喚，也甚

---

[22] 南鄉泰，〈這種檢察官不要也罷！〉《自由時報》，2001 年 1 月 31 日。

感溫馨。

臺灣已進入新世紀現代法治社會，對於發動本案所謂「921重建弊端」傳聞涉貪所採取的控訴原則，竟然是「自證己罪」、「有罪推定」，且是「有疑不利被告」的作法，完全忽視南投縣政府及縣長就是訴訟的「程序主體」。

我們的法制為確保被告程序主體地位所建構的控訴原則有：「不自證己罪」、「無罪推定」以及「有疑唯利被告」等三大原則。檢察官公然背離此法制上檢方控訴之界限，實視法制、法理於無物。

證諸本案，檢察官濫用羈押作為，蓄意賭注以期待「真實發現」來推翻體制上三大確保縣政府、縣長訴訟程序主體之限制，是過去臺灣刑事訴訟的重大缺失，鮮少司法界認真深入追究，以致縱容冤屈誣陷案件一再發展，形成臺灣特殊之司法政治文化，讓司法淪為政治鬥爭工具，任令司法無公信力，喪失社會正義，令人不齒司法之不知長進！

司法改革迫切必要

司法改革是走過921冤誣案的結論。

簡單回顧本案。逃亡中國（為何他沒有被限制出境？）之秘密證人筆錄經比對錄影帶勘驗，竟有高達六成係由調查局偽造，卻以此作為起訴證據，國家公器製造罪犯，膽大妄為，違背法理。

「921冤誣案」暴露公訴人舉罪不正義，證據薄弱且偽造筆錄，公信力蕩然無存。誰能相信，「臨時辦公大樓工程案」等起訴本人的主要依據，竟是調查局偽造的調查筆錄？而調查局公文對提供法院之偵訊錄影帶公然說謊、竄改時間，以瞞騙審理法院及當事人、辯護律師，扭曲事實，刻意冤枉他人，調查局公然說謊，更令人不齒。[23]

不經深入邪惡之司法訴訟，不知可惡可惱檢調如此造作惡端、公然虛偽作假，使受害人無法面對國家公器的欺凌。

「921案」在法院歷庭審理勘驗偵訊錄影帶中，也證實為蓄意設定對象，調查員多處以脅迫、利誘等不正方法取供，甚至偽造筆錄。包括調查局竟將全段問話，全部移花接木為證人證詞以作為誣陷本人之佐證證據；並有證人供稱「檢調單位唆使作偽證」，而且，檢方據以起訴之調查筆錄，內容竟是調查員惡意加上去的；甚至有被告在偵訊恐嚇壓力下作不實之陳述。更有檢調人員在偵訊時態度惡劣怒喝說是要辦縣長，又威脅要收押恐嚇當事人。虛假不法，歷歷在目。

　　我們當然尊重檢察官擁有神聖權威的起訴權，但不可不正義。

　　本案自啟動至判決確定，暴露檢察官無證據卻濫權起訴的嚴肅課題，也暴露檢察官辦案的專業知識欠缺的嚴重性問題。本案縣府臨辦大樓工程，檢察官白紙黑字起訴本人利用職權自行捏造「擅自變更地目」、「追加預算」，不是事實。而對巨型公園工程案，檢察官弄不清楚招標作業與標單內容，竟還錯誤出手起訴。檢察官可為業績起訴，但絕不可盲目無知。素質粗魯外行，令人不敢領教。

　　如此反常的司法為非作歹，其何敢作賤公器？我曾捫心自省：到底得罪了誰？司法可淪為政治之工具，司法可黑白是非不分、一錯到底？

　　回顧自上任南投縣長以來，政治對手以假消息、謠言抹黑中傷，下手無所不用其極，921災難時期更變本加厲，致有本案暴露「檢察官濫權依謠傳辦案誣陷」之現象。何況，這段災難重建的坎坷歷程與災難期間的政治操作司法，嚴重打擊滄桑的災區，對身處貧窮的乞丐縣尤為艱辛。歷經921冤誣案的諸多司法不正義，反映司法改革是迫切需要的。

---

23 面對檢調之不法、為惡，讓我們付出相當代價。為免再造冤案，以下這段檢調為惡造端的紀錄，應該讓社會深刻了解。

為洗清冤誣，本人在南投地院一審庭兩年多時間一再申請調閱偵訊錄影帶證明檢舉人指控不實；其間，調查局欲陷本人予「死無對證」，曾提供替代之有影無聲之偵訊錄影帶（聲稱錄音麥克風擴大器燒壞），並膽敢偽造公文，謊稱日期弄錯。本人經地院誤判後，於高分院二審時同樣再請求調閱，調查局才戲劇性的自我圓謊而改稱「前因故未尋獲」，始予提供。再敘此事以便予證明。

第六章

「921案」司法正義之檢討

我接到這盛世慶典的請柬，我的生命因此受到了祝福。

我的眼睛看見了，我的耳朵也聽到了。

—— 印度詩人，泰戈爾，《吉檀迦利》

於此，大概回首「921案」的崎嶇轉折，檢討司法正義。

「水落石出，真相大白」，檢調是構陷冤誣元兇

重要的一露，法務部調查局（南投縣調查站2002.5.14這份函），究竟是不是陷人於永不見天日的設計行為？

如果，法務部調查局「南投縣調查站主任」不換人；如果，臺中高分院二審不再行文調查局南投縣調查站調閱錄影帶；如果，南投縣調查站回復臺中高分院索取的仍是堅持2002.5.14當時提供的「有影無聲」錄影帶；那麼，本案的關鍵錄影帶 —— 污點證人唯一一次虛偽製作筆錄的真相，是否就永遠石沉大海？

那麼，我們的清白是不是將在調查局「沒有聲音」死無對證的陷害設計下，法官不查明仍依無法還原真相的假筆錄判決，那我們將就永不見天日，背負罪名至死？

關鍵的一扇亮光，老天有眼，經過重重關卡，我們不斷要求法院調閱檢舉人之錄影帶，幸於上述二審時調查局南投縣調查站主任易人，時隔三年，好不容易才見到調查局後來提供了五捲之偵訊錄影帶給臺灣高等法院臺中分院。透過臺灣高等法院臺中分院勘驗譯文還原，才讓本案之關鍵真相大白於世。但本案早經已於南投地院依不實證據宣判有罪，造成的事實

是當事人確被冤判，並且讓後來的審理焦點亦跟隨一審扭曲的主張走下去。委屈忍辱等待清白，似乎是本案曲折離奇的必然過程。

駭人聽聞，調查局捏造筆錄

追尋本案真相，最石破天驚的發展，就是原來起訴本人及判決本人有罪的主要依據，竟然是調查局所精心偽造的訊問筆錄。多麼駭人聽聞！因而，很多不合情理的法官自由心證，也都呈現在本案官司的錯誤判決書上。

我們相信本「921 案」案例，將變成臺灣司法史上相當值得探究的資材。重要的，不止是無辜者的轉型正義問題，而是政府的態度，該怎麼辦？

調查局惡質作弄人，如果在南投地方法院審理時，調查局南投縣調查站 2002.5.14 所提供檢舉人錄影帶就是 2003.11.10 當時所提供的錄影帶，也許，我們在南投地方法院第一審時就能清楚了解我們係被陷害，也就可很快的還原清白無罪吧！？

很讓人疑惑，為什麼那麼重大的刑事案的證據保全或提供，竟還是如此曲折離奇與糟蹋司法人權？

一再凌遲，司法弊端重重

「921 案」，本來就是以司法工具一再對我們打擊、醜化。我因「921 重建弊端」而親歷見證了嚴重之司法弊端。官司訴訟過程，我揭露貪功不稱職的檢察官，審理階段亦復有政治考量者，我反應他們的心態不可原諒。在此試舉以下之例，是為最甚。

本案最令人耿耿於懷，除了調查局造假筆錄之不該事證外，便是更一審法官如此含混弄人而施以其私心作遂。吾人不明白，南投地方法院與臺中高分院原審皆已依勘驗錄影帶還原筆錄不實，而判決當事人無罪，何竟更一審法官卻偏以檢察官錯誤之起訴資料作為推翻已勘驗事實之證據？法

官昧於事實誤人定罪，良知何在？[24] 是制度作弄人，還是法官獨立審判作弄人？

誣陷明確，其有法律外之因素？

悠悠蒼天，曷其有極？「921 案」歷經十餘年司法訴訟全部過程，我們付出慘痛代價，面對這樣不正義的政治司法對待，其能保證無後乎？

「921 案」的法律正義意義重如泰山。逢此百憂，猶寐無覺？於是，簡單檢討司法正義的問題。「921 案」已不是單純的法律案件所可理解，本案對司法改革而言有以下幾方面可作為檢討改進之處。

第一、杜絕起訴依據造假筆錄。

偽造筆錄如何處理？對當事人在過程中反應被構陷，如何矯正司法程序？例如本關鍵案中，檢舉人筆錄高達六成均係偽造，[25] 以及本案指證事例，以此作為起訴及判決縣長之證據，違背法理，依法無證據能力不得作為證據。但公權力機構造假誤人，絕不可再犯。

本案檢方不當設定對象辦案，以調查局偽造與縣長相關人等數人之筆錄分別起訴誤人。檢調貪功之故意造假偵辦，更應是司法優先改革重點。而調查局公文對偵訊錄影帶公然說謊、竄改時間，以偽證瞞騙審理法院及當事人，扭曲事實。本冤枉縣長之案例，宜有專案研處轉型正義機制。

第二、筆錄構陷情節，是惡質司法黑洞之一。

檢調被證明有竄造筆錄，冤誣無辜。如何改進？筆錄製作過程若令人

---

[24] 後來我獲得內情資訊，該審受命法官何以敢違法未進行審理、查證，實有其特殊原因。而本審輕率忽略程序已屬荒謬不法，亦有更駭人聽聞之不情。（威力過大不表，略）

[25] 第七篇第二章指出，經查調查局所製作之檢舉人筆錄（2000.10.23 中機組）全文 3,846 字中，經對照高分院錄影帶譯文，竟有 2,361 字均係出自偽造，超過全文筆錄六成。（參見前引篇章，或對照臺灣高等法院臺中分院勘驗錄影帶譯文及起訴書。）

質疑，這種筆錄根本無證據能力可言。「921 案」在在證明被告當事人確屬冤誣。[26]

　　「無中生有」是「921 案」的特色。本案高舉縣長貪污圖利、虛構人證，除製作秘密檢舉人虛構犯罪情節之外，調查局復以秘密證人虛構向測量公司索取二至三成工程款筆錄，威脅利誘作不實筆錄，調查員更擅自於調查筆錄中增添「相關時間」等不實資料，後經證明犯罪者係調查局、檢察官。

第三、杜絕為起訴而起訴。

　　檢調無端啟案，隨意扣人污辱大帽。「921 案」起訴之「犯罪動機」理由牽強、虛弱。[27]卻以此推斷為犯罪動機偵辦，以致冤誤他人。其有「奉命起訴」任務乎？如何防範？

法律心證不宜濫用自由

　　毋枉毋縱是司法正義，應合常理是法理之基礎。「921 案」違反常理及不合經驗法則之檢驗。此心之憂矣！曷維其已？本來可以沒有本司法大案，奈何天從之，其有大義乎？故特舉言於斯，以為司法檢討省思。

　　「921 案」不合常理、不符經驗法則之處既多，起訴之能夠成案，以及判決遲遲忽視「縣長緊急命令」職權等異常狀況，顯然，案情不單純司法而有政治因素在。

　　檢察官以及法官審判固得依自由心證，惟法律心證不應違反常理及經

---

[26] 本案事證，對照檢舉人筆錄與化名分別在不同地點、不同時間所製作之另兩份筆錄竟一字不漏，內容完全相同，兩者全段文字完整如一，再經對照高分院勘驗譯文，顯然筆錄內容並非當事人之原意。

[27] 本案事證，以縣長「約定縣政府先行墊付法會前置作業費用後，再由法會募款歸還，法會因 921 停辦，致縣府無力賠償代墊之 530 萬元，乃允諾指定工程交其承包。」檢方根本無證據證明檢舉人及其化身秘密證人之指控為真，但卻依此推論起訴。本案此事經 2001.8.22 南投地方法院民事裁定判決，證明檢舉人所言不實，益添證明檢方不察實例。

驗法則，顯然有政治因素介入。以本案之例檢討有八：

第一、本案事涉南投縣政府工程案的發包，體制上，自預算編列、測設、發包、開標、決標至簽約、開工、監工、驗收、結算、付款等過程，主辦業務部門皆有一定程序及規範，且層層節制，包括財政、主計等部門，權責人員皆需核章，依常理如果說縣長要貪污或圖利特定人，根本不可能由縣長一人獨攬所可得逞。

本案牽連工程接受檢調單位調查者達 600 多案，根據《起訴書》，獨獨只有縣長一人涉及貪污、圖利，而相關部門包括地政局、建設局、公共工程管理中心、財政局、主計室、核稿秘書、主任秘書等核章主管人員皆無涉弊端，根本不合常理，亦不符經驗法則。而本案司法其何如此？

第二、本案犯罪動機指控縣長說法：「約定由縣府先行墊付法會前置作業支出，於法會募款後再給付縣府核銷，後因 921 震災致法會停辦，縣府無力賠償，惟允諾指定工程交予發包」，明顯違反《預算法》等相關法令規定。

檢察官不察，卻背離實情，以此指控熟稔政府預算的縣長，不合常理。試詳論之：

其一、按本案縣長本人曾負責執行預算，且曾任三任立法委員審查國家預算，擔任過預算小組召集人，對預算之編列與執行知之甚明：縣府支用經費必須合乎預算法規，公務人員根本不可能支應無編列預算之開銷。因此沒有證據指控本人「由縣府先行墊付沒有編列預算的法會開支，然後由募款後再核銷」，該推斷「約定」，不合常理。

其二、全臺灣各地所舉辦之各項法會，均由民間單位、或寺廟團體之護法會及護法居士自動自發募款辦理，從未曾聽聞由政府部門墊付法會前置作業支出，於法會募款後再給付政府核銷之案例。即使法會主辦單位將法會捐款捐入公庫，該捐款即為公款，未經編列預算程序，並經議會審議通過，亦不得支用於任何用途。故起訴「由縣政府先墊付法會前置作業支

出，後再歸墊核銷」之說詞，不合經驗法則。

其三、有例對照前次由南投縣政府與南投縣各宗教團體發起舉辦之「1998 年南投縣各界聯合千僧護國祈福消災大法會」（1998 年 8 月 14 至 16 日），該法會之發起單位、主辦單位、協辦單位、承辦單位，其法會性質與 1999 年因 921 停辦之法會情形完全相同；也是由民間熱心人士支援各項財務籌辦，縣政府完全沒有參與財務作業，不僅沒有墊付法會前置作業支出，更無參與募款或任何核銷支出作業。可見起訴之指控並不合經驗法則。

第三、本案另一關鍵指控：「縣長指示於比價前先進場施工」，不合常理。

（勘驗錄影帶後證明起訴依據係出自偽造，檢方明知不法，罪加一等。）

其一、公務人員依法行政，工程未發包前，根本不可能有任何公務人員「指示於比價前先進場施工」，何況，比價競標沒有得標，其先行施工之費用如何支給？此項指控有違公務之一般常識，根本不合經驗法則。

其二、本案工程用地為財政部國有財產局管理，縣長不可能在中央核准撥用前即指示工程發包前先行到「正確」的地點施工，因正確地點當時縣長不可能得知。指控不合經驗法則。

第四、本案起訴縣長貪污、圖利，而地院及高分院二審、更一審卻依論告判決違反《政府採購法》，並不合常理。

（有「訴外裁判」之嫌）

第五、以秘密證人作為補強證據，實已牽強。本案緣起於檢舉人到法務部調查局南投縣調查站檢舉縣長「涉嫌工程圍標，圖利廠商」，如此重大指控案件，理應有具體證據，包括人證、物證，而檢舉人又何需另以秘密證人之身分作相同之筆錄？不合常理。

（除非構陷，或另有他義？）

第六、本案大肆搜索並羈押 921 重建迫切之縣長，檢調理應縝密慎重其事，包括證據之取得與保存，豈有於地方法院審理時提供有影無聲之錄影帶，讓檢舉人之唯一筆錄變成「死無對證」，法官亦出現輕縱其不法，不合常理。

（檢調邪惡心態不可有，司法正義不可缺乏良知、道德。）

第七、本案起訴縣長之證據，全係檢舉人一人之片面供述筆錄。其中，又以另秘密證人身分化名檢舉；在不同時間、不同地點所製作的筆錄，竟然一字不差，標點符號一樣，文字全段雷同，實不合經驗法則。

（調查局製作過程令人質疑。構陷之圖已明，審理豈能僅以排除證據力簡單處理，司法正義不顧及正人君子，而在保護作惡之徒？）

第八、本案在法院審理中，污點證人對關鍵供述，例如應允其承作臨辦工程時，有何人在場？何時送三建資料？送到何處？送交何人？送那些資料？多次供詞矛盾百出，凸顯其為圓謊而一再製造謊言。惟法院何竟仍依此不能當作證據之供述作為判決之依據，實不合常理，也不合法院審理判決之經驗法則。

（其或有他義乎？司法淪陷服務政治，不講法治，硬拗？）

第七章

司法改革的幾個重點

> 子夜的暴風雪，像一個巨大的孩子，
>
> 在不合時宜的黑夜中醒來，開始遊戲和喧鬧。
>
> ── 印度詩人，泰戈爾，《飛鳥集》

司法必須遵守程序正義

司法改革由「司法必須遵守程序正義」開始。這是司法不二義。本案的司法行動，有遵守司法程序正義嗎？

檢調單位運用司法權結合議員質詢權，聯合打壓行政權，這種涉及憲政體制濫權行徑，竟然未受到有關權責當局的任何制裁。奇哉！異哉！法治國家乎？

司法人員為執行司法正義維護社會秩序的英雄，是正義的化身。

但眾所周知在本案一開始，便引發社會公議的是我們所一再強調，檢調單位公然違反「偵查不公開」之法令規定。檢方兩度搜索縣政府行動，電視台 SNG 車皆早在搜索行動前即已到達縣府架設電線，足證其事先向媒體洩漏搜索行動。檢方並公然准許平面媒體拍照，甚至縱容電子媒體現場同步全程轉播搜索畫面，全天候播出。執法人員囂張，知法違法。再者，每天對媒體發布不實資訊，再透過議員以檢方查扣資料大肆抨擊、扭曲真相，未審先判，不但違反偵查不公開原則，更在無證據下推定犯罪，嚴重打擊縣府和縣長名譽。我們所重視的是，卻不見司法當局對本案失職違法之制止與反應補救，任令惡事延生。

司法（檢方）辦案也忌諱少數人刻意放話企圖干擾偵查或污衊司法，以致誤導資訊或干預司法，故於各級法院皆設有發言人制度，以澄清視聽

及因應新聞媒體之需求。

這是司法單位顧慮司法形象的因應作法，並無可厚非。然而，檢調單位可以「藉勢使力」、「運用輿情」引導辦案節奏？同樣是公務機關，「921案」的主體是縣長、縣政府，也一樣忌諱被扭曲、污衊，司法單位的發言人功能可以變成抹黑縣長或縣政府的主角？

依據〈檢察、警察暨調查機關偵查刑事案件新聞處理注意要點〉第6條規定：「辦案人員違反本要點規定，擅自透露或發布新聞，致妨礙偵查工作之進行時，由主管機關依有關規定，分別按情節輕重予以申誡、記過或記大過之處分。」

綜觀南投地檢署檢察官偵辦本案，從頭到尾徹底違反規定，讓案情一再誤導國人視聽，導致局勢偏頗一發不可收拾，法務部卻未予嚴正徹查，以維司法風紀，令人遺憾！監察院也裝聾作啞，對本案檢調濫權相關陳情置若罔聞，對司法程序正義的維護視若無物。

本案創下了臺灣有史以來檢調對地方政府大舉濫行查扣政府公務資料之空前紀錄，目的只在用以入罪縣長。

《刑事訴訟法》第122條、第134條、第163條及第228條明訂檢方應依職權調查證據的真實性，包括是否事涉虛妄、誣攀，不宜濫行搜索、扣押之強制處分權。

但於本案，檢方對南投縣政府的搜索或借調資料，根本就是「全面總調查」的焦土政策，還被法界人士指為「釣魚式」搜索，「全面撒網，趕盡殺絕」。更令人質疑檢方「騎驢找馬」，「先抓人再找證據」之不當辦案作為。檢方濫行強制處分權，毫無目標的擴大搜索偵辦，「借調」縣府案件高達600多案，證明「濫行搜索」、「全面撒網」。[28] 甚至針對本人於縣長任內所有升遷的人事資料，921震災專戶等各項資料，所有基金會財務帳冊公文，皆予查扣。證明了檢方可以不必依法行事，包山包海濫權

---

[28] 詳見第四篇第三章「無法無天，檢調橫行」。

橫行。

　　以上種種，「921 案」檢方天馬行空，大肆濫權，目無法紀、猖狂不守分際的針對行政權任意「予取予求」摧殘，實已明顯違法，違背憲政體制，也嚴重影響當時 921 重建至鉅。遺憾，全不見有司當局捍衛正義，這才是司法改革在體制外的另一個重點。

刑事訴訟法不合時宜

　　法學專家應該都同意，臺灣刑事訴訟法的不二任務，就是解決臺灣本土的刑事程序問題。這是法律的務實主義，法律生命的實際運用。然而，諸多不合時宜的刑事訴訟法律正反映當代用法的不確定，在執行上必然弊端叢生、冤枉案件成為無可避免。

　　本「921 冤誣案」也是在這樣的法律環境運作下被凸顯出來，正因為如是，不到一年，暫不論 2001 年《刑事訴訟法》「急遽變遷」的大幅度修法：徹底解構原來本法搜索扣押之架構基礎[29]，其是否與我被無端羈押、莫須有被起訴的「921 冤誣案」（2000 年 10 月啟動司法大刑）直接相關不得而知[30]，光就 2001 年修訂前當時之《刑事訴訟法》禁示之「三不」：不擇手段、不問是非、不計代價。在本案定讞後的事證觀察，檢調偵辦本案轟動全國，我們當時面對的遭遇過程，正是執法者公然挑戰法律的：「不擇手段」劍指要辦彭百顯、「不問是非」硬是要法辦彭百顯、而且「不計代價」中央與地方聯手全力偵辦彭百顯。[31] 但違法、不法之不正義的執法

---

[29] 林鈺雄，《刑事訴訟法》，2001 年 10 月二版一刷，再版序語。

[30] 2000 年 10 月啟動本案時，曾質疑檢調偵查過程違法，本人為當事人循體制向當局及監察院分別陳情，並於 2001.2.3 向總統府人權諮詢小組提出其違法失職之具體事證。此外，另有關當時檢調單位之搜索、偵查之違法濫權情形，參見：陳婉真，〈為檢察官濫權羈押南投縣長彭百顯致監察院檢舉書〉（2001.1.8）；以及蔡宜呈，〈災變中之檢調冤訴對救災重建之影響與檢討〉，《世紀災變之借鑑與啟示：921 十週年論壇論文集》，臺北：財團法人新社會基金會，2009 年。

[31] 參見前註陳婉真、蔡宜呈外，另見：彭百顯，《臺灣災難的歷史紀錄：我的 921 經驗》第一部分，頁 13 -150，臺北：財團法人新社會基金會，2009 年 9 月。

錯誤效應仍未獲法律重視，法律學嚴肅的問題依然存在。

不知何故，我何其不幸，竟淪為「司法要犯」，聞名舉國上下。識者皆知，法律人敢肆無忌憚不畏違法之嫌涉入已對立分歧的政治局勢，明顯挑明徒法不足以自行，政治干預司法時，人方是主角，有正義的人執法，法律才有正義。

但願「921 災難政治學」所啟動的法律政治學，在 2001 年《刑事訴訟法》大修法之後，於執法方面能夠真正達到建構符合搜索扣押的新體制，並速予補強以違背此「禁止三不」之罰則，這樣，才真正能保障社會正義。

而經過「921 案」大審判前前後後 11 年過程，有許多司法弊端也一一浮現，其中有人的問題，有體制的問題、修法的問題，皆需誠實以對。很多是法律學的根本問題，最重要的：司法如何不再冤枉人，更如何不再誣陷人？

法律誤判

司法不宜一再出現誤人、害人的情事，「921 案」是沉痛的非常代價。

誤判，在社會的認知原就稀鬆平常，但往往也因錯誤的決定，而種下冤冤相報的因果律（法則），循環不已，確實應該避免、更正。

法律誤判（miscarriage of justice）的結果非比一般社會疏失，也遠比政治誤判的影響嚴重的多。引述一段我遭誤判的代價。2000 年 3 月下旬，陳水扁贏得總統大選後未久，以當選人的光環蒞臨 921 南投災區視察，基於縣長職責，我自民進黨系統得知訊息急忙趕赴地方鄉鎮黨部，集滿了人，雖為過去正義連線之兄弟，但和準總統我們之間並無什麼互動。後來未久，社會局長陳婉真很慎重地告訴我一個令我不敢相信的訊息，要我小心防範可能的官司。

當時，我認為他們不會這麼做，因為，自就任起我就一直小心翼翼，根本沒任何機會給他們可以拿到司法檯面上的工程弊端；所以，也就沒有把這位準總統隨行人士傳達來之警訊放在心上。直到 10 月 16 日的檢調大

搜索，內心即刻湧上陳婉真的警惕，我誤判了他們的「理性」（有就是有，沒有就是沒有，證據會說話）。高估他們法治的水平，低估他們貫徹辦人的「決心」（不惜違法，辦到底）。結果我付出了這一生非常慘痛的代價，這是我當時的政治誤判。於是接下來，不幸的法律誤判上場，讓我身陷司法黑溝差點爬不上來、翻不了身。

話說當時陳婉真傳達這項訊息，我直覺反應：我們又沒做過貪贓枉法的事，如果他們硬要這樣拗到底，我們又能怎麼樣？是政治相向還是趕快去疏通打點求饒？

法律誤判有時確屬司法疏失，這是法律人的無心之過，但也有故意為之的法律誤判，這就涉及法律人的道德作用與政治信念。

「對一名法官，關於法律是什麼的判斷，他的道德確信應當如何發生作用？」答案，由「不應有任何影響」到「決定一切」，無所不有。

可見法律的裁判並沒有正確的標準答案，還要視法官的道德良知因素之作用而定；何況，法官也有他的政治信仰或立場。

無怪乎當代法律學理上的法律實證主義與法律規範主義兩大陣營的論爭，在法學界反對法律實證主義主張的重量級大師德沃金（Ronald Myles Dworkin，1931 -2013）為了尋找終極解答，為了法律正義，他奮鬥一生；他被自己及法界蓋棺論定：

「刺蝟只知一件大事：正義根本問題的一個終極答案」。

雖然狐狸知道很多事，這類型的哲學家對正義抱持懷疑，所論的道德困局發人深省，但刺蝟型哲學家只要（正義）一個終極答案。

三十多年來，德沃金盡的是一個刺蝟型哲學家的天職。[32] 臺灣法律學領域，有多少是這樣的堅守？

走過這一趟難得法律實務際遇，我不齒法律人刻意進行、配合以法律誤判的遊戲規則，一群被告陪盡生命和他們一起玩這齣法律程序，他們明顯瀆職的耗費時間：拖延，審理以故意就錯，即明知也「誤判」，並預知「駁回」；一切將依法律訴訟程序，束縛至「時間到」。[33]

可恥啊！很遺憾地，我還沒有看過臺灣法學界有類似德沃金的法理學家出世。

前述已列舉一刻意「法律誤判」的例證。在「921 案」歷審過程，讓我不滿的「法律誤判」，是法官刻意用錯誤資料，明知誤判還作出不當判決的司法自大行為，臺中高分院更一審就有部分案件是這種印象：「故意誤判」。由此強烈感受，我認為「法律誤判」在制度上也應當有矯正規範的必要。

因為是法律誤判（包括起訴誤判、審理誤判），事後，2017 年我參加了當時社會發起司法改革[34]，但相對 2013 年那時，社會正義人士打算聯合無罪定讞的政治人以司法行動控告檢察官之違法，他們希望我參與，我卻為難而未克參加。

我無法為法律誤判伸張正義，也無法為自己身受法律誤判（包括檢察官誤判起訴）挺身為司法改革投入控告執法違法之法律遊戲規則，「以子之矛攻子之盾」做司法體制改革之見證；我並非正義感不足，實是懼怕自

---

[32] 參見德沃金《身披法袍的正義》（周林綱、翟志勇譯，北大出版，2015）書中之導論、第四章、第六章、第七章等對道德規範的重複論述，他堅定主張道德應該回歸到法律實踐。

[33] 證諸此法律誤判之事前，回想一位高等法院的庭長在某個場合告訴我，本案至少要十年才解案，因為我大選「押錯寶」。不論他已明示本案啟動的背景，也印證我的訴訟官司有社會上認知的政治因素。

[34] 為了凸顯長期以來檢察官濫權，政治性辦案的問題，2017 年 3 月 16 日，前臺南市長張燦鍙召集多位曾受司法迫害的見證人，包括我以及前國防部長蔡明憲、前交通部長郭瑤琪丈夫彭光輝等人組成反司法濫權行動聯盟，用自己的親身經驗，控訴長期存在臺灣的司法濫權問題，呼籲司法改革，國是會議要徹底檢討問題檢察官，建立淘汰機制，杜絕政治清算的事件再度發生。

8 別開生面

己又政治誤判再發生其他代價，承受不起啊！

經此 11、12 年戴罪磨練以及其後長期的政治失業，感慨政治沒有轉型正義，歷史上忠臣、直臣因堅守正道卻不同流的誤判政治（都說：不識時務）而受排擠、凌遲、殺害之例還不夠引以為鑑嗎？

我在想：921 這門學習課程，難道終極答案是「鞠躬盡瘁，死而後已」？

就出身背景而言，過去，我曾經是經濟的政治人，政治思考的訓練基礎是《經濟學》，這一路走下來的政治時空，我很敏感的比較其他非經濟學背景的同僚、同事、同志，比較他們的思考和我之間的差異，我的經濟學理性邏輯是：「大多數人的利益優先」，很不同於一些法律政治人的「訴訟局對弈邏輯」：注重輸贏，忽略大局，有時候只問政治立場、不問是非對錯，更遑論大多數人利益。我無意指責所有法律人都是這樣。

其次，於此我再為「羈押不當」的元兇字條辯正，目的為了改革，避免未來有人再使壞害人，知識分子使壞是很糟糕的結果：

一、　就實質而言，字條內容實質無關本案主題。1998 年基金會帳務資料與 1999 年的 921 重建根本無關，而且硬栽贓給不是寫字條的我，這就是欲意隱瞞實相。因而，用紙條栽贓，當事人一時萬言難辯，但可欺瞞法界信以為真。這是導引社會誤判，以增加司法偵辦的社會助力。

二、　本案凸顯形式證據誤人（法官裁定讓檢察官得逞），實質內容無意義，法官卻當真，演出誤判誤人之決定。

三、　根本與縣長無關之紙條，內容敘述不同時間，卻被檢察官誤引到 921 重建時間，目的在「指鹿為馬」用以指證「921 弊端」？

至今，我依然認為他們以非我手寫之無關字條押我入牢非常不對，應該檢討。司法改革就是不能誤判誤事，侵害他人。尤其，欲羈押潔身自愛自律的政治人物，更應該是沒有一點誤判的懷疑空間。

再論偽造筆錄，必須杜絕

眾所皆知，行走法律訴訟，是極煩人的事；勞民傷財，傾家喪親，耗損生命，徒增怨尤。故《易經》曰：

> 訟，君子以作事謀始。

君子應當在行事之前，先行周密考量，以避免爭訟。

問題是，吾人係公訴之被告，被迫訴訟，於此之「君子」當指司法檢調啊！檢討 921 案，確實反應檢方起訴之輕率、認事不真！事後認知並證實，他們欲故入人罪，所以胡來非為，錯了也將錯就錯。法律許可嗎？

雖然如此，「訟，元吉，以中正也」。爭訟只要貞正，必獲大吉。以此檢驗「921 案」，以中正能明斷曲直之法律究竟，並非檢調說了算。

依現行法律，無論被告請求與共同被告或證人對質，基於調查原則，法院應依職權調查證據之澄清義務。因此，法院基於發現真實之必要，應命對質，這是法院本於調查原則而來之基本「義務」，而非可任其「自由裁量」之權限。[35] 而本「921 案」最大的瑕疵與癥結，即被訴第一案之爭議：審理期間，我指陳質疑共同被告，他是檢方指控案件唯一證人，為何同時又使其化名扮演秘密證人？

顯然，「被告之自白，不得作為有罪判決之唯一依據」，檢調為製造補強證據，否則無其他人證，豈可隨意依一人之指控，即成案並押人。

由此即知：僅片面自白，本案起訴無理。由此亦連帶引致審理法官自由心證的問題，包括「921 案」的法律層次最大問題，是檢方對我指控罪名的證據，問題重重。但法院審理並未依無罪推定原則以保護被告之無罪推定。否則，本案於第一審即可全然釐清真相，訴訟時間根本不必拖延到十餘年之久。

---

[35] 參見林鈺雄《刑事訴訟法》，2002 年，頁 25。

「921案」司法經驗的法律命題

> 你孤零零地活著，沒有回報，
>
> 因為他們怕你偉大的價值。
>
> 在一串無盡的黎明中，
>
> 同一個太陽從新國土中獲得新生。
>
> ── 印度詩人，泰戈爾，《流螢集》

最後，我們在此整理出我們檢舉司法作弊的證據。以下就是：

「921案」檢方起訴書指控罪名之依據，乃係根據被告檢舉人以及秘密證人（即後來發現其為該檢舉同一人）分別以不同身分於不同時日在調查局（南投縣調查站）、臺中中機組所作之調查筆錄，據以指控推論而予起訴。由於秘密證人與被告檢舉人皆對本人作相同之指控，但經查對兩者之筆錄內容及用詞，已經證明皆為同一人之陳述。由於檢舉人為一己之利，其以本人及秘密證人分別所做自白，不僅故意嫁禍他人，且許多供述內容根本虛偽不實。尤其，其涉嫌違法及其過去曾因案被判緩刑在身之背景，作為秘密證人，當屬「污點證人」，其隱名之證詞當然極不可靠，但檢方卻只根據秘密證人即檢舉人同一人之片面說詞率爾起訴。顯然，起訴法理不實。尤其，檢調明知，卻又故佈疑陣，令人對其玩法弄法之動機不齒。

其次，製作指控之筆錄，經我們一再指陳為不實之偽造筆錄。為何經至第二審才暴露真相，誰一開始即在執行「阻止真相」，可以不察嗎？

我們對本案檢方指控我罪名之證人不實筆錄不斷提出質疑，除一審清理出一部分「造假筆錄」澄清事實之外，經千呼萬喚，關鍵性的虛偽指控，至第二審才出現關鍵可勘驗之偵訊錄影帶，再經法院勘驗譯文，證實原筆錄諸多造假。由此還原之事實，證明：檢調當初若不是「依假辦案」（被

騙害人），就是「假案真辦」（為辦縣長，造假，配合政治啟動司法）。很是可惡作弄害人。

這一部分，隱藏著司法見不得人的醜相，根本沒有實際可資檢討之空間。所以，在此才再度提出以為司法改革之借鏡。即本人歷經兩年多於第一審南投地院審理庭一再要求向調查局申請調閱關係人偵訊錄影帶均毫無結果；問題出在其間調查局曾提供「有影無聲」（即欲置我於「死無對證」、「永無翻身」不利之困境。邪惡之至！）之偵訊錄影帶（畫面上日期不對）予法院相隱瞞，並膽敢偽造公文，謊稱日期弄錯，才又暴露他們又犯錯了。該有影無聲的偵訊錄影帶起迄時間，實際上是另一位化名的錄影帶，根本不是關係人當天的錄影帶，更使本案變得錯綜複雜，錯中有錯。好不容易三年後調查局被迫才提出另外「五捲關係人錄影帶」之真相證據。

2004年8月，臺灣高等法院臺中分院二審根據「關係人偵訊錄影帶（共五捲）」所譯錄製作之筆錄，才露餡筆錄差距實在太大，包括：筆錄內容在高分院偵訊錄影帶譯文中遍尋不著、憑空冒出、調查人員問話移花接木為受訊問人答話筆錄…，實在離奇。還原後，問題才得以回到真實。也才還原了司法造假陷害災區縣長，阻擾行政、干預重建的司法濫權，「921冤誣案」才坐實。輕率啟動司法，又缺乏避免鑄成冤案的法律救濟渠道，這不可惡至極嗎？

另外，是司法審理的問題。檢方唯一證人之指控證據，既經二審法院勘驗證實諸多虛偽，[36] 而對此爭議之不實筆錄所言更應對質，相對於一審豈可以「無聲影帶」及不到庭對質（故形成無法發現真實），卻又仍以其不實筆錄作為判決依據？他們為什麼敢以如此交代社會？

再次，臺灣高等法院臺中分院 2006 年 4 月 19 日《更一審判決書》對有關「臨辦工程」之判決，何又見其係依據經前兩審已證明為虛偽造假之

---

[36] 前文已顯示，經檢視「調查局所製作據以指控彭百顯罪名之調查筆錄」，實多為無中生有、憑空冒出。筆錄亦多處內容係由調查人員自行編造情節，自行杜撰問答內容。顯然，檢調將關係人一人飾演兩個角色，捏造誣陷以作為補強證據至明。

筆錄判定罪刑？令人驚愕的是突然又以原已澄清檢方誤解而於一審判決無罪之「南投縣巨型公園文化遊憩資訊中心」，仍回頭依檢察官錯誤之起訴再以頭次姿態判決檢方之所刑求「圖利」。

本案如此發展，更凸顯更一審不但違法未進行審理、查證之不當，影響當事人權益，而且，全然暴露漠視南投地方法院及臺灣高等法院臺中分院之前兩審已審理釐清並判決本人無罪的事實證據，竟刻意與檢察官沆瀣一氣，粗魯、輕率地不分清紅皂白，不顧是非，不作為的把本案推向用原始《起訴書》之錯誤內容作為判決圖利罪的依據，實已荒謬至極，不啻再度抹黑、二度傷害當事人。

「921案」的冤誣，正是公訴人以偽造筆錄起訴他人的誤訴典型案例，而引申至司法審判的不正義問題。法律學一門杜絕不了的司法老毛病，該改革？抑或視而不見，繼續留下改革空間誤人？

「921案」讓我被迫選修司法訴訟這一門課程的省悟。

十餘年來讓我浸沉並見識到我本不願意但卻是人生難得的經驗，其中，最珍貴的是反思：天地一口井，人間處處蛙。過去，我在立法政治圈曾經風光一時，但在司法政治圈我確如井底之蛙，懵懂無知，藉921之適時現前，我栽得灰頭土臉，抗拒不了而陷進人生政治誤區：高風險地帶的陰險、坎坷路。通過幾翻曲折，在政治上更漸瞭解人世間之深淺，看見看得見的，也看見看不見的；看到災區困境民眾的無奈無助，也看到高居廟堂的耀武揚威；看透人心險惡，自私自利，造成多少人間悲劇；也看盡多少眼淚，多少憤怒，多少不平、多少委屈，在在都需要公正處理、檢討改善。

回到法律的政治關係這個議題。事過境遷，我挺身見證，沒有人可以否認貿然法辦災區民選縣市首長，必然涉牽政治因素、問題。政治人透過司法處理政治問題，決定政治局，這是政治司法，也是司法政治。司法人不玩政治嗎？庭院深矣。

有關這方面的法制，法理學權威德沃金就很慎重的指出，在我們這樣的政治共同體裡（民主社會），重要的政治決定是由法官們作出的；所以，

判定道德標準是屬於法律命題的真值條件（truth condition）之一。這一點事關重大，在政治共同體的社會尤其重要，因為，在很多重大法律案背後的政治角力，最後的決定責任在法官，不是政治的黑手。法官也具有作決定的責任。善哉！這才是真見解。

何等的真知灼見，臺灣多麼需要這樣的法理學概念及法律養成啊！

進一步說，在法理上，法官被認為唯有在真實的法律命題要求或允許下，才具有作決定的責任。特別重要的意義，於政治共同體裡判斷命題為真，確實相當重要。否則，法律失真，影響至大。

譬如實務上對我羈押決定的例證，真偽之間如何判斷？檢察官要求羈押一縣之長所提理由與證據，必須是真，因為對政治層面的涉及很廣，法律負擔不起這等社會成本。然而，「僅憑一張字條」就足以認定命題為真，法官判定不需要查明：紙條真偽以及和當事人的關係？內容真偽之意義？無需當事人意見？本案決定羈押一縣之長的法律命題，事後檢討，法律真是冤枉他人。

最後，這就是德沃金給我們的反思，也是「921案」所付出代價的嚴肅問題，他的主張是正確的：法律命題的真值條件，必須萬分小心。臺灣的法學教育還要加油！

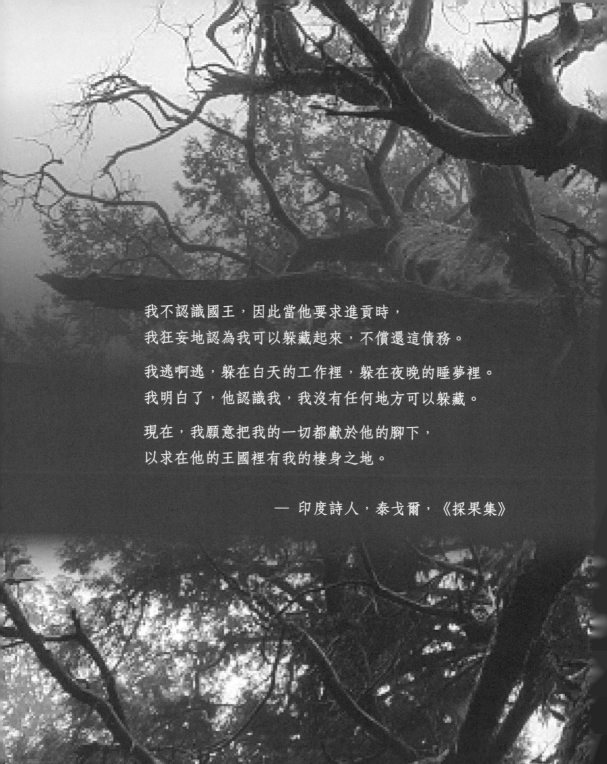

我不認識國王，因此當他要求進貢時，
我狂妄地認為我可以躲藏起來，不償還這債務。

我逃啊逃，躲在白天的工作裡，躲在夜晚的睡夢裡。
我明白了，他認識我，我沒有任何地方可以躲藏。

現在，我願意把我的一切都獻於他的腳下，
以求在他的王國裡有我的棲身之地。

— 印度詩人，泰戈爾，《採果集》

9

勾 心 鬥 角

第九篇

法律因政治而流於無效

　　　　法律制度對於選擇自由和行動自由所加的限制，並不是在任何情形下都不可克服。有些人敢於明目張膽地蔑視法律的限制，他們大膽的作為使他們享有準特權。

　　　　無人遵守的法律，是無效的法律。不是對所有的人都有效的法律，或不是所有的人都遵守的法律，會給那豁免了人們 —— 或由於法律本身或由於他們自己膽大妄為 —— 取得差別租或獨占利得的機會。

　　　　　　　　—— 奧地利學派經濟學家，米塞斯，《人的行為：經濟學研論》[1]

　　雖然我在政治打滾多年，以正直立身國會，也在南投擊敗藍綠，但我深知：權勢的邪惡本質一旦作遂，天下便無是非公道，你無處可容身。「921案」反映這樣的案例。

　　司法是政治無道的手段。當司法包藏政治，冤誣案誕生。司法冤誣案反映社會黑暗的一面，它懼怕光明。很多時候，法律因政治因素的介入而流於無效。本篇探討「921案」它們之間的關係。

　　真正的法律人，可以出賣尊嚴而為「政治正確」服務並替其排除異己？特別是掌握國家公權力者，利用天災地變、人心脆弱時所操作的法律案騙局，法律人也選擇「政治正確」？法律因政治干預而成為花瓶，成為鬥爭工具。法律人的骨氣節操何在？

　　「921案」最後變成「921冤誣案」，是一場法律案的社會騙局。其實，

---

[1] 米塞斯（Ludwig von Mises，1881-1973），《人的行為：經濟學研論》（下冊），夏道平譯，經濟學名著翻譯叢書第102種，臺灣銀行經濟研究室，1976，頁675-676。

他們一開始就了解這是政治案件。「921 案」中就有一個真實故事，他們沒有證據卻義正詞嚴指控災區縣府相關主管涉嫌貪污、圖利，目的在把縣長拖下水，但个滿未得逞，因而冠以「法律系畢業，知法犯法」，故而加重求刑。[2] 事後證明「無罪」，法律人玩法踢到鐵板。

如此法律人執司法權之配合「政治正確」辦案，施加無司法權的法律人壓力，這還有法律人的尊嚴或價值嗎？同樣是「法律系畢業，知法犯法」，他們又該當何罪？

臺灣的司法改革存在著一項嚴肅涉及法律政治學的司法正義問題。在政界，有一群律師壟斷利益團體（也包括諸法律學者），「極盡所能向政黨靠攏，汲汲營營各項重要政治職位」之爭取，並亟力謀求社會之政治資源，形成司法與政治的「利益共同體」關係，對「司法正義」傾向政黨屬性現象愈發嚴重，不利司法正義之實現。「921 案」20 年，反映這種現象，本篇就此包括法律、政治以及媒體傳播等關係，深入檢討。

---

[2]　參見蔡宜呈，〈災變中之檢調冤訴對救災重建之影響與檢討〉，《世紀災變之借鑑與啟示：921 十週年論壇論文集》，2009 年，頁 305 -334。

第一章

「921案」的法律政治學

> 他把自己的武器當作他的上帝。
> 當武器勝利之時，他自己卻失敗了。
>
> —— 印度詩人，泰戈爾，《飛鳥集》

嚴肅的法律問題涉及政治關係，是依法論事，還是依人論法？我甚是好奇法律的尊嚴，「921案」還原真實，獨行踽踽，豈無他人？

往往體制高層掌權者常有「道德和政治價值皆可在協調下和諧共存」觀念，使巨大的罪惡正當化，所以，他們心中沒有遺憾，以致於連謀殺也在對其服務中變成正當。歷史上很多破不了案的例證即是。因此，社會上常有很多人、很多事情被犧牲。然後「很自然地」，我們所遭遇的「921政治謀殺」，在一些人看來也變為正當？

法律向政治屈服

政治本也可以光明磊落地為國家社會大家一齊或分別努力，然而，實際運作卻因政治利益之影響而使政治戴上虛偽面貌。

就政治的利害關係，例如，我認為顏錦福對我參選縣長時的推薦，他誠懇向南投選民訴說，但可能讓我蒙上「兵家大忌」，他這樣說：

> 彭百顯這種愛鄉土的熱情和他的才華，將來去做南投縣的縣長，確確實實是前無古人，差不多也要後無來者了。

　　不過，這些可能的「大忌」都不在檯面運作，這才是政治讓人畏怖的。

　　而了解政治鬥爭，包括民進黨派系惡鬥，也許是沈富雄的話真正「警惕」了他們什麼，在對我推薦競選縣長當時，他對南投鄉親的說詞，可能「一語驚醒夢中人」觸動了他們的敏感神經。沈富雄說：

　　彭百顯的才能、才華贏我幾百倍，願意犧牲回來南投選縣長，這條路走得相當辛苦。

　　以他的人才當縣長，是綽綽有餘，他願意回來為鄉親服務，應該是南投人的福氣，我感到很難能可貴。

他今天回來選縣長，實在很可惜，我也覺得依依不捨。他做縣長後，正義連線少了一個會長，我們 54 個立委少了一個這麼優秀的財經人才。但是，我認為南投需要彭百顯，遠比立法院更需要彭百顯。

四年、八年後，如果民主進步黨拿到政權的時候，我們請彭百顯回來中央做財政部長或是做行政院長也可以。

所以，無論在中央做財政部長或是行政院長，最近的路，要從南投縣長做起。

有人看到沈富雄的用力鼓舞南投鄉親，很是令人感動。我心裡有點不安，也是我的正義兄弟，沈富雄他的用心，直白赤裸裸地不也在背後驚醒他們磨刀霍霍？

政治，真的讓人看不懂、看不透，但正直不對嗎？不應該嗎？「當法律向政治屈服，政治所獲無幾，法律則是全盤皆輸。」[3] 林鈺雄這句對政治干預法律代價鏗鏘有力的提醒，講得多好啊！

回首 20 年之前我遭遇的「921 案」，在當時，那不就是「法律服務政治」、「法律配合政治演出」，而發動法律案的政治人，當「法律也向政治屈服」，他們真的所獲無幾？

事後觀之，本案可能是這句話作者給社會可以作為進一步反思的吧？我曾經是專業立法者、也是政治人，眼看政治競爭利用天變，他們位居比我更高的體制高位，挾以上層行政權指使法律人配合政治需要的司法演出，對這句話，我心中無限感慨。

稍為寬慰的，在這過程，「921 革命戰友」：陳婉真、蔡宜呈等於【921十週年論壇】之論文回顧，她們仗義執言，嚴厲指控「921 案」當時政治干預司法、迫害災區縣長之罪惡；她們也為 921 歷史留下沉痛的悲劇見證，

---

[3] 林鈺雄，〈報告馬總統睡大覺很糟嗎？〉《蘋果日報》，2018 年 4 月 2 日。

並作斷言：「政治土石流，最大的受害者是南投縣全體縣民」、「檢調濫權是百姓的災難」，提醒國人發揮社會正義制衡政治力的偏差。她們簡潔有力的憤慨之聲，點出南投人的心酸。悲哉，哀哉！

21 世紀來臨之前，由於南投政治環境丕變，讓南投面臨了 921 震殤的中央「輕忽南投」[4]，更多是因司法官司轟動的揭櫫「921 案」，而讓南投一夕間躍登全國舞臺的政殤吧！雖然經過 921 重建，但這是用漫長心血換來的乞求式「嗟來食」，多麼卑鄙的南投尊嚴。

雖然事後本案司法還給我與南投縣政府完全清白，但那也是我們用上11 年時間蒙羞代價，然竟換取麻木不仁、是非黑白在南投已不再重要，真相更不是生活的必需品。其實，整個臺灣也差不多如此。政治只論立場的現實觀掩蓋社會正面價值，多麼令人洩氣心寒。

究竟是怎麼樣的南投政治環境所使然呢？這是南投人的特性，還是臺灣人的通病？

醞釀「921 案」的政治改革

這 20 年「921」歲月，我曾有過這樣的想法：如果沒有這段南投的政治革新，可能就沒有「921 案」的發生。「921 案」的司法操兵，如果沒有南投特殊的政治環境，司法也可能產生不了政治法律迫害的順暢效果，勢如破竹，一路到底。

「涇以渭濁，湜湜其沚。」涇渭分明，清者自清，雖然環境污濁人心，但是，我們還是嚮往聖明之道，堅守清白為尚。

我的故鄉南投原本就是臺灣發展比較緩慢落後、民風淳樸的鄉村，民主法政文化尚未成熟，是典型的政治跟隨地區。經濟發展仍以農業及一般

---

[4] 中央「輕忽南投」不是自 921 開始，南投財政一直無法支應縣政基本需求，必須仰仗中央鼻息，或只能舉債生活，才會使南投縣政治陷入無法自立自主的地步，惡性循環，致使財政體制缺陷長期不能改善。

中小商業行號為主，工業不發達僅依賴零星中小型企業各自圖存，工業區自林洋港時代開發南崗工業區，後來也有竹山工業區；就業機會不多，隱藏性失業人口相對比率較高；長期以降，中央政府建設南投相對北部縣市投入非常少。這是民主政治猶待開發的一塊「新生型」地域。

南投縣，在地理條件上是臺灣的心臟，遺憾的是中央政府長期來對伊並未多加關照。21 世紀前夕，當時，縣政府可運用的地方稅收每年約 20 多億元，而公務人事每年開銷約需 80 多億元，財政收支赤字連連。這是我回鄉參與南投發展時的外在財政形象。

政治上，長期以來南投政風一向保守，自建縣地方自治以降約半個世紀，皆由國民黨一黨執政，直至 1997 年底我吹皺這池春水，打破了南投縣所謂「以和建縣」的一黨專政局面。我以黨外身分入主縣府，南投政治從此不平靜，政治立場，包括藍綠，他們絕少「以和相待」我這首位非黨籍的縣長，連我過去的「同志」民進黨議員亦有視我如仇寇者。

「豈無他人？維子之好。」德不孤，必有鄰。正義之路雖非多人所堅守挺住，但總是會有同道、同事、同行者，那怕只有少數一、二位。

我之所以有牢獄之災，921 大地震創造絕佳的自然環境背景的「天時」、「地利」條件，在人的關係則政治因素的對立衝擊當然是重要關鍵。

看起來，921 天災似乎是激化政治人為禍端之天變因素，其實不然。震劫來臨之前，我就任縣長之後的政治環境就一直波濤洶湧不斷，非常複雜，人才是主體，一言難盡；921 之後才更是火上添油，局勢紛亂。

在此，我引述一段文章。我的機要秘書，自財政部我們一起為同事研究國家金融體制，後為我掌理立委國會辦公室問政立法重責，這位優秀同事幕僚，以在縣政府置身其境四年之觀察，對我推動縣政改革遭受抹黑、污名化當時南投縣政治特殊複雜狀況，她曾經這樣描述：[5]

---

[5] 參見鄭素卿，〈南投縣特殊複雜的環境變遷：彭百顯被污名化的時空背景〉，收錄於彭百顯，《臺灣災難的歷史紀錄：我的 921 經驗》，文中，她詳細說明南投政情的變化環境，深入分析背景原因；同時，列舉了許多實例，並指出司法辦案的政治因素介入，甚為翔實。

1998 至 2001 年，彭百顯當選縣長與執政的這四年，可說是南投縣政治空間變遷最大的期間。

彭百顯施政四年這段時間，有過南投縣過去未曾有過的縣政維新紀錄；也有過百年來不曾經歷的 921 震災大浩劫；也有過去五十年來南投縣不曾出現的政治遭遇 —— 縣長被羈押並遭起訴求刑 20 年。

任誰也不可否認的，彭百顯執政四年，確是改變了南投縣的政治環境。

她觀察到：

這段期間的彭百顯如影歷歷的南投縣新政剪影，誠如許多人所形容政治是殘酷可怕的。但如果沒有更多清明之士積極執著參與及推動改造，則政治恐將更加污濁吧！

彭百顯堅持正義理想，為民主改革衝鋒陷陣，為南投推動縣政維新，為 921 百年浩劫救災、安置、重建南投，工作投入日夜匪懈。相信世間仍有公道、真理。

我心裡也很清楚，南投的縣政改革，醞釀了「921 案」捕風捉影的人際關係網絡，不利於縣長與縣政府團隊。

改革也種下牢獄之因

對於我身陷官司背負的重罪惡名「貪污、圖利」，她更另文力挺改革者豈可能貪污，而撰寫〈這樣的作為，這樣的環境，可能貪污舞弊嗎？—彭百顯施政的性格特質〉一文，為「921 案」發生背景畫龍點睛：[6]

---

[6] 鄭素卿，〈這樣的作為，這樣的環境，可能貪污舞弊嗎？—彭百顯施政的性格特質〉，收錄於彭百顯，《臺灣災難的歷史紀錄：我的 921 經驗》，此文一共列舉了九大項杜絕流弊的改革創舉，尤其以「刪減議會不合理預算」、「對議員配合款開刀」...等斷絕政治既得利益，故遭議會報復之檢視回顧，已畫龍點睛式的直指政治敏感要害：議會。

彭百顯自上任南投縣長後，以財經專業素養，一本書生擇善固執之本色，為徹底改造貧窮的南投縣政，銳意進行各項革新制度，不僅得罪既得利益者，更引發議會各項縣政杯葛及發動罷免惡鬥。而這也是製造南投縣境謠言充斥、誣衊、栽贓彭百顯貪污舞弊，引發檢調單位偵辦最主要原因所在。

這樣一位不巴結民意機關，不與既得權勢、利益者勾結，不願同流合污，膽敢刪除議會不合理預算、斷絕工程招標交易管道，執意進行縣政革新的人，在推動這些改革之初，我知道他早已做好心理準備，要接受議會及社會各界最透明、最嚴厲的監督。對這樣的一個人，他怎麼可能會有任何貪污舞弊的動機？

事實上，他早已封閉並斷絕了任何貪污、舞弊、圖利自己及圖利他人的空間。檢視彭百顯的施政作為，他怎麼可能有貪污、舞弊的動機與空間？

擲地鏗鏘有力，針對勇於改革的政治人之政治性格，豈有可能納容舞弊循私，她嚴正向社會剖析政風端正之不易：

很少有行政首長膽敢刪除、刪減民意機關預算，而得罪議會監督單位；

更少有政治人物竟願意切除與民代間利益相通之管道，冒執政之大禁忌；

更絕少有行政首長願意自我削權，摒棄工程指定廠商大權，讓自己沒有工具行使利益分配；

而願意勵行制度革新，挑戰既得利益者之利益則更是鳳毛麟角。

不平的政治環境，堅守清流，無私改革縣政，豈有可能循私貪污，她

切入要點大聲質問：

> 相對的，大多數行政首長對民意機關要五毛給一塊，府會
> 競相加碼預算，互惠互利，工程招標、採購利益均霑，府會一
> 家親，財政惡化、赤字三級跳，府會勾結弊端反而成為無人重
> 視之冰山。

> 彭百顯以學者性格施政，堅持理想，雖面對外界一再挑
> 戰，外界甚或謠傳他貪污 20 億元，甚至身受官司纏累。但平
> 心而論，他這種施政的性格特質，他這樣的堅守理想作為，在
> 這樣環境下，他可能貪污舞弊嗎？

「豈無他人？維子之好。」守正道，必有同行。

我回顧她的觀察，面對改革帶來諸多惡劣的政治環境，又身處災劫蹂
躪之後的艱苦考驗，堅忍樸實；復蒙司法羞辱，竭力挺身；無怨無尤。能
一本初衷，守正道以同行，問世間能有多少？

有關我被重刑起訴的 921 案「政治死刑」宣判，連帶她也被莫名求刑
10 年，對社會大眾，除了贏得官司，我已無力無意再為自己多辯白；看
到鄭秘書的仗義執文，我更無復多言此事，內心甚是安慰。

「921 案」，南投災難政治學已進一步凸顯臺北法律政治學的角色。
多麼奇特的關聯！

政治介入司法

我面對的司法冤案，從民進黨勝選一開始就有風聲「他們要用司法辦
我」，南投就蒙上了政治陷害的陰影，而我也就一直注意這個系統他們如
何用法律來套我。

如今，事件真的發生且也已成為過去式。歷經十多年的官司訴訟，對
司法體制我心尚曾嚮往光明正大的法曹推事，但實務予我冷眼近距離觀察

受命法官、主審法官，行為上都似乎在為社會文明進步，對魔鬼藏在細節裡的政治陰影，我內心湧上被告最後期待的心情：希望出現有良心的法官，可以發現真相；但有些在關鍵點的行為舉止我則很失望。基於理智，既已進入體系遊戲規則，我只能衷心希望，我們社會的法官都有相當程度的法律正義、道德修養，這是所有被冤枉、無辜的法律上被告的最後心聲。

在愈專制的國家，許多政治是透過司法由指定法官作決定的，因而，冤枉判決往往跟隨上層旨意或所謂檢舉辦案而來。

雖今已進入民主政治社會，在政治共同體裡，也有許多政治決定是操在法官手裡，但他們被認為只有在真實的法律命題條件下才有作決定的責任。命題隱含為真或為假，很難釐清，尤其，其中藏有構陷、誣陷之動機。因此，法官是否必須探究道德，以便判斷那些命題是真？是假？在民主政治的社會，這項法律責任的道德素養具有特別重要的意義，尤其是有明顯的政治因素案件。

本來，我一開始不願就挑明「921案」是政治案，須以政治動作回應，但我心早知是政治報復。於此，我引述當時擔任縣府社會局長，負責所有震災款帳務處理的陳婉真回顧的話，提醒政治會干預法律正義，作為本章之結束。她在本案還未發生之初，即曾獲知訊息提醒本案之可能發生。

秀才遇到兵，府會嚴重對立。就他們啟動本案之「南投有利的地緣政治」，陳婉真說：[7]

> 彭百顯縣長是南投縣建縣以來，頭一位無黨籍的縣長。加上他的財經專家背景，主掌縣政後更加瞭解縣府財政困窘的實況，一心想在困境中為南投打開新局，以致上任不久，對於長期以來的若干不當積習亟思改變，其中以所謂縣議員的配合款一項，更造成他和縣議會的嚴重對立。縣長和議長之間的關係

[7] 參見陳婉真，〈921生活重建與心靈重建作法與檢討〉，收錄於《世紀災變之借鑑與啟示：921十週年論壇論文集》，臺北：財團法人新社會基金會，2009，頁299-300。

極度緊張，尤其是議長對彭縣長的態度，幾乎已經到了仇視的地步。

921 大地震讓南投的政情雪上加霜。儘管議長在埔里及草屯等地興建的住宅有好幾棟倒塌，不斷被民眾舉牌抗議，後來也因案坐牢。但大地震之後雙方對立不但未見緩和，議長更是見縫插針，譬如總統指示辦理罹難者頭七法會，就被議長以阻撓直升機起降，「只顧死人，不救活人」等莫須有的指控，導致政治口水從不間斷，增加重建的困難度。

政治孤兒的宿命，難擋政治土石流。就本案進行的「總體有利的 921 重建初期的南投縣政治關係」，陳婉真分析說：

回首 10 年前的災後重建過程，光是在生活重建方面，縣府所做的努力，遠比文字整理的還要多得多，其他在住宅重建、社區重建等，彭縣長都全力以赴，辛苦的程度從他常說的：「苦，如果可以言語形容，就不是真正的苦。」應可約略體會一二。然而，很不幸的是，災後不久遭逢總統大選，政治情勢一夕之間大翻轉。

果然不久之後就發生南投地檢署檢察官搜索縣長室，縣長被收押禁見長達 61 天的政治土石流。雖然 10 年後彭縣長經過一再的一審、二審、更審等冗長的司法訴訟程序，結果證明他的清白，然而，一位優秀的財經立委、有良心的地方首長的政治生命就此斷送，彭縣長的連任之戰一如預期失敗了，繼任的首長自有不同的觀點，南投縣很多好不容易建立起來的重建步伐，全部被打亂，最大的受害者是全體縣民。

在政權交替的空檔，以及新總統就職之初的調整期，因為公務員的等待心理，中央的重建腳步完全停擺。事實上早在

921 發生後 4 個月不到，中央設在臺中市的重建委員會就悄悄撤走了，放任地方政府自行推動龐大的重建工作，最嚴重時幾乎面臨斷炊。

選前負責中央重建委員會的行政院副院長劉兆玄，竟然不經查證，把南投縣政府為帳篷族災民增設衛浴設備的好意，視為故意延緩帳篷族搬遷以影響總統選情的陰謀，公然不客氣的在會中指責縣府。那種對非我族類毫不遮掩的敵視心態，對照 10 年後處理八八水災初期的冷血與事不關己，倒是頗為一致。

後來，他們順勢出手，「921 案」適時登場。

第二章

監察院也對司法干預

> 世界上所有黑色的邪惡都泛出了堤岸，
>
> 然而，伐手們啊，你們責備誰呢，兄弟們？
>
> 低下你們的頭吧！這罪孽是你們的，也是我們的。
>
> ── 印度詩人，泰戈爾，《採果集》

　　檢察官職權依法不受政治力或其他外力之介入，此乃行使司法正義之核心價值。現行〈檢察官倫理規範〉有明確規範，但真是徒法不足以自行，且無罰則，不具約束力。由「921 案」之辦案過程已證明其行為確實如此：無視此「規範」之存在。（「檢調偵辦橫行肆虐」參見第四篇）

　　專業司法人陳宏達於其一書中亦強調「司法並不是為服務政治而存在」，我人也很認同。但臺灣司法服務政治這種現象也算普遍，如何避免仍僅見於言論原則，對於違背司法服務政治的實際或間接案例，仍不見司法人於專業上作進一步之檢討行動。

　　如今由「921 案」的真相檢討例證，未知能否激起一些改革論點？遺憾，大卡司的角色也現身本案。

監察院也介入 921 政爭

　　2001 年 1 月 18 日，在我被羈押 61 天之後第五天，我到監察院說明「南投縣政府辦理 921 災後重建工作及賑災捐款運用與管理」等問題。報載說我「被監察院約談」。

　　我因議會主導並引致步入司法官司，隨後隨即面對監察院約談，一時，多管齊下，讓地方自治體制面臨「921 案」之行政、立法、司法三權

因約談縣長而交會在監察院。這也是我一個小小乞丐災區縣長在司法政治歷史所創下的一個特別的憲政案例。

斯時，「有理說不清」並不是「秀才遇到兵」，而是媒體長時間形塑的主流輿情的社會印象，我當場直接感受什麼叫「媒體辦案」，氛圍確是如此。

我到監察院說明當時，李伸一委員拿著幾張剪報問我原委，其中，他指著一張《聯合報》刊登的一部卡車畫面，問我：「為什麼用賑災款買車？」他問這個問題與日前報載檢察官查案放話指責我們不是的內容相同。

當時，我有機會向李伸一委員解釋，是我接受業務主管社會局長陳婉真向我提議購買該車，因為災區發放物資運輸需要，若用租借，一趟租金成本6,000到8,000元，運送100趟即已回本，我認為有道理，故而獲得「921震災專戶管理委員會」同意支持購買。李伸一委員聞後，即未再發問。

可見若無當事人適時說明，以報紙辦案，也有誤人時。所以我深深體會：在大眾媒體渲染之下，若未明究理，一連串不實之謠言報導，洶湧而來，會害死人。

其次，我們要特別證明，「921案」除了牽動地方政治體系，在中央我小小縣長確是面臨五權憲政中之立委、司法、行政、監察四權的齊加權力制壓，小小縣長我面對龐大中央感到難以招架。這就是政治力的偉大，法律不過是配合的工具而已。

這次，監察院約詢縣政府九個問題，要由我來說明，我看這些問題，其中，除了捐款報帳因日期誤差之問題外，其餘八個問題全部吻合我們在調查局被訊問的問題，也完全與南投縣議會向檢調「檢舉」的問題相同，最重要的，也與司法起訴案情完全相同。[8]

顯然，繼縣議會、行政院中央直屬（行政長官）、立法院（委員問政質詢、調閱資料）、法務部（偵辦起訴），以及法院（羈押審理）之後，監察院也藉「約詢司法案情」介入921政治鬥爭的漩渦。反映我們面對

「921 案」的政治關係總干預（當然，還有隱藏在背後的黑力）。

監察權淪陷

　　利用政治力為惡，是現代文明之恥，尤其是標榜「獨立不受干預」的司法。司法權為政治服務，準司法權的監察權也淪陷於政治的幫凶，「921案」是典型的例證。

　　雖然該關心的是行政部門面臨檢調違法辦案之不當，偏偏我們陳情，他們卻以「不干預司法辦案」來搪塞我們，不盡「御史糾舉、彈劾」司法行政違法大權，反而繼司法「921 冤誣案」再添加詮釋中央政府不當落井下石之案例。監察權淪陷！法律正義是幽靈。

　　眾所矚目立法委員段宜康「曲棍球案」，2019 年 5 月發展到由監察院彈劾偵辦檢察官的新鮮案例。不但引發監察權侵犯司法權之爭議，並也涉及監察權透過法律案包裝政治目的，以及運用政治手段干預法律案之禁忌；甚且更有直言法律未禁止「監察權不能侵犯司法審判核心或司法獨立」的三權對撞問題。[9] 一時，國人眼花撩亂，臺灣的政治真的無所不能，竟也能顛倒社會輿情與公義價值。

　　本案充分揭露司法、監察權已無憲政體制所謂獨立性，都變成為政治服務的工具，和「921 冤誣案」一樣都是三權鬥爭之非我族類。而問題的

8　監察院對「921 案」不理會本人等正式到院親自遞送陳情檢舉本案檢察官違法濫權之惡劣行為於前，但卻以監察權對地方行政權「約談」「921 弊端」情事於後，而又忌諱監察中央司法、行政權之行政不公，有官大「欺凌弱小」之嫌。為不佔太多篇幅，此部分之詳細內容，請參閱〈南投縣政府辦理921 災後重建工作及賑災捐款運用與管理等問題說明〉，《臺灣災難的歷史紀錄：我的 921 經驗》，臺北：財團法人新社會基金會，2009，頁 73 -84。
9　段宜康「曲棍球案」風波，在他向監察院陳情並於 2019 年 5 月啟動監察權彈劾偵辦檢察官陳隆翔，之後引起社會譁然，在撻伐、爭辯之輿論紛擾中，把行政、立法、司法三權分立的實質問題凸顯出來。而臺灣因實施五權，準司法權的監察權也變成政治工具，一時政界、法界，莫不力陳不是或為立場辯護。相對「921 大案」，監察院坐視實質三權加害縣政府，以及縣長「921 冤誣案」之地方行政權被迫害，在當權者政治有實力、無正義之偏差之態度下，縣政府與縣長更顯得當時之天大地大卻埋沒於災難悲情氛圍而被犧牲，而監察院卻一副不公不義。

關鍵核心，也同樣都是為政治服務，差別只在政治服務的對象不同；一在服務強權，一在打擊弱勢；讓司法權、監察權的行使淪為政治立場（藍綠顏色正確）的浮動遊戲，視社會正義為糞土。

很諷刺地，1999 年 7 月，全國司法改革會議在臺北召開，一年後司法正藉 1999 年 921 大地震割裂臺灣社會之環境，堂堂啟動了本「921 冤誣案」；八年後我有機會聆聽司法專業泰斗前司法院副院長城仲模在一場專題演講高舉「司法存在的價值是在為國家建造一座公平正義的殿堂」[10]，讓我們對司法仍充滿遠景，但也讓我們於司法始終為政治服務本質不變之司法演出的歷史劇定律中，更深刻體悟政治與司法一體之難分難離，正如政治與經濟之孿生關係，「政治正確」始終是司法的準則，例外很少。

事實如此，一個有尊嚴的臺灣文明社會又何能期待？

如果「政治正確」終究可以摧毀社會成就不易而受人尊敬的優秀人物。似乎明哲保身、識時務為俊傑，確是堅不可破的真理？菲利普·羅斯（Philip Roth）的《人性污點》（The Human Stain）描述書中主人翁身置道德與政治橫向，並被周遭的「政治正確」摧毀。對此，吾人總有相當感慨。[11]

監察院既然可以針對「921 案」我在本案被羈押結束之後，隨即「約談」我到監察院說明「相關案情」：〈南投縣政府辦理 921 災後重建工作及賑災捐款運用與管理〉等問題，但卻對本案司法偵察過程中的違法、失職漠不關心，包括陳婉真的陳情，包括我當時正式對監察院人權保護委員

---

[10] 城仲模，〈司法權與國家發展：八年司法改革的總檢驗〉，2007 年 11 月 16 日。遺憾，民進黨上臺執政，一直冰凍這位被帶著社會高度期待司法改革的舵手。天喪良機！

[11] 十多年前的一個夏天，我攜同內人到師大路旁一家號稱全國最便宜的書店，去看曾大福這位可尊敬的同年老朋友，並選購一些書，他是這家書店的老闆，他們夫婦另送我們好幾本書籍，其中有一本是菲利普·羅斯的小說《人性污點》，劉珠還譯。我已很少買文學小說的作品，許久之後，我翻開書本，認真閱讀由南方朔、高黛萍導讀的兩篇文章，讓我多認識作者的思想，他們都寫得很好，很有見地、很有深度；他們談及書中主人翁身置道德與政治橫向，並被周遭的「政治正確」摧毀，他們畫龍點睛式的描述，對照本案讓我心有戚戚焉。今為撰述我的「921 案」，觸景傷感，特記略以抒懷，也推薦這本書，這是一本極有深度的文學名著。

會之陳情，以及我以災區縣長身分親自登門檢舉，他們都避之迴之，有政治顏色，忘了職責忽略視之如無物，則令人對監察院角色「看人灑鹽」功能不知如何所宗？

監察院職司風憲之責，甚且不如無實際職權的總統府人權諮詢委員會，真會讓人覺得不如廢了它。

向總統府人權會申訴的一段秘辛

總統府由呂秀蓮副總統擔任召集人的人權諮詢小組（後來改制為人權諮詢委員會）曾查證本案「檢調單位偵辦、羈押違法、失職」，屬實。

2001 年 2 月 3 日，我以南投縣長身分到總統府申訴，向「總統府人權諮詢小組」提出了一份〈檢調單位偵辦、羈押南投縣長彭百顯違法失職之具體事證〉。後來，我獲得一份總統府人權諮詢小組奉令「不得列入會議紀錄」（其何以有此關切，令人好奇）的本件申訴事證查證，資料顯示：屬實。[12]

【檢調單位偵辦、羈押違法、失職具體事證】申訴查證

一、申訴重點（南投縣長彭百顯部分）

（一）　南投地檢署主任檢察官徐松奎於 2000 年 10 月 16 日上午 8 時 40 分，出示南投縣調查站 2000 年 10 月 1 日（89）投廉信字第 89160 號書函，表明因業務需要，借調與 921 災後重建之預算編列相關全卷公文及憑證資料計 16 項，範圍橫跨農業局、計劃室、工務局等單位。

---

[12] 這份查證資料是一位總統府人權諮詢小組委員私下給我，並指本案於會中可討論，但內容經指示不得列入會議紀錄。可見總統府內其中也藏有鬼。為存真，我僅摘錄與我有關之部分於此，供作參考。

該書函既無職銜、關防，亦未加蓋機關首長職章，其有效性已非無疑。彭縣長表示上述資料分別由不同單位之同仁持有或保管中，會誠心全力配合，並將請相關業務主管協助提供。但徐松奎主任檢察官未待南投縣政府或其所屬公務員自行交付，即下令對縣長辦公室、工務局、教育局、社會局、計劃室、主計室及文化局等七個單位大肆搜索。

（二）是日臺中高分檢檢察官李慶義、南投地檢署主任檢察官徐松奎、檢察官王捷拓、王元隆、蔡仲雍、謝謂誠，指揮軍、警、調人員百餘人，對南投縣政府執行大規模搜索，宛如大軍壓境，自 8 時 40 分開始，至 12 時 40 分結束，歷時 4 小時。

（三）2000 年 10 月 16 日及 11 月 13 日南投地檢署兩度率隊搜索南投縣政府時，有平面及電子媒體近 30 人在場採訪，部分媒體現場全程直播搜索實況，記者在縣府內到處流竄，恣意拍照，檢察官放任不管。

（四）搜索行動漫無目標、毫無重點，扣押文書、物件達數百件，件件攸關災後重建，所扣之物大多不可作為證物亦不得宣告沒收者，而搜索扣押證明筆錄並未詳記扣押物之名目，僅簡記「相關證物乙箱」，又悍拒南投縣政府影印存件之要求，致南投縣政府迄今渾然不知被扣文件之確實數量、文號、性質及是否職務上應守秘密者。

（五）執行搜索之檢、警、軍、調人員態度傲慢、粗鄙無文，語帶威脅恐嚇，行徑猶如流氓。

（六）搜索後扣押大批文書物件，未指明該文書物品對南投縣政府之公務運作有何影響，蠻橫粗暴的一箱箱載走，活像強盜。

（七）搜索前後均未保守秘密，造成媒體渲染焦點；搜索後檢察官接二連三召開記者會，或揚言辦人，或虛編故事，或透露案情，無視於法令之存在及當事人之名譽。

（八） 與重建有關不在沒收之列且不得作為證據之扣押物，經南投縣政府以電話或公文請求發還，以免影響公務，南投地檢署置若罔聞，嚴重打擊縣府員工士氣，影響災後重建工作。

（九） 將扣押資料提供議員，作為議員抨擊縣府之依據，司法機關聯合議會夾殺縣府。

（十） 彭縣長羈押於南投看守所期間，其牢房內之舉止，在電視畫面上一再出現。

（十一）調查員持約談通知書，強將犯罪嫌疑人或證人帶走，予以留置製作筆錄。

（十二）以威逼、恐嚇方式訊問證人或犯罪嫌疑人。

二、查證結果

除第（九）項猶待查證外，其餘各項經查屬實。

（餘略）

我很遺憾，由這份總統府人權諮詢小組內部申訴查證事證，但卻不能見天日的查證結果，證實政府部門違法失職，反映最高人權政府單位「隱瞞不宣」的態度可憫可議，問題深沉。

監察院無能為社會彰顯正義

2001 年 2 月 16 日，繼縣府社會局局長陳婉真於 1 月 8 日向監察院檢舉〈南投地檢署偵辦南投縣長彭百顯案 21 大違法事實〉之後，我亦親自登門到監察院陳情，我臚列了九頁共 12 點事實說明，內容大致上與向總統府人權諮詢小組申訴內容相同，指陳檢調單位偵查 921 重建案偵查、審判過程涉及違反偵查不公開、不當取證、踐踏人權等不法行為，請求監察院公開調查，重點為：

1.　無視緊急救難狀態需要，以承平情況法令審度緊急期間作業，有失

公允。

2. 先押人再找證據，先抹黑再起訴。

3. 檢調兩度搜索行動，SNG 車先到場等候。

4. 檢方召開記者會或對媒體大爆案情，更釋放錯誤訊息，放任媒體未審先判。

5. 不准縣府自衛說明，公然威脅恐嚇列案偵辦。

6. 將搜索資料透過議會強力抨擊，配合檢方辦案？

7. 騎驢找馬，對縣府全面總調查，檢方權限比監委還大？

8. 羈押理由牽強，羈押必要令人質疑。

9. 不當取證，威脅相關人。

10. 無明確事證，卻延押縣長辦公室人員。

11. 放任媒體播出受羈押人獄中錄影帶，侵犯隱私權。

12. 羈押災區重建行政首長，侵犯行政權，影響災民權益。

當時陳情雖然事證明確，然而，監察院不知何故，對本人等之陳情他們違法、失職，皆石沈大海，以致坐視冤情擴大，正義未得伸張。這是監察院蓄意消極不作為，未能公正行事的偏差。

之後我離開縣政府，但對行政機關之公然違法，我對相關新違法證據部分再度向監察院提供檢調違法誣陷證據，包括調查局竄造虛假筆錄致人於罪之證據，調查局公然欺騙造假之證據等指證資料。遺憾，監察院已表明「決心」無視並縱容法務部司法行政、檢調部門之瀆職、失職，充分暴露無能為社會正義守住立場，他們自己也瀆職、無所作為，靜悄悄。

第三章

媒體傳播真實，還是不實謠言？

　　　　資本主義將資訊與文化變成商品，變成在市場中被買賣的
商品，而不是被用來啟發或挑戰既有現狀的共享知識。

　　　　大型媒體於是約束了市民想像他種真實的能力。它拒絕給
予人民創造歷史的權力，也妨害了人們其實能以新的不同方式
生活的基本概念，這樣的概念才能使人類潛能得以充分發展。

　　　　— 朗諾‧貝提格與琴‧霍爾，《大媒體的金權遊戲》[13]

　　媒體傳播也是一種政治行為。媒體的作用與影響，我從政以來沒有否
認它的威力。本章探討「921案」有關媒體的真實與不真實之報導傳播效
用。

　　對於媒體第四權，新聞自由，應該要有效新聞自律，否則「第四權的
媒體就變成了獨大，而轉為毒蛇猛獸，製造恐懼與不安」，「臺灣的媒體
環境正是如此」。

　　「雖然新聞工作人員被賦予權力（第四權），可以盡情揮舞他的刀筆
或照相機，刻劃或攝取他所看到的，可是權力之所在亦是責任背負之所
在，他也有義務善盡社會責任。如果一味濫用新聞自由，而妨害社會公共
利益或損害他人名譽及正當權利，新聞工作人員一定要受到唾棄與人們責
罵。當然，他也很可能受到法律上一定的處罰。」[14]

---

[13] 朗諾‧貝提格（Ronald V. Bettig）與琴‧霍爾（Jeanne Lynn Hall）合著，《大媒體的金
權遊戲：為什麼有權力的人都想要搞媒體？》鄭百雅譯，臺北：漫遊者文化出版，2013，
頁451。

[14] 尤英夫，〈尊重隱私權譴責濫用第四權〉、〈臺灣有新聞自律？別騙人了！〉收錄於《談
法論理看新聞》，臺北：前衛出版社，2008，頁125及143。

尤英夫律師以上所指出論點，我深以為是，雖然只是蜻蜓點水、輕輕素描。但其重要性卻不為社會所重視。直至最近 2020「關閉中天新聞臺事件」，新聞涉及的言論自由仍由掌權者所控制，才再引起社會注目。

歷經「921 案」之偵辦，我人身感人眾傳播媒體對「真相」定義的重要。唯有媒體傳播真實，才能維護法律正義的社會基礎。「不實報導」是社會的公敵。相對「921 案」之審判結果的不公平報導，是掩藏社會不義。但「真相」是由政府定義的嗎？還是媒體？其實都或有不是，也涉及利益關係而定。

在此，先不論政府。記者是社會的無冕王，他們不必如神聖羅馬皇帝由教宗加封冠冕，權力很大，一支筆定乾坤。然而，責任呢？

本章的章名，並非我人標新立異，或故意要挑戰媒體人，而是歷經 921 案過程的親身際遇，因我具縣長身分所代表的政治意義，司法偵辦縣長，在媒體傳播效應之後所造成全體國人對南投縣及政府的觀感，除指責本人之所有不是，亦含有對南投縣之不是與對縣政府之不是之意，個人常感到相當沉重及惶恐。然而，當他們發現所報導的「事實」完全不是真正的事實，不當結果已經發生，該怎麼辦？這是社會大眾之事，不唯媒體行為而已。政府角色於新聞真相之關係，亦然。

第四權貴如皇上

至此，先表達一下我們對第四權的重視。我們也了解，指責媒體報導的不是，一如指責政治人物一樣，一定會有不良的反應效果。但總是希望社會正義、公道，實事求是。

我人從政與媒體之互動，向來皆極謹慎，當了縣長，「如履薄冰」是我常態敬重媒體的寫照，深怕一不小心無意間得罪媒體人而影響未來可能扭曲的「鞭策」。尤自爭取得執政權入主縣府之後，我更加小心惟恐誤了縣府及縣民，但偏偏由於人性與處世的難周全，而有得罪部分記者朋友之人事請託，以致我們戮力營造、誠心實意推展南投發展的企圖新政，在未

獲得媒體傳播真貌的環境變遷下，施政未及滿週年即功虧一簣，並適得其反。也是利益關係所引發，這也是政府控制媒體的優勢，媒體選擇利益依附政治力。

雖則我們費了很大的力量，也未能改善媒體關係於一二，因而，才不得不有以基金會支持「縣政頻道」的自力更正之舉。目的只有一個：施政真相能夠讓投票給我的選民了解。

我們深刻的體驗，「921 案」發起後，我們幾乎每天在司法媒體督導鞭策之下窮於辯解，忙得翻不了身。如今事過境遷，為了檢討「921 冤誣案」於是有本章之鋪陳，藉此讓我們共同正視第四權對行政、立法、司法三權分立之間所扮演的角色關係。

媒體依誰，誰大；反誰，誰倒楣。媒體到底依誰？他們幾乎都會說：真相。是的，答案正確。然而，究竟「真相」是什麼，由媒體決定？媒體說了算。因此，才有所謂真相與後真相的問題。

基於許多「不實（非真相）報導」的累積加成，「921 案」的媒體最大功能，就是全然翻轉我過去三屆立委時期在國會問政的社會面貌，更由於司法因素的介入，媒體已成功塑造南投縣長彭百顯在縣民心目中變成「貪官」、「圖利」的帶頭違法者。就政治而言，當時我全盤皆輸，真相一直被掩蓋。有關這方面的諸多媒體非真相的不實報導，誤導全國民眾認知，影響層次已由南投縣民升高為全國性視野 [15]。

由於政治效應已經造成，也已經成為歷史，於今我不想再撩起傷痕，避免擴大社會傷害，在此我僅止於「921 案」事實的陳述，還原一些真相。希望由於本章司法與媒體關係的凸顯，能喚回媒體正義。

---

[15] 自 2000.10.16「921 案」司法爆發開始的媒體傳播，至連任敗選我卸任縣長職務後，我們花了半年時間整理「921 案」相關資訊，其中，大量媒體於當時對「921 案」不實報導的大眾傳播，（真的是不實傳播！）光是這段期間的平面媒體資料分析與探討，就足可完成幾篇新聞學方面的專業性論文。當時，我就媒體與司法辦案之互動關係，完成了一本我於本案遭受抹黑、中傷、扭曲的新聞彙編小冊《檢調大濫權‧未審先判！》，留作歷史存檔。（財團法人新社會基金會出版‧2002 年 7 月。）

忠於事實的報導是媒體價值的唯一角色，沒有政治立場，亦非司法傳聲筒；甚且，司法若有偏私的政治動機，也是第四權的社會正義責任。

我相信，回顧檢視「921案」這段期間異常的大眾傳播，給予國家人民資訊的「餵養」、灌輸與填補，再對照「921冤誣案」真相的結果出爐，如果新聞學很負責任地拿來檢討分析，那麼一個正直政治人物的社會養成，就不會變成僅屬個人修為的事，而是有共同的社會正義基礎在。

媒體助長政治災難

災難出，謠言現。災難滋生各種謠言。其中，除單純訊息錯誤致恐慌誤導外，政治操作的黑手應該是謠言或假新聞的製造中心。

921大地震之後，各種假新聞及謠言就紛紛上場，我曾檢視南投縣政府紀錄的《921大地震救災日誌》，竟然921隔天起，假新聞及謠言就開始。一連兩星期之內，就只有一天沒有關於謠言的記載，其餘每天的救災日誌，都出現有關於謠言的字眼，可見謠言是跟隨災難產生。

對於沒有政治力量介入的假新聞或謠言，資訊澄清有助於扭正被誤導之資訊；但對於有立場的政治關係之惡意指控栽贓，並假藉民意以震災作政治鬥爭之舉，則再多的澄清說明皆無濟於事。這也是我的南投經驗。

「921局」我和南投縣政府首當其衝，遭到災民、媒體、民代等以假新聞之指責，而更離譜的是，連中央政府長官也不瞭解實情，卻任意抨擊，令人遺憾。最最嚴重的例子，我曾為文指出，於此再度引述以為參佐：總統誤導，代誌大條。

我的頂頭長官誤導921應急經費用途，讓我背黑鍋，在一些政治場合流傳，助長「921案」進行。在李登輝總統所著的《最高領導者的條件》一書中，對921發生後當天上午9：50李總統抵達災區，記述：

> 我在指揮所找來縣長，當面告訴他：「行政院會開會決定
> 如何援助地方，但撥款的花點時間，我先給你一些錢，雖然不

多，至少可應急。用途不必回報」縣長當場點收，小村莊給 100 萬元，大村莊給 200 萬元。只可惜後來調查發現，這筆錢沒有用在救災，反而被縣長二名部下中飽私囊，拿到日本與中國旅遊花用。**[16]**

經查這段記述有相當錯誤，與事實不符，他這樣的記載，讓我背負不白之冤。事實上，李總統是到各災區探視災情時，親自致贈給各鄉鎮長緊急救災經費，他從未在南投縣救災指揮中心交付金錢給縣長；至於日記所指之時間也非 921 當天，例如致贈魚池、埔里、仁愛等鄉鎮公所各 200 萬元是在 9 月 26 日；而給錢是以鄉鎮公所為對象（南投有 13 鄉鎮），並非以村莊為對象（南投縣共 128 村、133 里）；金錢是交付予鄉鎮長本人，而他們不是縣長「部下」，因為在 921 救災、重建階段，總統說「鄉鎮長比縣長大」，許多鄉鎮長已脫序並不聽縣政府指揮。

李總統表示，該筆款項是作為購買帳篷等緊急臨時支用，但是，令人遺憾的，竟有國姓鄉長李增全與集集鎮長林明溱「縣長二名部下中飽私囊」，似有負總統所託，這些款項，他們並未用於救災緊急支出，而是轉用為出國到「日本與中國考察」。總統很嚴重的指控，目標怎麼是縣長呢？

謠言亂政，製造冤案

921 的例證，說明災難之際是謠言叢生之源。由於政治操作之精緻化，假新聞就變成連續劇化，講法其中有真有假，民眾根本分辨不清真假，社會更無從根據事實斷定是非，輾轉不斷消耗社會成本，終而社會形成玉石俱焚，找出對錯都需賠上昂貴代價。這是我對媒體最無奈之處，很多時候想投入去辦媒體。

---

[16] 參見李登輝，《最高指導者の条件》（日文版），東京 PHP 研究所發行，2008 年 3 月，頁 93 - 94；或蕭志強譯，《最高領導者的條件》，頁 90。

但我知道也不能全怪媒體第一線記者。因此，災難政治學的重要一課，便是阻止政治關係去操弄不實傳言。為政者以假新聞亂政，目標是執政權、發言權，但民眾聽信謠言，無異支持造謠生事之幕後政治編導黑手黨，更無異驅善逐是，貨幣學的「格萊欣法則 Gresham's Law：劣幣驅逐良幣」讓惡非掌政、代議。如此謠言亂政，製造司法冤案，更非民眾之福。

因此，我想到媒體的災難與道德兩難問題。

很多人早已忘掉 921 悲慘的災難畫面，但當 88 水災畫面上出現淒慘的景象，對此，我曾以引申媒體人吳典蓉當時感性之言：「讓我們這些不在災區的人，恨不得變成南部人，一同分擔苦難。」但隨即她馬上否定這個感觸，因為很多人並不認為如此。

吳典蓉提出災難新聞的道德兩難觀點，他人的痛苦並不是自己本身的痛苦，旁觀他人的痛苦並不等於大家都會痛苦；報導災難雖然迫使政治作為，但若別有用心，也會帶來民眾逐漸麻木、冷漠的社會效果。她的結論之一是，面對重大災難，我們沒有可能改變災難新聞的道德兩難困境。[17] 這是深刻的媒體自省。

這個論點與經濟學寡占理論中「囚犯困境」的賽局類似，從人性而言，似乎得不到最好的答案。因為參賽者他們最好的結局，就是「為自己好，只好選擇說謊」，亦即說謊對他們最有利。這是個人主義為害眾多社會的困局。

兩難困局也說明了為什麼政治人物在面對選票的選擇時，他們往往忘了投身政治的目的是為了更多數人的公義，卻寧願為其政治企圖及特定小部分之利益辯解。例證，不勝枚舉。

921 的災難政治學，處處充斥著這種道德困境，但政客的選擇卻多違背道德，寧要選票，不惜欺瞞社會大眾。「921 案」於焉上場，值得社會大眾重視。

---

[17] 吳典蓉，〈他人的苦難〉，《中國時報》，【我見我思】短評，2009 年 8 月 17 日。

吳典蓉的當媒體傳播指責災難旁觀者也難以擺脫「同流合污」感受，同時自己也能體悟出像蘇珊‧桑塔格（Susan Sontag，1933 -2004）旁觀他人之痛苦相同的觀點：只有以行動才能擺脫「旁觀者」的困境。

我補上一句：其實，對災難政治學也一樣。由於 921 的災難經驗，新聞傳播者不應只是「旁觀者」，以行動深入瞭解真相才說話，應該很重要。「921 案」的浮一大白，也是責任吧？

媒體掩護邪惡

媒體與邪惡為伍，是社會不安的源頭。

我人投身政治，一項令人難過的觀察：「媒體掩護邪惡」最叫人難安。「921 案」是反映有系統的媒體經營虛偽環境，並且整體性的掩護邪惡生長的案例。

「清晰的見解，就是力量。」身陷假新聞與謠言的醜化籠罩甚久，我必須由特殊的媒體輿論營造的深坑爬起來。下一章將會繼續談論。

由我親身體驗跨世紀的南投四年，媒體以為監督縣政，但卻掩護邪惡，創造邪惡的輿論姿婆，罄竹難書。我不是新聞、媒體、資訊的學者，否則，這段南投奇遇的 921 災難的歷史過程，相信有許多題材一定相當精彩絕倫，包括人、事、物等故事或學術研究，可深入用心公諸於世，以端正世風。嚴肅的說，這裡有許多拓展新聞學領域的研究主題，絕對不亞於可由史蒂芬‧史匹柏（Steven Allan Spielberg，1946 -）拍攝出一部震撼性之 921 電影題材，包含有一些多面性、層次性的新聞理論，頗值得深入用心，也可以有一些主題寫好幾篇專題論文。

試舉一例，李坤錫的〈災變中的政治與媒體運作關係回顧檢討〉（政大傳播研究所 EMBA，本文收錄於《世紀災變之借鑑與啟示：921 十週年論壇論文集》，新社會基金會出版，2009 年 9 月）。主題又例如，司法與媒體關係是相生互利；而政治效應的正義性如何，媒體的社會角色又如何等等，都構成「921 新聞學」及其本身之歷史，皆尚待檢視研究分析。

我相信這是罕有的例子，正是 921 団的一聲，平地雷聲驚醒阿修羅世界，孕育了對我而言是個刻骨銘心的「新聞奇葩」與「媒體奇蹟」時空。這段詭異的新聞歷史源頭，921 後在臺北的天空展開，發難的核心是臺灣的心臟：南投。[18]

921 災難，是媒體輿論最好發揮的時機（天時）；當時南投又是非藍非綠的政治版圖，恰是媒體輿論左右逢源最有收獲的靶心（地利）。

1999，我剛巧跨入知天命之門，短短不到兩年，我遭遇人生省思的三次大災難：一、921 大地震（1999 年 9 月），二、桃芝颱風土石流（2000 年 7 月），三、司法誣陷（2000 年 10 月）。我統稱「921 災難」，或「921 事件」。

好似地魔、天魔、人魔等世界三魔齊來匯集南投大會師（魔合）；「他們」，簡言之，就是我的政治異議者與對手，有藍、有綠，利用「天時、地利、人和」絕佳「三合」機會，分別在臺北、南投發師運作媒體輿論的空戰轟炸摧毀攻勢；政治、媒體手腳齊鼓，磨刀霍霍、蠢蠢欲動（催化力量）殺向 921 地標南投縣長。

政治敵對者千載難逢，921，我們被萬箭穿心的時刻被他們逮到了。

長官行程透露的訊息

上司的行為準則似乎就是屬下的指導原則，這就是行政倫理。

回首「921」過去的歷史軌跡。921 一週年活動，我寧不失信原訂「921 週年重建成果展活動」於縣民，而得罪前一天才接獲通知上司總統變更安排要我作陪的行程，做為下屬竟反被上司與媒體之操作嘲弄。[19] 相對

---

[18] 這一段事實的開始，是在一次縣府 921 救災中心記者會，由一位「大報」資深記者（事後查知，是一位政工退休人士）所公開發難，不知何故，他一聲大叫：彭百顯，我們幹了。

[19] 參見彭百顯，〈詭異的總統 921 行程〉：「總統行程突然改變，亂了縣府整個 921 週年活動之秩序」，《黑鍋上的奸熬：彭百顯縣政告白》，2001。

2019 年 7 月高雄市政府四天前通知無法參加區公所之活動，復遭媒體修理上司韓國瑜的狀況，主體易位實不可同日而語。[20] 如此反差，反映了媒體生態與政治掛鉤的不同價值觀，醜陋矣！

「欺騙」是很嚴重的社會負面觀感。誠信是社會的五常之一，也是社會的五倫之一。

因而，社會忌諱欺騙，有所謂「一言既出，駟馬難追」之君子言行；政府教化民眾更有「一諾千金」、「君令如山」、「朝令夕改」等對樹立政府威信之惕厲。只是，問題的發生與變化的原因，以及當事者的反應處理等狀況，一般人皆不可能明瞭，接受的訊息皆由媒體傳播，故「社會觀感」包括「欺騙」與否，也由媒體所決定。蓋「新聞」或「假新聞」或「謠言」大皆係來自媒體之形塑或影響。

媒體力確是政治力的主體元素。遺憾的是，媒體力豈可與社會公道或社會價值背道而馳？

這樣的播報訊息，社會不偏也難

猶記得這樣的播報訊息嗎？如此處理新聞，社會不偏，也難！

「彭縣長，你還在開什麼會？」（答曰：921 災後產業重建會）

電視媒體某大張姓女主播在主播臺上喊道。

921 大地震次年，桃芝颱風席捲臺灣，重創花蓮、南投兩縣。當時我們被困在縣境溪頭，前一晚於此召開產業重建檢討會議。媒體報導大小眼，企圖引發民怨？《臺灣日報》林冠妙為南投縣長的處境仗義執言，對媒體的雙重標準，非常不以為然。[21]

---

[20] 參見 2019 年 7 月 14 日《臺灣時報》，〈九大高雄焦點〉：韓遭爆「放鳥」多納黑米祭（區公所主辦）惹議，地方感覺被欺騙。相對 921 週年活動總統前一天「放鳥」，媒體就不會報導「總統惹議，地方感覺被欺騙」。

[21] 林冠妙，〈媒體報導大小眼，企圖引發民怨？〉《臺灣日報》，2001 年 8 月 2 日。

少見的雪中送炭，雖然文短，同樣讓我感受正義凜然。林冠妙反問道：

張大主播怎麼不喊：王縣長，你還在開什麼會？（答曰：國民黨十六全大會）

林冠妙還原媒體當時這樣的訊息傳播：

氣象預報桃芝直撲花蓮，縣長當天人卻在臺北參加國民黨十六全大會；南投土石流造孽，縣長當天也被困在米堤飯店（南投縣境內），而電視媒體對同樣缺席的兩位縣長**（更正：其實，我本人等縣府主管都在南投縣境鹿谷鄉災難現場）**的批評報導卻有著天壤之別的雙重標準。

電視媒體近乎一面倒的「圍剿」彭縣長，批評他人不在縣長室坐鎮，採訪記者並引導民眾，故意問災民認為縣長該不該到現場關切，試問這種問話誰會回答不必？然後再「告知式」的問知不知道縣長不在？企圖引發民怨，但這種採訪及問話模式，並沒有在花蓮進行，反而播出王縣長在花蓮巡視災情、災民陳情的畫面。

是的，這樣的播報訊息，社會不偏也難。媒體欲人生欲人死，是有其威力。只是守持偏態的大眾傳播資訊給予民眾饗宴，可能透過媒體孕育出偏態的社會結構吧？是故我們應頂禮堅持傳導真實的媒體人。我們不要扭曲真相的訊息。

第四章

「921案」是後真相的議題？

> 錯誤與真理比鄰而居，所以會迷惑我們。
>
> —— 印度詩人，泰戈爾，《流螢集》

這一章，接著我們要思考比較嚴肅一點的「921案」後真相問題。

自921發生，這段期間的歷史對社會充滿各種謠言和虛假，尤其，臺北政治天空的「921後真相」，暗藏可畏的各類謊言之評論，一些永遠的「真相」，就等待曾經完整歷經921當事人的現身澄清。

臺灣表面上看來是民主體制的政府，但長久不變的，卻是暗地裡破壞司法體系獨立、掌握媒體新聞，他們把反對或不依附者視作背叛。（「中天關臺事件」是不是這樣？）當時921我們的際遇，包括救災、安置、重建以及醞釀中的司法官司的過程，媒體報導給社會接受的諸多後真相歷史，隱埋許多不足語外人知道的事實，仿如一些學者所說「某些假新聞萬世永存」，雄辯勝於事實的政治說法。

假新聞萬世永存

假新聞事件，最典型的案例，呂秀蓮「嘿嘿嘿事件」可謂是最具政治效應的新聞操作，其所涉及的政治動機與政治人物，並在法律訴訟之後發展到憲法層次，皆令人震撼。[22]

---

[22] 本案真相，呂秀蓮於國史館出版的回憶錄《非典型副總統》一書中有所揭露，司法院大法官並作出釋字第656號解釋。雖然如此，被誣陷亦未見「轉型正義」。

　　國際知名的年輕一代歷史學家哈拉瑞（Yuval Noah Harari，1976 - ）對假新聞（謠言）的生命韌性，表達憂心。他下了一句斷言：[23]

　　　　某些假新聞，萬世永存。

　　虛構故事，無論好壞，是人類威力最強大的一項工具。我自從政以來，由立委至縣長時期，亦一直深受其負能量之苦，不知所措。似乎只能順受，不理會它，「色，即是空」。

　　哈拉瑞提醒：人類一直活在後真相的時代，表示我們身邊充滿各種謊言和虛假；[24] 可能要到很久很久以後，才會知道真相，也許永久不一定知道真相。

　　所以，歷史有時沒有真相。

---

[23] 哈拉瑞，〈第 17 堂課〉，《21 世紀的 21 堂課》，林俊宏譯，臺北：遠見天下文化出版，2018，頁 273。

[24] 哈拉瑞所舉的例子。2014 年 2 月下旬，一批沒有配帶任何軍章的俄羅斯部隊，入侵烏克蘭，占領克里米亞重要據點。俄羅斯政府和普丁總統本人一樣一再否認這些部隊屬於俄羅斯，說他們是「自衛團體」，大概是他們自己去軍品店買了像俄軍的裝備。講出這種荒謬言論的時候，普丁等人根本心知肚明自己在說謊。（同上註引書，頁 274）
普丁等人的反應，是否與「921 案」啟動時，民進黨政府相關當事人的反應，一模一樣？

「後真相」如果真有後來的真相，或知「後真相」不是真相，總比後知後覺好。好一點的結果，仍有知覺；但後知，不一定後覺。這樣的時代，也幾乎等於是不必真知的時代。那麼，歷史以及「後真相」的意義也不大矣！無怪乎，歷史上確實有「萬世永存」的假新聞；所作所為，不曝光便是。記住，人類的罪魁禍惡都是這樣開始的。所以，什麼是良知，什麼是慎獨，就變成很重要。921 的故事，似乎也傳達給我這樣的答案。足夠我們思考它一輩子。

我們相信，「921 案」的源頭，少數陰謀野心計畫的一群，他們心中根本就沒有所謂「921 真相」這回事，他們相信自己本事，「後真相」萬無一失。但畢竟世事難料，後真相往往開始於「政治宣傳，駭人聽聞」的荒謬說詞，故事就在其中，本來就不易說服所有人，除了死忠的支持信徒，以及盲目相信新聞訴求者之外。

經由「921 局」的來龍去脈，不就在充分說明確實可能有破解「後真相」的時代？我們身邊充滿各種謊言與虛假，很久以後才可能知道真相。「921 案」真相等待的 11 年，應該是驚世新聞，偏偏有些到現在 20 年，卻還有人問我：「官司案解決了沒有？」表示確有不少人仍然不知不覺，遑論真相。這只是一例。

我知道，虛構故事也可以配合促進人類合作，冠冕堂皇，極少人懷疑。因此，過去曾經的謊言，有可能變成是永遠的真相。這種歷史例子出現在宗教上、政治上也不少。因此，我理解，社會上就有那麼一部分人，並不在意真相，包括我身邊一些人亦然。

那些相信邪惡的行為可以用力掩蓋得天衣無縫的一群謀略家，根本就不可能讓真相存活，因為他們有條件創造多方合作利益。眼前周遭真的就有很多案例，上面所舉呂秀蓮身上就是，我們相信，他們深知：虛構的故事包括謊言、製造事件…，可以促進合作。

不談國民黨，就說民主進步黨由創黨至執政，這 30 年多來的政治力運作，不少例子，不都是也以這個信念這樣走過來的？「921 局」我心知

肚明。我深知歷史上教訓好人、壞人的歷史法則，二元社會是歷史軌跡，權力他們都在運作「好壞之間」、「虛實之間」、「真假、是非之間」的遊戲規則，最重要的「利益分配」的互惠原則，共同構成人類文明進步。

政治，他們玩這樣的人間權力遊戲。

我所不懂的，是他們對「合作力量」如何維持於真相與虛構之間的微妙平衡？問題在：太過扭曲事實的平衡，代價是什麼，誰來承擔？這些問題，到底都須面對。包括上帝的大審判，以及閻羅王時間等形而上的天堂與地獄，以及良心問題，也終須清算。

在心裡良知上，他們是怎麼處理的？

後真相之前，權力與真相合一，社會的常態難道是：模糊虛假與真相的界限。我們相信，權力不會一直站在虛假這邊，後真相總有它的歷史地位。社會的基本價值不變，大多數人仍然需要社會正義、公平。這是吾人歷經 921 局過程給我們的信念。

921 真相的冷漠無知

對 921 真相的冷漠、無知，其實也是罪惡。我們發現，這種現象在我們社會周遭相當普遍。

如果說，臺灣社會觀點形成，都依據群體思維例如藍綠來構造。這便是表示社會中堅力量也向政治組織靠攏，基本上，社會上並無所謂個體理性思維的力量。那麼，社會價值將因政黨價值而變動，社會將變成政治社會，而無所謂多元社會現象。無疑的，這就是社會陷阱，不利民主社會健全發展。這是多麼扭曲的社會。

不幸的，長期以來 921 案的發展對臺灣社會體系反應，似乎是那些不想用心費力瞭解事實的人，真正「後真相」的時代，他們相信自己的正確政治判斷，而維持無知狀態，呈現大多數；而想努力瞭解真實的人，則須歷經多方艱難，才能有一些真實訊息。這種社會結構，反映了社會判斷決

策仍然是由較多相對無知的群族來決定。如果「921 案」沒有誣陷、冤屈，至少「後真相」也沒有傷害到社會；然而，921 案經證明是「921 冤誣案」，結果，當然大不相同，表示社會正義受到毀損，社會價值遭受扭曲，「後真相」應該結束，以便恢復到真實的真相社會。

回顧檢討本事件，積極負責任地講，小小臺灣，資訊發達，在一個人人緊緊相連的社會，一項很重要的道德義務：我們須勇於知悉各種社會大小事，尤其是政治。但若當社會仍有很多嚴重的罪行，不僅出於仇恨、貪婪，更多是出於無知、冷漠，則這就不是現代化社會。921 社會現象的扭曲，不正是反映這樣的事實？

「921 冤誣案」的形成，很多可以不必發生的社會成本，就是源於社會對 921 真相的吝於求真，吝於給予堅守正義的當事人熱情。實在是罪過。

後真相都在騙人

哈拉瑞這位提倡現代社會正義的世界性年輕歷史學家有更進一步的叮嚀：清晰的見解就是力量。

哈拉瑞說，現代進步社會的現象，資訊滿滿卻多半無用；他反映社會充斥著虛假，真相不易上媒體版面，很多人分不出真假，以訛傳訛；尤其，一些媒體掩護邪惡、創造邪惡，讓這個社會想要維持眼界清晰都不容易，以致很多歷史假相就變成後真相。相對應我們面對的 921 局勢就是如此寫照，幾乎都是「後真相」時代的遊戲，矇人眼睛。

遺憾的，歷史不會因盡忠職守、任勞任怨、清廉公正就對你更寬容。921 的司法大戲的推演，我們還是躲不過各種無情的責難與待遇，只有流露逆境時的韌性，為清白正義苟且偷生。在後真相時代，清白政治淪於公敵，很詭異的發展。

哈拉瑞正義的指出：誰說歷史是公平的？我心有戚戚焉。為歷史正義，他強調：清楚易懂的見解就是一種力量。

於是，我們試著濃縮存菁這段歷史，好讓 921 有關所有引起當時各種

重大變化與個人內在生命之間的連結，能夠公諸於世，就是未能達致真相，至少也屬於揭露 921 後真相面目的重要一環。

但是，我所擔心揭露當時 921 後真相所伏藏「原子彈級的謊言」的影響，保留的聲音就一直在心中浮現，所以遲遲沒有作為。因為，我沉聚的「正氣」還不足以挺住可預見的風暴，故曾經心生不如歸去，心嚮往鄉野自然。

無知是文明進步的剋星

由 921 真相的檢討，我們可以得到一個結論：無知是文明進步的剋星。「921 學」很重要的另一門功課，是「破無知，回真道」。

不知真相，就被無知拉著走。唯有真相，可以破無知。這就是真道。[25]

社會的發展已變得愈來愈複雜，任何個人都難以理解社會真相，而成了無知者；但要怎樣才能了解社會的真相，才不致於成為政治宣傳和錯誤資訊下的灌輸（洗腦）對象？關鍵在：無知與真相。破解「921 案」，就是一門揭露真相的大學問。

民主的基礎，就是認為選民會做出最好的選擇。問題在於多少選民了解真相，多少選民是在政治大力宣傳下作決定，多少選民無知接受了錯誤資訊而做決定。因此，民主社會的選民常常陷於過度誇大宣傳的政治資訊與氾濫充斥但多半無用或錯誤資訊之困境，常常為社會做出不正確的判斷，讓錯誤的選擇給社會帶來風險代價與不幸。

過去 20 年，臺灣面對 921 後的民主陷阱，操作「921 案」的政治 DNA（遺傳基因）有意無意的運作，讓錯誤資訊滿天飛，很多真相未明，

---

[25] 很少人能認清無知，很多人把存在別人腦中的知識，也看做自己的知識，所以，每個人其實懂得很少，卻以為自己懂很多。這就是所謂「知識幻覺」或「知識假象」（knowledge illusion）。

遺留很多的無知，不但讓選民用直覺判斷和情緒反應，並也終結我們對921重建南投的整個計畫與作為，除了校園重建等少數所留的深刻記憶。

921群體思維陷阱

我們社會的困境，除了有「921後民主」陷阱，還有一個現象，讓我們也感到無力感，就是所謂：群體思維陷阱。

近一、二十年來，我們社會的群體思維（包括南投在內），過於依賴、相信政黨，特別是本土政黨。在問題愈來愈複雜的時代，臺灣觀點的塑造，都是透過群體思維，而非個人理性，尤其反映在民主進步黨的價值觀。臺灣社會民眾之所以堅持這些觀念，大皆係對於群體的忠誠。這也是我身陷「921困局」，於司法還我清白之後，遲遲未能為自己對社會澄清真相的原因之一。我終於察覺，921困我20年，不是沒有理由。我們社會思維大體上係陷在「民進黨群體思維」陷阱，很難脫身。

我曾經思慮過，天下是他們的，原來他們要的就是「要麼，同流合體；否則，請退出江湖」。如若我急欲復出，正如一些人希望我重回民進黨再站起來為國為民，那麼，「921真相」早該揭露。但再進一步觀察這近一、二十年臺灣社會思維的民主進步黨流派影子仍然高漲，不論相關當事者，就連對社會一般民眾而言，我若是認真為改善社會，提出一項又一項的921真相，並指出製造「921局」當時邪惡之不是，即有很多都是民主進步黨包括其流派或個人的不仁、不義或不法、不德，我相信結果可能會適得其反。

有許多例證說明，我們的社會還不是理性族群結構是多數，有一些人並不喜歡太多的相信事實；當然，也有很多人不喜歡覺得他們很「無知」，講到921，很多人他們自有其一套，這就是「921後真相」之局。因此，921真相只能讓它遲遲不現。

吾人深知，不能以為只要拿出真相，那些為非者，就可理性回歸正道，就能說服臺灣社會，包括我的故鄉南投。然而，吾人始終相信：接受真相

背後那些邪惡必須清理，服膺社會正義應是主流，應該毫無疑問。

是誰造成 921 資訊破碎化？

在全世界都在欺騙的時代，說實話成了一種革命行為。

— 喬治·歐威爾（George Orwell，1903 –1950）

「921 案」發展的社會輿論世界，讓「後真相」成為當代資訊的核心。「假新聞」（fake news）、「另一種事實」（alternative facts）似乎和「政治正確」（political correctness）劃上等號。這是多麼令人氣竭的社會。「921」新聞與「921 案」新聞，反映的幾乎就是這種現象，它們橫跨兩朝政治時代，在跨世紀夾縫中遭受扭曲，不能自已。

2019 年 12 月，半個多世紀前喬治·歐威爾的警言，出現在當今一本美國麻省理工學院【基本知識叢書】中譯書的扉頁：[26]

客觀真相的概念正逐漸消失。

謊言將成為歷史。

我們是 921 局的政央，是「921 案」的核心，但為什麼那麼孤立無援？

我們意識到社會資訊破碎化的危機。碎片化的知識，雖然有利快速吸收，但也形成碎片化的思考，相當不利社會整體發展。「921」時期，當時社群媒體尚未出現，然而，主流大眾傳播媒體也使有關「921」資訊破碎化，更叫「921 案」真相碎片化（The Fragmentation of Truth），沒有人知道完整，虛假是社會主流。這是臺灣社會的悲哀，也是南投不能藉機翻身的悲哀。

人生自古冤案多，折騰折磨煉人性。

---

[26] 麻省理工學院針對當前熱門議題，邀請傑出思想家撰寫出版一系列的口袋書，以便讀者深入更為複雜的想法領域。
參閱：麥金泰爾（Lee McIntyre）《後真相：真相已無關緊要，我們要如何分辨真假》，王惟芬譯，臺北：時報文化，2019。

自逮捕我入獄至司法還我清白，歷時 11 年；比起岳飛冤死，宋王朝 20 年後為他公開平反，還算蒙冤受屈程度相對不很重、時間相對不很長。還算慶幸。

「無過而受罪」謂之冤，莫須有。

通常，大冤案與政治大皆有關。蓋若政治清明，社會正義伸張，法制健全，諸多冤案根本不會發生。然而，歷史證明古來冤案多，所謂「小人用事，君子蒙冤」，世間多小人，冤不可避。是耶，非耶？

「921 案」肯定與政治有關，明的暗的都有；但要造成事實，司法是工具，媒體也是幫手。

大家心裡很清楚，貪官好當，清官難做，他們之所以要攻擊清官，絕對不會說「清廉」是個罪名。他們只能用耳語、輿情、媒體對你圍攻，並且也用司法對你誣陷，使你有苦難言，蒙冤受難。例如，我不能證明過去困擾尤清的清白，但我相信更多的如影晦晦一定有相當程度的影響。這是資訊破碎化的社會，沒有完全訊息。

羈押禁見的政治人心。

曾在一次學術研討會上碰到尤清縣長，這位差點成為臺灣政治領袖的民進黨前輩同志，心中一直想當面感謝他在我政治路途最落難的時候到南投看守所來看我。當然，因為「羈押禁見」，所以沒能見面，因此，他以捐款 1,000 元來表達問候之意。後來，所方管理人員給我看尤清存入款的簽名。由於他的義舉，所以我知道：在羈押禁見期間，尤清來看過我。

我必須找時間當面謝他。

「老朋友這麼努力救災重建，背後卻遭陷害，當然要去關切。」尤清輕描淡寫這樣回應。聽起來內心多麼感動。尤清沒有法律冤案困他，但確有地下冤案覆蓋著他，讓他在政治上未能出頭領導臺灣。

所以，許多重大冤案所造成的惡劣影響，並非經過所謂平反就可消除的，也不是時間所能沖淡的。因此，政治上的轉型正義也是必要的。

第五章

政治權力損及法律正義

在市場經濟的架構裡，競爭並不是競技中的那種敵對。

競爭常常激起競爭者的怨恨和惡意，想加害於別人。所以，易於把戰鬥與競爭混為一談。

競爭者的目的是要在合作的制度裡有卓越優異的成就，使社會每一分子能夠為社會其他分子提供最好的服務。只有獨裁者指派各人的各種工作，各個人並非基於自己的才德和利益來幫助獨裁者的地方，才沒有競爭。

—— 奧地利學派經濟學家，米塞斯，《人的行為：經濟學研論》[27]

「921 案」讓我對政治的本質有更深沉的思索。李登輝與陳水扁的角色，答案不就很清楚了嗎？

政治力量運用媒體傳播，放大了自己的利益形象，更放大了對手的不良形象。法律正義也被算計在內。這是「921 案」的政治效應。

在「921 案」我見識到政治與媒體結合關係的威力。媒體傳播力量是政治所重視，無論運用在正面或負面，都有作用。就政治競逐權力而言，競爭往往走向零和遊戲，媒體基於生存或利益考量，第四權，為社會追尋真相的神聖天職，往往也淪陷，這是政治力的展現。如此，社會根本沒有所謂第四權之說，它僅僅是附庸政治服務的工具，奢言第四權真是撟愛媒體的恭維之詞（少數正義除外）。「921 案」形成的過程就是這個註解。「中

---

[27] 同本篇註 1 引書（上冊），頁 129。

天關臺」也是這個註解。

因此，媒體的政治關係也變成社會檢驗媒體第四權的重要指標，這是媒體社會正義的禁忌領域。

「921 案」的真相，如果沒有媒體的政治傾向可議，也許根本掀不起「921 冤誣案」的可能，因為真相說明一切，只有事實才能擺平爭紛說詞。這就是媒體沒有政治立場的社會正義，只要真相浮出。

遺憾「921 案」涉及的法律正義，也就與媒體傳播的究竟是真相或是與事實相反的「假相」有重大關聯。其中，政治威力是決定因素。但政治真的可以永遠一手遮天，媒體真的要一直扮演傳播不實的邪惡幫凶？對社會而言，沒有真相，就沒有法律正義，媒體是關鍵。「921 案」應該可以當作實證分析的範例。

政治權力製造法律無辜

雖然曾經多年參與國家立法，予當前社會之法律體系據以執法，也曾經主動立法形成體制，協助社會完整法律秩序，但我卻沒有法律訴訟的實務經驗，吃了一大虧。由於 921 被控訴貪污、圖利，所以被賦閒失業在家，我心急如焚亟盼趕快釐清真相，期以能迅速結束訴訟恢復正常生活，因此花很多時間投入司法被告的世界，這是一段心情很沉重的悲哀歲月。

一開始，「921 案」經整個案情理清之後，不考慮政治因素，就法論法，我發現本案涉及的一些法律瑕疵，盡可能的找機會去請教法律專家，包括法官、檢察官、法院院長、律師、學者、大法官、監察委員等親友我都曾經當面分別請教過，提出本案程序法律缺失，請教能找尋之救濟途徑。就此，他們異口同聲，皆曰：現行體制無法補救，而特別強調救濟須待全案走完訴訟勝訴後，提出告訴訴訟去找正義，但不一定能成功。這也是日後我並未參與辜寬敏大老發起行政冤案控訴檢察官濫權之行列的理由

之一。[28] 他們一致性的答案，讓我的希望頓時沉至谷底，真的必須要面臨未來漫長未知的層層官司關卡。

有相當時間，我確實很洩氣悶沉。司法正義在實務的實踐方面，我愈加體會政治人的權勢巨大威力：除了尋利，他們可以利用職權支配司法，達到政治的排除競爭目的。長期來我非常感慨這種情況屢見不鮮，社會、法律依然無力更正，過去三屆立委時期我做得不夠，讓司法正義繼續疏失，犧牲無辜者的生命、聲譽毀壞殆盡，永難彌補。這是政治正確的時代。無奈，「政治正確」正是「社會正義」的劊子手。

因政治層面而導致的法律無辜，也就是所謂的政治誣陷冤案，當然不會是只發生在臺灣，文明進步如美國亦然。

普德曼（Constance E. Putnam）、貝鐸（Hugo Adam Bedau）和拉德列（Michael L. Radelet）合著《雖然他們是無辜的》一書，就死刑誤判案例中，對執法的「傲慢與偏見」（第二部），首先列引的案件就是探討有政治偏見背景如何被誣陷的冤屈案例：政治犯及其懲處。我看這個案例內容，感到有點熟識。

這個冤誣案例反映的司法手段，仍然是檢調常用的：「嫁禍」手法，進行非法逮捕、搜索，鞏固無縫理論（提出多項論證及多項罪名），作假的見證，羅織入罪；然後就是一連串的司法攻防，前後三年（1916-1918），州最高法院駁回當事人上訴案，確認罪名及刑責。比起臺灣，美國倒是乾淨利落，三年就完成審理程序。1939年，無辜者之一被宣布「罪名及死刑全因偽證而起」，而完全、無條件赦免，前後23年煎熬，獲釋後三年去世。[29]

美國這起誣陷案例，和「我的921案」有點相像，全因偽證而起；不

---

[28] 2013年，「臺灣綠色逗陣之友會」以行動全民破檢，計畫每週控告一名烏龍起訴之檢察官，計有謝清志、吳明敏、吳灃培、許添財、蘇治芬等政治聞人參加控告檢察官濫權起訴。
[29] 參見林淑貞譯，《雖然他們是無辜的》，臺北：商周出版，2000，第二部第四章，頁104-127。

一樣的地方，很慘，他變成無辜死刑犯，而我雖未變成死刑犯也很慘，因為是行政首長，檢方一開始啟動搜索偵辦，由此就被判「政治死刑」。所以，20 年來，社會某些人士一直存在偏見，在對立競爭政治陣營，很一致性的形成他們運作排擠之藉詞。**30**

所謂「善為士者」乃指能夠實踐的讀書人，於實踐法治價值者就是法律人。

「921 案」起自 2000 年迄今 20 載，臺灣由陳水扁、馬英九、蔡英文法律人擔任總統也足足 20 年。照理，法律人執掌國家大權，依法行政的法治精神更應優勝於由非法律人執政；非常遺憾，臺灣這「20 年的法律人執政，是否彰顯了法律人為政應有的法治正面價值？」事實並非如此。

試看法學專業陳長文的感慨：「法律成了服膺個人需求之政治工具」、「法律人的典範未能在政治場域發揮乘數效果」、「在政府治理上，放任玩法、弄法、毀法，無視對法治該有的堅持」…。如此法律人領政，平民百姓乃至專家學者竟然還只能謙卑地請法律人總統「謹記法治滿分」以傲言法律人的「優良風範」。**31**

多麼可悲的臺灣民主、法治價值，以及法律教育。

已經 21 世紀 20 年代末了，人民都已經選出三位臺大法律人擔任國家領袖，實踐 20 年，至今法治精神仍然只是政治的附加價值。臺灣的法律正義為什麼碰到政治就轉彎變調？法曹大員，請告訴我們為什麼？

---

30 一些關心我包括民進黨同志，在這段期間，也曾轉達掌權者當局未能協助機會恢復我服務社會理由的相似講法。最令人難過的，雖然我高考金融人員及格，從政前於金融機構—合庫服務 15 年，兼任財政部金融研究小組研究員 4 年等，他們直白的告訴我：「要回銀行，門都沒有，想都不要想。」

31 參見陳長文，〈政治，需要什麼樣的法律人？〉，【天堂不撒手】，《中國時報》，2020.5.18。

重視政治道德對法律正義實踐的重要性

> 一般政治商人用以吸引人的，不是他們的政治潛能，而是
> 選民的弱點。
>
> 他們不想再教育民眾，使其適合自主政府上求努力；
> 他們祇想控制選民、剝削選民。
>
> 他們加強自己的政治技倆。
> 這些政治選舉運動的推行工作，交給大眾傳播人員來處理。
> 最需要的乃是金錢。
>
> 在政治日漸商品化的風氣之下，
> 即使是一個最有抱負的政治家，也難發揮其民主政治潛能。
>
> ── 英·赫胥黎，《再訪美麗新世界》[32]

　　吾人關切政治對法律干預的問題。政治把司法當作工具或手段的情況，並非以「司法獨立」就可以忽略、交代，光就司法首長、大法官由政治任命即可視出端倪，不容輕忽。

　　而媒體審判是社會輿論的先驅，也是影響司法訴訟的重要因素。我因921而身受其威懾，特別是所謂「921重建弊案」，在司法偵查期間的創傷，更是不可言喻。

　　在法律上，學者林鈺雄（2001）對無罪推定原則，憂心受「事實上限制」可能更為嚴重。他指出「媒體審判」問題，在大肆宣傳時，無罪推定

---

[32] 赫胥黎（Aldous Huxley，1894 -1963），《再訪美麗新世界》，蔡伸章譯，新潮文庫165，臺北：志文出版，1977，頁 90 -91。

原則已經受到事實上的顛覆。本 921 案自偵查、起訴、審判等階段，尤其偵查期間的案情撲朔迷離，莫不受到媒體宣揚，或扭曲或不實，而「事實上」顛覆了原本「無罪」行為之認知，於是造成「媒體審判」之事實。

法學家早已注意到「無罪推定原則經媒體審判已受到事實上顛覆」的警惕，但實際上法學界對此並未有如何預防或救濟之積極性作為，包括建言或修立法之後續。本案自我們遭設定嫌疑被告，受到大規模「媒體審判」的惡劣影響，對接案審理的法官，幾乎沒有所謂「無罪推定原則」的素養認知，仍只是法理論述上的一個小小腳註而已。尚無公道。

我們既經受多年「921 災劫」及「921 重建弊案」的媒體重複洗禮，平心而論，今日臺灣司法仍善長附隨「媒體審判」，他們懦弱於強勢輿論的不夠「中正不阿」，基於冤誣案的定讞，證明原始就是一個根本不可能貪污的地方行政首長，僅僅在政治上並未經營好結黨營私關係，再輔以媒體特殊的定位功能，本人僅僅因李登輝召見之政治傾向關係，司法就淪為政權附庸的屠宰者。

「921 案」全案司法過程反映的意義，並無社會正義可言。

就法律專業而言，20 世紀美國法理學大師德沃金認為法律訴訟中，通常會出現三種不同的議題：一、事實問題（issues of fact），二、法律問題（issues of law），三、政治道德與忠誠問題（the twinned issues of political morality and fidelity）；較為一般人理解的爭議是事實問題與道德問題，因涉及的法理較為清楚明瞭；而法律問題則最有爭議，暫不論事實真相的基本認定爭論，主要係律師與法官之間對於個案應如何適用法律，意見時常相左，而法官之間亦常援用不同的檢驗標準。

法律人注意法律問題，例如，前述不同法官，可能提出不同之檢驗標準，因而衍生法官對政治價值概念，選擇特定立場的問題，則法律正義將變成次要。他們不會去爭議正義的重要，因為，在實踐上，他們會使用正義的概念去評價政治決定是否為不正義，因此，「正義」的「政治論證」係以正義的政治概念作為論證的核心。可見政治道德的價值也有其正義，

與法律正義不同。

嚴肅正視「921 冤誣案」的實例，由德沃金對法律根據的看法，本案在法律訴訟中，的確就出現這三種爭議：事實問題、法律問題，以及政治道德與忠誠問題。吾人以為，「921 案」之發生，一開始他們以政治、法律當道，把問題過於簡化並輕忽，他們設定以司法出手的對象，跳過行政體系層級，懷疑行政首長「清廉正直」經不起偵察。一如本案「1016 大搜索」一位記者對我反映當天特偵組檢察官所輕言：「貪污 20 億元，隨便撈也會有證據」。想當然爾之推論，竟能拿清白、正義做墊腳石。

他們的「懷疑設定」忽略了法治精神，不相信官場上也有正直清流在！他們啟動社會公器，揭櫫社會正義大旗，訴諸玩法專業，認為別人（社會大眾）不必然懂法理；在訴訟過程則已掩飾了這些事況在其中，無法議論。而在事後看來，整個「921 案」流程顯然就是執政者施展權柄傲慢，以及司法正義淪喪的玩法遊戲世間。

我願意挺身說，「921 案」全案反映整個問題癥結：回歸政治道德與忠誠問題對法律正義的維護與實踐的重要性，不必懷疑。

大海啊，你說的是什麼？
是永恆的質疑。
天空啊，你的回答是什麼？
是永恆的沉默。

聽，我的心啊，聽那世界的呢喃，
這是它對你愛的召喚！

— 印度詩人，泰戈爾，《飛鳥集》

10

滄海桑田

第十篇

反思：「921案」之誕生與「921政治災難」

為什麼你的眼中有淚水，我的孩子？

他們是多麼可惡，常常無故責備你？

── 印度詩人，泰戈爾，《新月集》

政治是服務人群、福祉蒼生的良心事業。自擔任南投縣長，施政無日不以此為懸念。921災劫發生，牽掛尤深。

921大事，吾人因其而新知天地，不求世間因其而知我，乃惟921因緣包覆眾多生靈，我猶自餘生留真相，但莫使顛倒誤眾生。

「921案」總體省思

在富蘭克林（Benjamin Franklin，1706 −1790）誕生後的300年間，世人對富蘭克林的評價一直在變，那通常不是反映世人對他的看法，而是反映當代的價值觀。

他剛過世不久，隨著敵人的攻擊逐漸消失，大家對富蘭克林的尊敬與日俱增。

── 華特·艾薩克森，《班傑明·富蘭克林：美國心靈的原型》[1]

---

[1] 華特·艾薩克森（Walter Isaacson，1952 - ），《班傑明·富蘭克林：美國心靈的原型》，洪慧芳譯，2017，頁528。

本篇將總體性的概要反省檢討「921案」發生的背景及其可能的動機。

「921案」的發生，轟轟烈烈，惟落幕卻似若無事靜悄悄，就歷史的視野而言，應當有其意義及其價值在。是以「921案」當須清理待檢討。

「921案」焦點設定在縣長我人，不僅牽連我個人一生的變遷，影響周圍家人、親友；重要的，它也牽連縣政府、縣政，影響整個南投民眾鄉親；甚且牽連涉及國政高層。迄今全案雖早已事過境遷，無罪真相揭露，但歲月累積人情事故因緣，造成真相不是真，假相不是假；而今社會許多人仍舊不知真假，「假當真時，真亦假」，「假假真真無真無假」，也有許多人寧可不知真假，他事與我無關。

然而，不明「921案」涉及是非複雜，包含人間因果業力，則影響所及，小至個人，大至天地，莫不層層疊疊，今生不清理真相，伏藏是非再留世間污濁造困惑傳邪惡，糾纏此世，非人世所應為，吾人能不慎乎？因為，它的背景是新世紀到來前夕，以921震劫付出好幾千條人命聚集的因緣累積而成，容不得一點輕忽。

為什麼會有「921案」？有遠因，有近因。芸芸眾生，一切皆茫然。

遠因，都是改革惹的禍。

逞強個人，不好；不改革對不住付託，不對。好與不好間，對與不對間，本來就是人生抉擇，無可怨尤，無可悔恨。既然走向改革路，人生這麼這一世，盡力了再檢討，不盡力就補考。

近因，921震災之殤給了他們藉口。

改革中道，天降浩劫

> 我是秋天的雲，空空無雨，但在成熟的稻田裡，可以看見我的充實。
>
> 他們憤世嫉俗，他們殘酷殺戮，人類反而讚揚他們。
>
> ── 印度詩人，泰戈爾，《飛鳥集》

我主政南投，改革中道，南投天降大劫，百廢待舉，一時滿足不了民需，貧苦多怨本是政治根源；這次天災人禍一起出籠，複式災難，考驗中央，試煉地方。

　　遺憾地，藍綠兩朝都關心南投 921，卻都偏見南投災情與重建，變成南投註定不可能因 921 而翻身的宿命。我人企圖藉天機翻轉南投夢碎，但留遺戮力的痕跡印記予歷史。

　　原以為分工合作本是良方，無奈中央權力不下放，前後兩朝權錢一把抓，忍辱負重成了地方生存之道。如今，試煉過程都走過了，太累人，就休息。

　　長期潛沉休息，似乎夠了，於是開筆反思：為什麼要選擇走改革的路？為什麼要面對踐踏這一程？改革中道，為什麼有 921？又為什麼有「921案」？又遭遇哪些「921 政治災難」？本篇重點放置在後兩者。

第一章

改革政風迎接災變

上帝等待著祂的神殿由愛來構築，

人們卻帶來了石頭。

— 印度詩人，泰戈爾，《流螢集》

我們用改革來迎接 921 災變的來臨，加深議會對縣府救災、重建的阻力。如果有洞悉未來的能力，我會放緩改革的腳步。

政治對立不利 921 重建

你進入了一個抉擇的時候。

你與所有的世界將在大與小之間抉擇，因為所有的生命，

都是在宏觀與微觀之間、在生命本身之最大與最微小的表

現之間的移動。

它是鐘擺過程，一個吸入和一個呼出。

— 尼爾·唐納·沃許，〈靈魂的人權運動〉[2]

1997 至 2001 年，我當選縣長與執政的這四年，可說是南投縣政治史上空間變遷最大的期間。

---

[2] 尼爾·唐納·沃許（Neale Donald Walsch，1943 - ），《明日之神》，王季慶譯，臺北：方智出版，2006，頁 327。
尼爾為《與神對話》系列的作者，主要在探討靈性與個人生長，以及靈魂深層問題，作品曾翻譯成 30 多種語言，暢銷全球超過 1,200 萬冊。目前在推動全球人類靈性復興運動。

施政四年這段時間，有過南投縣過去未曾有過的縣政維新紀錄[3]；有過百年來不曾經歷的 921 震災大浩劫；也有過去五十多年來南投縣不曾出現的政治恥辱遭遇 — 縣長被羈押並遭起訴求刑 20 年。我於跨世紀執政這四年，確是改變了南投縣的政治生態。921 是分水嶺。

回顧 1997 年底在競爭激烈的縣長選戰中，我離開民進黨以無黨籍的身分，以些微的 2,001 票數勝出，劃下南投政壇進入三分天下鼎立之局勢。也因此藍綠兩黨有人為爭回縣長寶座，奪取政經資源，他們分別有計畫地對新縣長的各項革新，極力抵制杯葛。埋下 921 重建的不利原因，以及為「921 案」預排背景。

這是南投縣跨世紀縣長在任期間政治對立的主要根源，921 變數只是催化提早對決的元素。

上任後之初，我即提出多項縣政革新，諸如：大幅降低工程及採購案件公開招標的門檻、因財政艱困與債臺高築未依往例編列議員小型工程配合款、設置公共工程管理中心、資訊服務中心、成立縣長辦公室、建立 24 小時電子化政府、縣政頻道、辦公用品統一採購等措施。但由於這些改革及新措施，直間接損及部分地方政治人士包括議員既得利益，致使許多良法美意，遭惡意抹黑。

1998 年 3 月 1 日，新議會成立，選舉正副議長，議會分派對立，府會關係緊張局面搬上檯面。此後，只要我提出任何政策措施，往往被議長派人士抹黑、裂解得體無完膚。政治分流已無分對錯好壞，南投縣政壇變得殘忍無比，我不斷遭受「議長派」議員的炮火射擊，形成府會不斷紛爭的局面，打破了他們所謂「以和建縣」的傳統。對 921 重建也顯得離心離德。

---

[3] 有興趣的讀者，請參閱：《飛躍蛻變的年代：南投的再出發與遠景》（1999 年 6 月）、《改革挑戰新變局：南投的再出發與遠景》（1999 年 9 月）、《1998 南投縣政府大事紀要》（1999 年 6 月）、《1999 南投縣政府大事紀要》（2000 年 9 月）、《2000 南投縣政府大事紀要》（2001 年 4 月），南投縣政府編印。

污名化毀滅人格，重創縣府重建形象

我推動縣政改革的代價，是議會對個人的污名化與人格扭曲，迤然我還期待理性的政治互動，包括第四權媒體功能。但結論是不能期待，社會價值的正義目標早已不見。921 重建過程也充滿扭曲。

南投縣民風淳樸保守，在閉塞的政治環境中，耳語傳佈的效果驚人。我因為改革激起議會對立，已然得罪許多民代及既得利益者，政治對手遂運用種種計謀，封鎖並扭曲縣政消息，不斷製造假新聞，排山倒海污衊造謠攻勢不斷。921 救災階段、安置災民、重建家園，也就無時停止過政治上的耳語謠傳作用。

國民黨、民進黨兩大黨結合的「議長派」議員，動作誇張，目的就是不讓民眾知道縣政府團隊打拼的成果，努力的治績。921 後，他們持續運作陸空攻勢，並透過議會問政，公開的扭曲議題，技巧的運用傳播媒體，甚至在部分記者有意無意的配合領攻下，製造輿論、主導媒體趨勢，社會大眾根本無法瞭解事實真相，也無正確資訊來判斷是非曲直。[4]

921 之前的縣府改革，影響當時之政治氛圍，也是 921 天災之外融入人為造惡的雙重式災難的前置環境。故清理 921 之前的縣政改革也是需要的。以下試著簡單說明幾項較重大的影響。

民眾曾經質疑，報紙不登縣府的縣政消息，縣府不會自己用出版刊物來宣導嗎？問得理直氣壯。但是，民眾可能並不知道：「曾經有過全國唯一不給政府機關刊物預算的縣市，就是彭百顯執政時的南投縣啊！」

議會曾刪減了縣府刊物發行有關的預算，《南投報導》月刊在我就任縣長之後，指示研議從報紙型改組為雜誌型，《南投報導》卻只出版了三

---

[4] 照常理，我是半世紀建縣以來第一位不是國民黨籍的縣長，民眾應該迫切需要知道新任縣長的治縣觀念是什麼，他的施政方針是什麼，他要帶領民眾社會走什麼方向，他領政的政策內容是什麼，會不會影響民眾的權益等等，何況，921 的重創南投，民眾又確實是應該知道縣府的縣政運作狀況，發展方向等縣政資訊。但第四權並不這樣想，他們全力攻堅，不在意縣府的訊息。

期，其編印經費是上任縣長林源朗留下的預算，新年度預算（尚未通過）刪除了以後就停刊了！

但是，相對的，民眾每個月都可以看到議會的月刊？這份《議會月刊》充斥著對縣府及對縣長單方面的扭曲指責說詞，尤其在選舉期間，議會更是擴大增印，甚至隨同訂閱報紙用夾報方式大批發送。

在報紙媒體幾乎一面倒的偏頗報導下，又因為縣府出版刊物之預算曾經全數遭受刪除，只有「議會之聲」，沒有「縣政之聲」。實有異政治常情。

總之，921 之前我的施政以及縣府的建設績效，就是如此這般的沉寂遭受封鎖及扭曲。「政治垃圾訊息」充斥社會。政治資訊乖離事實，社會群體之間充滿相互的對立。這也是第一個非國民黨籍縣長的歷史性政治現象，真是前無古人。

自我削權，清理寄生管道

再次，我縮小工程指定廠商權，擴大公開比價空間，將 50 萬元以上工程改為公開比價招標。我單純地想更透明化而已。

南投縣各項經費短缺，工程建設有限，為推動工程招標透明化改革，如採購招標公開化必可節約公帑。再加強工程品質抽查，必可杜絕違法的偷工減料，將有限的預算資源做最大的建設。因此，我在 1997 年 12 月 30 日首次主持的縣政會議上指示修正〈辦理營繕工程及購置定製變賣財物作業程序標準表〉，將就任前原定工程招標 150 至 500 萬元公開比價，往下調整為 50 至 500 萬元公開比價；採購金額則由原來 75 至 250 萬元公開比價，降低為 30 至 250 萬元公開比價。並自 1998 年 1 月 1 日開始實施。

我想藉降低指定廠商的發包金額，並配合工程底價金額適度的刪減，以杜絕圍標、綁標及關說指定廠商的弊端。實施後成果斐然，決標金額佔預算比重大為降低，根據當時統計 1998 年 1 至 10 月份，節省公帑高達近 2 億 6 千萬元。

工程指定廠商權限下放

一上任縣長我即放棄工程主導權,將 50 萬元以下工程授權由一級主管指定。

1998 年 1 月 1 日前(前縣長時代),150 萬元以下工程是由縣長指定廠商議價、比價。我上任後,不僅將公開比價門檻由 150 萬元降至 50 萬元,甚至連 50 萬元以下工程指定廠商權限也下放由一級主管指定。

我透明化自己,雖當縣長但放棄了所有工程招標指定廠商之相關權限,完完全全脫離工程之主導地位。這些招標制度之革新,震撼南投政壇,杜絕府會間任何互惠互利空間,但也埋下引發府會鬥爭的炸彈。921 後,擴大了他們的戰場。

首創統一採購,杜絕流弊

接著為節省公帑,我也不忌諱得罪既得利益民代,我先實施辦公用品統一採購,大幅節省公帑。

以往南投縣政府除部分文具向秘書室庶務股領用外,其餘均由各單位零星請購,因數量不多,每次不問數量多寡,皆須經採購程序,無法以量制價,且不符效率。而且,因各單位自行採購,價格偏高,容易造成與廠商間人謀不臧之流弊,或圖利特定廠商之詬病。

為求節省公帑,簡化採購手續,我指示辦公用品採統一採購、分次進貨方式辦理。南投縣政府在 1998 年 3 月 3 日縣政會議中,通過〈辦公用品統一採購實施要點〉,在 5 月間進行辦公用品分類公開招標比價,總計 200 多項辦公用品列入實施規範,訂定統一單價,各項單價價格平均降幅近達四成左右。**5**

---

5 根據縣政府統計,以分類項目而言,經分類辦理公開招標比價後,文具類價格約降 34%、影印紙類約降 20%、印刷製品類約降 49%,平均降幅 34%,實際達到以統一單價、節省大量公帑、簡化採購程序、促進效率等預期目標。

這是南投縣政府辦公用品統一採購之創舉，既節省公帑且簡化各單位採購程序，這項改革也獲得中央審計單位之嘉許與肯定，引為其他縣市參考。

我透露，這項為人民節省大量公帑的改革，激起了一些原有利益者不滿，包括原來長期承攬縣府文具用品之議員廠商之詆譭，這也是為什麼議會老是那幾位議員極力杯葛縣政的主要原因。

創立工程管理中心，杜絕關說管道

在工程方面，我放手工程予專業管理，將公共工程招標完全透明公開管理。

1997 年 12 月 20 日上任南投縣長時，當時我面臨的縣政府財政的確極度艱困，試想縣稅收入一年約 20 多億，但人事經費支出一年約 85 億，各項建設經費皆仰仗上級補助，至 1998 年 7 月底累積赤字及債務已逾 45 億元，我相信，在建設經費短缺、工程建設迫切需求的情況下，合理審訂底價，加強工程品質抽驗，杜絕偷工減料，有絕對必要，如此才能將有限的預算發揮最大的功能，進而確保工程品質，以對得起全體納稅人。

因此，我指示積極推動這個政策。南投縣政府在 1998 年 4 月 13 日頒訂〈公共工程管理中心設置要點〉，並自 8 月 3 日起掛牌運作。依據管理中心作業程序規定，南投縣所屬各機關學校，凡工程款在 50 萬元以上者必須由中心統一公開發包，由中心負責工程算書圖複核、發包、品管、評鑑及抽驗工作；同時也對縣轄各鄉鎮市公所辦理之營繕工程進行抽驗。該中心成立後，確實發揮了許多正面積極功能。[6]

---

[6] 這些正面功能包括：
1. 公開競標，節省公帑。推動 50 萬元以上的工程一律公開招標，並配合工程底價金額適度刪減，實施成果已如前述，不到一年節省公帑近 2 億 6 千萬元。
2. 統一作業，確保工程品質。透過專業人員，自預算書圖編製的複核控管，到工程進行中的嚴密品質，迄至完成後之抽驗與評鑑，確保工程之品質和進度。該中心並與建築師諮商

我創立公共工程管理中心，目的在公共工程放手由專業管理以公開化運作，杜絕人情關說，讓工程黑箱透明化，接受大眾檢驗、評論並參與，杜絕許多可能的流弊；但也引發議會無情地批判，沒預想到他們會以各種機會杯葛縣府施政。

在這樣專業分工管理下，又怎麼可能有「921 案」公訴人推論跳脫層層分層負責監管機制，而在發包前由縣長「指示廠商先行進場施工」？他們實在欺騙社會很大。

擴大統一單價項目，縮小賄賂空間

很重要的，我也要求貫徹統一單價制度，壓縮圖利空間，建立並擴大建材成本統一單價制度。為此，我得罪了一些一直「把持」縣府業務廠商，他們不滿利益縮水。

我在縣政會議上多次聲明絕不收紅包、拿回扣，也告誡同仁不得收拿回扣、紅包，希望營造廠商實實在在從事工程施作，有一定的正常利潤，而不用再負擔紅包、賄賂成本。在南投縣政府既有實施的工程主要建材統一單價基礎上，我要求將工程的主要建築材料，擴增訂定統一單價項目，擴大實施內容範圍，並且檢討各項單價，建立合理化的建材成本統一單價制度。

如此主政，南投縣政府所發包工程，如果沒有虧損，大皆只有正常利潤，又在擴大實施工程統一單價項目的措施下，承包縣府工程根本沒有多餘之所謂圖利空間。這項建立完整的建材成本統一單價制度，我的用意在以制度規範，避免人為弊端。當時，此項良法美意亦深獲中央審計單位嘉

完成預算書圖之統一格式和審查流程，更方便標準化作業。此外，也大大減輕各學校、附屬機關因無工程專業人員每逢工程發包所產生之莫大壓力。

3. 透明化作業。整個發包作業完全透明化、公開化，任一廠商都有公平均等機會參與南投縣各項工程建設，以市場自由機制，確保優良廠商進入縣政建設體系；一方面建立優良廠商制度，另方面也對不肖廠商嚴格處罰，以收遏阻之效，進而建立健康的「工程文化」。

許。但於 921 亂局，知道改革本意的人，他們卻變得默不作聲，反而迎合議會強權，沒有專業正義。

因應保留補助，引發攻訐

工程招標改革，我下令從 19998 年 1 月 1 日開始，縣政府採行 50 至 500 萬元工程公開比價方式，這個招標方式之改革一直持續至 921 震災年度結束之前的 1999 年 5 月上旬。

南投縣議會也破天荒的創下不依法審議的歷史紀錄來箝制我的施政，讓我上任的首次政府編列 88 年度預算（1998.7.1 ～ 1999.6.30）[7] 遲至 1999 年 2 月才通過，年度預算執行期間只剩有四個月。至 1999 年 5 月，為使年度中小型工程能於年度前順利完成發包手續，始能保留上級政府之補助經費，縣府恢復才依中央法律規定，「500 萬元以下工程准予指名通訊比價」，以因應短短只剩二個月要執行全年度預算。再加上 1999 年 5 月 27 日開始實施《政府採購法》，新制度衝擊壓力，若未能在 1999 年 6 月底前完成發包，上級補助款將被全數收回，嚴重影響縣民權益。令人想不通，連這種為縣民之公益因應措施，他們也要反對？

換句話說，我自就任縣長後，首次行使縣長職權於工程權責的期間，為 1999 年 5 月 13 日起至 5 月 27 日《政府採購法》施行前的這兩個星期的時間。然而，政治對手惡意攻擊中傷，對檢調單位提供不實資訊，其後並引申如《起訴書》對本人之起訴指控。愈加證明他們之公報私仇攻擊與誣陷，極不合理。為公為私，分明立判。

---

[7] 政府部門會計年度：88 年及以前，係自上一年 7 月 1 日起至當年 6 月 30 日止，88 年 7 月 1 日起，改為曆年制。88 年下半年及 89 會計年度為 88.7.1 ～ 89.12.31（1999.7.1 ～ 2000.12.31）。此後 90 會計年度即為 90.1.1 ～ 90.12.31（2001.1.1 ～ 2001.12.31）。

改革踩到對方痛腳

別去推牛車，只會使自己沾染一身塵土。

別去想百樣煩惱，只會給自己帶來痛苦。

別去推牛車，只會使塵土遮天蔽日。

別去想百樣煩惱，只會讓自己活得太累。

—《詩經》〈小雅·無將大車〉**8**

這是《詩經》裡的一則警惕詩詞。

《詩經》是一部非常古老的詩歌作品。很早很早以前，古人尚且留下傷感的自我排遣之行役勞苦而憂思。可見徒勞無益之舉為古人所關切：不要輕易去推動大車。但我不能不做，這大致上可以描繪我用力推動縣政改革當時的環境心情。

---

8 《詩經》〈小雅·無將大車〉原文：
無將大車，祇自塵兮。無思百憂，祇自疷兮。
無將大車，維塵雍兮。無思百憂，祇自重兮。
原作品三章三嘆，於此略去第二章。翻譯取自：滕志賢，《新譯詩經讀本》，臺北：三民書局，2017。

議長因預算改革遷怒 921

> 有人尋求智慧，有人尋求財富，
> 我尋求侍奉你的道路，所以我一路歌唱。
>
> ── 印度詩人，泰戈爾，《流螢集》

我下定決心改革預算，不是匆促的決定。

我下決心對議員工程配合款開刀，引發激烈鬥爭，對議會反彈本在意料中，但未獲社會輿情公正以對，實出乎意料。遺憾轟動的預算改革，竟然也給議會延伸戰場至 921，這也是我完全意料之外的發展。政治再怎麼對立，議長因預算改革遷怒至 921 災變重建，我也想不通。

刪減未比照審查原則之議會預算

> 人生不是有物質享受就能快樂，
> 也不是有某種力量做我們安全的保障就是幸福。
> 只有良能的付出才是最心安的時刻，
> 我們能付出使社會幸福，就是快樂了。
>
> ── 證嚴法師，《齋後語》，〈心安的時刻〉[9]

議會籌編的預算概數容不得檢討？刪不得？

貧窮的南投縣，每年縣內徵起的國稅、省稅、加上地方稅，就算完全不用上繳中央，也不足以支應全縣公務人員的人事薪水。而且，在我就任

---

[9] 證嚴法師，《齋後語》，臺北：慈濟文化出版，1991，頁 202。

之初，縣庫至 87 會計年度止（1998 年 6 月底）已累計 37 億元赤字，此外尚有未償的 8 億元債務。財政極度艱困，而各項建設設施又亟待推展的兩難下，縣民也期待出身財經背景的縣長能開源節流，因此，我對每一分公款的支出都是苦心計較，一塊錢當兩塊錢用。

縣府財政已經極度艱困，議長竟然不能共體時艱。

主計制定「年度預算初審原則」應該一視同仁

1998 年 4 月，南投縣議會預算送縣府籌編的時候，縣府因為財政困難，主計單位制定了「88 年度預算初審原則」，對加班費、旅運費、服裝費、文康活動費、參加各項相關聯誼比賽經費、委辦費…等非迫切需要項目，都一視同仁地節流刪減或刪除，在此原則下，我刪除了縣府預算 8 億多元；為整體著眼，我期盼議長也能共體時艱，依據相同的該年度預算審查原則，共同縮減財政赤字，因而在考量合乎法令規定，不影響議事運作及議員為民服務所需及員工權益等原則下，縣府建請議長自行依預算「初審原則」刪減 4,492 餘萬元。**10**

但對於依照省府訂頒〈88 年度縣市議會預算共同費用編列基準〉所

---

10 為留丹青，依照當時南投縣政府所有單位共通性原則以及刪減不必要額外之公關交際費，我們建議議長刪除的經費較大項目有：(1) 議員服裝費約 300 萬元 (比照該年度南投縣政府所有單位均暫緩製作)；(2) 接待各界人士來訪及聯誼活動費 675 萬元 (因已保留依各縣市標準編列公關費)；(3) 相對刪減活動之誤餐費、特定工作、會議、接待外賓與各界人士餐費約 320 萬元；(4) 議會參加球類比賽經費 60 萬元；(5) 工作人員開會加勤工作費約 250 萬元；(6) 議員聯誼活動經費 100 萬元；(7) 小組政令宣導活動補助經費及其他 400 萬元 (第二筆出國旅費)；(8) 對各界公益及重要節慶活動補助經費 200 萬元；(9) 最大宗者，是設置議事業務電腦系統後續設備經費 2,000 萬元。(因為 87 年度編列之 1,000 萬元電腦預算，議會全年度尚未發包執行，且南投縣審計室並也指出南投縣議會各項硬體設備單價偏高，及建議以工作站作為網路伺服器替代大型主機。因而建議議會該年度預算緩編，待於 87 年度 1,000 萬元預算執行後再研議後續計畫。(但議長不同意，他希望再追加 2,000 萬元。) 平心而論，南投縣議會 37 位議員欲編列 3,000 萬元電腦經費，審計室並已糾正，平均每人使用高達 81 萬元新電腦設備；議會每人平均 8 萬多元服裝費，每人高達 20 至 30 萬元出國旅費，這對財政困窘均依賴舉債支應支出的南投縣政府而言，無異是可以適度節約評量的。

應編列之各項議員研究費、誤餐費、交通費、出席費及公關費等，我們均予全數保留未作更動。而且，於法於理，行政機關本來就有權責概編全縣總預算，也有權責因財政困難或避免浮濫刪減監督機關的預算。因此我先建請議長自行刪減超過「初審原則」之部分，但議長皆堅持不同意，因此，基於府會公平，我才依法依規刪減議會該等浮編預算。預算概編是主計的責任，我指示依規辦理而已。

由於史無前例的建請議長共體時艱，希自行刪減或緩編之預算項目，我們均一一陳述具體理由，議長自是嚥不下這口氣，因而引發南投縣自建縣以來最激烈的府會政爭，並驚動中央出面緩頰。這是「府會不和」的原委。但大家只看到政爭，卻不瞭解政爭原因。

然而，我依主計室規範建議刪減該預算部分不必要之公關交際費，卻引來議會全面報復，這是我估計未及的不理性部分。（後來，我知道：議長在意我不同意議會未執行 1,000 萬元預算卻還要追加 2,000 萬元的那筆電腦經費）。也因此種下議會鬥爭之因子，面對議會絆縛，卻不願在議場上攤開論述道理，而一昧政治對立化，南投政壇自此難有寧日。

一項南投人不清楚的光榮歷史指標

隱惡揚善是人性最難能可貴的美德，遺憾藍綠政治都忘了這項尊貴的桂冠。

南投財政不能自給自主，赤字惡化是農業縣的特徵與宿命。南投首度輪政，這四年縣政維新，表現在由制度面解決財政困境，是彭百顯對南投縣政的光榮歷史。然而，卻沒有人去肯定南投在財政急遽惡化的預算改革。

全國縣市財政赤字的控制排名，86 年度（1997）南投縣在 21 縣市中排名第 20 名，彭百顯就任之後，87 年度改善提升為第 17 名，88 年度再進步為第 13 名，89 年度更再改善進步為第 8 名，當時南投縣財政赤字改善表現已進入為全國各縣市前 10 名。這是彭百顯縣政預算改革的貢獻，蒙辱之後仍帶給南投難得的光彩。可能很多南投人都不清楚自己有這一段光彩的財政歷史。

議員為工程配合款一己之私發起空前鬥爭

　　臺灣大部分縣市歷來均存在編列議員工程配合款之陋規，雖然中央政府主計單位一再批評這些做法違反法令規定，但中央卻睜一隻眼、閉一隻眼，任令地方政府與議會私相授受。這種陋規不僅造成資源誤用，工程招標品質低劣，甚且許多配合款流為圖利特定人私人工程或公關交際、出國旅遊之用。有些民選縣市長信誓旦旦上任後將予以廢除，但事實上對議會之配合款要求額度，卻是不斷增高，加倍奉上，以求府會相安。這是我們民主政治不堪之品質水準。

　　相對其他縣市首長的無奈，我知道這項改革作法是政壇上的異數。主要是因為我上任縣長後發現，87 年度（1997.7.1 ～ 1998.6.30）南投縣政府所能自行掌控決定工程建設的預算只有 1 億 4,000 萬元，但其中編列給予議員之工程配合款即高達 1 億 1,200 萬元，亦即縣府只剩 2,800 萬元可統籌運用。縣政府執政單位竟然比監督單位議會還不如，這是赤字預算的偏態，縣府根本無法支應全縣各鄉鎮市之臨時建設急需，致令縣民及公所怨聲迭起。因此，改善是必要的。

　　我的邏輯，若能將編列予議員之 1 億 1,200 萬元左右的經費，回歸行政體系合運用或作為爭取上級經費的 10％配合款，如此能為南投縣發展爭取十多億的經費補助，這對南投縣的建設有甚大的助益，並能全盤考量，均衡鄉鎮發展落差。否則，維持議員配合款的作法，分散經費在小型建設上，功效有限，且長此以往，南投縣實難有任何重要建設。

　　何況，實際上我也發現，本項屬於資本門的建設費在編列為議員配合款後，卻有一半被用於社團等消費性補助（如出國考察），議會以建設款公帑大作私人人情，既不符預算法令規定，且遭審計單位糾正在案。因此，我想改善將過去由議會支配之作法，回歸行政，以體制廣納議會民代建議，以此款項爭取更多上級補助，施作於最迫切工程項目。遺憾這項站在人民利益最佳之考量做法，並不為議會所接受。[11] 這是府會不和的導火線。我必須面對，但我少了歷史的發言空間，一路挨打遭扭曲。

從此，我在縣議會吃盡苦頭，「921 案」的原始辦案源頭，就是議會在未經過議會討論程序，卻逕由議長主導，許多案件頻將本人移送監察院、調查站偵辦而來的。

相對我卸任後，南投縣府會競相增加花用人民血汗錢於不合理支出，債臺高築，但卻「府會一家親」。而我的銳意改革，卻凸顯政治鬥爭的殘酷與荒謬。說實在的內心話：預算改革好笑嗎？好玩嗎？

無理性預算報復，創下空前玩笑紀錄

面對 921 災變與重建，南投縣未能團結一致處理的局面，其來有自。

議會私心挾民生重大建設延宕地方發展之作法，竟然社會輿情也無法客觀理解，讓我對媒體的監督重點失去信心。

1998 年 4 月 29 日，我在法定期限內將總預算案送議會審議。議會在少數人把持下，罔顧程序正義及縣民福祉，分組審查會採祕密會議，二、三讀會也不給縣長及縣府說明，不理性大刪縣政業務運作經費近 30 億元，包括上級補助款項、依法應執行公權力之預算全遭刪除。[12] 而且除了人事費之外，幾乎各單位的業務費包括文具、郵費、紙張、旅運費、維護費等都遭齊頭式刪除。甚且，縣長連看報紙亦須自行負擔的困境。議會要叫縣府公務人員可領薪水，但無事可做。

---

[11] 「有人說，彭百顯縣長為善用有限的經費，爭取上級更多的補助款，而未編列議員工程款，並杜絕可能的流弊，正凸顯其不畏強勢，不勾結既得利益者，只求運用有限的經費達最高效益。」但這樣的苦心做法，卻招致議會鬥爭、杯葛、造謠、誣陷無所不用其極。值得嗎？

[12] 20 年後，「藍綠協商刪減總預算 605 萬」，卻成為苗栗地方自治史上頭一遭的一大進步，相對上想起來，也真讓人心酸。

「27 年首見苗栗總預算砍 605 萬」斗大的新聞標題，透露苗栗縣 110 年度總預算在協商下終結了 26 年分文未刪紀錄。縣長徐耀昌會後強調「府會和諧，大家彼此包容理性溝通。」（參見 2020.11.18《臺灣時報》）

苗栗縣財政收支結構與南投縣一樣，連公務人員薪資都屬不能自給自足的貧窮縣。刪減 605 萬元國外旅費等經費並不影響縣政推動，但若刪減 10 億元那就大大影響縣政，何況刪減 30 億元。可見南投縣一些改革的影響紀錄都算是臺灣地方自治史上「光榮的歷史」先鋒。

結果使縣府面對許多攸關民生建設和弱勢福利經費，像各項農業、交通建設、縣運、教師節敬師、重陽節敬老、公糧運費補助…等等，皆因預算遭議會刪除而陷入停頓狀態，因無錢可辦，並遭致民眾誤解及謠言困惑。這是議長報復預算改革所預期的亂象，也是南投民主政治最具玩笑性的歷史一頁。

6 月 19 日，我依省縣自治法相關規定提出覆議案，議會之無理論政，也讓我大開眼界。他們施展凌遲分割預算，經審議結果只恢復 3 億餘元，為各單位業務費平均之四分之一，包括出差費、郵電費等等，供縣府維持 3、4 個月後再議。預算案遲不解決，造成縣府辦公室人員都在，但沒電話用，沒有文具紙張，影印機等各項設備無法運轉…，議會目的在癱瘓縣政。

本預算案遲至次年，1999 年 2 月中旬，縣府獲得恢復 16 億元，而其內容竟是縣府在原先提出預算時即已再三說明的：其中 13 億元原已由上級同意補助、其餘近 3 億元為法定必須支付經費。這些根本毫無爭議且攸關建設甚鉅及執行法令所必須的經費，議會玩家竟然耗費八、九個月時間，才獲通過無爭議部分之預算，民生建設延宕、民眾權益遭漠視。可見議會多麼無理性可言。問題是：誰來監督議會？

至於其餘未獲通過攸關民生建設的 9 億元資本支出預算，更延宕南投發展的腳步，其後只能透過逐筆爭取墊付案，再逐筆推動，而年度已耽擱延遲八個月。該年度預算的執行時間僅僅四個月，我們領教了議會極其不理性反應，竟使縣府的工作壓力倍增！這也是我改革的回報。

以上，是我與南投縣政府於 921 發生前的府會互動關係的一段特殊地方政治簡史。它是引致「921 案」發生的背景遠因。令人費解，議長竟不顧天災民怨，強勢地帶領議會延伸預算改革爭鬥遷怒 921，何其特殊的歷史案例。

第三章

謠言包抄縣政，營造 921 公敵

我心裡難過地想，暴風雨是故意來破壞我的歡樂的；
它的一切惡意都是針對我的。

—— 印度詩人，泰戈爾，《園丁集》

921 災變重建，復又面臨「921 案」，謠傳、假新聞擾亂人心、動亂政局，似乎就是災難的定數。

「人之多言，亦可畏也。」對於假新聞、流言、造謠、誹謗之傷害，我很有感觸，且感慨深深。遙想過去，最早留有受誹謗毀傷的文字記載，見於《詩經》：[13]

> 花紋交錯縱橫呀，織成了這貝錦。
> 那個造謠誹謗的人，實在太過份！
>
> 那個造謠誹謗的壞東西，誰在替他出主意？
> 抓起那造謠誹謗的人，把他扔給虎狼吃；
> 如果虎狼不肯吃，扔到北極凍死他；
> 如果北極不接受，扔給上天去懲罰。

思古人之文言，實獲我心。人心無古今之別啊！這是宮廷供使喚的小臣的作品，他傷於讒，故作此詩，抒發對誹謗者深惡痛絕之激憤，甚符我

---

[13] 摘要自《詩經》〈小雅‧巷伯〉的原文，詩共七章，於此取其二：
萋兮斐兮，成是貝錦。彼譖人者，亦已大甚！
彼譖人者，誰適與謀？取彼譖人，投畀豺虎；豺虎不食，投畀有北；有北不受，投畀有昊！
翻譯取自：滕志賢，《新譯詩經讀本》，臺北：三民書局，2017。

境。我自從政以來在南投亦深受讒言之害，而 921 的官司案很大部分是證人作祟的結果。

政治淪喪到眼中沒有民眾，我自認到與議會之共謀全縣福祉的分工體制已完全不能受到尊重，議會之監督問政，也失去重心，於民主政治我有點難過。

回首自上任縣長以後，因錯綜複雜的南投政治環境，到處充斥著對個人或縣政業務不實的攻擊與批判。根據縣政府的一項統計，自 1998 年 3 月新議會組成開始，到同年 11 月底為例，光是這 9 個月期間，媒體報導至少就有 41 案不實的假新聞或謠言困擾籠罩南投社會。而這些抹黑中傷的情形，在 921 震災後更是不在話下的頻繁嚴重。

政治黑手刻意扭曲事實製造的謊言，竟然成為社會輿情的主流。而「假新聞（謠言）製造中心」縣議會，每週至少一次的密集發佈不實消息，嚴重傷害縣府形象。（後來，「921 案」則是地檢署每天發布不實訊息。）另其他再透過派系基層民眾有系統私下散播的謠言，則更是不計其數，殺傷力更大。因為這些牽引「921 案」，故 921 震災之前因為我們澄清無效用，我們也有需要了解，他們運作了哪些假新聞開始蒙蔽民心，影響「921 案」。

1. 造謠「花費六、七百萬元公帑整修官邸」

縣議會新聞稿公開散播假新聞：「彭百顯花費數百萬元公帑，圖個人享受…」。

甫上任縣長，縣府為整修二、三十年的老舊縣長官邸，花費 65 萬元的公帑，是在議會所核定的年度預算之內，內部裝修樸實，根本談不上奢華。但謠言卻中傷捏造內部有山有水、有游泳池，花費公帑六、七百萬元。謠言就自上任縣長開始伺候本人。

2. 造謠縣長下令「取締安全帽」係為一己之私

再次，以取締未戴安全帽之例，按此乃執行中央政策，以保障國人行

車安全，降低機車車禍傷亡情形，這是經立法院立法，交通部函頒「騎乘機車必須戴安全帽」之規定，並明訂取締罰鍰 500 元，乃中央政策明訂並是全國一致之作法，且已早自我就任縣長前的 1997 年 6 月開始全國同步實施，可見這並不是我一個新上任縣長所可憑一己之意下令取締罰鍰的。

但偏偏這項早已宣揚多時，全國盡知的交通政策，在南投縣實施以來，卻出現「是彭縣長下令取締」的假新聞，同時也有許多民眾相信，並繼續作不實的二手傳播同聲譴責「彭縣長擾民」。更甚者，抹黑添料係「因整修宿舍沒有經費」才收取罰款，刮取民脂圖個人之利或肥縣庫。

3. 造謠污蔑「辦大法會洗錢 3 億元」

1998 年 8 月 14 至 16 日，本人結合縣政府及社會各界賢達、諸山長老，發起籌辦為民祈福法會，於縣立體育場啟建連續三天的「南投縣各界聯合千僧護國祈福消災大法會」活動。估計有超過 10 萬以上人次參與此殊勝法會。法會財務、所有收支憑證均經會計師審核簽證，且召開記者會公佈財務收支表，並由五大主法大和尚簽名向大眾公開，法會結餘 2,462 萬餘元，由五大主法決議捐贈給縣政府作為成立「南投縣建設發展基金會」。然而，他們在法會未開始就誣衊「彭百顯利用該法會洗錢 3 億元」，製造假新聞並指責我「透過法會白手套，作為個人專戶使用」，且更擴大為「921 案」的犯罪動機。

這項中傷持續一再在南投各地散播，使得為縣民造福而成立的南投縣建設發展基金會在種種惡意中傷下，遭抹黑為「個人洗錢工具」，甚且迄至 921 司法案件訛傳為本人「工程案收回扣、人事案收紅包均須匯入基金會」，以黑函誣指及出現在《起訴書》指控本人「犯罪事實七、八、九」三個案件，傷害善意捐款人及無數默默奉獻的志工。

4. 造謠構陷罪名

假新聞或謠言不只是打擊我個人信譽，也牽涉影響到政府的形象，他們把一些非事實的案例，分別擴散在基層鄉里流傳。有鄉鎮長幾度刻意把

「上級重複補助工程款的部份收回」的個案，說謊轉化爲「是縣府執行不力而被收回的」。他們透過村里民大會，在村里不斷流傳，也透過民意代表在會議上，扮演雙簧，一搭一唱，來破壞本人與縣府的形象。

就任之初期，我們很奇怪何以每星期一次的縣政會議內容，不用一天時間，當天開會，下午對手也都獲得可以用來打擊的訊息，去做鬥爭和配合迫害的計謀。何以縣府內部決策未定案即已見諸報端，連機密資料，議員和政治對手幾乎隨時都可以取得，並以此在議堂上相加詰難、指責，甚至於用些公文影本來構陷本人罪名，然後分別對媒體輿論、檢調單位、司法、監察單位告狀。這種民主政治，豈是縣民所期待？

5. 造謠「工程索回扣」

我們遭殃最重的造謠包括有關工程案的小道假新聞。尤其 921 大地震之後更甚。由於縣府負責的工程案件並不多，工程利益者個個垂涎，拿得到工程的人固然高興，但政治立場不合時，則内部資料，包括機密内容，都隨時「私通」到達政治對手手中，以做誣陷打擊；而那些得不到工程案的人，基於利害衝突，就到處破壞形象，傳布指控說「要不到工程是因爲沒有付出代價」，極盡破壞、打擊形象之能事。

爲了因應這種破壞、構陷，由於在《政府採購法》實施（1999 年 5 月 27 日）以後，依法行政首長必須承負指定承包廠商之責任，而過去因爲有幾個案例，讓本人蒙受栽贓、陷害，造謠「拿回扣」、「貪污」之流言，爲防止不白之冤，乃要求工程案爲追循案情所需而做成註記備忘錄，921 之後誣陷更加嚴重，後來這些註記資料竟也成爲「921 案」檢調倒果爲因辦案指控本人圖利罪嫌之證據。可見凡有利益的焦點，竟使縣府工程案成爲政治構陷重心。

6. 造謠「人事案收紅包」

縣府公教人員的人事升遷、異動，也是政治對手構陷打擊本人的著力點。黑手利用改革過程影響的不滿情緒，積極的構陷、羅織本人拿紅包，

造謠製造「任用約聘雇人員代價 30 萬元」，「升任課長 60 ～ 70 萬元」，「校護 100 萬元」、「局長 600 萬元」等人事升遷行情，「921 案」司法效應則反映在檢調單位也因此調走了我上任以來所有人事晉用、升遷的名冊資料，以為偵辦切入點。

結語：謠言催化「921 案」

對於謠言，過去我大皆一向不予理會，但卻催化了「921 案」，為留研判分析，才簡列於此。尤其主要是因為假新聞或謠言抹黑的殺傷力，不僅流傳民間，確也影響「921 案」檢調單位辦案，包括縣府人事室、政風室曾為此一一查證三、四百件人事升遷案之當事人，均無不法實據，但政治黑手所製造出的「貪污形象」已廣布在社會各角落，並也是「921 案」偵辦的重點之一。

第四章

921 震殤深化政治鬥爭

> 我曾愛那陽光，愛那天空和綠色的大地。
>
> 我曾在漆黑的午夜聆聽那河水淙淙的呢喃。
>
> ── 印度詩人，泰戈爾，《新月集》

政權在握，似乎無所不能。921 來了，南投成了變天的中心點。

921 帶來政治變局

1999 年 9 月 21 日這場臺灣百年來最強烈的大地震來得相當突然，整個南投受傷慘重，弄得全縣民眾到處家毀人亡、妻離子散，悲慘至極，重寫了南投縣的歷史。

921 帶給南投縣全面性的毀滅，帶給本人就任以來各項努力的建設遭到最嚴酷的重創，造成對南投縣邁向新發展之路受阻。之前的縣政改革也給 921 新政局帶來清廉執政的試煉場，包括司法的反面教材：「921 案」。他們不去掃蕩黑金，竟全力搧火試真金。

921 也為我劃分了施政的分水嶺。921 之前，我對縣政的施政重點是進行行政及體制改革，期使南投縣擺脫過去沉積的包袱而能飛躍進步。921 之後，我的施政重點則是針對各項災後重建，期使南投徹底改頭換面，脫胎換骨。

921 使南投縣成為全國關切的焦點。原本不受外界注意的南投縣，因 921 而受到全國甚至全世界的注目。但 921 以前南投縣的地方政治利益角力戰，並沒有隨著 921 而結束；相反的，921 更把南投變為結合中央政治鬥爭激烈的競技場，使得重建更蒙上深深的政治角力陰影。

議長不放棄鬥爭的災後重建

> 俾斯麥：「政治是可能性的藝術。」
>
> 在企圖心裡要有謙虛。
>
> ── 大衛・歐文，《疾病與權力》[14]

　　我以為，921 應帶給南投縣內部府會重新凝聚的機會，我籲請議長讓過去種種政治恩怨與對立一齊隨 921 化為烏有，全縣只有目標一致的重建理想才是。但事實卻非如此。

　　921 毀滅本人近兩年來對南投新政建設的心血。所有重大有形建設，幾乎都受到重創，而我特別著手全力推動農業配合觀光發展的新農業文化園區建設更是影響慘烈。觀光業全面停頓，農業也由於產業道路柔腸寸斷，大部分農產也幾乎癱瘓。縣府辦公大樓已不堪使用，縣府行政管理機制、原來辦公室文化的精神，皆因 921 而有所調整，建設與發展的重點亦皆須配合變局而改變，總之，本人的施政方針即被迫更易。

　　基於 921 對南投的嚴重摧殘，也認知於若地方不團結，將浪費許多精神及人力、物力於爭執論戰，本人更深刻瞭解 921 損失數千億的復原，如果沒有中央龐大的經濟財物之奧援，根本不可能讓南投儘快復興起來。

　　所以，我認知到過去著重的各項改革工作，都莫如當前的重建急，因此，從 921 以後，本人絕口不提改革。921 後，本人宣布與議會建立全面「和解」的新府會關係，所有議會的訴求主張儘管不合理，都盡可能接受以換取共同團結，以致力於南投重建，主要的目的是希望議會從此不要再阻礙縣政府 921 各項縣政推動重建工作。本人因而一改過去不懼抵制的改革作風，變成一個儘量牽就、為重建委曲求全的地方行政首長。

---

[14] 大衛・歐文（David Owen, 1938 - ），《疾病與權力：診斷百年來各國領袖的疾病、抑鬱與狂妄》，區立遠譯，新北：左岸文化，2011，頁 15。

我立即調整縣政建設發展方向，一切以重建為優先。而 921 早期的縣政重點則為：救災第一，安置優先。重建效率雖也是縣政要求重點，但是，921 後縣府各部門的工作量暴增，壓力負擔相當大，一般人很難想像，在災難之後的悲情戚憂，縣府團隊無法獲得社會、議會的同情。因此，雖然本人一再籲請議長放下政治角力，府會不分黨派共同致力重建，但沒有多大作用，直至大選前表態記者會召開之後才見改觀。

　　災後的南投並沒有使南投人團結起來一齊共同面對劫後苦境，相反的，在少數有心人運作下，各項假新聞、謠言及污衊的攻擊等打壓的政治動作，反而變本加厲。本人率領縣府團隊含淚重建，忍辱負重，接受世間悲劇的洗煉，一步一步走著孤寂艱辛漫長的路，伴隨著漫長尖酸刻薄撻伐的一段苦痛歲月時光。

　　在這種天災人禍的交雜下，極少人能體會一個在全盤性毀滅之後，又在政治重壓打擊下，孤單、無錢、無力的縣府首長的苦處、心酸與悲哀。

　　縣府全體上下，在哀痛憂愁情緒中進行，儘管本身就是災民，但仍放棄自我，每天都工作到晚上很晚很晚。救災指揮中心幹部會議甚至每晚開會都討論到深夜 12 點或凌晨一、二點。開完會議後，全臺各地於深夜二、三點仍不斷送來各項救援物資，數十、上百輛車隊擠滿整條南崗路，在義工們早已不支休息後，疲憊不堪的縣府幹部及縣長辦公室同仁、社會局員工、員警仍不得休息，必須紓解救援物資車輛至各災民收容所，或先將救援物資搬運到適當地點，大家都已經工作超過十五、六小時了，又要扮演苦力工作，累都已累得半死了，又要勞力、體力透支。誰能承負得了？

　　這些死忠的伙伴，他們默默做，大家都很盡心，希望這場浩劫能夠快點復原。但我們所有化解地方恩怨的這些努力，卻因議長不放棄政治鬥爭而終告無效。我很遺憾。

救災指揮中心工作同仁與來自全國之義工投入救災忙碌工作 / 連繡華攝影，取自《大割裂：921哭泣的心臟》。

頭七法會，議長污衊「不救活人，救死人」，散播全國

921震殤，為安置大量罹難亡魂，以及考量許多無家可歸、無人辦喪、無力（錢）善終治喪、無處辦喪的因素，我接受建議，以及長官交代好好善後安置亡魂與對喪家眷屬之慰藉，決定應由縣府辦理921罹難鄉親之頭七法會。頭七在民俗而言，是相當重要的追悼超薦儀軌。

但是，鄭文銅議長率眾到救災指揮中心動手推人發難，指責我：「不救活人，只救死人」。並由在場媒體朋友把這一幕傳達給全國國人，接著不久再發生芮氏規模6.8地震，以致造成很多人誤解，為什麼要調整移動直昇機起降場地，來辦這場安魂頭七法會。當時，就有鄉鎮市長以此向李登輝總統打小報告相責難。

一般人不瞭解，當時辦理頭七法會的地點，是經過全體有關救災單位討論後同意的，包括軍方。軍方指揮官同意暫時把直昇機運送補給任務的升降起落地點，由縣立體育場臨時調到僅有一街之隔對面的明德營區，仍繼續執行原來軍方分派的工作任務。當時，救人工作大皆已完成，9月26日再次規模6.8的震災仍未發生，沒地方有訊息要求救人：受傷民眾、危急病患、產婦等。但是，媒體輿論，已把「不救活人，救死人」的訴求，定位在國人的腦中，扭曲了事實真相。

他們除了醜化本人之外，更在許多地方張貼大字報：「不救活人，救死人」、「只會辦法會」、「斂財」等字樣。

大地震之後，當大家都忙著在救災、安置災難後的生活，在那個時候，竟然，他們還不死心的，在一片悽慘慌亂中，仍大肆致力於攻擊已忙於救災、無暇兼顧政治鬥爭的總指揮官 ── 縣長，他們惡意糾纏忙於散布激情的敵對政治語言。

我們明明是在「救活人」，同時也在「安置死者亡靈」，怎麼卻又變成「斂財」來呢？何況，頭七法會經費開支，全部都由承辦單位靈鷲山無生道場負擔，縣府根本沒有支付任何開銷。縣府主辦法會只有付出行政支援，罹難者家屬不僅不需負擔經費，縣府及公益團體反而提供各項援助，但竟使承辦的靈鷲山道場也被南投民眾及接受傳播的鄉親誤解，「先講先贏」嗎？惡人先告狀，實在相當令人遺憾！

罷會與罷免事件阻擾重建

在此，容我再說一段 921 災難初期惡化重建的一段政治插曲。

921 震災不過一個月，縣議會開議，我準備專案工作報告，包括縣府對 921 救災安置等方面的專題，並特別針對 921 對南投造成的災情損失，以及縣府所做的努力及未來的方向做簡報，希望讓議員及社會大眾瞭解狀況後，全體民眾、議會及縣府可以更團結，共同為 921 重建來努力。

在進行施政報告之前，當天議員循例都有變相的、或為討好選民作秀式的發言，甚至變相質詢，例如利用「權宜問題」、「程序問題」，其實，大都與權宜或程序無關。

當時，魚池選區的一位議員，事先就請來或者自行來的一些魚池鄉親進到議場旁聽。他也準備了一張大字報，上面寫著：「違背民意，縣長下臺」的訴求。他利用權宜問題，在縣長上臺做施政報告之前發言，用意主要在選民面前證明他關心日月潭未來的發展定位問題，他也要求縣長答覆。由於當時不是議員質詢時間，會議程序是議會開議前之事前應確定事

項，例如確定議事日程等程序議事，面對不應該進行的質詢程序可以不予理會，但基於議事和諧，我也接受議長要求回應，以便議事能順利進行。

但想不到這位議員把那張對本人極盡挖苦及傷人的作秀海報，在攝影機、照相機前秀（show）了一段時間。本人也應議長要求起來答覆說明，對他的侮辱性海報也容忍下來。

後來，議事進行縣長上臺做施政報告，在報告到一段時間時，這位議員得寸進尺又把那張侮辱人海報，放置在縣長正在施政報告的臺前，他的用意要我本人在「縣長下臺」四個字的大標題前做施政報告。

本來這件政治動作，很簡單的處理即可因應過去。當時，本人即刻要求大會主席（即議長），請他處理移走這張海報，以示尊重施政報告者。民主政治基於府會基本的相互尊重，議長理應可以順利排除議會障礙，繼續進行議事。惟鄭文銅議長主席並沒有這麼做，不堪縣長尊嚴被辱，本人隨即回座，向議長報告請移走大字報後再繼續施政報告。但議長沒有顧及縣長係受邀作施政報告的尊嚴問題，也沒有以主席的立場排除干擾，反而站在議員侮辱的立場，堅持要本人上臺繼續報告。在雙方堅持未久後，議長即突然下令「散會」，坐位席上議員及縣府同仁一片錯愕。

這件事，結果引起縣府主管因議事日程沒有經大會通過，縣長施政報告並未完成，各部門質詢無法進行，本件未出席議會之「罷會風波」，也驚動中央出面擺平。因「罷會風波」已鬧得風雨滿城。本已多事的縣政工作與 921 重建壓力，再對立上議會的政治杯葛、抵制，921 重建工作雖然沒有停頓，但府會不和畢竟不利重建，所以，當內政部黃主文部長出面表示要協調時，本人當然樂觀其成，並極力以低姿態應對。

不料，議會部分議員卻因罷會風波頓時失去問政舞臺之後，心有未平，藉故率眾洩氣、洩恨。他們率領到臨時縣府廣場的民眾，表示要「罷免縣長」，把府會對立拉到最高點。據警察局同仁查知，這些搭遊覽車來的民眾，是領取「以工代賑」到外旅遊對政治不知情的鄉親，他們被帶來縣府廣場，不知要表達「罷免縣長」。

事實上，這項政治風波，雖沒有實質的意義，但宣傳效果不錯，也上了全國媒體版面。少數議員發動這項動作，只是在配合政治對手對我人繼續抹黑、扭曲、侮辱，用意至明。其餘不表。我們就是在這種干擾氛圍、政治對立之下，從事 921 初期的救難安置工作。

第五章

兩個中央矛盾災區重建

> 有一個旁觀者，坐在我的眼睛的後面。
>
> 我覺得，他已看到
>
> 記憶海岸之外的年代與世界中的東西。
>
> —— 印度詩人，泰戈爾，《情人的禮物》

921 災區重建決策與財源完全由中央壟斷，除非他們施捨，我們災區政府的心聲很難變成決策及財力上之挹注。這也是 921 重建期間總統大選我向李登輝靠攏的主要原因，但卻大大不見諒於我的前民進黨同志。

中央災後行政決策錯誤，爭議不斷

> 我們歷經 921 重建過程的寂寞，有些孤單，
>
> 有些悽涼，也有些難以言喻的悲哀。
>
> 這個 921 情境是上天所賦予我們的。
>
> 其有關行為、代價，最後我們仍是要負責任的。
>
> 不論寂寞的道理何在，這是修己的機會：
>
> 是內在修養與自我轉變的巧妙安排。

除了因應南投地方政情惡化包圍，我們也遭受中央三不五時的矛盾突襲轟炸。

當中央行政當局將死亡慰助金從 50 萬元提高為 100 萬元時，當時，連發放對象都沒有辦法掌握正確的數據，面對死亡人數仍不斷躍增，房屋毀損數據也不斷攀升，中央他們倍增慰助金，使地方執行總慰問金需求暴

增，我們面對資金不夠發放，一再反映要上級儘速撥款，竟遭到中央長官重砲砲轟，指責「誇張數字」、「只會愛錢」。事實證明，我所反映的正是災情事實的數字，這些錢既不是縣長可以私用，也非縣府無理請求，而中央竟以此做人身攻擊化成全國輿論，令人難過痛心。

其次也和發放金額有關的房屋毀損慰助，由於房屋全倒、半倒的慰問金發放執行單位是鄉鎮公所，但在中央發放決策欠缺周延下，竟把認定決策完全交由村里長執行判定，認定彈性空間相當大，推翻了縣府原已委託土木技師公會等專業之認定，對民眾權益影響甚大，更出現層層認知問題，責任歸屬問題重重。於是，中央處處有政治考量、干預、介入的缺口，全留給地方，民怨不滿達到高點。

偏偏在政治角力作祟下，有些村里長，把民眾的爭議、不滿、檢舉等等，都推說是縣長規定的，結果，政治遭殃推由縣長承擔。而各鄉鎮長也都有同樣的困擾、壓力，有部份的鄉鎮長更把問題、誤解也推給縣長，有的推給村里長。921 提供了很大的政治鬥爭空間和機會。這就是中央政府所創造出的 921 政局。

中央這些對房屋慰助金發放的不適當決策，官大學問大，造成 921 重創之後，又再一次在人為上重創地方政府，更重重的、狠狠的打擊著我這無奈之縣長，成為社會一片不滿、抱怨的出氣、洩恨對象。

南投縣災民怎麼可能會滿足這樣的政策？怎麼可能會滿意這樣的災後政府？而在全國民眾方面，當時，部份媒體又針對全國地方縣市首長施政滿意程度作民意調查，並公布排名的次序。這樣環境的特殊、複雜，對災區縣長的施政滿意度，又怎麼可能夠獲得人民普遍滿意的認同？這無異對災區行政首長火上加油。

民意調查的排名殿後，讓政治對手又可以大做文章，在民眾印象中醜化、打擊。他們的可惡正是如此德性。我們只能點滴心頭、默默承受這苦境。

重建經費打三折，餘留七成民怨錯怪縣長

南投的建設發展，原來就比較落後、緩慢，加以百年最嚴重的 921 浩劫，損失高達好幾千億。20 萬災民嗷嗷待哺、飢寒交迫，這突來全面性的重建需要，縣府原已財政困窘，面對沈重的重建重擔，更是雪上加霜。誰來關切解決？

南投災後的資金需求，包括救災，以及 20 多萬無家可歸民眾生活的安置，殘障老弱、孤寡少小等數萬人的社會安全、福利的安置，公共建設的急需復建，產業破壞後的經濟復甦等等。

光是一項公共工程需求，中央就斤斤計較，七折八扣，縣府在向中央申報彙總所需的公共建設復建 260 多億經費中，他們書面作業，在「准與不准」之間全憑其主觀准駁，只核准了 92 億（以後再往下修正為 78 億），亦即有三分之二以上的復建經費並未獲得中央支持。在中央有限的財力、人力無法有效、充分支援下，災民指責縣府，批判本人爭取不力。但中央未讓災區重建所有破壞的公共工程，其反應結果，也成就了陳水扁上臺的原因之一。

921 震後，中央一切為選舉，一切為勝選考量，南投依中央政策及分配的財源，進行著有限、無法滿足民眾眼前最需要的民生重建，民眾不滿、怨懟、甚至忿恨不平，縣政府在「亂軍下重建」、「含淚重建」，承受安置不力之批判，承受許多道路橋樑殘破重建遙遙無期之指責，我們無力招架身陷困境災民索求解苦救難的批判訴求。何況，縣府本身也是災民，無財源確實無法協助解決災民的困境。但民進黨執政之後，情況也沒有改善多少，民怨依舊。

然而，荒謬的是，竟有南投選出的立委，不僅未賣力為災區爭取所需經費，竟以此大做文章，倒果以為因，以中央核准三分之一，南投卻呈報 260 多億重建經費，抨擊縣政府及本人浮報經費，逼得中央部會首長答應說要將縣府移送調查局法辦。

這些扭曲的言論經媒體披露，已造成南投縣政府浮編預算、貪錢的負面形象。少數別有用心的政治人物，一而再、再而三處心積慮抹黑本人領

導的縣府團隊，更打擊重建士氣。這是他們在中央打壓本人在議場上可見到的行為。

總統大選深化災區分裂

921 發生，當時正好是國內總統大選期間。這次總統大選有五組候選人，投票日訂在次年的 3 月 18 日，距離投票時間約半年。也就是說，南投 921 大毀滅的救災重建最關鍵的黃金時間，也是各組總統候選人在南投災區競選活動的時間。本來關鍵復原重建各項房屋、道路、橋樑、水利、水土保持、地政、產業等建設，都迫在眉睫，包括預算籌措及經費不足下各項重建計畫的輕重緩急、優先次序的選擇要項；但是相對大選畢竟這些相對都是小事，因涉及到整個國家總資源之支配權與政權更替之豬羊變色關卡，921 災區重建雖然重要迫切，但為爭逐國政大權，也就不是最最重要的工作了。我們的災難在大選時刻，被註定是在政權爭奪之外的微不足道，除了選票。總統大選為難 921 重建決策與執行。

921 災後最需要的黃金半年，南投災區竟淪為棄養孤兒，情何以堪？

2000 年 3 月 18 日的總統選舉，本來是國家的大事，是全國人民的喜事。但是，這次的總統大選並沒有給南投期待，相反的，帶給南投無窮的紛爭，繼 921 震裂大地之後，政治裂解南投民心。

1999 年 9 月 21 日至 2000 年 3 月 18 日的半年期間，是南投縣有形無形總體性的大割裂歲月。一般社會民眾沒有歷經其過程，根本無法體會其心酸難過，更無論同情支持。尤其政治，無情無義可言，只有選票支持是他們所關切。

總統競選在災區苦難南投，無論正式的或非正式的活動，足足進行了度日如年漫長的六個月時間，使得各項救災、安置、重建工作，在不同鄉鎮、不同社區很不單純的蒙上政治利益角力的競逐因素。對災區，這是 921 政治災難。

在總統大選的這段期間，921 的復建進行，在朝的國民黨中央處處以

選舉利益掛帥，執政當局往往不是以災區最迫切需要為出發點，救災也考慮選舉利益，安置災民也考慮選舉利益，重建的資源分配更考慮選舉因素。

當時，中央不知是基於選舉之考量，還是真的要協助地方，藍綠當局竟分別做出由各部會及執政縣市直接進駐鄉鎮認養災區的決策（參見下表）。這項作法，在政治產生直接迫害效果，也造成許多紛爭。大家都不明白，何以中央不把各項重建補助款透過行政程序撥到縣府，而卻逕付鄉鎮？他們分別藉救災之名，開軍進駐災區，南投全縣已經實質遭到割裂，宛如「八國聯軍佔北京」，中央各部會分別「佔領」各鄉鎮，以行政方便，控制資源、分配資源。我這個苦主，小小縣長有何能力因應如此多軍壓境？我們對 921 的行政管理已經亂了。

921 之後，很快的南投縣各鄉鎮的行政領導權，已由中央直接介入運作，中央認養各鄉鎮，縣府實際已失去實質指揮運作 921 的重建相關工作。照理來說，縣政府應該慶幸中央進駐基層，因為許多重建 921 鄉鎮的工作，可以由中央直接來處理解決；看起來理應如此，其實不然。

縣政府仍然要承負所有 921 的責任，但指揮系統已經亂了，不知狀況、有責無權是縣府的處境。所以，各地鄉鎮自行其事，割據的統帥就是中央，國民黨傾力為其總統候選人設計出這樣的政治格局。

而在野的民進黨亦東施效顰，也發動由其執政縣市分別進軍南投縣相關鄉鎮。

南投全縣的行政體系運作機制，一時之間相當紊亂，行政倫理喪失，兩黨分別執政的中央各部會及各縣市政府各憑本事，大喇喇的以認養之名進駐各鄉鎮，明顯在經費資源上受到不公平待遇。

總之，921 災難，也使南投縣政府陷入行政秩序失調時空，無政府狀態，總指揮官南投縣長頓時在人間蒸發。這就是我所謂 921「八國聯軍佔北京」之感慨。

921 中央各部會及地方縣市進駐南投縣一覽表

南投縣 13 鄉鎮	中央認養部會	地方認養縣市（首長）
南投市	財政部	桃園縣（呂秀蓮）
埔里鎮	退輔會	屏東縣（蘇嘉全）
草屯鎮	內政部	高雄縣（余政憲）
竹山鎮	公平會	高雄市（謝長廷）
集集鎮	農委會	—
名間鄉	法務部	—
鹿谷鄉	營建署、研考會	臺北市（馬英九）
中寮鄉	經濟部	臺北市（馬英九）、臺南市（張燦鍙）
魚池鄉	交通部	
國姓鄉	新聞局、退輔會	臺北市（馬英九）
水里鄉	經濟部	—
信義鄉	原民會	—
仁愛鄉	原民會	—

天災政災複合降臨南投

　　南投的政治版圖，在我以黨外身分投入競選縣長後，成為三足鼎立的局面，照理說 921 天災地變後救災重建第一應有利團結重建，政治角力應該可以休兵，為重建家園，當然必須團結一致投入才是。雖然我這樣表態，但是，事實並不那麼容易、單純，地方政治勢力分別利用災變時機的短兵相接，並沒有停止過，反而，921 的助力更給了南投當時淪為在野的國、民兩黨反對勢力認為是大好時機，「天下愈亂，時機愈好」，他們加強攻勢，無視 921 團結重建對南投的重要。

　　總統大選激烈的競爭運作，三股勢力在南投分別瓜分著各自的選民，選前，我曾經號召團結、爭取重建良機，雖然曾經呼籲民眾支持關心南投921 重建的候選人。但是，這樣的呼籲，媒體的反面操作，對一般民眾根本發揮不了作用。

　　我的痛心也就在此。我心疼總統大選持續在 921 最重要的前半年期

間，打亂了南投重建的進行。我心疼中央根本無法專心來關心重建的確切需要，這對南投受傷的體質，更加深了復原的困難，也造成無法凝聚力量，更加深建設的困擾。我心疼政治鬥爭沒有因 921 大災難而停止，反而變本加厲加強打壓縣政中心。

屋漏偏逢連夜雨，921 大地震後的南投，是典型的天災地變，而總統大選對南投則是另一個政治傷痛的重擊，這是「政災人禍」。也是後來造成「921 案」縣長身陷官司纏身的背景。

921 重建變成總統大選的犧牲品，直至選後也沒有立即改善，因為，國民黨失去了政權。政權輪替，921 南投的瘉傷療痛，眼睜睜的被迫再延長二個月，直至由陳水扁宣誓就職總統之後，另一階段重建的工作才定下基調，由民進黨新政府承接。但非常遺憾，他們考量的是如何接收南投版圖，而不是真心實意協助災區如何重建重點。

從 921 到 520，整整八個月這段期間，政治對南投的檢驗，對施政滿意程度的調查，對重建的民意測驗，除卻理智，當然我成為眾矢之的。921 後的南投演變成了政治鬥爭的亂世，我恭逢其盛。

輿論、政治異議人士、議會等等無情的批判、攻訐、假新聞、造謠，對我施展窮追猛打。政治角力者關切的是他們的利益，不是災民的苦處。輿論嗜血性關切的是當時的矛盾對立，而不是問題存在的實質因素。而災民關切的是誰能立即改善災民目前的生活，而不是未來重建的理想。中央政府關切大選如何勝出的資源不足，如何分配的適當調控，而不是災區實際緊急需要。

縣政府同仁與我只能在層層困境中，孤寂的日夜加班，為暴增數十倍的救災重建工作，賣命以赴。

第六章

新中央裂解 921 重建

站在你我之間的白晝終於躬身告辭了。

黑夜拉起了她的面紗，也遮掩了燃在我房中那一盞燈。

　　　　　　— 印度詩人，泰戈爾，《採果集》

肅殺南投重建的司法案

昊天不惠，降此大戾。

昊天不傭，降此鞠　。

老天何其不忍，降下如此大禍亂。

老天何其不公，降下如此大災難。

　　　　　　—《詩經》，〈小雅〉，節南山

司法在 921 重建過程中出場。一個 921 重建，一個南投；但面對兩個立場不一樣的中央政府。

雖換了新政府，但重建決策與財源分配權並未改變仍由中央壟斷，這是災區政府的難處；特別是重建黃金時期，國民黨敗選但民進黨尚未就任之前這段空窗期間。又復加以 921 假新聞侵襲升級中央朝野，南投縣府與縣長難逃全國性之蹂躪，921 司法案於焉誕生。

在都會文化文明比較整齊的地方，假新聞或謠言策略比較沒有效果，因為理性選民較多；但在農村地區，資訊不發達，假新聞或謠言攻擊確實具有相當的殺傷成效。這也是我個人的角色以身試境，為南投文明進步而回鄉的挑戰。

雖然，921 震災後，我也曾務實地努力思索各種因應作法，首先是希

望改善府會關係，改善媒體關係，也希望改善民眾對縣府及對個人認知，更希望改善對南投縣政治發展不利的影響，尤其，希望不要惡化南投的建設，特別是 921 對南投的重創，全力投入重建。

然而，檢調單位在民進黨初試執政機會中大動作熱身亮相。2000 年 7 月，媒體不實報導流傳不斷，檢調分別從議會提供的縣府內部資料，也有從縣府內由不同立場員工提供的相關公文書類，以及透過調查局公然調閱工程案卷宗，全案終於變成 921 司法案件。

有人這樣說，新政府新當局為振奮人心士氣，「把彭百顯列為掃除黑金、大義滅親的對象」，這樣可以振奮投資信心，增加新政府威望，也可為災民不滿中央 921 重建移轉焦點？

他們這個作法，實出乎很多人的意外。究竟為什麼變成事實，為什麼要大舉「偵辦彭百顯」？真正的原因是什麼，在司法出手後這些已不是很重要的事了（除了歷史）。因為，目的已達，「彭百顯已押囚入獄，名譽掃地，遭起訴官司纏身。」他要忙上一段很長很長的時間到沒有人會記得為什麼。

他們何敢蠻幹運用中央政治力輕意地把我由南投縣長職位鬥爭下來，並也徹底摧毀我的人格、名譽及所有政治生命。因為，921 讓他們輕易上臺，我也註定承受這樣的政治結果，其動機何在，實在不明難言。

觀察這段如影歷歷的重創南投縣政局剪影，政治可是殘酷可懼畏的。但我還是這樣認為，如果沒有更多清明正直之士積極執著參與及推動社會改造，則政治恐將更加污濁吧！我們社會都需要歷練。

壟斷發言權扭曲 921

如果不認真檢視「921」，我們就不可能修復缺點，也不可能超越邪惡污穢。

這 40 年，臺灣的政治進步，反映在經濟結構，係由獨占走向市場競爭；反映在政治與言論，係由獨裁控制走向多元開放；但反映在媒體的立場傾

向，則由獨占邁向聯合寡占。921 局，似是這些結構趨勢的濃縮。這幾年，正是國、民兩朝都有機會掌權 921 事件之政局，而我與縣政府則是同時周旋於兩朝不同中央之下的 921 核心，面對如此時空的第四權則是決定輿情的關鍵。

媒體壟斷是臺灣上一個後半世紀的政治專制印象，媒體寡占則是 21 世紀初期臺灣民主邁向政黨輪替的政治競爭現象。921 事件的國民印象，則是媒體所刻劃給予定型的，包括「921 案」的社會形象，與實相差距太大。

在此以 921 為界定，簡單的反思就 921 變數與我個人歷經過程之媒體交互關係，分三階段看臺灣的變遷，以便回顧 921 與第四權的關係，並對「921 案」有所進一步認識。

921 之前，即我能於 50 歲前承擔 921 所需的準備功夫這個階段，都是在專制政治演變之下的獨占媒體資訊教化所培養，包括以一、二十年熬煉「火中蓮花」所凸顯微薄的社會正義之聲，讓我化身清流力量。**15**

921 階段，我進入半百人生，歷練災難浩劫，民主政治轉型，媒體競爭化的資訊走向政治選擇，正是專制壓抑解放的出籠翻騰打滾，剛巧我又離開民進黨，以黨外身分執政南投，讓我扮演激烈政爭「中流砥柱」的「悲劇英雄」，遭遇炮火四射，遍體鱗傷，考驗是否通過無情撻伐難關。**16**

921 澄清之後，我逐年邁入七旬，另一個人生階段，為國家前景政治朝野競逐，兩端各執傾向之媒體擁護，聯合寡占輿論主軸，但政治從未有過一致性的匯合，社會自此更激化動盪不止，我心亦不平難安，未來發展尚無定局，我必須深思，變成兩軸之外沉寂少聲量的另一族。**17**

---

15 921 變數之前稍早我的政治奮鬥，詳細情況參見《火中蓮花 / 彭百顯：記者筆下的一位反對黨國會議員》，彭百顯支援會出版，1992。

16 這是什麼樣的 921？ 921 變數滲入期間之情況，政治、輿論、司法三者關聯與互動，中央與地方，舊、新政府交替，各種競爭博弈全部交錯在南投。參見彭百顯，《臺灣災難的歷史紀錄：我的 921 經驗》，臺北：財團法人新社會基金會出版，2009 年 9 月。

17 不論個人角色，「921 局」結束後，我長年思索臺灣的未來，認為發展的困局係在政治經濟，曾撰文探討這個問題。參見彭百顯，〈從政治經濟探究臺灣發展困局〉，《臺灣國際研究季刊》，第 8 卷第 3 期（2012 年秋季號），頁 1 -22。

得不到中央政府有力挹注 [18]

話說回頭，921 大地震的政治也震出兩個中央政府，這是南投人心中永遠的痛。在事件初最迫切需要的舊朝時期，雖然全體縣府同仁不分晝夜，投入災後重建工作，但因災害的全面性，僅憑縣政府本身的力量，根本無法協助解決縣民災後重建的實際問題。尤其是在隔年新朝上臺（2000.5.20）、611 地震及接續豪雨之後，桃芝颱風土石流（2001.7.30）夢魘難休，政治智慧的短視，更使得雪上加霜，新朝對舊朝的清算，使南投縣無法藉 921 翻身，註定成為臺灣的次等公民。

新中央一樣高高在上，偏視南投

921 發生的次年 3 月，亦即 921 災變後半年，我同時面對兩個中央政府，震災後亟需經費挹注，雖然分別反映迫切性需求，但對他們都似乎相應不理，乞求不靈。

921 也亮出南投縣財政狀況的真面目。話說，我擔任南投縣長以前，很多人知道南投很窮，但是卻不相信會窮到連薪水都發不出來的地步。直到我接任縣長的第三個月，全國民眾才知道南投縣真的發不出薪水，但仍不一定相信南投縣一年人事經費支出約需 85 億元，縣庫的年收入僅約 22 億元。

921 震災愈讓我這個苦於無米可炊的南投縣長，更加無法面對處處需要錢的廣大南投災民，包括民意代表和鄉鎮市長。所以造成很多要不到錢的災民，看不起他們的縣長。

---

[18] 這個講法並不是在否定當時中央政府不關切南投，而是指損害這麼嚴重，中央權威仍不予地方政府有能力因應實際需要。中央連地方申報災後復建工程 260 多億元只同意給 92 億元（後再修正為 78 億元）可見一斑。也因為如此，選前李登輝總統召見我反應地方實際需要之狀況。民進黨上臺，情況也一樣不遑多讓，獨家玩 150 億元「921 震災重建基金」以及 2,000 多億元 921 追加預算、重建特別預算，盤整他們在災區的勢力。他們高高在上，不理會地方縣府，他們真的並不清楚地方災後嗷嗷待哺的處境。

南投縣這種財政結構和 921 災後環境，反映在縣長身上的重建需要，就是據實向上面要錢。乞丐縣長就是貧窮縣的乞丐，就是 921 災區的大乞丐。這就是為什麼 921 災難期間，我除了向行政院長官、總統、重建委員會不斷反應要重建經費之外，並也不斷向管理全國民眾 921 震災捐款的 921 震災重建基金會反應要求支援的主要原因，更是 2000 年總統大選時迫使我「態度轉向」的苦衷：災區需錢孔急啊！但他們幾乎不理南投實情。更遺憾新政府編列 1,000 億元重建特別預算，全以他們為中心，都是中央政府在支配運用，地方政府只有乞求的角色。我的角色，似乎充分反映了中央權貴的無情不義。

要錢的叫化子永遠沒有尊嚴，得不到有錢人的憐憫，只有慈悲的宗教人例外。921 讓我由根本看透了兩個中央政府的本質。

民進黨新政府亦不可期待

大選後將近三個月期間，我們地方政府處在「新的未來，舊的未去」的尷尬時期，許多棘手難處理的重建問題未能解決。好不容易捱過了政治「921 黃金交叉」期 [19]，民進黨新政府 5 月 20 日上臺，行政院 921 新重建委員會於 6 月 1 日進駐南投中興新村，接手中央展開後階段災後重建工作。但新手上任，一切都需從頭開始，後來我心裡已相當清楚，新政府對 921 重建經費一把抓，沒有地方政府的角色。民進黨上臺後，南投仍舊是棄兒、乞丐。

例如，災區乞丐縣長的真難為之處：在 921 震災重建基金會的角色，

---

[19] 「921 黃金交叉」，指 921 災後，所有縣政府所面對「救災、安置、重建」三階段的工作，中央都由當時的執政黨（中國國民黨）負責，包括決策、國軍人力調度、資金周轉、經費支出補助...等；但在進入重建黃金時期（六個月），災區災民與縣政府卻面對 318 的「變天」結局。一切重建作法、步調，都面對不確定的未來，雖然新政府官員說「政策是一致的」，但事後則見很大的轉變。2000 年 3 月民進黨勝出，在民進黨政府尚未就任，而中國國民黨政府尚未卸任的兩個月空窗期間，縣政府面對新舊兩個中央政府的尷尬階段，一切決策變易無主。

災區縣長是「沒有提案權」的叫化子。災區重建的重要建議事項，連端上會議桌的機會都沒有，包括災民居家重建，費了縣府許多的苦心，但結果還是沒有獲得支援。[20] 對新政府接手管理的「921 震災重建基金會」，人民捐款要救災，最大苦主南投縣卻得不到關注，我們仍是失望了。唉！誰教我們是災民，是災區？

政黨輪替住宅重建政策大轉彎

921 重建結構中，最困難的是災民的住宅重建，偏偏許多住宅重建已經完成前置作業，在新政府接手之後，政策全部變了調，讓縣政府與鄉鎮市公所白費心血，空忙大半年。負責 921 住宅重建的縣府主管蔡碧雲就明白指陳：[21]

2000 年 5 月政黨輪替之後所重組的「行政院 921 震災災後重建推動委員會」於次年 5 月重擬「921 地震重建區住宅政策與實施方案」，另外推出新訂定集合住宅、個別住宅、農村聚落、原住民聚落重建機制，以及開發新社區，提供出售、出租、救濟性住宅，並協助申購國宅、租（購）媒合市場現有空餘屋等重建策略，以解決各類受災戶居住問題、恢復重建區景觀風貌、提升居住環境品質為總目標。大異於舊政府作法，並提出了另外新的十項重建策略，我們必須配合辦理。[22]

上述的重建策略與方案中，除了「農村聚落重建實施方案」與「原住

---

[20] 事後瞭解，921 基金會新任執行長謝志誠另立「築巢方案」，將縣府所提融資案吸納為該會自己執行之方案。縣府團隊為本縣災民居家重建的各種方案，在上級長官無積極輔導的作為下匍匐前進。結果，在我未能連任縣長之後，所有配合舊中央政府時代之災民居家與社區重建方案，幾乎全部落空，心血付之一炬。民進黨一上臺即急於推翻國民黨執政時之 921 政策，自己在中央卻另搞一套，未配合地方需要，致令南投縣政府失信於民，實在讓人痛心疾首。

[21] 參見蔡宜呈，〈921 住宅與社區重建之作法與檢討〉，《世紀災變之借鑑與啟示：921 十週年論壇論文集》，頁 217 -219。

[22] 參見南投縣政府〈921 地震後住宅重建調查與檢討〉，頁 4。

民聚落重建實施方案」分別由農委會水土保持局與行政院原住民委員會繼續推動以外，有關南投縣政府依據舊政府時代所擬的「災後重建計畫工作綱領」所推動的「示範村」、「都市更新」、「農村社區土地重劃」等重建，除了「農村社區土地重劃」的幾個區域完成規劃並獲得實質的工程經費外，其餘皆因新政府上任之後的重建策略與實施方案的修正、暨人力與後續經費的不足而全部夭折。新政府擺明了與地方縣政府對立。

南投縣政府負責「社區與住宅重建」的城鄉發展局正式編制人員，要負責建築線的指定、民間辦理新社區開發的審議事項、集合式住宅大樓都市更新事業計畫的審查等等工作，至於依重建策略所提出的「全面調查受災戶住宅及社區重建需求，辦理全面調查，建置資料庫及統計分析等工作」則完全靠「第一屆的替代役人員」負責。至於新政府重建策略的第七項：「成立輔導組織，提供重建問題諮詢服務」，當年 5、6 月間南投縣政府曾提報計畫以「村里」及鄉（鎮、市）為單位委託建築師設置「工作站」，負責調查重建情形及提供諮詢服務。

但這些受委託的建築師聽信民間的謠傳，認為「彭百顯縣長無法繼續連任」，對於工作站應執行事項有所延誤，致使第一階段的委託經費於 2001 年 12 月下旬本人卸任之後，被新任的縣長拒絕給付，讓工作站不了了之，更讓外界誤認南投縣政府的員工怠於執行職務。政治因素之影響重建，以上這些案例亦是事證。**23**

---

23 在此值得一提的是，在 13 鄉鎮市的規劃團隊中，負責中寮鄉的中原大學喻肇青教授所帶領的規劃團隊，提出完整的「中寮鄉重建綱要計畫」，並就受損最嚴重的中寮老街的土地問題提出都市計劃的檢討與擬定、建議、變更書圖及都市更新單元的劃設與輔導、倒塌的中寮鄉公所建物的去留等等，其中中寮永平老街都市更新案，經縣政府不斷努力，經中央及地方都市計畫委員會三級聯審，確定變更為傳統建築專用區，重塑老街整體景觀風貌。但在規劃過程中連帶受盡災民的誤解、謾罵與杯葛，喻教授與團隊成員仍不氣餒的全力以赴，那份精神令人敬佩。
但令人難過的是，第二階段喻教授團隊接受縣政府委託執行「鄉」的工作站，其委託經費竟拖延至 2007 年 7 月仍尚未給付，縣政府透過協商會議，通知當時主管蔡碧雲參加協商會議證明其確實執行合約內容始予以給付。新中央政府為凸顯自己造新孽，其可原諒乎？

新朝不認舊帳，為難並扭曲地方政府 [24]

縣政府依據行政院 921 震災災後重建推動委員會於 1999.11.9 通過之「災後重建計畫工作綱領」，除訂定目標、計畫原則，規定前置作業等規範外，整體重建（四大重建項目）計畫並訂定五年期間（2000～2004）進行重建。其中，社區重建計畫之推動由內政部營建署於 1999.11.15 制定頒行〈災後縣（市）鄉（鎮市）及社區重建推動委員會設置要點〉。我們中規中矩，戮力重建。

但誰知民進黨的政治屠殺作為成了災區的新害？2000 年 5 月新政府接手之後重組重建推動委員會，社區重建政策幾乎全盤推翻舊政府之重建體制，不但否定舊政府社區重建之作為，更拒絕支付依規辦理之社區重建綱要計畫之行政規劃經費，甚且在媒體上放話，抨擊規劃報告嚴重扭曲縣政府形象。[25]

舊中央政府時期 921 基金會明確規定震災捐款之用途，不能用於新朝謝志誠所指「災民苦苦等著有人幫他們蓋房子」等之硬體建設方面。新朝 921 基金會掌櫃謝志誠痛言打擊縣府不當之例證，反映不明原來中央政府體制規範，不負責任地公然傷害地方政府。這是新政府陷南投縣政府於不義的粗魯行為。

中央分化 921 災難重建

利用災難時期政權之爭，遂行政治鬥爭，921 誕生政黨輪替。

---

[24] 參見彭百顯，〈921 災變的啟示與省思〉，《世紀災變之借鑑與啟示：921 十週年論壇論文集》，頁 375 -381。

[25] 2000 年 9 月 10 日《聯合報》報導，921 震災重建基金會接任執行長謝志誠對媒體表示，清查基金會已核撥的計畫案，看得他「頭皮發麻」，有數億元撥出去，就只做成 140 本規劃報告書，堆積在地下室；錢都被做規劃的人拿走了，災民得到了什麼？謝志誠不明究裡的無情痛批，讓縣政府及規劃團隊背黑鍋，也誤導社會無從瞭解來龍去脈與真相，並誤導民眾對災難之捐款態度。

災難發生以及復建過程，往往是政治操作的有效環境。災難是政治操作的絕佳時機，許多政治事件的醞釀操作都是利用災難而來。證諸 921，中央，國民黨失去政權；地方，縣市長連任失敗；這些政治效果，顯然與 921 災難時期諸多的政治操作有關。

在選票導向的誘導發展下，臺灣政治領導人物只考量一己政治私利，對災難的預防、評估、準備、救災體制的健全明顯受到輕忽。921 在 2000 年總統大選前半年發生，朝野為爭取社會支持，對災區投注相當大資源，救災、重建竟然掩藏更深沉的選票爭逐，許多政策推動茫然無章法，中央部會直接認養鄉鎮，推動特定重建工作，扭曲行政體制與倫理，製造更多紛擾。

政權爭奪本是民主政治必然現象，但是臺灣卻出現太多利用災難打壓異己、扯後腿、攻擊對手的例證。災難反而變成爭奪政權與資源的良機，社會資源浪費在無意義的攻訐中傷，對災難處理及災民毫無幫助。

921 大地震與近年來多次的水災、土石流、SARS 風暴，以及 88 風災、高雄氣爆等災難，都看得到中央與地方、不同政黨層出不窮的衝突、批鬥、推諉卸責。這是災難產生的特殊政治學。觀察比較 921 或 88 兩次災難，就中央撥付緊急救難資金的學問與資訊，都反映出給政治操作存在很大的鬥爭空間。[26]

災難滋長政爭，不利災後重建

災難帶來超乎預期的忙亂，無論是受災者或救災者，在災難到來之後的第一時間，於避災與救災之際，誰能化解他們的困苦，誰就是救命恩人；因此，政治操作就變成執政者最有利的政治鬥爭工具。適時的介入與及時

---

[26] 在災民心目中，解除災難是政府的責任，他們不分中央政府與地方政府，只要能早點得到慰助金就好。但於 921 災難時，中央決策不一的慰助金發放效率，以及緊急救難周轉金分配，皆曾引起與地方政府之緊張關係，中央指責地方，媒體並介入現場「追究責任」，社會呈現政治口水戰印象。88 災難，中央與地方一樣發生政治口水戰。

的救難，都會帶來災民（即潛在的選民）的感激（即潛在的回饋）。這說明了 921 災難期間，為什麼國民黨總統候選人連戰會被當局指定擔任「921 地震救災督導中心召集人」，這項職務指派的政治動機是最好註解。

而對在野者而言，災難更是他們反敗為勝的天賜良機，因為，只要伺機而動他們就有利益。例如，921 災難期間，總統大選，民進黨只要抨擊重建不力，就可獲得民眾對他們的好感。是以，有巧智的政治人物會技巧的運用災難時機，伸出援手，企圖爭取選票。其次，災難是政治操作的溫床，災民很難拒絕政治上的利益施捨，政治人物也很難不利用時機及時介入災民與災區，因為，災難反映潛藏著利益，政治動機非常明顯。921 經驗，證明各種災難之後的政治短兵相接，增長災民的苦痛以及災區重建的困難，包括我的難題。[27] 其實，這才是「921 案」的整個核心。

新朝違法把 921 震災款移作他用

88 水災後短短一星期，由 921 震災重建基金會轉型的財團法人賑災基金會[28] 已陸續提撥款項給受災縣市政府，用於死傷失蹤慰助金、安遷賑助及淹水賑助金的發放之用，8 月 13 日至 21 日累計撥款金額達 50 億元，各界認為其資金運用效率相當高。但探究其資金來源與運用，總要讓人對政府假民間資源行政府救濟慨嘆。總計 88 水災內政部轉入賑災款 17 億餘元，但賑災基金會已支出 50 億餘元。[29] 相較起來，真羨煞 921 當時像乞

---

[27] 前已指出，921 災難期間正值總統選舉，由於競爭激烈，當時震央南投縣之選舉氛圍，在解除災民苦痛優先？抑或縣長個人利益優先？讓人相當為難。曾經我這樣感歎：「921 綁架南投縣長」。當時為什麼拋棄原來堅守的政治立場，最後表態支持執政黨候選人，其理由背景甚明。

[28] 財團法人賑災基金會創立係緣於 2001 年 7 月 30 日桃芝颱風造成 100 人死亡、100 人失蹤等之慘重災情，內政部於 8 月 1 日開立「內政部賑災專戶」受理各界民眾賑災捐款，截至 2001 年 12 月 4 日止共收到 8 億 6,448 萬元，用於桃芝、納莉颱風慰問金 2 億 9,614 萬元，剩餘 5 億 6,834 萬元。內政部乃籌組財團法人賑災基金會，以統籌運用各界賑災捐款，基金會創立基金 3,000 萬元。該基金會後來又接收 921 震災重建基金會剩餘財產 49.5 億元，在 2009 年 88 水災時，賑災基金會可支用賑助金約 60 億元。

亏似的地方政府。

就此，我人基於職責，不得不再進言幾句，以為惕厲。

中央災害應變中心表示，行政院擬定「莫拉克颱風災後復原重建濟助事項」，決定比照 921 地震，因為 921 所有慰問金係由政府支應，各界以為 88 水災同樣比照。但事實上，這是徹頭徹尾政府運用民間捐款代行其政府預算所應編列的社會救濟工作，而賑災基金會 88 水災專案竟然赤字經營 33 億元，也拜未充分支持 921 重建所餘留的 921 震災重建基金會之彌平。這對 921 當時迫切需要卻要不到的災區而言是不公義的，謝志誠你不覺得有愧嗎？

財團法人 921 震災重建基金會是行政院為了統籌運用行政院 921 賑災專戶滙集的社會愛心大眾捐款，由民間社會人士與相關單位共同組織的機構。中央政府將 921 震災捐款 130 多億元成立 921 震災重建基金會 [30]。921 震災重建基金會（或簡稱 921 基金會）總計收到捐款 140 餘億元，利息 9.9 億元，合計 150 億餘元。歷經九年運作，於 2008 年 7 月 1 日起解散。解散時留下 45 億 3,000 萬的款項及價值 4 億 2,000 萬的不動產，剩餘財產轉給財團法人賑災基金會。 [31]

---

[29] 財團法人賑災基金會從 2009.8.13 至 8.21 總計支出：死亡、失蹤賑助 4 億 2,540 萬元（709 人，每人 60 萬）、淹水及救助金 38 億 3862 萬元（191,931 戶，每戶 2 萬）、房屋毀損安遷賑助 9,095 萬元（1,819 戶，每戶 5 萬）、房屋毀損安家計畫 6 億 6,000 萬元，總計 50 億 1,497 萬元。

[30] 921 震災重建基金會成立於 1999 年 10 月 13 日，由行政院聘請辜振甫擔任董事長，孫明賢為執行長。依據全盟 2000 年 7 月底公布的捐款監督報告書，921 民間捐款總額為 375 億元，其中 921 震災重建基金會掌握了 130 多億元。
另依內政部統計，截至 2005 年 6 月底，政府機關及民間募款團體計 343 個帳戶，捐款總額 339 億元，包括：921 基金會 140 億、民間團體 120 億、地方政府 81 億。參見行政院 921 震災重建推動委員會，《921 震災重建經驗》，頁 277。

[31] 前 921 基金會執行長謝志誠特別為文指出，捐款有剩不是 921 基金會沒有在做事，是因 921 基金會為了解決災民重建最需要的周轉資金問題，設計一套循環運用機制，先把捐款以無擔保、無息方式借給災民蓋房子，等到重建完成，有了產權、擔保品後，再向銀行申請中央銀行提供的 921 優惠貸款，然後把錢還給 921 基金會。921 基金會共推動 32 項重建計畫，捐款運用率達 112.08%，「剩下」捐款絕對不是 921 基金會不做事的「結果」！
http://www.taiwan921.lib.ntu.edu.tw/

由此可知，謝志誠把 921 震災重建基金會侷限在「周轉性」功能，忘了許多公共重建也是政治職責，當中央政府有一般預算、特別預算交代國人，而無經費預算的地方政府呢？該怎麼辦？他們巧言善辯，德厚都站在中央，高高在上啊！

　　這個結果對 921 災難重建期間，災區南投縣政府不斷向 921 基金會提出各項重建需求，包括謝志誠引以為豪的重建周轉金之建議方案，但卻都被打回票，我們災難求人，福薄地方，卑躬屈膝，實在令人難解與心酸。

921 是一門災難政治學

> 既然挫折是無可避免的，
>
> 那就讓我們學著以耐心、積極，甚至喜樂去接受它。
>
> 為仍蟄伏於未來世代中的未來勝利，奠下厚基。
>
> ── 吉娜‧舍明那拉，《靈魂轉生的奧妙》 [32]

　　921 是一門人世間災難政治學的課程，有很多地方值得去檢討發現學習。

　　政治操作在民主政治成熟的國家社會較為細膩，迂迴而不露痕跡，民怨無從挑撥，媒體比較像正義鬥士，大家就像國際外交工作一樣的「君子風度」之下隱含外交利益；但在民主政治較不成熟的國家社會，則顯得猙獰露骨且赤裸裸，很容易引起情緒的對立，甚且演變為政治鬥爭，對社會傷害很大。因此，一個健康文明的社會，在災難發生後必然面對的政治操作，大致仍顯然有相當的克制共識或適當的規範。這是 921 學我很重要的心得之一。

　　災難政治學的第一課，災難引致政治版圖變遷，最基本的變化是政治利益的鬆動與重分配。就 921 的災難經驗，對執政者而言，災難像是一場戰爭，不謹慎小心因應，往往會失去取勝的機會。對在野而言，災難帶來有機可圖的未來，當執政者忙於救災的疏忽中，在災民困苦未化解前之前，都是在野政客們藉機發揮的空間，正所謂災難滋長亂中取利，政治操作於焉蓄勢待發。921 對藍綠都各有意義。

---

[32] 吉娜‧舍明那拉（1914 -1984），《靈魂轉生的奧妙》，陳家猷譯，臺北縣：世茂出版，2005，頁 272。

災難當然會引發各種社會效應，尤其對政治反射的影響更是複雜，包括領導者的風格、政策制定的品質、內容的周延性等，都會產生不同的效應。而且，政治環境因素與輿情反應，亦有相互加乘作用，例如假新聞、謠言，這些皆是災難政治學的功課，也是臺灣潛藏高天然災難風險環境所應須面對的重要政治課程。

　　與我有關而震驚全國的 921 司法冤案，雖然事後還我清白，但卻是經過漫長十餘年煎熬的代價。這也是 921 產生的人為災難，本來它可以不必發生。

　　921 提供南投縣一個反省的機會，地方與中央都應該牢牢把握。921 帶出來的是過去被忽視的問題，包括國土保安、建物安全、財政收支、危機處理等，為未來決策制訂上提供了重要的教訓與參考。

　　921 大浩劫應使縣與中央政府的互動更為密切直接，使中央政府更瞭解長期潛藏在南投縣的各項深層問題；但相反的，南投縣在 921 之後，行政體系運作無法順遂，行政倫理亂了，政治角力是震災後縣的另一次政災。災災相加，南投縣重建難上加難。這也是災難政府行政體制該檢討之處。

　　首先，就個人而言，921，為我的施政劃下了分水嶺，也劃下舊時代政治的中止界線。這是一門我的人生功課。我這樣記載：

　　我書生從政，在立法院奮鬥了三屆八年的立法國會工作，為了改造臺灣的國家發展，我矢志要強化臺灣的心臟地位，因此，我看不慣同志鬥爭，不惜放棄所參與創立的政黨政治標記，投入南投縣長之役。結果，我打破 50 年國民黨壟斷南投縣的執政權，寫下南投地方政治史上的新紀錄。就任縣長之後，我小心翼翼，謹慎推動縣政對南投的改造，雖然有些民眾未能明瞭我的用心。在議會議事刻意杯葛下，我還是做了許多縣政改革及一些加強改造南投與臺灣的國家關係。

　　921 變數之出現，打亂了我的施政方針。我立即中止所有縣政改革，一切以救災重建南投為總目標，並呼籲議會攜手共同為 921 重建而努力，

但未獲得議長認同，政治鬥爭仍未停止。加以兩個中央政府對 921 南投重建的不同思維，我面對兩者不同時空的矛盾相向，也只能順逆接受。但我遺憾無能為力一舉替故鄉伸張災難正義，完成翻轉南投。

在這種環境與政治氛圍之下，我與縣府團隊仍然默默推動各項災後重建工作，一起投注南投災後再造。接著我遭受到「921 司法冤誣案」纏訟，直至卸任縣長。我們留下了一些極具價值的各項建設成果，這是南投縣的災難紀錄，也是臺灣災難史上非常重要的歷史事證，包括「921 案」的意義。

我一直認為，在臺灣災難歷史上，南投縣政府的 921 團隊是很優秀的救難團隊，是最艱辛的災難重建團隊。歷經突來的 921 百年震殤的浩劫，我們走過來了。我在內心，一直以 921 縣府團隊為榮，我很感激他們無私無我的奉獻付出。

而「921 案」是典型的謠言變成啟動司法辦案的案例。如果不是政治成功的把多年來累積的流言，深植在無客觀資訊的司法人員印象中，本案就不可能一舉變成民進黨新政府上臺後政治掃黑急先鋒的辦人標的。

其次，就社會而言，當「921 案」內部隱藏的黑暗也被呈現之後，很多人的認知將需要重構。這是一種認知顛覆工程，牽一髮而動全身。所以：

很多人都知道 921，然而，卻鮮少有人知道「921 案」的真相，仍依然以他們不知錯誤的認知，始終屹立不動其堅持而不斷主導社會前進，就像 921 大地震一直沿誤叫它「921 集集大地震」一樣。但我以為值得注意：所有錯誤所趨的大勢，因果法則如何清楚？

對絕大多數的人，我們切勿在政治正確、人云亦云，而真相卻是在無奈的「無效呼喊」中，喪失了對真相後面傾聽的願望和能力，基本的人性；切勿在政治操作、謠言編織的羅網中，喪失了自我的視覺和視野，人基本的感觀。

最後，基於過來人，就政治而言，掌權者：偵辦 921 的法理邏輯必須一致，不宜一國兩制，看人灑鹽。亦即：「貪污」、「圖利」的認定，是

專門整肅異己的工具？

　　尤其，指控我基金會違法公開舉罪的「921 案」，實在荒謬。對同是財團法人之 921 震災重建基金會歷經多年運作，無視當時南投縣急需 921 災後重建經費屢要不得，但後來卻留下 50 億元財產（總捐款三分之一）轉予財團法人賑災基金會，在法理上，這實在是 921 基金會強調其高效率運作的莫大諷刺。

　　我們應該關注的是，政府接受特定災難的民間捐款，依誠實信賴原則，即應將該項捐款用於該災難受災戶與災民相關需求上，但 921 基金會捐款竟剩餘 49 億元、桃芝風災捐款竟剩餘 5.6 億元，均移轉與該兩項災難無關的賑災基金會供作他用，這已違背捐款人意願，對 921 全臺灣數十萬受災戶及桃芝風災受災戶實在不公平。

　　從法律層面探究，當時南投 921 重建需求殷切不足，今竟有 921 基金會剩餘款項處理，實有背信之嫌。**而政府未徵求捐款人同意，擅自以行政命令即將人民捐贈之 921 震災、桃芝風災善款移用至與此不相關用途，將特定捐款變易持有，已涉及侵占震災款、風災款，詐取震災款、風災款。**這不就是「921 案」中扭曲事實起訴我的罪名嗎？為什麼他們真正是「違法」而不必司法「偵辦」？法律執行公正公平乎？

　　而從受災戶權益言，政府便宜行事，未將特定捐款分配予該特定災難受災戶，竟是累積善款替政府代行其他後續災難之救濟，已嚴重背離捐款人意願。尤其是中央政府 921 震災多項慰助政策不盡完備，引發爭議，許多受災戶不符規定未獲濟助，民間捐款竟未能適時彌補，卻將巨額餘款移轉，實為重大缺憾。

總之，以上這些功課、學分，都需要重新檢討整理調整。然而，所有挫折困境，反省起來，其中含有的道理，讓我們記得頂果欽哲仁波切（1910-1991）的勉勵，引錄於下一篇第一章揭示。這是很重要的人生哲理。

上帝的神威在溫柔的輕風裡，
而不在狂風暴雨中。

— 印度詩人，泰戈爾，《飛鳥集》

11

堅 壁 清 野

第十一篇

反思：法律是什麼？

> 當審判者把別人燈裡的油燈和自己的燈光作比較，
> 他以為自己是公平的。
>
> — 印度詩人，泰戈爾，《流螢集》

本篇，我們要嚴肅的回頭省思這個問題：究竟法律是什麼？

把司法公器建立在個人或黨派利益之上，適足以毀滅司法正義的尊嚴。司法正義晦暗不明，不教人明辨是非，只縱容利害算計，社會將難見司法青天。

> 遠離屈辱和痛苦的假日，在另一個世界裡：
> 他可以聽不到那些話語、那些嘲笑，看不到那張可怕的面孔，
> 感覺不到那雙潮濕鬆軟纏繞在他脖子上的手臂，
> 在一個美麗的世界裡…
>
> — 英·赫胥黎，《美麗新世界》[1]

今臺灣民眾對社會信心的次第，司法敬居末位。要司法正義伸張，恢復對司法信心，除了體制周延健全外，根本之計，應從道德良知要求起，唯有讓司法行為價值的決定，不再從後果來論斷，而係視其意圖動機是否良善正直。

我們應該一齊找回司法良心！

---

[1] 赫胥黎（Aldous Huxley，1894 -1963），《美麗新世界》，黎陽譯，新潮文庫 23，臺北：志文出版，1974，頁 258。

第一章

「921案」蔡碧雲的故事

> 每一個困難和障礙,事實上
> 都是一種隱藏的祝福,都是上天的厚遇。
> 就像污泥對蓮花而言,並不是詛咒,而是祝福;
> 就像繭對蝴蝶而言,並不是阻力,而是助力。
> 是的,每一個困難和障礙,事實上都是一種隱藏的祝福;
> 都是上天的厚遇。
>
> —— 藏傳寧瑪派佛教大師,頂果欽哲仁波切

　　這是一段因為我而遭受牽連出的感人故事,她因正直而在「921案」凸出她的美德與一顆美麗的心。

　　「921案」發展的縣政府角色,蔡碧雲局長可說是本案的靈魂人物之一,她是奉公守法、盡忠職守的優秀幹部。我入主縣政改革,她勤勉守正完全配合政務推動,因而成為縣議會議長派議員的眼中針。

　　在此,我還原一些與本案相關的蔡碧雲的故事,來檢討我們的法律問題。

偵辦縣長的斷點:「俄羅斯原木案」之插曲

　　有關蔡碧雲造成他們辦案斷點這段「921案」發展的關鍵內情,我認為有必要於本章節陳述說明,以有利全案之完整性。

　　這次「921案」的犯罪集團,他們鎖定南投縣政府,「首號要犯」是縣長。縣長犯法,當然與縣民同罪。問題是縣長根本沒有違法,沒有證據如何定罪?也當然,政治萬能,他們「想空想縫」,於是而有「秘密證人」、

「污點證人」、有配合辦案威脅的間細（公務人員）。

　　一段極少知道的插曲，除了縣長之外最高職務的部門主管— 設定的「俄羅斯原木案」的共犯要角— 蔡碧雲，他們從她下手，希望由此「順藤摸瓜」可以辦到縣長。但是他們沒想到卻出現斷點，讓他們辦不下去。後以羈押縣長再起爐灶，案情才再擴大。[2] 但蔡碧雲讓他們很沒面子，王捷拓恨之甚深。

　　於是出現這一幕：偵問不出他們要「縣長指示」辦理的答案，檢察官卻怒而下令當場逮捕的緊急拘提。[3] 絕然精彩大戲。他們用盡幾乎可以想像到的司法權，為的只是要辦縣長。在兩度大搜索縣政府下，終於有了類似蔡碧雲狀況但無法堅守的良知缺口出現，他們才終於得逞。蔡碧雲這段司法攻防戰的心路歷程讓學法者怵目驚心，也讓人瞭解她堅守良知的可貴。我對她為南投縣政府的竭誠盡職給予完全的肯定，內心想這樣忠於良知的人，如果未來我有機會一定應該優先提拔重用正直的內心期許；只是一直沒能實現，令人遺憾之至。

　　　　人的品格就是良心。
　　　　— 英國道德學家，斯邁爾斯，《品格的力量》[4]

　　「豈無他人？維子之故。」德不孤，必有鄰。我好不容易爭取到南投縣政府就任縣長職，我發現幾位優秀公務人員，蔡碧雲是其中一位，因為

---

[2] 即是陳婉真所謂的釣魚式辦案，先押人再找證據，先抹黑再起訴。參見陳婉真，〈為檢察官濫權羈押南投縣縣長彭百顯致監察院檢舉書〉（200.1.1.8）。其中，釐列〈南投地檢署偵辦南投縣縣長彭百顯案 21 大違法事實〉，向監察院檢舉。（但監察院卻當此為空氣，沒看到。）

[3] 有關蔡碧雲造成他們辦案斷點這段「921 案」發展的關鍵內情，在於檢調要從她口中套出本案係「縣長指示」辦理的證據，以便案情向上發展。但蔡碧雲不願配合造假，而惱怒了王捷拓檢察官。

[4] 山繆爾·斯邁爾斯（Samuel Smiles，1812 -1904），《品格的力量》（普及版），劉曙光、宋景堂、劉志明譯，臺北縣：立緒文化，2006，頁 16。

她傑出，卻成了「921 案」的焦點，累她扮演了「921 案」前鋒的角色，也正義凜然承擔迫害。

南投地方法院檢察署 89 年度偵辦案中針對本人的第一個「921 案」，就是鎖定自縣府計畫室主任蔡碧雲著手。

「921 案」涉及的公務人員，除了縣長層級之外，層級最高的是縣長機要秘書鄭素卿及計畫室主任蔡碧雲（後來擔任城鄉發展局局長）。許多人也注意到「921 案」為什麼只偵辦縣長貪污圖利罪嫌，未見其他相關單位主管涉入而感到納悶，尤其是工程業務、震災款管理主管部門，而卻只釘住蔡碧雲及縣長室。

921 全案被起訴的縣府業務部門單位主管只有蔡碧雲一人，為什麼？其實，在偵辦過程中，蔡碧雲職責的部分，因「俄羅斯原木案」由於她不配合檢調需要，辦不到縣長而成為全案的斷點，因此惱羞才見只蔡碧雲主管一人之罪刑相向。

司法之偏差及針對性，實令人不敢苟同。那麼，法律是什麼？

成績亮眼引來嫉妒？

很詭異的，他們設定要辦的是縣長，為什麼「俄羅斯原木案」起訴主角不是縣長而是蔡碧雲？同樣的，他們要辦「侵占震災款」，為什麼起訴的主角不是管理「921 震災捐款專戶」的社會局長陳婉真，而是縣長彭百顯？這段插曲，我們有必要還原政治與司法之間的微妙關係，以及事實真相。

蔡碧雲回憶「921 案大搜捕」與對震災重建的影響，這也是極少人願意嚴肅來面對的問題。蔡碧雲回顧：

921 震災前，南投縣政府於國姓鄉福龜村執行的「創造城鄉新風貌」建設案，經內政部營建署評選為優良的標竿計畫，本方案顧問白錫旼先生的團隊進駐福龜村與村民生活在一起，運用福龜地區豐富的產業為基礎建

議民眾提供田間角落，設置草莓亭與口袋公園，以縣府「產地消費主義」的政策目標（農業文化園區）力推南投縣的產業與休閒旅遊結合在一起。

當 921 震災發生時，田間的口袋公園卻成村民的避難所，搭設帳篷在口袋公園度過驚恐的日子。

這就是 921 大地震前後蔡碧雲領導計畫室推展業務對國姓鄉社區發展作用的貢獻。

蔡碧雲說：

長達一個月的「921 震災週年重建回顧展」圓滿落幕。隔天，10 月 16 日上午 8 點正，南投縣政府包括縣長室、工務局、城鄉發展局、計畫室門口各走進了數位穿著淺灰色中山裝的人員，這些人走近相關人員的位置（包括個人及數位辦理社區重建的約聘僱人員），翻箱倒櫃，帶走所有抽屜內的文件資料及筆記本。

事後才知道，南投縣政府相關單位人員及負責「創造城鄉新風貌」幾位社區營造者、相關建設案的廠商，皆遭受檢調單位 100 多人、兵分十幾路的大搜索。

那時，單就計畫室被搜索的人員包括本人（蔡碧雲主任）、張齡友（負責俄羅斯捐助原木協助重建案、社區營造及示範村的重建）、李思茹（負責社區營造及示範村的重建）、許光國（負責南投驛站的規劃及建設案，搜索後數天約談）、金能鈴（管考課課長，負責示範村的重建，搜索後數天約談），而計畫室其他編制內的公務人員均相安無事。（他們只針對約聘僱人員下手，為什麼？）

要不到口供，檢察官翻臉

蔡碧雲主任當天上午 10 點被帶到調查局南投縣調查站偵訊。

針對「縣政府邀請美國賓州大學瑪哈教授來南投協助重建乙事，經費交付事宜進行詢問」，三位人員疲勞轟炸式的輪流詢問不同或是相同問題，中間沒有任何休息（快 12 個小時）。

到晚上 9 點多，調查站人員突然話題轉向「俄羅斯捐助原木協助臺灣重建」案（即「俄羅斯原木案」），從晚上 9 點多偵訊到凌晨 1 點多，之後被帶到休息室等待檢察官複訊，恍惚間好像看到「臺灣社區發展研究院社區再造中心」主任白錫旼先生也在調查站，心中有一股不祥預兆閃過。[5]

證諸本案起訴含有特殊之濃厚政治內容，由偵訊筆錄反映全案起訴癥結，並非被告在業務決策或執行過程之弊端，而是公訴直接設定圍繞在是否為「縣長指示」、是否「縣長知悉」、是否有「政治獻金」，是故，本案被訴關鍵當事人不是他們所謂縣長的「樁腳」，就是縣長的助理。

複訊時，檢察官重複訊問的問題，我欲詳細說明，均遭檢察官訓斥、阻斷，並要求只能回答是與不是、有或是沒有。最後檢察官問：「是不是縣長指示？」

個人回答：「不是！」（當時心裡閃過一個念頭，這個搜索是衝著彭縣長而來，假設我說是，我會沒事！但是，能昧著良心講話嗎？）

檢察官回頭告訴書記官：「發逮捕通知書！」

霎那間個人領悟到，我及所有真正賣命為南投重建的同仁及社會人士的命運糾葛在一起，將要開始迎接艱難的日子。那時候，只能拜託委任的律師幫忙轉告我先生，請他放心。

每看到蔡碧雲局長的這段回憶，令人心酸不已。我們不禁要問：法律

---

[5] 縣府義務顧問白錫旼在本案中，也因不願意配合檢調要求扮演「秘密證人」角色，而無辜被報復起訴求刑 20 年重刑。他們這一出手，毀壞了社會對他「臺灣社區總體營造先驅」的信譽。司法糟蹋人才，莫此為甚。讓人不解：法律是什麼？

是什麼？

為南投賣命上囚車

蔡碧雲感慨回想她們夫婦為南投縣政府的付出。她說：

凌晨 3 點多，因被聲請羈押而被帶往南投地檢署，隱約的看到我先生孤單的站立在調查站的門口（整天被訊問過程中，個人竟然不知家裡亦被搜索），蕭條風雨中孤單的等著，頓時百感交集，日以繼夜為南投縣重建而賣命的這些人，竟然被送上囚車。這算什麼？

我相當清楚地知道，我是政治惡鬥下的唯一正式的公務員，其他相關單位的主管及人員均於偵訊後飭回。

她盡忠職守，自我主政縣政府，在印象中她確是這樣負責善良的一個公務人員，非常難得。只是，我從來沒有想到我回南投要為故鄉盡一點政治行政力量，卻誤害了好幾位像蔡碧雲一樣優秀的人才。心裡不但愧疚，也時常檢討到底當初回南投是不是一場錯誤的抉擇。

總結蔡碧雲對 921 災區重建遭司法干預影響之回顧，在〈災變中之檢調冤訴對救災重建之影響與檢討〉一文中，她更有縣政內情的檢討，尤其在對政府部門的影響與寒蟬效應。[6]

彭團隊被他們一夥鬥垮

她說：

921 大地震之後，南投縣政府許多重建工作一直受到外界相當大的質疑，不斷傳出縣府有利用重建工程經費綁樁的說法，彭縣長曾經數次很仔

---

[6] 這是 921 十週年論壇發表之論文，收錄於《世紀災變之借鑑與啟示：921 十週年論壇論文集》，臺北：財團法人新社會基金會，2009。

細的向外界說明，但仍然持續遭到外界不實的評斷。2000 年 10 月 16 日的大搜索，就是藉著這些不實的說法前來查證。

彭縣長被收押之後，當時正值議會期間，看到相關人員的互動情況，個人已深切體悟到彭縣長被出賣。他們透過議會議長及議員的質詢與窮追猛打，再加上媒體似是而非的報導及評論，欲將彭縣長與個人置之死地而後已。

在議會，鄭文銅議長、熊俊平、楊明山、卓文華、李合元…等數位議員群起攻擊，將彭百顯縣長及個人形容得像是個「無惡不作」的貪官污吏，某些縣府單位主管似乎要討好議會、有意無意的落井下石，針對媒體不實報導事項或是議會質詢事項與事實不符合者，計畫室適時提出的澄清稿均被賴副縣長（賴英芳）擋下來，彭縣長所帶領的團隊已嚴重分崩離析。…

6 月，農業單位主管很清楚的表達預算的執行，做做表面就好了，何必積極認真執行（因為縣長很快就要換人了），不僅嚴重的影響了重建的效率與速度，也讓人感受到現實的無情和人情的冷暖！（回想 1998 年初，彭縣長任用這位主管當農業局長時，讓林源朗縣長時代的農業局恨透了彭百顯縣長。）

示範社區重建被棄破壞

在對災民權益的影響，她指出：

縣政府為協助災民重建家園，選定 27 個村里為示範地區，委請專業團隊，調查災民重建意願、協助重建及解決各項重建困難問題，這些示範地區，重建成果慢慢呈現出來。但 10 月 16 日的大搜索，負責同仁均被搜索、約談，大部分的工作幾乎停擺，之後，對於重建工作不再抱有任何的熱誠，人員紛紛的求去、逐漸離開。最後，所有示範村的規劃幾乎無法進入實質的協助。

縣政府依據舊中央政府時代所擬的「災後重建計畫工作綱領」所推動的「示範村」及「都市更新」案，因檢調單位大搜索的動作，使編制內人員沒有人願意多付出心力與時間承接與協助，「街區的都市更新」案也沒人願意繼續執行，都市更新的規劃費也被議會凍結、要求收回，公務員戒慎恐懼、行政體系幾乎癱瘓。行政院僅著重於集合式住宅大樓的都市更新案輔導，南投縣政府原委託規劃的街區的都市更新案就此胎死腹中，無一成案，以致災後重建的各鄉（鎮、市）的老街，仍然雜亂不堪，對災民重建受協助的權益大打折扣。檢調的大搜索，對重建區眾多無助的災民雪上加霜。

（司法收押縣長於重建緊要時間，有人還主張司法行動不會影響重建？徐松奎等檢察官大人，你們真的想過嗎？）

國際支援也受踐踏

對臺灣在國際上的影響，蔡碧雲也觀察到一些實例：

日本華僑勸募經費約新臺幣 600 萬元，親自派員送到南投縣，希望於國姓鄉福龜地區打造類似「田園小學」的「蝴蝶生態園區」；

俄羅斯國捐助一批木材給臺灣重建之用，這些經費與資源本期待著「享有理想國之父的白錫旼先生帶領愛心志工」協助南投縣完成，有來自加拿大的木材廠商願意繼續協助完成「南投縣重建的夢」。

但是，大搜索與媒體的報導及議會的追打，挑撥南投縣民怨恨與不安的心的言論，每天上演著。國際看待南投縣的重建已荒腔走板。

面對災難捐款的負面效應，蔡碧雲是第一類接觸的縣府主管之一，她澄清了一些社會誤解，並指出眾多的捐款人一一被傳喚，那時候，風聲鶴唳，風吹草動。

蔡碧雲局長是「921 案」與縣長一樣被社會注目的重要主角之一。她

在「檢調機關在重大災變中角色對 921 經驗之檢討」，有親身經歷及專業深刻的指責，她在回首中作了三項的反應。

檢調選擇性辦案

第一、她指控：

檢調將「俄羅斯原木」協助南投縣重建案列入偵查重點，集集鎮長林明溱說：俄羅斯原木興建集集鎮農特產品銷售中心，整個建造過程鎮公所都未插上手。但是白錫旼的詢問筆錄：「集集農特產銷中心地點由鎮長提供。」

《聯合報》報導：「縣政府處理俄羅斯原木疑涉不法，檢調發現銷售中心蓋在河川公地上，涉及竊占刑責，檢方決定依法究辦。地檢署主任檢察官徐松奎指出，集集農產中心佔用河川公地，將另案偵辦。」但最後還是沒辦，選擇性辦案至為明顯。

檢調濫權違法

第二、她控訴：

921 重建工作艱難，縣政府再怎麼努力，永遠無法滿足災民的需求，因而遭致災民的不滿，當時民間各村里，幾乎隨時可聽到不實的指控與抹黑，諸如：

「縣政府 921 捐款沒有用到災民身上、南投驛站縣政府花了將近三億元建造、南投縣政府臨時辦公室及多項重建工程均採限制性招標、被質疑圖利特定廠商…」，因這些的訛語，檢調單位及中區黑金查緝中心啟動大規模、地毯式的搜索。

二度搜索之後，又來電要求縣政府社會局將捐款運用情形及資料送到南投地檢署；縣政府同仁幾乎時時要應付不同的檢調人員要求縣政府提供

921 震災專戶五次會議資料及收支憑證，甚至要求提供 921 之後所有工程的發包資料，檢察官以如同在大海中撈針的方式尋找彭百顯縣長的貪污資料，不得不令人懷疑其職權的行使已嚴重的扭曲及違法；僅依據檢舉或是傳聞，竟需動員 100 多位檢調人員大肆搜索，家裡被搜索及約談的人員，除了本人及工務局代局長王仁勇是公務人員外，大多是彭縣長擔任立委時期的助理。不得不令人懷疑這是一場政治上的大追殺。

為了羅織彭百顯縣長的罪名，檢方在調查筆錄內記載著：「有關工程得標將來要支持彭百顯及政治獻金」乙節，經秘密證人張鼎明供稱是調查員加上去的。另一被告羅朝永也出庭指證因檢調單位一再以「交保」為誘餌，以致在逼迫利誘下，作不實口供。

另鄭國樑因執行縣府委託事項預借款，檢調以曾領取入私人帳戶，檢察官威脅鄭為不利於彭縣長之證，未如期所願，乃另案以《依貪污治罪條例》起訴。檢察官權限的行使如此無限上綱，公務員執行職務應受保障的權益何在？

檢調利用媒體誤導視聽

第三、她沉痛地指正：

檢調單位大搜索縣政府後，不斷透過媒體發布不實資訊，扭曲誤導民眾，將彭百顯縣長創辦用於救濟災民、建設南投全心奉獻的公益性基金會扭曲為犯罪集團，栽贓基金會侵占賑災款、從縣政府牟利、為個人洗錢，基金會捐款用於個人私利用途，種種不實言論在全國媒體間傳播。如此扭曲真實，形成社會大眾深沉之誤解。

蔡碧雲以「俄羅斯原木處理案」為例，她控訴司法利用媒體之傷害：

依據當時行政院農委會召開的研商會議，決議由「臺灣區域發展研究院社區再造中心主任白錫旼」負責木材的運離、防腐、切割、規劃設計、

並各興建南投縣 13 鄉鎮市「田園小學」、農特產品展售中心、民眾活動中心等所有的經費，但因短時間內其運離經費尚未有著落之前，請求南投縣政府協助借支 1,700 萬元經費俾能儘速運離高雄港，嗣其函報計畫書申請農委會轉請「財團法人 921 震災重建基金會」補助 2,250 萬元時，計畫室已將該 1,700 萬元先予扣回返還南投縣政府的震災周轉金。

但南投地檢署主任檢察官徐松奎竟於 2000 年 10 月 17 日召開記者會中，向全國媒體報告南投縣政府違法兩度撥款近 4,000 萬元。如此的利用媒體誤導民眾，對南投縣及當事人的傷害何其深？

蔡碧雲局長以「921 案」要角的過來人身分，表達了她對本案堅持正義竟須付出慘痛代價係社會公道的反面教育。她提出以下四點看法，深具意義。

多作多錯，不作準沒錯

第一、公務機關人員對檢調單位的認知。蔡碧雲指出：

公務員莫名奇妙的碰上了刑事責任，讓公務員採取明哲保身的保守態度。我個人因經歷了 2000 年 1016 的大搜索及 8 年的長期奮鬥，聽懂了一件事：「多作多錯，少作會是少錯，不作準是沒錯！」

921 震災之後，當全國民眾投入救災之際，我親眼看到了有些無動於衷的公務員，上班時照樣打他的論文，下班時間一到，一刻也不留的離開辦公室。這樣的公務員，他是安全的，他絕對不會有機會碰上檢調單位的搜索與約談。

改革樹敵招致檢調出手

蔡碧雲更愷切地說：

1997 年 12 月，南投縣彭百顯縣長於就任之後，深切體悟到國民黨長

期執政下來的公務機器是生鏽了，公務機器需要維修，公務人員的專業職能與態度、精神需要加強與訓練。啟動改革的腳步勢必與傳統的利益有所衝突，改革者要有所認知，他的處境是困難的，甚至一不小心，自己先蒙其害。

彭縣長就是在極度惡劣的政治環境中想實現他的改革理想，但他第一個樹立的敵人就是民意代表、媒體、與傳統的公務員。改革者的堅持就是，我是為人民而努力的。

彭縣長於 2000 年的總統大選前，由於南投財政的困難，為了爭取南投縣 921 震災的重建經費，不惜放下民進黨員的精神而選擇支持國民黨的連蕭總統副總統候選人。結果陳水扁當選了，新政府上任之後所有的 921 重建的政策與現象，他慢慢體悟到「政治力的介入」，因此，彭縣長無法期待他真心為南投重建所做的努力能免於檢調單位的大搜索。

在有心人處心積慮的散播謠言到某個程度時，累積的謠言足以積非成是，這些謠言及議會的檢舉，就是檢調單位採取行動的基礎。

司法摧殘公務人員

第二、漫長訴訟、摧殘認真負責公務員。她說：

2000 年 10 月 16 日面對檢調單位的搜索與約談，雖然免於羈押的命運，但是司法纏訟 8 年的歲月不算短，2008 年的 12 月 17 日終於還我清白與自由，2009 年 1 月 16 日我離開了公務體系。當初對南投縣政府進行大搜索的這五位檢察官，如果他得知所有的被告終能獲得無罪判決，未知能否對他的職業有所啟示？

如此的執行職務付出的社會成本太大了。臺灣司法的養成教育是否應該檢討？正義之神是人民對司法的期待，如果稍有不慎，能否擔得起因果呢？921 司法冤案，這麼嚴肅的課題，未知能否喚醒司法改革列車的再啟動？

司法霸權，百姓遭殃

第三、檢調永不認錯與濫權，是百姓的災難。蔡碧雲說：

彭縣長何以須面對如此之多的案子？或許當初大搜索之際，被約談的公務員總會說：「上級指示、縣長指示、主管指示」，就個人面對「921震災週年重建回顧展」的案子檢視，我的同仁的筆錄，就是如此的記載著。當同仁將責任往上推的時候，檢調人員其實是很清楚的。

但低階的公務員不是檢調單位的目標，他們要辦的是機關首長或是高階的主管。在「921震災週年重建回顧展」的這個案子：

調查站人員詢問廠商：「你這個案子的獲利約多少成？」

廠商說：「約工程經費的10%」

檢察官就以220萬元的經費的10%起訴個人圖利廠商25萬元，加上我是法律系畢業，知法犯法，加重求處有期徒刑7年。也就是說，法律系畢業是加重求刑的因素之一。

就彭縣長被起訴的案件中，有著太多檢調單位以威脅、利誘所獲違反事實之證詞及謬誤百出之起訴內容，指控彭百顯圖利。單是所知個案，就有如此之多的濫權現象，未知臺灣的百姓要如何能免於這個災難呢？

期待明天司法

第四、被告權益的保障與心靈重建。她無奈的對掌權者期待：

新任的法務部長王清風部長於上任之際，曾提到臺灣檢察官起訴的案子判決有罪的比例相當低，必須有改善的機制，寧可起訴從嚴，被告也是人，有他的基本人權。（講得多好，蔡碧雲以過來人的遭遇，當然嚮往）。

個人相當期待王部長任內，能建立起「保護被告權益、杜絕檢察官濫權」的制度。因為，比冤獄賠償，這來得更有意義。（是的，這也是我們眾人的心聲）

「豈無他人？維子之故。」認真正直，勇於承擔，蔡碧雲樹立了社會需要的公務模範。

> 黽勉同心，不宜有怒，
>
> 凡民有難，匍匐救之。
>
> 需要勉力同心，不應該生氣發怒。
>
> 凡是別人有難，我都爬著去相救。
>
> ——《詩經》，〈邶風〉，谷風

持平之論，蔡碧雲局長就是這麼一位敬業負責的公務主管人員。在一片保守好逸惡勞的公務機關中，如果是她的上司，你會忽略這樣難得的人才嗎？當然不會。在我的心目中，921 也因為她的善良與有守有為，我相信就她負責的部分，如果不是「921 案」之阻擾，我們一定會讓南投社區重建在品質與效率方面有耀眼的貢獻。

我再強調一遍，如果不是「921 案」之司法阻撓，南投縣 27 個示範社區等由她負責的社區重建成果必將使南投更加亮麗，我也相信會與「全國最美麗校園在南投」的校園重建一樣，將留下 921 重建最美麗的鄉鎮社區而展現【美麗新南投】樣貌，因為，這些目標就是我回南投向選民的訴求。[7]

滄海遺恨無情天，偏偏「921 案」就因政治有司當局「設定」要辦縣長而連累了她，她是縣府主管，我有道義責任，但我無政治奧援，我實在相當難過與不忍。因此，我們反思法律是什麼。

---

[7] 【飛躍・美麗・新南投】是我競選縣長時向南投鄉親提出的政見訴求主軸。

第二章

究竟法律是什麼？

我要驅除我思想中的一切虛偽，

因為我知道你就是真理，你在我心中燃起理智之火。

— 印度詩人，泰戈爾，《吉檀迦利》

法鼓山開山方丈聖嚴和尚說：[8]

　　歷經這場大地震，有人說這是天災，也有人認為是人禍，這個問題是整個社會的風氣問題，也牽涉到我們臺灣人價值觀的混淆。

　　價值觀偏差的現象，縱然大多數人不會作惡違法，確也會受到社會風氣的影響。我們的社會的確是病了，存在有很多不安的因素，人心不平衡，就會產生不安，不安就會造成人禍，帶來天災。

---

[8] 聖嚴法師，〈是天災？還是人禍〉，《臺灣·加油》，臺北：法鼓文化，1999，頁22-25。

921 救災、安置分別告一段落之後，繁複的災後重建工作隨即上場，不久民進黨新中央政府也在這個緊要時刻粉墨上臺，未及半載，我所遭遇的「人禍」接續「天災」而來，他們於中央坐鎮下次第展開。相關情況，一如法鼓山聖嚴方丈前所指出。

檢察官徐松奎帶領主力幹員揮軍直搗還在體育場跑道艱困上班的南投縣政府，成功地由得力檢察官王捷拓具狀起訴我的罪狀，懲罰我前後戴罪11 年。讓我羞於見人見社會，形同服刑，直到無罪定讞後多年，迄今也尚無法洗清司法所帶給我的囤積污穢臭名，以及對家族、親友、同事的蒙羞。那個時候，我們真是社會的邊緣人。法律權威如此誤人應該不是本意，但卻有人公然大方運用法律體制的不周延而玩法弄人，這樣的法律究竟是正義嗎？

錯誤指認是檢調辦案容易被誤導的弊端，也是造成司法冤誣案的起點。然而，檢調借故相信錯誤指認，更加碼製造非事實之指控所造成錯誤訴訟，則是誤人誤己的一場因果相加之人間煉獄。法律可以不注意到這個嚴重缺陷嗎？

「欲加之罪，何患無詞？」偵查一開始就存在重重缺陷，檢調人員心裡完全明白，他們並非「有多少證據，辦多少進度」（證據在哪，辦到哪），反而是「釣魚式」辦案，憑空搜尋、製造可供套用的證據，設定目標，再畫靶。於是，他們羅織入罪，啟動起訴。法律縱容這種司法行為嗎？

如此作為，所謂司法公正、司法獨立，完全以公權力欺騙社會，製造「假新聞」，誤導視聽；事後證明確實錯誤，不但害人誤事，也傷司法公信力；更在綿綿悠長的世間因果律的運行天則，留下一大筆尚待清理的未來帳。法律是人間製造因果輪迴為虎作倀的機制嗎？

就社會而言，應先檢討：法律可否授權給司法權柄者成為害人的工具？

羈押縣長的法律正義在那裡？

深入檢討，本案司法定讞迄今，我還是不滿法律豈可隨意羈押縣長，竟還以「莫須有」勾結推測臆詞。這一群檢察官帶隊搜索南投縣政府，他們終於也完成了羈押縣長審查程序的大戲[9]。讓權威的司法體系「埋沒於浩瀚卷宗堆裡研究單一性、同一性的排列組合，諸如：實質上／裁判上一罪、數罪／一罪起訴、全部／一部上訴、有罪／無罪或不受理部分上訴、經上訴部分有罪／無罪或不受理」（林鈺雄，2002）[10]的制式遊戲規則中，連司法作弄忠良也變成正常，似乎是司法權威的社會印象。

我面對的「921案」也是如此「遵循司法原則」，包括律師群，前前後後，在這個體制，我們陪他們，也是他們一起陪我們，依據這個遊戲規則，我們一共玩完了11年以上的寶貴生命時間耗盡於此程序規則，陪襯他們11年的司法經驗變成資深司法人，以製造誤人刑案成就自己？

自始至今，我們還是要追究這個問題：為什麼「合謀」，是配合政治考量抑或法律不須客觀，司法主觀心證最偉大？

合議庭竟然相信這種理由

2000年11月13日夜晚，檢察官他們提出要羈押縣長，以便關起來方便再找證據辦案。前面已探討過，對於檢察官的指控，都不是事實，沒有一項符合羈押的理由，但合議庭竟然相信這種不是事實的理由。[11]他們的理由是檢察官的斷章取義：

1. 陳○○首次偵訊中已供稱係被告彭百顯同意借款給張河新。
2. 在「財團法人南投縣建設發展基金會」88年分錄帳記載「董事長支借」等字樣。

---

[9] 事後，某日，某位知名律師很自信地告訴我：「如果當時羈押庭由他擔任辯護律師，你就不會被關。」當時，我姑且相信，但讓我更無奈於司法「自由心證」強權之不理性命運觀，他們是人間閻羅，有操縱人命運的殺人大權？

[10] 林鈺雄，《刑事訴訟法》（上、下冊），2002，二版。

[11] 合議庭的組成是：庭長林宜民、法官郭棋勇及施慶鴻。他們讓「冤誣案」變成進行式。

3. 陳○○之電腦工程資料中，關於「縣政府臨時辦公大樓興建工程」註記「縣長指定」。

4. 秘密證人陳三之指證。

5. 依證人陳介山、林憲志之證言，可以證明關於「縣政府臨時辦公大樓興建工程」有圍標。

6. 依證人幾簡育民之證言，可以認定被告在知悉工地地質不適合於興建臨時辦公處所，但被告仍執意發包。

7. 有湮滅證據之事實，在檢察官搜得之證據 — 即鄭秘書所持有之字條，記載有湮滅證據之文字，即記載：「新南投基金會 87 年的帳要全部銷毀」；另在縣長官邸搜得之字樣，亦記載：「請上級儘速要求施壓，儘速結案，結案對我們之好處：一、人趕快放出來。二、可以草率結案，案情不會擴大。例如廣三曾正仁案 22 天即結案起訴，法官至今仍一頭霧水，找不到許多資料。三、增加辯護空間。」等字樣，依被告之妻之供述，係被告所交付。

　　本案事後可以再行檢討嗎？若用全案定讞無罪的賠償或補償來作為推翻合議庭的錯誤裁判，則歲月時間、名譽都成了廉價的機會成本。那麼，法律錯誤永遠仍也都屬社會正義的一環，是嗎？

傳票露底，他們要辦縣長

　　其次我們要問，辦案的法律基礎，羅織算不算犯罪？以政治動機來羅織算不算法律正義？

　　南投地方法院刑事傳票，自第一次（2001.2.26）傳我出庭的案號「90年度訴字第 28 號」，案由「蔡碧雲等貪污案件」，即挑明我是他們辦「蔡碧雲案件」的連帶相關者。

　　其後，我陸續再接 3.19、4.4、4.23、5.30 四張開庭傳票，都是相同的案號、案由。為證明「俄羅斯原木案」是否係他們辦案斷點 [12]，我於 6 月開庭庭上質問：「我與蔡碧雲案何干？為什麼傳票案由是：蔡碧雲？」

結果，此後接續 8.3 的第六次傳票，案號仍是「90年度訴字第28號」，但案由主詞則已改「蔡碧雲」為「彭百顯」，其餘不變。這種轉變，反映了法律主體是可以隨便更改的？

果然，他們辦案就存有政治動機，原來要用「俄羅斯原木案」羅織主角蔡碧雲以「縣長指示」向上扯引彭百顯為貪污案的主角，腳本破功。於是，他們才又另起他案，但不知何故原案欲辦人的案號、案由卻忘了修正，仍沿用原劇本「演出」，法院傳票露了馬腳。

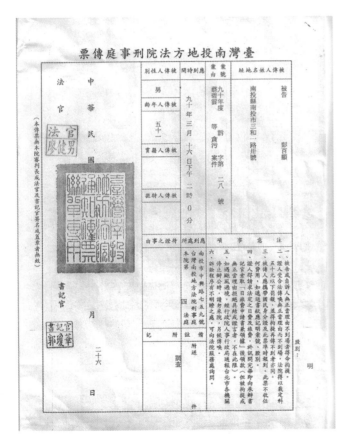

刑事傳票透露什麼玄機？

「921案」我收到的第一張法院刑事傳票。（左圖）這張刑事庭傳票明白寫著我被告的案號與案由：「90年度訴字第28號蔡碧雲等貪污案件」。

證明我被告貪污是與「蔡碧雲案件」相關聯。但開了幾次刑事庭，收了幾次相同的刑事傳票，卻發現整案全與蔡碧雲無關，也未見蔡碧雲到庭，經我質問法曹：為什麼案由是「蔡碧雲案件」？結果：後來他們修改案由，保留案號。（下圖）

原來，傳票的案號、案由是可以由法官隨意更改的，但不知原來的傳票是憑什麼編訂的？由此可見「921案」，他們辦案存有政治動機，「設定就是要辦縣長」，蔡碧雲是被冤枉牽連進來的！

---

12 他們欲意偵辦縣長的強烈企圖，於羅織蔡碧雲「主管協助俄羅斯原木重建業務」以弊端中失敗，本案辦不到縣長，「俄羅斯原木案」遂以蔡碧雲為起訴被告。而我以被告身分出庭的「921貪污案」，前半年案由確是「蔡碧雲等貪污案件」（即俄羅斯原木案）。這也是事後證明（蔡碧雲無罪）他們辦案荒誕。他們身為法律人玩法弄人之令人不敢恭維。

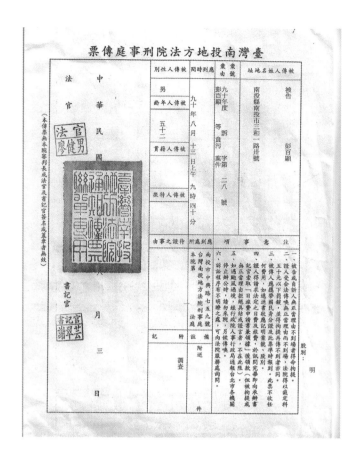

　　這就是「921 案」的法律基礎？大家一起配合司法遊戲，他們可以修正辦案傳票的主詞，並共同成就滿足幕後的政治起造人？法律究竟是什麼？

　　「921 案」至今雖已事過境遷，但以守法苦主的立場，我是否可以再度問一句：法律正義是可以這樣的玩法嗎？

究竟法律是什麼？

　　第三，追根究底，我還是要問：法律是什麼？

　　究竟法律是什麼？我是「921 案」訴訟案的被告，曾經身為立法者，我曾參與立法院立過很多法律，我認真的反省這個嚴肅的問題。他們起訴

我的罪名，要判審我的罪刑，憑的是法律正義，還是手中的法律權利，還是獨特不須驗證的自由心證？

　　法理學的學者亦皆注意到法律的性質問題，所以，才有重視「法官應該如何判定」的法律正確之問題，而發出大哉之問：

> 「法律實際上是什麼：究竟法律是什麼？或法律應當是什麼？」

　　法理學家德沃金認為法律的教義性（doctrinal）含有要求人們共享實踐的意義，特別是在複雜的政治共同體中是如此，應把價值和目的歸之實踐；因此，捍衛法律正義，法官裁判要有道德義務，阻止非正義與龐大之無效率。[13] 偉大哉，德沃金法律正義主義！

　　司法公正獨立是國家社會公信力的核心價值，因此，司法人員運用法律的教義性概念來陳述結論，實在具備社會權威。王捷拓檢察官起訴求刑我 20 年重刑，就是運用他主辦起訴權，我很認真的看在他手中依法鄭重落筆寫下起訴結論：

> 被告彭百顯身為南投縣縣長，不知戮力造福鄉民，反利用職權圖牟不法，情節非輕，予以量處有期徒刑二十年，並宣告褫奪公權十年，以惕來茲。

　　檢察官也是廣義的法官。多麼義正詞嚴，多麼鏗鏘有力的代替災區民眾教訓、控訴他們不知戮力而貪圖不法的縣長。

　　假使誠如王捷拓檢察官所言，那做為災區縣長，我應該愧對自殺謝罪才對得起南投災民，尤其更該懺悔跪求投票支持我、讓我當選縣長的選民寬恕。既然王捷拓敢大言如是，他當有十足證據支持其指控論點才是，但事實不然才是問題。

---

[13] 這就是德沃金在其《法律帝國》及《身披法袍的正義》所捍衛的觀點。參見：德沃金《身披法袍的正義》，周林剛、翟志勇譯，北京大學出版社，2015，頁13。

德沃金說，我們運用法律的教義性概念來陳述結論（起訴書、判決書），我們把價值和目的歸之於這種實踐，以此來詳細闡述這個概念；對人們在這種實踐中作出的特定主張，以我們所確定的那些目的和價值為依據，形成有關其真值條件之觀點。

921 重建是否戮力，是否違法貪瀆當須有事實做基礎，並非可捕風捉影來勾稽，應是有社會客觀的觀察認知。我無意標榜我自己於 921 救災、安置、重建期間如何急切地無私無我的投入並守法帶領縣府團隊全力以赴，只是王捷拓檢察官在《起訴書》對我指控的法律結論，實在不敢苟同。

於今就事論事，我以曾被法律控訴之被告一方身分，以不對稱陳述表示我一介書生的一點意見：法律（含檢察官）應當如何判定，行為正確是很重要的。何況我們社會不正是高舉法律之神聖性：司法是正義的最後一道防線嗎？

921 與法律學

一位法律學專家說：「這些新文獻、新理論造成的位移，猶如 921 大地震時劈裂的九份二山」。
921 大地震是否亦搖撼出法律學上的新論述，新法條？

刑事訴訟法

最後，我回頭檢討本「921 案」偵辦的問題。本案偵察過程不法之部分，應痛加改正，前已多有探討，這一部分在此從略不再贅述。

2000 年，法律學新銳臺大教授林鈺雄於出版新教科書上強調：「古今中外，發現刑案之真相，被視為刑事審判想當然爾的目的。」這句話兩年後打動了當時戴罪在身、遭蒙刑案之害、羞於見世的我，正需要有本可以幫助釐清司法訴訟案的指導工具書。

2002 年，身敗名裂我自南投帶罪回臺北，我自縣長卸任下來未久，我唯一的工作 — 為了清白，專心忙於打官司。為了打這場官司，我需要有關刑事訴訟的標準或正確說法的參考書，在眾多刑事訴訟法學教科書中，我的助理同仁轉知有一部最新的、異於傳統教科書的權威性「刑事訴訟法」，並購買回來參研。配合 2001 年修法，於是這部林鈺雄《刑事訴訟法》（2002）輾轉擺上我的書桌，變成我訴訟指導的參考指南。

迄今十多年來，它成為我人生進入老年、意外變成法學研習訴訟法的老學生、並為詮釋我「921 案」主要依據之法律教科書；也是意外的，並不是我現代學術研究基金會長期民主路上「老戰友」、當代刑事法權威蔡墩銘教授那本《刑事訴訟法》。這些意外，有什麼意義嗎？我實在不知道。但 921 也是一場意外，十年後我發現這個說法：

> 意外總是需要一段長時間的準備。

恍然大悟，對我走進 21 世紀的人生意義提供答案，我把它摘錄在我出版的這本書上，並作為我今生遭臨 921 劫變詮釋之註解。[14]

本書有關刑事訴訟的法律專業概念或論點，許多係出於林鈺雄這本著作。除非必要，大致上我引用但略去出處說明，除有須特別強調之見解者，則保留說明，於此特別強調以表對林鈺雄教授之敬意。惟若有未當，錯誤

---

[14] 彭百顯，《臺灣改造經濟學：經濟在臺灣民主化過程的角色》，臺北：前衛出版，2012，頁 9。

之責仍在作者。

林鈺雄這本教科書名著《刑事訴訟法》〈序〉這樣說：「訴訟史之於人類的不名譽，不亞於犯罪史！」是的！就個案說，「921案」訴訟過程對吾人的非常羞辱，非常不名譽，非常對生命失望，這說明了法律人培養司法人素質的重要性。

我沒有犯罪，卻要蒙塵污垢相加，被假定有貪污罪嫌，然後被迫進行一場超過十多年的不公義司法困鬥，最後法律說：沒事了。留下一大堆人間難解之事於原來就沒犯罪的我，自己獨自去面對思維。

發現刑案之真相，被視為刑事審判想當然爾的目的。然而，「921案」的真相，在審判時間拉長到人間事面目全非時，就是最後清白登場，也幾乎等於並不想給社會得出真相的目的。與法治目標不符。

我面對「921案」的司法偵查過程，似乎又把刑事訴訟法的實施精神再度打回原形。當法學專家正在慶幸，臺灣刑事訴訟法之禁止「不擇手段、不問是非及不計代價」的「三不」，正是界限與過去區別之「啟蒙」標準，然而，顯然21世紀千禧年上演的南投「921重建弊案」的司法偵辦過程與結果，仍然證明臺灣的司法依舊處在尚待「啟蒙」時代。而且，存活在現代的百姓、黨異人士，則尚須在當政者需要（刑事訴訟法的有效性）與依法治國之間，施加犯罪控制。這個結論，對有心人士而言，都顯得太沉重。

林鈺雄在其《刑事訴訟法》第一章即苦口婆心指明：[15] 刑事審判是「人」對「人」的審判。根本困難是：犯罪事實「何從得知」的問題。

他在教科書給我們的理論答案是：檢察官在探知事實真相之同時，是否更必須處理真相不可得知時，「如何收場」的問題。這裡涉及所謂「有疑唯利被告原則」，很遺憾，由「921案」，本案檢察官王捷拓等之處理並非如是，根本沒有退路之概念，所以他們勇往直前，不必問是非。他何曾「有疑唯利被告原則」？

---

[15] 林鈺雄，《刑事訴訟法》，頁5。

他們羈押我至第 61 天那一天，我初次面對王捷拓檢察官所提列的「犯罪事實」真相。由於其間有很多不是事實，沒有的事，我真不知檢察官「我犯罪的事實」是「怎麼得知而來」？如果明知大都是縣議會提供的，則當時「府會不和」，司法何以卻非要政治選邊站？抑或「污點證人」提供的，則更應釐清事實，而非一邊靠。

依法論法，徐松奎、王捷拓他們自信，自以為得意於得知全案犯罪事實真相，因此，沒有「不可得知真相」的問題（其實真相就是政治立場，他們的政治傾向一夥才是真相），即沒有「如何收場」的問題。就結果而言，「何從得知」出了狀況，檢方起訴依據被證明為「虛偽造假」曝光，被迫攤在審判法官面前。這只是證明：檢方未依法行事不對？還是被告幸運，「不幸虛偽被你們得知，算我們衰」？

教科書老師論者諄諄，司法學子聽之藐藐？利害因果與檢察官無關？受害眾生，只好自認倒楣？無論如何，法律本來講究因果律，如今依附政權行事，因果律已加諸相關當事人，形成社會共業因果，命運輪迴不已。豈能不慎乎？

政治操作司法

嗚呼！這是社會公道：獨木橋、陽關道各行其是。全由政治導向，若然，那麼法治是否可廢？全然政治命令即可。

一開始，全國民眾很多人不相信「921 案」是政治性操作出來的。

本「921 案」，政治性十足。在司法啟動偵查行動之前，開始策動本案成為全南投公開議論，以及掀起政治調查本案的始作俑者，正是議長及縣議會；[16] 而在中央，南投地檢署的上級，我過去的革命戰友法務部長陳

---

[16] 除了議會決議移送法辦，本案檢調有興趣的是我就任之初長期擔任財政局長之陳有政（後轉至議會），他以議會身分具名的檢舉函。豈知檢舉亦只是憑空想像，目的只是「過水」圖謀檢方啟動司法偵查而已，司法更樂於選邊站，政治正確？

定南在臺北坐鎮、政策指揮督辦（他有否受命上級長官？密想當然爾）。他曾向國人傳達本案貪污「罪證確鑿」（所以高層長官當信以為是）。中央如此明確的「政策指導」原則，況且，依行政倫理「上命下從」的司法體制，在在影響本案檢察官的職務服從，自然無須善盡法律規定之客觀義務。

如此環境，如此氛圍，檢察官何異淪為司法既定政策的跑腿者而已，根本上並無法律客觀責任可言矣！就此而論，我又同情王捷拓等只能是政治正確下，以戮力傑出法律服務政治的順從者而已！

惟自甘於政爭工具，或自願為其政治信仰服務，則更是無法要求檢察官忠誠履行「法律守護人」之客觀性義務。因為他們扮演誣控我的角色，所以本案待法律還我清白之後，在此，也容讓我把這種處境明講：法律人一本正經強調依法律維護社會正義，也是虛偽。

「天公疼憨人」，正直是上天鼓勵人間的義行。

我慶幸，由於運氣關係，因而影響我這生的命運。在臺中高分院二審，我碰到一位願意接受我的請求再度要調查局提供原始證物的受命法官（林清鈞），由於他的發函與調查站新主管之慈悲善念被動配合提供，真相終於得以水落石出，改變了整個案情發展。

法院基於「查明犯罪事實真相的澄清義務」，依調查原則，只要是澄清事實真相所必要，法院有權限與義務予以主動調查。《刑事訴訟法》規定：「法院因發現真實之必要，應依職權調查證據。」（第163條第1項）雖然，我早在南投地方法院審理庭一再要求提供原始證據（未果）[17]，終於貴人出現在高等法院二審受命法官善念同意再度行文，也因調查站新任

---

[17] 南投地方法院拿到調查局偽造的筆錄資料，以及偽造公文誤導法院。我在初審被他們坑害，不得翻身。因為調查局提供了一份「有影無聲」的調查證據，無法證明有爭議的筆錄虛假，叫你「死無對證」，竟大膽偽稱錄音麥克風擴大器燒壞了，所以辯稱「有影無聲」，調查局他們真的放膽幫背後影武者，發揮到「壞事做到盡」、「害人害到底」的「盡忠職守」。他們根本不知什麼叫作陷害忠良。

主管配合真實之下，才把誣陷於我的偽造筆錄呈現在審理法庭，我這才得以在層層誣陷之深淵中爬了出來，救了我一命。法官這一念之仁，讓我內心實在感念這樣困難的關鍵性突破。所謂「正直人終有好報」。

法律的抉擇

法律時常受到的一項挑戰：理論上正確，但實務上不一定有效可行。為什麼法律人會受到這種責難？

法律人都明白其人無罪，但法律卻讓他們都變有罪，多麼讓人心悲無可奈何。為什麼？明眼人都知道答案，但確是不容易處理，就是存在法律政治關係。這是司法界一個特殊的潛規則，政治決定法律，而法律依法決定政治，黑手在其中。

「要讓無辜的人入罪，那是太容易了。」[18]

市面上有一本專門探討美國司法誤判死刑案的書，很多個案背後的情節往往令人髮指，這些司法疏失將無辜的生命毀壞殆盡，永難彌補。比起這些誤判而導致死刑的例子，雖然貪污起訴本人就如同宣判我「政治死刑」一般難堪，生不如死，但相較我這種無辜還真是一件小案例。法律要害人還真是神通廣大。

「想起來還算僥倖吧！」我自我安慰，仍不免感歎人間相作弄的背後。古往今來似乎不變的感慨。

> 瞻彼日月，悠悠我思。
> 道之雲遠，曷雲能來？
> 百爾君子，不知德行？
> 不忮不求，何用不臧？
> 憂心殷殷，莫知我艱。

---

[18] 《雖然他們是無辜的》，林淑貞譯，臺北：商周出版【人與法律 14】，2000。

抬頭仰望日月星辰，我們會有很多的思考和疑問。

要怎麼做，天地間的至理大道才會在我們的心中顯現呢？

你們這些官員，難道不懂得德行？

不忌害人，不必貪求，什麼事情辦不成？

憂心忡忡，沒人知道我的艱辛。

—《詩經》，〈邶風〉，雄雉

感慨啊！擲筆三嘆，人生意義為何？從政目的為何？法律正義又何為？

11 堅壁清野

第三章

法律正義是什麼？

善良的人和偉大的人總會令人追隨。

一個偉大的國家領袖在他身後留給國家最寶貴的財富是 ——

一個毫無瑕疵的生活楷模，

是所有後人在形成自己品格時仿傚的榜樣。

—— 英國道德學家，斯邁爾斯，《品格的力量》[19]

　　法律追求正義，我們進一步要問：法律正義是什麼？「921 案」的價值有明礬的作用，澄清了政體分權獨立的混濁本源 —— 政權存在邪惡勢力的黑手。

　　過去，我們的認知，法院代表國家審判，所以法律是正義的化身。對於司法的刑事訴訟當然相信法律會力求真相，發現真實，實現正義。所以，我們相信司法。尤其，想到法院標榜公平、正義，讓我們這些無辜的被告帶來希望。

　　但是，如果不是經過這次本案一連串的偵查、起訴、審理、判決之過程，說真實的，我還以為臺灣之司法可以放心。我們不可一昧天真的以為正義是司法人員的天職。因為，對許多無辜者，司法正義還需要靠運氣。

　　我的主人，我不知道你怎樣歌唱！

---

[19] 同本篇註 4，扉頁。

我卻總在沉寂的驚奇中聆聽。

　　　　　　　　　　— 印度詩人，泰戈爾，《吉檀迦利》

　　自 2000 年 10 月 16 日至 2011 年 7 月 14 日，走過刑事訴訟這漫長的一大段路，煎熬內心，除了思量法律的本質，我曾不斷地思索：司法正義是什麼？

　　經過這十多年以被告身分實際走過我的司法劫難：「921 刑事訴訟案」完整歷程的法律實務經驗，也就是由偵查、起訴、審判、上訴、再更審、定讞等程序，我對臺灣的司法正義，根本上不具體制信任，仍有命運因素之支配。

　　這個案，如果不是上天憐憫，我勢必在他們精心規劃秘密證人誣陷的「鐵證」下無法翻身。全案定讞後再經過七、八年自由之身的沉澱與準備提筆留文，其間也閱讀一些法律專業文獻書籍，更加深這樣的看法。

　　再深刻證諸一位美國聯邦最高法院大法官說的這句話：「（主持正義）那可不是我的工作。」[20] 在此之前，尤其是擔任三屆立法委員期間，我還一直相信：法律是正義最後的防線。

司法是「私法」嗎？

　　「921 案」，心中一直存在這個疑問：司法有沒有公正性？司法是無須中立的「私法」嗎？

　　為什麼過去有人說「法院是國民黨開的」，而現在改換說「法院是民進黨開的」？法院究竟是誰家可以開置的？執政權者，真的可以隨意支配法院？

---

[20] 舉世公認為當代最重要的法理學家德沃金，他反對法律實證主義，而全心致力宣揚法律始終具有道德性，認為法律包含並且服務於道德。在《身披法袍的正義》一書的〈導論：法律與道德〉，他諷刺地引述大法官霍姆斯（Oliver Wendell Holmes）對「正義」的看法。參見周林剛、翟志勇譯本（2016，二版二刷），北京大學出版社，頁 1。

臺灣對司法無公信力形象，經由政治聞人的案件，再引人注目。2019年6月判例，政治人高志鵬（圖利罪判刑4年6月定讞，2019年1月11日入監）、林益世（財產來源不明罪判刑2年定讞，2018年9月28日入監）分別申請外役監服刑（相對優惠，不表）；結果，民進黨前立委高志鵬獲准至「五星級」桃園八德外役監，國民黨前行政院秘書長林益世則遭否決。政黨差異，果然不同（民進黨執政）。

有很多人不懂，為什麼罪刑較重的貪污犯，是快審快結，且如願得善果（高志鵬服刑才5個月）；而罪則較輕的財產來源不明罪，卻空等近5個月後被否決（林益世已服刑9個月，2019年1月申請），讓當事人夢破心碎。[21]

這是司法的公信力問題，沒有準則。臺灣民眾對司法的公平性一向不具信心，甚至相當懷疑。

我經歷「921案」的偵辦與審理過程的公正性與中立性，許多細節反映執法者有違失《憲法》第16條規定。由於法律專業性問題，本人不擬針對法理提出論述，但就本案相關當事人之遭遇，對執行者之倫理道德素養是否一如法律規範要求，如對「法官（含檢察官）應依據憲法及法律，本於良心，超然、獨立、公正審判不受任何干涉」，我表示高度質疑；又如「執行職務時，應保持公正、客觀、中立，不得有損及人民對司法信賴之行為」等，我們的遭遇在本案多有不符之處。

最終信賴之救濟法庭

「921案」遭遇之無理、不義，我發現當前司法體制並不健全，無法保障無辜者權利。

如果，檢察官指控重罪的證據，根本不是證據，但被迫陷入這個漩渦，我們該怎麼辦？如何有《憲法》第16條規定訴訟權保障，使在人民權利

---

[21] 林德義（記者），〈「司法」與「私法」〉，《臺灣時報》，2019年6月14日。

（包括行政權）遭受侵害時，得有渠道「不待權利被侵害殆盡之前」，「以獲得及時有效之救濟」。這是現行司法體制之漏洞。前已述及，我以本案之經驗，曾力圖以現行政府體制尋求此「冤誣案」的終止延長凌辱，但皆碰壁無門，讓人灰心。

社會有正義是文明進步的象徵，在司法正義方面更是被渴望保障之需要。

在司法公信力方面，美國就有這樣的民間組織：「最終仰賴法庭」（Court of Last Resort）的創立，目的就是要矯正重大刑案中，因誤判而導致民眾無辜入罪的案件。但這個「法庭」仍屬審判終了之性質，在一些重啟調查的案例居然證實：[22] 檢調勤勉地蒐集一切能在法庭漂亮出擊、對被告不利證據，根本誤導；而檢調最有利王牌證據「證人的證詞」，不能全盤相信，包括目擊證人也不可靠。

對文明進步如美國社會，司法亦竟然如此不堪，實在是非常諷刺。而「921案」中亦復有如此情況，這是臺灣司法之恥啊！

由上述美國「最終仰賴法庭」律師所主持正義之證實「檢察官控訴重罪的證據根本不是證據」的嚴重錯誤，那麼，很容易會讓人相信：一些年輕氣盛、初生之犢，他們缺少經驗卻具十足英雄心企圖的司法檢察官新力軍，由他們主辦的「大案」，是否也很可能冤枉、陷害他人。「921案」不也正是如此這般？

因此，我們的社會進步必須付出一些被犧牲、冤枉，即使是被有意迫害的個案，例如包括我這個「921冤誣案」案例等，好讓我們司法培養他們成為一位優秀的檢察官。一將功成萬骨枯，社會正義是這樣的嗎？

特別的，例如本案案情一開始，即有充分政治力支配關係，明明證據力微弱，或多偏倚政治對立資訊等可能之「司法政治案」，其自宜「不待權利被侵害殆盡」當須即有救濟渠道，以符《憲法》精神，並免浪費資源

---

[22] 有興趣者可參見：鄂爾‧嘉納（Erle Stanley Gardner，1897-1970）《梅森探索》之案例。

及陷於侵權行為。這是我人誠願不深究司法不義瀆職，而期待有司儘速完備制度之「921案」最大心願。

法律挑戰憲政及道德底線

其次，「法律要求做什麼」都要配合嗎？我是個守法的人，但也因守法而受司法迫害，「921案」證明我守法的下場確實如是。這樣的法治出現什麼問題？

我曾經想過，法治是民主的基礎，當「921案」發生之前，陳婉真告訴我她獲知「新政府」欲對我採取司法動作的憂慮時，法治是我心坦然的依據。我認為我就任縣長行政係完全遵守法律，心中並無違法疑懼。直至他們大動作搜索縣政府、縣長官邸…，並約談、羈押本人之前，我仍相信法治是我們具有遵守道德義務的底線，並認為司法偵查具有合法性。

但經過這一連串的過程代價，理智的，我改變這個想法，「法律要求做什麼」，全然配合，這個問題真的有爭議，我的答案是有前提的。因為司法並非全對，尤其具有偏見時、具有政治因素時。

守法者因依法遵守卻帶來禍害，以及「法律要求做什麼」帶有政治目的時，當然不應該配合。例如，檢調約談非去不可嗎？當時我是縣長配合約談就是司法中計，讓他們完成不足證據以繼續繩縛你；若不配合約談，檢調如有證據認定違法就應依法起訴。則事後看來，本人「依法律要求配合他們約談」是政治錯誤的守法行為。

在法理上，這個問題是「法治是否認為我們具有遵守法律的一般性道德義務，對法定司法審查是否真的具有合法性」的嚴肅法律議題。

以事後結果證明，本案以沒有違法的民選縣長，接受了不應該的約談、羈押、審判的「法律要求做什麼」的司法權，已衍生出民主體制的行政權被侵奪，縣政府及縣長名譽權利被迫害，其是否符合民主體制的另一個憲政問題？

主持正義不是大法官的職責？

　　冤枉的無辜者，常是社會欠缺公平正義才產生的。因此，他們體會正義的必要。法律正義也就演變成社會糾紛的仲裁，也是社會秩序最後一道防線。

　　如果說，連美國大法官也認為「主持正義不是大法官的職責」，那麼，對於什麼是「法律」就會讓社會大眾產生疑惑。

　　在法治社會，通常法律規範都會很清楚的指明：法律要求什麼、禁止什麼、許可什麼，或者創制什麼的主張。例如，法律禁止貪污、禁止圖利，這些主張很少人會懷疑法律規範的正當性。然而，在實際執行面便產生實踐意義的重要問題，即：道德判斷的檢驗。這也涉及判定道德標準是否屬於法律命題的真值條件（truth condition）之一，問題就必變成事關重大了。法理學於是產生兩派論理之爭。執行者當然標準也就不一。

　　由於係在民主政治社會，此類的爭議更是重大難解。尤其，重要的政治決定是由法官所裁決的，因此，法律學自然形成法律政治學，法律問題變成法律政治問題。比較特別的案例，如「尹清楓案」、「陳水扁案」、「馬英九案」、「王金平案」等皆是；又例如行政首長、民選首長等政治人物之涉嫌貪污、圖利、賄賂等行為，當局啟動司法偵查、檢察官要求搜索、羈押等影響層面很大之相關案件，法律人往往介入政治在裁決涉嫌者之政治刑責。法律對此性質案之處理，應該有一套圓滿的法理吧！

　　通常法理上，法官被認為係在真實的法律命題要求或允許之下才具有作決定的責任，問題本身較為單純，就是法律問題。但若裁決之涉嫌罪名係憑傳聞、不具事實、似是而非之片面說詞，未經證實，或依上層指示、或涉及政治對立面之作為，那麼，法律人的道德標準在判定法律命題的真實性便具有特別重要的意義。因為，政治力介入是否順暢於法律世界之通行，往往由其決定。

　　本案我遭遇的「921冤誣案」，自開始啟動司法程序，便是以「莫須有」的對立政治傳聞作為偵查的依據，並大動作羈押民選行政首長，一發不可收拾而「假案真辦」，且不忌諱災後重建之民需，蠻幹到底。其背後

政治意圖甚明，司法正義豈能輕忽？

目前，法律法理學發展，在理論上似乎不夠完全，它沒有法律的一般理論，尤其不足的是裁判階段（the Adjudicative Stage）理論，發展的結果，當然裁判標準不一，物議不斷。

法官判決當然面臨案件的法律品質，在判決時應當如何扮演他的角色的內容，即有關該法律的狀況（the state of the law）是否合憲性、正義性等道德品質，法律學界似乎任由這個裁判問題放任發展，全然不被碰觸。這是法律學的重大缺憾，除非法官都是上帝、都是公正無私的神，否則，裁判理論必須是構成法律理論的一部分。

我不是法律學者，我之所以論及法理學，主要是這次「921 案」因為陷入司法訴訟十餘年，佔我人生階段的期間很長，我想探尋我面臨的「921案」，他們玩的是什麼法，究竟是理直義正，抑是權粗力壯？法律不講正義嗎？

通常涉及政治敏感的法律案件，法官也用國家公器授予的獨斷強制力作出政治裁判，但法官應當根據法律允許範圍裁決。然而，這不完全是絕對，政治因素仍然有其實質作用，因而，法官的角色應該是什麼，他們服膺政治因素介入與否，就可能變成社會關注的焦點：道德悖乎法律規則的狀況，以及不道德隱藏在法律規則誤用之狀況。

我遭遇的「921 案」情形，有前者，也有後者；有刻意以錯誤的起訴內容判罪，有錯誤於前審已釐清明確，而卻故意忽略之再施以誤判害人。[23] 因而，如此伏隱政治力的裁判角色，法界還配稱司法獨立，不得懷疑其公信力，如此司法皇后之貞操不得挑戰嗎？

---

[23] 有興趣研究的讀者，請參閱：南投地院 90 訴字第 28 號貪污案件之全案審理。由於起訴書並未公開，此文號只在說明本案源由。注意：欲查原始文案之案號並非「彭百顯等貪污案件」。證明：他們要辦的對象牽扯不到彭百顯，只好另起爐灶，再度大搜索縣政府才得手另外成案。

包青天何在？

　　司法正義當然為法律之宗旨，國人莫不在社會失義環境下引頸企盼。

　　有言天垂象、文偈顯意，皆含深蘊義理。921 為南投與我之劫數，這一、二十年來吾人每每以戒慎恐懼，思維再三，泛及人文及其精神無形領域。在此，我慎重的錄一段法曹正義包青天（包拯）神化為代天巡狩閻羅天子參與警世勸化世人的衛道之言，也是我對目前司法的感觸，供吾輩們明曉體悟司法執法者「公正無私法理」的重大意義：**24**

> 　　天道無王親國戚，無偏袒私情。（人道世間則有權勢合謀，循私護袒）

> 　　無論天界世上，若不遵守天律國法，無片善可陳者，吾當嚴辦不赦。

> 　　吾包黑子，在大宋如是，在陰間亦如是，只要犯罪作惡落在吾手，必使汝叫苦連天，心服口服也。汝陽世用財勢權謀可擺平，那來陰間可得汝受了。諺云：公門好修行，奉勸政府各部官員，情治、檢警、法官、軍、將、校⋯等，學吾包拯龍圖大學士之精神，公忠體國，人人奉公守法，則國家富強，人民安樂。

　　歷史包青天，鐵面無私。前摘其神格化閻羅天子於執掌司法之惕戒，依然是強調崇尚法之公正嚴明，更勉掌理關乎百姓生機之各系統職權者以

---

24 本節錄文並非刻意安排，實為執筆寫作本書時程中，無意間自書架上取閱一本來自高雄鳥松光明大道院寄給我的善書《無極真傳》，正是 921 來臨之前一年，上天垂憐蓬萊，敕旨著書傳世，示意南贍蓬萊希若污泥中之青蓮、修心養性、行功立德，能脫苦海。吾人惕厲自「世人險詐多變、敗俗反德者眾，一不如意，怨天地、罵神明、亂親人、不自反省，難怪波波災害不斷」，心生戒慎，用功省思 921 發生前上天警惕預言：「地虎點醒時，天下亂紛紛」之隱意。次年，南投 921 大地震，迄今 20 年，回頭往事，對照前言，解意甚明，特存錄此節配合本書章節。

及司法者之人格品行：「正者昇天，歪者萬古地獄慘刑。」

　　無論陽世陰府，司法公正無私並無二致，惟社會上卻普見因果相應之截然反差，尤其掌握司法權者能無慎乎？ **25**

　　當今之司法，依附權勢，服務政治偏私，司法正義蕩然。

　　司法非只攸關法律問題，道德的考慮是否應予納入法律命題，在法理上有不同的見解。政治性概念當然隱含價值判斷，因此在法理上，法律規範主義與法律實證主義的論爭已有相當時間。我雖不是法律人，但曾經參與諸多立法、修法，又曾身陷十餘年司法纏訟，面對隱藏見不得人的政治干預司法，或執政者強權運作以欲排除異己之案例，不乏親臨其境之發現。因此，特別關注這些問題。

　　而且，端在國人面前的政治司法「關切」、「關說」、「反應陳情」等等諸例證，讓我深深以為，無論是檢察官之啟動司法訴訟、或不起訴案之考量、或法官依案之審理及判決，法律無法規避無形政治之操作司法；而當政治人淪為被告，且係明顯之政治弱勢時，法律人無可迴避必然面對此等背後發動司法之隱性政治干預，以及被告淪落為顯性之政治階下囚，故而法律要不要具有正義的道德考慮，應不得以個案為政治弱勢而忽視司法寄生權貴與政權勾結的正義問題。

　　「921案」本司法大案，我對法官保留之畏事不依公正決定所流露之司法偏見（其心證已有政治因素在），大有太陽失明的傷痛感。司法裁判有如上帝審判世人，當檢方、法官附和或依隨政治旨意形成心證，當他們對被告本人明示「不判你罪刑即得罪檢察官」，則如此法曹忽略證據真相論法，豈有司法正義可言？

---

25 祂所傳達除勸勉執權者（摘錄如上文）之外，亦勉一般社會庶民應宜奉公守法、潔身自愛。全文如下：
吾乃閻羅天子包拯是也。吾鐵面無私，大公至正，光明清廉包黑子。
勸世人是道則進，非道則退，莫頑石不點頭。際逢世局不安寧，時運非常，正是黑白大清算，千年一次大審判期，老包不打誑語也。有道者升，無道者降。天道無王親國戚，無偏袒私情，「至道大公中正」，無論天界神聖仙佛，或世上任何角色，若不遵守天律國法，無片善可

第四章

法律正義要的是真相

你是從墨黑的河岸上，從遠處愁楚的樹林邊，

穿過昏暗迂迴的曲徑，磕磕絆絆來到我身邊的嗎，我的朋友？

— 印度詩人，泰戈爾，《吉檀迦利》

　　法律繩縛社會罪犯，維護社會秩序，所以司法必須追尋真相，才不致發生誤判，冤枉他人。這是法律正義的基石。

你根本逃不掉嘛！

真相會跟著你跑，無論你跑到什麼地方，

它都可以得到你。

尤其，如果當你正在找它的話。

— 尼爾‧唐納‧沃許，〈生命的秘密公式〉[26]

　　現代法理學家德沃金就像我所熟悉 19 世紀古典經濟學家彌爾一般

陳者，吾當嚴辦不赦。今吾借鸞筆，要世人明曉「公正無私」法理。

　　吾包黑子，在大宋如是，在陰間亦如是，只要犯罪作惡落在吾手，必使汝叫苦連天，心服口服也。汝陽世用財勢權謀可擺平，那來陰間可得汝受了。諺云：「公門好修行。」奉勸政府各部官員，情治、檢警、法官、軍、將、校⋯等，學吾包拯龍圖大學士之精神，公忠體國，人人奉公守法，則國家富強，人民安樂，社會充滿朝氣，此之謂：「大道之行也，天下為公。」所言天理良心，所謂格、致、誠、正、修、齊、治、平八條目，配合三綱領，五步功夫，那才是掀天揭地奇才也。若談論色情酒肉，謀財坑人，賣國求榮，問舍求田，富貴而嫖、賭、飲，貧賤而搶奪、偷盜，飽樂閒散則爭強鬥殺，這些庸夫俗子，國家之敗類，吾老包會好好伺候呢！

[26] 尼爾‧唐納‧沃許（Neale Donald Walsch，1943 - ），《明日之神》，王季慶譯，臺北：方智出版，2006，頁 247。

尼爾為《與神對話》系列的作者，主要在探討靈性與個人生長，以及靈魂深層問題，作品曾翻譯成 30 多種語言，暢銷全球超過 1,200 萬冊。目前在推動全球人類靈性復興運動。

27，都是世界上非常重要的思想家。我於本書多次引用德沃金這位法學權威的名言或主張。德沃金是誰、他有何重要，相信法律學者很清楚。在此，我以下述文字，為他蓋棺論定的講法來認識他，他要的是真相：

德沃金逝世前二年，2011 春，帶著最後著作《刺蝟的正義》回到哈佛演講，他引用古希臘詩人阿基羅庫斯（Archilochus，公元前 680 - 645 年）有關狐狸與刺蝟的故事為自己論定一生，他認為自己終身所為係在盡一個刺蝟型哲學家的天職：直指根本，要終極答案。**28**

「淑人君子，正是國人」。法律學慶有德沃金，就是這些淑人君子，端正了國人行為。國家社會需要正直君子。

我們進一步了解一下狐狸與刺蝟。俄裔英國偉大思想家以賽亞‧伯林（Sir Isaiah Berlin，1909 -1997）曾詮釋狐狸與刺蝟：狐狸知道很多事，而刺蝟只知一件大事，來形容俄國兩大著名文學家托爾斯泰（Lev Nikolayevich Tolstoy，1828 -1910）與杜斯妥也夫斯基（Fyodor Mikhailovich Dostoyevsky，1821 -1881）；而德沃金則比喻這兩類型哲學家：狐狸型的哲學家對正義抱持懷疑態度，所論之道德困境發人深省；刺蝟型哲學家則直指根本，要終極答案。

德沃金，標榜刺蝟的正義，是他一生的寫照。貢獻一生，他的法律理想，必須服膺道德，實踐道德正義於法律中。他獲得了一個曾歷經司法長期折磨的後進國家從政者的我心深處的真誠讚許與尊敬。我期許我們的國家也有如此的法律學家。

通過來來去去「921 案」的司法判決，我「深入經藏」注意到一些法律學理論。有時候，我冷眼正視操控他人命運的法官，於判決他所面臨的案件時，應當如何扮演其角色的內容「該法律的狀況（the state of the law）」，亦即該法律的品質，包括合憲性、正義性等道德品質的問題，

---

27 彌爾（John Stuart Mill，1806 -1873），英國古典自由主義之經濟學家、哲學家，重要著作有古典經濟學集大成之《政治經濟學原理》（1848），以及《論自由》（1859）等。
28 參見《身披法袍的正義》之前言，魯楠，〈德沃金：一隻遠去的刺蝟〉，2014。

甚引人興趣。

耿耿不寐，如有隱憂。我們的親友，很多人關切 921 的司法訴訟，也有更多人相信「921 案」的政治因素而注目司法判決。我相信過去有些很不尋常的案件中，法官極有可能擁有道德認知，忽略法律，運用權力以阻止法律的不正義或不明智。不然，就不會有人歌頌法律是正義的最後一道防線。

因此，本「921 案」訴訟過程，我當然也期待具正義感或道德義務的公正法官，其間，有過期盼也有過失落，而失望的總是較多，否則，本案不會一走 11 年才結案。

「921 案」真相必須顯露。由於本案起訴牽涉本人等多位相關人之清譽，罪名貪污、圖利。對於南投地方法院一審判決將所有之實質貪污圖利洗刷乾淨，證明檢調啟動本案的動機根本是莫須有，也已直指本案的政治性質濃厚，我當然高興獲得釐清。只是，此事後效果也是當初啟案決策當局所可預知，政治效果達致是主要目的，法律效果已是其次。真相必須繞那麼一大圈才能水落石出？

吾人認真務實地伴隨本案於司法遊戲的所有程序，親身見歷政治於司法的角色，當然多少也蓄積一些法律正義對真相追求到底的法理思維。

「921 案」有法律真相之正義？

「921 案」有真相正義乎？在全案判決後多年，一如「921 案」全案過程期間困窘我多年。當然，就法律結果論是有最後正義在，但真相卻仍於隱約不明間。然而，由挑動司法至法律定讞的冗長審理過程，對一開始就不是法律問題的問題並未見處理，則斯亦可謂完全沒有正義。

法律正義要的是真相。一堂有關〈正義〉的歷史課程指出[29]，目前整

---

[29] 哈拉瑞（Yuval Noah Harari），《21 世紀的 21 堂課》，林俊宏譯，臺北：天下文化，2018。

個社會體系下，維持無知是幸福狀態，而要瞭解事實卻需要歷經努力及艱難，何其矛盾啊，不正義的社會！無知與冷漠是一種罪行，且是現代歷史最嚴重的罪行。這樣的認知，何其正義啊，因為除了揭露仇恨、貪婪，更明示潛藏「道德義務：人必須去知道相連的各種事」的正義。

我人相信，對規範社會秩序的法律學正義真相問題，宜當更有責任於道德義務的培養。雖然這一堂課裡明白的警示：就正義的觀點，我們很難適應現在這個社會。臺灣當前的情況亦類同。

我們社會文明到底缺乏了什麼，為什麼與真實正義這般不相融？

觀諸臺灣，我們的社會由於政治的無情爭鬥，充斥著許多矇騙，我身遇的「921 案」只是其中之一小塊，我們社會的正義價值正在崩潰。

是的！就連要明瞭事實真相就存在有諸多困難。又例如，我們的社會又有多少人了解為什麼一直未能再上一層樓的呂秀蓮的「嘿嘿嘿事件」等潛藏有多少人間罪犯在其間？[30] 而且，最嚴重的社會現象，誰又自覺無知、不明真相與冷漠，也是一種罪行的現代社會正義？

就這種心理，如今為還原與我們有關的「921 案」，我被動地準備了20 年有餘，雖仍有部分敏感的真相我仍予以保留，但我人已盡量存真，包括內心的情感流露也有些出現在書本上。

真相的基礎是法律精確數字

數字擁有魔力，不但具有知識本質，也充滿了神秘意義。

數字是萬物萬事的本質 —— 每一件事情都是一個數字，詢問這種語言是否能夠由實際或象徵的角度了解時，其中涉及的爭論是最高權威的問題。

—— 古希臘數學家，畢達哥拉斯（Pythagoras，約公元前570 – 495）

---

[30] 有興趣了解真相者，請參閱呂秀蓮，《非典型副總統呂秀蓮 1：政黨輪替》，臺北：國史館，2016。

「921 案」也有數字的真確問題，反映司法不應漠視數字之確切意義。

一就是一，二就是二，這是真相。若一是二，二是一，這裡有虛相。古希臘數學家畢達哥拉斯由數字看待世界的本質，認為：數字是萬事萬物的根本。相信「921」在臺灣社會也有其意義。

法律因算術錯誤而誤害他人，這筆帳該怎麼算？法律人不可不會基本算術，包括會計帳的數字。

法律的社會概念，對於模糊不清的邊界及如何得到解決的問題，認為很少會有決定意義；但是對於數字，司法因為涉及審判，理解如何取得精確的問題，則算術原則的法律命題的確在極大程度上是具有決定意義。法律錯誤算術誤害被告。

「921 案」，我們也被法律人的算術不真實所陷害。檢察官以法律的社會權威挑戰地方政府，所向無敵（但很少有檢察官敢於挑戰中央政府），何況又在中央政治人物暗護之下，本人安得適時澄清事實於社會？白白布被染上一片黑，何來清白在人間。這是 921 後我連任失利的重要原因之一。罪魁禍首根源，卻是檢察官不明確切意義，以其錯誤之算術推定我等貪污圖利之數據為證據，以符其起訴之法定要件。

由於本案最聳動而混淆社會視聽的司法指控本人等違反《貪污治罪條例》，是公訴人明指「擅自變更地目、追加預算、圖利他人」，所列舉之具體數據都是錯誤，歷歷在目，容不得狡辯。法律意義，這些關鍵的數字，算術在法律上皆具有決定被告之生死利害關係，錯誤不得。偏偏本案檢察官所指控列舉之數字俱非真實，確是法律人所患嚴重算術錯誤的陷害，其算術不精確，但求刑 20 年，數字很精確。何事擾亂一池春水？誰謂雀無角，何以穿我屋？是我倒楣，還是罪該如此？

檢察官必須精確地掌握數字的真實，絕對不宜含糊臆測。

數學家始終相信，真相的基礎是數字，最基礎的真理則含有深奧的美，在人生、宇宙的對稱性之中。而法律人始終相信，真相的基礎是數字，是罪刑輕重適當與否之心證裁定。真相的基礎是數字，數字必須千真

11 堅壁清野

萬確，不得馬虎。

　　科學家重視數字的真確性，意義在不得有誤、不應有誤。法律人當然甚明「應」、「得」之差異。一般人則生活陷在數字的旋渦，一輩子逃不出其陰影相隨。運用數字，不一定是數學的專屬，許多學門用到數字，但它的範疇則遠在數字之外。我們法律社會，檢察官或法官偏偏不善長數字，但卻用了他們身分的法律權威給了數字的法律意義，尤其在舉證的重擔之後，他們賦予被告這樣的絕對數字罪名。例如，本案的「刑期20年」、「圖利5,000萬」…，這些數字都不能是憑空隨意杜撰，不容差錯，否則影響他人甚大。

　　我對「921案」的心得之一，是法律人不應弄錯數字，亦不可隨意修改起訴書及隨意論告變更或追加求刑判罪之法律依據（罪刑法定主義）。錯誤的數字在起訴書、在判決書的作用，雖然影響不到自己，但是當自己弄錯時，影響的是別人，他們出錯，但內心有歉意嗎？我引我的「921案」例證講內心話，這是法律誤人瞞世，若無本當事人以事實鐵證公然指出計較，那麼，起訴書、判決書的錯誤將被隱藏，檢察官或法官雖然曲解或蔑視事實，也將永遠平安無事，一直高居廟堂，冷眼看待他們的被告蒙受冤誣。

　　當然，數字在塵世打滾，錯誤的數字誤人誤世，不僅僅在法律上，其他社會各領域層面都存在著。所以，吾人必須服膺：人世錯誤難免，無論是來自數字，或是蓄意有心，社會文明進步的無形基礎是道德倫理。而罪刑法定主義原則，又豈是可隨操法者任意忽略？

法律命題

　　再進一步說，法律命題，當算術原則的真實性，算術偏差誤人，法律人可以不負責任？應不應該負責？

　　最講究真實意義的法律實證主義強調：法律是什麼（what is），而非法律應該是什麼（what ought to be）。因此，算術原則在法律實證主義論

具有絕對性的作用。算術以及數字的真實性，在法律的作用關乎被告權益甚至關乎國家司法資源運用效率，例如以錯誤算術起訴被告，相對課責於起訴人也具有重要意義。

我提出並強調這個概念檢討法律，不僅在體制上為被告權益伸張，主要用意在提醒並杜絕法律人不宜傲慢地輕忽數字的真實性之意義。蓋若檢察官啟動司法起訴人民以不正確之算術或數據，若法官又未察再以此錯誤之算術或數據判罪被告，其罪應在人民不幸，抑或檢察官之輕率不可原諒，抑或法官未依法還原事實，但權力在握，罪不在己？

由於這個錯誤其間存在諸多事理待證、可能無法明證，則所鑄成之疏失、錯誤，豈是在法庭上以數字「更正」、或「教導」法官指正檢察官之算術不正確，就可用諒解檢察官錯誤就交待過去，而不需計較法律的真實性是什麼？算術原則法律又豈能如此輕率、不予慎重？則法律究竟是什麼？

由於「921 案」投入的法律體制實務經歷，我發現：明知、明顯的法律錯誤，一旦走上訴訟程序，依現行體制，根本沒有即時修正、更正的可能，必須走完法律訴訟程序定讞後，再行法律救濟，這是不夠正義的法律體制。

經過這趟法律訴訟學習，所以我再發現一項政治、法律等社會學行為，更加確信應該考量價值多元、道德哲學的重要性。因為法制上，法律錯誤的無可即時平行救濟的法律漏洞，正是政治人利用權柄以為惡或打擊異己的手段及機會。尤其，法律政治人或政治法律人玩起這樣的遊戲更是駕輕就熟，所謂知法玩法。

職是之故，我認為，既然法律程序上一旦有發現錯誤，為什麼要社會以及當事人付出巨大代價，而不是設法矯正給予有即時平行法律救濟的管道，這不也是正義程序？

其次，法律錯誤的救濟成本，一般人承擔不起，國家公器應為大眾服務，法律豈可執法者自己明顯錯誤而無平行救濟制度？時間因素難道在制

度設計上無須考慮當事人權益，而偏重訴訟公權力行使理由，而犧牲、忽略司法誤判、冤獄之努力避免？我相信，我們不樂見社會徒行、徒留不完美法律，否則，法律人還必修「法哲學」的理由何在？

很多人懷念尊敬德沃金窮其一生追求法律正義，所極力主張：法律包含服務於道德的目標。臺灣的法律人，難道不汗顏我們社會距離法律正義（真相）理想還很遙遠，讓司法長久被政治干預而畏懼在體制改革予以杜絕？

法律需要有公道與正義嗎？

理想主義 ——

即法律包含了並且服務於道德的目標這一見識，

正在回歸法律院校，回歸法律實踐。

—— 美國法理學家，德沃金 [31]

式微式微，胡不歸？

振振君子，歸哉歸哉！

經過很長久的沉澱、省思，我讀到這麼一段令我們深索的話語：

先知，

以我所能，我謙卑地祈禱，齋戒，自省和默想

以我所能，我理清了自己的想法：我還能多做什麼？

先知站起來，用手指向天空，十個手指像十個火炬一樣耀眼。

他說：若你願意，你該能成為整團火燄。

這是西元四世紀，一位住在沙漠中隱士所述的故事，[32] 對我們也是啟示。我相信，人只要有熱情，人生還有持續奮鬥下去的大道目標，包括默默的努力。

這一段極少人知道的插曲，但卻是司法執行者的殷鑑，容我再重述本案司法緣由：他們想當然爾設定俄羅斯原木案的共犯要角就是蔡碧雲。他

---

[31] 德沃金，《身披法袍的正義》，周林剛、翟志勇譯，北京大學出版社，2015，中文版序言。

[32] 引自莎拉·梅特蘭《寂靜之書》（朱賓忠、王雲生譯），臺北：啟示出版，頁51。

們大力張揚從她下手，希望由此順藤摸瓜可以辦到縣長。但是由於蔡碧雲局長的堅持良知，讓他們辦不下去。最後以羈押縣長再起爐灶，案情才再擴大 [33]。

這一幕是怎樣的司法偏態與高傲心證：偵問不出他們要「縣長指示」辦理的答案，檢察官卻怒而下令當場逮捕。[34] 他們用盡幾乎可以想像到的司法權，為的只是要辦縣長；蔡碧雲這段司法攻防戰的心路歷程讓人怵目驚心，也讓人瞭解堅守良知的可貴。

雖然「921 案」在法院轟轟烈烈 11 年賣力演出一場，事實證明，他們脫離正道，沒有正義，法律不是王者。兩造雙方，他們「依法執法，盡忠職守」，司法權威不受挑戰；我們則依然「依法執政，盡忠職守」，但行政卻尊嚴斯文掃地，當事人形同於政治戰場陣亡，無有未來。

21 世紀初始中央突襲地方的這場「921 重建弊端戰役」，終於為臺灣司法史、政治史寫下磨滅不去的頁面歷史紀錄。

另一個兩造的一方，他們發動司法突襲平白無損，另一方吾人雖經司法審判、歷煉清白，卻傷痕累累，政治已無明天，似乎一生的價值盡毀於這場政治的司法戰役。

法律僅只證明：我們是清白的。其餘，他們不管，包括轉型正義。

然後呢？公道何在？我們要走的道路，那怕只可容身可走的小路，是什麼？在那裡？我們社會並沒有大道可走！法律不管這些，法律做錯不必負責；所以，人心難服。那麼，我們還是會問：法律有公道嗎？無辜者，則僅有良知支撐其人生，然而，司法執法者不需良知？

---

[33] 即是陳婉真所謂的釣魚式辦案，先押人再找證據，先抹黑再起訴。參見陳婉真，〈為檢察官濫權羈押南投縣縣長彭百顯致監察院檢舉書〉（200.1.1.8）。其中，釐列「南投地檢署偵辦南投縣縣長彭百顯案 21 大違法事實」，向監察院檢舉。（但監察院卻當此為空氣，沒看到，不必辦。）

[34] 有關蔡碧雲造成他們辦案斷點這段「921 案」發展的關鍵內情，在於檢調要從她口中套出本案係「縣長指示」辦理的證據，以便案情向上發展。但蔡碧雲不願配合造假，而惱怒了王捷拓檢察官。參見本篇第一章。

面對世俗化、也面對複雜化的社會，真正的問題在實踐正義的價值觀。既然，這次跨世紀且是跨千禧年的前夕，921發生在臺灣都是高山林立的心臟地帶，對任何隱藏於921相關案件的惡行，或對「921案」的無知、冷漠，都不符合921對臺灣時空轉換的實質意義，包括政權移轉。

921的故事，傳達給我們：
對人類的罪孽禍端的開始，什麼是良知、什麼是慎獨的答案，
足夠我們思考它一輩子。

那麼，追尋 921 的真相與揭露後真相（post - truth）也是一場「正義之戰」。

沉痛的代價後，我呼籲：我們應該注意「政治人利用法制上無可平行救濟的漏洞而玩弄司法，無論在幕前或幕後、桌上或桌下。」這些小動作，一般人不易發現，他們暗地使壞，黑白顛倒，禍亂社會。社會應有遏止的力量。

「921 案」已經定讞當事人清白無罪多時，看不見社會公道還予被害者，吾人不解，臺灣是上帝預留司法整人空間遊戲規則的試煉場？

法律和政治一樣，可能沒有是非、公義，但切記：人世間一定有因果法則相應。慎獨啊！法律人、政治人。

人類的歷史
在耐心地等待著被侮辱者的勝利。

這一刻,像那清晨陽光中的靜謐,
落在已收穫的寂寞的田野上。

— 印度詩人,泰戈爾,《飛鳥集》

12

壺 中 天 地

第十二篇

反思：回歸人生的意義

> 回到原本的狀態是一種自然的過程。
>
> 我們必須體驗和表達無條件的愛，神聖之愛，才能超越某些次元。
>
> 我們準備離開二元分離的世界，我們能感知並明白全體生命合一。
>
> 打開心，點燃慈悲和無條件的愛，你會發現你所不知道的自己。
>
> ── 美·默基瑟德，《生命之花的靈性法則》[1]

「921 案」的探究與檢討接近尾聲，921 事件也因明朗而得以交代歷史。

經過這 20 年的沉潛，似乎 921 這場災難是我惹起、引出的。但很好奇的，「921 潘朵拉」的盒子到底是誰打開的？[2]

無論如何，921 畢竟來到人世間的臺灣心臟。就我個人來說，很難承受的災難，不是救災、安置、重建，不是南投人貧地窮，而是政治的無是非、公義，尤其是這場訴訟官司的「歹戲拖棚」，以及不可思議司法大戲背後那一小撮的陰謀算計。

瑞士著名心理學家榮格（Carl Gustav Jung，1875 -1961）曾說：

---

[1] 默基瑟德（Drunvalo Melchizedek，1941- ），《生命之花的靈性法則》，羅孝英譯，新時代系列 154，臺北：方智，2012，頁 29。

[2] 「921」災難包括了天災、人禍、蹂躪很多人。我在想：如果縣長不是我，921，它會發生嗎？吾人檢視省思 921 二十年，還是回到種種問題之源，它是怎麼來的？沒有原因嗎？人世間的因果循環法則可以適用大自然？所以，內心才發出這個問題。

潘朵拉是希臘神話的第一個女性，與聖經舊約中的夏娃角色不同，是以上帝對人類報復形式來到這個世界，她帶來了一個盒子（正確地說，是罐子），裡面藏了人類過去所沒有的每一種可能的苦難和邪惡。她出於好奇，打開盒子後，罪惡、疾病、勞動詛咒，就降臨這個世界。潘朵拉迅速蓋上盒子，但已經晚了。

如果沒有苦難，一切不會改變，人性更是不會改變。

最意外、最可怕、最混亂的事情，會揭露出更深層的意義。

921 暴露真相，當 921 大地震在國姓九份二山大地自地心爆炸開來，一切無力、無助陸續出現，然後，讓我們全然了解什麼是人性？什麼是政治？並看清南投以及臺灣的人世間。政治是 921 的邪靈，政治的力量經常掩蓋事物的本質，但天然的力量愈會揭露本質。

回歸本來面目，看見真相，增益昇華生命，是本書的主要目的。沉潛了 20 年歲月，盤據了一生相當份量的生命時光，掙脫伏藏，我終於能就「921 案」對人生的有所省悟也揭露出來，歷經「冤誣案」是價值的過程，反嚼人生的意義，回歸本真則是心中的解答。

本章就這個問題終結於生命價值的關聯，這是我對「921」經過 20 年反覆省思的結論。

第一章

冤獄賠償，人生大笑話

> 人生一路走來或許是一條筆直的路，
> 跌倒之處則是與往塵大不相同，
> 若不是前景滿佈荊棘，便是岔路多歧，
> 要打開一條新路是要耗費心神的，不能期待奇蹟自動出現。
>
> ── 林鐘雄，〈柳暗花明〉[3]

「921 案」最後以「921 冤誣案」終結，61 天羈押政府賠償我 30 萬 5 千元。

歷經 11 年司法凌遲，2011 年 7 月 14 日，最高法院駁回檢察官上訴，我等無罪定讞。2011 年 8 月 5 日，我具狀向南投地方法院提出聲請冤獄賠償。2011 年 10 月 18 日，出庭南投地方法院刑事庭，對聲請冤獄賠償陳述意見。

2011 年 11 月 1 日，南投地方法院判決：彭百顯於無罪判決確定前，受羈押 61 日，准予賠償新臺幣 305,000 元，以「補償」冤獄損害。

---

[3] 林鐘雄，《玉山銀行雙月刊》第 37 期，1999 年 1-2 月，收錄於《自由之花：林鐘雄回憶錄》，臺北：民報文化出版，2015，頁 215。

12 壺中天地

臺灣南投地方法院決定書

【裁判字號】臺灣南投地方法院 100 年審賠字第 2 號刑事決定書

【裁判日期】民國 100 年 11 月 1 日

【裁判案由】聲請冤獄賠償

【裁判全文】

臺灣南投地方法院決定書100年度審賠字第2號

請　求　人　彭百顯

上列請求人因違反貪污治罪條例等案件，經判決無罪確定，請求冤獄賠償，本院決定如下：

主　文

彭百顯於無罪判決確定前，受羈押陸拾壹日，准予賠償新臺幣參拾萬伍仟元。

其餘請求駁回。

理　由

一、請求意旨略以：請求人彭百顯為前南投縣縣長，因「921 貪污案」，經以違反貪污治罪條例等罪名，自民國89年11月13日遭本院裁定羈押禁見，迄90年1月13日本院裁定准予具保停止羈押，共計受羈押62日，舉國當請求人是重大罪犯，期間精神與身體所受損害極重，無法估算，更難以筆墨形容，歷經11年漫長審理，該案業經最高法院於100 年7 月14日以100 年度臺上字第3791號判決上訴駁回，終獲無罪判決確定，但寶貴青春歲月已耗盡，從中年步入老年，生活無法正常，畢生努力之名譽毀於一旦，政治前途完全被摧毀，學術清譽也受牽連無法更上層，最嚴重者，即包括30 年公務員履歷資格也因被訴貪污罪名無法續任，人生前程被摧殘而支離破碎，訴訟重擔與經

濟壓力折磨如影隨形，近 11 年來損失無法估量，爰依冤獄賠償法第 1 條第 1 項第 1 款之規定，請求按羈押日數 62 日，以每日最高額新臺幣（下同）5,000 元折算 1 日計算之賠償等語。

二、本件請求人於 100 年 8 月 5 日具狀（本院於 100 年 8 月 8 日收狀）向本院請求冤獄賠償，而冤獄賠償法業於 100 年 7 月 6 日修正公布全文 41 條，並更名為刑事補償法，自 100 年 9 月 1 日施行。依中央法規標準法第 18 條規定：「各機關受理人民請求許可案件適用法規時，除依其性質應適用行為時之法規外，如在處理程序終結前，據以准許之法規有變更者，適用新法規。但舊法規有利於當事人而新法規未廢除或禁止所請求之事項者，適用舊法規。」亦即，機關受理人民聲請許可案件適用法規時，原則上應適用處理程序終結時有效之新法規，但若舊法規有利於當事人，而新法規未廢除或禁止當事人所請求之事項時，依該條但書之規定，應適用舊法規。經比較冤獄賠償法與刑事補償法之規定，冤獄賠償法第 2 條第 2 、3 款規定，受害人之行為違反公共秩序或善良風俗而情節重大，或應施以保安處分，或因故意或重大過失行為，致受羈押，不得請求賠償。刑事補償法第 7 條則規定，受羈押之受害人具有可歸責事由者，就其個案情節，依社會一般通念，認為依同法第 6 條之標準支付補償金顯然過高時，得依第 7 條第 1 項第 1 款規定決定羈押之補償金額。經比較前開二法之規定，自以刑事補償法之規定較有利請求人，故本件請求應適用 100 年 9 月 1 日施行之刑事補償法，合先敘明。

三、按刑事補償，由原處分或撤回起訴機關，或為駁回起訴、無罪、免訴、不受理、不付審理、不付保護處分、撤銷保安處分或駁回保安處分之聲請、諭知第 1 條第 5 款、第 6 款裁判之機關

管轄，刑事補償法第 9 條第 1 項前段定有明文。又就司法案件，同法第 9 條第 1 項前段所定為駁回起訴、無罪、免訴、不受理、撤銷保安處分、駁回保安處分之聲請、諭知本法第 1 條第 5 款或第 6 款裁判之機關，指各級法院上訴、抗告案件經駁回者，指原為駁回起訴、無罪、免訴、不受理、撤銷保安處分、駁回保安處分之聲請、諭知本法第 1 條第 5 款、第 6 款裁判之法院，辦理刑事補償事件應行注意事項第 5 項亦有明訂。本件請求人被訴違反貪污治罪條例之圖利、違背職務期約不正利益、利用職務上機會詐取財物、侵占公有公用財物罪部分，前經本院於 91 年 11 月 29 日以 90 年度訴字第 28 號判決無罪，此有上開判決書 1 份在卷可稽，依前揭說明，本院既為無罪判決之法院，自有管轄權，先此敘明。

四、次按依刑事訴訟法令受理之案件，具有下列情形之一者，受害人得依本法請求國家賠償：一、因行為不罰或犯罪嫌疑不足而經不起訴處分或撤回起訴、受駁回起訴裁定或無罪之判決確定前，曾受羈押、鑑定留置或收容。又羈押、鑑定留置、收容及徒刑、拘役、感化教育或拘束人身自由保安處分執行之補償，依其羈押、鑑定留置、收容或執行之日數，以 3,000 元以上 5,000 元以下折算一日支付之。羈押、鑑定留置或收容之日數，應自拘提、同行或逮捕時起算，刑事補償法第 1 條第 1 款、第 6 條第 1 項、第 7 項分別定有明文。

五、經查：

（一）請求人前於 89 年間因違反貪污治罪條例等案件，依臺灣南投地方法院檢察署檢察官之傳喚，於 89 年 11 月 13 日 17 時許，自行前往法務部調查局南投縣調查站接受詢問後，復於同日 22 時 58 分許，前往臺灣南投地方法院檢察署第一偵查庭接受檢察

官訊問，檢察官於 89 年 11 月 14 日 0 時 46 分許訊問完畢後，諭知當庭逮捕請求人，嗣於同日 9 時許，以請求人涉犯貪污治罪條例第 4 條第 1 項第 1 款侵占公有公用財物罪、同法第 6 條第 1 項第 4 款圖利罪、刑法第 342 條第 1 項背信罪等罪嫌，所犯為死刑、無期徒刑或最輕本刑為 5 年以上有期徒刑之罪，及有事實足認為有湮滅、偽造、變造證據或勾串共犯或證人之虞，向本院聲請羈押，本院於同日 3 時 50 分許訊問請求人後，於 89 年 11 月 14 日以請求人所犯為死刑、無期徒刑或最輕本刑為 5 年以上有期徒刑之罪，及有事實足認為有湮滅、偽造、變造證據或勾串共犯或證人之虞，裁定羈押並禁止接見通信，迄 90 年 1 月 12 日經本院裁定准予 2,000,000 元具保後停止羈押，而於 90 年 1 月 13 日由具保人陳慧君繳納 2,000,000 元保證金後，停止羈押，將請求人釋放，至此，請求人自 89 年 11 月 14 日受逮捕之日起，迄 90 年 1 月 13 日停止羈押釋放之日止，共計受羈押 61 日等情，此經本院調閱臺灣南投地方法院檢察署 89 年度偵字第 3951 號偵查卷宗（含調查筆錄、偵訊筆錄）、本院 89 年度聲羈字第 119 號刑事卷宗卷（含羈押請求書、本院訊問筆錄、押票回證）、本院 90 年度訴字第 28 號刑事卷宗（含本院訊問筆錄、本院被告具保責付辦理程序單、刑事保證書、收受刑事保證金通知、收據）核閱屬實。

（二）嗣請求人上開案件，經本院於 91 年 11 月 29 日以 90 年度訴字第 28 號判決就違反政府採購法及刑法業務侵占、背信部分判決有罪，就違反貪污治罪條例之圖利、違背職務期約不正利益、利用職務上機會詐取財物、侵占公有公用財物罪部分判決無罪，提起上訴後，先後經臺灣高等法院臺中分院於 93 年 11 月 25 日以 92 年度上訴字第 539 號、最高法院於 94 年 11 月 11 日以 94

年度臺上字第 6336 號、臺灣高等法院臺中分院於 95 年 4 月 19 日以 94 年度上更一字第 376 號、最高法院於 95 年 7 月 28 日以 95 年度臺上字第 4189 號、臺灣高等法院臺中分院於 97 年 1 月 16 日以 95 年度上更二字第 237 號、最高法院於 99 年 1 月 28 日以 99 年度台上字第 588 號、臺灣高等法院臺中分院於 100 年 4 月 19 日以 99 年度重上更三字第 10 號判決，多次撤銷改判，最終經最高法院於 100 年 7 月 14 日以 100 年度台上字第 3791 號判決上訴駁回而全部無罪確定等情，此有臺灣高等法院被告前案紀錄表 1 份附卷可憑，並經本院調閱前揭卷宗核閱無訛。

（三）復查，本件請求人自警詢、偵訊、本院訊問及審理中，均否認上揭犯行，此有各相關筆錄在卷可佐，亦無事證足資證明請求人受前開羈押，係因其意圖招致犯罪嫌疑，而為誤導偵查或審判之行為所致，即無刑事補償法第 4 條規定得不為補償之情形，且查無同法第 3 條各款規定不得請求補償之情形，亦未逾同法第 13 條前段所定 2 年內之法定期間。

（四）從而，請求人確因上開案件於無罪判決確定前，自 89 年 11 月 14 日受逮捕之日起，迄 90 年 1 月 13 日停止羈押釋放之日止，共計受羈押 61 日，自得請求補償。請求人雖主張其自 89 年 11 月 13 日起受本院羈押，迄 90 年 1 月 13 日停止羈押，共計受羈押 62 日，惟請求人係依檢察官之傳喚，於 89 年 11 月 13 日 17 時許，自行前往法務部調查局南投縣調查站接受詢問，復於同日 22 時 58 分許，前往臺灣南投地方法院檢察署第一偵查庭接受檢察官訊問，檢察官於 89 年 11 月 14 日 0 時 46 分許訊問完畢後，諭知當庭逮捕請求人，已如前述，依刑事補償法第 6 條第 7 項之規定，羈押之日數，應自拘提、逮捕時起算，請求人受羈押之日數即應自受逮捕之日 89 年 11 月 14 日起算，請求

人主張其自 89 年 11 月 13 日起受本院羈押，應屬誤認，因此，請求人就超過羈押日數 61 日之請求，即屬無據。

六、爰審酌請求人係私立文化大學經濟研究所畢業、曾任 3 屆立法委員等學、經歷，且無前科紀錄之素行，此有前揭調查筆錄及被告前案紀錄表存卷可參，本件遭羈押時係任南投縣之縣長職務，綜理南投全縣事務，突遭上開牢獄之災，經媒體大幅報導，對其職務、聲譽及社會地位等影響甚鉅，復衡其遭羈押禁止接見通信之期間，所受身心上之痛苦、財產損失、名譽減損，及被羈押不具有可歸責事由等一切情狀，認以每日補償 5,000 元為適當，合計准予補償 305,000 元（計算式為 5,000 ×61 ＝ 305,000 ），請求人此部份之請求，為有理由，應予准許。至其餘逾越上開金額部分之請求，為無理由，應予駁回。

七、據上論斷，依刑事補償法第 1 條第 1 款、第 6 條第 1 項、第 7 項、第 17 條第 1 項，決定如主文。

中華民國　100 年 11 月 1 日

刑事第四庭法官　林　依　蓉

以上正本證明與原本無異。

如不服本決定，應於決定書送達後 20 日內，以書狀敘述理由，向本院提出聲請覆審狀，經本院向司法院刑事補償法庭聲請覆審。補償支付之請求，應於補償決定送達後 5 年內，以書狀並附戶籍謄本向原決定機關為之，逾期不為請求者，其支付請求權消滅。

書　記　官　顏　緗穎

中　華　民　國　100　年　11　月　1　日

陰陽日月最長生，可惜天理難分明；

若有真聖鬼谷子，一出天下定太平。

　　─ 混元禪師揭示於南投易經大學，《王禪老祖天德經》

　　自然天理之學問於人世間本即難以明曉，而人當服膺真理以符天理，則是上天警惕勉勵回鄉之大道。「921 案」雖然機關用盡，政治悖乎人性，惟大道酬勤、善、誠，終可破惡邪耶！雖然過程艱辛難忍，吾人亦須自行堅守正道為本。

「921 案」的代價

　　回首這一生與「921 案」的司法關係，皆因政治不健康、不正常所使然。

　　30 多年前，當讀書人必須走上街頭，當公務員願意放棄生計而從事民主運動時，顯然這個國家是出了問題，這個社會已積弊深重。

　　經過 15 年以上對臺灣經濟發展的觀察儲備，我時常思索臺灣人民勤勞耕耘、但收穫總是不成比例的怪現象；我深深感到經濟資源分配在政治權力壟斷下長期被扭曲，認為唯有從根本的體制著手，也唯有站到第一線上，才有機會將這種情況扭正過來。所以，我露臉投入政治。[4]

　　1986 年 9 月 28 日我在圓山參與民進黨創黨大會，後回鄉參加國大選舉落敗，1989 年當選第一屆增額立委，1992 第二屆立委選舉再度當選，1995 年第三屆立委選舉三度連任。

　　三任立委期間，我執著理想，努力想讓公權力的影響造福蒼生，我力主改革不健全的體制，力爭決策過程合理化。我極力導引國家預算資源編列的制度化、透明化和合理化，替納稅人看緊荷包。我特別對財政、稅制、金融、經濟、工業和農業⋯等等的決策及改革過程費心投入，我企圖

---

[4]　我現身戒嚴時期的政治檯面參與創黨，尚與舍弟的極力運作有關。（說明從略）

徹底改造過去一黨獨大專權所造成的不良體制與政策，特別是有關經濟自由化、金融解禁、改革預算制度、健全國家政經體制、產業結構轉型等之著力。

接著因無力改變民進黨結構政治，我決心爭取故鄉執政機會。長久以來，由於國家資源運用的不正義，在中央政府城鄉資源分配不均的情況下，臺灣的心臟即我的故鄉南投縣一直無法跳脫逃出發展相對遲緩的牢籠，為將改造南投的政策理想落實於施政，且因地方政黨的偏差政治發展，尤以人頭黨員把持政黨排斥異己，經以身試測，我終以無黨籍身分投入 1997 年的縣長選舉，在朝野大黨夾擊中些微勝出。終於一步一步踏進「921 案」的意外陷阱，原來努力於縣政改革也遭致被政治算計，在 921 震災之後爆發。

我入主縣政後即進行多項縣政維新，如第十篇所述。但由於這些改革及新措施，直接間接損及部分人之既得利益，我遭惡意抹黑，種下「921 案」的遠因。尤其，競爭縣長的政治敵對動機，利用改革機會，併同 921 大地震災劫，掣肘縣政推展，並聯結司法作惡。這也是為什麼 921 劫後南投府會仍然衝突不斷，政局一直紛擾不安而變質為司法鬥爭的局面。

在政治刻意營造司法介入計謀下，假新聞、謠言變成檢舉司法辦案的依據，流言變成無客觀資訊的司法人員心證印象，後來再變成民進黨新政府上臺後政治掃黑急先鋒的機會藉口。

有人這樣謀劃，新政府當局為振奮人心士氣，把我列為掃除黑金、大義滅親的對象，這樣可以振奮投資信心，提昇新政府威望，也可為災民不滿中央 921 重建找到宣洩出口？很不好的政治企圖。

至於究竟「921 案」發生的原因又是什麼？為什麼就在我擔任縣長任內？也不是很迫切的事了。在我被迫害入獄，名譽掃地，遭起訴官司纏身之後，政治已把我由南投縣長職位鬥爭下來，徹底摧毀我的人格及政治生命。

司法就是這樣被利用運作來栽贓、誣陷我本人，終於我無罪定讞，也

充分坐實「921 案」伴隨政治干預司法醜陋面的真面目。

　　我過去力行堅持正義理想，為臺灣民主改革衝鋒陷陣，為南投推動縣政維新，為 921 百年浩劫日夜匪懈。卻因「921 案」掣肘 20 年，不僅公門生涯回復無望，生活尊嚴也受重創。除了留下記憶印象，幾乎是我一生志業努力的毀滅。

　　這是「921 案」我的司法政治代價，非常昂貴。就人生意義的選擇而言，似乎在理性之外，實在不值，像是付出一生，而卻了無所得。然而，再從另一個層面觀，這個意外的選擇未嘗不是許多哲人所常言，辛勤正道的堅守，就是一種回歸的過程，是自然之必然。

第二章

「921案」的教示

他面前是咆哮著的無邊海洋。

喧鬧的海浪不停地談論著那隱藏的珍寶，

嘲笑著那不曉它們意義的無知之徒。

— 印度詩人，泰戈爾，《園丁集》

人生碰上「921冤誣案」的機會也是難得，它的出現也一定有其正面意義。

「921案」演變成「冤誣案」，是司法積弊沉痾面對正直守法的自然發展，然而，他們從來不認為會如此落幕。如今，「921案」經驗的事實反映司法弊端面對改革，則凸顯其價值。

訴訟付出無法估量，遺留司法檢討改革

你這一生所有學習的課程，

是你自己在前世所沒有學會的課程，

無論是好、是壞，都是你自己排定的。

這一生中，同時也在排定來世的課程。

— 邱立堅（靈原始無），〈實踐真愛超脫輪迴〉[5]

對許多重大案件，最高法院與檢察官心態毫無二致，均堅持「有罪推

---

[5] 邱立堅，《地球道場：宇宙靈源訓練道場之一》，宇宙靈源基金會，1993，頁170。我同意邱立堅「地球道場」的說法，並認為是人類應體認的事實。

定」的頑固立場。這讓我們警覺所謂「無罪推定」的意識，在臺灣司法體制恐怕只是高掛遙不可及的學理名詞。

坐視十數年或更長久重大案件遙遙無期的判決，無視被告在精神上遭遇的巨大痛苦與恐懼，無異對無辜遭冤誣的人民的長期煎熬，對國人生命權意義之無視，司法的高高在上，不思人間疾苦，究竟我們的司法怎麼了？2010年《刑事妥速審判法》通過（5月19日公布，9月1日施行），算是交代了嗎？限時審判而不進一步檢討其原因，可以達到改善司法誤人的成果？

聯電榮譽董事長曹興誠放棄我國籍入籍新加坡，最主要根源是纏訟多年的和艦案，包括檢方隨便監聽、任意搜索、起訴行徑等，讓他對司法環境非常失望而放棄他的祖國。這些都暴露臺灣司法人權毫無保障，司法體制讓人民痛心失望。曹興誠痛斥「司法是絞肉機」，被捲進即無法抽身。這是許多身受官司纏訟之苦者共同的感受。

所有蒙冤未雪、清白受辱，遭起訴後懸而不決被傷害到體無完膚，在檢察官「制式」不服無罪判決不斷上訴及最高法院一再發回更審中延宕一、二十年，當事人莫不傾家蕩產、暗自飲泣、備受司法凌遲，這樣不公不義的司法案件比比皆是，我人於本案定讞之前也是如此感受。

追根究底，檢察官濫權起訴以及法院法官的推諉與怠職畏事，就是最大的司法禍害。本「921案」為貪污起訴案件再增添定罪率偏低之一例，凸顯檢察官濫權起訴問題。

回顧本案偵辦弊端。檢察官以大動作無範圍限制的擴大搜索調查，媒體SNG同步搜索，只顧個人在媒體上做秀，置《刑事訴訟法》「偵查不公開」於無物，以塑造自己打擊犯罪的正義英雄形象；再者，大搜索後，透過媒體管道放出特定消息，誤導社會、扭曲當事人，「先押人再找證據」，「先抹黑再起訴」，在「羅織罪名、醜化形象」下放任媒體未審先判。這些都必須優先徹底改革。

而畸形的「司法英雄」成為執司法迫害的劊子手，傲慢調查局以強暴、

脅迫、利誘等不正方法取供，或甚至不惜操刀以偽造筆錄、偵訊錄影帶，並隱瞞筆錄不符案例層出不窮，甚為不該，絕對不容許再犯。

再觀之本案檢察官擁有至高無上的起訴權，但卻欠缺社會歷練與財經、工程等領域專業知識，一些卷證沒看懂就率以起訴；看不懂預算書內容，竟妄斷以追加預算圖利起訴；不懂會計科目借貸方也錯誤據以起訴；不懂地目未變更竟以無知指控變更地目等等問題一籮筐，檢察官素質誤人害人，令人不敢領教。司法改革務必再加檢討。

令人憤怒不平的社會不公，在許許多多拖延十數年或數十年後獲判無罪的案件中，沒有一位司法人員受到懲戒。這些最終被判無罪，難道不是檢察官在證據不足的情況下濫權起訴，或是檢察官怠忽職守、搜證不全即予起訴，抑或是法院草率判決不當等。有誰因此受到懲戒或追訴而改善濫權現象？無人負責，相信這個問題才是司法改革該檢討的癥結。

受案牽纏許多人清白被毀、受囚羈押、起訴凌遲、蕩盡家產，乃至於家毀人亡，其結果只是「誤會一場」，制度上難道都沒有任何人需要負責嗎？難道司法人是文明社會的司法權貴階級？ 刑不上司法人？

司法體制不健全，司法執法弊端形同大漏洞。

冤案冤獄浪費的公帑和社會資源無法計算，被侵害的人權無處申訴，無辜被濫權起訴是人生莫大的恥辱，清白被毀、受押遭囚、家毀人亡，人生支離破碎，即使獲得冤獄賠（補）償也垂垂老已，無法彌補失去的尊嚴與破碎的人生。

司法案件拖延一、二十年延宕不決，除與檢察官證據不足濫權起訴有關外，法院待審案件堆積如山，半年或一年開庭一次，影響審理進度也是因素。但更關鍵的是判決不當，許多法官沒有正義擔當，即使並無定刑的強力證據，也不願對「眾矚案件」判決無罪，致令案件來回更審，法官推諉及怠職，讓當事人身陷司法凌遲苦痛。如今制度限期判決，好似減少審判期程，但也可能加速誤人。

司法人員似乎高高在上，事不關己，什麼叫做司法凌遲，他們根本無

所感覺。要像馬英九總統一樣，能在一年半載內即三審定讞的案件，恍如天方夜譚。我們要嚴正指出，雖然法官是人不是神，但有罪被誤判為無罪與無辜被誤判有罪，絕不能等同視之，天堂與地獄，因為被誤判有罪影響當事人一生，其造成傷害無法彌補。

徒法不足以自行，司法不講究道德良知，法律正義無法從根本做起。

雖然刑訴法及諸多國際公約一再要求審判者應保持無罪推定的心態，但審判者大都抱持「寧可錯殺，也不願縱放」的權力傲慢態度，自以為慰撫被害人或執行社會正義，在證據有疑義下做成「有罪的誤判」；更有政治顧慮淪為政爭工具者，在人為惡劣的作為下操縱或被操縱判決，任意判定別人重刑。

令人非常遺憾的是，「921 案」歷經陳水扁與馬英九兩任法律人總統11 年領導，司法亂象並無改善，檢察官濫權起訴與法官「推事」之風仍甚，「罪疑唯輕原則」與「無罪推定原則」遙不可及，臺灣還有艱鉅的司法改革路。而繼任的蔡英文總統也是司法人，竟連司法冤誣的轉型正義也不予正視，也讓人對國家司法不寄以信任。

司法枉法濫行，社會容許違法無責？

「921 案」也遺留這些司法難題，考驗我們的社會。

《冤獄賠償法》其實就是《刑事補償法》的前身。《冤獄賠償法》經過 2010 年 1 月 29 日司法院大法官釋字 670 號解釋，認定部分違憲。違憲的理由為《冤獄賠償法》一律將有故意或重大過失讓自己被羈押的冤獄受害者，不得請求賠償，這樣的規定未考量受害人行為可被歸責的程度，一概不排除其全部之補償請求，不符《憲法》保障人民身體自由及平等權之意旨，違反比例原則。

此釋字作成後，司法院決定通盤審視《冤獄賠償法》，並在 2011 年7 月完成全文修正為《刑事補償法》。司法院指出，「冤獄」一詞會讓人誤解本法所定補償，需要以公務員有故意或過失所致為要件。

他們認定根本沒有所謂「冤獄」，司法人員永遠不會犯錯。並衷於釋字的文意「對特定人民構成其個人之特別犧牲時，依法律之規定，以金錢予以填補之刑事補償」。

所以，冤獄賠償金其實是全民買單，問題是國家賠償完，損失換誰賠？檢察官、法官需要賠嗎？

根據《刑事補償法》第 34 條第 2 項「法律執行職務之公務員，因故意或重大過失而違法，致生補償事件者，補償機關於補償後，應依國家賠償法規定，對該公務員求償。」可能嗎？可行嗎？

事實上，有那麼多「刑事補償案件」，但審理該案件的法官或偵辦案件的檢察官卻鮮少被求償。因為依《國家賠償法》第 13 條規定，有審判或追訴職務之公務員，也就是法官或檢察官，只有在被受有罪判決確定後，如：「枉法裁判罪」、「濫行追訴罪」，才需要負賠償責任。

就是這樣的立法，美其名是為了保障審判獨立，考量法律之適用及證據之取捨有不同之見解；但實際上，官官相護，由檢察官起訴，主動偵辦的「枉法裁判罪」或「濫行追訴罪」案例根本不成立。

本案例也說明，在臺灣幾乎不可能成立枉法裁判或濫行追訴罪的情況下，當檢察官知有犯罪嫌疑卻不去偵查的情況下，這樣的立法反而成為這些不適任司法人員的保護傘，檢察官和法官，不論起訴如何荒誕、判決如何罔顧事實，都不需要負責，遑論要讓法官或檢察官負賠償責任，根本是天方夜譚。

所以，這種修立法是開司法正義的倒車。

因此，我們看到以強暴、脅迫、利誘等不正方法取供甚至偽造筆錄的調查員未曾受到懲處，濫權起訴的檢察官卻因「司法英雄」而不斷升官，在終生俸與至高權力下，未曾擔負任何濫權起訴的責任。即使經監察院糾舉，在司法界官官相護下，也均草草結案，毫無下文，司法人員幾乎極少法官或檢察官依法被懲處或求償。這就是司法不義，司法縱容自己不法。

檢調體系的違法弊端成為人民難以撼動司法改革的禁區。檢察官死守

有罪推定起訴，再加上經常揣摩上意選擇性辦案，讓許多莫須有的案子浪費國家資源纏訟，更斲傷司法公信力。而不適任的檢察官沒有懲戒和退場機制，實為司法正義亂源！這是「921 案」反映的司法醜態，迄今仍無伊法可治。

其實，吾人再進一言，政治因素才是造成這些現象的主因。政治司法與司法政治是聯手作惡的孿生兄弟，兄弟之間只有情分，沒有正義。

法律人，「司法服務政治，政治利用司法」的一筆濫帳，何時清理過？他們不是一直都受用無盡、甘之如飴，所以，根本不可能清理？

第三章

921 的必修學分

掉入人生最痛苦的深淵，

這種無形的折磨有其時間性，就是業障的時間。

你必須在不如意的狀況中熬多久，

你必須在這時間當中跟它競賽多久，

此時，得靠個人修行，依著時間的歷練或等待，而形成轉機。

大多數人都禁不起這種煎熬，

其實這段困頓可以幫助你改變思考方式，

亦是未來踏上更好時空的推出力量。

       — 葉教授，心海羅盤《談古論今 3》[6]

    921 帶來了各種有形世界的人世間作業，最重要的它同時附加無形上的心靈成長功課。

    大多數人都曾經有過經歷「複雜的愉悅」[7]，在此模仿這種描述反映一下走過 921 我五味雜陳的心情：[8]

曾經美好時光

草地、樹木、小溪

大地，還有世間的萬物，

---

[6] 葉教授（葉耀星，1953 -2018），心海羅盤《談古論今 3》，臺北：光大文化出版（無註明出版時間），頁 79 -80。

[7] 體會詩人「複雜的愉悅」的心情反映，相對「極樂」（jouissance）靜默境界的描述，是英國當代作家莎拉‧梅特蘭（Sara Maitland，1950 - ）在追尋靜默之心得用語。參見她的作品《寂靜之書》，朱賓忠、王雲生譯，臺北：啟示出版，2014。

[8] 仿華茲華斯（William Wordsworth，1770 -1850）〈親近不朽〉（1807）的詩（前註引書，頁 103-104），並借用摻合而成。

在我眼裡都披上了天堂的光環，
賦予了榮耀，留下新夢的味道。

曾經 921 滄桑
救災、安置、重建
政治，還有漫長輿論的洗鍊，
在我眼裡都披上秋收的劇本，
鋪排了羞辱，撒下肅殺的氣氛。

曾經傷心欲絕
羈囚、司刑、凌遲
恥笑，還有社會的冷眼，
在我心裡都糊上了地獄的森嚴，
套牢了枷鎖，遺下夢碎的穹聲。

它已今非昔比；
我會在白晝或者黑夜
四處尋覓昨日所見
而今已然不再。

滿天繁星下的流水美麗大方；
朝日的霞光充滿榮耀；但我知道，
無論到那裡，榮耀已經遠離大地。

　　好不容易熬過縣政改革與議會失和的空前風波，這是南投建縣以來最不平靜的兩年。孰料，更大的雷電、暴風雨交加，雷霆萬鈞，更讓南投「屋漏偏逢連夜雨」，接下來驚天動地的兩年，更使南投全國知名度喧天價響，屢創紀錄。

　　本來由立委轉跑道夢想「南投蝴蝶自由飛，日子輕鬆舒適過」的縣政理想，已經因 921 變數而破碎得無影無蹤。

我帶領的縣政後兩年無預警的進入天災地變、人為禍端的艱苦時期，中央與地方齊下，南投更為紛擾不安，幾無寧日。我內心罪疚，不曾離去。這縣政後兩年，南投全面創傷，我心深憂，我的心思沉沉浮浮在這樣情境：

　　　　紛紛擾擾，爭爭吵吵；
　　　　忙忙碌碌，昏昏沉沉。
　　　　一片混亂，一片漆黑。

　　　　無暇東顧，無力辯解；
　　　　孤寂無援，獨自修為。
　　　　一片真心，一片光明。

　　有人說從歷史去創造一個精彩故事，是非常愉快的閱讀體驗。例如，《西遊記》的唐僧師徒西方取經，家喻戶曉，膾炙人口。然而，真實的歷史則又有多少人知曉，玄奘係孤身一人勇闖天竺行走大漠邊疆？

　　走過921，這段人生難得的南投經驗可謂「故事精彩」。雖然心酸，然而，如果沒有再身歷其境的「921案」附屬插曲，我根本無法體會一千三、四百年前玄奘取經所遭受無數艱難挫折的堅韌與偉大。默默容忍

力行，承受外來打擊干擾都是陪伴成就「西方取經」的代價。

所以，我才說：921災難是我人生歷練的另一門重大學問，而「921案」更是嚴厲險峻的特殊必修學分。

921 功課

人心是一張白紙，外在世界在上面寫上它自己的經歷。
—— 英國哲學家，約翰·洛克（John Locke，1632 -1704）

吾人相信：不管哲學家關於因果關係的說法如何，事實總是：絕對沒有不受因果關係指導的行為。

我們也不能想像有一個昧於因果關係的心。921降臨南投的時機，沒有人預知，也沒有人知曉它的因果關係。我們只能體會：921影響範圍很廣，深度很深，是構成相關當事人生命任重道遠的一門學問。

921的功課，因人而異，隨人進修。入文入籍之記載，亦因人為見解各留不同發現予後世人間；影響程度深者，隨機教化，警惕世人。

令人感動，在找尋真義真理深入經典，每能遇上扣人心弦之詮釋啟示，如此於「921劫」後不時之「作業」（homework），暫時給我帶來心情平靜，因為我看到「答案」。

記憶猶新，每當我發現與921有關具意義之資訊，心裡總會特別留心，寄上無限關切，並默禱世間平和，回歸本源。

有一次，在自我閉關期間，研讀《心經》，看到「921大地震」這五個字也出現在佛教典籍，眼睛為之一亮，藉921大地震以教化「空、色」的道理，用圖文講解空的概念[9]：眼睛可見的繁榮景象，都有可能瓦解消失，因為事物的本質是不穩定的、無常的、無我的。它們因條件而存在，因特定原因而顯現，而消滅。

---

[9] 參見張宏實《圖解心經》，臺北：橡實文化，2006，頁97。

張宏實引進「921 大地震」善巧的說明「色不異空，空不異色」的佛家無常思維 **10**；呼應了過去我在南投不時強調「世間無常，國土危脆」的用意；看到這個畫面，當時，莫名的欣慰之情，湧上心頭。

921 留給南投主要的重建地標是縣政府辦公大樓新建工程。如今，
矗立在廣場上的 921 重建奠基石不知流落何方？
真實與誣陷之間，能看清一個人就夠了，不揭穿是最好的包容。

意外囚牢的省思：921 生死戰役

　　在我膜拜你時，讓我的全部生命，啟程回到永恆的家鄉，
　　如同一群思鄉之鶴，日夜兼程地飛回它們的山巢。
　　　　　　　　　── 印度詩人，泰戈爾，《吉檀迦利》

　　我承負 921 重建繁重責任，又復面臨議會議長領頭對峙牽阻，更在陳

---

10 張宏實之圖解《西藏生死書》（2005）、《心經》（2006）、《金剛經》（2008），對研習佛教生命哲理方面，相當有助益。尤其，後二經典列表對照的譯本比較，更是他善巧運用現代資訊工具的重要貢獻，於後人研究實在偉大，當予禮敬。

水后勝出之後的政局變異等政治力因素的推波助瀾之下，為下屆南投「縣長之役」之態勢發展聚焦：他們欲加我罪之目的甚明，要的是縣長這個位子。

在政治上，他們很用力的用司法領域對我「追訴犯罪」，並一心要司法「懲罰我這個犯人」。很清楚，他們主要目的就是讓我背上「貪污921重建經費」的罪名，好讓我被民心唾棄，不得連任，把縣長職位讓給他人。為此，為清譽尊嚴，我當然奮戰到底。

既然身陷司法官司困境，唯有遵循既定之現行司法體制一途。

心想這場預料之外的高難度異域換場遊戲，或許也有它的特別隱藏的涵義吧！否則，再怎麼想，也絕不可能發生的事：「我是貪污犯」，竟然尾隨921而來。

人生的意外，真的總是適時出現。

對我而言，這是「921案」在政治推力下的必然，就是一場生死戰役。只有戰贏，才有我繼續存活下去的空間；我必須要慎重面對處理，否則，一旦官司輸了，我「死路一條」，雖生猶死，如何見江東父老呢？

我認真思索，細想這一幕。雖然啟動本案，一開始我就莫名無辜。

然而，公訴人起訴我這麼多項犯罪罪名，洋洋灑灑，2001年1月13日，王捷拓檢察官強勢的要求庭上法官依照他們的「發現實體真實」，認定我是罪犯，要求法官裁判嚴懲處罰我們不該的罪行。

這一幕已揭開，他們給了我一個新身分：「貪污犯被告」。係確實無辜的被告，我被迫只能無奈地以待罪之身，接受漫長而需靠運氣的審判過程。

我告訴自己，唯有去推翻檢調所控訴的「實體真實」，它們不是「實體真實」，而且必須直到審判法官判決結果確認並開釋我的無辜時，這才是我的新「發現實體真實」，才是「實體正確」。

我用這些字詞，就是反映這麼專業的高難度司法競技職場。雖然，我曾擔任過三屆的「專業」立法委員，但對既定的實務訴訟流程，也只能依

體制仰仗律師的正義專業辯正。

　　事後檢討，本案的實體意義：確實不宜讓司法介入政爭。其次，司法亦不宜自我藉勢藉端，而忽略法律執法本身也有遵循法律正義的責任。

　　憑藉府會分立不和，本案檢察官一開始就一直受政治誤導，或一直利用政治主導開路，以為他們發現我真的犯了滔天大罪：貪污、圖利。所以才大動作的對我們啟動干戈，祭出司法權以執行對我們之懲罰。

　　但是，他們或許故意忘了依法他們：不得不擇手段，不得不問是非，不得不計代價，甚至不得以違法來「製造」假證據，而強加罪名於我們。

　　他們妥適利用國民黨地方議會及表態依附民進黨中央政府與民代之「施壓」，複式利用天災人事紛亂之際，祭旗司法行政體制，揮動司法大軍來對付當時政壇上並無政黨政治奧援的無黨籍縣長。這是民進黨新中央行政權聯合司法權的欺凌地方政治弱勢。「921 案」清清楚楚地照見司法淪為政治鷹犬，也同時照見政治干預司法之黑手。他們初嘗掌權滋味，忘了也該依法行政。

　　政治是一時的，還是可以永久的？這兩位曾經兩度擔任行政院長的我的立委同志，當時對我回鄉參選縣長，他們也有情有義的大力推薦。

　　當時，張俊雄如此說：

我們很負責任的來推薦給臺灣人民、給南投縣的縣民。彭

百顯是一位很負責任、有政治理想、操守好、很優秀的政治人物。

我們深知如果他能夠出任南投縣長，這是縣民的福份，也是臺灣人民的一個福氣。

要從國會走入地方。他充分表達整個臺灣政治脈絡的走向，他是走在政治開創的先鋒。

蘇貞昌說：

對山明水秀的南投縣能有個好人才來做縣長，將能夠造福全縣。

我願意全力來支持，很樂意看到彭委員變成彭縣長，樂觀其成，全力支持，恭禧達成。

看看他們的說法，再對照一下事實狀況，似乎，政治是「此一時，彼一時」的多。這就是政治給一般人之難題，很少人突破，連最高行政首長亦復如是。

由於政治因素複雜，20年了，吾人早已不想去計較個人「921司法案」之是是非非，只求因果關係釐清，真相還原於世間，畢竟，人生之意義：

冤枉誣陷何足道
此身長短是虛空

　　尤其，身為一縣縣長，影響個人是小，誤解全縣是大。更因新世紀民進黨新政府當局動用國家司法公器介入地方政爭，其中，也應有大是大非。故而猶需澄清諸事清白之舉，應屬歷史之必要，蓋此乃社會千秋大業，非僅攸關個人之政治鬥爭事業而已。所謂「知我者謂我心憂，不知我者謂我何求」，悠悠蒼天，這事如何而來，是誰人造成的呢？

　　我意外的被羈押南投看守所禁見。內人、吾弟百達等以家屬身分送食物、送書籍進監牢，讓我感受在外面親友的關切。《雖然他們是無辜的》（林淑貞譯）、《出土政治冤案》（林樹枝）這兩本書籍印記：通過2000.11.27 戒護書檢查訖，送到牢中我手上；顯然，他們希望我身在牢獄能夠安然靜待時遷，要我調適心情。因為，司法冤枉我並不是唯一，古今中外皆有。

　　送進來這兩本書的內容，一是傳達美國死刑誤判諸案例，一是臺灣的政治司法迫害，都是司法侵權，要我心情看開用意甚明。當時，翻翻瀏覽，沒心思細讀，尤其是商周出版這本標榜死刑誤判、令人難安的種種故事，更教我難過。

　　雖然他們是無辜的。但生死卻只能由司法裁決，更教人洩氣無奈。眼見地球文明進步如美國社會的司法，亦佈滿「偏見、不公、錯失、疏失」，都仍能誤判裁斷人之生死。何況，保守的臺灣司法到處更充斥「偏私、傲慢」，疏失、不公稀鬆平常，又如何能公平、正義於當事人？又何況，遇有質疑，他們高坐在上、手握裁判權皆心安理得地叫做：「自由心證、獨立審判」，被稱為被告的我們又能如何，他們何來偏見、何來傲慢？絕非！

　　當時之心境，這兩本書我真的看不下去。直到我年邁七旬，為了本書寫作，再度拾書檢視這段冤獄、誣陷的司法人生。接連20年來的沉伏思索：究竟應如何整理落筆，還是任它自然飄逝，從此世間唯存重重見障，並無正義其事？我曾猶疑數度徘徊於寫與不寫之間。

第四章

無妄之災的省思

就是為了人之永恆靈魂的不墮落而不斷進化，

在地上界每隔一段時間，當人的惰性瀰漫，私慾囂張，

社會呈現末法時代的混亂現象時，

上天就會差遣先知、導師來到人間。

教導人們：

生命真相、人生真諦、去罪除業、光大心魂、做人正道，

以及獲真正人生幸福。

— 吉娜·舍明那拉，《靈魂轉生的奧妙》**11**

我們的選擇是什麼？

天道尚左，日月西移；地道尚右，水向東流；

人道難為，耳目役心，尚中不易。

我的弟兄，重新作個選擇吧！

每個正確的選擇都有化解過去錯誤的能力，

同時也撤去了因果的束縛力。

— 若水，《創造奇蹟的課程》**12**

---

11 吉娜·舍明那拉（1914 -1984），《靈魂轉生的奧妙》，陳家猷譯，臺北縣：世茂出版，
2005，頁 337 -338。
吉娜·舍明那拉為美國威斯康辛州立大學麥迪遜分校之心理學與教育學博士，本書為其紀
錄探索一位由埃及大祭司轉生艾德格·凱西，以催眠時靈視為人治病，以及探究人們轉世
輪迴的生命事蹟與宇宙法則之真理。

12 若水，《創造奇蹟的課程》，奇蹟課程導讀系列 1，臺北：奇蹟資訊中心，2008，頁 32、
35-36。

無妄之災反映世間無常，無法掌握變化。

「人生大夢充滿了無常變化、內疚及痛苦，而生命的實相原是愛與平安，故由夢中覺醒其實就是讓人離苦得樂的解脫之道。」[13]

「921 案」自法院宣判無罪定讞，迄今十年，對長久所積蓄許多的冤誣，充斥世間的誤解多，為什麼不早些做澄清？很多人關心，建議我儘速提筆錄記過往，留予丹心照汗青。正如前述的猶疑，都因時機不宜而拖延了下來。

偶然間看到一則對岸人物省思的訊息。

溫家寶憶及其上司並論述習仲勛：「一生坎坷，為人正直、待人寬厚、敢於直言、光明磊落」，「憂黨、憂國。但不多談自己曾經蒙受的冤屈和遭受的迫害」。

看在非共黨社會的臺灣，所指習仲勛明哲保身的修養功夫不亦值得效法乎？《尚書》：「滿招損，謙受益」，所謂君子有終。習近平能夠承繼大位，不是其中沒道理吧！

這則類似的歷史法則，久來便一直於世間被引以為惕。天上有風，地下的士農工商各自亨通。正人君子對世事很多感受，很深刻，有很多話要說；但他們也有比這更深刻的，有很多話不好說，不必說。

很多時候，晨曦與夕陽分不清，所以不說。

普天之下，無妄也有災。能不慎乎？其實我想，習仲勛大概深知個中之理吧！於此處境，天涯淪落人倒有點同病相憐的心境感覺。

再思「921 劫」

我碰到 921 劫難。躲都躲不過，逃也逃不掉。這是劫數。921 劫，包含天劫、地劫，以及人劫。複雜程度遠使人難以理解，令人不敢相信。

---

[13] 同上註，頁 48。

劫，這個字詞，有多重意思。主要之意有四：一、災禍，二、佛家語：「成、住、壞、空，謂之劫」（梵語音譯為「劫簸[14]之簡稱」），三、表示極長之時間，四、圍棋局中緊迫之處。

於此，921 劫之「劫」義，吾人以為，有一般俗謂之災禍，以及佛家語「劫難」[15] 之雙重意義在內。

依我而言，921 南投大地震帶來之災難，有天災，有人禍；除卻因緣論，一個現象，921 何需投入那麼多的人、那麼久的時間來維繫關切那麼多的事？[16]

而佛教說明世界生成與毀滅的「成、住、壞、空」過程有其階段之劫數，也有值得吾人注意的說法。

世界走向毀滅的劫末時期，相對是人類道德日趨低落，其間出現刀兵災、疾疫災、饑饉災，稱為小三災。而刀兵災者，是時人心瞋毒增上，相見即興強猛傷害之心，手執利刃，各逞兇狂，互相殘害；疾疫災者，非人吐毒，疾病流行，遇輒命終，難可救療，都不聞有醫藥之名；[17] 饑饉災者，天龍忿責，不降甘雨，饑饉人命終。

證諸人類歷史，小三災不斷發生在地球人居各角落，既已知悉緣由，我們不要輕忽災劫發難的原因。我對 921 劫之思索也相當沉重，特別是莫名的一些意外及其必然的一再出現。

---

[14] 梵語音譯劫簸（劫跛），簡稱「劫」，為佛教沿用古印度婆羅門教之極大時限之時間單位，表示不可計算之長時年月。佛教以劫為時間之基礎，來說明世界生成與毀滅之過程；至於有關劫的分類，則有大劫、中劫、小劫不同之說法。（參見：《佛光大辭典》，佛光出版社，1988 初版，頁 2811 -2814）

[15] 劫難與一般俗謂災禍、厄運有別。佛家語「劫難」係指命定的災難而言，與佛家語「劫數」（世界成壞而立之數量）有關，所謂：註定而無法逃避的災難。

[16] 暫忽略不論政治層次與救災重建事況，光就法律層面的牽纏，「921 案」涉及相關人達數百人之多（背後系統不計），被控訴之司法訴訟時間更有分別長達 8 年、11 年之久者，事後證明被起訴的縣府主管、公務員皆無罪定讞，但為時已歷經兩、三任總統更易之政府治理，人事皆非。

[17] 此情此景，莫非指向 2020「新型冠狀病毒肺炎（COVID-19）」疫情橫行全球之所謂劫數？至 2020.12.31，全球確診病例累計達 82,707,988，死亡高達 1,805,003 例。

佛教指今值壞劫（劫末，世界壞滅）時，器世間（物質世界：含人類、生物）壞，除了刀兵、疾疫、饑饉小三災，更有火、水、風等三災，稱為三大災。火災由七日輪出 **18**，風吹猛焰，初禪以下器世界悉被劫火焚燒。水災由地火水輪湧出，並雨霖而起，第二禪以下器世界悉被劫水浸沒。風災由風之相擊而起大風，第三禪以下器世界悉被劫風飄散。（色界中，唯第四禪不為此三災所壞）。

當前我們的世界已進入劫末時空，自然性三大災、人為性三小災，時有發生，威脅人類生存，近觀 2020 肺炎病毒疫情示現之警惕，應當正視。

人類生活世界面臨大災劫，屬於器世界的所謂「四大」（地、水、火、風）物質（色法）要素，除地大外，餘之水、火、風等三大，則有上述之大三災；至於本質堅性，有保持作用者之地大，其毀壞力曰地動；地震，在佛家語曰：地動，指大地震之義。

佛家指出地動的原因有四 **19**：一、大風起時，水擾地動 **20**；二、得道沙門及神妙諸天示現感應時，地則大動；三、佛成道時，地亦大動；四、佛將說法時示現之地動。

臺灣百年罕見 921 大地震，正是地動臺灣示現毀壞力之可畏。吾人正逢其時其地，無非天命？

吾人因緣「921 學」，特別關注到佛典《增一阿含經》所列舉地動諸因緣中與人類有關的一項原因：饑饉、刀兵之災將起時，謂眾生命終福盡時，或互相攻伐，此時地亦大動。此地動第八因緣說，屬於政經因素，人類行為會引起地震，有此一說，甚值吾輩深入研析。

---

18 七日輪出，指劫末之相，一日乃至七日次第而出，劫火分別出現，百草樹木凋零，海水枯涸、消盡、乾竭、竭盡，燒滅無餘（六欲諸天皆命終），永無遺餘（山皆洞然）等滅盡現象。

19 除此四因之外，大地震動之因緣尚有八說，參見：《佛光大辭典》，佛光出版社，1988 初版，頁 2309 -2310。

20 佛典《增一阿含經》（卷 37）指出大地震動之八因緣，其中，第一因緣指係與地球結構有關。地球內部地層有水輪（水層），水輪之下為火輪（火層、岩漿），火輪之下為風輪（風層），風輪之下尚有金剛輪（過去諸佛舍利，在其中）；大風動時（風輪轉動），火輪隨動，水輪復隨火輪而動，故地亦大動。此乃佛家「風水輪動，大地震說」，為非人力之自然現象。

回顧南投 921 前後時空，在人世間、在形而上之間，經多方反覆省思探索，不謂迷信科學之不可信，吾人不可不信此說，既有紀錄因由，寧信實有其理。

　　過去，我們看過不少不時出現經過莫名的歷史事件，影響了國家政策、政黨路線，以及個別人生大轉變的例子。

　　對我而言，921 事件就改變我一生。其實，能夠改變我當時的政治態度，並不是 921 大地震帶來我對民主進步黨的期待，而就義無反顧的支持我過去正義兄弟陳水扁；也不是中國國民黨連戰比宋楚瑜或陳水扁更能帶領臺灣走出較寬廣的兩岸關係。這些皆是較淺層的政治表相，而是權者誰願把 921 災難重建當做己任。

　　本節，也容我就事反思，講一點隱忍 20 年的內心話，還原這段事實。就「921 劫難」的人為禍端而言，我先透露一則主要的政治關鍵因素。

　　當時大勢，我為重建「被迫」於 2000 大選不久之前召開表態記者會[21]。過去的許多民進黨朋友事後也一直追問為什麼，由於那場敏感的「政治表態」背後涉及承諾南投災區重建的我的下臺階被撤[22]；因陳水扁遲未表態認同我們在國會記者會的公開呼籲。當時，我不願打擊我的正義兄弟，隱忍未表，政治責任並未推給阿扁，自己承擔下來。

---

[21] 有關這一幕歷史關鍵，事後，於陳水扁欲競選連任的總統府會面機會，我們相互求證原因，他表示，「不知道這回事」。我接受陳水扁的講法，所以，這是一場歷史誤會。「誤會」，讓民進黨出手撕毀、坑殺我 20 年，什麼是千秋大義，什麼是人情義理，都已模糊，不誠令人遺憾？

[22] 如果陳水扁承諾當選後支持南投災區重建，我就可同時呼籲南投選民支持這兩組（陳水扁呂秀蓮、連戰蕭萬長）承諾重建南投的候選人。但人算不如天算，陳水扁「拒未承諾」逼我選邊站的動作讓我一直不解；直至四年後他競選連任前於總統府會面，由他口中才知他說「不知道這回事」。於是，誤會讓 921 局繼續發展下去。當時，我表態的心境是：

　　參政理念心不變　　國難當頭人有責
　　為國為民明事理　　黨野不分為萬民
　　縣民有難隨民意　　災情慘澹同民淚
　　累為全國同心酸　　賜吾無力為吾民
　　重建重心吾心志　　吾願全民意決行
　　展望未來福兒孫　　〈抉擇的心志表白〉

　　這位我的「正義兄弟」曾鼓勵我競選縣長，還要我努力使南投縣變成第二個臺北市。當時的臺北市長，後來也因國民黨分裂與921乘勢當選總統的陳水扁曾說：

　　　　我與彭百顯相識20年，在民主運動上也並肩作戰20年，是一對「換帖」兄弟。

　　　　他是優秀的人才，也必然是執政的最佳人選，懇請南投鄉親再支持彭百顯，讓南投縣成為臺北市第二。

　　再親密的政治伙伴，當有不同的利益考量時，人性即刻要面臨考驗。我很清楚，古往今來，政治似乎都是如此試煉著人世間。921政治學也是

如此。

　　我與陳水扁之間，真的因為是政治關係才識得人性彼此？而由於縣長一職，921 使我在災區完全吃緊環境，他直取中央大權在握，兩相極端對比，其後的發展，畢竟包含政治上的種種，「色不異空，空不異色；色即是空，空即是色」，答案不早就寫在那裡！人世間還有什麼可爭較的呢？我心裡有點感慨。

　　為對得起臺灣長期貧窮又碰到巨大天災地變的南投災區苦難民眾，於李登輝召見之後，斯時我面臨必須亮相召開記者會。自此，民主進步黨陣營很長一段時間視我如寇讎，謂我「背骨」害臺灣，把愛臺灣視為專利，自行定義。至今，我還不太相信：他們沒有同理心，不究真相，不看南投震災實情，只重政治立場，誤解太深。然而，新來的天是他們的天，我只能忍住一途。這是誰在惡作劇？人還是天？

　　的確，莫明的歷史事件，影響了政黨路線，也改變政局。

　　真正的法律人，可以出賣尊嚴而為「政治正確」服務並替其排除異己？權者執掌國家公權力，利用天災地變、人心脆弱時所操作的法律案騙局，法律人也選擇「政治正確」？

　　在此，再就前述「921 冤誣案」中，他們沒有證據卻義正詞嚴指控縣府相關主管涉嫌貪污、圖利，目的只在把縣長拖下水，但不滿未得逞，因而以法律系畢業，知法犯法，故而加重求刑 [23]（事後皆證明「無罪」），我重提目的無非在提醒：如此法律人之配合「政治正確」辦案，寧無辜害人，還有法律人的尊嚴或價值嗎？

　　921 局也涉及沒有真相、假新聞的籠罩。

　　921 後我在南投縣長競選連任路途上舉步維艱，當時我也向重建災區民眾呼喚：重建之路「起厝起一半，師傅不能換」。不知 20 年後蔡英文

---

[23] 參見蔡宜呈，〈災變中之檢調冤訴對救災重建之影響與檢討〉，《世紀災變之借鑑與啟示：921 十週年論壇論文集》，2009，頁 305 -334。

2019黨內初選她為政權延續也喊出：「起厝起一半，師傅不能換」。但是，我並沒有成功，大多數南投選民聽不進這句話。只因真相不明，虛偽太多。

921事件對很多民眾言，包括災區南投在內，根本很難了解真實，遑論臺北。主要是：媒體所給的訊息，照現代的語言，非常多數是「假新聞」（假消息），白話叫做：謠言滿天。

於此時空環境，很多人的想法與作為皆在屬於自己的意志與不相容的目的之間作選擇，以至演變成今日「知者恆知，不知者恆不明」之格局；就這層意義，南投人，包括在臺北的臺灣人，好似沒有真相與否的困惑，他是自由的。[24] 然而，對來自錯誤、有意扭曲的消息依據，這種自由意志之選擇，真正的意義又是什麼？

對大多數人而言，地球仍然照轉；只是讓社會少了正義理想，也少了公道。921事件讓南投在無真相的抉擇下，做了一次改變南投歷史的賭注。臺灣人也是。對我而言，我失去了一次生命關鍵意義的施政機會，並改變了我的政治仕途。

一般人都會犯錯，大多數人也可能受邪惡宣傳的欺騙，支持了某些人或事（政策、主張…）但將引起惡果。反射世界，形成共業。

像這樣的災難，也是921事件產生的政治效應。總部設在臺北看天下的媒體，總是有意無意間扮演獨占權威資訊的角色，向全國發聲，南投民眾當然只有接受臺北領導的條件，大部分人無能力分辨是非，也無法反應聲音。形成共業。

像這樣的南投民眾自由意志之選擇，嚴格來說，確是臺北菁英運用智慧所領導的政策所主導。

吾人相信：人類前途靠的是少數優秀份子能夠把輿論引導到正當的方向。

---

[24] 米塞斯認為，不像其他動物，不是一味奉承其本能與感官衝動的傀儡，人有其自由意志。參見米塞斯前引書，頁83-84。

經過 921 事件變化最後的盤局，至少看清楚一些現象的始末，我們臺灣更需要輿論的走向是往正當發展，不管是來自社會力量、優秀份子，或是媒體自發性引導，則吾民甚幸，吾國甚幸，人類甚幸。

921 歷劫我們存活了下來，自有其人生意義。吾人虔誠馨香祝禱躲在社會角落的機會主義者儘速覺知，不要再為己的政治利益而執意扭曲真相作惡了！

921 十字架

回顧一張我在法院前背負「921 十字架」的照片，好似 921 原罪為南投受難，為「政治不正確」擔罪。

我由耶穌「那聲音」所傳達之聖道《奇蹟課程》瞭解：[25]

> 十字架苦刑並不是一種懲罰。它所要傳播的信息極為明確：
> 只教人愛，因為那是你的存在本質。

---

[25] 《奇蹟課程》，1999 中文初版，頁 83 及 86。

我們深知，耶穌被釘上十字架的苦刑是無法與人共享。吾人也實非自大自狂與耶穌平比，只是精神彷彿，感覺歷經這段「921劫」之諸苦難，相信也是無法與人分享代價。

　　我們的社會，很多人認為必須透過攻擊才能達到目的，了解萬物。這段921經驗過程，在司法沒有澄清我們「沒有貪污、圖利」之前，整個社會輿情已審判我們有罪，非但在政治上判我「死罪」；無形的十字架苦刑已牢牢套在心上；長達十一、二年死罪。

　　當法律定讞我們「無罪」之後，原來通過政治、司法「強力撻伐，教化社會民心唾棄我們」的政客，他們別有用心之企圖揭露了，才了然於社會於一、二。但已是麻木無感的遲來正義，社會大眾根本沒有理由關切這個事件。

　　連生活都回歸不了正常專業。過去我通過不很容易的高普考金融人員及格，在銀行及省財政廳基層金融研訓中心、財政部金融研究小組服務十數年；也在大學任教十數年；李登輝前總統二度出面協助我能回銀行繼續貢獻社會，但他們緩兵矇瞞，連李登輝的老面子都不賣，實在傷人甚重。

李登輝至少兩度賣老面子，是在還報我召開記者會的政治人情？

如今我已曾古稀之年，心想回歸作自己，所以透露一點「921」奧意，反映其中他們阻我擋我之真相。

民進黨諸君，除卻政治派系利益，還有什麼社會人情公道？

然後，接著的問題，我們是不是應當「以眼還眼，以牙還牙」伸張社會正義？應當聲討司法作惡，要求懲罰誤人害己之元兇，相對付出代價？

沉隱多年，我們始終沒有得到答案。社會也沒其他人公開為我們找出公道。真的，這個世間他們是天，我們真的已沒有其他路可走？

我心中明瞭，似乎該是另有生存隱意？我尚需好好思索：避去無妄之災，放棄專業，重新人生？所以這十年看起來，想的、做的，好像比較多接近個人生命修持之道，像隱者。

第五章

「921 學」的生命意義

> 聽著，你可能還依稀記得一個古老、並未全遭遺忘的歌…
>
> 那些音符本身並沒有什麼特別…
>
> 而是因它們會悄悄勾起你對某個東西的懷念，
>
> 你一旦回想起來，就會忍不住落淚。
>
> ──《奇蹟課程》，（T -21. I. 6：1；7：1-2）[26]

　　921 這場人間遊戲，「921 案」雖已清白還君，但前述指出有人仍持續壓抑不讓我回到正常世間，一晃不覺 20 年。這其中必有緣故。

　　相對一個人的生命而言 20 年不算太久，但就生命貢獻有力週期的限制元素時間，確是很長很長的一大段光陰。對我而言，法律官司雖已定讞，但「921 案」似尚未結束，為什麼「921 案」落幕要這麼慢緩，必須要等到我年紀屆臨退休的時刻？

　　人類的角色，假如科學家註定要改造這個世界。而我過去的雄心壯志，既然投身政治，我立志要改造臺灣，希用我的專長背景，讓她愈來愈接近文明社會。但歷經 921 以來 20 年歲月，這種雄心壯志已離我愈來愈遠，「不在其位，不謀其政」，自然慢慢消磨原來內在的心志，變得愈來愈像「獨善其身」的乘桴於海者。

921 之蘊，如何也照見皆空

　　921，由大地震而「921 局」，包含「921 案」伏藏冤誣一劇；事涉人

---

[26] 《奇蹟課程》，若水譯，美·心靈平安基金會出版，1999 年 6 月。

間生活法則，其所含因由集合簡直如經典上所謂的蘊，具「聚義」、「合義」之蘊含之義，故稱「921 蘊」。

我發現有所謂「921 蘊」，意義有點複雜。就像人世間的苦，是包藏在人的「色、受、想、行、識」五蘊裡面；今吾輩等人之世間苦因面臨「南投 921」天災人禍等有形無形交雜的苦，簡稱「921 蘊」。

名政論家胡忠信時常提及，「政治無是非，但有因果」。「921 蘊」也聚集自然法則之因果律關係。「921 蘊」如何照見皆空，以了「921 局」？在一次閉關中，我體悟這個問題。

相對這次閉關，南投看守所的羈押禁見，是他們很粗暴地用法律權威把我強置閉關於約一坪半的「囚牢」天地，這次，自我安置不是人為強制，心情兩樣；「人在江湖」，前次「身不由己」，這次「身心自如」。兩次閉關似乎都有其深意。

為什麼要閉關？

近一、二十年臺灣社會環境變化，對個人際遇有不利改變，皆影響所把持的方向，有些可以自主，有些由不得自己。幾次天災地變人禍，就是人一生不能自我決定的變數，總是要面對、回應。921 變數對我而言，是「921 蘊」，藏有「天地人三才」深奧微妙[27]，但一時不知如何因應。自「921案」之後，則每每墜思何解於茫然。

很多哲人都這樣說：天下有很多智慧、真理是來自災難危險環境而悟得的。

吾人每思及 921 災劫，以為有責，故自省；以為有道，故思欲了。惟「921 案」當時境況無暇冷靜深思，唯想應如何妥善因應及早還我清白；

---

[27] 這次閉關，無意間理會「庖丁解牛」的含義，發現「921 蘊」是 921 功課的核心。庖丁為人之需求解牛，宰出心法，可以保持 19 年銳利的刀鋒，省卻耗力費時。然而，牛若能語，被宰是命運，設若非一刀斃命，牛為不那般痛苦遭受裂解，順勢主動配合，則庖丁 19 年刀鋒並非唯一。
解宰的奧秘，牛是成就實驗品。牛性，被馴伏：「安時處順」；其實，就是逆來順受。「921蘊」何嘗不然？

今結果盡在人間耳目並於人心；遺憾於己竟已渾身是傷，且陷世間惡名相向，誠未料之心苦哉。

921發生斯時，吾人因應之則，曾效先賢所遺行「安時處順」[28]，符佛道諸家之逆來順受之理爾。「921蘊」之悟省，以及「921局」之安然「已過萬重山」，所幸堅此百忍，度過難熬苦境十餘載。

此情此境，私亦類比莊子評述孔子一行受困於匡之危，斯亦有道焉矣。

> 孔子曰：
> 我諱窮久矣，而不免，命也；求通久矣，而不得，時也。
> 當堯舜而天下無窮人，非知得也；當桀紂而天下無通人，
> 非知失也。
> 知窮之有命，知通之有時，臨大難而不懼者，聖人之勇也。
> 吾命有所制矣！
>
> ——《莊子》，〈秋水〉，節錄。

莊子說了這個故事：[29]
孔子周遊列國到了衛國匡邑，宋人（衛誤為宋，應為衛人）包圍他好幾重，但是孔子還是不停地奏琴歌詠。[30] 子路進來見孔子，說：「夫子為什麼這樣快樂呢？」孔子說：

---

28 「安時處順」，係引用「在逆境中的自我保存」莊子哲學之安適位置之語，參見王溢嘉，《莊子陪你走紅塵》，臺北：有鹿文化，2012。
29 語出〈秋水〉，《莊子》，本處採黃錦鋐註譯，《新譯莊子讀本》，臺北：三民書局，1994年2月12版。
30 昔遠古，孔子困於亂局而歌，有安定人心作用。今時，1979，高雄「美麗島事件」發生之夜，群眾聚集；40年後，呂秀蓮告訴我，當夜群眾激情要求演講，她適時請邱垂真上臺歌詠民謠，民眾情緒高昂，但邱垂真因此受連獲罪，她於心不忍久之。當晚我也是在場見證人，我發現：呂秀蓮斯時之智慧，如若孔子大難當前之「處變不驚」。孔呂兩人臨境生智，安撫免亂，是智者之舉。特此註記，以為歷史評。

衛人誤圍孔子而有道出，天意也。

「來，我告訴你。我諱忌困窮已經很久了，可是結果還是不能避免，這是命運啊！求通達很久了，結果還是不能得到，這是時運。

當堯舜的時候，天下沒有不得志的人，並不是人的智慧高明；當桀紂的時候，天下沒有顯達的人，這也並不是人的智慧不高明，這是時勢造成的。

水行不怕蛟龍的，是漁夫的勇氣；陸行不怕兕虎的，是獵夫的勇氣；雪白的刀刃相交在眼前，把死亡看做生存一樣的平常，這是烈士的勇氣；知道不得志是命運，知道顯達是時機，臨大難而不恐懼的，是聖人的勇氣。

由啊！你去休息吧，我的命運已由上天安排好的了。」

沒有多久，有兵士進來告訴孔子說：「以為你是陽虎，所以把你圍起來；現在弄錯了，很對不起，我們向你道歉告退了。」

吾心了然，衛人誤圍孔子而有道出，天意也。921 之困局，亦天意也。當有其義焉，夫復多言。

群龍無首是吉祥

921 之後，有機會讀《易經》，我好奇於「易道廣大，無所不包」，而另眼正視這部「群經之首」。過去，看到「群龍無首」，總以為不是好現象，但歷經人生風雨體悟，的確，群龍無首才是平安吉祥的。

《易經》乾卦說，出現群龍，都能不強居首位，和諧自在，必定吉祥。[31] 說明雖然剛健有力，也要謙虛持重，此乃不為物先的道理啊！老子不也力倡「不敢為天下先」之處世法寶？

回看自己過去投入政治以來的一路發展，確有一些可反省檢討之處。

「921 局」是最大事件，而此局的產生，不就是 921 浩劫前二年南投縣長選戰之役的自行對號入座？怨不得別人。

假設，若不是我欲意決心參加選舉，其實，極少人知道是被迫的；再假設，若不是我擊潰他們，用選票打敗藍綠；排除諸如此類之關係假設，我又怎能會適巧碰上且變成 921 事件的最大苦主，而陳水扁政府亦適時登臨天下，好讓他們順勢盛大演出「921 案」這齣歷史大劇？

檢討的另外一個結論是：人生政治路，執意回故鄉參選縣長是不智的選擇，也有一些朋友這樣告訴我；而僥倖當選縣長，則是悲劇的開始。是耶？非耶？

如果這樣分析大致不錯，那麼，對《易經》乾卦給我反省的指點迷津，似乎也不無道理。乾卦說：

---

[31] 《易經》乾卦，用九，見群龍無首，吉。

上九，亢龍有悔。〈象〉辭的解釋：

亢龍有悔，盈不可久也。

〈文言〉的解釋：

上九曰：「亢龍有悔」，何謂也？子曰：「貴而無位，高而無民，賢人在下位而無輔，是以動而有悔也。」

〈文言〉再次解釋二則：

亢龍有悔，窮之災也。

亢龍有悔，與時偕極。

因此，我這樣想，因為我的執意回鄉參選縣長，所以，南投縣長是我政治上的終點站。而由於 1999 年「921 局」正式浮上檯面，正是劫數；窮極末路，我退無可退；故悔吝必生。

是吧！20 年的反省，答案理當如此，否則，守法者遭不法之徒暗算得逞，而人道無聲無息，任令發展，豈合天道？這是不理會世間外在的內省。

「921 案」剛結束不久，我在市面上發現一本很有趣的人生智慧書：《王浩一的歷史筆記：人生的十堂英雄課》，是一位南投同鄉以易經對人生觀察心得的學問著作，很有意思。其後，他又相繼出版了幾本相類似的書，皆極有看頭。

王浩一說他在高中時讀到《易經》〈乾卦〉：「潛龍勿用、見龍在田、或躍在淵、飛龍在天、亢龍有悔」，包括人生不同階段的樣貌是一道拋物線的智慧地圖。[32] 他很早就得到啟發，遠比我早了知《易經》人生智慧，不像我直到「921 局」才試著去摸索解答，讓人欣羨。

---

[32] 參閱王浩一，《王浩一的歷史筆記：人生的十堂英雄課》，〈自序：給你一個想法和解釋〉，臺北：漫遊者文化出版，2011。

《易經》有卦曰：訟。卦旨在說：爭訟須加以控制，若爭訟不已，必將導致不利結局。

打官司，哪個不是傷痕累累？就算到最後贏了官司，整場官司打下來，也都精疲力盡；打官司，贏都可能贏不起，何況打輸？

這場「921 冤誣案」，我的對方是公訴人檢察官，所謂「天道西轉，水卻東流」，對方蓄意要陷害，美其名曰：為民除害。既已擺明要陷害，羈押、起訴、求刑，就會無所不用其極：散佈謠言、假消息，偽造證據；挑起事端：抹黑、醜化、栽贓，為的就是把水攪渾，好讓世人看不清實相，於是，免不了冤假、冤誣，鑄成錯案。

待平反那一天，頭髮斑白，世事已非。於是，世間冤魂精神難散，齊聚形成天上烏雲，等待時機傾盆而下。

《易經》來自造化的實驗，訟卦就這樣說：

訟，有孚窒，惕，中吉；終凶。[33]

由於誠信被窒塞，引起爭訟，若心中有所警惕戒懼，堅持中正不偏，可得吉祥；否則，終將導致凶險。慶幸過去行政堅守正道法治，才讓「921 案」陷害之局終於破功。

歷經 921 的五個磨練

也該總結告別 921 以司法並政治縛束、綑綁掣肘我 20 年的時候。在此，我試作以下這樣省思。

「921」讓我於艱難困苦中磨練，也讓我在多重摧殘下自我舔舐傷口；我知道，全程 921 之路，最美的景緻並不一定在終點，921 原罪的陰影在

---

[33] 由於古時文言並無標點符號，因而今人另亦有這樣的解讀：訟，有孚，窒惕，中吉終凶。意思稍有不同。

十餘年後判我無罪定讞後撤去，但它不是 921 道路的最後一站。

　　　生命有不可承受之重，

　　　我們要學會退步，靈活的轉個彎

　　轉個彎，就是峰迴路轉。人生的路本來就是彎彎曲曲，行走高速公路，不是每個地方都能到達目的地。

　　我的 921 之路，對我有這五個境界挑戰：

一、　是人世間的亂局，我面對救災、安置、重建的一團人間滄桑百世繪；

二、　是眾說雜陳、罵背黑鍋的輿論，我面對千夫所指、一無是處的無情世界；

三、　是排山倒海的法律大綑綁，我面對晴天霹靂、摧毀滅頂的司法大審判；

四、　是政治力排擠，我面對孤立、壓抑、絕緣的政治虛偽世界；

五、　是置身是非、善惡、真假周旋下的人性甦醒，我面對人生何來何去、自我省思的究竟功課。

　　這是吾人這 20 年世事變化所鋪陳人生命運轉折的不同戰役場；每一役，都相當煎熬慘烈。

　　921 的這五門時空交錯的功課，我試做個整理，並容自我檢視與 921 的內外關係，簡單整理這不同過程及處境：

　　第一個境地，度過人間 921，我用了兩年縣長時間，完成這個階段；

　　第二個境地，洗心煉性，921 是媒體流言誹謗發揮至頂，前前後後，由縣長至回歸平民，我整整花了大約 10 年功夫，度過了這個環境；

　　第三個境地，解「921 案」束縛，司法訴訟是意外的新功課，連同律師團之協助，我以戴罪之身，用了十多年時間為我的生命清譽辯護，最後無罪定讞的司法歷史，才告一段落；

　　第四個境地，重回江湖社會，自政治退出以來，抽身民間，回學校、參辦《民報》，在我一生投入政治相互成就的民進黨諸君虛與委蛇、若欺

若瞞的絕情下，我遠離政權，自外於政治這一圈圈；**34**

　　第五個境地，餘生功課，接續為「臺灣前途另一個格局」與呂秀蓮協力欲登天梯而空乏其力，後另並開始政治人生哲學階段。我應該再致力了悟「小我與大我（外我與內我）之生死」這關；這是最重要，也是人生最需要完成或投入的最後課題，本自我、眾生，與人類地球成長的目標。**35**

　　似乎在一夜之間，我們因 921 而皆成長。

---

34 省長「400 年第一戰」及第一次總統民選，經過這攸關民進黨大局的兩次選舉的黨內政治結構角力，由於這兩次不再同心協力一致對外的黨質變異以及作為，我對民進黨灰心失望，決心退黨，相異那時輿論，並不是外界所「蓋棺論斷」說我係「不服」黨內初選，執意參選縣長而退黨。這是粗淺表相的觀察，有點矮化抹黑我「不識大體」。後來，許多「同志」要我回黨效力，我並無動於衷。直至與陳水扁（2004）、蔡英文（2014）這兩位關鍵高層前後兩度為民進黨大選需要之會面談話，才又有「回黨」之默契。但後來皆因他們虛偽不作為而作罷，反正沒人瞭解實情，且易各說各話，我自行於其他領域。
35 這是素行門所揭示的人生終極生命之道。

省思 921 的究竟是回歸本初

因為生命的一切，
都是創造使你回到內心最深處的真理。

在某個非常近的「明天」，
人類將心甘情願地擁抱一個對神與生命的擴展概念，
及一個放大的概念。
這是真的，這將要發生。

— 尼爾·唐納·沃許，〈靈魂的人權運動〉[36]

921 難解心結的疙瘩必須散去。20 年了，歲月刷洗，物事皆非，原初犯罪的幕後力量也大勢不復。我必須除去這些心頭鬱悶。

很久，很久，在內心，我一直不能決定如何處理「921 案」所造成的傷害與公理問題。

我知道，傷害已經形成，而且，無可彌補；我也知道，「冤有頭，債有主」，但本案傷害我等的主角，權勢讓他們躲在高處，而站在臺前的王捷拓、徐松奎…等執司法公器者，包括法務部、國安系統等效忠上司之雷厲風行，以及留下無可抹滅傷毀的文字、網路、影音紀錄之眾多的媒體輿論組織體，包括於公部門、民間基層扮演有意、無意推波助瀾者，他們集體「幫凶」的結合，共同造就了轟動一時、卻影響長遠的「921 重建弊案」，對南投縣政府及我們一干人等打擊的直接傷害；帳要算誰的？怎麼算？算都難以算清楚。

---

36 尼爾·唐納·沃許，《明日之神》，頁 320。

何況，對更不可勝數於災民、親友、捐助者等等扭曲、誤解之間接傷害，亦未知如何對待。

人世間難以結清的一筆歷史帳，就讓歷史去處理吧！

當我不知你信號的含義時，一縷灰塵便可以把它遮掩。
— 印度詩人，泰戈爾，《採果集》

就吾人個體而言，這筆「921帳」公案，遠非我個人所能及之。因而，「921案」的清理，這20年來，我暫時儲存在心中資料庫（尚待處置）。於今，我必須面對打開內心這沉積工程的門閥。

因緣921，我覺悟到許多事件，在個人、在世間，都不是偶然的際遇。我們人生的究竟，是要覺醒內在本我回歸所來處。既然，921苦難是人生的試煉，在生命過程必有其重大意義。不遺留心靈債務才是進化的原理。

由此思索，「921案」清理的答案逐漸了然於心：政治上，如果沒有李登輝總統的召見，也就沒有個人政治理念與災區災民待救濟經費之間的矛盾選擇，自然就沒有那場在政治上不獲陳水扁與民進黨人士諒解的表態記者會，「921案」也就沒有誕生的理由。它試煉人性！

因而，921過程的逆境相煎熬，也是生命助益。基於體悟，想通它的道理，　為尊重人生及生命價值，去除921疙瘩，了結921苦難的代價，能讓一切邪惡都有覺醒本初，就這一點真心，我已告訴自己超脫人間恩怨是非，究竟回歸本真本初。

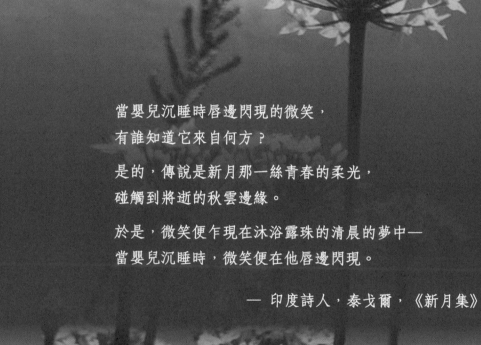

當嬰兒沉睡時唇邊閃現的微笑，
有誰知道它來自何方？

是的，傳說是新月那一絲青春的柔光，
碰觸到將逝的秋雲邊緣。

於是，微笑便乍現在沐浴露珠的清晨的夢中—
當嬰兒沉睡時，微笑便在他唇邊閃現。

— 印度詩人，泰戈爾，《新月集》

13

清 風 明 月

921 大劇進化生命過程

考驗，不過是你過去未曾學會的一些課題，

如今再度現前，

如此，你才能在過去選錯之處重作一個更好的選擇，

藉以擺脫舊有的選擇所帶來的一切痛苦。

—《奇蹟課程》，31 章 8 節 3 段 [1]

那純真愉悅的本初，它在何方？回歸本真的登天之梯如何尋得沿階而上？

經過 921 這一局的大折騰，我常思考為什麼要歷經這莫須有的「921 冤誣案」花費長年的黃金歲月？又為什麼當「921 案」還我清白後，還要面對十多年的長期政治圍堵，斷我公門服務社會？

遂以退休心情投入人生後半段生涯，使以好好檢討「這個營造出整個娑婆世界的心」，體悟「過去未曾學會的課題」，原來要圓滿守道正直有那麼多的關卡；待珍惜餘生以用心經營生命價值提升「還須要向前再進一步」的修行境地，我人已邁入 70「從心所欲不逾矩」的人生暮年。為什麼是這樣的安排？

如今，時機成熟，我了解我必須先整理「921 案」的回憶錄工程，始得完成圓滿「我欲歸去，輾轉回到本初」的清理工作。

921 局驗證人間無常之苦，過程也充斥人性的罪孽深重，面對 921 這場大劇啟示，我們以青春換清白，然後，體驗生活處處雖不盡得志，但得以體會「道劫並降」業力現前，並通過這一大段試煉，使我充分認識：生命究竟的代價是人生的心安與生命的價值光輝，而不是一時的爭長論短與

---

[1] 《奇蹟課程》，若水譯，美·心靈平安基金會出版，1999 年 6 月。

是非對錯：畢竟人類生命的真相還未徹底實現真理之前，各種定位及出離之道不斷被提出來檢驗。這就是進化生命層次，我們都須經歷。

《奇蹟課程》說：「你寧願自己是對的，還是寧願自己幸福？」標榜小我的愚昧與錯誤的選擇。921 局隱伏的人性真相以及小我與真我之間的含混，我們的選擇是什麼？經過這長時間的洗滌，我內心清楚的知曉，我應該怎麼做。

20 年了，是該對 921 圓滿的時候。

回歸平靜，自然寬恕化解輪迴因果

921 之劫常常讓我思維人生之究竟如何脫離因果輪迴問題，過去人類數千年來進化的答案似乎已說明了什麼：[2]

> 人間無常之苦證明了人類罪孽深重，也認可了我們對天譴與報應的恐懼。

而 2,500 多年來，我們不斷被示知要悟理見自性：

> 佛陀修行要徹底斷除人生一切痛苦之源，悟出了「所有眾生無不具有如來智慧」，因性智慧，進入覺性圓滿之佛境。

我心裡有數，「921」過程，是鍛鍊心靈的課程。921 與我之間的特殊意義，亦是：「外在的事件都是為了慫恿你把自己看成一體」。我們就是自然。

當然我必須以血肉之軀的身分 — 南投縣長來面對 921 的一切「悲慘」，然後，再以臺灣整體 921 的身分回應：「什麼是重北輕南，化外南投？」其次，就是 921 與整個地球的自然關係，它們是一體的。最後，以個人而言，只有經過鍛鍊大小我之間的心靈，才有成就自己結束遺憾的決

---

[2] 若水《從佛陀到耶穌》，奇蹟課程導讀系列（三），序，頁 13。

心，回歸自然一體。

　　鑒於 921 之後，也就是我年 50 歲之後，這段坎坷歷練，由小而大，由外而內，由「921 案」過程（火煉），到證明「921 冤誣案」正道守法（真金）的司法鍛鍊所反映的人間世事，在心境上，我了悟內心終須回歸平靜。於是對「921 案」的了結，我必須做出決斷化解一切存在的冤怨不滿。當我發現有「寬恕」法門，心中無限喜悅：[3]

　　　　透過寬恕的互動回歸天鄉。

　　這是歷經這 20 年潛沉的心情。長期的「921 案」讓我回到內心世界。看起來，選擇寬恕也是一門非常不容易的生命學問。寬恕之難在責己，蓋凡欲寬恕他人之錯，他傷害固不對，然亦須反思自己之言行代價。真正需要寬恕的，是自己於被傷害時內在潛伏的不滿、積鬱悶氣，而非傷害的人。

　　如果我們認清《奇蹟課程》強調外在的幻境都是自身的投射，眼前的世界是自己營造出來的。那麼，一切都在自己，所以，需要寬恕。於是，吾人的般若智慧應作如是觀：世界並沒有懲罰我們，他人也沒有傷害我們，這一切不過是我們分別妄念的投射而已。在總體與個體之間，這真是 921 很不容易清理的寬恕內涵。佛家所謂無生法忍，回歸真如。在吾人內心，反復思量很久，就是良心政治，也僅僅是昇華人性其中的一環。

　　《課程》教我們：收回投射，重新造境。寬恕之道，就是放下自己的批判，寬恕我們認定別人做了，其實他們並沒有做的事情。在我的人生階段，既然政治衝不破人性的劣根，921 讓我回歸本初，轉折另途繼續生命價值的提升而前進。吾人如是觀，眾人如是觀。

　　《課程》說，人間真正的災難，原是人類害怕「天譴」的內疚所投射出來的場景。那麼，依照寬恕的道理，921 災難主要是人們內心所投射出

---

[3] 我接受「寬恕」法門，主要是在心靈上鑒於「耶穌二世」（耶穌 2.0）再現世間（復活／妙有），融合「佛陀二世」（佛陀 2.0）之空性證悟（般若智慧／真空），佈達於 21 世紀人類心靈修行大道的偉大工程；此外，並認知結合以「孔子二世」（孔子 2.0）的世間法（內聖外王），是 921 于我此生發現世間真道的最大愉快，萬教素行歸一。

來；而人們既然有能力創造這苦難世界，自亦有能力藉著寬恕化解這個世界苦難。

吾人相信：「寬恕就是菩提」。「寬恕不是原諒別人對不起你，而是在幫助自己看出自我心態投射出來的戲碼；其實，別人並沒有做。」921心靈功課要做到如此地步，方才全部告一段落。我相信此時此境，我已準備讓 921 這一局結束。

《課程》讓我逐漸體會佛家「一切唯心造」，應往內在思維，不作他想。[4] 經過幾番折磨思索，觀照再三，似乎體悟寬恕的智慧道理[5]，這就是「921 退場」的時候，於是執筆作書，讓歷史告一段落。

我心中的答案：寬恕，可化解一切錯誤與隨之而來的痛苦。921，終於我選擇寬恕，解脫心中鬱悶不平之氣。

相當感念，寬恕「課程」轉化我原來的知見。我更相信：寬恕乃是平安所在。

聽著，前面那首美麗之歌，天堂之歌，在我們心中回響。它引領我們回歸生命的故鄉。

活著，學會寬容。別人永遠了解你的痛苦、傷悲。
921 讓我們一齊會好好地活著，乃是成全於斯時逝去的英魂。

4　併參見註 1 所敘過程。
5　參見〈頌禱：祈禱、寬恕與治療〉，《奇蹟課程補編》，若水譯，心靈平安基金會出版，2000，頁 79 -93。

一則有關兩岸的歷史因果

記述這一段，我相信也與 921 有所牽連，可能在未來。

有一則無法印證、但與臺灣有關的歷史因果循環之說法，相當引人注目。因為識得南懷謹大師的尊敬，我以為這訊息和臺灣命運以及 921 有關，特別摘錄這項發現於下：[6]

1950 年代，中國（共產黨）大陸實施一胎化之前是適當地節制生育，當時多數的不肖共產黨員下鄉時，弄大了許多婦女的肚子，為了替墮掉這些嬰兒找藉口而提倡一胎化，因大多數的孕婦已經有子女。三年後認為這個政策不錯，就繼續實行下去。

為了貫徹這個政策，強制節育、強制墮胎、甚至殺嬰。這些嬰屍很多數被拋棄在河流以及大海而漂流及轉世到韓國、臺灣、香港、東南亞…，這些轉世的棄嬰，大半變成同性戀傾向。又因這些棄嬰仍帶有前世時文化大革命及紅衛兵的習氣，擅長串聯、下放，所以大都有怪異以及暴戾的傾向，長大後成為社會的激烈、異議份子。

在臺灣至少有 30 萬人，「318 學運」中，有相當多是大陸棄嬰的轉世，未來 30 年，臺灣仍會被這批人牽動。

也許有人可以把此訊息當作無稽之談，也可以當作「假消息」看待，不必過於認真。但我們卻不可忽略這個事實：[7]

---

[6] 訊息來源：官亦謙 — Christina Ko FB（作者：fttgfd，2019.7.9）。有關官亦謙所披露的「因果」歷史訊息，其稱係透過天眼於準提鏡所看見之內容記載，讓我們勇敢地接受這個訊息背後的意義。

[7] 有關官亦謙這則訊息的後續印證資訊不絕於後，例如，「時代力量」民代的花邊新聞亦皆證實其言。按「時代力量」為近年 318 學運後興起之政治組織，為 21 世紀初期臺灣年輕一代政治新興力量之代表，而有關「女女戀」、「男男戀」、「玻璃戀」、「女同志」、「男同志」…等「公開出櫃」、關切「性別平權」的民代不乏其人。參見〈時力民代感情豐富，桃花朵朵開〉、〈時代力量民代桃花史〉等報導，《中國時報》，2019 年 8 月 1 日。

歷史就前人而言，對後人後語，都是無稽；但歷史呈現當時。

921 的未來學

沿著 921 事件這一路過來，我相信「921 密碼」含有其歷史意義。

對於官亦謙所透露的訊息，吾人寧納入「臺灣與中國」大學問領域來探究。說不一定，有一天我們可以找到解決處理兩岸歷史糾結的「密碼」。同時，吾人也注意到「921」因素在人類文明進化與全球問題的角色，於此科學文明時代之外，也許超越「現代科學」的看不到無形領域，我相信，生命之初將會是「未來科學」的發展重心，與地球成長有關。

很清楚的，2,500 多年前，覺者釋迦牟尼佛就曾經明白告訴世人：

> 若以色見我，以音聲求我，
> 是人行邪道，不能見如來。

所以，「921 案」最深層生命意義功課的省悟，如果人類一旦理解「若見諸相非相，即見如來」，那麼，「921 的故事」可以完美告一段落。

921 之於南投，就人世間的生命而言，當然不比過去中原歷史上亂世時期之瓦子堆荒涼所可言喻[8]。惟對一個縣域，一個位居臺灣四面不臨海的心臟特區地理環境的南投縣而言[9]，看在一位大可不必力爭而卻究竟成

---

[8] 「瓦子堆」有其特定的涵意。根據典籍記載，中國歷史上亂局五代十國時期，即唐朝末年，中原黃河流域居民飽受兵荒馬亂戰爭之苦，存活人民流離失所，到處白骨蔽野，荊棘彌望，民不聊生，呈現荒煙蔓草，稱瓦子堆。

[9] 南投縣係臺灣全島唯一不臨海的縣治。就自然而言，陸路本與海洋互為陰陽調和，而行政上各縣治即能兼據山海文化分別以治理；而南投縣行政則失之臺灣四面臨海之本色，獨處四面環山之一隅，成為臺灣山海陰陽並不協調的單一文化，為臺灣行政之唯一縣治，卻偏又未得上位之獨特照應，形成臺灣行政治理上後天之漏，實難平衡先天炁理，故南投處處受上氣而人不知。

天道之適於人道，「弱水三千，我取一瓢」，「921」只是順應自然反映時代的先天意義，南投居臺灣人天中央，遺留人世（人事）待後天權者去擔待爾。記著，其中隱藏因果循環法則，921 之於吾人只是人世茫茫其中之一。

了首位非傳統政治國度的縣長眼裡，對全縣幾乎村村里里皆有亡民的悽涼處境，代表著怎麼樣的生命文化意義，能不有惕厲耶？

就生命的價值而言，鑑於「921案」大劇發動之決策根據為不實資訊，聽信讒言，乃鬥爭所常見之謠傳傷人手法，職是，吾人應力斥虛偽文化，回歸人性原真，政治應著重誠信，不宜欺騙。對曾經思索921與人類生命的關聯，這也是其中一部分答案。

事關人類全球成長，盱衡兩岸有關騙學分別發展。

我觀察到一個細微小事，但卻是一件值得關心的社會政治文化大事，和921局的時機相同，堂堂於21世紀來臨時悄悄上場。福建廈門大學林其泉的「騙學」洋洋巨著：《騙文化》於2001年在中國大陸出版，2003年也在臺灣登島出版。這是一本集造假行騙之大成的「騙文化學問」，反映許多人類行為軌跡，人性的黑暗。

相對「921局」包藏政治法律關係的欺瞞上場時間相互「輝映」，從重慶南路商務印書館買回家翻閱，凝神這些描述，我心戚戚然：[10]

> 善良的人，心比較軟，騙子多愛在他們身上打主意，每每得逞。
> 造假行騙流行的惡果是善惡錯位，是非顛倒。知巧權利者進，篤厚忠正者退。
> 在思想、情感和道德的騙術，對社會最具有破壞力：
> 嘲笑誠實正派，頌揚鄙劣情感，播種混亂，把價值變成贗品。
> 一切都在變，騙術也將變得更加巧妙熟練，造假行騙無所不在，可看透了不等於要容忍。未來會繼續演下去，對於假，立足於打；對於騙，著眼於防；以減少對社會的危害。

我之所以引述這一段「騙學」文化，主要是我關心臺灣政治，與我的921平行20年期間，但願21新世紀實驗政治帶來臺灣藍綠意識的「扁馬

---

[10] 林其泉，《騙文化》，臺北：臺灣商務印書館，2003（臺灣初版），前言，頁Ⅷ。

文化」，不要在國人心目中種下騙文化的政治人性黑暗力量種子。這也是921 所反映深層的人性問題、心靈問題。

一個結論

自聽信師友啟蒙投身政治，由參選、落選，由當選而立委、縣長；生命由期望而熱情關懷社會、國家、眾生；以及最近由「921 案」20 年清理，我總結一些感觸，經過這樣一大段時間，繞過這麼一大圈事況，年紀大了，識見多了，也就多了那麼一點的省悟。

我以為，我們的社會力道應該投注在以下這三方面，注意這些難得的成就，這也是我過去投入迄今政治生命的結業感言，也是「921 案」的心得結論：

讀書人從來比清高，學成之後，論是非講公道獲得尊敬；
讓我們多注意他們的人品，是否正直關懷天下蒼生；
生意人從來講利益，富有取得之後，福祉生民獲得尊敬；
讓我們多注意他們的行為，是否關心弱小貧者、公義是非；
政治人從來爭權力，到位之後，誠信為國為民贏得尊敬；
讓我們多注意他們的言行舉止，是否與權位到手前相一致。

實證後，答案如果是正面的，我們就全力肯定他們，支持他們，擁護他們。只有這樣，臺灣社會才可能健康成長。

一點心聲

921 局在邁入 21 新世紀前夕登場，由此，臺灣開啟政治司法的「921騙局」，如今真相大致已明，921 有關人等包括「921 寶寶」，人生也已各自在這兩個十年的 21 世紀藍綠世代（兩個「十年 decade」：2000 年代及 2010 年代）成年，他們將帶著 921 基因努力開花結果，但願他們成長

在道劫並降的內涵，能為新世紀開創新局。時間已到，921是該落幕了。

921，它的陰影也必須在我心坎裡褪去，在政治關係方面，我已選擇化解以寬恕。我想回歸政治的本質，決定以寬恕結束「歷史公案」[11]，這是一條漫長曲曲心路的過程。

921大劇是結束了，戲劇的導演也走了，演員也散了。留下的故事，和過去歷史一樣的情結：

> 人生過程，正直的人受苦受難，但仍守持貞正；
> 邪惡的人飛黃騰達，元亨利貞；
> 善惡之間沒有邏輯關係，但有因果關係；
> 持續在人間循環輪迴，昇華生命。

《舊約》〈傳道書〉也早已指出：

> 世上有一件虛空的事。
> 就是義人所遭遇的，反照惡人所行的；
> 又有惡人所遭遇的，反照義人所行的。
> 我說，這也是虛空。

是的，921的歷史已經過去，我及一干人等之心痛如絞也已過去。留下的一切存在：「不住於相，如如不動」。

一點秘辛

餘了，透露一則人類生命故事有一個秘密公式，這是昇華生命的不二

---

[11] 之所以稱作公案，主要是吾人等捲入「921局」，皆因921公部門關係被誣陷入案，於私不想再另起風浪，一般而言，當然寬恕符合修持之道；但因公事而走這回所涉及的歷史因因果果，或有不宜「私了」部分，未知如何是好；待至想通「佛滅度眾生，實無眾生得滅者」之理，「921案」者故實無所謂公案可言。無案當無有可寬恕別人之事，實為自己之不解救恩之不是，遂思寬恕一併解放。

「人就是服事生命」。「當你服事生命，生命就服事你。因為，你和生命是一體的」。[12] 我們和大自然是一體的。

經過 921 大劇，我發現 921 伏藏生命意義的奧妙：

> 921 改變我的生命，我的生命改變 921。

在這個世界，我們曾經選擇了 921 災難出現在生命過程，就運用這導因，喚醒我們沉睡意識的覺醒，推進生命向另一個過程，勇於索行之行，期待回歸那純真愉悅的本初。本書我的 921 故事就此結束。

即所謂這段 20 年 921 人生歲月寫照：

> 午夜夢回一齣戲，
> 雲淡風輕錄回憶。
>
> 晴天霹靂九二一，
> 烏雲密佈藏心機；
> 橫行肆虐亮東廠，
> 構陷忠良張羅網。
>
> 破曉時分冤誣解，
> 真金火煉顯本質；
> 別開生面理司法，
> 勾心鬥角黑政治。
>
> 滄海桑田守正義，
> 堅壁清野驗歷練；
> 壺中天地人生悟，
> 清風明月歸自然。

---

[12] 尼爾・唐納・沃許，《明日之神》，王季慶譯，臺北：方智出版社，2006，頁 250。

然而，不要忘了，這是我們人生一輩子參考的腳註：[13]

> 一切有為法
> 如夢幻泡影
> 如露亦如電
> 應作如是觀

---

[13] 語出自《金剛經》，離經的四句偈。

彭百顯南投經驗與 921 大事紀

中央（臺北）	時　間	縣政府（南投）
	1997.12.20	彭百顯就任縣長（開始啟動縣政改革）
	1998.1.1	工程公開招標由 150 萬降低為 50 萬以上；採購公開比價由 75 萬降低為 30 萬以上。
	1998.1.6	宣示以零基預算精神編列預算，節省公帑
	1998.2.26	暫緩發放 3 月份薪水（財政困境，縣庫只剩 2,000 萬元）
行政院召集各縣市長商討「發不出薪水」問題	1998.3.	
	1998.3.13	〈南投縣政府辦公用品統一採購實施要點〉發布施行
	1998.3.18	〈南投縣土石採取管理要點〉發布施行（縣境河川地砂石篩選場無一合法，通過「輔導砂石碎解洗選場申請合法化方案」）
	1998.3.28	設置原住民事務委員會掛牌運作（全臺首創）
	1998.4.1	創設南投縣文學獎，第一屆開始徵稿。
	1998.4.13	〈南投縣政府公共工程管理中心設置要點〉發布施行，8/3 掛牌運作。
	1998.4	推出預算改革（縣府建請議會自行依預算初審原則刪減 4,492 餘萬元，議會反彈）縣府預算未編列議員配合款（1 億 1,200 萬），招致議會鬥爭、杯葛、造謠、誣陷。
	1998.4.25	埔里靈嚴山寺托缽行化所得 200 萬元捐予縣府（供創辦南投縣建設發展基金會）
	1998.5.12	因應信義鄉神木村土石流災變，指示成立緊急應變工作小組。
	1998.6.1	縣政頻道開播（由彭百顯創辦之新南投發展基金會無償製作，於縣內無線播送系統播出）
	1998.6.11	縣議會刪減縣府 88 年度預算 29 億元，縣政運作停頓。（後經縣府提出覆議，7/14 僅同意覆議三個月業務費用 3 億 3,613 萬元）
行政院經建會辦理「城鄉景觀風貌改善計畫」（23 個縣市政府參展）	1998.6.20	彭百顯帶領縣府團隊至臺北參展「城鄉新風貌計畫」

	1998.7.1	因應勞基法及縣庫困難，除迫切需要，臨時人員不再全部續雇。
	1998.7.1	開辦工商申請聯合服務單一窗口作業
	1998.8.3	縣府公共工程管理中心掛牌運作，建立新的統一發包制度。
副總統連戰伉儷、立法院長劉松藩、省長宋楚瑜等長官蒞臨參與。	1998.8.14	縣府發起舉辦「南投縣各界聯合千僧護國祈福消災大法會」（8/14－8/16）
行政院經建會主委江丙坤率相關部會長官蒞臨南投	1998.8.18	江丙坤與彭百顯共同主持創造城鄉新風貌相關補助計畫
內政部長黃主文召集23縣市長與行政院長等餐敘	1998.9.17	彭百顯與會表達對地方政府組織、人事制度和財政規劃看法。
行政院經建會召集「擴大國內需求方案：創造城鄉新風貌計畫」會議	1998.9.24	彭百顯與會爭取南投縣所提列之計畫案
行政院長蕭萬長蒞臨日月潭觀光季系列活動	1998.10.4	彭百顯與蕭院長主持國際之夜晚會點燈，並搭乘花燈遊艇前往德化社參加邵族豐年祭。
	1998.11	彭百顯持續推動縣政改革，遭縣議會抵制，府會不和。
財政部召集「研商精省後各級政府財政收支劃分調整擬案」會議	1998.11.11	彭百顯與會具體提出需求方案，建請增列貧窮縣市條款，優先彌補基本支出之不足。
（省府召集協商縣府總預算案）	1998.11.17	縣議會不同意省府提議恢復縣府23億預算（本案至1999.2.11才獲恢復16億餘元，民生重大建設延宕八個月）
（行政院創造城鄉新風貌政策）	1999.1.27	縣府於日月潭辦理「創造城鄉新風貌策勵營」
	1999.1.30	公布「第一屆南投縣文學獎」評選結果
財政部召集21縣市首長研商「中央統籌分配稅款分配辦法草案」	1999.2.3	彭百顯出席會議，反應儘速訂定「貧窮縣市條款」。
財政部召開「研商中央統籌分配稅款分配事宜」	1999.4.3	彭百顯出席會議，積極爭取改善地方財政惡化問題。
內政部召開「擴大國內需求方案：創造城鄉新風貌計畫」會議	1999.5.6	南投縣在綜合評比及行政績效評比，均獲全國第一名。
彭百顯拜會行政院相關部會，商討縣政建設事宜。	1999.6.10	

	1999.6.15	縣議會刪除縣府新年度預算 18 億元，嚴重影響縣政重大建設。
省府召集 21 縣市長研商急待上級補助經費籌措會議	1999.6.15	彭百顯出席會議，說明南投縣財政困境。
民進黨總統參選人陳水扁拜會彭百顯縣長	1999.8.1	開辦〈縣長親民時間實施方案〉
	1999.8.12	彭百顯提出：希望協助解決財政困境、四年 100 億治山防洪經費、建設南投為觀光藝文大縣等建議案。
	1999.9.1	公布「第二屆南投縣文學獎、第一屆南投縣美術獎與南投縣陶藝獎」聯合徵件。
2：30 行政院長蕭萬長召集會議，成立「中央災害防救中心」 4：00 省主席趙守博至縣府消防局視察 7：45 蕭萬長率部會首長搭直昇機抵達南投，指示中央全力配合縣府搶救。 7：45 內政部於縣府 921 大地震救災指揮中心設置「中央防災中心前進指揮所」 9：50 李登輝總統搭機抵達縣府 921 大地震救災指揮中心，聽取災情並指示救災。 10：00 連戰副總統搭機抵達南投視察災情，指示各級機關停止一切選舉活動，投入救災工作。	1999.9.21	1：47 發生 921 大地震：震央國姓鄉九份二山 2：00 彭百顯至消防局「921 大地震災害防救中心」，指示於 5 時縣府易地擴大成立「南投縣 921 大地震救災指揮中心」。 6：30 彭百顯主持救災指揮中心作會報（此後縣府每晚均召開工作會報） 7：45 彭百顯簡報災情，並陪同蕭院長至醫院探視傷亡，慰問受傷者與罹難者家屬。 9：50 彭百顯簡報災情，陪同李總統搭直昇機前往對外交通中斷之埔里災區（因雲層未能著陸）。 11：30 救災指揮中心召開搶救工作會報，內政部次長林中森、簡太郎與彭百顯共同主持，陸軍總部副總司令宋川強等均參加。 13：45 林中森、彭百顯與考試院參事等再度搭機前往埔里，因濃霧無法進入折返。 15：20 彭百顯與陸軍總司令陳鎮湘等搭軍用直昇機前往埔里，16：00 抵達宏仁國中。鑑於災情相當慘重，陳鎮湘與彭百顯決定在埔里開設前進指揮所，投入工兵單位，全力打通中潭公路，以搶救沿線鄉鎮。

17：00 蕭萬長於行政院召開「921大地震緊急應變會議」，指示各項救災事宜，並宣布發放罹難者50萬、重傷者20萬、房屋全倒20萬、半倒10萬。 20：30 李登輝於總統府召開高層首長會議，討論震災搶救工作及慰問金發放等。	1999.9.21	18：00 縣府救災指揮中心召開記者會，消防局發布〈搶救快報〉。 彭百顯指示製作〈南投縣921大地震重大災害初報〉 縣府公布「南投縣社會救濟會報」專戶接受捐款 入夜，全臺賑濟物資陸續湧入南投，縣府同仁與義工徹夜登錄、管理、分配、運送至各災民收容所。 7：50－24：00彭百顯陪同上級長官視察災情，因應處理災變，徹夜工作，指示縣府所有一級主管輪流24小時駐守救災指揮中心，處理救災搶險。
中央核撥本縣震災周轉金、死亡慰助金20億及救災指揮中心2億，共22億元。 19：00 行政院副院長劉兆玄發布三項撥款措施，中央負擔受災戶慰問金約30億，先撥10億至南投，15億至臺中縣，內政部撥4億給中央防災前進指揮所。 20：30 李登輝召開第二次高層會報，宣布成立「921地震救災督導中心」，連戰副總統擔任負責人。	1999.9.22	4：00 臺14線草屯至魚池段搶通，救援機具、車輛、人員陸續進入埔里搶救。 8：00 舉行記者會，彭百顯感謝及呼籲各界繼續投入救援。 9：30 彭百顯至中寮勘查災情（永平村幾乎全毀甚為慘重），指示全力搶救並慰問鄉親。 11：00 彭百顯搭機至埔里，迎接蕭萬長與各部會首長，報告災情並陪同勘災。 12：30 彭百顯陪同蕭萬長與各部會首長從埔里搭機至中寮，巡視災情。 13：00 縣府請各鄉鎮儘速查報傷亡情形，以核發縣長慰問金及喪葬補助。 14：00及18：00舉行記者會，發布救災訊息。 21：00 彭百顯召開搶救工作檢討會議，解決急迫救災安置問題。
10：00 行政院院會通過兩階段災民安置措施	1999.9.23	8：00 召開記者會，說明救災及復建進度。 縣府派員至各鄉鎮市發放罹難者家屬50萬元及縣府慰助金3萬元 10：30 彭百顯陪同中央長官搭機至集集勘災 11：40 李登輝總統搭機抵達集集兵整中心，彭百顯報告災情及搶救情形。 12：30 彭百顯陪同李登輝視察集集災區

15：00 總統府於省政資料館成立「921地震救災督導中心」，連戰任召集人，統一督導及協調中央與地方救災。 17：00 連戰召開「921地震救災督導中心」首次會報	1999.9.23	13：00 彭百顯陪同李登輝至中寮視察災情 13：30 彭百顯陪同李登輝巡視臺電中寮超高壓開閉所（因超高壓電塔毀損影響南電北送，造成新竹科學園區斷電） 14：30 舉行記者會，彭百顯呼籲各界捐款協助災民重建家園。 17：00 彭百顯出席「921地震救災督導中心」會議，請求中央協助銀行停業欠缺現金發放慰問金、房屋毀損鑑定及災民安置問題。 18：00 舉行記者會，發布救災及安置訊息。 21：00 – 24：30 彭百顯召開救災指揮中心工作會報，檢討救災困境；並建請中央徵用公民營單位，緊急安置10餘萬無家可歸災民。
8：00 連戰至集集、中寮、仁愛等鄉鎮視察災情 14：00 連戰召開「921地震救災督導中心」第二次會報 17：30 李登輝於中興新村召開高層首長會議，連戰建議總統發布緊急命令。 李登輝指示青年日報印發《重建快報》	1999.9.24	8：00 舉行記者會，發布救災及復建進度。 9：30 彭百顯與林中森搭機至竹山視察災情 11：00 李登輝抵達竹山指揮中心瞭解災情，指示救災工作，彭百顯陪同視察竹山災情。 14：00 彭百顯出席921地震救災督導中心會報 18：30 舉行記者會，發布救災及復建訊息。 21：00 彭百顯召開救災指揮中心工作會議
9：00 李登輝總統經行政院會議之決議，依憲法規定發佈《緊急命令》。 15：30 連戰召開「921地震救災督導中心」會議，指示：提高死亡撫慰金至100萬元，政務委員江丙坤負責南投縣督導，各部會首長派駐各鄉鎮督導。	1999.9.25	8：00 舉行記者會，發布救災及復建訊息。 14：00 舉行記者會，發布救災及復建訊息。 15：30 彭百顯參加「救災督導中心會議」 （9/23起縣府已派員至各鄉鎮對罹難家屬發放50萬元，9/25政策突然變更，令縣府手忙腳亂，指責聲起） 18：00 舉行記者會，彭百顯強調救人第一，加強捐助物資運送。 19：25 彭百顯拜會證嚴上人，商請慈濟協助興建臨時屋安置災民。 21：30 – 24：30 彭百顯召開救災指揮中心工作會報，檢討救災安置各項問題。

10：10李登輝搭機至埔里視察災情，因直昇機氣流壓倒路樹傷及2名鄉親及1人死亡，軍方慰問並致250萬元慰問金。 10：10李登輝致贈魚池、埔里、仁愛等鄉鎮公所各200萬元（交付鄉鎮長）。李登輝在集集召集會議，致送集集等公所200萬元（交付鄉鎮長）。 14：00連戰至竹山、名間視察災情。 19：00行政院成立「921震災災後重建推動委員會」，蕭萬長任主任委員。行政院公共工程委員會與內政部營建署等組成「災後安置復建小組」負責安置災民、毀損房屋鑑定等。	1999.9.26	7：52再度發生芮氏規模6.8強震，彭百顯指示救人第一，國防部增派直昇機救災。 8：00舉行記者會，彭百顯說明救災復建進度。（縣府搬遷至體育場辦公） 9：30彭百顯搭機往埔里，陪同李登輝總統、參謀總長湯耀明巡視災情。 14：00舉行記者會，彭百顯說明救災復建進度。 15：30彭百顯至草屯及國姓救災指揮中心巡視災情 18：00舉行記者會發布新聞 21：00 － 24：40彭百顯召開救災指揮中心工作會報，檢討救災安置各項問題。
連戰召集省主席、省政委員等協商震災救助事項 行政院舉行「921震災災後重建推動委員會」籌備會 塑造921政治生態：村里長最大，鄉鎮長次大，縣長居末。（震災權錢爭奪，基層分派系，深化對立矛盾）	1999.9.27	8：00召開記者會，說明救災及復建進度。 11：30縣府與慈濟功德會簽約於德興棒球場合作興建組合屋 14：00及18：00召開記者會，說明救災及復建進度。 21：00 － 23：30彭百顯召開救災指揮中心工作會報，檢討救災安置各項問題。
921震災災後重建推動委員會掛牌運作（設13個工作小組，並派中央機構副首長進駐災區，認養各鄉鎮）	1999.9.28	7：00 －17：00縣府舉辦「頭七安靈息災地藏法會」，靈鷲山佛教基金會承辦，彭百顯任主祭官。蕭萬長、黃主文、簡太郎、邱正雄、陳水扁、許信良、連戰等均參與。

震災後內政部動員建築師公會、土木技師公會、大地技師公會、結構技師公會辦理受災房屋鑑定，9/28 函令停止，9/29 撤銷原作業規定，9/30 發布全半倒認定標準，排除專業鑑定，由村里長鑑定。（矛盾對立紛起）	1999.9.28	8：00、14：00 及 18：00 召開記者會，說明救災及復建進度。 彭百顯陪同連戰副總統前往魚池勘災 21：00 － 24：40 彭百顯召開救災指揮中心工作會報，檢討救災安置各項問題。
9：00「921 震災災後重建推動委員會」在臺中市成立中部辦公室，副院長劉兆玄召開第一次工作會報。財政部訂定統一勘災辦法勞委會頒訂協助 921 大地震受災勞工以工代賑就業服務措施	1999.9.29	8：00 召開記者會，說明救災及復建進度。 9：00 彭百顯出席「921 震災災後重建推動委員會」會議 14：00 召開記者會，說明救災及復建進度。 15：30 彭百顯陪同蕭萬長及內政部長官巡視草屯災區 21：00 － 23：40 彭百顯召開救災指揮中心工作會報，檢討救災安置各項問題。
外縣市政府認養團隊進駐各鄉鎮市 （中央及外縣市團隊進駐南投，形同「八國聯軍攻北京」）	1999.9.30	8：00 及 18：00 召開記者會，說明最新救災及復建進度。 9：30 經濟部次長尹啟銘至水里關切危樓拆除及臨時屋興建問題 13：30 內政部長黃主文至水里、竹山關心災情，公所反映全半倒由村里長判定有困難。 21：00 － 23：20 彭百顯召開救災指揮中心工作會報，檢討救災安置各項問題。 縣府正名 921 集集大地震為「921 大地震」
11：00 蕭萬長至水里關心災情 17：00 簡太郎次長表示，設於南投之中央前進指揮所已完成救災階段性任務，將予撤回。 陸軍總司令陳鎮湘下令國軍一個月內完成南投地區危樓拆除工作 行政院公布處理地震災區房貸措施	1999.10.1	8：00、14：00 及 18：00 召開記者會，說明最新救災及復建進度。 11：00 彭百顯、陳水扁至鹿谷慰問災民。 11：20 縣長夫人陪同蕭院長夫人、李紀珠主委等至國姓慰問災民。 17：00 蕭萬長巡視集集、鹿谷等災區。 21：00 － 24：40 彭百顯召開救災指揮中心工作會報，檢討救災安置各項問題。

李登輝指示第一階段救災工作完成，第二階段最重要工作是災民安置，以及如何進行災民心理重建。	1999.10.2	8：00、14：00 及 18：00 召開記者會，說明最新救災及復建進度。 10：00 教育部次長林昭賢與彭百顯主持中寮國小簡易教室開工典禮 11：30 彭百顯陪同蕭萬長視察日月潭、魚池災情，蕭院長指示日月潭將升格為國家級觀光特區。 21：00 -24：40 彭百顯召開救災指揮中心工作會報，檢討救災安置各項問題。 彭百顯向行政院建議保留埔里鎮公所等災後風貌，類似「龐貝古城」景觀計畫。
衛生署署長詹啟賢率相關單位主管至南投各鄉鎮勘察災情	1999.10.3	8：00、14：00 及 18：00 召開記者會，說明最新救災及復建進度。 救災進入第 13 天，全縣只剩國姓九份二山仍進行挖掘工作。
連戰視察鹿谷災區 行政院召開第三次災後重建推動委員會會議，決議重建工作分三階段五年內完成。	1999.10.4	8：00 縣府第一階段「緊急救災」告一段落，進入第二階段「災後重建」工作。 縣府成立「南投縣災後重建推動委員會」開始運作，縣長任主任委員，下設 28 組。 彭百顯出席災後重建推動委員會會議，請求中央加快核撥房屋全倒半倒慰助金；以及中央重傷慰助金過於嚴苛，請求從寬認定。 16：00 召開記者會，說明最新救災及復建進度。 17：30 - 20：00 召開 921 大地震工作會報
李登輝舉行中外記者會，將研訂特別法，延續重建工作。 行政院副院長劉兆玄指出，彭百顯支持救災由「中央、地方、軍方」共同組成的三合一運作模式。 行政院宣示「以工代賑」對象不限勞工，災區民眾均可申請。	1999.10.5	彭百顯陪同連戰視察草屯災情 16：00 召開記者會，說明最新救災及復建進度。 17：30 - 19：50 召開 921 大地震工作會報 彭百顯指示提案向中央緊急要求協助土石流等災害之防治 為因應丹恩颱風來襲，縣府提供 43 所學校供災民安頓，彭百顯呼籲災民儘速遷移。

財政部長邱正雄等蒞南投拜會縣長，彭百顯向部長反映災民銀行貸款問題。 教育部長楊朝祥勘查災區國中小學教室受損情形 衛生署詹啟賢署長至名間、竹山、鹿谷視察災情，指導防疫保健工作。	1999.10.6	縣議會召開臨時會，彭百顯提出 921 大地震災情報告並備詢。 蕭萬長視察中寮鄉、南投市震災處理，並至救災指揮中心瞭解防範丹恩颱風執行，彭百顯說明易發生土石流、易淹水地區處置內容。 縣府發行《921 南投再造快報》（讓災民瞭解政府各項安置救濟政策，至 12/15 合計發行 10 期） 16：00 召開記者會，說明最新救災及復建進度。
全國民間災後重建聯盟成立，中研院院長李遠哲擔任召集人。	1999.10.7	臺南藝術學院漢寶得校長同意擔任本縣 921 災後重建景觀推動小組召集人 彭百顯陪同李登輝前往魚池，李總統指示加速規劃日月潭升格案，彭百顯爭取中央補助規劃經費、縣府參與經營及相關觀光配套措施。 16：00 召開記者會，說明最新救災及復建進度。 20：30 － 23：30 召開 921 大地震工作會報
經濟部長王志剛視察南崗工業區 農委會主委彭作奎視察南投災情及災後重建	1999.10.8	13：00 彭百顯陪同連戰、江丙坤、趙守博視察南投市、南崗工業區災情及臨時屋。 19：30 新觀念雜誌社於埔里舉辦心靈賑災晚會，明華園孫翠鳳等到場慰問災民，彭百顯親臨致謝。 20：30 － 22：20 召開 921 大地震工作會報 規劃擬訂 921 大地震災後心理復健暨輔導工作計畫
李登輝發表國慶前夕祝詞，期凝聚團結共識，超越悲痛、開創未來。 蕭萬長邀請李遠哲籌組「災後重建民間諮詢團」，由 47 位專家學者組成，分成工程與防災等 6 組，李遠哲擔任召集人。	1999.10.9	行政院體委會帶領志工 200 人加入救災行列，彭百顯致謝並期許用愛關切及協助災民。 15：30 － 19：20 召開 921 大地震工作會報 縣政會議通過 9 月 21 日以後社會救濟會報所收到的捐款全部轉到 921 震災專戶，並成立管理委員會管理運用。 彭百顯為評估埔里地區是否有保存災變原貌之價值，經協調國軍災後重建指揮部延後拆除作業，獲同意配合緩拆。 20：00 －深夜，彭百顯至南投市各收容所慰問災民，瞭解所需物資分配情形。

	1999.10.10	9：00 － 15：00 彭百顯至國姓鄉各收容所探視災民，並到九份二山瞭解與慰問仍在進行挖掘尋找失蹤鄉親的國軍。 17：00 僑委會帶領 24 個國家僑團拜會彭百顯，捐贈賑災款。 縣府提供受災嚴重學校名單，呼籲企業、民間團體踴躍認養。
行政院於林口體育館舉辦 921 大地震全國追悼大會，李登輝及連戰出席追悼。	1999.10.11	9：00 － 19：00 彭百顯至埔里各收容所慰問災民，並巡視各住宅大樓災情。 20：00 － 23：30 召開 921 大地震工作會報
行政院災後重建推動委員會中部辦公室召開會議，決議提撥 500 億元辦理受災企業優惠貸款。 蕭萬長指示所有受災房屋鑑定應於 10/15 完成	1999.10.12	10：00 彭百顯召開「災後重建推動委員會暨各鄉鎮市災後重建工作小組第一次聯合擴大工作會報」 全國第一所民間認養重建學校—中寮永樂國小簽約（金車教育基金會）
16：00 行政院將各界捐予政府之 921 捐款籌組成立「921 震災重建基金會」，辜振甫擔任董事長，於臺北召開第一屆第一次董監事聯席會議。	1999.10.13	10：00 － 12：40 召開 921 大地震工作會報 15：30 彭百顯至臺北與中華工程顧問司會面，請求該專業團隊提供震災重建技術及工程上的支援。 16：00 彭百顯出席 921 震災重建基金會會議，為災區代表，任監事。 18：20 彭百顯與臺灣觀光協會會長嚴長壽會面，尋求協助災後觀光產業發展。 彭百顯陪同李登輝巡視南投市、草屯鎮災情。
	1999.10.14	8：00 彭百顯陪同李登輝及連戰至水里、信義鄉公所關心各項救災進度 18：00 － 23：00 彭百顯至南投市各收容所慰問災民，瞭解問題與需求。
	1999.10.15	重傷者請領慰助金需住院 30 天之規定過度嚴苛，彭百顯指示再向內政部爭取放寬規定。 16：30 － 19：20 召開 921 大地震工作會報

行政院經建會完成「災後重建計畫工作綱領」	1999.10.16	9：00－14：00縣府舉辦「南投縣921大地震罹難者聯合公祭大法會」，佛光寺承辦，彭百顯主祭，連戰、王金平、江丙坤、吳伯雄都蒞臨。 16：00內政部長黃主文蒞臨南投，表揚慰問救災警消代表，彭百顯同時致贈各團體慰問金。 18：00－23：00彭百顯至中寮各收容所慰問災民
李登輝蒞臨中寮救災指揮中心，瞭解救災及重建工作。	1999.10.17	8：00－14：00彭百顯視察草屯災情、至國姓九份二山收容所及埔里各收容所瞭解災民困境。 14：30－17：00彭百顯視察魚池災情，探視受災鄉親及毀損的寺廟。 17：30彭百顯視察埔里靈巖山寺及中台禪寺等地災情
李登輝抵達竹山視察危屋拆除情形，至中寮救災中心瞭解重建事項。 行政院經建會成立「中部災後觀光振興推動小組」 行政院災後重建推動委員會通過〈緊急命令執行要點〉	1999.10.18	9：00－18：00彭百顯至竹山、鹿谷巡視災民收容所，瞭解救助金發放；並視察學校、廟宇受損情形。 18：30－21：10召開921大地震工作會報 彭百顯指示震央九份二山設法保留原貌
	1999.10.19	10：00彭百顯召開「災後重建推動委員會暨各鄉鎮市災後重建工作小組第二次聯合擴大工作會報」，與江丙坤共同主持。 14：00慈濟、富邦、國際獅子會等單位認養本縣重建學校48所，於臺北舉行「認養捐贈簽證儀式」，由連戰、楊朝祥、彭百顯等共同簽證。 15：30－24：00彭百顯至集集、名間、草屯地區視察災情慰問災民。
行政院國科會公布921大地震造成土壤液化災害分布區域	1999.10.20	10：30新竹縣彭氏宗親會至縣府捐款賑災，為彭百顯及縣府同仁鼓舞加油。 14：30「無國界醫療團」至中寮爽文、埔里基督教醫院協助災民，彭百顯於埔里會見致謝。 15：30彭百顯參加臺灣省建築投資商業公會聯合會於日月潭召開之大會，請企業界協助重建。

	1999.10.21	8：30彭百顯至埔里宏仁國中，與楊朝祥部長為首批簡易教室落成剪綵。 10：30彭百顯陪同連戰視察集集臨時屋興建 11：30彭百顯陪同連戰參加中寮永平佛光村組合屋啟用典禮 11：50彭百顯與連戰參加中寮國小簡易教室啟用典禮 15：20彭百顯與蕭萬長參加「921災後重建集集鎮民代表及里長座談會」
14：30李登輝視察埔里救災指揮中心、至仁愛瞭解復建情形，視察萬大水庫。 蕭萬長至鹿谷慰問災民。	1999.10.22	9：30彭百顯參加華夏海灣塑膠公司興建之組合屋捐贈儀式 10：30彭百顯主持「921震災重建白皮書研商會議」，討論震災重建計畫綱要。 13：00彭百顯積勞成疾（膀胱結石）入院，未遵守醫師指示住院三天，當天即出院處理公務。
	1999.10.23	10：00－14：45彭百顯召開921地震工作會報 17：00彭百顯至臺北科技大學與12位學者會商南投災後重建
蕭萬長宣布多項農業紓困方案	1999.10.24	9：00－17：30彭百顯巡視信義、水里災情，走訪公所、災民收容所、學校、教會、衛生所。 彭百顯至集集鎮國寺參加「921地震安靈息災超度大法會」 19：30彭百顯參加桃園縣政府於南投高中所舉辦之「浴火重生之夜」等活動
	1999.10.25	彭百顯與趙守博至國姓菩提寺參加為921罹難者舉行之超度暨全民消災祈福法會。 彭百顯視察國姓駁坎崩塌災情 縣政府與慈濟合建之首批組合屋落成（10/31南投大愛一村、二村214戶啟用，彭百顯與證嚴上人舉行贈鑰儀式）。
	1999.10.26	彭百顯召開「災後重建推動委員會暨各鄉鎮市災後重建工作小組第三次聯合擴大工作會報」 彭百顯巡視南投市、草屯鎮各賑災物資儲存站管理及分配情形。
	1999.10.27	9：00－17：00彭百顯視察仁愛原住民部落災情 18：00－21：10彭百顯召開921地震工作會報

行政院農委會 10/28 – 10/31 至南投各鄉鎮勘查各級農會受損情形	1999.10.28	交通部觀光局局長張學勞等拜會彭百顯，商討提升日月潭為國家級風景區相關問題。 彭百顯為解決都市、非都市地區之禁建及重建問題，邀請各界舉行研討會。 縣府提出地震博物館規劃案，初步地點包括埔里行政區、埔里酒廠、震央九份二山、名間外環往竹山水里交叉處。 召開「南投縣 921 大地震戶籍清查工作會議」
行政院農委會於臺北大安森林公園舉辦 921 災區農產品愛心促銷活動	1999.10.30	南投縣有 32 個農民團體及產銷班參展，彭百顯親臨現場。 縣府擬定「重整家園、再造南投」暨「921 心靈重建」活動計畫
	1999.10.31	彭百顯視察草屯、埔里災後重建，至國姓瞭解福龜社區再造工作隊及田園小學施工進度。
勞委會將「以工代賑」、「臨時工作津貼」兩種措施簡併為「整合版」。 蕭萬長至魚池瞭解震災重建工作 行政院公程會蒞臨南投進行 921 地震災後復建工程勘查	1999.11.1 1999.11.2 1999.11.4 1999.11.5 1999.11.6 1999.11.7 1999.11.8	彭百顯參加青輔會所舉辦之「志工火炬簽名感謝活動記者會」感謝志工及民間團體之援助 彭百顯召開「南投縣災後重建推動委員會暨各界聯合擴大會報」，與江丙坤共同主持。 彭百顯率縣府員工約 50 人至埔里 18 個災民收容中心訪視，瞭解災民需求及安置問題。 縣府向蕭萬長呈送書面建議，爭取參與日月潭管理權。 彭百顯與臺大教授等多位專家學者於縣府座談會中，針對農村生態聚落規劃交換意見。 彭百顯參加名間國中簡易教室啟用典禮 彭百顯主持集集耐基一村落成典禮 彭百顯出席全國民間災後重建聯盟在臺中市所舉辦之「商討中部地區產業就業問題」 彭百顯至國姓南港國小關心學童上課情形 彭百顯參加集集慈濟大愛村落成啟用典禮 福龜田園小學落成，蕭萬長、楊朝祥、彭百顯聯合剪綵。（第一所由社區總體營造團隊協建，未動用公帑，由南投縣建設發展基金會支助興建。） 彭百顯參加九份二山失蹤罹難者圓七法會

921 震災災後重建推動委員會通過「災後重建計畫工作綱領」	1999.11.9	（災區政府必須配合辦理，後來新政府不認帳）彭百顯與嚴長壽拜會觀光局長張學勞，針對日月潭升級交換意見，爭取觀光建設協助。
	1999.11.10	彭百顯至仁愛瑞岩部落等地勘災、慰問災民。縣府經協調民間企業及慈善團體等在全縣興建臨時屋計 60 處 2,994 戶，安置災民。
921 震災重建基金會董事長辜振甫蒞縣府瞭解震災重建事宜	1999.11.11	縣議會召開定期會（11/9 – 12/8），11/11 彭百顯進行施政總報告，議會阻撓，議長宣布散會；議會無視震災持續鬥爭，議員發動罷免縣長。縣府召開南投縣綜合發展計畫研商會
	1999.11.12	縣府成立「921 震災專戶管理委員會」，第一次委員會議決支用 1 億 4,975 萬元。
	1999.11.13	彭百顯參加內政部營建署在縣府所召開之災後重建工作計畫座談會
	1999.11.14	彭百顯參加全國民間災後重建聯盟在中寮災區舉辦之座談會
	1999.11.16	彭百顯視察國姓災情慰問災民召開「南投縣暨各鄉鎮市重建座談會暨救災及安置檢討會」，江丙坤與彭百顯共同主持，江丙坤指示縣府及各鄉鎮儘速制定重建綱領。
	1999.11.17	彭百顯參加臺灣省土木技師公會於南投市公所召開之 921 大地震工程災害研討會彭百顯視察國姓 8 個村安置及災後重建問題
	1999.11.18	彭百顯爭取震災重建基金會實質援助（效果不佳）
	1999.11.20	彭百顯至草屯參加「921 震災後心靈重建—音樂饗宴」活動彭百顯至中寮探視災民，瞭解各項救助工作。

行政院同意俄羅斯原木全數由東海大學「區域再造中心」執行本縣重建使用	1999.11.21	彭百顯探訪埔里、草屯、竹山等村里長及災民。
	1999.11.23	縣府與921震災災後重建推動委員會進行見證簽約
	1999.11.26	草屯慈濟大愛村在彭百顯、證嚴上人、簡太郎見證下，完成捐贈儀式。
	1999.11.28	由慈濟興建、縣府負責整地、施設公設水電的埔里慈濟大愛村啟用，彭百顯到場致意致謝。
	1999.11.29	彭百顯登上九九峰頂視察災況，指示規劃研議觀光價值。
	1999.11.30	召開「第二次南投縣暨各鄉鎮市重建座談會暨救災及安置檢討會」，江丙坤與彭百顯共同主持。
彭百顯率縣府主管至臺北參加行政院公程會召開之「921地震公共設施復建經費初審會議」 彭百顯出席「跨世紀災區經濟重建研討會」，江丙坤主委、臺中縣市長及專家學者上百人與會討論。	1999.12.1	彭百顯主持福龜緊急抽水站竣工啟用 縣府函請中央支持「南投縣中興新村藝文特區企劃案」，並爭取經費補助。
	1999.12.2	
	1999.12.4	彭百顯出席國軍工兵署與縣府合作興建的南投市馨園二村啟用典禮
	1999.12.7	行政院公程會召開「南投縣地震後復建經費複審事宜」會議，彭百顯率主管及鄉鎮代表與會爭取復建經費。
	1999.12.8	縣府召開「921震災校園配置格局規劃諮詢會議」，彭百顯指示重建田園小學建築五項特色。
	1999.12.9－12.13	彭百顯於12/9、12/10、12/13與受認養之53校及各認養單位溝通，朝政策目標、田園小學等本縣教育特色方向規劃。
	1999.12.10	召開「災後產業重建及公共工程建設計畫相關事宜會議」，彭百顯向中央爭取經費補助。 召開本縣「擴大國內需求方案─創造城鄉新風貌計畫」921震災後續工作推動及執行辦理情形檢討會

（新政府上臺後指示，自2001年起須更名為生活重建服務中心，否則不予補助）	1999.12.13	參加921震災重建基金會業務聯繫會議，爭取經費補助。
	1999.12.15	全國首創成立23處「社區家庭支援中心」，提供災民最迫切的社會福利服務。
	1999.12.17	召開「第三次南投縣暨各鄉鎮市重建座談會暨救災及安置檢討會」，江丙坤與彭百顯共同主持。
	1999.12.19	彭百顯出席於埔里酒廠舉行之「南投縣災區產業重建研討會」
經建會召開討論「劃設日月潭國家級風景特區並設置管理處」案	1999.12.21	彭百顯召開縣政會議及重建會報
	1999.12.22	彭百顯應邀至經建會商討相關事宜
內政部修正〈建築物耐震設計規範及解說〉	1999.12.23	召開「第四次南投縣暨各鄉鎮市重建座談會暨救災及安置檢討會」，彭百顯說明行政院希望完成之政策目標。
	1999.12.29	縣府發行《南投完全便民手冊》，提供便民高效率服務。
日月潭升級為國家級風景區，蕭萬長院長、林豐正部長及彭百顯共同主持管理處揭牌。	2000.1.6	完成「南投縣中小學校園整體規劃綱要」（依縣府1999.12訂頒16項921校園重建原則訂定），4月頒布。
	2000.1.15	成立「南投縣災後重建推動委員會」，彭百顯擔任主任委員。
	2000.1.21	彭百顯陪同李登輝總統至國姓鄉慰問災民
	2000.1.24	921震災專戶第二次委員會議決支用6億5,018萬元
	2000.1.25	縣政會議通過〈南投縣新農業文化園區推動小組設置要點〉

《921震災重建暫行條例》公布 李登輝總統召見彭百顯於總統府	2000.2.3 2000.2.17 2000.2.22	彭百顯面呈李登輝總統〈南投縣專案請求中央補助報告書〉（震災重建及財政困窘） 彭百顯於縣議會提出「重建優先，期許建立和諧新府會關係」施政報告。
（五組總統候選人競逐大位） 第10任總統大選投票日，民進黨陳水扁勝出，國民黨喪失政權。	2000.3.4 2000.3.13 2000.3.15 2000.3.18	彭百顯北上召開記者會，籲請準總統重視災區困境和重建需求。 彭百顯配合重建需要召開記者會宣布支持連戰、蕭萬長競選總統副總統，全力協助災區重建。（不獲陳水扁及民進黨綠營人士諒解） 首開全國之先，辦理「第一屆南投縣駐縣作家」、「第一屆南投縣駐縣藝術家」徵選。 （震災重建決策進入二個月空窗期）
	2000.4 2000.4.1 2000.4.15	出版《南投921震災重建手冊》，協助辦理各項家園重建。 彭百顯再向李登輝總統建言〈懇請協助南投災區重建困境〉 921震災專戶第三次委員會議決支用1億2,038萬元
總統當選人陳水扁至南投視察 921震災重建基金會一行南投視察 〈行政院921震災災後重建推動委員會設置要點〉頒布 準行政院副院長游錫堃到南投訪視 陳水扁、呂秀蓮就任總統、副總統 陳水扁總統召見中部5縣市首長	2000.5.7 2000.5.9 2000.5.10 2000.5.16 2000.5.20 2000.5.25 2000.5.29	彭百顯報告〈南投縣重建業務進度及建議〉 彭百顯向基金會補助計畫督導團提出報告 彭百顯提出〈南投縣921震災在後重建計畫與遭遇課題〉報告 彭百顯彙整〈財政困境和921災後重建議題〉面呈陳水扁總統協助 彭百顯北上監察院，針對921震災重建基金運用缺失提出陳情建議。

行政院 921 震災災後重建推動委員會（改組）於中興新村掛牌運作	2000.6.1	（新政府幾乎全盤推翻前朝重建體制，地方執行矛盾失焦，混亂災區重建秩序。）
行政院副院長游錫堃視察重建會	2000.6.8	彭百顯提出〈921 震災復建工作專案報告〉
副總統呂秀蓮視察豪雨坍塌	2000.6.12	彭百顯提出治山防洪、野溪整治併入國土保安政策執行、中央成立土石流專責機構及編列重建特別預算等建議案。
	2000.6.14	公布首任駐縣作家陳若曦、藝術家陳代銳。
	2000.6.15	彭百顯於監察院陳情協助統籌分配款合理調整，解決貧窮縣財政需求。
	2000.6.16	921 震災專戶第四次委員會議決支用 4 億 457 萬元
921 震災重建基金會第一屆第四次（改組後第一次）董監事聯席會議	2000.6.19	彭百顯向基金會提出報告書，建議請求支持事項。
行政院長唐飛至災後重建推動委員會聽取重建簡報及重大問題	2000.6.30	彭百顯面見唐飛，提出災後重建報告及困難，請求協助。
副總統呂秀蓮第四度蒞臨南投關切重建	2000.7.5 -7.6	彭百顯陪同呂秀蓮視察中寮等受災嚴重地區 彭百顯向呂秀蓮提出「921 災後生活重建社區家庭支援中心」簡報
行政院長召集 23 縣市長談統籌分配款及補助款制度問題	2000.7.10	彭百顯提出提撥統籌分配款 1％－2％，補助災區特別需要。（未果）
	2000.7.13	彭百顯召開土石流災害防治會議，提出多項建議請中央協助防治災害。
	2000.7.14	彭百顯邀請各界專家學者組織「百人學者專家服務團」成立，協助縣府重建工作。
《災害防救法》頒布施行	2000.7.19	
行政院（改組）921 震災災後重建推動委員會第一次會議	2000.7.24	彭百顯出席會議，第一次向新政府提案，請求解決重建困難。（未果）
教育部辦理委託內政部營建署代辦學校遴選「優良建築師」	2000.7	（排除縣府辦理之重建學校）
		「921 案」登場，南投地方法院檢察署出手偵辦，要求「南投縣政府臨時辦公大樓」、「新建辦公大樓」發包資料。（縣府於 7/25 提供）

強颱碧利斯侵襲中部地區 行政院於溪頭米堤大飯店 舉辦「當前財政問題研討會」，由唐飛院長主持。	2000.8.7 2000.8.10 2000.8.18 2000.8.22 2000.8.26	921震災專戶第五次委員會議決支用6,015萬元 縣府新縣政中心開工動土，為全國第一件統包及最有利標工程案。 彭百顯於議會提出〈921災後重建施政報告〉 仁愛鄉8人被土石活埋、埔里臨時屋受災。 彭百顯率財政局長何麗容與會，並發表講話提出建言。
921震災重建基金會第一屆第五次董監事聯席會議 行政院召開921震災災後重建推動委員會會議 副總統呂秀蓮出席921週年紀念晚會	2000.9.1 2000.9.6 2000.9.7 2000.9.17	彭百顯創辦南投縣社區大學掛牌 彭百顯提出縣政府（住宅、社區重建）討論事項提案報告 彭百顯參加會議，爭取中央協助南投重建。 中國佛教會舉辦「全民消災祈福冀921大地震罹難同胞週年超度冥陽兩利大法會」，彭百顯出席感謝全國佛教界關懷。 縣府舉行921週年紀念感恩晚會。
副總統呂秀蓮出席守夜晚會	2000.9.20	縣府舉行921週年記者會，彭百顯主持宣示重大新政策及重建成果。 縣府出版《南投縣921震災捐助名錄》 《921南投大地震：大割裂—哭泣的心臟》出版 《南投Nantou觀光導覽》出版 《九月悲歌—921大地震詩歌集》出版 縣府主辦「平安祈福—為臺灣守夜」晚會，呂秀蓮與彭百顯於白毫禪寺叩響希望之鐘
總統陳水扁更改預定「921成果活動」剪綵 彭百顯趕赴陪同陳水扁總統、唐飛院長進行「日月潭觀光產業關懷之旅」。 勞委會主委陳菊訪察南投	2000.9.21 2000.9.29	南投驛站 — 福龜旅遊資訊文化廣場落成，縣府於此舉辦921週年重建成果展，由副總統呂秀蓮與彭百顯共同剪綵。 縣府舉辦「飛躍921 — 臺灣人站起來」晚會，表揚921救難人員。 縣府開辦全國首創「兒童營養券」（對弱勢失依兒童每月發給1,000元食物兌換券） 彭百顯提出〈輔導災民就業業務報告〉

行政院召開 921 震災災後重建推動委員會會議 教育部發布〈921 大地震受災國民中小學重建工作認養要點〉	2000.10.16	公開啟動「921 案」。檢調大軍壓境，大搜索縣政府。（扣押數百卷宗文件資料，檢警調一、二百人於北中南 20 多處同步搜索縣府人員、工程承包商並約談。）
	2000.10.17	南投縣調查站、憲兵隊、中機組等於 10.17 至 2001.5.15 共 21 度來函借調數百件 921 災修工程、各界捐款資料、帳冊。
	2000.10.26	彭百顯參加災後重建委員會議，反映南投重建困難爭取協助。
	2000.10.29	
第 8 屆臺北國際觀光旅展	2000.11.4	彭百顯北上促銷南投觀光產業 縣府為促進產業復甦，發行《南投產業之美—南投首選》分送全國機關團體。
	2000.11.13	檢調再度大規模搜索縣政府，約談彭百顯及縣府多位主管及同仁。彭百顯歷經 12 小時約談及複訊。
（彭百顯被羈押期間，許添財、洪性榮、蔡啟芳、尤清、尤宏及名律師蘇盈貴、吳旭洲等多人曾至南投關切）	2000.11.14	彭百顯在無具體犯罪事證下遭羈押禁見
	2000.11.16	縣府召開「彭百顯絕無侵占震災捐款」記者會
	2000.11.18	聲援彭百顯律師顧問團舉行「我們相信彭百顯是清白的」記者會 彭百顯夫人及母親於地檢署對面靜坐
	2000.11.20	彭百顯母親跪求行政院長張俊雄洗刷冤情
	2000.11	彭百顯母親哭訴：「我兒子沒吃黑豆，怎會放黑豆屎？」跪求阿扁總統明察「彭案」。
中央 921 重建經費：1999 下半年及 2000 年度追加預算 1,061 億元	2000.12.12	
	2000.12.31	縣府完成 921 震災村里重建座談會，累計建議工程案 2,877 件，購置案 188 件。
	2000.12	《災後第一年南投縣 921 社福工作報告》出版

中央 921 重建經費：2001 年度中央政府總預算 63 億元	2001.1.4	
	2001.1.12	王捷拓公訴彭百顯等涉嫌貪污圖利
	2001.1.16	彭百顯縣長復職
監察院「約談」：「南投 縣政府辦理 921 災後重建 工作及賑災捐款運用與管 理」問題	2001.1.18	彭百顯北上監察院說明相關問題
中央擇定臺中縣霧峰光復 國中定名為「921 地震教 育園區」	2001.2.3	（中央偏私，故意忽略震殤更嚴重的 921 震央 南投之地標）
	2001.2.15	都市計畫樁檢測驗收完成，績效全國第一。
彭百顯、張燦鍙、林光華、 蔡仁堅等四位縣市長向監 察院陳情，請求公正調查 檢調違法，以維司法正義	2001.2.16	
	2001.2.23	縣府推動木構造田園生態小學，第一所示範學 校（中寮和興國小）動工。
	2001.2.26	「921 案」第一次開庭
	2001.3.20	921 震災專戶第七次委員會議決支用 7 億 1,110 萬元
中央 921 重建經費：2001 年度 921 震災重建特別預 算（第 1 期）727.6 億元 （共 2 期 1,000 億元）	2001.4.12	
	2001.4.21	埔里育英國小開工（2002.1.21 完工），該校 獲 2000 年「遠東建築獎－校園重建獎」第一名 及 2005 年「遠東建築獎－校園建築獎」特別獎。
	2001.4	《竭力奮進－921 震災重建成果》出版
	2001.5.8	縣政府臨時辦公大樓落成啟用 （2001.10 改為南投縣觀光藝文館使用）
	2001.5.10	921 震災專戶第八次委員會議決支用 1 億元
	2001.6	《南投縣 921 震災重建社會福利檔案》出版
	2001.7.2	災後土地複丈及地籍重測完成公告
桃芝颱風侵襲花蓮、南投	2001.7.30	颱風侵襲信義、水里、鹿谷、竹山爆發土石流， 造成死亡及失蹤 119 人，全倒及半倒 864 戶。
教育部倡導「新校園運動」	2001.8.3	（掩蓋縣府校園重建角色）

	2001.9.21	921 新地標：縣府新建辦公大樓落成
		《921 大地震救災日誌》出版
		《921 大地震救災總報告》出版
		《921 震災專戶總報告》出版
	2001.10	《921 大地震重建總報告》出版
		《桃芝颱風救災總報告》出版
		《中台灣－震災後的浴火重生》出版
	2001.10.15	彭百顯著《彭百顯縣政告白實錄》出版
	2001.10.27	日本文化振興會蒞臨南投，頒贈「社會文化功勞獎」予彭百顯，對縣長領導震災重建兩年所開創之成果給予高度評價與肯定。
賴樹明著：《乞丐縣長：921 十字架下的彭百顯》出版	2001.11.24	南投縣人文觀光廣場落成
	2001.11	《全國最美麗的校園在南投》出版
中央 921 重建經費：2001 年度 921 震災重建特別預算（第 2 期)272.4 億（合計中央 921 重建預算總數 2,124 億元）	2001.12.3	彭百顯縣長連任失敗
	2001.12.6	（921 重建 2,000 多億經費，全由中央運作，災區縣府無自主性。）
黃光芹著：《百險歸來－彭百顯前傳》出版	2001.12	道路橋樑重建、農路災修工程、水利災修工程、水保復建工程、公共建築物以及生活重建等工程完成。
		182 所國小校園重建絕大部分均落成完工（除發祥、炎峯國小興建中，內湖國小校地確定於石公坪未興建外，大部皆完成）。
		《921 大地震安置總報告》出版
		《自然・人文・世紀新校園》出版

（朝野漠視不理性政爭，脫離法制，坐視赤裸裸對前任政績毀屍滅跡）	2001.12.20	彭百顯卸任縣長 學術界教授律師群於中時、自由、聯合等報刊登「陳水扁、陳定南最了解彭百顯的政治潔癖」，公開支持彭百顯。
	2001.12.20 後	彭百顯連任失利之政治效應出現（政治對立，921縣政效應溯及建設地標，一筆抹煞） ・縣政府一樓大廳國寶寬尾鳳蝶大理石彩色拼圖標幟地板被毀掉移除 ・縣政府大樓廣場前奠基石被移除 ・「南投縣政府縣政中心」整片紀念牆遭拆除 ・南投縣觀光藝文館被改名 ・南投驛站 — 福龜旅遊資訊文化廣場被改名 ・「飛躍・美麗・新南投」交通指示標幟遭拆除
「921案」官司訴訟持續進行 行政院動支2001年度第二預備金3,000萬元設立「財團法人賑災基金會」完成設立登記	2002.1	彭百顯失業
	2002.2.5	
	2002.7	《南投縣建設發展基金會成果報告》出版
	2002.11.29	「921案」南投地方法院一審判決
彭百顯重回校園	2003.1	地檢署、彭百顯不服一審判決上訴
	2004.11.25	臺中高分院二審判決
	2005.1	地檢署、彭百顯不服二審判決上訴
	2005.7.15	彭百顯離開南投，北上就業（開南大學財務金融學系及研究所）。
	2005.11.11	最高法院判決
	2006.4.19	臺中高分院更一審判決
	2006.6	地檢署、彭百顯不服更一審判決上訴
	2006.7.28	最高法院判決

「921 震災重建基金會」解散，結餘 921 捐款 45 億 3,000 萬元及價值 4 億 2,000 萬的不動產「移撥」給 2002.2.5 成立之「財團法人賑災基金會」。	2008.1.16 2008.2.4 2008.6.30	臺中高分院更二審判決 高檢署不服更二審判決上訴
彭百顯著《貨幣銀行學》出版	2008.10	
彭百顯主辦【921 十週年論壇】於臺大社科院國際會議廳召開	2009.9.19	出版《世紀災變之借鑑與啟示：921 十週年論壇論文集》
	2009.9.30	彭百顯著《臺灣災難的歷史紀錄：我的 921 經驗》出版
	2010.1.28	最高法院判決
	2011.4.19	臺中高分院更三審判決
	2011.4.28	高檢署不服更三審判決上訴
	2011.7.14	「921 案」最高法院判決彭百顯無罪定讞
	2011.11.1	南投地院判決賠償「彭百顯冤獄」305,000 元
彭百顯著《臺灣改造經濟學：經濟在臺灣民主化過程的角色》出版	2012.10	
彭百顯參與創辦《民報》，任社長	2014.2	
彭百顯著《大歲月：臺灣政治經濟 500 年》出版	2018.8	
彭百顯編《守著臺灣‧守著歷史系列 I：林鐘雄經濟論文集》、《系列 II：林鐘雄金融論文集》出版。	2019.3	
彭百顯著《大歲月：臺灣政治經濟 500 年》榮獲第 40 屆巫永福文化評論獎	2019.5.18	
	2021.4.1	彭百顯著《彭百顯的回歸：921 啟示錄》問世

14 附 錄

國家圖書館出版品預行編目資料

彭百顯的回歸：921啟示錄／彭百顯著.
－－第一版－－臺北市：宇河文化 出版；
紅螞蟻圖書發行，2021.4
面 ； 公分－－(Discover；54)
ISBN 978-986-456-321-0（平裝）

1.震災 2.災後重建 3.歷史檔案

354.492　　　　　　110006211

Discover 54

彭百顯的回歸：921啟示錄

作　　　者／彭百顯
發 行 人／賴秀珍
總 編 輯／何南輝
執行編校／鄭素卿
攝　　　影／劉憲仁等
美術構成／沙海潛行
封面設計／引子設計
出　　　版／宇河文化出版有限公司
發　　　行／紅螞蟻圖書有限公司
地　　　址／台北市內湖區舊宗路二段121巷19號(紅螞蟻資訊大樓)
網　　　站／www.e-redant.com
郵撥帳號／1604621-1　紅螞蟻圖書有限公司
電　　　話／(02)2795-3656（代表號）
傳　　　真／(02)2795-4100
登 記 證／局版北市業字第1446號
法律顧問／許晏賓律師
印 刷 廠／卡樂彩色製版印刷有限公司
出版日期／2021年4月　第一版第一刷

定價 800 元　　港幣 267 元

ISBN　978-986-456-321-0　　　　　　**Printed in Taiwan**